台州统计年鉴

TAIZHOU STATISTICAL YEARBOOK

2013

（总第16期　NO.16）

台　州　市　统　计　局
国家统计局台州调查队　编

TAIZHOU STATISTICS BUREAU NBS SURVEY OFFICE IN TAIZHOU

中国统计出版社
China Statistics Press

图书在版编目(CIP)数据

台州统计年鉴. 2013 / 台州市统计局, 国家统计局台州调查队编. —北京 : 中国统计出版社, 2013.7

ISBN 978-7-5037-6854-5

Ⅰ. ①台… Ⅱ. ①台… ②国… Ⅲ. ①统计资料-台州市-2013-年鉴 Ⅳ. ①C832.553-54

中国版本图书馆 CIP 数据核字(2013)第 154793 号

统计年鉴-2013

作　　者/台州市统计局　国家统计局台州调查队
责任编辑/陈越月　曹桂芝
责任校对/黄贤政　王泮洒
封面设计/王泮洒
出版发行/中国统计出版社
通信地址/北京市西城区月坛南街 75 号 邮政编码/100826
办公地址/北京市丰台区西三环南路甲 6 号 邮政编码/100073
电　　话/邮购(010)63376909　书店(010)68783171
网　　址/http://csp.stats.gov.cn
印　　刷/江西宜春资料印务有限公司
经　　销/新华书店
开　　本/880mm×1230mm 1/16
字　　数/1200 千字
印　　张/40
版　　别/2013 年 7 月第 1 版
版　　次/2013 年 7 月第 1 次印刷
定　　价/300.00 元

《台州统计年鉴－2013》编委会与编辑人员

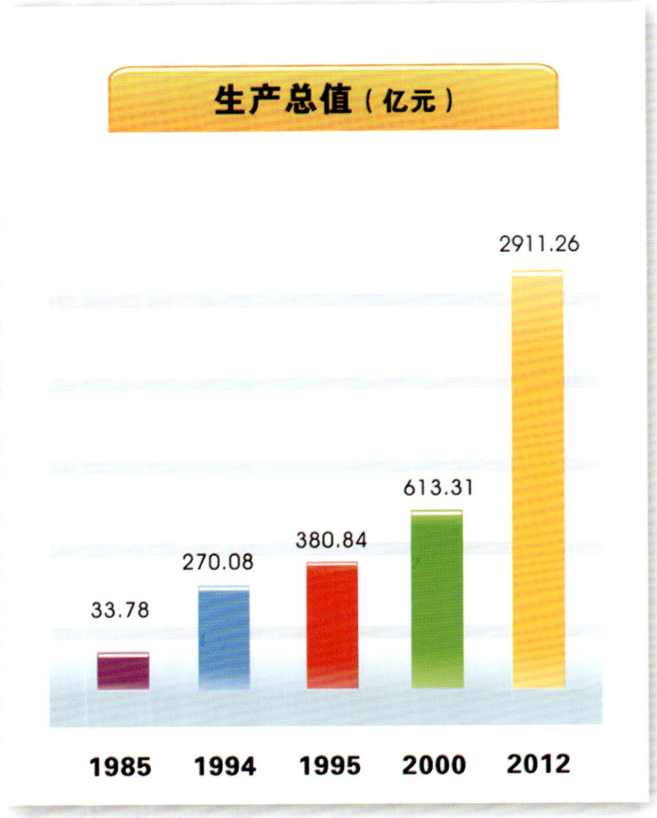
生产总值（亿元）
33.78
270.08
380.84
613.31
2911.26
1985
1994
1995
2000
2012

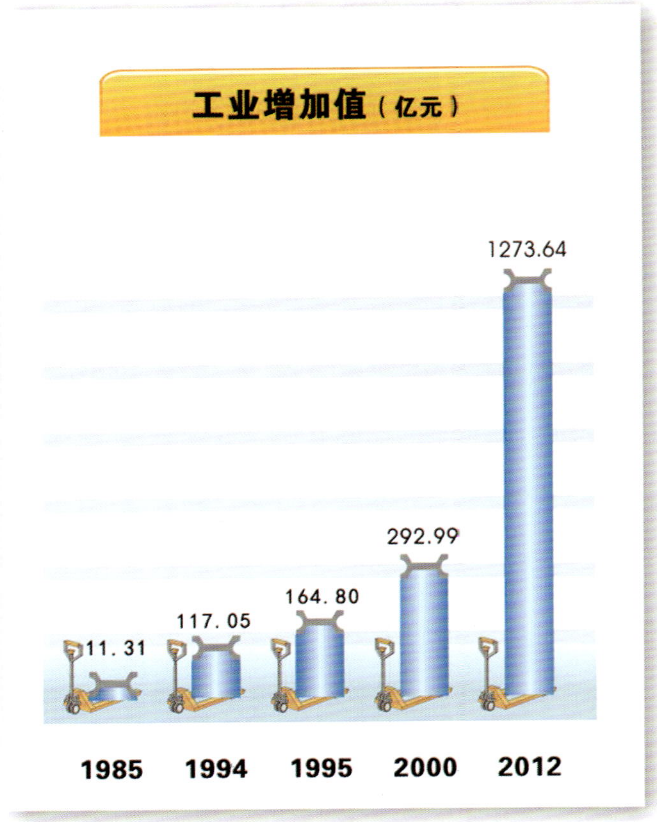
工业增加值（亿元）
11.31
117.05
164.80
292.99
1273.64
1985
1994
1995
2000
2012

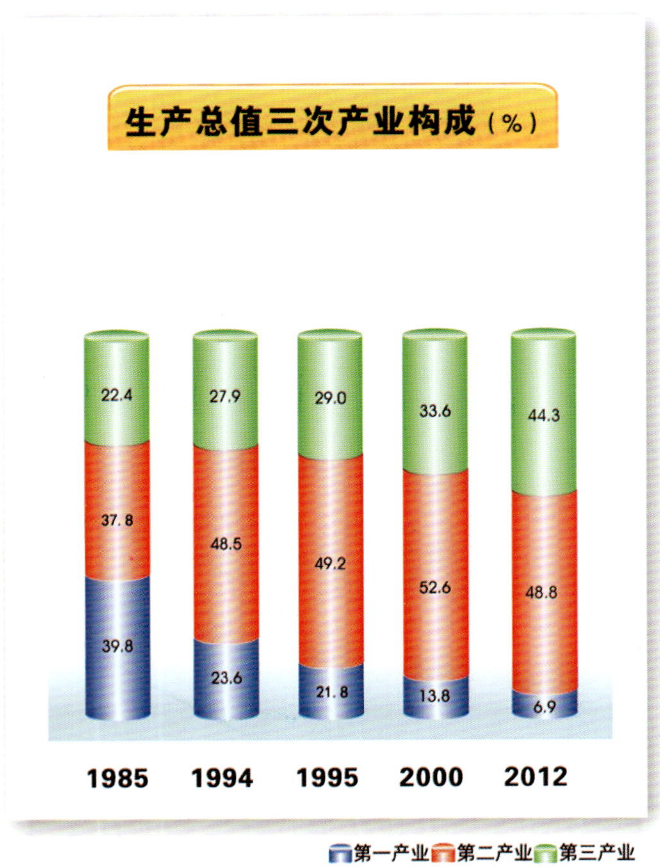
生产总值三次产业构成（%）
22.4
37.8
39.8
27.9
48.5
23.6
29.0
49.2
21.8
33.6
52.6
13.8
44.3
48.8
6.9
1985
1994
1995
2000
2012
第一产业
第二产业
第三产业

财政总收入（亿元）
3.14
16.89
20.31
53.18
370.47
1985
1994
1995
2000
2012

固定资产投资（亿元）

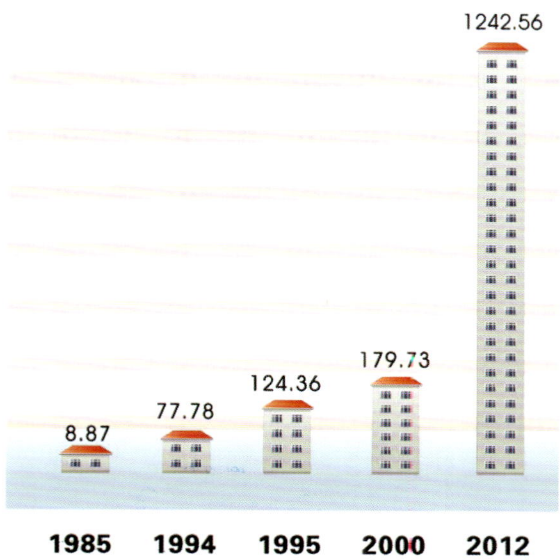

社会消费品零售总额（亿元）

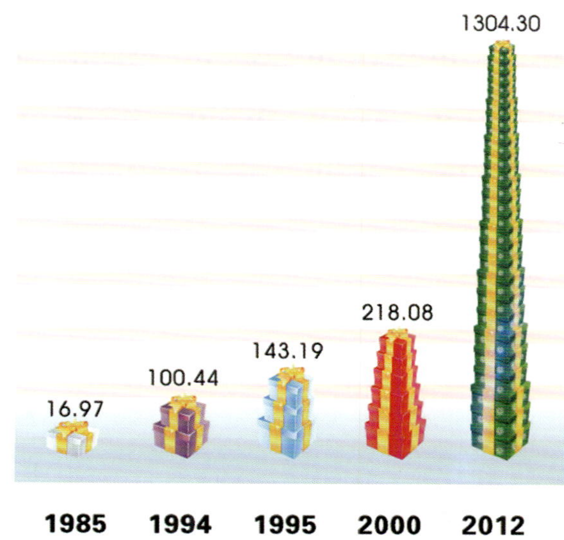

外贸自营出口总额（亿美元）

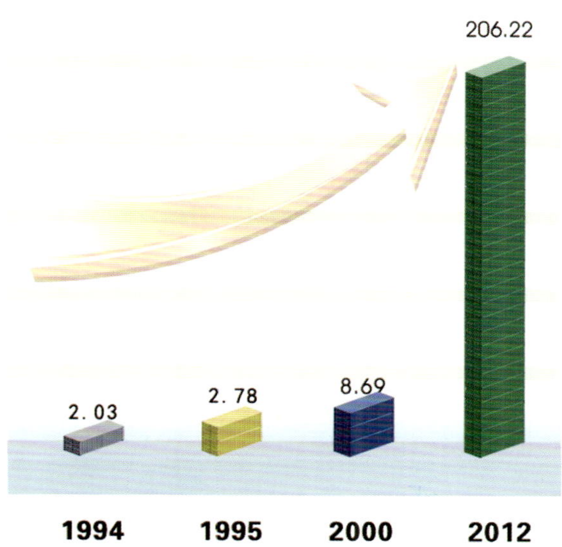

农村居民人均纯收入
城镇居民人均可支配收入（元）

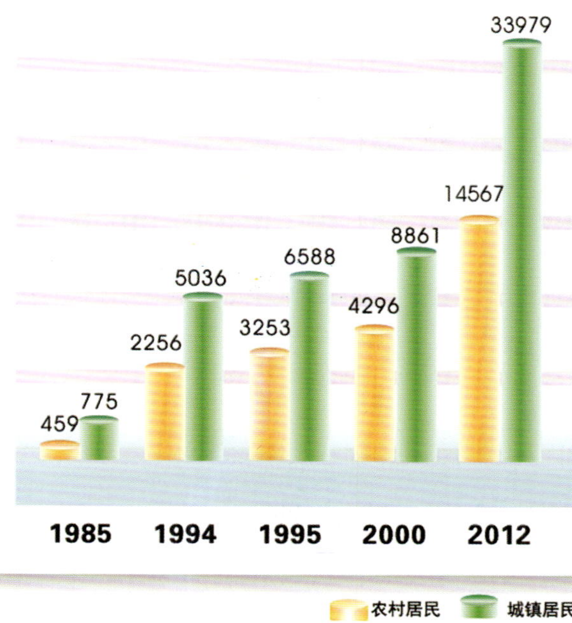

编 辑 说 明

一、《台州统计年鉴一2013》是一部全面反映台州国民经济和社会发展情况的资料性年刊，本年鉴不仅记载了台州市和各县、市、区、乡镇、全省各市及长江三角洲各城市2012年经济和社会各方面大量的统计数据，还整理收录了主要历史年份和撤地建市以来台州主要统计数据。

二、全书内容分22个篇章。即：（1）综合；（2）人口和从业人员；（3）农业；（4）工业；（5）固定资产投资和建筑业；（6）交通运输邮电通信和电力；（7）原材料和能源；（8）批发零售贸易和住宿餐饮业；（9）对外经济贸易和旅游；（10）财政金融保险；（11）物价；（12）人民生活；（13）城市建设和环境保护；（14）；教育科技和质量监督；（15）文化卫生体育和广播；（16）档案工会妇联共青团社会保障；（17）各县市区国民经济主要指标；（18）各乡镇社会经济情况；（19）各市国民经济主要指标；（20）长江三角洲各城市国民经济主要指标；（21）统计公报；（22）附录。

为了便于读者使用，每篇章后均附有主要统计指标解释，并在部分表下作了简要注释。

三、本年鉴对过去发表的统计资料重新予以核实，并按统计口径的变化对历史年份数据作了调整，凡以往统计资料与本年鉴不一致的，均以本年鉴为准。

四、本年鉴中使用的符号："#"表示其中的主要项；"…"表示数据不足本表最小单位数；"空格"表示无该项指标数据或数据不详。

《台州统计年鉴》自公开出版以来，受到社会各界的重视和好评，为进一步提高年鉴的编辑水平，欢迎读者提出宝贵意见。

目　　录

一、综　　合

二、人口和从业人员

三、农　　业

四、工　　业

五、固定资产投资和建筑业

六、交通运输邮电通信和电力

七、原材料和能源

八、批发零售贸易业和住宿餐饮业

九、对外经济贸易和旅游

十、财政金融保险

十一、物　　价

十二、人民生活

十三、城市建设和环境保护

十四、教育科技和质量监督

十五、文化卫生体育和广播

十六、档案工会妇联共青团和社会保障

十七、各县市区国民经济主要指标

十八、各乡镇社会经济情况

十九、各市国民经济主要指标

二十、长江三角洲各城市国民经济主要指标

二十一、统计公报

二十二、附　录

1

综　合

General Survey

1-1 人口和自然资源

（2012 年）

指　　　　标		2012 年
一、人　　口		
年末总人口	（万人）	590.95
人口密度	（人/平方公里）	628
二、土　　地		
土地面积	（平方公里）	9411
	（千公顷）	941.1
山地、丘陵占总面积比重	（%）	73.0
平原占总面积比重	（%）	22.4
河流水面占总面积比重	（%）	4.6
三、森　　林		
有林地面积	（千公顷）	539.95
森林覆盖率	（%）	60.3
林木蓄积量	（万立方米）	1850.81
四、水文、水利		
淡水总面积	（千公顷）	51.16
其中：已养殖面积	（千公顷）	11.12
滩涂围垦可利用资源	（千公顷）	66.62
其中：已养殖面积	（千公顷）	15.44
已围垦海涂	（千公顷）	50.00
年降水总量	（亿立方米）	198.99
河川年径流量	（亿立方米）	128.39
水资源总量	（亿立方米）	129.58
水力资源蕴藏量	（万千瓦）	53.71
其中：可开发量	（万千瓦）	36.20
已开发量	（万千瓦）	26.03
潮汐能可开发量	（万千瓦）	104.81
其中：已开发量	（千　瓦）	3450
海岸线长度	（公　里）	1660
其中：大陆岸线	（公　里）	745
岛屿个数	（个）	687

注：人口资料取自公安户籍年报，下同。

1－2 行政区划土地面积和人口密度

（2012 年）

地 区	行 政 区 划（个）						土地面积(平方公里)	人口密度(人/平方公里)
	镇 数	乡 数	街道办事处数	城市社区	居民委员会	村民委员会		
全 市	**64**	**28**	**41**	**165**	**139**	**5025**	**9411**	**628**
市 区	10	6	22	68	34	1095	1536	1021
椒江区	1		8	33	5	275	274	1894
黄岩区	5	6	8	23	13	533	988	609
路桥区	4		6	12	16	287	274	1638
玉 环 县	5	3	3	29	11	276	378	1126
三 门 县	10	4		5	4	511	1072	406
天 台 县	7	5	3	11	4	597	1426	415
仙 居 县	7	10	3	9		723	1992	252
温 岭 市	11		5	14	83	830	836	1443
临 海 市	14		5	29	3	993	2171	543

1－3 部分县市区平均气温

（2012 年）

单位:摄氏度

地 区	1 月	2 月	3 月	4 月	5 月	6 月	7 月	8 月	9 月	10 月	11 月	12 月	年平均
椒江区	6.8	6.6	11.3	18.4	21.7	25.2	29.8	28.9	24.4	20.6	14.2	8.7	18.1
玉环县	6.7	6.5	10.5	17.0	20.5	23.8	27.5	27.7	23.9	20.2	14.6	9.0	17.3
三门县	5.9	6.0	11.0	18.3	21.2	24.6	29.5	28.3	23.3	18.9	12.5	7.2	17.2
天台县	5.3	5.7	11.2	18.6	21.4	24.7	29.3	28.3	23.0	18.7	12.0	6.8	17.1
仙居县	5.6	6.3	11.8	19.0	21.7	24.8	29.6	28.5	23.7	19.6	12.8	7.5	17.6
温岭市	6.6	6.6	11.4	18.4	21.4	24.8	29.5	28.4	24.0	20.2	14.0	8.5	17.8
临海市	6.1	6.4	11.5	18.5	21.4	24.8	29.2	28.3	23.5	19.3	12.8	7.5	17.4

1－4 部分县市区日照时数

(2012 年)

单位:小时

地区	1 月	2 月	3 月	4 月	5 月	6 月	7 月	8 月	9 月	10 月	11 月	12 月	全年
椒江区	58.5	41.7	124.0	155.7	138.1	85.3	267.1	218.1	151.1	227.8	121.8	107.1	1696.3
玉环县	31.4	31.3	111.8	139.6	123.3	98.8	291.9	223.0	171.4	254.4	116.9	94.4	1688.2
三门县	42.4	40.8	120.5	141.5	121.1	60.3	213.9	159.7	128.5	195.5	106.3	88.2	1418.7
天台县	43.3	58.8	128.8	155.1	147.0	73.7	254.9	194.8	141.2	215.7	111.7	100.0	1625.0
仙居县	47.7	53.8	122.4	151.0	146.1	71.9	243.3	171.8	136.5	210.0	109.8	106.1	1570.4
温岭市	60.9	33.3	121.7	155.4	131.5	81.6	249.8	208.4	130.2	220.1	109.8	100.4	1603.1
临海市	53.5	53.9	138.6	166.9	151.9	67.2	256.3	172.6	144.3	238.9	116.6	103.4	1664.1

1－5 部分县市区降水量

(2012 年)

单位:毫米

地区	1 月	2 月	3 月	4 月	5 月	6 月	7 月	8 月	9 月	10 月	11 月	12 月	全年
椒江区	130.3	79.4	237.0	126.3	222.1	297.4	106.8	324.5	185.8	27.3	144.5	142.4	2023.8
玉环县	125.0	106.9	230.5	222.3	213.3	365.2	64.1	184.8	155.1	19.3	172.3	139.7	1998.5
三门县	123.1	57.3	175.8	97.2	270.7	293.1	85.9	351.0	208.9	29.7	92.2	114.4	1899.3
天台县	111.7	59.5	178.5	111.9	257.6	272.1	83.8	232.7	160.5	40.4	85.7	97.4	1691.8
仙居县	125.0	55.4	205.2	123.9	172.4	279.1	68.4	211.4	149.5	36.5	81.7	105.8	1614.3
温岭市	173.1	88.1	270.3	144.8	313.3	354.1	101.2	288.8	132.1	30.1	177.3	180.2	2253.4
临海市	116.4	52.7	209.8	104.5	199.6	278.1	202.2	414.0	212.7	33.5	80.5	101.8	2005.8

1-6 主要年份国民经济和社会发展主要指标

指　　标		1978年	1990年	1994年	2000年	2010年	2011年	2012年
年末总人口	（万人）	452.71	515.49	526.31	546.62	583.14	586.79	590.95
年末从业人员数	（万人）	176.88	307.23	330.65	340.48	367.56	380.81	389.26
在岗职工人数	（万人）	22.90	33.49	33.64	32.56	64.81	79.93	88.98
其中：国有单位职工	（万人）	12.06	17.90	19.32	17.99	16.65	16.20	15.83
城镇集体单位职工	（万人）	10.84	15.41	13.24	7.40	2.66	2.85	3.61
生产总值（当年价）	（亿元）	10.13	78.91	270.08	613.31	2426.45	2754.41	2911.26
指数（1978年=100）	（%）	100.00	450.40	1053.29	2236.03	7464.25	8063.44	8632.95
第一产业增加值	（亿元）	4.74	23.89	63.82	84.60	160.42	189.25	200.91
指数（1978年=100）	（%）	100.00	154.50	218.27	286.80	352.81	363.84	373.07
第二产业增加值	（亿元）	3.03	31.90	130.91	322.38	1254.33	1390.72	1419.47
指数（1978年=100）	（%）	100.00	920.41	2819.88	6783.60	23807.95	25328.27	26832.23
其中：工业增加值	（亿元）	2.52	27.90	117.05	292.99	1135.75	1253.40	1273.64
指数（1978年=100）	（%）	100.00	1122.28	3594.97	8783.95	31602.99	33701.49	35641.98
第三产业增加值	（亿元）	2.36	23.12	75.36	206.33	1011.70	1174.75	1290.87
指数（1978年=100）	（%）	100.00	523.08	1200.22	2540.43	10027.59	11114.52	12122.56
人均生产总值（当年价）	（元）	225	1534	5146	11257	41777	47087	49438
指数（1978年=100）	（%）	100.00	393.97	902.77	1846.39	5781.42	6201.10	6598.20

注：本表生产总值、各产业增加值、人均生产总值均按当年价格计算。

1－6续表1

指　　标		1978年	1990年	1994年	2000年	2010年	2011年	2012年
全社会客运周转量	（亿人公里）	4.38	24.82	33.99	60.92	97.71	103.83	106.24
公　路	（亿人公里）	3.20	23.67	33.06	60.52	90.58	91.61	92.56
水　运	（亿人公里）	1.18	1.15	0.93	0.40	0.23	0.26	0.25
全社会货运周转量	（亿吨公里）	5.26	27.75	59.20	126.51	1110.64	1238.24	1325.21
公　路	（亿吨公里）	0.34	6.84	20.14	36.74	141.98	156.65	168.83
水　运	（亿吨公里）	4.92	20.91	39.06	89.78	968.66	1081.52	1156.22
固定资产投资总额	（亿元）	1.14	14.48	77.78	179.73	838.07	1007.81	1242.56
财政总收入	（亿元）	1.19	6.59	16.89	53.18	310.62	370.47	408.95
地方财政收入	（亿元）			8.65	26.15	164.88	200.12	220.42
地方财政支出	（亿元）	0.99	4.99	12.20	33.19	222.76	265.53	287.93
金融机构年末人民币存款余额	（亿元）	1.64	31.26	106.19	528.96	3562.80	3959.06	4457.36
其中：城乡居民储蓄存款余额	（亿元）	0.44	15.36	54.64	289.62	1725.08	2058.84	2371.99
金融机构年末人民币贷款余额	（亿元）	3.46	30.79	83.81	330.43	2940.51	3354.59	3783.97
社会消费品零售总额	（亿元）	4.92	37.15	100.44	218.08	960.45	1132.37	1304.30
外贸进出口总额	（亿美元）		0.10	2.45	11.44	170.01	205.04	206.22
其中：外贸出口总额	（亿美元）		0.10	2.03	8.69	139.63	170.35	172.39
商品零售价格指数（以1978年为100）	（%）	100.0	236.0	405.1	472.2	543.5	581.0	594.9
居民消费价格指数（以1978年为100）	（%）	100.0	243.6	427.2	548.1	663.3	705.1	721.3

注：本表固定资产投资统计范围2004年及以前为全社会口径，2005年起为计划总投资500万元及以上项目（单位）投资和全部房地产开发企业投资。

1－6 续表2

指　　标		1978年	1990年	1994年	2000年	2010年	2011年	2012年
城镇居民人均可支配收入	（元）	311	1619	5036	8861	27212	30490	33979
农村居民人均纯收入	（元）	120	918	2256	4296	11307	13108	14567
普通高校在校学生数	（人）	413	962	1794	4125	29749	30933	31132
普通高校专任教师数	（人）	79	133	167	381	1579	1595	1616
成人高等学校在校学生数	（人）		1962	1546	4802	22323	29697	33509
普通中专在校学生数	（人）	1893	3739	6775	7848	4384	4246	3803
普通中专专任教师数	（人）	179	438	410	461	155	154	114
普通中学在校学生数	（万人）	22.58	20.01	22.21	33.41	28.68	28.31	28.11
普通中学专任教师数	（人）	10250	9751	11250	17663	20157	20246	20436
小学在校学生数	（万人）	64.96	46.03	49.75	37.05	43.05	46.23	47.32
小学专任教师数	（人）	21860	17010	17952	18809	20510	20716	21132
幼儿园在园儿童数	（万人）	0.85	7.19	8.48	9.79	25.98	26.2	25.19
卫生机构数	（个）	618	730	698	645	1380	3061	3101
其中:医院、卫生院	（个）	417	351	393	340	220	156	192
卫生技术人员	（人）	6998	11011	12406	14841	26765	29890	31643
其中:医　生	（人）	2743	4512	4950	6479	11521	12606	12944
床位数	（张）	4788	7030	7861	9559	16528	17536	18729
其中:医院、卫生院	（张）	4723	6902	7695	9459	16088	16025	17809

注：本表2011年、2012年卫生机构数包括村卫生室。

1－7　主要年份国民经济和社会主要指标发展情况

指　　标	2012 年为下列年份%					平均每年增长%			
	1978 年	1990 年	1994 年	2000 年	2011 年	1979－2012年	1991－2012年	1995－2012年	2001－2012年
年末总人口	130.5	114.6	112.3	108.1	100.7	0.8	0.6	0.6	0.7
年末从业人员数	220.1	126.7	117.7	114.3	102.2	2.3	1.1	0.9	1.1
在岗职工人数	388.6	265.7	264.5	273.3	111.3	4.1	4.5	5.6	8.7
其中:国有单位职工	131.3	88.4	81.9	88.0	97.7	0.8	－0.6	－1.1	－1.1
城镇集体单位职工	33.3	23.4	27.3	48.8	126.7	－3.2	－6.4	－7.0	－5.8
生产总值	8633.0	1916.7	819.6	386.1	107.1	14.0	14.4	12.4	11.9
第一产业增加值	373.1	241.5	170.9	130.1	102.5	3.9	4.1	3.0	2.2
第二产业增加值	25832.2	2915.2	951.5	395.5	105.9	17.9	16.6	13.3	12.1
其中:工业增加值	35642.0	3175.9	991.4	405.8	105.8	18.9	17.0	13.6	12.4
第三产业增加值	12122.6	2317.5	1010.0	477.2	109.1	15.2	15.4	13.7	13.9
人均生产总值	6598.2	1674.8	730.9	357.4	106.4	13.1	13.7	11.7	11.2
全社会客运周转量	2425.6	428.0	312.6	174.4	102.3	9.8	6.8	6.5	4.7
公　路	2892.5	391.0	280.0	152.9	101.0	10.4	6.4	5.9	3.6
水　运	21.2	21.7	26.9	62.5	96.2	－4.5	－6.7	－7.0	－3.8
全社会货运周转量	25194.1	4775.5	2238.5	1047.5	107.0	17.7	19.2	18.8	21.6
公　路	49655.9	2468.3	838.3	459.5	107.8	20.0	15.7	12.5	13.6
水　运	23500.4	5529.5	2960.1	1287.8	106.9	17.4	20.0	20.7	23.7

注：本表生产总值、各产业增加值、人均生产总值发展速度按可比价格计算。

1－7 续表 1

指　标	2012 年为下列年份%					平均每年增长%			
	1978 年	1990 年	1994 年	2000 年	2011 年	1979－2012年	1991－2012年	1995－2012年	2001－2012年
财政总收入	34365.5	6205.6	2421.3	769.0	110.4	18.7	20.6	19.4	18.5
地方财政收入			2548.2	842.9	110.1			19.7	19.4
地方财政支出	29083.8	5770.1	2360.1	867.5	108.4	18.2	20.2	19.2	19.7
金融机构年末人民币存款余额	271790.2	14259.0	4197.5	842.7	112.6	26.2	25.3	23.1	19.4
其中:城乡居民储蓄存款余额	539088.6	15442.6	4341.1	819.0	115.2	28.8	25.7	23.3	19.2
金融机构年末人民币贷款余额	109363.3	12289.6	4514.9	1145.2	112.8	22.9	24.4	23.6	22.5
社会消费品零售总额	26510.2	3510.9	1298.6	598.1	115.2	17.8	17.6	15.3	16.1
外贸进出口总额		206220.0	8417.1	1802.6	100.6		41.5	27.9	27.3
其中:外贸出口总额		172390.0	8492.1	1983.8	101.2		40.3	28.0	28.3
商品零售价格指数	598.2	253.5	147.7	126.7	102.4	5.4	4.3	2.2	1.9
居民消费价格指数	719.3	295.3	168.4	131.2	102.3	6.0	5.0	2.9	2.3
城镇居民人均可支配收入	1518.9	710.8	400.7	292.2	108.9	8.3	9.3	8.0	9.3
农村居民人均纯收入	1687.6	537.4	383.5	258.4	108.6	8.7	7.9	7.7	8.2

注：城镇居民人均可支配收入、农村居民人均纯收入发展速度均已扣除价格上涨因素。

1－7 续表2

指　　标	2012年为下列年份%					平均每年增长%			
	1978年	1990年	1994年	2000年	2011年	1979－2012年	1991－2012年	1995－2012年	2001－2012年
普通高校在校学生数	7538.0	3236.2	1735.3	754.7	100.6	13.6	17.1	17.2	18.3
普通高校专任教师数	2045.6	1215.0	967.7	424.1	101.3	9.3	12.0	13.4	12.8
成人高等学校在校学生数		1707.9	2167.5	697.8	112.8		13.8	18.6	17.6
普通中专在校学生数	200.9	101.7	56.1	48.5	89.6	2.1	0.1	－3.2	－5.9
普通中专专任教师数	63.7	26.0	27.8	24.7	74.0	－1.3	－5.9	－6.9	－11.0
普通中学在校学生数	124.5	140.5	126.6	84.1	99.3	0.6	1.6	1.3	－1.4
普通中学专任教师数	199.4	209.6	181.7	115.7	100.9	2.1	3.4	3.4	1.2
小学在校学生数	72.8	102.8	95.1	127.7	102.4	－0.9	0.1	－0.3	2.1
小学专任教师数	96.7	124.2	117.7	112.4	102.0	－0.1	1.0	0.9	1.0
幼儿园在园儿童数	2963.5	350.3	297.1	257.3	96.1	10.5	5.9	6.2	8.2
医院、卫生院机构数	46.0	54.7	48.9	56.5	123.1	－2.3	－2.7	－3.9	－4.7
卫生技术人员	452.2	287.4	255.1	213.2	105.9	4.5	4.9	5.3	6.5
其中：医　生	471.9	286.9	261.5	199.8	102.7	4.7	4.9	5.5	5.9
卫生机构床位数	391.2	266.4	238.3	195.9	106.8	4.1	4.6	4.9	5.8
其中：医院、卫生院	377.1	258.0	231.4	188.3	111.1	4.0	4.4	4.8	5.4

1-8 按登记注册类型分法人单位数

（2012年）

单位：个

地　　区	法　人 单位数	单产业 法　人	多产业 法　人
总　　计	**81444**	**79720**	**1724**
按登记注册类型分组			
内　资	**80666**	**78966**	**1700**
国　有	4539	4152	387
集　体	1351	1273	78
股份合作	1902	1872	30
联　营	30	29	1
国有联营	4	4	
集体联营	10	10	
国有与集体联营	6	6	
其他联营	10	9	1
有限责任公司	9201	8829	372
国有独资公司	252	230	22
其他有限责任公司	8949	8599	350
股份有限公司	413	348	65
私　营	48377	47637	740
私营独资	12511	12367	144
私营合伙	4770	4713	57
私营有限责任公司	30599	30076	523
私营股份有限公司	497	481	16
其他内资	14853	14826	27
港澳台商投资	**370**	**357**	**13**
与港澳台商合资经营	251	244	7
与港澳台商合作经营	11	11	
港澳台商独资	105	99	6
港澳台商投资股份有限公司	3	3	
外商投资	**408**	**397**	**11**
中外合资经营	298	293	5
中外合作经营	8	8	
外资企业	92	89	3
外商投资股份有限公司	10	7	3

1－9　按机构类型和行业分法人单位数

（2012年）

单位:个

地　　区	法　人 单位数	单产业 法　人	多产业 法　人
总　　计	**81444**	**79720**	**1724**
按机构类型分组			
企　业	62863	61545	1318
事业单位	3227	2982	245
机　关	793	672	121
社会团体	1343	1324	19
民办非企业单位	1340	1333	7
基金会	8	8	
居委会	264	262	2
村委会	5005	5000	5
其他组织机构	6601	6594	7
按国民经济行业分组			
农、林、牧、渔业	**6555**	**6546**	**9**
农　业	4277	4274	3
林　业	169	167	2
畜牧业	1068	1066	2
渔　业	826	824	2
农、林、牧、渔服务业	215	215	
采矿业	**121**	**120**	**1**
煤炭开采和洗选业	2	2	
石油和天然气开采业	1	1	
有色金属矿采选业	3	3	
非金属矿采选业	111	110	1
其他采矿业	4	4	

1－9 续表1

单位:个

地　　区	法　人单位数	单产业法　人	多产业法　人
制　造　业	**35655**	**35263**	**392**
农副食品加工业	541	537	4
食品制造业	144	140	4
酒、饮料和精制茶制造业	164	158	6
纺织业	715	676	39
纺织服装、服饰业	797	794	3
皮革、毛皮、羽毛及其制品和制鞋业	1623	1610	13
木材加工和木、竹、藤、棕、草制品业	267	266	1
家具制造业	445	438	7
造纸和纸制品业	1023	1019	4
印刷和记录媒介复制业	613	603	10
文教、工美、体育和娱乐用品制造业	2443	2426	17
石油加工、炼焦和核燃料加工业	13	13	
化学原料和化学制品制造业	570	561	9
医药制造业	196	189	7
化学纤维制造业	9	9	
橡胶和塑料制品业	4708	4661	47
非金属矿物制品业	806	800	6
黑色金属冶炼和压延加工业	428	423	5
有色金属冶炼和压延加工业	295	294	1
金属制品业	2221	2184	37
通用设备制造业	5869	5826	43
专用设备制造业	2841	2822	19
汽车制造业	3165	3149	16
铁路、船舶、航空航天和其他运输设备制造业	1336	1311	25
电气机械和器材制造业	2634	2582	52
计算机、通信和其他电子设备制造业	295	287	8
仪器仪表制造业	1004	1001	3
其他制造业	176	173	3
废弃资源综合利用业	233	230	3
金属制品、机械和设备修理业	81	81	

1－9 续表2

单位:个

地　　区	法　人 单位数	单产业 法　人	多产业 法　人
电力、热力、燃气及水生产和供应业	**459**	**437**	**22**
电力、热力生产和供应业	274	260	14
燃气生产和供应业	17	15	2
水的生产和供应业	168	162	6
建筑业	**1566**	**1462**	**104**
房屋建筑业	286	251	35
土木工程建筑业	370	332	38
建筑安装业	248	233	15
建筑装饰和其他建筑业	662	646	16
批发和零售业	**12420**	**12033**	**387**
批发业	8591	8445	146
零售业	3829	3588	241
交通运输、仓储和邮政业	**1266**	**1205**	**61**
铁路运输业			
道路运输业	569	535	34
水上运输业	129	125	4
航空运输业	1	1	
装卸搬运和运输代理业	460	442	18
仓储业	45	44	1
邮政业	62	58	4
住宿和餐饮业	**597**	**495**	**102**
住宿业	325	260	65
餐饮业	272	235	37

1－9续表3

单位:个

地　　区	法　人 单位数	单产业 法　人	多产业 法　人
信息传输、软件和信息技术服务业	**406**	**395**	**11**
电信、广播电视和卫星传输服务	27	19	8
互联网和相关服务	39	39	
软件和信息技术服务业	340	337	3
金融业	**223**	**159**	**64**
货币金融服务	104	72	32
资本市场服务	37	37	
保险业	48	16	32
其他金融业	34	34	
房地产业	**1257**	**1212**	**45**
房地产业	1257	1212	45
租赁和商务服务业	**5164**	**5092**	**72**
租赁业	303	301	2
商务服务业	4861	4791	70
科学研究和技术服务业	**1022**	**989**	**33**
研究和试验发展	87	87	
专业技术服务业	638	610	28
科技推广和应用服务业	297	292	5
水利、环境和公共设施管理业	**426**	**414**	**12**
水利管理业	99	95	4
生态保护和环境治理业	26	25	1
公共设施管理业	301	294	7

1－9 续表4

单位:个

地　区	法　人 单位数	单产业 法　人	多产业 法　人
居民服务、修理和其他服务业	**861**	**837**	**24**
居民服务业	299	286	13
机动车、电子产品和日用产品修理业	289	278	11
其他服务业	273	273	
教　育	**1620**	**1494**	**126**
教　育	1620	1494	126
卫生和社会工作	**996**	**917**	**79**
卫　生	827	751	76
社会工作	169	166	3
文化、体育和娱乐业	**1294**	**1278**	**16**
新闻和出版业	19	18	1
广播、电视、电影和影视录音制作业	38	31	7
文化艺术业	176	173	3
体　育	123	123	
娱乐业	938	933	5
公共管理、社会保障和社会组织	**9536**	**9372**	**164**
中国共产党机关	158	157	1
国家机构	1873	1737	136
人民政协、民主党派	37	37	
社会保障	21	21	
群众团体、社会团体和其他成员组织	2178	2158	20
基层群众自治组织	5269	5262	7

1-10 主要年份生产总值

单位:亿元

年份	生产总值	第一产业	第二产业			第三产业	人均生产总值(元)	
				工业	建筑业		人民币	美元
1949	1.32	1.00	0.08	0.08		0.24	55	24
1952	1.89	1.35	0.18	0.17	0.01	0.36	75	29
1957	2.74	1.67	0.45	0.40	0.05	0.62	99	40
1962	3.50	1.98	0.61	0.53	0.08	0.91	116	47
1965	4.23	2.56	0.64	0.54	0.10	1.03	126	51
1970	5.45	3.22	0.97	0.81	0.16	1.26	141	57
1975	6.65	3.53	1.74	1.49	0.25	1.38	154	78
1978	10.13	4.74	3.03	2.52	0.51	2.36	225	143
1980	14.28	6.18	4.88	4.19	0.69	3.22	311	203
1985	33.78	13.44	12.76	11.31	1.45	7.58	693	236
1990	78.91	23.89	31.90	27.90	4.00	23.12	1534	321
1991	100.53	29.99	38.46	33.30	5.16	32.08	1945	365
1992	126.19	33.38	52.10	45.42	6.68	40.72	2430	441
1993	177.84	41.51	85.01	74.81	10.20	51.32	3407	591
1994	270.08	63.82	130.91	117.05	13.86	75.36	5146	597
1995	380.84	83.09	187.49	164.80	22.69	110.26	7214	864
1996	445.79	90.80	222.63	200.15	22.47	132.36	8391	1009
1997	466.97	84.10	235.09	214.56	20.53	147.78	8737	1054
1998	505.42	87.45	256.44	233.06	23.38	161.53	9399	1135
1999	550.62	88.41	282.67	257.13	25.54	179.54	10173	1229
2000	613.31	84.60	322.38	292.99	29.40	206.33	11257	1360
2001	680.80	86.96	355.33	323.00	32.33	238.51	12433	1502
2002	782.85	89.17	403.27	367.47	35.80	290.42	14247	1721
2003	908.87	90.72	472.96	427.25	45.72	345.19	16479	1991
2004	1076.48	94.24	560.29	504.04	56.24	421.95	19422	2347
2005	1249.41	102.64	658.88	599.96	58.92	487.89	22395	2734
2006	1458.48	105.97	783.80	710.92	72.88	568.71	25940	3254
2007	1715.10	113.47	930.35	847.53	82.82	671.28	30247	3977
2008	1946.23	122.95	1041.87	950.02	91.85	781.41	34041	4901
2009	2040.45	132.22	1057.73	957.34	100.39	850.50	35408	5183
2010	2426.45	160.42	1254.33	1135.75	118.58	1011.70	41777	6172
2011	2754.41	189.25	1390.72	1253.40	137.32	1174.45	47087	7290
2012	2911.26	200.91	1419.47	1273.64	145.83	1290.87	49438	7832

注：本表按当年价格计算;人均生产总值按户籍计算,下同。

1-11 第三产业分行业增加值(一)

(1992-2012年)

单位:亿元

年 份	交通运输仓储及邮政业	批发和零售业	住宿和餐饮业	金融业	房地产业
1992	9.61	13.37	1.82	3.26	3.74
1993	10.97	18.22	2.24	4.44	5.18
1994	15.28	27.62	3.80	5.94	7.07
1995	20.63	40.11	6.69	10.18	9.40
1996	22.10	48.77	7.76	11.16	11.21
1997	24.30	52.04	8.33	8.87	14.08
1998	26.79	53.75	8.26	10.75	13.62
1999	28.89	57.95	8.83	11.10	16.90
2000	31.80	64.92	9.99	11.97	20.47
2001	33.76	71.72	11.02	15.97	25.15
2002	38.46	85.07	13.59	22.84	30.80
2003	43.03	98.48	16.18	28.55	40.82
2004	48.18	115.83	20.11	32.77	52.97
2005	54.25	127.99	23.76	49.51	57.87
2006	65.66	145.10	26.59	65.74	67.77
2007	73.79	169.14	31.57	89.72	80.63
2008	83.86	193.57	37.57	117.71	99.74
2009	81.18	219.07	41.08	138.75	104.77
2010	93.82	256.58	49.18	176.96	139.35
2011	103.95	310.29	58.92	213.99	153.34
2012	111.73	359.83	71.11	208.60	158.21

注：本表按当年价格计算,下同。

1-12 第三产业分行业增加值(二)

(1992-2012年)

单位:亿元

年份	其他服务业	信息传输、计算机服务和软件业	租赁和商务服务业	科学研究、技术服务和地质勘查业	水利、环境和公共设施管理业
1992	8.91				
1993	10.28				
1994	15.64				
1995	23.25				
1996	31.36				
1997	40.16				
1998	48.36				
1999	55.88				
2000	67.18				
2001	80.89				
2002	99.67				
2003	118.13				
2004	152.09	25.77	14.25	5.65	3.26
2005	174.53	30.23	16.39	6.48	3.64
2006	197.85	35.86	19.20	6.96	4.07
2007	226.42	43.39	20.73	7.97	4.46
2008	248.96	42.33	22.30	7.93	4.63
2009	265.66	41.06	21.92	8.77	5.50
2010	295.80	41.43	25.72	9.67	5.86
2011	333.95	43.95	27.38	10.69	5.30
2012	381.40	42.54	30.77	12.24	5.59

1－13 第三产业分行业增加值(三)

(1992－2012年)

单位:亿元

年份	居民服务和其他服务业	教育	卫生、社会保障和社会福利业	文化、体育和娱乐业	公共管理和社会组织
1992					
1993					
1994					
1995					
1996					
1997					
1998					
1999					
2000					
2001					
2002					
2003					
2004	14.03	30.54	18.49	5.08	35.02
2005	16.77	34.27	21.07	5.65	40.03
2006	18.66	37.61	23.22	6.68	45.59
2007	21.51	41.85	25.62	7.78	53.10
2008	25.28	44.92	25.81	11.86	63.90
2009	25.72	55.68	27.80	10.87	68.34
2010	29.30	64.38	30.08	14.08	75.28
2011	40.19	69.00	36.28	16.14	85.02
2012	44.54	78.33	45.44	18.68	103.26

1－14 主要年份生产总值构成

单位:%

年 份	生产总值	第一产业	第二产业			第三产业
				工 业	建筑业	
1949	100.00	75.69	6.12	5.88	0.24	18.19
1952	100.00	71.65	9.46	8.76	0.70	18.89
1957	100.00	61.03	16.32	14.40	1.92	22.65
1962	100.00	56.63	17.32	15.16	2.16	26.05
1965	100.00	60.63	15.11	12.72	2.39	24.26
1970	100.00	59.00	17.77	14.89	2.88	23.23
1975	100.00	53.08	26.22	22.42	3.80	20.70
1978	100.00	46.79	29.91	24.88	5.04	23.30
1980	100.00	43.28	34.15	29.34	4.81	22.57
1985	100.00	39.79	37.78	33.48	4.30	22.43
1990	100.00	30.27	40.43	35.36	5.07	29.30
1991	100.00	29.83	38.26	33.12	5.13	31.91
1992	100.00	26.45	41.28	35.99	5.29	32.27
1993	100.00	23.34	47.80	42.07	5.74	28.86
1994	100.00	23.63	48.47	43.34	5.13	27.90
1995	100.00	21.82	49.23	43.27	5.96	28.95
1996	100.00	20.37	49.94	44.90	5.04	29.69
1997	100.00	18.01	50.34	45.95	4.40	31.65
1998	100.00	17.30	50.74	46.11	4.63	31.96
1999	100.00	16.06	51.34	46.70	4.64	32.61
2000	100.00	13.79	52.56	47.77	4.79	33.64
2001	100.00	12.77	52.19	47.44	4.75	35.03
2002	100.00	11.39	51.51	46.94	4.57	37.10
2003	100.00	9.98	52.04	47.01	5.03	37.98
2004	100.00	8.75	52.05	46.82	5.22	39.20
2005	100.00	8.21	52.74	48.02	4.72	39.05
2006	100.00	7.27	53.74	48.74	5.00	38.99
2007	100.00	6.62	54.24	49.42	4.83	39.14
2008	100.00	6.32	53.53	48.81	4.72	40.15
2009	100.00	6.48	51.84	46.92	4.92	41.68
2010	100.00	6.61	51.70	46.81	4.89	41.69
2011	100.00	6.87	50.49	45.51	4.99	42.64
2012	100.00	6.90	48.76	43.75	5.01	44.34

注：本表按当年价格计算。

1-15 主要年份生产总值指数

（以1952年为100）

年份	生产总值	第一产业	第二产业	工业	建筑业	第三产业	人均生产总值
1949	72.50	75.91	51.60	53.58	26.68	62.21	75.41
1952	100.00	100.00	100.00	100.00	100.00	100.00	100.00
1957	141.90	136.40	189.30	175.70	300.70	149.90	127.00
1962	137.40	121.80	235.10	220.90	350.00	184.00	113.10
1965	183.60	168.30	267.50	247.40	569.60	237.30	136.90
1970	223.60	196.30	405.70	395.10	852.70	297.40	144.30
1975	266.60	196.10	797.40	780.90	1383.10	420.50	154.10
1978	385.00	251.30	1355.90	1201.80	3209.50	698.90	213.10
1980	485.74	250.83	2138.36	2131.84	2477.63	909.90	263.13
1985	938.24	395.39	5196.46	5423.19	4301.49	1690.97	479.24
1990	1734.03	388.25	12479.88	13487.54	7047.70	3655.80	839.54
1991	2132.37	440.13	15278.83	16381.73	9104.38	4886.04	1027.18
1992	2589.58	450.35	20590.12	22222.17	11738.60	5929.74	1241.40
1993	3198.93	469.49	28848.23	32247.29	12396.12	6790.19	1526.04
1994	4055.17	548.52	38234.75	43204.29	14738.26	8388.36	1923.81
1995	5049.45	637.38	48982.03	54366.52	22456.22	10334.27	2381.60
1996	5804.89	670.52	58633.16	66430.67	21957.77	11546.66	2720.72
1997	6115.46	643.70	62764.87	72029.13	20165.19	12372.30	2849.07
1998	6840.38	700.99	70987.98	81266.57	23533.25	13707.40	3167.44
1999	7678.87	733.94	80762.04	92663.22	26018.39	15469.57	3532.71
2000	8608.71	720.73	91978.84	105565.50	29513.46	17755.06	3934.65
2001	9671.73	748.12	102340.98	117732.41	32074.59	20870.06	4398.14
2002	11016.46	767.28	117107.66	135306.91	35066.95	24466.77	4992.15
2003	12655.74	774.35	136435.49	157158.42	42191.93	28615.63	5713.72
2004	14413.76	775.11	155639.57	179416.08	47749.78	33593.52	6475.37
2005	16394.42	778.30	180121.79	209391.28	50376.51	38319.80	7317.34
2006	18721.94	800.59	207904.65	240189.90	61818.87	44038.53	8291.23
2007	21425.66	813.58	241617.55	281309.97	66522.30	50401.48	9408.78
2008	23383.96	832.73	261480.05	306933.56	65870.90	56218.23	10184.40
2009	25376.18	849.90	281984.90	330042.26	73389.57	62073.92	10965.00
2010	28737.38	886.61	322812.05	379804.70	79171.22	70082.80	12320.21
2011	31044.23	914.34	343426.07	405024.49	82297.61	77679.36	13214.55
2012	33236.85	937.52	363818.27	428345.42	88639.58	84724.57	14054.17

注：本表按可比价格计算。

1－16 第三产业分行业增加值指数(一)

(1992－2012 年,以 2004 年为 100)

年　份	交通运输仓　储及邮政业	批发和零售业	住宿和餐饮业	金融业	房　地产　业	其　他服务业	信息传输、计算机服务和软件业
1992	37.36	18.83	21.11	17.54	16.63	10.44	
1993	36.68	23.27	20.29	20.34	20.56	12.37	
1994	47.48	28.12	26.47	22.95	23.93	15.86	
1995	52.85	35.71	39.25	33.75	24.91	19.82	
1996	54.36	40.94	41.91	34.97	25.84	24.09	
1997	57.71	43.38	44.31	27.69	32.34	27.27	
1998	61.57	45.46	45.88	34.10	32.32	33.59	
1999	64.65	50.08	50.55	36.05	40.82	39.84	
2000	68.60	56.55	57.27	39.27	49.18	48.09	
2001	71.88	64.58	63.82	54.23	59.88	59.05	
2002	81.19	75.29	77.01	73.47	68.86	68.56	
2003	90.69	87.43	88.95	91.39	84.24	79.96	
2004	100.00	100.00	100.00	100.00	100.00	100.00	100.00
2005	110.04	109.51	116.35	148.84	108.24	113.02	117.30
2006	127.69	123.17	129.22	195.10	125.83	126.44	139.02
2007	140.30	138.37	144.60	253.61	142.24	143.06	166.95
2008	152.06	148.96	158.36	310.67	159.22	159.25	182.38
2009	149.25	170.64	169.10	375.12	172.99	171.96	182.16
2010	166.61	192.35	197.38	458.93	194.77	186.68	183.43
2011	181.83	220.48	221.21	521.33	200.21	205.41	193.90
2012	195.03	250.92	255.80	534.77	207.98	227.06	187.02

1－17　第三产业分行业增加值指数(二)

(1992－2012年,以2004年为100)

年　　份	租赁和商务服务业	科学研究、技术服务和地质勘查业	水利、环境和公共设施管理业	居民服务和其他服务业	教　育	卫生、社会保障和社会福利业	文化、体育和娱乐业	公共管理和社会组织
1992								
1993								
1994								
1995								
1996								
1997								
1998								
1999								
2000								
2001								
2002								
2003								
2004	100.00	100.00	100.00	100.00	100.00	100.00	100.00	100.00
2005	112.29	112.00	109.17	116.73	109.58	113.03	108.63	112.84
2006	128.85	117.93	120.60	127.87	119.09	122.48	128.37	125.87
2007	137.23	133.25	127.04	145.32	136.81	132.40	147.01	140.72
2008	148.79	133.65	125.36	172.19	151.65	130.67	222.05	161.29
2009	151.24	152.84	154.22	181.16	186.24	137.74	201.17	175.13
2010	172.50	163.66	159.69	200.51	213.36	140.50	257.41	185.84
2011	177.93	175.39	139.74	266.57	229.06	164.23	288.02	199.14
2012	197.59	189.59	160.89	289.01	258.47	171.67	331.42	236.65

1－18 市区生产总值

（1978－2012年）

单位:万元

年份	市区	椒江区	黄岩区	路桥区
1978	32548	11798	12199	8551
1979	41787	16112	14963	10712
1980	47228	19456	16261	11512
1981	50843	22082	16567	12194
1982	59039	25289	19328	14422
1983	70505	31523	22186	16796
1984	92014	41982	28500	21531
1985	123012	49694	41634	31685
1986	134558	52163	46940	35455
1987	158033	58958	56567	42508
1988	204461	72331	75302	56828
1989	233516	76817	86557	70142
1990	251971	85480	89308	77183
1991	320142	106932	117033	96178
1992	416663	135425	155083	126155
1993	566571	175524	215144	175903
1994	889076	277480	344506	267090
1995	1219390	420112	394322	404956
1996	1469187	512340	475342	481505
1997	1664627	589163	506782	568682
1998	1846313	665377	539013	641923
1999	2057792	750645	584676	722471
2000	2315012	852007	646569	816436
2001	2559125	946555	704133	908437
2002	2938954	1081028	805272	1052654
2003	3409949	1272132	907349	1230468
2004	4046993	1517137	1057407	1472449
2005	4676246	1729918	1237310	1709018
2006	5440355	1998309	1459654	1982392
2007	6299807	2290122	1715834	2293850
2008	7102018	2502935	1992212	2606871
2009	7293472	2608239	2004147	2681087
2010	8527744	3065348	2311456	3150941
2011	9806530	3523238	2648444	3634848
2012	10493944	3723360	2834634	3935950

1-19 各县市生产总值

（1978-2012 年）

单位：万元

年　　份	玉环县	三门县	天台县	仙居县	温岭市	临海市
1978	7910	7466	8526	8901	20355	18886
1979	9061	8347	9560	9579	26328	24162
1980	12849	9655	11307	10892	27552	27380
1981	15011	9795	12861	12833	32439	30403
1982	14439	11963	14452	14467	38050	35603
1983	15277	12577	15471	16195	42138	37204
1984	18665	15913	18594	18333	51657	45454
1985	27674	22798	25189	22548	69826	57830
1986	30742	26531	27417	26008	84676	74650
1987	39272	30993	31353	32580	107129	86161
1988	58652	40983	44292	44266	139991	112371
1989	59058	45282	53997	50121	152507	136167
1990	73143	46863	58527	53103	161212	137622
1991	98558	57381	69247	59045	216933	157599
1992	128821	66757	79406	70313	278919	194374
1993	173184	83114	109834	96943	421251	267318
1994	283692	116881	157202	129603	657951	411952
1995	393645	150638	196314	158030	933228	573323
1996	479248	172491	211334	177662	1160182	656810
1997	525506	139490	208921	187289	1245195	554209
1998	577629	173035	222958	203712	1353736	605975
1999	656642	194092	250604	227802	1482229	675992
2000	745819	222107	292820	255474	1656554	769872
2001	828499	244602	326569	273822	1782466	875558
2002	964328	291671	374218	322357	1996711	1017712
2003	1110045	346115	437201	365210	2277769	1178192
2004	1275326	415165	532948	440053	2655088	1414105
2005	1491049	495020	621279	512406	3046852	1645667
2006	1808080	586951	721696	600620	3505331	1919255
2007	2255094	708585	837557	702939	4113559	2262489
2008	2557079	832095	961002	790216	4732891	2577347
2009	2447637	888825	1007104	839635	5020099	2769889
2010	3082176	1066243	1185778	1009546	5814595	3280140
2011	3581195	1237002	1371579	1166484	6659919	3684243
2012	3705353	1301882	1483642	1257023	6838377	3877696

1－20 市区生产总值指数

（1978－2012年，以1978年为100）

年　份	市　区	椒江区	黄岩区	路桥区
1978	100.00	100.00	100.00	100.00
1979	116.82	124.11	110.67	115.91
1980	126.21	143.02	116.29	118.21
1981	135.25	162.98	117.26	123.70
1982	152.34	182.87	130.00	143.28
1983	181.75	227.21	151.64	163.30
1984	228.64	291.88	187.19	202.07
1985	287.40	337.88	252.92	269.27
1986	310.30	354.33	279.57	296.03
1987	365.33	393.90	353.94	345.40
1988	405.60	390.97	436.50	385.73
1989	447.89	401.04	490.74	456.25
1990	471.14	410.82	517.19	493.99
1991	572.51	488.30	639.99	602.05
1992	739.31	647.89	815.33	766.68
1993	863.17	673.45	1004.42	947.66
1994	1075.82	885.85	1164.71	1215.51
1995	1316.58	1128.57	1285.71	1582.65
1996	1560.34	1370.54	1533.47	1820.95
1997	1781.99	1571.90	1663.65	2167.63
1998	2067.28	1863.53	1869.94	2527.81
1999	2384.35	2152.12	2127.98	2943.60
2000	2679.40	2415.56	2379.09	3325.16
2001	3005.48	2713.77	2664.58	3727.94
2002	3433.07	3067.81	3066.93	4280.24
2003	3931.25	3523.53	3474.84	4924.69
2004	4512.59	4052.82	3940.46	5691.03
2005	5127.84	4544.27	4527.22	6503.45
2006	5837.40	5133.94	5231.24	7379.39
2007	6592.53	5722.10	6008.18	8339.83
2008	7147.13	6019.19	6715.04	9098.88
2009	7622.98	6461.68	6978.96	9834.73
2010	8534.12	7257.56	7730.71	11061.84
2011	9300.57	7834.76	8457.92	12131.36
2012	10010.66	8250.80	9153.27	13275.61

1－21 各县市生产总值指数

（1978－2012年，以1978年为100）

年　份	玉环县	三门县	天台县	仙居县	温岭市	临海市
1978	100.00	100.00	100.00	100.00	100.00	100.00
1979	126.22	109.16	99.37	104.71	124.77	128.12
1980	156.70	112.08	114.88	130.29	129.65	145.32
1981	178.39	124.24	127.81	135.43	155.75	157.93
1982	162.03	139.95	138.66	139.54	175.85	172.82
1983	168.43	151.44	144.48	156.17	200.37	177.68
1984	201.79	185.20	167.38	182.28	246.82	201.17
1985	259.63	224.86	203.28	201.99	293.19	227.77
1986	278.31	240.61	211.51	225.66	372.32	285.39
1987	332.22	262.38	218.85	269.38	477.20	321.62
1988	457.68	311.38	275.47	335.51	559.87	374.73
1989	463.27	330.02	306.88	362.95	669.45	442.75
1990	497.55	327.32	322.07	377.83	731.81	403.49
1991	572.50	401.45	361.63	411.72	925.60	446.59
1992	706.87	454.84	394.30	431.41	1150.67	537.66
1993	850.28	492.59	460.92	547.64	1682.98	657.87
1994	1130.88	557.12	543.24	626.95	2177.10	859.77
1995	1393.11	612.24	603.92	703.42	2670.24	969.79
1996	1683.78	610.71	621.85	766.81	3393.82	1087.64
1997	1906.02	498.39	614.14	819.32	3669.45	901.49
1998	2141.09	621.01	669.35	938.89	4162.68	1019.41
1999	2560.88	714.95	778.69	1078.83	4727.57	1169.65
2000	2957.20	803.31	908.08	1205.25	5301.42	1334.03
2001	3344.60	901.31	1018.70	1337.82	5787.66	1527.31
2002	3823.13	1044.62	1172.31	1530.47	6436.30	1755.55
2003	4373.48	1222.20	1343.35	1722.02	7270.97	2025.95
2004	4989.80	1411.65	1569.26	1969.42	8207.53	2350.66
2005	5692.81	1638.49	1783.36	2242.26	9215.75	2676.51
2006	6733.14	1909.60	2025.60	2579.93	10465.19	3056.89
2007	8196.35	2230.64	2280.14	2903.80	11947.56	3504.37
2008	8954.50	2493.97	2519.72	3143.76	13205.24	3854.15
2009	8824.67	2733.26	2718.65	3446.44	14533.91	4271.50
2010	10728.66	3105.73	3038.82	3925.33	16147.81	4846.98
2011	11961.20	3369.30	3360.06	4297.79	17612.81	5178.62
2012	12653.74	3549.34	3654.84	4690.55	18554.58	5535.14

1－22 市区第一产业增加值

（1978－2012 年）

单位:万元

年 份	市 区	椒江区	黄岩区	路桥区
1978	12763	3051	5170	4542
1979	16518	4981	6457	5080
1980	17311	5578	6295	5438
1981	18352	6128	6615	5609
1982	21590	7166	7769	6655
1983	21903	6815	8282	6806
1984	28034	9022	10437	8575
1985	34876	10268	13508	11100
1986	35628	10716	13675	11237
1987	40455	12906	15123	12426
1988	47543	14666	18048	14829
1989	49622	13805	19662	16155
1990	52736	16412	19940	16384
1991	60743	17412	24218	19113
1992	71567	17951	30501	23115
1993	84136	23208	35266	25661
1994	121306	37497	49985	33824
1995	172467	56160	58221	58086
1996	190767	61694	65266	63807
1997	170736	52837	56381	61518
1998	185514	58055	64684	62775
1999	185907	57009	67150	61748
2000	180337	52036	68458	59843
2001	185606	53794	70107	61705
2002	194692	57853	73259	63580
2003	194801	55175	75641	63986
2004	203055	57532	78150	67373
2005	218671	61474	81718	75479
2006	224892	63608	87181	74103
2007	226444	68537	90841	67066
2008	242959	75343	96616	71000
2009	260844	83934	102865	74045
2010	327548	118033	122068	87447
2011	382029	141906	137166	102957
2012	402846	151507	146434	104905

1-23 各县市第一产业增加值

（1978-2012年）

单位：万元

年　份	玉环县	三门县	天台县	仙居县	温岭市	临海市
1978	3574	4123	4186	5459	8462	7578
1979	3675	4112	4830	6110	10182	11065
1980	3561	5086	5415	6361	9807	12224
1981	3860	3985	6250	7541	10199	13403
1982	5710	5921	7716	9285	14108	17520
1983	5698	5111	8260	9188	14354	18026
1984	6767	7283	9010	10267	14220	21336
1985	8300	10767	11833	12383	26138	23549
1986	8735	11221	11958	13125	29840	28022
1987	10859	13233	13113	14878	38716	27956
1988	16146	17456	16071	17768	47754	32001
1989	17617	20221	19057	19487	50792	36219
1990	20797	20412	17591	22630	53223	41691
1991	29177	23919	20269	22880	79171	48365
1992	32580	24094	20603	22615	94637	53015
1993	50920	32993	24889	30926	108432	58583
1994	83474	57979	36708	34974	180230	88069
1995	117290	73174	40348	38024	224680	118225
1996	134916	75830	45730	38789	236223	136829
1997	137597	43730	44881	38827	256253	122190
1998	137788	62386	46145	39751	259929	126369
1999	139536	66275	46735	40464	262839	131165
2000	136637	69227	47866	41425	255171	134870
2001	132488	75260	49731	41673	260372	141070
2002	129313	81151	51211	44133	261644	140131
2003	122686	87501	52517	47608	264787	144661
2004	122051	92727	54646	52542	265021	152358
2005	130510	103391	63186	60107	286396	164094
2006	133257	106801	66852	64195	290218	173500
2007	136616	114767	73583	77715	312720	192883
2008	153599	125657	76744	85587	334045	210884
2009	165812	134107	76876	87727	360766	236056
2010	197928	161867	102560	108655	420519	285087
2011	242524	194134	108189	122377	505873	337353
2012	253094	210039	116873	131128	535290	359878

1－24　市区第一产业增加值指数

（1978－2012年，以1978年为100）

年　份	市　区	椒江区	黄岩区	路桥区
1978	100.00	100.00	100.00	100.00
1979	119.89	145.90	110.80	112.80
1980	118.52	159.04	105.26	106.30
1981	124.22	176.17	106.10	109.84
1982	141.90	201.35	120.43	126.34
1983	145.61	193.52	127.77	133.69
1984	182.74	254.69	157.80	162.68
1985	205.69	286.69	185.73	173.59
1986	207.54	302.66	182.01	172.29
1987	235.08	365.24	207.86	177.79
1988	235.00	336.79	229.68	171.57
1989	237.55	308.47	248.75	175.97
1990	241.35	342.25	251.24	160.75
1991	267.95	344.40	309.27	171.58
1992	294.24	319.63	374.52	188.78
1993	290.46	324.33	377.90	175.82
1994	316.72	377.72	416.07	177.28
1995	371.97	493.10	378.20	270.94
1996	394.51	519.03	406.94	284.68
1997	369.21	466.26	365.44	287.58
1998	417.78	531.48	436.70	305.53
1999	437.11	540.51	466.83	319.28
2000	426.30	495.11	471.04	314.17
2001	438.94	508.97	487.52	322.02
2002	461.38	547.66	510.93	332.66
2003	459.31	519.18	523.19	334.42
2004	460.87	522.29	520.66	338.10
2005	455.73	532.81	494.46	340.87
2006	469.99	550.92	536.00	331.33
2007	478.90	552.02	560.66	331.66
2008	488.37	572.42	574.99	330.86
2009	494.81	598.14	580.49	327.30
2010	515.16	641.31	593.49	339.20
2011	529.98	660.23	611.65	347.76
2012	539.63	683.67	625.98	343.39

1－25 各县市第一产业增加值指数

（1978－2012 年，以 1978 年为 100）

年　份	玉环县	三门县	天台县	仙居县	温岭市	临海市
1978	100.00	100.00	100.00	100.00	100.00	100.00
1979	138.85	102.16	89.12	112.15	106.36	146.01
1980	125.24	113.95	101.68	127.07	120.37	161.53
1981	133.25	122.16	114.98	131.87	133.52	176.97
1982	180.59	141.83	134.58	138.56	178.78	199.91
1983	178.45	137.29	138.58	133.87	199.91	212.76
1984	204.37	163.78	143.16	160.47	231.45	234.59
1985	206.48	186.39	161.45	166.97	274.75	228.85
1986	205.07	185.83	154.14	170.20	371.58	264.84
1987	243.51	188.43	146.06	169.42	452.25	256.13
1988	268.30	199.92	144.41	162.39	429.59	258.33
1989	292.18	207.12	159.25	168.75	603.71	274.17
1990	300.03	181.23	141.52	175.96	615.11	240.97
1991	315.87	238.59	159.57	194.40	693.23	291.93
1992	327.26	249.33	155.78	185.22	704.32	288.23
1993	395.24	270.73	171.05	212.63	743.06	288.04
1994	474.37	347.77	184.41	182.86	877.56	337.39
1995	592.94	386.72	184.41	187.43	965.31	329.35
1996	654.22	331.82	185.22	190.05	970.14	365.88
1997	693.63	198.90	188.81	197.66	1051.63	339.41
1998	724.18	295.57	201.54	210.70	1110.52	366.86
1999	756.30	323.67	210.24	224.78	1149.39	392.58
2000	735.08	335.41	213.31	233.10	1099.97	400.51
2001	720.02	368.32	223.79	234.90	1130.77	423.39
2002	703.65	397.16	230.56	250.15	1127.80	445.04
2003	660.27	428.23	233.86	268.24	1130.19	454.47
2004	632.08	427.88	234.38	283.40	1109.97	460.02
2005	620.82	439.10	241.67	300.05	1112.26	461.68
2006	625.16	453.15	249.40	321.66	1116.71	491.68
2007	621.41	458.59	253.39	338.06	1126.76	507.91
2008	635.45	469.78	259.30	351.40	1133.09	534.65
2009	638.44	480.42	266.44	358.47	1153.92	561.40
2010	671.86	509.14	277.68	379.95	1186.01	591.84
2011	695.35	524.47	284.25	393.09	1218.99	615.16
2012	700.98	548.20	290.08	400.72	1257.36	632.79

1－26 市区第二产业增加值

（1978－2012年）

单位：万元

年份	市区	椒江区	黄岩区	路桥区
1978	12105	5876	3999	2230
1979	16193	7349	5287	3557
1980	18952	8600	6394	3958
1981	20713	9796	6584	4333
1982	23730	10793	7730	5206
1983	31643	15478	9352	6813
1984	42914	21290	12531	9092
1985	60756	26241	19772	14743
1986	65546	27450	21860	16236
1987	77119	29655	27293	20171
1988	104697	38987	37872	27839
1989	127816	45432	47575	34809
1990	128592	41626	50066	36899
1991	161295	52775	61762	46758
1992	219444	71945	84766	62733
1993	339288	105611	134799	98878
1994	529033	173928	207138	147966
1995	688456	258203	226954	203299
1996	838000	316848	279119	242033
1997	966312	378694	302684	284934
1998	1054524	410379	315510	328635
1999	1179197	464688	340909	373600
2000	1313821	515605	374926	423289
2001	1413010	558660	402198	452152
2002	1578265	610734	452162	515369
2003	1810217	706772	501383	602062
2004	2116833	831249	569441	716143
2005	2465316	942645	676560	846111
2006	2884074	1080425	810805	992844
2007	3311983	1176331	956764	1178889
2008	3665319	1218519	1109708	1337092
2009	3581654	1193339	1072389	1315925
2010	4146834	1377667	1234834	1534333
2011	4698418	1512868	1428961	1756589
2012	4952466	1589546	1471282	1891638

1－27 各县市第二产业增加值

（1978－2012年）

单位:万元

年　份	玉环县	三门县	天台县	仙居县	温岭市	临海市
1978	2078	1676	2563	2029	5797	5700
1979	2847	2211	2653	1829	8879	7161
1980	5502	2438	3453	2792	9884	8293
1981	6408	3237	3778	3297	11675	9732
1982	5316	3238	3652	2961	11618	10063
1983	5767	4193	3797	4179	13204	10333
1984	7790	4676	5114	4847	19809	13143
1985	13659	6820	7376	6106	20608	17834
1986	14902	7948	8443	7676	23974	22430
1987	19789	9364	9684	11343	31088	28679
1988	30789	13319	16236	18054	39526	39588
1989	29681	14321	20983	21575	46165	54149
1990	32252	15737	23562	18925	50311	53073
1991	39694	19754	28333	22218	62931	59755
1992	59775	28860	33593	29559	94438	73998
1993	71050	33656	51057	40430	188319	121838
1994	126814	37992	68786	55277	280363	191025
1995	184924	44607	87516	69174	425266	274286
1996	238615	57545	86248	79887	574169	320133
1997	264373	48588	81583	83245	604343	247458
1998	294866	57988	87999	92413	663726	279073
1999	349993	66919	105251	106700	734779	317762
2000	411862	80041	127168	123397	845962	367305
2001	472867	84877	143378	129965	910492	425513
2002	567736	102628	168540	155632	1016922	508182
2003	668028	125912	197630	173794	1188978	597504
2004	772140	151334	240762	205141	1407838	723738
2005	917240	194467	285575	239772	1626839	860109
2006	1160442	245951	340966	288702	1899699	1028346
2007	1496990	313572	382773	329817	2243960	1222191
2008	1684266	374137	443365	359323	2575938	1371839
2009	1503720	399790	450910	372193	2692411	1477814
2010	1959568	492167	526977	456904	3104014	1755675
2011	2236333	548771	620884	527973	3468910	1945139
2012	2249488	548143	644333	554171	3244831	1974469

1－28 市区第二产业增加值指数

（1978－2012 年，以 1978 年为 100）

年　份	市　区	椒江区	黄岩区	路桥区
1978	100.00	100.00	100.00	100.00
1979	117.37	114.81	117.74	122.81
1980	133.57	125.37	138.89	144.30
1981	144.17	142.79	139.97	153.69
1982	161.76	154.41	159.59	182.69
1983	213.55	219.76	198.01	222.68
1984	277.68	287.61	256.03	287.35
1985	378.13	345.03	374.89	463.86
1986	402.32	357.73	401.41	512.73
1987	476.03	374.33	528.05	639.90
1988	551.75	400.44	673.22	722.61
1989	660.24	453.24	829.44	889.54
1990	661.08	373.76	905.08	965.77
1991	854.66	499.10	1143.78	1240.30
1992	1144.76	699.76	1466.63	1664.92
1993	1420.46	781.58	1851.43	2272.93
1994	1716.13	1097.54	1786.15	2951.69
1995	2083.10	1364.62	2123.31	3553.29
1996	2579.97	1685.43	2777.12	4201.20
1997	3060.57	2048.50	3175.23	5013.23
1998	3485.13	2286.08	3519.77	5983.36
1999	4065.59	2662.97	4079.17	7029.98
2000	4541.86	2924.06	4593.75	7948.65
2001	5065.74	3214.30	5197.29	8922.52
2002	5703.21	3504.92	6028.17	10185.40
2003	6544.86	4003.20	6920.19	11748.07
2004	7402.97	4492.30	7793.20	13452.80
2005	8511.43	5029.56	9127.46	15691.10
2006	9661.14	5597.32	10606.57	17860.22
2007	10862.55	5960.48	12265.90	20770.37
2008	11601.49	5931.83	13750.37	22798.64
2009	12126.16	6131.39	14047.15	24515.31
2010	13565.95	6858.32	15692.06	27461.48
2011	14666.07	7171.45	17381.05	29975.69
2012	15897.73	7577.51	18699.00	33398.02

1－29 各县市第二产业增加值指数

（1978－2012年，以1978年为100）

年　份	玉环县	三门县	天台县	仙居县	温岭市	临海市
1978	100.00	100.00	100.00	100.00	100.00	100.00
1979	128.31	112.17	102.14	82.99	153.30	126.33
1980	201.50	97.39	124.65	136.94	141.99	147.04
1981	226.62	108.18	134.84	134.98	166.01	171.38
1982	177.48	119.21	131.31	126.40	147.64	173.16
1983	190.26	149.76	137.27	179.22	170.82	167.72
1984	258.01	196.18	183.03	206.10	230.56	188.35
1985	399.38	264.84	253.48	254.32	273.35	241.12
1986	431.97	263.18	284.11	310.18	271.56	295.80
1987	533.16	320.84	307.97	468.61	405.39	373.09
1988	860.35	462.25	481.81	734.36	499.82	497.16
1989	869.32	538.52	572.25	823.97	597.90	693.59
1990	947.37	576.75	623.20	835.44	677.17	674.72
1991	1000.71	619.21	682.20	848.25	948.82	710.53
1992	1399.11	881.61	779.82	890.01	1479.29	936.51
1993	1670.38	976.84	969.01	1297.78	2809.76	1414.18
1994	2470.38	943.09	1115.54	1723.47	3662.23	1926.93
1995	3220.35	893.21	1280.65	2032.35	4684.41	2218.78
1996	4225.06	1085.01	1267.58	2372.66	6425.61	2605.62
1997	4702.77	963.19	1199.72	2505.32	6968.72	2025.21
1998	5384.16	1025.15	1333.49	2910.57	7910.26	2353.99
1999	6638.89	1225.28	1682.70	3485.91	9100.52	2767.65
2000	7789.15	1409.46	2044.90	4002.58	10379.82	3205.06
2001	9115.88	1547.58	2335.45	4486.90	11359.33	3714.06
2002	10692.54	1779.72	2762.87	5155.44	12776.96	4321.41
2003	12432.25	2151.68	3194.25	5682.58	14800.12	5103.00
2004	14435.13	2502.41	3745.58	6441.31	16897.32	6040.44
2005	16864.28	3179.30	4366.99	7390.46	19189.51	7055.48
2006	20689.79	3911.70	5062.20	8653.72	22127.45	8186.90
2007	26157.00	4863.60	5558.55	9648.87	25613.22	9524.05
2008	28524.92	5540.10	6226.30	10203.71	28400.28	10355.71
2009	26710.77	6241.32	6623.44	11164.04	31685.93	11782.10
2010	33842.56	7357.40	7498.39	13119.04	35342.50	13559.02
2011	37593.03	7747.38	8427.66	14317.87	38079.11	14402.68
2012	39525.93	8020.97	9182.54	15702.18	38122.22	15260.35

1－30 市区工业增加值

（1978－2012 年）

单位:万元

年份	市区	椒江区	黄岩区	路桥区
1978	10732	5022	3723	1987
1979	14534	6391	4920	3223
1980	17000	7554	5919	3527
1981	18331	8342	6088	3901
1982	21007	9176	7147	4684
1983	28492	13697	8640	6155
1984	38870	19082	11572	8216
1985	54825	23284	18240	13301
1986	58899	24124	20054	14721
1987	69174	25861	25024	18289
1988	93345	33402	34703	25240
1989	115459	40323	43571	31565
1990	115482	35586	46252	33644
1991	143251	44258	56336	42657
1992	194319	59771	77461	57087
1993	305645	94712	121311	89621
1994	475734	151088	187993	136653
1995	605992	226348	197183	182462
1996	749203	279027	253459	216717
1997	882086	347339	275365	259382
1998	963968	374267	290166	299535
1999	1074701	416711	315483	342507
2000	1202859	462828	348823	391208
2001	1284404	493489	371371	419544
2002	1421409	534170	417356	469882
2003	1615867	610878	459432	545557
2004	1869800	709131	518531	642138
2005	2237434	833787	632014	771633
2006	2617939	949383	756920	911636
2007	3010817	1037509	894574	1078734
2008	3318548	1069736	1034037	1214775
2009	3221765	1045070	993146	1183548
2010	3767779	1197719	1156659	1413401
2011	4249663	1310867	1332022	1606774
2012	4475661	1374762	1370415	1730484

1-31 各县市工业增加值

（1978-2012年）

单位：万元

年　份	玉环县	三门县	天台县	仙居县	温岭市	临海市
1978	1733	1567	2116	1578	3790	4140
1979	2489	1969	2220	1415	6301	5399
1980	4383	2242	2938	2313	7602	6569
1981	5096	2940	3206	2505	9089	8186
1982	4209	2927	3095	2517	9329	7642
1983	4743	3870	3326	3624	10187	8171
1984	6555	4218	4473	4252	15327	11359
1985	12332	6126	6364	5595	17433	15235
1986	13360	7001	7223	6801	21571	20049
1987	17092	8369	7694	9603	27669	24755
1988	28066	12120	13815	15879	34560	34921
1989	28396	13113	16025	19570	41699	48482
1990	30710	14026	17718	17456	43874	46926
1991	36830	17507	22617	18488	52290	52430
1992	55218	25973	26716	24624	84260	65379
1993	67057	30628	43983	33519	166108	106391
1994	117616	34200	60549	46936	254137	171697
1995	167533	39455	72235	56969	390945	232991
1996	227989	50283	71781	69253	531209	278957
1997	246086	43709	73592	72848	567611	212616
1998	276500	51018	79827	81962	625464	240342
1999	330731	58531	91101	94964	698865	278070
2000	387470	70398	107378	109657	805413	324969
2001	443081	72836	125484	116233	867278	380080
2002	512157	86529	147643	140050	964829	465332
2003	594469	104439	169498	153906	1120323	543670
2004	712886	126146	208288	174720	1318893	644653
2005	851680	164054	245451	199980	1535507	764403
2006	1079766	197144	300776	235465	1779288	922535
2007	1409189	250813	336765	276025	2086360	1110107
2008	1602925	297597	387757	310666	2389819	1248400
2009	1444275	294132	399097	327973	2483420	1303961
2010	1873368	351214	464377	392607	2880514	1557975
2011	2130567	395287	529791	424884	3217408	1716863
2012	2140676	394497	545002	446672	2969218	1740051

1-32 市区工业增加值指数

（1978-2012年，以1978年为100）

年份	市区	椒江区	黄岩区	路桥区
1978	100.00	100.00	100.00	100.00
1979	118.45	115.32	119.00	125.44
1980	141.26	131.15	147.32	156.51
1981	150.66	145.52	148.50	167.89
1982	169.39	156.79	169.74	201.23
1983	229.66	232.58	214.04	250.39
1984	301.54	308.59	278.25	325.51
1985	412.60	368.73	409.03	531.75
1986	439.92	382.02	438.88	590.46
1987	520.94	399.14	576.69	733.71
1988	602.45	418.88	739.32	828.58
1989	736.46	492.66	919.72	1034.06
1990	733.65	393.90	1003.41	1122.27
1991	947.66	527.26	1265.69	1440.77
1992	1285.25	745.16	1665.57	1941.81
1993	1644.01	890.21	2108.74	2707.03
1994	1961.38	1216.36	2013.67	3536.72
1995	2360.93	1504.46	2390.98	4186.26
1996	2942.09	1869.36	3117.94	5020.32
1997	3554.71	2351.71	3573.33	6083.15
1998	4047.28	2614.58	3968.82	7269.20
1999	4702.32	3008.95	4589.13	8566.28
2000	5255.73	3307.85	5165.44	9685.21
2001	5842.12	3590.57	5852.50	10902.07
2002	6551.51	3883.23	6722.14	12488.68
2003	7494.95	4415.11	7704.68	14360.36
2004	8456.72	4923.65	8654.01	16461.96
2005	9923.92	5676.20	10342.18	19395.76
2006	11240.67	6256.68	11990.42	22182.84
2007	12700.24	6717.22	13921.83	25787.24
2008	13614.35	6718.90	15639.78	28322.51
2009	14213.66	6960.06	15929.66	30383.13
2010	16080.96	7768.94	18008.47	34785.58
2011	17414.75	8167.97	19940.09	37909.32
2012	18869.24	8591.87	21465.26	42277.23

1－33 各县市工业增加值指数

（1978－2012 年，以 1978 年为 100）

年　份	玉环县	三门县	天台县	仙居县	温岭市	临海市
1978	100.00	100.00	100.00	100.00	100.00	100.00
1979	129.28	112.59	103.76	82.52	170.88	130.33
1980	192.70	99.30	138.09	145.84	191.30	158.78
1981	218.33	161.31	149.41	131.84	227.50	197.30
1982	184.19	177.73	145.65	138.14	203.01	179.58
1983	198.35	227.07	157.80	199.81	227.65	179.40
1984	279.14	299.32	211.60	232.40	304.07	218.62
1985	521.54	433.27	290.87	299.55	413.20	277.10
1986	667.78	429.76	326.14	353.27	429.60	359.40
1987	851.76	521.08	334.66	509.95	649.20	441.45
1988	1450.89	760.84	559.16	830.25	800.80	610.31
1989	1478.45	894.06	621.19	960.70	987.65	872.81
1990	1598.50	956.20	677.23	990.59	1107.15	847.32
1991	1623.92	1001.61	766.90	907.34	1509.83	876.64
1992	2282.91	1446.33	864.29	912.62	2516.85	1174.65
1993	2753.27	1612.66	1213.67	1410.86	4880.98	1816.02
1994	4041.43	1511.06	1421.87	1938.56	6466.34	2526.00
1995	5157.41	1290.45	1522.31	2225.42	8295.69	2732.20
1996	7060.00	1655.64	1524.87	2703.91	11445.32	3288.12
1997	7713.47	1458.62	1563.30	2868.88	12548.13	2525.41
1998	8814.92	1601.57	1748.45	3365.19	14278.51	2943.56
1999	10960.69	1960.32	2118.65	4038.22	16537.59	3516.14
2000	12900.13	2289.65	2523.64	4619.72	18876.95	4116.16
2001	15144.32	2532.35	2997.85	5248.00	20697.52	4822.61
2002	17749.15	2947.66	3558.94	6050.94	23215.08	5743.34
2003	20589.03	3619.73	4060.78	6608.93	26791.62	6780.56
2004	24006.81	4253.18	4828.96	7287.28	30513.94	7921.06
2005	28121.16	5423.36	5579.51	8178.12	34832.36	9209.21
2006	34513.25	6309.05	6618.70	9321.64	39844.46	10759.26
2007	44250.72	7885.44	7280.35	10735.16	45899.27	12719.19
2008	48973.88	9080.04	8195.19	11868.84	51076.40	13961.80
2009	46290.48	9633.77	8838.78	13265.78	56882.96	15513.22
2010	58508.84	11143.08	10006.15	15352.67	63905.85	18005.18
2011	65000.82	12071.54	11000.27	15880.95	69187.85	19184.24
2012	68334.95	12539.95	11936.84	17518.68	68656.67	20344.15

1－34 市区第三产业增加值

（1978－2012年）

单位：万元

年份	市区	椒江区	黄岩区	路桥区
1978	7680	2871	3030	1779
1979	9076	3782	3219	2075
1980	10965	5278	3572	2116
1981	11778	6158	3368	2252
1982	13719	7330	3829	2561
1983	16959	9231	4552	3177
1984	21066	11670	5532	3864
1985	27380	13185	8354	5841
1986	33384	13998	11405	7981
1987	40459	16397	14151	9911
1988	52221	18678	19382	14161
1989	56078	17581	19320	19178
1990	70643	27442	19302	23899
1991	98105	36745	31053	30307
1992	125652	45530	39816	40307
1993	143148	46705	45079	51364
1994	238737	66055	87382	85300
1995	358468	105750	109147	143571
1996	440420	133798	130957	175665
1997	527579	157633	147717	222230
1998	606275	196943	158820	250513
1999	692688	228948	176617	287123
2000	820855	284366	203185	333303
2001	960509	334101	231829	394580
2002	1165997	412441	279851	473705
2003	1404931	510186	330325	564420
2004	1727105	628356	409816	688933
2005	1992259	725798	479033	787428
2006	2331390	854276	561669	915445
2007	2761380	1045255	668230	1047896
2008	3193740	1209072	785888	1198780
2009	3450974	1330965	828892	1291117
2010	4053362	1569648	954553	1529160
2011	4726084	1868465	1082316	1775302
2012	5138632	1982307	1216918	1939407

1－35 各县市第三产业增加值

（1978－2012年）

单位：万元

年　份	玉环县	三门县	天台县	仙居县	温岭市	临海市
1978	2258	1667	1777	1413	6096	5608
1979	2539	2024	2077	1640	7267	5936
1980	3786	2131	2439	1739	7860	6863
1981	4743	2573	2834	1995	10565	7268
1982	3413	2804	3084	2221	12324	8021
1983	3812	3273	3413	2828	14580	8846
1984	4108	3954	4470	3219	17628	10975
1985	5715	5211	5980	4059	23080	16447
1986	7104	7362	7016	5207	30862	24199
1987	8624	8396	8556	6359	37325	29526
1988	11717	10208	11985	8444	52712	40782
1989	11760	10740	13957	9059	55549	45799
1990	20094	10714	17375	11547	57678	42858
1991	29587	13708	20645	13947	74831	49479
1992	36466	13803	25210	18139	89844	67361
1993	51215	16465	33889	25587	124501	86896
1994	73405	20910	51708	39352	197359	132857
1995	91431	32857	68450	50832	283281	180813
1996	105718	39116	79357	58986	349790	199848
1997	123536	47172	82456	65217	384599	184562
1998	144975	52661	88815	71548	430081	200533
1999	167114	60898	98618	80638	484611	227065
2000	197320	72839	117786	90652	555421	267697
2001	223143	84465	133460	102184	611601	308975
2002	267278	107892	154467	122592	718145	369400
2003	319331	132702	187054	143808	824004	436026
2004	381135	171104	237540	182370	982229	538009
2005	443298	197162	272518	212527	1133617	621464
2006	514381	234199	313878	247724	1315414	717408
2007	621488	280246	381201	295406	1556879	847415
2008	719214	332301	440893	345305	1822908	994625
2009	773105	354927	479318	379714	1966922	1056019
2010	924679	412209	556242	443987	2290062	1239378
2011	1102338	494098	642505	516134	2685136	1401751
2012	1202771	543700	722436	571724	3058256	1543349

1-36 市区第三产业增加值指数

(1978-2012年,以1978年为100)

年　份	市　区	椒江区	黄岩区	路桥区
1978	100.00	100.00	100.00	100.00
1979	111.25	118.96	101.38	114.56
1980	127.53	160.46	107.24	113.36
1981	139.74	188.40	108.30	118.48
1982	155.03	219.58	108.94	132.83
1983	191.29	275.05	133.49	158.35
1984	226.43	335.80	148.60	186.18
1985	277.46	372.14	210.10	247.50
1986	334.06	396.66	292.01	318.84
1987	405.13	458.98	382.77	374.49
1988	455.60	422.75	489.49	480.43
1989	456.27	384.47	467.05	591.00
1990	549.64	554.67	469.07	717.58
1991	633.23	596.29	551.53	876.48
1992	843.55	839.76	727.48	1109.07
1993	948.16	758.52	997.16	1300.25
1994	1340.88	888.79	1683.98	1773.68
1995	1693.38	1196.54	1811.52	2519.29
1996	1917.36	1466.88	1916.87	2851.89
1997	2155.35	1547.55	2008.00	3537.85
1998	2617.36	2176.03	2273.07	4059.72
1999	3025.35	2532.56	2545.81	4767.56
2000	3550.64	3096.77	2899.69	5519.36
2001	4088.64	3669.00	3276.66	6273.41
2002	4842.79	4426.59	3827.14	7371.80
2003	5654.17	5252.81	4359.12	8608.50
2004	6742.39	6343.10	5143.76	10209.46
2005	7666.40	7187.10	5946.84	11530.11
2006	8848.61	8335.51	6889.22	13218.91
2007	10143.01	9877.39	7947.81	14615.74
2008	11248.09	11027.23	8950.70	15937.58
2009	12321.29	12295.47	9561.78	17425.16
2010	13876.31	13897.23	10572.04	19782.14
2011	15314.72	15467.94	11466.80	21877.51
2012	16433.96	16263.33	12588.16	23634.95

1－37　各县市第三产业增加值指数

（1978－2012 年，以 1978 年为 100）

年　份	玉环县	三门县	天台县	仙居县	温岭市	临海市
1978	100.00	100.00	100.00	100.00	100.00	100.00
1979	110.66	119.39	112.31	117.95	122.19	105.76
1980	160.32	119.25	123.75	130.81	130.49	121.66
1981	196.95	142.26	138.05	148.11	176.99	118.72
1982	139.95	153.36	144.19	161.88	207.91	135.89
1983	149.99	177.28	154.08	203.18	239.06	140.32
1984	156.26	208.84	191.75	225.89	291.21	168.86
1985	191.11	247.26	222.61	251.47	346.76	212.65
1986	219.99	326.88	240.38	302.47	497.05	302.15
1987	243.87	344.54	265.36	337.37	603.24	357.57
1988	271.36	353.84	308.23	372.13	816.39	407.95
1989	251.62	318.81	297.86	383.34	854.12	417.49
1990	270.97	316.90	350.04	432.16	967.06	349.78
1991	380.26	405.45	404.74	510.79	1231.11	374.79
1992	453.08	383.55	459.45	623.18	1385.55	488.47
1993	549.31	395.83	521.04	756.94	1638.09	516.72
1994	664.34	439.37	677.33	956.45	2206.14	679.86
1995	729.06	583.29	773.74	1074.79	2626.96	810.12
1996	786.74	604.90	847.31	1107.09	3123.56	838.26
1997	971.16	670.39	861.78	1234.27	3346.83	730.05
1998	1095.81	817.57	930.13	1456.84	3910.30	808.48
1999	1321.94	960.25	1042.67	1637.42	4457.69	924.82
2000	1599.39	1146.61	1232.80	1824.36	5055.33	1090.40
2001	1849.55	1343.30	1392.42	2083.87	5646.60	1275.77
2002	2181.45	1666.63	1616.76	2434.24	6446.03	1499.06
2003	2631.80	2007.18	1905.49	2859.40	7314.05	1756.92
2004	3081.88	2520.53	2307.87	3389.65	8464.68	2075.01
2005	3498.00	2867.11	2608.87	3904.90	9626.93	2364.90
2006	3999.06	3358.61	2962.17	4490.13	11010.03	2689.44
2007	4682.98	3903.79	3490.37	5196.40	12640.44	3094.17
2008	5208.66	4420.64	3856.58	5824.12	14151.18	3490.61
2009	5715.64	4811.76	4253.53	6496.54	15470.55	3769.20
2010	6534.45	5357.10	4745.45	7262.81	17299.09	4250.21
2011	7453.18	6130.71	5237.01	8085.32	19380.11	4606.71
2012	8056.52	6598.11	5747.36	8913.34	21810.43	5024.14

1－38 市区人均生产总值

(1978－2012年)

单位:元

年份	市区	椒江区	黄岩区	路桥区
1978	282	340	248	259
1979	354	459	302	321
1980	397	547	326	343
1981	424	614	330	361
1982	486	692	380	422
1983	572	849	431	484
1984	738	1114	547	616
1985	975	1299	790	900
1986	1053	1345	880	995
1987	1221	1498	1047	1179
1988	1559	1806	1379	1557
1989	1763	1889	1576	1902
1990	1889	2077	1621	2080
1991	2387	2572	2118	2580
1992	3092	3232	2798	3369
1993	4182	4156	3869	4672
1994	6522	6525	6169	7038
1995	8887	9805	7034	10571
1996	10628	11856	8436	12449
1997	11956	13524	8949	14571
1998	13165	15131	9498	16243
1999	14550	16868	10275	18048
2000	16235	18915	11314	20206
2001	17830	20749	12323	22280
2002	20351	23384	14116	25592
2003	23439	27159	15880	29646
2004	27586	31960	18445	35137
2005	31584	35982	21458	40387
2006	36397	41072	25126	46399
2007	41754	46523	29304	53223
2008	46677	50316	33792	59991
2009	47589	51968	33812	61215
2010	55257	60510	38821	71402
2011	63117	68883	44303	81789
2012	67108	72115	47233	87997

1－39 各县市人均生产总值

（1978－2012年）

单位：元

年份	玉环县	三门县	天台县	仙居县	温岭市	临海市
1978	250	228	189	231	218	207
1979	282	250	209	247	278	261
1980	394	286	245	279	289	292
1981	453	286	275	327	338	321
1982	430	344	304	365	391	370
1983	448	355	320	404	427	381
1984	540	443	381	455	518	461
1985	790	626	511	559	693	581
1986	855	719	552	641	831	742
1987	1089	825	624	796	1039	846
1988	1604	1071	869	1069	1340	1090
1989	1598	1170	1048	1200	1440	1312
1990	1964	1209	1132	1265	1505	1322
1991	2633	1480	1334	1395	2007	1510
1992	3431	1715	1522	1656	2565	1855
1993	4599	2127	2098	2268	3856	2537
1994	7503	2981	2987	3004	5993	3887
1995	10365	3833	3707	3633	8451	5381
1996	12562	4377	3963	4054	10435	6130
1997	13721	3528	3891	4245	11127	5146
1998	15017	4358	4114	4587	12030	5602
1999	16976	4872	4571	5094	13111	6219
2000	19200	5560	5297	5655	14590	7073
2001	21260	6109	5889	5999	15643	7960
2002	24689	7276	6743	7013	17487	9230
2003	28302	8614	7875	7892	19912	10665
2004	32377	10274	9587	9438	23156	12754
2005	37575	12142	11140	10877	26505	14753
2006	45155	14248	12872	12591	30377	17077
2007	55760	17017	14856	14576	35423	19962
2008	62549	19781	16950	16252	40428	22561
2009	59287	20944	17609	17133	42538	24072
2010	73894	24934	20505	20449	48916	28292
2011	85061	28718	23489	23484	55680	31557
2012	87395	30011	25179	25114	56860	33009

1-40 市区人均生产总值指数

（1978-2012年，以1978年为100）

年　份	市　区	椒江区	黄岩区	路桥区
1978	100.00	100.00	100.00	100.00
1979	114.44	122.53	109.54	114.83
1980	122.62	139.46	113.61	116.43
1981	130.27	157.11	113.61	121.06
1982	144.74	173.51	123.07	138.31
1983	170.20	212.15	140.02	155.38
1984	211.78	268.49	169.51	190.95
1985	263.16	306.00	224.62	252.47
1986	280.51	316.56	242.20	274.32
1987	325.95	346.73	299.71	316.30
1988	357.17	338.26	362.61	348.85
1989	390.50	341.77	403.10	408.43
1990	408.04	345.94	422.28	439.49
1991	493.04	407.07	519.74	533.12
1992	633.61	535.80	658.87	675.92
1993	735.85	552.58	806.88	830.89
1994	911.56	721.91	928.10	1057.45
1995	1108.28	912.84	1016.94	1363.97
1996	1303.70	1099.06	1201.59	1554.24
1997	1478.38	1250.41	1290.98	1833.63
1998	1702.58	1468.57	1445.37	2111.62
1999	1947.29	1675.99	1636.71	2427.71
2000	2170.33	1858.39	1814.86	2716.88
2001	2418.62	2061.50	2033.30	3018.46
2002	2745.89	2299.70	2347.17	3435.42
2003	3121.15	2606.91	2651.50	3917.20
2004	3552.86	2958.72	2987.93	4483.46
2005	4000.45	3275.62	3412.99	5073.92
2006	4510.85	3656.85	3914.44	5702.23
2007	5046.94	4028.47	4460.58	6388.37
2008	5425.65	4193.45	4951.42	6912.81
2009	5745.08	4461.81	5118.33	7413.29
2010	6387.18	4964.90	5644.10	8275.61
2011	6914.24	5308.48	6150.46	9011.97
2012	7394.36	5538.10	6630.08	9798.83

1-41 各县市人均生产总值指数

（1978-2012年,以1978年为100）

年份	玉环县	三门县	天台县	仙居县	温岭市	临海市
1978	100.00	100.00	100.00	100.00	100.00	100.00
1979	124.18	107.10	98.09	104.08	123.38	126.38
1980	151.75	108.60	112.08	129.00	127.18	141.66
1981	170.29	118.92	123.17	133.25	151.67	152.21
1982	152.39	131.88	131.59	135.85	169.12	164.14
1983	156.13	140.19	135.02	150.47	189.98	166.20
1984	184.53	168.78	154.64	174.62	231.54	186.32
1985	234.15	202.20	186.18	193.11	272.29	209.14
1986	247.43	213.73	192.03	214.68	342.02	259.11
1987	291.14	228.90	196.43	253.97	433.07	288.32
1988	395.71	266.67	243.69	312.75	501.43	332.08
1989	396.37	279.47	268.67	335.32	591.56	389.62
1990	422.33	276.96	281.07	347.38	639.06	353.93
1991	483.48	339.55	314.26	375.57	801.19	390.78
1992	595.13	383.01	340.91	392.14	990.10	468.64
1993	713.69	413.27	397.18	494.41	1441.36	570.19
1994	945.44	465.76	465.69	560.95	1855.63	740.89
1995	1159.46	510.47	514.46	624.06	2262.66	831.30
1996	1395.13	507.92	526.15	675.37	2856.14	927.20
1997	1573.09	412.94	516.04	716.74	3068.23	764.56
1998	1759.52	512.46	557.13	815.93	3461.31	860.79
1999	2093.07	587.79	640.82	931.07	3912.78	982.90
2000	2406.72	658.32	741.09	1040.17	4368.98	1113.64
2001	2713.62	736.00	828.74	1142.11	4752.75	1268.28
2002	3092.35	852.29	953.04	1297.43	5274.29	1454.27
2003	3526.23	994.62	1091.62	1450.09	5947.59	1675.05
2004	4004.26	1142.82	1273.52	1645.92	6697.88	1936.41
2005	4534.98	1314.71	1442.62	1854.79	7501.47	2191.62
2006	5315.46	1516.41	1629.92	2107.57	8486.01	2484.42
2007	6406.42	1752.53	1824.55	2346.45	9626.79	2824.17
2008	6923.92	1939.50	2005.05	2519.62	10554.62	3081.57
2009	6756.93	2106.92	2144.51	2740.48	11523.44	3390.71
2010	8130.82	2375.97	2370.66	3098.39	12710.97	3818.59
2011	8980.80	2558.90	2596.06	3371.72	13778.32	4051.57
2012	9434.38	2676.63	2798.30	3651.76	14435.90	4303.80

1-42 企 业 景 气 指 数(一)

(1999-2012年)

年 份	企业景气总指数				#工 业			
	第一季度	第二季度	第三季度	第四季度	第一季度	第二季度	第三季度	第四季度
1999	142.7	126.4	131.9	140.9	153.5	144.8	142.2	151.6
2000	138.1	150.3	137.3	140.3	139.6	153.5	156.6	147.9
2001	148.7	145.2	148.8	142.9	153.2	149.5	150.5	136.1
2002	146.2	143.7	154.3	148.3	136.5	144.2	156.3	144.2
2003	151.5	137.9	150.9	157.0	149.3	148.8	150.4	158.0
2004	145.7	147.0	137.4	150.9	142.2	146.4	136.1	152.9
2005	147.4	145.3	139.8	144.8	157.8	150.9	145.4	153.6
2006	146.7	151.6	147.9	151.7	147.6	156.4	149.2	153.3
2007	157.2	158.7	158.4	157.0	153.7	160.5	161.8	159.9
2008	138.0	121.1	118.0	112.6	130.4	118.7	108.9	103.3
2009	113.6	124.4	137.3	146.2	111.8	120.7	135.7	144.2
2010	145.1	144.8	151.0	148.7	144.8	147.7	153.4	151.2
2011	144.4	137.4	136.5	134.7	141.8	136.5	136.8	137.0
2012		117.5	125.8	119.0		115.6	128.0	125.2

注：因国家统计调查制度调整，2012年一季度企业景气指数及企业家信心指数未开展调查，下同。

1-43 企 业 景 气 指 数(二)

(1999-2012年)

年 份	#建 筑 业				#交通运输业			
	第一季度	第二季度	第三季度	第四季度	第一季度	第二季度	第三季度	第四季度
1999	151.4	117.0	117.0	134.2	125.0	125.0	150.0	175.0
2000	119.1	124.0	114.4	147.1	150.0	175.0	125.0	150.0
2001	170.8	160.0	171.2	174.4	150.0	133.3	150.0	200.0
2002	178.3	145.4	172.5	164.9	168.0	151.9	143.9	168.5
2003	123.6	127.0	143.6	145.7	152.1	69.40	138.0	161.9
2004	145.4	127.9	156.2	168.0	163.6	161.4	146.7	148.1
2005	140.7	161.4	127.9	147.5	122.4	140.6	146.9	100.9
2006	145.4	173.2	168.1	167.3	142.5	134.0	172.8	145.5
2007	176.2	172.4	168.9	157.8	170.1	138.3	146.0	150.0
2008	158.2	146.5	146.4	124.8	131.0	130.7	110.0	99.2
2009	142.3	159.5	162.0	172.1	83.3	99.4	99.4	102.3
2010	161.5	173.4	175.9	163.9	107.7	116.7	115.4	115.4
2011	168.6	169.9	164.6	138.8	146.7	113.3	120.0	120.0
2012		130.0	126.1	140.0		93.3	109.33	102.9

1-44 企业景气指数(三)

(1999-2012年)

年份	#批发零售业				#房地产业			
	第一季度	第二季度	第三季度	第四季度	第一季度	第二季度	第三季度	第四季度
1999	83.3	57.1	71.4	71.4	118.2	100.0	127.3	118.2
2000	112.0	112.0	100.6	91.75	121.4	142.9	128.6	128.6
2001	114.8	125.2	127.7	131.7	156.3	137.5	150.0	143.8
2002	155.1	131.0	149.2	140.8	155.0	160.0	165.0	160.0
2003	166.8	149.2	160.0	155.0	163.2	163.2	147.4	142.1
2004	136.2	144.8	133.1	146.6	147.4	110.5	115.8	115.8
2005	129.2	124.4	127.3	135.3	129.4	117.7	123.5	120.0
2006	155.7	144.5	129.7	145.9	116.7	105.6	110.5	115.1
2007	156.0	164.2	137.5	161.6	133.7	133.7	137.8	114.4
2008	170.3	124.0	156.1	136.8	108.1	100.0	94.1	100.0
2009	127.2	126.2	145.1	134.6	88.5	112.0	134.0	152.9
2010	152.3	140.3	147.7	153.9	141.5	117.3	130.5	121.7
2011	135.2	130.9	128.6	132.8	142.1	129.3	111.9	98.6
2012		122.9	102.4	129.5		116.4	110.4	103.6

1-45 企业景气指数(四)

(1999-2012年)

年份	#社会服务业				#住宿餐饮业			
	第一季度	第二季度	第三季度	第四季度	第一季度	第二季度	第三季度	第四季度
1999	166.7	100.0	133.3	133.3				
2000	155.6	155.6	71.4	122.2				
2001	125.0	130.8	138.5	115.4				
2002	152.4	138.1	119.1	147.6				
2003	166.7	80.0	113.3	133.3	161.5	53.9	166.7	158.3
2004	146.2	153.9	107.7	146.2	172.7	136.4	127.3	136.4
2005	130.8	138.5	123.1	146.2	127.3	127.3	109.1	127.3
2006	121.4	164.3	150.0	157.1	145.5	109.1	139.6	151.9
2007	157.1	150.0	164.3	142.9	135.9	97.0	131.0	133.1
2008	138.5	116.7	108.3	136.4	148.8	81.8	102.5	130.5
2009	109.8	133.3	134.0	129.4	127.4	146.6	126.0	160.7
2010	138.1	138.1	155.0	145.0	155.0	115.8	130.0	155.0
2011	136.8	122.2	138.9	133.3	160.0	150.0	140.0	150.0
2012		112.5	130.0	117.5		119.0	107.8	118.4

1-46 企业家信心指数(一)

(1999-2012年)

年份	企业家信心指数				#工业			
	第一季度	第二季度	第三季度	第四季度	第一季度	第二季度	第三季度	第四季度
1999	126.5	125.6	133.8	145.7	130.4	132.7	136.6	150.4
2000	136.8	143.1	140.3	131.4	147.7	149.4	148.5	134.6
2001	150.0	139.3	144.3	145.6	151.6	134.6	140.8	144.8
2002	154.8	152.6	157.3	155.6	150.0	151.1	161.8	152.1
2003	158.1	140.5	161.4	158.1	157.8	150.3	160.5	158.0
2004	161.5	152.6	156.7	149.7	161.0	152.6	155.5	147.2
2005	149.7	139.1	142.0	147.2	151.0	145.2	147.1	153.6
2006	146.4	141.2	138.6	145.3	148.6	144.4	141.2	146.0
2007	157.0	154.7	156.9	155.4	159.7	152.3	157.1	151.5
2008	134.0	121.3	118.8	93.7	129.1	119.8	115.2	87.1
2009	104.8	119.1	130.2	144.9	104.7	115.3	128.9	143.6
2010	143.5	140.4	151.7	150.1	145.6	144.6	154.8	152.0
2011	148.8	136.6	133.0	124.1	152.4	138.0	136.6	129.2
2012		125.4	136.1	135.1		114.1	118.6	117.5

1-47 企业家信心指数(二)

(1999-2012年)

年份	#建筑业				#交通运输业			
	第一季度	第二季度	第三季度	第四季度	第一季度	第二季度	第三季度	第四季度
1999	185.8	168.6	140.0	168.6	100.0	100.0	100.0	100.0
2000	120.2	139.3	125.0	125.0	100.0	125.0	125.0	150.0
2001	171.4	171.4	173.7	168.2	183.3	166.7	166.7	166.7
2002	192.9	179.4	169.2	184.6	184.0	184.0	153.1	176.9
2003	169.0	147.2	169.0	149.8	148.8	100.1	157.9	152.9
2004	169.0	156.8	181.6	181.6	181.8	168.1	172.7	148.1
2005	167.2	153.9	161.0	148.3	142.0	133.0	139.2	126.8
2006	168.5	168.5	157.1	176.6	135.4	126.3	154.6	163.7
2007	177.6	169.8	184.6	162.1	180.1	156.0	156.0	146.0
2008	147.8	142.7	138.6	139.3	141.0	140.7	126.9	86.9
2009	119.9	152.1	136.2	160.0	94.2	99.2	112.1	122.0
2010	171.0	157.1	162.6	151.5	100.0	91.7	107.7	100.0
2011	159.0	142.0	128.8	132.1	126.7	120.0	113.3	113.3
2012		131.0	118.3	128.2		80.0	110.7	102.9

1－48 企业家信心指数(三)

(1999－2012年)

年份	#批发零售业				#房地产业			
	第一季度	第二季度	第三季度	第四季度	第一季度	第二季度	第三季度	第四季度
1999	66.7	57.1	114.3	128.6	145.5	136.4	153.6	154.6
2000	122.6	122.6	122.6	114.0	157.1	171.4	171.4	171.4
2001	109.8	125.2	121.7	121.7	181.3	168.8	168.8	168.8
2002	128.7	112.9	126.8	132.6	155.0	160.0	170.0	185.0
2003	163.4	120.6	160.7	150.0	152.6	157.9	157.9	194.7
2004	142.6	137.7	149.5	147.9	152.6	131.6	131.6	121.1
2005	143.3	129.5	117.7	122.0	141.2	94.1	111.8	93.3
2006	135.2	134.0	131.8	137.0	116.7	100.0	82.1	82.1
2007	134.2	147.9	144.1	156.3	116.1	122.4	135.3	141.6
2008	166.0	123.2	135.4	101.8	70.2	88.2	82.4	70.6
2009	85.4	116.9	134.4	140.1	66.0	112.0	134.2	152.9
2010	130.4	145.1	149.3	158.4	137.2	95.2	137.7	134.2
2011	144.3	136.2	131.7	113.5	114.0	106.5	90.6	53.2
2012		112.4	104.8	134.3		101.8	108.0	107.1

1－49 企业家信心指数(四)

(1999－2012年)

年份	#社会服务业				#住宿餐饮业			
	第一季度	第二季度	第三季度	第四季度	第一季度	第二季度	第三季度	第四季度
1999	166.7	166.7	166.7	166.7				
2000	133.3	144.4	128.6	100.0				
2001	116.7	138.5	169.2	138.5				
2002	157.1	152.4	152.4	157.1				
2003	160.0	93.3	140.0	166.7	153.9	69.2	158.3	166.7
2004	161.5	153.9	146.2	153.9	172.7	136.4	127.3	127.3
2005	138.5	123.1	123.1	153.9	136.4	109.1	127.3	118.2
2006	164.3	135.7	128.6	142.9	118.2	118.2	108.9	121.3
2007	150.0	157.1	157.1	157.1	130.1	111.0	103.2	115.2
2008	138.5	108.3	100.0	109.1	130.9	102.5	121.4	102.5
2009	119.6	137.2	137.2	135.3	121.1	125.2	132.4	146.4
2010	152.4	147.6	160.0	155.0	170.0	131.6	140.0	155.0
2011	147.4	138.9	150.0	155.6	150.0	145.0	135.0	140.0
2012		131.3	147.5	141.3		135.0	125.2	130.4

主 要 统 计 指 标 解 释

生产总值(GDP) 指一国(或地区)所有常住单位在一定时期内生产活动的最终成果。生产总值有三种表现形态,即价值形态、收入形态和产品形态。从价值形态看,它是所有常住单位在一定时期内生产的全部货物和服务的价值超过同期投入的全部非固定资产货物和服务价值的差额,即所有常住单位的增加值之和;从收入形态看,它是所有常住单位在一定时期内创造并分配给常住单位和非常住单位的初次收入分配之和;从产品形态看,它是所有常住单位在一定时期内最终使用的货物和服务价值与货物和服务净出口价值之和。在实际核算中,生产总值有三种计算方法,即生产法、收入法和支出法。三种方法分别从不同的方面反映生产总值及其构成,即从不同的角度反映国民经济生产活动成果。

1. 生产法:

生产总值 = 总产出 - 中间投入

2. 收入法(也称分配法)

生产总值 = 劳动者报酬 + 固定资产折旧 + 生产税净额 + 营业盈余

3. 支出法

生产总值 = 最终消费支出 + 资本形成总额 + 货物和服务净出口

根据国民经济核算范围的整体性与一致性原则,从三个角度测算的生产总值理论上是一致的。即:生产法计算的生产总值 = 分配法(收入法)计算的生产总值 = 支出法计算的生产总值在我国的生产总值核算中,最常用的方法是分配法。

三次产业 是根据社会生产活动历史发展的顺序对产业结构的划分,产品直接取自自然界的部门称为第一产业,对初级产品进行再加工的部门称为第二产业,为生产和消费提供各种服务的部门称为第三产业。它是世界上较为通用的产业结构分类,但各国的划分不尽一致。我国的三次产业划分是:

第一产业:农、林、牧、渔业(包括农业、林业、牧业、渔业和农林牧渔服务业)。

第二产业:工业(包括采矿业;制造业;电力、燃气及水的生产和供应业)和建筑业。

第三产业:除第一、第二产业以外的其他各业。由于第三产业包括的行业多、范围广,根据我国的实际情况,第三产业可分为:1. 交通运输、仓储和邮电业;2. 信息传输、计算机服务和软件业;3. 批发与零售业;4. 住宿和餐饮业;5. 金融业;6. 房地产业;7. 租赁与商务服务业;8. 科学研究、技术服务与地质勘查业;9. 水利、环境和公共设施管理业;10. 居民服务和其他服务业;11. 教育;12. 卫生、社会保障和社会福利业;13. 文化、体育和娱乐业;14. 公共管理和社会组织;15. 国际组织。

当年价格 指报告期的实际价格。

可比价格 指计算各种总量指标所采用的扣除了价格变动因素的价格,可进行不同时期总量指标的对比。按可比价格计算总量指标有两种方法:一种是直接用产品产量乘某一年的不变价格计算;另一种是用价格指数进行缩减。

不变价格 指以同类产品某年的平均价格作为固定价格,用于计算各年的产品价值。按不变价格计算的产品价值消除了价格变动因素,不同时期对比可以反映生产的发展速度。本《年鉴》所列的农业总产值指数是按不变价格计算的。计算有关年份产值增长速度,可用指数直接进行计算。

平均增长速度 在我国计算平均速度有两种方法,一种是"水平法",又称几何平均法,是以间隔期最后一年的水平同基期水平对比来计算平均每年增长(或下降)速度;另一种是"累计法",又称代数平均法或方程法,是以间隔期内各年水平的总和同基期对比来计算平均每年增长(或下降)速度。本《年鉴》内所列的平均增长速度,除固定资产投资用"累计法"计算外,其余都是用"水平法"计算的。

景气指数 又称景气度,是对企业景气调查中定性指标的定量描述,以直观地反映经济所处的状态。景气指数采用纯正数形式表示,以 100 为临界值,取值范围在 0 - 200 之间。当景气指数大于 100 点时,表明经济状况趋于上升或改善,处于景气状态;当景气指数小于 100 点时,表明经济状况趋于下降或恶化,处于不景气状态。

企业家信心指数 亦称宏观经济景气指数,是根据企业决策者对企业外部市场经济环境与宏观政策的认识、看法、判断与预期(对"乐观"、"一般"、"不乐观"的选择)而编制的指数,反映企业决策者对国家宏观经济发展的信心和预期,是企业决策者对当前宏观经济状况及未来走势的一种感受、体验与期望。

企业景气指数 亦称企业综合生产经营景气指数,是根据企业决策者对本企业当前生产经营情况的判断及未来企业生产经营状况的预期(对"良好"、"一般"、"不佳"的选择)而编制的指数,是企业决策者对企业生产经营现状及未来景气动向的一种综合评价和判断。

2

人口和从业人员

Population and Employment

2－1 主要年份年末总户数和户籍人口数

年份	总户数（万户）	总人口数（万人）	按性别分		按户籍分	
			男性	女性	农业人口	非农业人口
1949	60.43	240.57	123.10	117.47	222.36	18.21
1952	67.32	251.74	128.75	122.99	229.63	22.11
1957	72.16	282.99	145.03	137.96	256.58	26.41
1962	77.94	306.74	156.57	150.17	278.87	27.87
1965	79.52	339.84	174.44	165.40	315.60	24.24
1970	87.58	391.75	201.04	190.71	366.17	25.58
1975	97.41	434.56	223.58	210.98	408.47	26.09
1978	105.70	452.71	233.41	219.30	426.73	25.98
1980	109.92	461.61	237.98	223.63	430.09	31.52
1985	126.03	490.08	253.72	236.36	448.94	41.14
1990	149.29	515.49	267.27	248.22	468.42	47.07
1991	151.45	518.34	268.76	249.58	470.38	47.96
1992	153.08	520.51	269.84	250.67	470.96	49.55
1993	154.90	523.43	271.51	251.92	471.53	51.90
1994	157.40	526.31	272.83	253.48	472.42	53.89
1995	159.04	529.56	274.51	255.05	471.88	57.68
1996	161.42	532.98	276.21	256.77	471.61	61.37
1997	164.61	535.98	277.63	258.35	469.72	66.26
1998	168.15	539.51	279.53	259.98	463.88	75.63
1999	173.26	542.98	281.13	261.85	461.41	81.57
2000	175.56	546.62	282.77	263.85	455.83	90.79
2001	177.49	548.52	283.63	264.89	456.43	92.09
2002	179.71	550.46	284.42	266.04	456.65	93.81
2003	182.03	552.61	285.38	267.23	457.26	95.35
2004	183.89	555.92	286.87	269.05	459.23	96.69
2005	186.83	559.85	288.71	271.14	461.54	98.31
2006	189.12	564.66	291.01	273.65	464.86	99.80
2007	191.99	569.39	293.25	276.15	467.51	101.88
2008	193.69	574.06	295.38	278.68	470.71	103.35
2009	193.34	578.47	297.54	280.93	474.08	104.39
2010	192.68	583.14	299.68	283.46	477.48	105.67
2011	192.30	586.79	301.35	285.43	480.03	106.76
2012	191.70	590.95	303.26	287.69	483.07	107.87

2-2 市区年末户籍人口数

(1978-2012年)

单位:万人

年份	市区	椒江区	黄岩区	路桥区
1978	117.37	34.86	49.32	33.19
1979	118.45	35.34	49.65	33.46
1980	119.31	35.74	49.99	33.58
1981	120.53	36.16	50.48	33.89
1982	122.61	36.89	51.21	34.51
1983	124.07	37.34	51.85	34.88
1984	125.32	38.01	52.31	35.00
1985	126.97	38.52	53.02	35.43
1986	128.57	39.06	53.69	35.82
1987	130.34	39.68	54.38	36.28
1988	131.99	40.43	54.83	36.73
1989	132.96	40.90	55.03	37.03
1990	133.77	41.41	55.17	37.19
1991	134.47	41.73	55.36	37.38
1992	136.14	42.08	55.48	38.58
1993	135.91	42.39	55.73	37.79
1994	136.73	42.66	55.96	38.11
1995	137.70	43.03	56.16	38.51
1996	138.79	43.40	56.54	38.85
1997	139.67	43.73	56.73	39.21
1998	140.83	44.22	56.77	39.84
1999	142.03	44.78	57.03	40.22
2000	143.17	45.31	57.27	40.59
2001	143.90	45.93	57.01	40.96
2002	144.93	46.53	57.09	41.31
2003	146.05	47.15	57.19	41.71
2004	147.37	47.79	57.47	42.11
2005	148.75	48.37	57.86	42.52
2006	150.20	48.94	58.33	42.93
2007	151.56	49.51	58.77	43.27
2008	152.75	49.98	59.14	43.64
2009	153.77	50.40	59.41	43.96
2010	154.89	50.92	59.67	44.30
2011	155.85	51.38	59.89	44.58
2012	156.90	51.88	60.14	44.87

2-3 各县市年末户籍人口数

（1978-2012年）

单位:万人

年　份	玉环县	三门县	天台县	仙居县	温岭市	临海市
1978	31.84	33.17	45.40	38.76	94.18	91.99
1979	32.42	33.64	46.00	38.90	95.07	93.21
1980	32.86	33.99	46.49	39.07	95.71	94.19
1981	33.37	34.46	47.14	39.40	96.46	95.34
1982	33.85	35.09	47.93	39.89	98.13	97.00
1983	34.35	35.69	48.62	40.23	99.25	98.30
1984	34.78	36.23	49.05	40.34	100.24	98.94
1985	35.32	36.65	49.47	40.40	101.26	100.01
1986	35.79	37.15	49.91	40.74	102.46	101.19
1987	36.35	37.98	50.62	41.16	103.75	102.58
1988	36.77	38.57	51.37	41.65	105.20	103.56
1989	37.12	38.84	51.68	41.91	106.58	104.03
1990	37.36	38.65	51.71	42.05	107.72	104.23
1991	37.50	38.88	52.12	42.35	108.48	104.54
1992	37.59	38.98	52.23	42.57	109.01	105.05
1993	37.73	39.16	52.48	42.93	109.50	105.72
1994	37.89	39.25	52.78	43.34	110.06	106.27
1995	38.07	39.35	53.14	43.67	110.79	106.84
1996	38.23	39.47	53.50	43.98	111.58	107.44
1997	38.37	39.61	53.88	44.27	112.23	107.95
1998	38.56	39.79	54.52	44.56	112.83	108.39
1999	38.79	39.88	55.12	44.88	113.28	109.00
2000	38.89	40.02	55.44	45.48	113.80	109.83
2001	39.03	40.06	55.47	45.82	114.09	110.15
2002	39.13	40.11	55.52	46.12	114.28	110.37
2003	39.28	40.25	55.52	46.43	114.50	110.58
2004	39.50	40.57	55.66	46.82	114.82	111.18
2005	39.84	40.97	55.88	47.39	115.09	111.92
2006	40.23	41.42	56.26	48.01	115.70	112.86
2007	40.66	41.86	56.50	48.44	116.56	113.82
2008	41.10	42.27	56.89	48.80	117.58	114.66
2009	41.47	42.60	57.50	49.21	118.45	115.47
2010	41.96	42.92	58.16	49.53	119.29	116.40
2011	42.25	43.23	58.62	49.81	119.93	117.09
2012	42.55	43.53	59.22	50.29	120.60	117.85

2-4 主要年份人口自然变动情况

年份	出生		死亡		自然增长	
	人数（人）	出生率（‰）	人数（人）	死亡率（‰）	人数（人）	自然增长率（‰）
1949	61063	25.58	32794	13.74	28269	11.84
1952	70721	28.27	30600	12.23	40121	16.04
1957	105765	38.05	25120	9.04	80645	29.01
1962	103246	34.08	24548	8.10	78698	25.98
1965	135207	40.43	28458	8.51	106749	31.92
1970	119335	30.87	23123	5.98	96212	24.89
1975	96398	22.37	27793	6.45	68605	15.92
1978	77592	17.25	25928	5.76	51664	11.49
1980	61815	13.45	26211	5.70	35604	7.75
1985	70894	14.54	27879	5.72	43015	8.82
1990	58776	11.43	27818	5.41	30958	6.02
1991	53615	10.37	27379	5.30	26236	5.07
1992	56418	10.86	30167	5.81	26251	5.05
1993	63879	12.24	29461	5.64	34418	6.60
1994	66000	12.57	29922	5.70	36078	6.87
1995	67425	12.77	32057	6.07	35368	6.70
1996	68640	12.92	32010	6.03	36630	6.89
1997	63482	11.88	31319	5.86	32163	6.02
1998	68263	12.69	32162	5.98	36101	6.71
1999	68220	12.60	31945	5.90	36275	6.70
2000	72905	13.38	33565	6.16	39340	7.22
2001	61712	11.27	31417	5.74	30295	5.53
2002	64052	11.66	33072	6.02	30980	5.64
2003	66612	12.08	33478	6.07	33134	6.01
2004	75969	13.71	32927	5.94	43042	7.77
2005	74640	13.37	34823	6.24	39817	7.13
2006	73612	13.09	32502	5.78	41110	7.31
2007	67765	11.95	32665	5.76	35100	6.19
2008	65301	11.42	34478	6.03	30823	5.39
2009	66741	11.58	34660	6.01	32081	5.57
2010	72862	12.54	36699	6.32	36163	6.22
2011	65503	11.20	34785	5.95	30718	5.25
2012	75335	12.79	36209	6.15	39126	6.64

2-5 主要年份年末从业人员数

单位:万人

年份	从业人员总数	第一产业	第二产业	第三产业	#城镇集体以上单位在岗职工	国有经济单位	城镇集体经济单位	其他经济单位	#城镇私营和个体从业人员
1952	100.74				3.34	2.55	0.79		2.89
1957	114.39				6.40	4.14	2.26		2.94
1962	122.02				9.30	5.08	4.22		0.70
1965	129.82				9.74	5.41	4.33		0.62
1970	145.58				12.59	7.33	5.26		0.50
1975	157.86				16.75	9.41	7.34		0.26
1978	176.88				22.90	12.06	10.84		0.34
1980	185.19				23.93	13.95	9.98		0.60
1985	268.79				29.94	15.99	13.90	0.05	1.14
1990	307.23				33.49	17.90	15.41	0.18	2.16
1991	317.03				34.87	18.86	15.53	0.48	2.51
1992	322.16				33.36	19.17	13.88	0.31	3.42
1993	324.85				34.07	19.14	14.04	0.89	4.58
1994	330.65				33.64	19.32	13.24	1.08	9.37
1995	341.04	161.18	102.10	77.76	34.18	20.34	12.57	1.27	11.99
1996	341.23	157.20	104.77	79.26	34.32	20.47	12.34	1.51	11.87
1997	340.75	152.99	111.38	76.38	34.70	20.94	12.11	1.65	12.36
1998	341.19	147.52	113.92	79.75	34.42	20.13	10.32	3.97	11.28
1999	340.70	143.48	114.87	82.35	34.19	19.41	9.36	5.42	13.21
2000	340.48	135.52	116.03	88.93	32.56	17.99	7.40	7.17	13.82
2001	343.24	130.21	119.15	93.88	31.74	16.94	5.52	9.28	26.15
2002	347.25	125.90	120.85	100.50	31.77	15.95	4.19	11.63	29.84
2003	358.87	122.31	127.40	109.16	32.87	15.04	3.75	14.08	33.69
2004	364.13	106.21	136.89	121.03	35.31	15.49	3.84	15.98	42.22
2005	368.67	103.83	140.06	124.78	39.13	15.43	3.21	20.48	44.57
2006	370.21	101.43	142.50	126.28	40.22	15.63	2.66	21.93	45.69
2007	373.14	88.60	152.84	131.70	47.53	16.39	3.51	27.63	51.25
2008	375.57	83.76	157.34	134.47	54.92	16.82	2.65	35.45	56.36
2009	378.55	78.12	162.12	138.31	59.71	16.57	2.59	40.55	56.48
2010	367.56	75.25	160.28	132.03	64.81	16.65	2.66	45.50	95.50
2011	380.81	75.59	165.75	139.47	79.93	16.20	2.85	60.89	100.38
2012	389.26	75.47	170.55	143.24	88.98	15.83	3.61	69.55	104.69

注：2010 年从业人员总数与第六次人口普查相关数据衔接;2001 年开始个体私营从业人员统计口径扩大,包括股份合作企业从业人员;2003 年以前在岗职工为职工资料。

2－6　分行业全部在岗职工年末人数

（2007－2012年）

单位：人

行　　业	2007年	2008年	2009年	2010年	2011年	2012年
总　　计	**475297**	**549196**	**597122**	**648104**	**799344**	**889843**
按企业、事业、机关分						
企　业	330684	405113	452135	499053	653958	741633
事　业	105961	105702	105407	108300	107822	105061
机　关	38652	38381	38655	39384	36374	38358
民间非营利组织			810	1081	890	2106
其　它			115	286	300	2685
按国民经济行业分						
农、林、牧、渔业	4626	4424	4252	4054	4128	1338
采矿业	144	302	147	196	198	201
制造业	121275	166045	202452	226245	307056	324854
电力、热力、燃气及水生产和供应业	10181	10547	9881	10086	9548	8875
建筑业	130816	153392	159716	176283	246132	301028
批发和零售业	16623	17147	18312	19076	22248	22304
交通运输、仓储和邮政业	11025	11112	11524	11670	12270	14559
住宿和餐饮业	8135	8388	8618	7927	7398	6867
信息传输、软件和信息技术服务业	3557	3797	3785	3966	4080	4394
金融业	16934	18302	20207	23994	25844	30026
房地产业	5428	6014	5457	7251	7404	9863
租赁和商务服务业	7887	11567	10818	11237	9894	14255
科学研究、技术服务业	5773	5409	5502	5809	6032	8459
水利、环境和公共设施管理业	4570	5539	5243	5490	5280	6101
居民服务、修理和其他服务业	731	526	1350	1355	1387	970
教　育	53451	53074	53570	54659	54601	56272
卫生和社会工作	25735	25657	26294	27659	28360	30331
文化、体育和娱乐业	2694	2619	3215	3483	3722	3699
公共管理、社会保障和社会组织	45712	45335	46779	47664	43762	45447

注：本表统计范围为城镇集体以上各类单位。

2－7 分行业国有经济在岗职工年末人数

（2007－2012 年）

单位:人

行 业	2007 年	2008 年	2009 年	2010 年	2011 年	2012 年
总 计	**163866**	**168239**	**165694**	**166481**	**161951**	**158324**
按企业、事业、机关分						
企 业	27857	33104	28867	27609	24788	22895
事 业	97400	96803	97789	99054	100730	97038
机 关	38609	38332	38576	39384	36374	38358
民间非营利组织			419	396	20	20
其 它			43	38	39	13
按国民经济行业分						
农、林、牧、渔业	4477	4329	4137	3961	4048	1262
采矿业						
制造业	2347	2710	1617	1727	1590	1452
电力、热力、燃气及水生产和供应业	6412	9146	8363	8507	7857	6892
建筑业	1309	3954	1137	1004	457	564
批发和零售业	4124	3609	3205	2893	2854	2783
交通运输、仓储和邮政业	5182	5089	5425	4939	5365	5082
住宿和餐饮业	672	512	588	496	556	497
信息传输、软件和信息技术服务业	1071	1115	973	1002	1696	1248
金融业	5851	5648	4287	4272	3819	2668
房地产业	1115	1113	744	908	738	843
租赁和商务服务业	3452	3771	4582	4078	2783	2322
科学研究、技术服务业	4816	4586	4764	4728	4334	4404
水利、环境和公共设施管理业	2325	3054	3066	3113	3904	4048
居民服务、修理和其他服务业	359	353	380	379	336	350
教 育	50801	50250	51203	50850	50065	50373
卫生和社会工作	21202	21109	21494	22925	24694	25705
文化、体育和娱乐业	2694	2619	3013	3271	3241	2969
公共管理、社会保障和社会组织	45657	45272	46716	47428	43614	44862

2－8 分行业城镇集体经济在岗职工年末人数

（2007－2012年）

单位：人

行 业	2007年	2008年	2009年	2010年	2011年	2012年
总 计	**35147**	**26481**	**25939**	**26567**	**28467**	**36051**
按企业、事业、机关分						
企 业	28990	20279	19553	18896	23542	30826
事 业	6114	6153	6276	7645	4862	4784
机 关	43	49	79			
民间非营利组织			3	3	41	130
其 它			28	23	22	311
按国民经济行业分						
农、林、牧、渔业	71	18	27	16	10	6
采矿业	20	12			85	85
制造业	1730	3596	3424	3272	1151	522
电力、热力、燃气及水生产和供应业	265	290	297	282	162	128
建筑业	22500	11319	11627	13580	20522	28435
批发和零售业	615	547	422	248	43	59
交通运输、仓储和邮政业	299	25	23		30	33
住宿和餐饮业	282	185	60	42	79	24
信息传输、软件和信息技术服务业						
金融业	1410	2073	2606	428	429	444
房地产业	111	82	103	97	55	90
租赁和商务服务业	1637	2110	934	886	966	1112
科学研究、技术服务业	218	207	87	142	146	148
水利、环境和公共设施管理业	1631	1779	1453	1731	495	578
居民服务、修理和其他服务业	126	70	14	13	11	6
教 育	275	234	651	1661	1327	1437
卫生和社会工作	3909	3897	4180	4048	2854	2856
文化、体育和娱乐业				2		
公共管理、社会保障和社会组织	48	37	31	119	102	88

2-9 分行业其他经济在岗职工年末人数

（2007－2012年）

单位：人

行业	2007年	2008年	2009年	2010年	2011年	2012年
总计	**276284**	**354476**	**405489**	**455056**	**608926**	**695468**
按企业、事业、机关分						
企业	273837	351730	403715	452548	605628	687912
事业	2447	2746	1342	1601	2230	3239
机关						
民间非营利组织			388	682	829	1956
其它			44	225	239	2361
按国民经济行业分						
农、林、牧、渔业	78	77	88	77	70	70
采矿业	124	290	147	196	113	116
制造业	117198	159739	197411	221246	304315	322880
电力、热力、燃气及水生产和供应业	3504	1111	1221	1297	1529	1855
建筑业	107007	138119	146952	161699	225153	272029
批发和零售业	11884	12991	14685	15935	19351	19462
交通运输、仓储和邮政业	5544	5998	6076	6731	6875	9444
住宿和餐饮业	7181	7691	7970	7389	6763	6346
信息传输、软件和信息技术服务业	2486	2682	2812	2964	2384	3146
金融业	9673	10581	13314	19294	21596	26914
房地产业	4202	4819	4610	6246	6611	8930
租赁和商务服务业	2798	5686	5302	6273	6145	10821
科学研究、技术服务业	739	616	651	939	1552	3907
水利、环境和公共设施管理业	614	706	724	646	881	1475
居民服务、修理和其他服务业	246	103	956	963	1040	614
教育	2375	2590	1716	2148	3209	4462
卫生和社会工作	624	651	620	686	812	1770
文化、体育和娱乐业			202	210	481	730
公共管理、社会保障和社会组织	7	26	32	117	46	497

2－10 各经济类型分行业全部在岗职工年末人数

（2012年）

单位：人

行业	在岗职工年末人数	国有经济单位	城镇集体经济单位	其他经济单位
总计	**889843**	**158324**	**36051**	**695468**
按企业、事业、机关分				
企业	741633	22895	30826	687912
事业	105061	97038	4784	3239
机关	38358	38358		
民间非营利组织	2106	20	130	1956
其它	2685	13	311	2361
按国民经济行业分				
农、林、牧、渔业	**1338**	**1262**	**6**	**70**
农业	544	544		
林业	147	147		
畜牧业	70			70
渔业	6		6	
农、林、牧、渔服务业	571	571		
采矿业	**201**		**85**	**116**
有色金属矿采选业	85		85	
非金属矿采选业	116			116
制造业	**324854**	**1452**	**522**	**322880**
农副食品加工业	2980		42	2938
食品制造业	1270			1270
酒、饮料和精制茶制造业	1282	260		1022
纺织业	6637			6637
纺织服装、服饰业	2624			2624
皮革、毛皮、羽毛及其制品和制鞋业	5089			5089
木材加工及木、竹、藤、棕、草制品业	1201			1201
家具制造业	9825			9825
造纸和纸制品业	2750		65	2685
印刷业和记录媒介复制业	1750	102	7	1641
文教、美工、体育和娱乐用品制造业	11367		13	11354

注：本表统计范围为城镇集体以上各类单位。

2－10 续表 1

单位:人

行　　业	在岗职工年末人数	国　有经济单位	城镇集体经济单位	其　他经济单位
化学原料和化学制品制造业	8299			8299
医药制造业	27895			27895
橡胶和塑料制品业	30693		83	30610
非金属矿物制品业	4015	164	93	3758
黑色金属冶炼和压延加工业	2022			2022
有色金属冶炼和压延加工业	3127			3127
金属制品业	16662			16662
通用设备制造业	44829	605	156	44068
专用设备制造业	21532			21532
汽车制造业	33748			33748
铁路、船舶、航空和其他运输设备制造业	24371	321		24050
电气机械和器材制造业	25059		37	25022
计算机、通讯和其他电子设备制造业	4524			4524
仪器仪表制造业	12795		26	12769
其他制造业	13875			13875
废弃资源综合利用业	4487			4487
金属制品、机械和设备修理业	146			146
电力、热力、燃气及水生产和供应业	**8875**	**6892**	**128**	**1855**
电力、热力生产和供应业	6761	5930	23	808
燃气生产和供应业	246		80	166
水的生产和供应业	1868	962	25	881
建筑业	**301028**	**564**	**28435**	**272029**
房屋建筑业	251330		25588	225742
土木工程建筑业	44912	564	2693	41655
建筑安装业	1907		136	1771
建筑装饰和其他建筑业	2879		18	2861
批发和零售业	**22304**	**2783**	**59**	**19462**

2－10 续表2

单位：人

行　　业	在岗职工年末人数	国　有经济单位	城镇集体经济单位	其　他经济单位
批发业	9643	1771	30	7842
零售业	12661	1012	29	11620
交通运输、仓储和邮政业	**14559**	**5082**	**33**	**9444**
道路运输业	9629	3094	33	6502
水上运输业	2294	381		1913
航空运输业	151	122		29
装卸搬运和运输代理业	924	323		601
仓储业	443	64		379
邮政业	1118	1098		20
住宿和餐饮业	**6867**	**497**	**24**	**6346**
住宿业	5628	497		5131
餐饮业	1239		24	1215
信息传输、软件和信息技术服务业	**4394**	**1248**		**3146**
电信、广播电视和卫星传输服务业	4148	1223		2925
软件和信息技术服务业	246	25		221
金融业	**30026**	**2668**	**444**	**26914**
货币金融服务业	26083	2556	444	23083
资本市场服务业	157	31		126
保险业	3778	81		3697
其他金融活动	8			8
房地产业	**9863**	**843**	**90**	**8930**
房地产开发经营	6421	254		6167
物业管理	2519	9	38	2472
房地产中介服务	88			88
租赁和商务服务业	**14255**	**2322**	**1112**	**10821**
租赁业	31	17		14
商务服务业	14224	2305	1112	10807
科学研究、技术服务业	**8459**	**4404**	**148**	**3907**
研究与试验发展	2686	410		2276

2－10 续表 3

单位:人

行业	在岗职工年末人数	国有经济单位	城镇集体经济单位	其他经济单位
专业技术服务业	4141	2430	128	1583
科技推广和应用服务业	1632	1564	20	48
水利、环境和公共设施管理业	**6101**	**4048**	**578**	**1475**
水利管理业	1470	1467	3	
生态保护和环境治理业	57	24		33
公共设施管理业	4574	2557	575	1442
居民服务、修理和其他服务业	**970**	**350**	**6**	**614**
居民服务业	475	340	5	129
机动车、电子产品和日用品修理业	368			368
其他服务业	127	10		117
教　育	**56272**	**50373**	**1437**	**4462**
初等教育	22397	21514	547	336
中等教育	27313	23674	489	3150
高等教育	2933	2878		55
卫生和社会工作	**30331**	**25705**	**2856**	**1770**
卫　生	29986	25461	2818	1707
社会工作	345	244	38	63
文化、体育和娱乐业	**3699**	**2969**		**730**
新闻和出版业	568	568		
广播、电视、电影和影视录音制作业	1711	1578		133
文化艺术业	905	773		132
体　育	128	30		98
娱乐业	387	20		367
公共管理、社会保障和社会组织	**45447**	**44862**	**88**	**497**
中国共产党机关	1957	1957		
国家机构	41554	41488	66	
人民政协、民主党派	324	324		
社会保障	387	387		
群众团体、社会团体和其他成员组织	954	704	22	228

2－11　分行业全部从业人员素质情况(一)

(2012年)

单位:人

行　　业	从业人员年末人数	大学本科及以上	大　专	中专及高　中	初中及以　下
总　　计	**968174**	**150589**	**143784**	**237801**	**436000**
按企业、事业、机关分					
企　业	791816	63565	100039	210336	417876
事　业	122272	60592	29324	17583	14773
机　关	48939	25081	13170	8760	1928
民间非营利组织	2345	1032	647	425	241
其　它	2802	319	604	697	1182
按国民经济行业分					
农、林、牧、渔业	**1368**	**223**	**245**	**401**	**499**
农　业	572	4	31	205	332
林　业	147	7	39	39	62
畜牧业	70		1		69
渔　业	6		2	1	3
农、林、牧、渔服务业	573	212	172	156	33
采矿业	**205**	**2**	**11**	**45**	**147**
有色金属矿采选业	85	1	8	25	51
非金属矿采选业	120	1	3	20	96
制造业	**333795**	**21348**	**40169**	**93435**	**178843**
农副食品加工业	3339	65	204	764	2306
食品制造业	1313	34	70	219	990
酒、饮料和精制茶制造业	1622	131	341	519	631
纺织业	6654	357	834	1957	3506
纺织服装、服饰业	2656	130	324	646	1556
皮革、毛皮、羽毛及其制品和制鞋业	5089	104	272	1266	3447
木材加工及木、竹、藤、棕、草制品业	1289	52	111	320	806
家具制造业	10188	289	800	1978	7121
造纸和纸制品业	2758	58	219	755	1726
印刷业和记录媒介复制业	1753	74	216	488	975
文教、美工、体育和娱乐用品制造业	11576	295	903	3358	7020

注:本表统计范围为城镇集体以上各类单位。

2－11 续表1

单位:人

行业	从业人员年末人数	大学本科及以上	大专	中专及高中	初中及以下
化学原料和化学制品制造业	8414	1115	1464	2408	3427
医药制造业	28384	4866	4559	9184	9775
橡胶和塑料制品业	30802	1303	3229	8010	18260
非金属矿物制品业	4102	235	578	1283	2006
黑色金属冶炼和压延加工业	2027	35	99	578	1315
有色金属冶炼和压延加工业	3146	76	209	713	2148
金属制品业	17094	582	1412	3913	11187
通用设备制造业	45368	2636	5389	12224	25119
专用设备制造业	21794	1881	3180	5994	10739
汽车制造业	34016	1935	4651	10403	17027
铁路、船舶、航空和其他运输设备制造业	24959	1632	3118	7628	12581
电气机械和器材制造业	25578	1669	4068	8458	11383
计算机、通讯和其他电子设备制造业	4573	343	767	1405	2058
仪器仪表制造业	13501	877	1590	4049	6985
其他制造业	13888	496	1348	3110	8934
废弃资源综合利用业	7766	75	194	1729	5768
金属制品、机械和设备修理业	146	3	20	76	47
电力、热力、燃气及水生产和供应业	**11941**	**2784**	**3661**	**3621**	**1875**
电力、热力生产和供应业	9586	2349	2927	2958	1352
燃气生产和供应业	246	49	85	81	31
水的生产和供应业	2109	386	649	582	492
建筑业	**314019**	**8089**	**19738**	**75058**	**211134**
房屋建筑业	255810	5036	12876	61363	176535
土木工程建筑业	52476	2407	5419	11906	32744
建筑安装业	2643	358	950	788	547
建筑装饰和其他建筑业	3090	288	493	1001	1308
批发和零售业	**24087**	**2444**	**5951**	**9014**	**6678**

2－11 续表2

单位:人

行业	从业人员年末人数	大学本科及以上	大专	中专及高中	初中及以下
批发业	10206	1395	2746	3480	2585
零售业	13881	1049	3205	5534	4093
交通运输、仓储和邮政业	**18533**	**2134**	**4386**	**6364**	**5649**
道路运输业	10790	1233	2460	3592	3505
水上运输业	2572	268	521	721	1062
航空运输业	309	98	94	116	1
装卸搬运和运输代理业	1164	56	146	308	654
仓储业	504	31	90	176	207
邮政业	3194	448	1075	1451	220
住宿和餐饮业	**7006**	**179**	**1096**	**2920**	**2811**
住宿业	5750	120	831	2367	2432
餐饮业	1256	59	265	553	379
信息传输、软件和信息技术服务业	**6812**	**2799**	**2579**	**1115**	**319**
电信、广播电视和卫星传输服务业	6509	2728	2464	1051	266
软件和信息技术服务业	303	71	115	64	53
金融业	**43584**	**18650**	**14544**	**8456**	**1934**
货币金融服务业	29155	16542	9722	2243	648
资本市场服务业	181	131	43	5	2
保险业	14240	1976	4777	6203	1284
其他金融活动	8	1	2	5	
房地产业	**11012**	**2186**	**3617**	**3114**	**2095**
房地产开发经营	7064	1722	2809	1880	653
物业管理	2906	179	431	933	1363
房地产中介服务	88	31	22	34	1
租赁和商务服务业	**16806**	**1892**	**3539**	**6296**	**5079**
租赁业	137	10	10	30	87
商务服务业	16669	1882	3529	6266	4992
科学研究、技术服务业	**9592**	**4930**	**2704**	**1461**	**497**
研究与试验发展	2709	1808	492	198	211

2－11 续表3

单位:人

行业	从业人员年末人数	大学本科及以上	大专	中专及高中	初中及以下
专业技术服务业	5179	2346	1702	898	233
科技推广和应用服务业	1704	776	510	365	53
水利、环境和公共设施管理业	**8876**	**749**	**1107**	**1043**	**5977**
水利管理业	1585	371	593	406	215
生态保护和环境治理业	67	35	8	10	14
公共设施管理业	7224	343	506	627	5748
居民服务、修理和其他服务业	**1076**	**63**	**211**	**466**	**336**
居民服务业	578	56	130	224	168
机动车、电子产品和日用品修理业	371	6	65	193	107
其他服务业	127	1	16	49	61
教　育	**61466**	**38178**	**12495**	**6507**	**4286**
初等教育	24191	11314	7778	3856	1233
中等教育	29647	22829	3117	1596	2105
高等教育	3176	2612	199	177	188
卫生和社会工作	**34639**	**13875**	**10383**	**6678**	**3703**
卫　生	34169	13759	10260	6594	3556
社会工作	470	116	123	84	147
文化、体育和娱乐业	**4296**	**1397**	**1227**	**1005**	**667**
新闻和出版业	644	446	111	44	43
广播、电视、电影和影视录音制作业	1918	493	705	564	156
文化艺术业	1139	401	341	247	150
体　育	146	36	28	24	58
娱乐业	449	21	42	126	260
公共管理、社会保障和社会组织	**59061**	**28667**	**16121**	**10802**	**3471**
中国共产党机关	2180	1652	318	186	24
国家机构	54629	26029	15174	10136	3290
人民政协、民主党派	389	220	101	66	2
社会保障	472	232	189	46	5
群众团体、社会团体和其他成员组织	1094	517	278	228	71

2-12 分行业全部从业人员素质情况(二)

(2012年)

单位:人

行业	从业人员中经营管理人员	从业人员中专业技术人员	高级专业技术人员	中级专业技术人员	初级专业技术人员	在专业技术岗位工作人员	从业人员中技术工人
总计	**95195**	**221338**	**14252**	**51908**	**78730**	**76448**	**295846**
按企业、事业、机关分							
企业	81290	130182	4538	21028	38871	65745	288376
事业	12891	83948	9189	28578	37298	8883	5301
机关		4888	384	1737	1723	1044	1627
民间非营利组织	252	1489	131	497	450	411	40
其它	762	831	10	68	388	365	502
按国民经济行业分							
农、林、牧、渔业	**159**	**440**	**46**	**125**	**132**	**137**	**117**
农业	69	35		4	18	13	2
林业	11	58	28	15	10	5	67
畜牧业	4						1
渔业	1	2			2		
农、林、牧、渔服务业	74	345	18	106	102	119	47
采矿业	**22**	**9**	**1**	**4**	**3**	**1**	**78**
有色金属矿采选业	14	5	1	2	2		35
非金属矿采选业	8	4		2	1	1	43
制造业	**46751**	**42651**	**1856**	**5245**	**12032**	**23518**	**134535**
农副食品加工业	327	220	5	23	93	99	1304
食品制造业	127	58	3	12	34	9	415
酒、饮料和精制茶制造业	103	312	19	33	128	132	384
纺织业	1106	705	23	58	285	339	2419
纺织服装、服饰业	310	216	5	15	49	147	844
皮革、毛皮、羽毛及其制品和制鞋业	303	169	6	22	40	101	3072
木材加工及木、竹、藤、棕、草制品业	125	92	5	9	30	48	558
家具制造业	1488	1198	15	60	341	782	3486
造纸和纸制品业	279	212	7	23	62	120	547
印刷业和记录媒介复制业	277	150	3	17	27	103	414
文教、美工、体育和娱乐用品制造业	1415	816	18	106	259	433	3420

注:本表统计范围为城镇集体以上各类单位。

2－12 续表1

单位:人

行业	从业人员中经营管理人员	从业人员中专业技术人员	高级专业技术人员	中级专业技术人员	初级专业技术人员	在专业技术岗位工作人员	从业人员中技术工人
化学原料和化学制品制造业	1464	1359	84	247	338	690	2513
医药制造业	4191	6997	206	935	2417	3439	11897
橡胶和塑料制品业	4229	2644	97	351	715	1481	9881
非金属矿物制品业	515	637	29	80	176	352	986
黑色金属冶炼和压延加工业	274	376	13	36	67	260	523
有色金属冶炼和压延加工业	521	508	19	38	114	337	1002
金属制品业	1861	1292	69	146	257	820	7170
通用设备制造业	8139	6921	226	684	1640	4371	21107
专用设备制造业	2460	3659	241	424	1024	1970	11723
汽车制造业	5323	4894	318	608	1070	2898	16346
铁路、船舶、航空和其他运输设备制造业	2515	2811	99	522	1261	929	9637
电气机械和器材制造业	3589	3128	202	424	827	1675	9402
计算机、通讯和其他电子设备制造业	650	688	28	50	137	473	2394
仪器仪表制造业	2572	1797	88	227	466	1016	7597
其他制造业	2174	554	6	41	106	401	4638
废弃资源综合利用业	405	170	8	20	52	90	804
金属制品、机械和设备修理业	9	68	14	34	17	3	52
电力、热力、燃气及水生产和供应业	**1203**	**2479**	**139**	**701**	**1200**	**439**	**6373**
电力、热力生产和供应业	851	1924	100	516	930	378	5610
燃气生产和供应业	38	52	1	9	25	17	58
水的生产和供应业	314	503	38	176	245	44	705
建筑业	**9695**	**50504**	**1466**	**8744**	**15848**	**24446**	**132008**
房屋建筑业	6141	38291	829	5689	11830	19943	111867
土木工程建筑业	2735	10262	539	2595	3440	3688	18646
建筑安装业	391	895	54	195	343	303	876
建筑装饰和其他建筑业	428	1056	44	265	235	512	619
批发和零售业	**4179**	**4041**	**185**	**578**	**1670**	**1608**	**3716**

2－12 续表 2

单位:人

行业	从业人员中经营管理人员	从业人员中专业技术人员	高级专业技术人员	中级专业技术人员	初级专业技术人员	在专业技术岗位工作人员	从业人员中技术工人
批发业	2352	2302	45	251	881	1125	1506
零售业	1827	1739	140	327	789	483	2210
交通运输、仓储和邮政业	**3826**	**2380**	**116**	**632**	**851**	**781**	**7123**
道路运输业	2340	1066	81	304	421	260	3948
水上运输业	645	838	21	215	211	391	644
航空运输业	221	59		26	23	10	5
装卸搬运和运输代理业	157	161	5	24	57	75	388
仓储业	97	107	4	21	55	27	131
邮政业	366	149	5	42	84	18	2007
住宿和餐饮业	**747**	**524**	**21**	**70**	**167**	**266**	**567**
住宿业	629	423	16	66	157	184	389
餐饮业	118	101	5	4	10	82	178
信息传输、软件和信息技术服务业	**595**	**2460**	**84**	**532**	**837**	**1007**	**1014**
电信、广播电视和卫星传输服务业	550	2331	75	448	813	995	994
软件和信息技术服务业	45	129	9	84	24	12	20
金融业	**6968**	**18297**	**157**	**2394**	**3951**	**11795**	**917**
货币金融服务业	5922	17364	141	2283	3782	11158	837
资本市场服务业	32	52	2	18	29	3	
保险业	1013	878	14	93	140	631	80
其他金融活动	1	3				3	
房地产业	**3448**	**3254**	**245**	**1210**	**962**	**837**	**233**
房地产开发经营	2418	2595	221	1042	797	535	155
物业管理	524	431	10	65	76	280	39
房地产中介服务	20	30	2	19	9		1
租赁和商务服务业	**4318**	**2296**	**110**	**581**	**942**	**663**	**1280**
租赁业	20	2			2		
商务服务业	4298	2294	110	581	940	663	1280
科学研究、技术服务业	**1377**	**4694**	**668**	**1519**	**1661**	**846**	**954**
研究与试验发展	178	725	205	175	251	94	571

2－12 续表3

单位:人

行业	从业人员中经营管理人员	从业人员中专业技术人员	高级专业技术人员	中级专业技术人员	初级专业技术人员	在专业技术岗位工作人员	从业人员中技术工人
专业技术服务业	799	3214	412	1057	1065	680	277
科技推广和应用服务业	400	755	51	287	345	72	106
水利、环境和公共设施管理业	**1982**	**900**	**76**	**294**	**366**	**164**	**1211**
水利管理业	560	479	28	181	190	80	372
生态保护和环境治理业	12	26		4	21	1	19
公共设施管理业	1410	395	48	109	155	83	820
居民服务、修理和其他服务业	**191**	**161**	**7**	**38**	**46**	**70**	**212**
居民服务业	90	48		15	18	15	127
机动车、电子产品和日用品修理业	65	113	7	23	28	55	85
其他服务业	36						
教　育	**2832**	**51130**	**6266**	**19819**	**21011**	**4034**	**1189**
初等教育	553	21328	562	8350	10592	1824	298
中等教育	1339	24975	4868	9532	9251	1324	537
高等教育	439	2362	600	1251	291	220	105
卫生和社会工作	**1718**	**27202**	**2228**	**6664**	**14075**	**4235**	**2032**
卫　生	1584	27044	2221	6631	13988	4204	2010
社会工作	134	158	7	33	87	31	22
文化、体育和娱乐业	**1081**	**1326**	**54**	**323**	**571**	**378**	**506**
新闻和出版业	223	206	2	19	106	79	4
广播、电视、电影和影视录音制作业	527	573	15	148	250	160	424
文化艺术业	281	491	34	137	186	134	69
体　育	28	28	1	15	10	2	3
娱乐业	22	28	2	4	19	3	6
公共管理、社会保障和社会组织	**4103**	**6590**	**527**	**2435**	**2405**	**1223**	**1781**
中国共产党机关	34	64	5	25	16	18	101
国家机构	3446	6385	517	2351	2349	1168	1611
人民政协、民主党派		31	1	8	1	21	46
社会保障	195	52	2	31	17	2	1
群众团体、社会团体和其他成员组织	221	50	1	19	18	12	22

主 要 统 计 指 标 解 释

人口数　指一定时点全市行政管辖范围内的有生命的个人的总和。年度统计的年末人口数是指12月31日24时常住户口和未落户口的人口数。

农业人口　指凡在农村从事农、林、牧、副、渔的劳动者，以及乡（不包括乡）以下，不直接从事农业生产的各种人员及其抚养的家属。

非农业人口　指从事农、林、牧、副、渔业以外各种行业的人员。包括国营的农、林、牧、渔、园艺场、拖拉机站、抽水机站等，在编的行政管理人员、文教卫生、财贸、邮电等人员，以及附属的独立核算的工业企业中常年不从事农业生产的国家职工。包括抚养的家属。

出生率　指一年内平均每千人所出生的人数比例，一般以千分率表示。计算公式：

$$出生率 = \frac{全年出生人数}{年平均人数} \times 1000‰$$

出生人数指活产婴儿，即胎儿脱离母体时（不管怀孕月数），有过呼吸或其他生命现象。

死亡率　指一年内平均每千人所死亡的人数比例，一般以千分率表示。计算公式：

$$死亡率 = \frac{全年死亡人数}{年平均人数} \times 1000‰$$

人口自然增长率　指一年内人口自然增长数（出生人数减死亡人数）与平均人数之比例，一般以千分率表示。计算公式：

$$人口自然增长率 = \frac{年内出生人数 - 年内死亡人数}{年平均人数} \times 1000‰$$

或　人口自然增长率 = 人口出生率 - 人口死亡率

人口密度　指在一定时点一定地区的人口数与该地区的面积数之比，即一定时点的单位土地面积上的人口数，通常以每平方公里的居民人数来表示。计算公式：

$$人口密度 = \frac{该地区的人口数}{该地区的土地面积数}$$

从业人员　指从事一定社会劳动并取得劳动报酬或经营收入的全部劳动力。包括国有经济单位、城镇集体经济单位、其他各种经济类型单位的全部职工。城镇私营和个体从业人员和其他从业人员，乡村从业人员，从事家庭副业，其收入相当于当地一个从业人员最低收入水平或参加社会劳动累计在三个月以上的乡、村从业人员也包括在内。

在岗职工　指调查时期（点）在本单位工作并由单位支付劳动报酬的职工。包括由单位派出学习、劳务及病伤产假且仍由单位支付劳动报酬的人员。

城镇私营和个体从业人员　城镇私营从业人员指在工商行政管理部门注册登记，其经营地址设在县城关镇（含城关镇）以上的私营企业从业人员，包括私营企业投资者和雇工。城镇个体从业人员指在工商管理部门注册登记，并持有城镇户口或在城镇长期居住，经批准从事个体工商经营的从业人员，包括个体经营者和在个体工商户劳动的家庭帮工和雇工。

经营管理人员　指在企业、事业单位和其他非公有制经济组织经营管理岗位上工作的人员。统计对象为企业、事业单位中中层及以上管理人员（不包括专业技术管理工作的人员，专业技术管理工作的人员作为专业技术人员统计）。

专业技术人员　指在企业、事业单位和其他非公有制经济组织中从事专业技术工作或专业技术管理工作的人员。并符合下列条件之一的人员：1、受聘初级及以上专业技术职务；2、取得专业技术职务任职资格或专业技术职务资格；3、具有大专及以上学历；4、获得省部级及以上科学技术奖励；5、持有政府有关部门认定的发明专利。专业技术人员还包括未聘任专业技术职务，但在专业技术岗位上工作的人员。按照公务员管理或参照公务员管理的人员不统计为专业技术人员。

3

农业

Agriculture

3-1 农村基本情况

（1990-2012年）

单位：个

年份	乡镇政府、街道办事处	#镇政府	村民委员会	自来水受益村数	通公路村数	通电话村数	通有线电视村数
1990	367	81	5627				
1991	361	83	5638				
1992	167	92	5609				
1993	167	94	5601	2657	3298	2432	
1994	167	99	5600	3011	3480	3006	
1995	169	97	5600	3354	3963	3678	
1996	169	99	5603	3496	4112	4128	
1997	169	102	5586	3718	4413	4624	
1998	169	103	5560	3892	4523	5014	
1999	169	103	5570	4064	4684	5163	
2000	167	101	5567	4169	4830	5297	
2001	127	68	5536	4323	4963	5380	
2002	127	68	5150	4021	4654	5022	
2003	131	66	5134	4209	4715	5012	4473
2004	131	65	5109	4282	4790	5005	4543
2005	131	65	5037	4356	4794	4987	4571
2006	131	65	5034	4474	4852	4996	4611
2007	131	65	5029	4528	4900	4999	4650
2008	131	65	5028	4567	4920	5007	4706
2009	133	64	5028	4617	4937	5008	4744
2010	133	64	5028	4674	4976	5009	4782
2011	133	64	5026	4747	4977	5007	4807
2012	133	64	5025	4814	4983	5010	4873

3-2 农村人口和从业人员情况

(1990-2012年)

单位:万人

年份	农村住户数(万户)	#外来住户数	农村人口	#外来人口数	农村劳动力资源总数	农村从业人员数	男性	女性
1990	137.59		469.16		285.13	271.58	151.66	119.92
1991	137.35		470.35		286.28	279.65	154.52	125.13
1992	138.70		471.99		293.60	285.38	156.00	129.38
1993	139.93		473.44		295.67	286.20	156.53	129.67
1994	140.86		475.04		296.83	287.64	156.65	130.99
1995	142.00		475.68		299.48	289.79	157.67	132.12
1996	142.58		475.72		300.92	290.28	157.56	132.72
1997	143.26		477.23		302.04	290.86	157.48	133.38
1998	144.20		473.74		302.27	290.49	156.96	133.53
1999	146.56		474.56		303.35	291.23	157.07	134.16
2000	146.93		471.91		303.87	291.49	157.06	134.43
2001	151.64	6.45	481.25	20.35	313.49	302.20	162.75	139.45
2002	155.05	7.05	491.87	22.71	318.48	306.03	164.41	141.62
2003	154.32	9.68	487.17	28.40	320.43	307.04	163.73	143.31
2004	156.98	10.84	488.49	32.20	322.53	307.75	163.68	144.07
2005	158.38	11.94	493.51	35.44	324.78	309.44	165.27	144.17
2006	158.86	12.28	497.03	36.96	327.52	310.61	165.50	145.11
2007	163.10	13.15	499.13	40.16	332.65	316.38	168.16	148.22
2008	164.44	13.39	498.51	40.77	332.57	313.59	166.51	147.08
2009	163.59	13.23	498.75	39.29	333.05	312.98	165.70	147.28
2010	163.95	14.50	504.92	43.82	337.59	317.56	168.16	149.40
2011	164.73	16.05	510.22	48.85	340.38	320.37	168.55	151.82
2012	166.31	20.24	522.27	64.97	348.49	327.06	171.32	155.74

3-3 主要年份农林牧渔业总产值

单位:万元

年份	农林牧渔业总产值	农业产值	林业产值	牧业产值	渔业产值	农林牧渔服务业产值
1949	14081	10479	1180	1215	1207	
1952	19267	14615	1346	1714	1592	
1957	24190	16789	1714	2693	2994	
1962	29111	20888	1672	2758	3793	
1965	37545	26121	1794	5287	4343	
1970	46703	32750	1520	7383	5050	
1975	50669	34762	1127	7395	7385	
1978	67698	51211	1062	8993	6432	
1980	90813	66341	1683	14321	8468	
1985	183311	111219	5506	39892	26694	
1990	336931	173445	9212	72854	81420	
1991	424828	212210	13875	78837	119906	
1992	479188	220023	9990	90663	158512	
1993	610251	255067	13850	109180	232154	
1994	954595	357971	19578	158077	418969	
1995	1280014	433670	17573	173121	655650	
1996	1383990	472623	22424	183638	705305	
1997	1330376	392998	20096	180948	736334	
1998	1444665	460390	19445	154657	810173	
1999	1480847	465720	18585	142816	853726	
2000	1532112	478300	22084	144697	887031	
2001	1589394	524114	24193	150231	890856	
2002	1629779	551293	27798	154162	896526	
2003	1677748	583703	29265	158381	892933	13466
2004	1741193	610132	28694	174358	913443	14566
2005	1847928	658669	28443	182672	961644	16500
2006	1956767	710811	32408	173613	1023038	16897
2007	2161607	778134	36307	233165	1095979	18022
2008	2119570	803703	37606	245845	1008642	23774
2009	2303842	871347	40933	238196	1127846	25520
2010	2760166	1055423	53696	271418	1351987	27642
2011	3289011	1176929	56579	337450	1687831	30222
2012	3491510	1264092	59886	356463	1779332	31737

注:2009 年农林牧渔业总产值、渔业产值数据有所调整,下同。

3-4 主要年份农林牧渔业总产值构成

单位:%

年　　份	农林牧渔业总产值	农业产值	林业产值	牧业产值	渔业产值	农林牧渔服务业产值
1949	100.00	74.42	8.38	8.63	8.57	
1952	100.00	75.86	6.99	8.90	8.26	
1957	100.00	69.40	7.09	11.13	12.38	
1962	100.00	71.75	5.74	9.47	13.03	
1965	100.00	69.57	4.78	14.08	11.57	
1970	100.00	70.12	3.25	15.81	10.81	
1975	100.00	68.61	2.22	14.59	14.57	
1978	100.00	75.65	1.57	13.28	9.50	
1980	100.00	73.05	1.85	15.77	9.32	
1985	100.00	60.67	3.00	21.76	14.56	
1990	100.00	51.48	2.73	21.62	24.17	
1991	100.00	49.95	3.27	18.56	28.22	
1992	100.00	45.92	2.08	18.92	33.08	
1993	100.00	41.80	2.27	17.89	38.04	
1994	100.00	37.50	2.05	16.56	43.89	
1995	100.00	33.88	1.37	13.52	51.22	
1996	100.00	34.15	1.62	13.27	50.96	
1997	100.00	29.54	1.51	13.60	55.35	
1998	100.00	31.87	1.35	10.71	56.08	
1999	100.00	31.45	1.26	9.64	57.65	
2000	100.00	31.22	1.44	9.44	57.90	
2001	100.00	32.98	1.52	9.45	56.05	
2002	100.00	33.83	1.71	9.46	55.01	
2003	100.00	34.79	1.74	9.44	53.22	0.80
2004	100.00	35.04	1.65	10.01	52.46	0.84
2005	100.00	35.64	1.54	9.89	52.04	0.89
2006	100.00	36.33	1.66	8.87	52.28	0.86
2007	100.00	36.00	1.68	10.79	50.70	0.83
2008	100.00	37.92	1.77	11.60	47.59	1.12
2009	100.00	37.82	1.78	10.34	48.95	1.11
2010	100.00	38.24	1.95	9.83	48.98	1.00
2011	100.00	35.78	1.72	10.26	51.32	0.92
2012	100.00	36.20	1.72	10.21	50.96	0.91

3－5 主要年份农林牧渔业总产值指数

（1952 年为 100）

年　　份	农林牧渔业总产值	农业产值	林业产值	牧业产值	渔业产值	农林牧渔服务业产值
1949	75.05	73.63	90.06	72.79	77.84	
1952	100.00	100.00	100.00	100.00	100.00	
1957	128.50	117.57	130.36	160.84	192.42	
1962	119.77	113.29	98.49	127.57	188.83	
1965	156.29	143.34	106.93	247.41	218.75	
1970	181.53	167.82	84.60	322.60	237.50	
1975	167.84	152.21	53.15	273.74	294.24	
1978	213.42	213.62	47.12	313.46	241.29	
1980	242.71	234.60	62.98	420.76	267.78	
1985	339.22	290.97	99.32	743.12	473.70	
1990	361.74	296.81	99.89	758.92	594.84	
1991	432.00	370.15	151.15	848.66	676.14	
1992	449.57	356.87	103.85	926.43	793.58	
1993	472.38	342.48	125.99	926.24	946.27	
1994	605.48	362.83	144.00	957.84	1563.68	
1995	726.87	380.87	114.97	919.57	2184.06	
1996	763.20	411.19	134.53	919.72	2275.29	
1997	737.46	382.03	128.87	857.03	2260.69	
1998	786.06	385.57	128.53	802.28	2534.14	
1999	862.35	432.57	115.55	898.56	2754.61	
2000	861.27	384.58	138.70	925.68	2867.88	
2001	890.85	441.17	149.40	976.94	2823.74	
2002	900.60	432.00	159.56	1023.83	2874.57	
2003	922.21	466.56	166.10	1041.24	2837.20	100.00
2004	923.13	470.76	149.16	1036.08	2837.20	102.24
2005	932.36	465.11	137.38	1142.80	2857.06	113.88
2006	960.33	492.09	147.96	1098.23	2919.92	113.55
2007	984.34	504.88	152.84	1135.57	2984.16	119.67
2008	1007.96	519.52	151.62	1203.70	3025.94	154.77
2009	1027.11	534.59	154.65	1238.61	3047.12	167.48
2010	1074.36	547.42	150.47	1311.69	3239.09	173.68
2011	1108.74	566.03	145.35	1366.78	3342.74	178.72
2012	1138.68	581.31	144.77	1447.42	3412.94	183.37

注：本表按可比价格计算。农林牧渔服务业产值指数以 2003 年为 100。

3-6 农林牧渔业分项产值(一)

(1990-2012年)

单位:万元

年份	农林牧渔业总产值	农业产值	#粮食作物	#谷物	#豆类	#薯类
1990	336931	173445	94301	63671	1521	3090
1991	424828	212210	121014	77411	1849	3756
1992	479188	220023	117090	90770	2168	4405
1993	610251	255060	128552	106223	3477	8244
1994	954595	357971	199308	184616	4594	10098
1995	1280014	433670	241657	220079	5136	16442
1996	1383990	472623	266108	239675	6823	19610
1997	1330376	392998	223484	198442	6984	18058
1998	1444665	460390	252813	221467	8772	22574
1999	1480847	465720	243693	211266	8608	23819
2000	1532112	478300	197896	165872	9968	22056
2001	1589394	524114	158515	133643	10461	14411
2002	1629779	551293	126422	100148	10141	16134
2003	1677748	583703	104380	80187	10508	13685
2004	1741193	610132	137506	105157	12898	19451
2005	1847928	658669	135755	101953	13956	19846
2006	1956767	710811	152677	115841	15170	21666
2007	2161607	778134	151196	111399	16993	22804
2008	2119570	803703	189066	134015	17266	37785
2009	2303842	871347	178975	126265	16106	36604
2010	2760166	1055423	195511	137442	15964	42105
2011	3289011	1176929	207199	148452	16576	42171
2012	3491510	1264092	213880	152451	15486	45943

3－7 农林牧渔业分项产值(二)

(1990－2012年)

单位:万元

年份	#油料	#甘蔗	#药材	#蔬菜	#花卉园艺	#茶桑果及坚果
1990	607	764	262	25100		33495
1991	849	73	240	26422		41363
1992	1037	1022	251	26419		52926
1993	435	2033	435	45873		54243
1994	599	2507	684	53691		75515
1995	934	2487	888	64200		93303
1996	948	2750	861	65280		108664
1997	969	2221	747	64748		76571
1998	1240	3479	1288	72520		95958
1999	1180	5792	4095	85135		92962
2000	1508	19482	5428	120093		98054
2001	1761	18644	7993	162047	8195	140936
2002	1679	22190	9220	187697	15427	164566
2003	1872	30179	13150	196251	24227	194029
2004	2051	27122	13168	189322	24576	196935
2005	2222	23762	13638	205584	26497	228925
2006	2398	19759	16991	215893	28505	253450
2007	3401	23558	18453	230164	30018	296673
2008	6460	22234	20600	221960	24742	294198
2009	6122	20464	21827	240836	26026	352843
2010	7197	23146	47090	296131	30653	442467
2011	6939	29468	41517	329141	38579	512909
2012	7879	20814	29188	364596	44864	570609

注:2010年开始,坚果产值列入农业统计,不再作为林业统计,下同。

3－8 农林牧渔业分项产值(三)

(1990－2012年)

单位:万元

年份	林业产值	#人造林生长	#林产品	#竹木采运	牧业产值	牲畜	家禽饲养
1990	9212	2992	1135	5085	72854	53604	4620
1991	13875	2434	1423	10018	78837	54084	6419
1992	9990	3016	1649	5325	90663	60560	6942
1993	13857	2937	1535	9385	109180	73495	8658
1994	19578	3008	2597	13973	158077	111139	10516
1995	17573	3922	3706	9945	173121	123796	13019
1996	22424	5377	5878	11169	183638	125791	20325
1997	20096	4937	3773	11386	180948	126306	15402
1998	19445	4480	4348	10617	154657	114090	13695
1999	18585	3970	4411	10204	142816	93259	16788
2000	22084	5242	6355	10487	144697	95779	16259
2001	24193	5452	6914	11827	150231	98318	14632
2002	27798	6915	6453	14430	154162	100757	14533
2003	29265	7229	6995	15041	158381	101567	17483
2004	28694	6247	6194	16253	174358	118427	17574
2005	28443	6683	9050	12710	182672	116313	20787
2006	32408	6524	9680	16204	173613	105097	20207
2007	36307	6280	11636	18391	233165	155562	22852
2008	37606	5480	12004	20122	245845	164734	25549
2009	40933	6599	13076	21258	238196	153691	26804
2010	53696	6152	11645	23105	271418	176878	32541
2011	56579	6791	13865	22962	337450	223327	42780
2012	59886	8599	13504	25387	356463	228687	54872

3－9 农林牧渔业分项产值(四)

(1990－2012年)

单位:万元

年份	活的畜产品	其他动物	渔业产值	海水产品	淡水产品	农林牧渔服务业产值
1990	10148	4482	81420	76940	4480	
1991	12840	5494	119906	114791	5115	
1992	18184	4977	158512	152093	6419	
1993	22303	4724	232154	221276	10878	
1994	28534	7888	418969	403534	15435	
1995	29866	6440	655650	622675	32975	
1996	32811	4711	705305	648900	56405	
1997	23389	15851	736334	697949	38385	
1998	19910	6962	810173	768293	41880	
1999	19096	13673	853726	805164	48562	
2000	18343	14316	887031	841151	45880	
2001	21433	15848	890856	841461	49395	
2002	23018	15854	896526	838559	57967	
2003	23700	15631	892933	832365	60568	13466
2004	23696	14661	913443	858067	55376	14566
2005	24749	20823	961644	914495	47149	16500
2006	25707	22602	1023038	975657	47381	16897
2007	32069	22682	1095979	1051285	44694	18022
2008	33219	22343	1008642	969421	39221	23774
2009	33754	23947	1127846	1085872	41974	25520
2010	39850	22149	1351987	1305542	46445	27642
2011	45949	25394	1687831	1631838	55993	30222
2012	46306	26598	1779332	1715347	63985	31737

3-10 农村经济收入和分配(一)

(1990-2012年)

单位:亿元

年份	农村经济总收入	农业收入	林业收入	牧业收入	渔业收入	工业收入	建筑业收入	运输业收入
1990	83.66	14.15	0.57	6.43	1.49	46.07	4.72	2.52
1991	110.52	16.30	0.66	6.98	1.81	66.08	5.77	2.95
1992	150.81	17.80	0.61	8.04	2.32	97.54	7.39	4.00
1993	267.43	21.59	1.07	9.39	4.23	194.64	11.86	6.19
1994	535.64	31.99	1.40	13.95	9.05	423.64	16.98	9.73
1995	956.15	40.44	1.84	15.94	16.32	804.81	21.62	12.35
1996	1085.30	49.39	1.90	17.64	23.38	871.10	27.65	17.77
1997	1174.51	43.11	2.22	20.30	21.99	927.20	31.27	20.39
1998	1326.39	51.33	2.31	20.02	26.86	1054.12	34.88	22.26
1999	1498.97	53.29	2.42	19.97	27.90	1209.12	38.64	25.10
2000	1669.56	53.68	2.41	20.29	28.40	1362.85	43.71	28.38
2001	1812.02	56.46	2.57	20.12	30.01	1509.79	41.27	27.83
2002	2023.24	56.68	2.74	19.67	30.13	1706.99	42.33	28.20
2003	2268.96	56.93	2.89	19.87	29.33	1935.92	48.20	30.45
2004	2562.93	59.32	3.09	21.36	28.80	2203.45	51.49	33.19
2005	2988.80	60.20	3.19	21.05	30.85	2563.07	59.07	39.60
2006	3423.87	63.29	3.33	20.30	32.02	2961.18	67.91	41.87
2007	4012.01	68.90	4.06	22.10	35.27	3491.30	82.90	47.51
2008	4243.30	72.82	3.80	24.19	36.83	3664.65	89.06	50.88
2009	4341.12	87.32	4.76	29.83	41.10	3682.35	102.29	54.32
2010	4836.05	99.73	5.42	31.82	43.96	4095.72	118.42	58.87
2011	5225.47	109.84	5.95	35.20	46.42	4419.20	120.35	63.86
2012	5605.08	120.19	6.76	39.53	52.58	4704.55	142.53	70.19

注：本表按当年价格计算，不包括纯渔区。

3-11 农村经济收入和分配(二)

(1990-2012年)

单位:亿元

年份	批发零售贸易、餐饮业收入	服务业收入	其他收入	总费用	可分配净收入	#国家税金	#乡村集体所得	#农民经营所得	经营性固定资产原值
1990	2.28	3.29	2.15	50.60	33.06	3.07	1.95	28.04	15.05
1991	2.96	3.78	3.23	70.56	39.96	4.42	3.05	32.50	15.90
1992	4.70	4.80	3.63	99.94	50.87	6.22	4.59	40.05	23.15
1993	6.49	4.52	7.45	196.93	70.51	10.30	8.30	51.90	31.83
1994	10.24	8.69	9.97	422.51	113.13	18.66	15.19	79.28	53.84
1995	17.41	11.83	13.59	803.78	152.37	22.60	20.02	109.74	76.89
1996	34.84	19.03	22.60	896.03	199.33	27.15	5.68	141.10	85.06
1997	53.60	24.67	29.77	974.82	213.57	2.94	5.90	150.19	91.75
1998	56.39	28.26	29.96	1108.66	232.87	32.75	5.33	163.70	108.43
1999	59.67	31.75	31.11	1258.69	257.05	35.64	5.33	178.52	120.90
2000	64.71	31.35	33.77	1408.02	280.67	39.08	5.75	188.56	127.61
2001	60.30	29.95	33.71	1535.84	296.33	41.90	6.27	192.97	145.03
2002	65.19	32.13	39.18	1717.89	328.38	47.18	5.86	206.52	166.50
2003	72.75	36.19	36.42	1926.51	367.95	53.16	5.71	224.88	190.07
2004	82.05	36.95	43.23	2185.01	407.83	60.80	4.28	243.15	30.50
2005	100.38	48.70	62.69	2563.51	461.74	71.92	4.46	269.60	31.80
2006	116.89	49.74	67.32	2939.31	526.68	85.02	4.40	297.49	36.08
2007	132.06	52.99	74.92	3457.06	607.74	99.21	5.15	333.06	35.86
2008	155.26	62.80	82.99	3609.45	692.36	119.11	6.39	365.72	34.36
2009	174.92	69.82	94.41	3684.01	722.11	110.09	6.53	406.46	33.64
2010	197.06	78.27	106.78	4068.13	842.28	128.52	13.14	455.33	21.32
2011	217.43	85.89	121.33	4401.28	905.70			506.67	21.58
2012	230.92	98.97	138.86	4687.01	1077.48			565.67	24.51

注：可分配净收入指标1995年及以前用净收入指标代替。

3－12 主要农作物播种面积(一)

(1990－2012年)

单位:千公顷

年份	农作物播种面积	粮食作物	谷物	稻谷	早稻	晚稻及单季稻	小麦	大麦	玉米	其他谷物
1990	436.09	347.14	314.69	239.81	109.83	129.98	38.68	33.04	2.43	0.73
1991	439.67	351.12	318.95	239.61	110.08	129.53	40.77	35.17	2.90	0.50
1992	433.49	345.89	312.84	237.32	108.78	128.54	40.21	30.65	3.96	0.70
1993	412.70	316.19	283.74	227.31	102.75	124.56	37.59	15.50	3.00	0.34
1994	401.30	304.58	276.73	223.96	100.98	122.98	36.01	13.77	2.73	0.26
1995	401.00	307.06	277.70	226.03	102.62	123.41	35.01	13.41	3.07	0.18
1996	404.34	312.20	280.39	225.74	102.84	122.90	36.62	14.65	3.11	0.27
1997	407.50	315.23	280.97	225.53	102.70	122.83	37.60	14.29	3.35	0.20
1998	408.21	313.01	278.60	224.54	102.29	122.25	36.71	13.75	3.47	0.13
1999	407.45	310.53	275.64	222.63	101.20	121.43	36.67	12.90	3.24	0.20
2000	377.45	270.63	235.77	190.78	79.19	111.59	32.30	8.82	3.66	0.21
2001	339.72	219.05	185.33	150.24	51.41	98.83	24.86	6.37	3.52	0.34
2002	308.55	179.56	145.72	116.08	29.05	87.03	21.13	4.64	3.64	0.23
2003	276.82	144.62	111.71	87.49	11.36	76.13	17.08	3.50	3.54	0.10
2004	284.02	162.45	121.42	98.33	15.27	83.05	14.66	2.78	5.45	0.21
2005	286.01	165.86	123.32	97.75	13.72	84.02	16.62	3.00	5.80	0.16
2006	282.87	165.86	122.78	96.93	13.72	83.22	16.48	3.18	6.03	0.15
2007	280.16	163.08	118.98	92.64	11.80	80.84	16.33	3.18	6.72	0.11
2008	283.69	173.87	122.90	96.88	14.17	82.71	15.98	3.02	6.87	0.15
2009	271.54	158.65	110.34	84.81	8.56	76.25	16.05	3.05	6.33	0.10
2010	265.43	152.37	107.35	82.07	8.08	73.99	15.98	2.69	6.52	0.09
2011	254.59	141.13	98.90	75.18	7.90	67.28	15.30	2.44	5.91	0.07
2012	251.37	137.44	95.82	73.76	8.26	65.50	13.95	2.25	5.80	0.07

注:从2008年开始,马铃薯归入薯类,作粮食统计,不再作蔬菜统计。

3-13 主要农作物播种面积(二)

(1990-2012年)

单位:千公顷

年份	豆类	#大豆	薯类	油料	#油菜籽	甘蔗	药材类	蔬菜	果用瓜	花卉园艺
1990	12.12	5.78	16.13	2.56	2.09	0.53	0.20	19.47		
1991	11.97	5.62	16.17	3.32	2.93	0.58	0.23	21.03		
1992	12.88	5.46	15.65	4.93	4.54	0.67	0.25	20.49		
1993	13.21	5.35	15.02	1.89	1.53	0.80	0.23	27.23		
1994	13.33	6.08	14.52	1.64	1.27	0.90	0.16	26.87		
1995	13.85	6.23	15.51	2.46	2.09	0.67	0.22	25.94		
1996	15.94	6.30	15.87	2.42	2.07	0.70	0.22	29.79		
1997	17.44	6.74	16.82	2.30	1.90	0.68	0.22	31.92		
1998	18.10	6.69	16.31	2.51	2.09	0.70	0.44	35.29		
1999	18.39	6.57	16.50	2.63	2.15	0.80	0.36	38.67		
2000	19.84	8.60	15.02	3.35	2.78	3.26	1.01	49.29		
2001	20.06	9.55	13.67	3.68	2.91	4.19	1.23	61.08	10.89	0.33
2002	19.43	8.75	14.41	3.94	3.22	4.67	1.71	73.62	11.74	0.97
2003	19.30	9.08	13.61	4.12	3.29	6.41	3.17	76.49	14.31	2.19
2004	23.35	12.27	17.68	4.37	3.45	5.92	3.53	71.95	16.24	2.66
2005	24.59	12.87	17.95	4.83	3.89	4.57	2.57	72.22	16.90	2.65
2006	24.63	13.18	18.45	4.94	3.94	3.41	2.47	72.33	15.93	2.73
2007	25.06	13.38	19.04	5.00	3.97	3.09	2.46	73.63	15.40	2.92
2008	25.09	13.49	25.88	9.10	8.05	3.13	2.52	65.08	14.31	2.74
2009	23.38	12.48	24.93	11.28	10.25	2.93	2.48	66.77	14.49	2.59
2010	21.51	11.30	23.50	11.65	10.58	2.86	2.76	67.08	14.32	2.57
2011	19.73	10.00	22.50	10.38	9.28	2.83	2.92	69.64	14.32	2.83
2012	19.02	10.03	22.60	11.30	10.18	2.96	3.11	70.29	12.67	3.40

3－14 主要农作物总产量(一)

(1990－2012年)

单位:吨

年份	粮食作物	谷物	稻谷	早稻	晚稻及单季稻	小麦	大麦	玉米	其他谷物
1990	1506974	1401447	1165457	634602	530855	108575	107683	4986	14746
1991	1904769	1786667	1543389	699609	843780	104012	116064	10504	12698
1992	1727967	1617038	1371483	645090	726393	114290	102599	13017	15649
1993	1606793	1495561	1321880	537932	783948	110033	51818	10386	1444
1994	1607359	1497309	1347863	591965	755898	96472	42473	9431	1070
1995	1648568	1524576	1382964	588839	794125	88675	41729	10363	845
1996	1758021	1628393	1459164	636986	822178	108885	47939	10830	1575
1997	1521940	1404532	1232347	633022	599325	111945	47735	11641	855
1998	1643871	1506501	1349478	537881	811597	102030	41974	12503	516
1999	1664773	1524024	1362509	567795	794714	107809	40784	12246	676
2000	1386973	1255201	1115651	438107	677544	96968	27948	13803	831
2001	1161195	1033880	927998	287213	640785	72153	19716	13277	736
2002	925879	791428	709048	154397	554651	54093	13459	13915	913
2003	756978	634038	562509	61928	500581	46893	10676	13548	412
2004	851126	691477	615716	85716	530000	43919	9242	21735	865
2005	824828	661446	579605	76248	503357	47605	9640	23943	653
2006	895013	724448	638626	76252	562374	49771	10584	24876	591
2007	841768	666153	576108	62345	513763	51225	10975	27483	362
2008	934734	730189	640094	78046	562048	50647	10648	28303	497
2009	846018	660502	572491	46440	526051	50761	10557	26321	372
2010	827542	653485	568240	44772	523468	47853	9080	27983	329
2011	789250	621234	538477	47695	490782	47624	8460	26419	254
2012	791920	622563	545589	51174	494415	43422	7600	25675	277

3-15 主要农作物总产量(二)

(1990-2012年)

单位:吨

年份	豆类	#大豆	薯类	油料	#油菜籽	甘蔗	药材类	蔬菜	果用瓜
1990	17752	7480	87775	3585	3003	23294		687561	
1991	18603	8071	99499	5192	4629	32433		705533	
1992	20814	7883	90115	6440	6029	31107		632200	
1993	22825	9301	88407	2372	1873	51967		847477	
1994	22008	9553	88042	2276	1725	57157		768258	
1995	22093	9732	101899	3369	2835	46732		734429	
1996	27774	11115	101854	3373	2849	48554		762027	
1997	29125	9720	88283	3331	2763	35904		750727	
1998	34019	13301	103351	3863	3165	53220		820784	
1999	35323	12705	105426	4022	3224	60055		915949	
2000	38014	15987	93758	5571	4439	252639		1197250	
2001	39882	18392	87433	5332	4678	330094		1590930	
2002	38828	17384	95623	6437	5031	361341	6617	1885196	439210
2003	40066	13030	82874	7229	5562	513605	9336	1969596	533784
2004	46669	22623	112980	7820	5966	424731	30502	1831261	597649
2005	49504	23873	113878	8303	6461	312315	20133	1793418	572043
2006	53641	27500	116924	8625	6628	254215	20120	1838069	541441
2007	55592	28406	120023	8994	6956	245934	21577	1883959	533346
2008	55098	28546	149447	15352	13239	251533	20445	1681210	492715
2009	51137	25944	134379	18348	16269	223115	20242	1708827	502677
2010	46791	24675	127266	18115	15935	214234	23704	1722747	506983
2011	44694	22850	123322	17415	15180	215658	26364	1828818	516290
2012	42437	22895	126920	19317	16990	227770	27533	1871956	417181

3-16 主要果园面积

(1990-2012年)

单位:公顷

年份	果园面积	柑桔	梨	桃子	葡萄	柿子	枇杷	杨梅	其他
1990	50837	32300	443	3211	309	381	4970	7833	1390
1991	51335	33723	464	2616	332	413	4674	8067	1046
1992	49489	33146	394	2100	325	296	4428	7872	928
1993	50440	34091	392	1702	497	491	4391	7848	1028
1994	50002	33666	350	1907	404	563	4770	6851	1491
1995	53925	36163	413	2071	392	653	4574	8004	1655
1996	55168	36757	376	2193	435	668	4478	8808	1453
1997	49903	35581	421	1113	331	617	3735	6938	1167
1998	49891	34738	497	1203	332	683	3462	7389	1587
1999	49790	34619	571	1224	356	648	3402	7723	1247
2000	49696	33491	741	1331	414	662	3277	8514	1266
2001	49599	32729	1106	1534	435	739	3040	8912	1104
2002	51162	31588	1443	1674	638	816	3400	10243	1360
2003	55381	31256	1851	1649	1003	786	3155	12371	3310
2004	57827	31510	2289	1790	1495	772	3318	14718	1935
2005	58950	31405	2305	1807	1614	791	3351	15892	1785
2006	58888	30664	2338	1839	1710	817	3219	16311	1990
2007	62111	29580	2620	2085	1811	895	3207	19371	2542
2008	61644	28537	2644	2099	2070	906	3220	20006	2162
2009	61092	26192	2567	2212	2631	975	3191	21118	2206
2010	63474	26244	2492	2406	3166	986	3294	22816	2070
2011	63917	26128	2444	2447	3470	1011	3324	23309	1784
2012	64985	25828	2409	2654	3994	1010	3388	24039	1663

注：从2001年开始，果园面积和产量包括果用瓜及草莓。

3-17 主 要 水 果 产 量

（1990－2012 年）

单位：吨

年　份	水果产量	柑桔	梨头	桃子	葡萄	柿子	枇杷	杨梅	其他
1990	262977	217088	2507	9858	901	1944	16723	13070	886
1991	340302	286415	2547	6677	915	2080	25302	15555	811
1992	395740	336354	1919	8172	1508	1874	25676	18985	1252
1993	372777	320378	2237	8337	1781	1986	20197	14952	2909
1994	489773	423938	3327	9072	2573	2786	28253	17129	2695
1995	560100	484772	2781	10424	3549	3242	19135	33154	3043
1996	638498	531798	2802	11269	3311	4045	45285	35873	4115
1997	628851	524360	2881	12135	4258	5806	32103	42165	5143
1998	515846	413770	4324	12896	4607	6526	25422	40860	7441
1999	632272	520035	3894	13338	5077	6138	30640	46254	6896
2000	387418	274920	5268	15535	7247	6532	26615	43677	7624
2001	910550	441419	7226	13898	7919	8435	30690	49186	351777
2002	896860	323397	8610	16839	12035	8172	31332	55336	441139
2003	1081139	386998	13356	15279	18989	4812	28559	73548	539598
2004	1158327	370147	19554	17430	22569	4419	30581	90019	603608
2005	1069970	314849	22442	18920	28270	4433	18013	84509	578534
2006	1106719	365314	25197	21702	32452	4783	23073	85345	548853
2007	1156927	390875	27520	22219	36028	5233	23665	108204	543183
2008	1205779	462443	30476	24646	41897	5443	24567	113467	502840
2009	1165807	372652	27792	27079	55754	5821	24834	136643	515232
2010	1245474	435342	27767	29686	60678	6369	21802	144445	519385
2011	1287820	447372	26722	33038	70426	7439	21979	152763	528081
2012	1215825	443978	28072	35174	87419	7886	21397	162473	429426

3－18 林 业 生 产 情 况

（1990－2012 年）

单位:公顷

年 份	造林面积	#用材林	#经济林	#防护林	零星（四旁）植树（万株）	中幼林抚育实际面积	育苗面积	更新造林面积	主要林产品产量(吨)	
									竹笋干	板栗
1990	9380	8240	155	606	489.6	7015	99	546	967	753
1991	11772	9412	210	306	377.0	8906	110	624	781	399
1992	7847	6533	510	291	424.0	13229	91	293	894	415
1993	6638	3336	2055	267	337.1	10653	73	540	786	291
1994	8173	3951	3535	333	271.0	12863	385	542	803	410
1995	6058	1521	3912	457	256.0	9567	32	784	41221	1184
1996	4090	1461	1888	418	246.9	9340	32	1213	5543	2465
1997	5269	1538	3076	508	287.0	7354	34	1375	812	535
1998	4942	2055	2212	675	321.0	9828	102	1070	940	667
1999	2688	730	1210	748	310.5	6063	53	1296	920	2273
2000	3537	394	1580	1505	164.0	2188	71	1522	1894	1059
2001	3160	275	1213	1669	174.0	6994	92	1541	2615	1160
2002	2664	36	547	1978	181.0	4402	218	411	3740	1200
2003	2867	19	409	2160	146.0	4595	763	513	3980	1320
2004	3207	45	670	2392	141.0	5792	210	375	2908	1301
2005	3804	495	541	2765	117.0	7556	849	234	2566	1338
2006	2213	508	214	1491	129.5	3810	777	655	2788	1361
2007	2002	94	154	1401	103.8	2726	591	1189	2880	1515
2008	1521	17	69	1435	121.7	1940	1700	1113	2717	1639
2009	6352	9		6343	110.0	1395	1556	317	3358	1745
2010	1728		45	1683	115.5	1209	1521	934	3514	1598
2011	3884	125	750	2958	129.0	1837	2969	865	3643	1599
2012	4162	415	575	3172	376.5	9014	2585	1257	3388	2049

注：1. 从 2002 年开始，育苗面积中包含绿化苗木。
2. 从 2007 年开始，造林面积中包含无林地和疏林地新封面积。
3. 从 2011 年及以前中幼林抚育实际面积不包括中林抚育实际面积。

3-19 畜牧业生产情况(一)

(1990-2012年)

年份	生猪年末存栏头数(万头)	#能繁殖的母猪	年内肥猪出栏头数(万头)	生猪饲养量(万头)	牛年末存栏头数(头)	#良种及良种乳牛	羊年末存栏只数(万只)	兔年末存栏只数(万只)	家禽年末存栏只数(万只)
1990	116.83	6.39	100.69	217.52	80518	2851	4.47	21.74	608.23
1991	113.44	6.89	97.87	211.31	76176	3199	4.28	20.66	741.55
1992	114.10	8.18	99.78	213.88	69543	3247	4.33	24.67	837.18
1993	108.86	7.01	93.64	202.50	64827	2580	4.65	21.56	909.94
1994	105.81	6.53	91.59	197.40	60487	1945	5.20	29.66	948.54
1995	99.44	6.05	88.10	187.54	58713	1943	5.27	29.45	904.93
1996	86.70	5.83	80.74	167.44	57384	1617	5.23	26.54	1015.34
1997	92.65	5.82	82.86	175.51	51900	1655	4.90	23.75	939.23
1998	105.65	6.51	97.72	203.37	48828	1526	5.24	26.63	842.89
1999	109.52	6.36	106.07	215.59	48487	1705	5.48	28.64	896.07
2000	112.04	6.51	113.29	225.33	47179	2263	5.92	29.41	891.45
2001	112.91	7.04	118.83	231.74	44254	4208	6.13	42.75	888.02
2002	109.25	6.16	121.52	230.77	44018	5038	6.34	38.38	822.28
2003	104.08	5.36	118.12	222.20	39654	4593	6.29	33.49	895.61
2004	100.96	5.49	112.27	213.23	39122	4703	6.33	41.35	883.98
2005	100.10	5.33	117.79	217.89	38723	4592	6.47	51.04	866.60
2006	58.25	3.64	71.46	129.71	27197	3390	3.72	55.78	890.62
2007	65.54	4.48	79.06	144.60	27621	4010	4.46	66.63	905.25
2008	75.61	6.22	85.21	160.82	28447	4306	5.41	59.05	925.82
2009	78.32	6.55	87.62	165.94	29741	4035	5.67	52.48	981.18
2010	77.80	6.69	91.51	169.31	31426	4146	5.82	54.69	1052.69
2011	81.53	6.86	94.66	176.19	31613	3881	5.71	55.50	1107.99
2012	80.76	6.86	97.64	178.40	30249	3669	6.23	53.86	1164.32

注：2006年、2007年畜牧生产数据根据农业普查结果有所调整，下同。

3－20 畜牧业生产情况（二）

（1990－2012年）

年份	家禽饲养量（万只）	肉类总产量（吨）	#猪肉产量	禽蛋产量（吨）	养蜂年末箱数（箱）	蜂蜜产量（吨）	蚕茧产量（吨）	饲养蚕种张数（张）
1990	1125.50	92729	86200	22208	58886	2800	1486	43088
1991	1358.36	92230	85015	32043	49935	2756	1747	53693
1992	1526.10	98750	90327	41988	38274	2061	2355	65222
1993	1737.68	94515	83692	46203	32227	1583	2246	63396
1994	1871.23	98140	85891	45511	27661	1906	2373	65085
1995	1880.60	97280	84041	40336	25180	1450	1670	53706
1996	2217.71	92501	76808	40373	28040	1427	500	14752
1997	2045.68	92721	79257	34961	32091	2133	658	14896
1998	1658.91	104986	91653	30205	45804	1500	776	19658
1999	2127.84	114037	99577	29774	43432	2100	673	17165
2000	2045.63	120868	106562	30356	42911	2458	625	15534
2001	2050.53	123988	108222	33139	40271	2370	675	17076
2002	1997.05	128457	111492	35882	40850	2564	652	15984
2003	2348.17	128890	109031	37479	37181	2340	472	11875
2004	2361.61	125433	104561	36239	40942	2203	495	11623
2005	2468.17	132300	108590	37919	40228	2195	461	11023
2006	2443.33	90367	67723	38307	40537	2197	613	13710
2007	2501.61	98414	75249	41643	41562	1927	618	14011
2008	2529.52	105776	82590	42971	41773	1996	525	12434
2009	2723.69	109039	84080	43758	46905	2359	401	8985
2010	3154.10	117952	87999	46574	47464	2589	388	8456
2011	3268.74	124070	91458	48494	46363	2597	381	8361
2012	4309.06	139118	93673	48771	50217	2582	328	7637

3－21 渔业生产情况(一)

(1990－2012年)

单位:吨

年份	水产品总产量	海水产品产量	海洋捕捞	海水养殖	鱼类	甲壳类	贝类	藻类	头足类	其他
1990	280670	269772	197530	72242	104735	89337	74380	593		727
1991	318813	306838	226674	80164	106947	120560	78652	679		
1992	368344	355654	267232	88422	138469	127016	89300	869		
1993	459446	443460	346112	97348	161630	150439	108127	1090		22174
1994	753547	735327	588107	147220	287361	201912	186947	1142		57965
1995	987950	964316	763355	200961	458969	227436	260650	1694		15567
1996	1034042	1005520	767800	237720	497964	217711	267955	1890		20000
1997	1114878	1089952	869334	220618	544447	252652	290715	1779		359
1998	1309819	1278913	1024760	254153	695577	281718	299110	2342		166
1999	1329413	1294720	988026	306694	618321	301192	370434	3312		1461
2000	1392848	1352453	990625	361828	610270	324945	410620	6030		588
2001	1384249	1340823	961501	379322	588381	321029	416274	8596		6543
2002	1411019	1363574	972447	391127	631214	300063	418487	12898		912
2003	1382628	1334501	927268	407233	632995	256115	355496	16085	64640	9170
2004	1383814	1339435	945247	394188	519902	280777	349350	11750	75791	101865
2005	1350028	1308430	941075	367355	620817	280631	326126	9242	63827	7787
2006	1355067	1317234	952716	364518	610345	307456	321037	10192	62129	6075
2007	1375594	1335572	986118	349454	647173	300884	304129	9271	67727	6388
2008	1387283	1349301	1004437	344864	672002	301122	299050	9310	63106	4699
2009	1340491	1302200	968103	334097	633754	300232	288583	10530	60777	7151
2010	1403826	1360501	1005827	354674	650532	311887	303743	10893	67679	9778
2011	1413087	1368787	1009499	359288	655909	314810	305489	10317	67964	7053
2012	1417871	1362864	1001181	361683	642339	330462	306260	10457	66521	6825

注：从2003年开始，按类别分产品产量口径有所调整，与以前年份不可比。

3－22 渔业生产情况(二)

(1990－2012年)

单位:吨

年份	淡水产品产量	淡水捕捞	淡水养殖	鱼类	甲壳类	贝类	其他类	海水养殖面积(公顷)	淡水养殖面积(公顷)
1990	10898	2673	8225	9922	233	265	478	12450	3874
1991	11975	2603	9372	11403	165	290	117	12826	12892
1992	12690	2672	10018	11999	207	382	102	13266	12954
1993	15986	2287	13699	13135	226	575	2050	14792	13718
1994	18220	3099	15121	15697	362	820	1341	18416	13228
1995	23631	4141	19493	21002	542	1279	811	21897	13735
1996	28522	4890	23632	24496	667	1970	1389	24297	13862
1997	24926	4556	20370	20203	1132	1821	1770	26002	14606
1998	30906	5163	25743	25699	1155	2207	1845	27872	14156
1999	34693	6369	28324	28250	1737	2479	2227	32671	14639
2000	40395	5472	34923	31115	2084	3658	3538	38648	14754
2001	43426	6012	37414	33980	2597	3215	3634	38834	15345
2002	47445	6840	40605	37000	3196	3392	3857	40386	14992
2003	48127	5351	42776	38413	3885	2814	3015	39973	15404
2004	44379	4672	39707	34642	3917	2648	3172	38734	13780
2005	41598	5217	36381	32984	3554	2727	2333	36637	13234
2006	37833	5007	32826	30141	3388	2557	1747	35882	12549
2007	40022	5520	34502	30289	5790	2357	1586	34206	12611
2008	37982	4761	33221	29177	4954	2168	1683	31493	12083
2009	38291	4942	33349	28606	5446	2339	1900	29316	11719
2010	43325	4746	38579	28081	6230	3287	5727	28422	12044
2011	44300	4882	39418	29362	6072	3236	5630	27809	11275
2012	44574	4989	39585	32557	5843	2929	3245	27307	11124

3－23 农业机械年末拥有量(一)

(1990－2012年)

单位:千瓦

年份	农业机械总动力	耕作机械动力	#农用小型拖拉机(台)	#农用小型拖拉机	收获前机械动力	收获后处理机械动力	植保机械动力	排灌机械动力
1990	1202167	228375	24646	213427	122757		3484	107752
1991	1337189	231738	25086	217389	130693		3254	109353
1992	1462999	233744	25370	219894	135211		3257	109047
1993	1501218	235935	25602	222059	145282		3475	111420
1994	1700908	238782	25711	222954	154315		3214	112606
1995	2000643	240799	25720	223395	163317		3079	114804
1996	2098437	238872	25676	222987	173621		3125	111988
1997	2124715	234306	24989	217047	179186		3170	113686
1998	2246400	233623	24625	216445	187684		3380	111414
1999	2411183	231289	24082	209800	204087		3458	118004
2000	2557648	232801	23589	204753	220529		4548	122055
2001	2698458	215079	21888	192247	246146		4859	132394
2002	2734070	199085	20829	178487	251589		4733	133604
2003	2799713	181639	19280	167356	248485		5411	134325
2004	2643820	176498	17856	159085	236057		5229	130534
2005	2886333	178914	18006	159876	247515		8936	174382
2006	3500146	161264	14589	135870	360295		23190	336879
2007	3473685	165438	14446	134202	356135		25281	332076
2008	3394747	164170	14061	129477	348240		27703	317250
2009	3434370	186708	14713	138207	357624		42727	319920
2010	3411345	194475	14244	134849	331534		60111	323386
2011	3521059	203890	14331	136599	320738		78209	326074
2012	3586169	219707	14071	137693	228479	192712	82275	324309

注：2011年及以前收获前机械动力包括收获后机械动力。

3-24 农业机械年末拥有量(二)

(1990-2012年)

单位:千瓦

年份	农副产品加工机械动力	运输机械动力	渔业机械动力	*机动渔船动力	*机动渔船艘数(艘)	*机动渔船吨位(吨位)	其它农业机械动力
1990	114858	157211	455745	455745	8901	225589	11985
1991	115966	168478	562980	562980	10764	300597	14727
1992	116459	234488	612005	607882	9847	324028	18788
1993	117275	266409	601170	598424	9066	320380	20252
1994	116984	327279	728205	725243	10396	393464	19523
1995	115724	389976	951727	948304	12362	509135	21217
1996	116573	423969	1007802	1005606	11456	532786	22487
1997	117573	430258	1023832	1018842	11369	545739	22704
1998	120580	425509	1141492	1134504	10534	574089	22718
1999	122740	510551	1186502	1178865	10397	614507	34552
2000	126686	533569	1282908	1269083	10839	652992	34552
2001	127317	584008	1315854	1299104	10749	681527	72801
2002	126644	593141	1316564	1300746	9945	707028	108710
2003	125009	699191	1290879	1290879	9622	686871	114774
2004	121787	667999	1229010	1229010	8868	648426	76706
2005	124331	723434	1227233	1227233	8716	647240	201588
2006	125697	626014	1351774	1351774	8884	701970	515033
2007	127393	638617	1403511	1403511	9001	718315	425234
2008	129048	594476	1397377	1397377	8467	703378	416483
2009	127761	597716	1377372	1358856	7948	711084	424542
2010	128760	599403	1334626	1301595	6802	687962	439050
2011	129331	593020	1418788	1380774	7073	759257	451009
2012	123487	589231	1479459	1438014	7089	853176	346510

3－25 农田水利建设情况

（1990－2012年）

单位：千公顷

指标	有效灌溉面积	林地灌溉面积	园地灌溉面积	旱涝保收面积	机电排灌面积	水土流失治理面积	堤防总长度（公里）	已建成水库（座）	总库容（万立方米）
1990	127.40	0.78	7.94	79.7	104.32	148.21	631	293	86969
1991	128.63	0.83	8.35	80.15	103.64	147.31	645	300	87078
1992	127.79	0.69	6.42	80.37	104.00	144.27	645	305	130079
1993	126.28	0.72	7.28	80.68	104.43	349.21	638	306	160329
1994	124.54	0.74	7.16	80.14	101.53	349.21	638	307	160343
1995	123.25	0.74	7.18	72.57	68.44	348.71	641	311	162176
1996	121.76	0.72	7.12	78.04	100.02	348.71	642	314	162544
1997	121.69	0.73	7.10	74.47	99.17	348.71	629	314	162543
1998	121.67	0.73	8.37	73.77	99.96	348.71	629	314	162637
1999	122.45	0.73	7.91	82.67	100.30	392.60	629	317	163714
2000	124.03	0.73	7.96	82.00	100.83	224.88	633	316	163605
2001	125.03	0.75	8.09	81.83	100.42	293.11	681	322	164098
2002	126.03	3.37	5.48	83.95	100.54	238.56	707	327	164144
2003	126.26	3.35	13.23	81.72	100.51	238.88	710	328	177602
2004	127.95	3.44	13.52	83.78	101.54	249.40	739	328	177587
2005	126.86	3.50	13.21	83.37	98.47	253.55	758	326	181664
2006	127.14	4.16	13.47	84.98	98.05	264.48	1189	323	182769
2007	125.88	4.85	13.37	84.89	89.39	269.08	1266	327	188027
2008	127.67	4.85	13.57	84.94	91.08	267.81	1343	324	182716
2009	127.67	4.95	13.87	85.34	91.89	272.61	1390	325	185361
2010	127.35	4.95	13.97	85.54	92.79	275.29	1412	326	185373
2011	125.48	5.02	13.78	84.04	88.34	281.79	1425	326	188147
2012	128.54	4.99	14.06	85.40	88.13	283.18	1487	345	193643

3-26 农村用电量及化肥施用量

(1990-2012年)

单位:吨

年份	农村用电量(万千瓦时)	农用化肥施用量(折纯量)		农用塑料薄膜使用量	农用柴油使用量	农药使用量
		合计	每公顷播种面积施用量(千克)			
1990	48022	78955	181	835		4682
1991	61544	87255	198	1025		5066
1992	73877	88439	204	1030		4315
1993	94785	91072	221	1226	103884	4212
1994	110137	89957	224	1491	134547	4749
1995	131166	106371	265	3200	230696	5742
1996	142967	107856	267	3249	252132	5710
1997	154907	109638	269	3445	328071	6334
1998	167880	110055	270	3742	337194	6499
1999	198862	109314	268	3978	331624	6457
2000	227818	105913	281	4558	351640	6414
2001	237471	96388	284	5726	499103	6007
2002	299886	90613	294	6318	498723	5862
2003	346952	87727	317	6656	501040	5574
2004	372411	88932	313	7020	517635	5597
2005	468125	89625	313	7405	532714	5610
2006	506716	88848	314	7471	544063	5561
2007	572777	87047	311	7541	547733	5415
2008	633158	88334	311	7775	521620	5340
2009	706158	91545	337	7898	541420	5093
2010	807710	90977	343	8152	593300	4850
2011	920219	89670	352	8363	605851	4727
2012	957734	90370	360	8545	611604	4605

主 要 统 计 指 标 解 释

农、林、牧、渔业的统计范围是:

1. 农业:包括种植业和其他农业。

种植业包括谷物、豆类、油料、棉花、麻类、糖料、烟叶、药材、薯类、蔬菜、瓜类、饲料作物等种植业,茶、桑、果种植业。

其他农业包括野生植物的果实、纤维、油料和野生药物、菌类、柴草等的采集等。

2. 林业:包括人工植树造林、森林抚育、迹地更新,村及村以下竹、木材采伐。油桐籽、油茶籽、核桃等林产品的采集。

3. 牧业:包括猪、牛、羊等的饲养和放牧业,鸡、鸭、鹅等有家畜养殖业以及兔、蚕、蜂等小动物饲养,野生动物的狩猎、诱捕、猎物饲养,野生动物产品的采集。

4. 渔业:包括利用海水进行鱼、虾、贝、藻类等水生动、植物的养殖和对海洋水生动、植物的捕捞;还包括在内陆水域进行鱼、虾、蟹、贝类、珍珠等水生动物的养殖和捕捞。

农林牧渔业总产值　指以货币表现的农林牧渔业全部产品总量。它用价值量形式综合反映一定时期内农林牧渔业生产的总成果和总规模。农林牧渔业总产值的计算方法,一般采用"产品法"进行计算,即凡是有产品产量的,都按产品产量乘以其产品单价求得每一种农产品的产值,然后将四业产品的产值相加求得。

农村经济总收入　指农村集体经济组织和农民在一年之中经营生产性和服务性活动所得到的可以用于抵偿本年开支,并在国家、集体和农民个人之间进行分配的全部收入。包括农林牧渔业、农村工业、建筑业、运输业、贸易业、餐饮业、服务业劳务等各项经营收入和利息、租金等收入,不包括那些不能用来分配,属于借贷性质或暂收性质的收入,如贷款收入、预购定金、国家投资、农民投资等。

农村经济总收入和农林牧渔业总产值是两个不同的概念:第一、两者的统计范围不同。总产值是以农、林、牧、渔四业为统计范围,总收入除了包括农、林、牧、渔四业收入外,还包括工业、建筑业、交通运输业、贸易业、餐饮业、服务业、生产性劳务收入以及一些非生产性的收入。第二、两者的计算口径不同。总产值要计算的是当年全部生产成果,而总收入要计算的是当年可以支配的部分。例如,总产值要计算人造林木的生长量、大小家禽的繁殖、增长和增重的产值,总收入则不包括。又当年实现能支配的收入,不一定是当年的生产成果。第三、两者的计价原则不同。计算总产值,全部产品都按统一的不变价格或当年价格计算,而计算总收入一般按当年价格计算,产品中的出售部分按实际出售价格计算。

农作物播种面积　指实际播种或移植有农作物的面积。凡是实际种植有农作物的面积,不论种植在耕地上还是非耕地上的,也不论面积大小,均应包括在内。统计播种面积,按种植一次算一次,但移植作物的,按移植后的面积计算。

粮食产量　指全社会的产量,包括国营农场等全民所有制经营、集体统一经营的和农民家庭经营的产量,还包括工矿企业家属办的农场和其他生产单位的产量。粮食在统计上分为谷物、豆类、薯类。从浙江的实际种植结构看,谷物包括稻谷、小麦、玉米和其他谷物,按脱粒后的原粮计算;豆类包括大豆、蚕(豌)豆、杂豆,按去豆荚后的干豆计算;蕃薯按5千克鲜薯折1千克粮食计算。

粮食产量统计方法主要有两种:全面统计和农产量抽样调查。从1988年起,国家统计局统一规定,全国和各省(区、市)的粮食产量一律以农产量抽样调查数为准。农产量抽样调查主要分两部分:一是抽选网点,二是调查推算。

水果产量　指本年度内收获的全部水果产量。不论出售或自食的都应计算在内。水果产量按鲜果计算,不按加工后的产量计算。2001年起,水果产量包括果用瓜(西瓜、甜瓜、草莓等),但不包括作蔬菜食用的藕、西红柿等,也不包括采集的野生水果。

造林面积　指本年度内在荒山、荒地、沙丘等一切可以造林的土地上,采取人工播种、植苗、飞机播种等方法,新植的成片乔木林和灌木林,经过检查验收,符合"造林技术规程"要求的株数,成活率达85%以上(1986年以前成活率按40%以上计算)的面积。四旁植树在四行以上,连续面积在一亩以上,应统计在造林面积内,但不包括补植面积、重造面积、迹地更新面积、低产林改造面积和零星植树折算面积。

肥猪出栏头数　指年内农村合作经济组织、农民、国营农场、机关、团体、工矿企业、部队等单位以及城镇居民饲养的,供屠宰并已出栏的全部肉猪头数,包括交售给国家、集市上出售和农民自食的部分。

肉类总产量 指当年出栏并已屠宰的猪、牛、羊、兔、家禽和其他畜禽的肉产量，按屠宰后除去头蹄下水后带骨肉的重量，即按胴体重计算。

水产品产量 指本年度内捕捞的水产品产量（包括人工养殖和天然生长）。海水生长的藻类计人海水产品产量。淡水生长的各种水生植物，不计算为水产品产量。除海蜇按三矾后，海藻按干品计量外，其余均按捕捞起水时的鲜活实重计量。

有效灌溉面积 是指灌溉工程设施基本配套，有一定灌溉水源，土地比较平整，抗旱能力达到30天以上的耕地面积。由于雨水及时或所种的农作物不需要灌溉等原因，当年没有进行灌溉或遇较大干旱年当年不能进行灌溉，而以往年份已统计为有效灌溉面积的耕地，也都应统计在内。

农业机械总动力 指主要用于农、林、牧、副、渔业的耕地机械、排灌机械、收获机械、农产品加工机械、运输机械、植保机械、林业机械、渔业机械和其他农业机械等各种动力机械的动力总和。电动机楞率按千瓦计算，内燃机功力按引擎马力折成千瓦计算。

农用化肥施用量 指在本年度内实际用于农业生产的化肥数量。包括氮肥、磷肥、钾肥及复合肥。施用量按标准及折纯量两种方法计算。标准量，是指化肥将实物量按统一规定的折合标准计算。实物量折合标准量的标准是：尿素1:2，硝酸铵1:1.65，石灰氮、碳酸氢铵、氨水均为1:0.67，氨磷钾复合肥1:2（也可根据具体情况进行折算），其他化肥按实际含量进行折算。折纯法，即把氮肥、磷肥、钾肥分别按含氮、含五氧化二磷、含氧化钾100%折算，标准量换算折纯量的比例是：氮肥1:0.21，磷肥1:0.18，钾肥1:0.25。

农村用电量 指本年度内扣除在农村中的全民所有制工业、交通、基建单位的用电量以后的农村生产和生活上的全年用电总度数（全年累计数），包括国家电网的供电量，也包括农村自办电站的供电量。

农村住户数 按“常住地”统计。是指长期（一年以上）居住在除县级以上政府所在地和原来老的工矿企业的镇以外的乡镇和农村街道办事处行政管理区域内的住户，以及居往在城关镇所辖行政村范围内的农村住户。户口不在本地而在本地居住一年及以上的住户也包括在本地农村住户内；有本地户口，但举家外出谋生一年以上的住户，无论是否保留承包耕地都不包括在本地农村住户范围内。

农村人口数 指农村户数中的常住人口数，即经常在家或在家居住六个月以上，而且经济和生活与本户连成一体的人口。外出从业人员在外居住时间虽然在六个月以上，但收入主要带回家中，经济与本户连成一体，仍视为家庭常住人口；在家居住，生活和本户连成一体的国家职工、退休人员也为家庭常住人口。但现役军人、中专及以上（走读生除外）的在校生以及常年在外（不包括探亲、看病等）且已有稳定职业与居住场所的外出人员，不应当作家庭常住人口。

外来住户、人口数 指户口不在本乡镇而举家到本乡镇居住一年以上，并从事生产经营活动的住户数和人口数。

外出住户、人口数 是指户口在本乡镇而举家离开本乡镇外出一年以上的住户数和人口数。

农村劳动力资源 指农村人口中在劳动年龄内（男16周岁至60周岁、女16周岁至55周岁），并具有劳动能力的人数和虽在劳动年龄以外，却能经常参加农业生产劳动或家庭副业劳动并顶上一个或半个劳动力的人数。不包因病长期不能参加生产劳动和因残疾而丧失劳动能力的人数。

农村从业人员 指农村人口中16岁以上实际参加生产经营活动并取得实物或货币收入的人员，既包括劳动年龄内经常参加劳动的人员，也包括超过劳动年龄但经常参加劳动的人员。但不包括户口在家的在外学生、现役军人和丧失劳动能力的人，也不包括待业人员和家务劳动者。从业人员年龄为16岁以上。从业人员按从事主业时间最长（时间相同按收入）分为农业从业人员、工业从业人员、建筑业从业人员、交运仓储及邮政从业人员、信息传输、计算机服务和软件业从业人员、批发与零售业从业人员、住宿和餐饮业从业人员、其他行业从业人员等。

4

工业

Industry

4-1 主要年份工业企业单位数

单位:个

年份	全部工业单位数	国有企业	集体企业	其他各种类型企业	股份合作企业	私营个体
1949	386	12	1	246		127
1952	678	32	25	262		359
1957	1000	141	634	204		21
1962	1226	171	692	269		94
1965	1099	144	563	301		91
1970	1551	217	841	387		106
1975	2370	271	1620	364		115
1978	4659	303	2141	1813		412
1980	7152	314	2872	3469		507
1985	25751	334	3672	3238	5197	13310
1990	37446	364	3521	2228	7519	23814
1991	36759	355	3515	2188	7831	22870
1992	43346	276	3551	2148	8978	28393
1993	58434	328	3154	2140	11405	41457
1994	79722	283	2649	1862	16001	58927
1995	87510	303	2465	3930	13682	67130
1996	85271	286	2173	1674	13232	67906
1997	84203	248	1373	1780	8185	72617
1998	87554	159	1565	508	10427	74905
1999	87436	123	876	647	9912	75878
2000	87381	93	601	1013	11002	74672
2001	89449	94	658	2761	9551	76385
2002	86479	90	634	3138	9394	73223
2003	89209	81	558	2984	7661	77925
2004	99758	47	445	3958	5818	89490
2005	102351	47	431	4105	5859	91919
2006	101443	47	392	4686	3958	92360
2007	103983	50	343	4899	3681	95010
2008	106598	50	211	5819	3080	97438
2009	108629	55	218	5844	2196	100316
2010	110886	52	207	5935	1848	102844
2011	113259	50	204	5797	1754	105454
2012	115094	42	193	5865	1671	107323

4－2 规模以上工业单位数

（2000－2012年）

单位：个

年　　份	工业单位数	#国有及国有控股企业	轻工业	重工业	大型企业	中型企业	小型企业	微型企业
2000	1564	119	871	693	3	85	1476	
2001	2411	92	1328	1083	3	95	2313	
2002	2257	71	1227	1030	4	121	2132	
2003	2634	70	1386	1248	8	154	2472	
2004	3825	75	1823	2002	10	211	3604	
2005	3945	60	1833	2112	14	250	3681	
2006	4547	60	2059	2488	14	317	4216	
2007	5474	50	2378	3096	18	375	5081	
2008	5973	53	2503	3470	17	393	5563	
2009	6210	54	2581	3629	19	371	5820	
2010	7308	52	2941	4367	24	436	6848	
2011	3040	37	1157	1883	53	486	2477	24
2012	3377	42	1327	2050	47	422	2840	68

注：规模以上工业统计范围是：2011年起为年主营业务收入2000万元及以上工业（不包括台州电业局和台州电业局直属供电局），2009年起统计范围为年主营业务收入500万元及以上工业（不包括华能国际电力股份有限公司浙江分公司、台州电业局），2007年起统计范围为年主营业务收入500万元及以上工业（不包括华能国际电力股份有限公司浙江分公司、台州电业局和台州电业局直属供电局），2006年及以前统计范围为国有和年销售收入万元以500上工业。下同。

4－3 分注册类型规模以上工业单位数

（2000－2012年）

单位：个

年　　份	国有企业	集体企业	股份合作企业	联营企业	有限责任公司	股份有限公司	私营企业	其他企业	港澳台商投资公司	外商投资企业
2000	93	75	642	5	228	44	335		80	62
2001	66	51	891	6	580	29	586		103	99
2002	50	40	712	5	675	24	546		103	102
2003	47	39	642	2	671	26	974		119	114
2004	47	49	706	6	1409	26	1226		169	187
2005	44	29	679	5	1291	25	1520		170	182
2006	40	25	514	7	1471	31	2074		185	200
2007	32	25	508	10	1511	40	2926		197	225
2008	30	17	413	3	1522	28	3510		200	250
2009	35	23	401	3	1574	34	3694		206	240
2010	34	21	274	3	1699	45	4799		207	226
2011	21	7	55	2	873	36	1742		142	162
2012	21	4	91	3	996	54	1909	2	141	156

4－4　分行业规模以上工业单位数(一)

(2000－2012年)

单位:个

年　份	有色金属矿采选业	非金属矿采选业	农副食品加工业	食品制造业	酒饮料和精制茶制造业	纺织业	纺织服装服饰业	皮革毛皮羽毛及其制品和制鞋业	木材加工和木竹藤棕草制品业
2000	3	2	80	23	14	55	29	50	11
2001	2	3	96	27	14	74	49	116	17
2002	1	2	89	21	15	72	39	116	15
2003	1	2	83	22	15	73	40	137	12
2004	2	3	77	24	18	132	42	239	36
2005	3	2	77	20	15	131	44	236	39
2006	2	1	86	22	15	154	51	255	45
2007	1	3	99	23	15	167	63	323	56
2008	1	4	107	21	17	184	62	314	46
2009	1	4	118	23	19	194	71	334	42
2010	1	5	123	25	20	210	74	377	45
2011	1	1	53	17	8	83	13	148	17
2012	1	3	77	19	8	85	19	223	16

4－5　分行业规模以上工业单位数(二)

(2000－2012年)

单位:个

年　份	家具制造业	造纸和纸制品业	印刷和记录媒介复制业	文教工美体育和娱乐用品制造业	石油加工炼焦和核燃料加工业	化学原料和化学制品制造业	医药制造业	化学纤维制造业	橡胶和塑料制品业
2000	6	32	20			89	63		159
2001	11	42	28			100	83		256
2002	13	39	25			84	84		252
2003	21	54	30			89	89		311
2004	45	85	42			124	96	1	441
2005	51	79	40			120	99		458
2006	59	96	50			114	96	1	523
2007	82	115	60	400	1	124	97	1	619
2008	106	115	69	412	1	132	108	1	718
2009	114	115	64	410	1	133	113	1	779
2010	122	137	75	456	1	145	113	2	1042
2011	75	54	20	103		75	86	1	383
2012	80	63	23	114	1	75	82	3	407

4－6　分行业规模以上工业单位数(三)

(2000－2012年)

单位:个

年　份	非金属矿物制品业	黑色金属冶炼和压延加工业	有色金属冶炼和压延加工业	金属制品业	通用设备制造业	专用设备制造业	汽车制造业	铁路船舶航空航天和其他运输设备制造业	电气机械和器材制造业
2000	18	5	7	60	181	72			113
2001	29	7	17	110	329	102			160
2002	29	10	17	109	313	96			180
2003	37	11	21	128	376	126			210
2004	62	18	78	130	616	179			303
2005	59	19	81	168	608	192			284
2006	66	23	101	183	708	237			329
2007	99	24	101	254	908	302	410	308	445
2008	83	28	97	287	1065	330	438	331	522
2009	91	33	99	285	1142	347	479	305	540
2010	106	40	119	354	1331	432	567	327	628
2011	53	25	70	133	510	164	261	176	292
2012	65	62	62	174	528	177	279	184	307

4－7　分行业规模以上工业单位数(四)

(2000－2012年)

单位:个

年　份	计算机通信和其他电子设备制造业	仪器仪表制造业	其他制造业	废弃资源综合利用业	金属制品机械和设备修理业	电力热力生产和供应业	燃气生产和供应业	水的生产和供应业
2000	10	18				25	1	12
2001	16	26				26	1	12
2002	31	27				26	1	12
2003	38	36		7		26	1	12
2004	32	60		29		27	2	15
2005	54	86		24		29	2	13
2006	68	136		41		30	2	13
2007	61	165	58	48		25	3	14
2008	66	157	45	59		26	3	18
2009	58	144	41	58		28	5	19
2010	69	204	42	61		30	5	20
2011	34	79	26	43		21	5	10
2012	40	83	29	47	2	22	5	12

4-8 规模以上工业总产值

（2000-2012 年）

单位：万元

年份	工业总产值	#国有及国有控股企业	轻工业	重工业	大型企业	中型企业	小型企业	微型企业
2000	4815486	1017537	2597324	2218162	478016	1393412	2944058	
2001	6106561	566691	3305516	2801045	394917	1751448	3960196	
2002	7269245	837513	3840413	3428832	546284	2340532	4382430	
2003	9558209	1145660	4877725	4680485	1045705	2955365	5557139	
2004	13529156	1546364	5860722	7668434	1656601	3873957	7998597	
2005	17376957	2096616	7262286	10114671	2437585	5845924	9093448	
2006	22288036	2482361	8618563	13669474	2500613	7566852	12220572	
2007	27406557	2656289	10460812	16945745	3337383	9642839	14426336	
2008	28776593	2255599	11091360	17685233	3016513	10135687	15624393	
2009	28698750	2412672	10914002	17784748	3257893	9437875	16002981	
2010	36307993	2512402	13234098	23073895	4206081	11991528	20110384	
2011	34484524	3701348	11926945	22557579	7325624	11456998	15624205	77697
2012	35308116	3810150	12288552	23019564	6578552	10686417	16814066	1229081

4-9 分注册类型规模以上工业总产值

（2000-2012 年）

单位：万元

年份	国有企业	集体企业	股份合作企业	联营企业	有限责任公司	股份有限公司	私营企业	其他企业	港澳台商投资公司	外商投资企业
2000	230543	264297	1078390	90283	1172810	627069	803855		278277	269963
2001	153655	237369	1376518	140058	1936634	205229	1010040		332562	714497
2002	156206	128303	1301522	185818	2774531	387968	1185245		401035	748617
2003	181072	125403	1242559	46000	3482787	334429	2616164		521920	1007875
2004	806628	326278	1171836	51784	5503521	938935	2732149		870150	1127876
2005	1392336	369796	1467859	56945	6603203	798312	4400255		943672	1344579
2006	1646126	435388	1191946	56514	8242000	872554	6637474		1245250	1960784
2007	1786410	189356	1143417	74607	9348072	1410040	9655624		1343894	2455138
2008	1333741	30889	920398	53390	10157156	1215391	11316230		1461893	2287506
2009	1527561	48367	814169	52861	9567032	1138748	12099779		1447964	2002270
2010	1654347	48841	596434	46363	10632452	2014041	16568499		1901632	2845384
2011	1743080	45391	358040	61732	10025366	2494792	14041145		2086225	3628753
2012	1845080	8705	442061	60623	10464235	3669109	13329098	10764	2057946	3420495

4－10　分行业规模以上工业总产值(一)

(2000－2012年)

单位:万元

年份	有色金属矿采选业	非金属矿采选业	农副食品加工业	食品制造业	酒饮料和精制茶制造业	纺织业	纺织服装服饰业	皮革毛皮羽毛及其制品和制鞋业	木材加工和木竹藤棕草制品业
2000	5438	2246	125122	78518	34672	110624	43295	134581	108087
2001	3699	10114	150346	60814	39477	125294	54518	238598	122763
2002	444	1446	154486	76485	48740	141875	58336	246878	125837
2003	4461	1532	140875	83235	56859	179547	63231	311618	156326
2004	4925	1575	168514	73773	62964	304050	67996	488822	183701
2005	10826	575	180872	91369	77310	343804	82771	581061	189680
2006	1898	1378	236120	95231	89420	405945	99176	734082	124287
2007	1373	2420	269837	104175	99250	466128	117544	904699	183477
2008	1660	4044	308520	125358	132843	636149	117004	865254	112899
2009	803	6831	338860	119275	109079	618096	107954	914255	112393
2010	2520	9077	438747	137647	127269	765929	121762	1095485	129790
2011	4169	3174	394537	160689	124238	674815	55018	869941	90882
2012	3967	8622	461000	176172	158162	649353	62095	1084784	84632

4－11　分行业规模以上工业总产值(二)

(2000－2012年)

单位:万元

年份	家具制造业	造纸和纸制品业	印刷和记录媒介复制业	文教工美体育和娱乐用品制造业	石油加工炼焦和核燃料加工业	化学原料和化学制品制造业	医药制造业	化学纤维制造业	橡胶和塑料制品业
2000	5679	48522	20169			321419	310454		412670
2001	14185	57842	29109			351340	449084		561687
2002	26289	68359	31171			432774	537297		681073
2003	69951	109728	37838			449932	721966		919554
2004	153301	160932	51097			598352	826650	802	1236486
2005	195299	187103	59077			584139	1103506		1660243
2006	287103	235851	78449			578750	1255932	944	1963692
2007	379483	278259	105782	875713	591	677025	1447448	1136	2459252
2008	544220	301648	103595	777034	859	715891	1808101	2428	2514752
2009	495486	287602	94087	733466	1165	716000	1850466	2265	2700936
2010	593613	424315	127420	884093	1579	916766	2112764	4932	3762112
2011	564168	363091	78805	525382		990493	2318317	5396	3496565
2012	592382	387714	92572	554247	4556	1136979	2477180	49335	3406175

4－12 分行业规模以上工业总产值(三)

(2000－2012 年)

单位:万元

年份	非金属矿物制品业	黑色金属冶炼和压延加工业	有色金属冶炼和压延加工业	金属制品业	通用设备制造业	专用设备制造业	汽车制造业	铁路船舶航空航天和其他运输设备制造业	电气机械和器材制造业
2000	47744	13579	25702	192139	360243	292648			413795
2001	53792	13277	54578	282795	586380	379437			490233
2002	54656	32906	115767	375243	638309	522836			692101
2003	109873	49861	172057	507983	902957	694309			888401
2004	168350	99275	492988	493795	1724768	713493			1210128
2005	161336	95217	593176	787332	1775840	1013539			1472178
2006	216008	71513	997081	888989	2389167	1359241			1722493
2007	279442	99697	948656	1402047	3328573	1661758	2061207	2647003	2362380
2008	343361	173110	961655	1210104	3847520	1278995	2236924	3240843	2775423
2009	381464	225368	768440	1051957	3505679	1330988	2627021	3238334	2622589
2010	452874	321823	1156964	1456205	4546467	1806644	3484411	3148864	3314844
2011	520890	403174	1119167	1218505	4046503	1517898	3152426	2808317	2914075
2012	507301	503297	1053749	1411807	4062297	1684261	3093339	2433063	2748761

4－13 分行业规模以上工业总产值(四)

(2000－2012 年)

单位:万元

年份	计算机通信和其他电子设备制造业	仪器仪表制造业	其他制造业	废弃资源综合利用业	金属制品机械和设备修理业	电力热力生产和供应业	燃气生产和供应业	水的生产和供应业
2000	20023	37607				387447	123	21955
2001	18693	39318				372717	142	23272
2002	70760	48463				389002	151	25969
2003	116021	59821		82869		450690	255	29725
2004	88059	91777		367492		776849	1006	37682
2005	229583	312555		354924		1319291	1528	39381
2006	319894	775464		663321		1600507	1967	45825
2007	269380	812899	606487	736142		1753057	13968	50272
2008	302716	407238	553795	1006150		1283916	19405	63179
2009	358343	303109	539545	957859		1474619	29191	75227
2010	457338	843446	692394	1257792		1596378	26600	89131
2011	412435	750261	697171	1408883		2668849	18097	108197
2012	475497	802530	765203	1437873	11756	2784950	23578	118930

4－14　规模以上工业主要产品产量

（2012 年）

产　品　名　称		产　量	产　品　名　称		产　量
精制食用植物油	（万吨）	0.46	软体家具	（万件）	1.30
鲜、冷藏肉	（万吨）	0.63	箱纸板	（万吨）	8.27
冷冻水产品	（万吨）	14.05	纸制品	（万吨）	46.39
糖果	（万吨）	0.14	精甲醇	（万吨）	0.96
罐头	（万吨）	10.41	化学农药原药（折有效成分 100%）	（万吨）	1.10
食品添加剂	（万吨）	0.04	其中：杀虫剂原药	（万吨）	0.95
饮料酒	（万千升）	49.97	涂料	（万吨）	5.01
其中：啤酒	（万千升）	49.97	初级形态的塑料	（万吨）	8.04
软饮料	（万吨）	2.92	化学试剂	（万吨）	0.83
其中：果汁和蔬菜汁饮料类	（万吨）	1.99	化学药品原药	（万吨）	5.55
纱	（万吨）	5.37	中成药	（万吨）	0.06
其中：棉纱	（万吨）	0.18	橡胶轮胎外胎	（万条）	285.79
棉混纺纱	（万吨）	0.91	塑料制品	（万吨）	133.92
化学纤维纱	（万吨）	4.29	其中：塑料薄膜	（万吨）	4.55
布	（万米）	13443.29	泡沫塑料	（万吨）	2.61
印染布	（万米）	11713	塑料人造革、合成革	（万吨）	8.43
绒线（俗称毛线）	（万吨）	0.21	日用塑料制品	（万吨）	51.81
蚕丝被	（万条）	32.00	水泥	（万吨）	285.40
无纺布（无纺织物）	（万吨）	0.81	其中：散装水泥	（万吨）	194.60
服装	（万件）	1575.49	商品混凝土	（万立方米）	554.81
其中：梭织服装	（万件）	1285.78	预应力混凝土桩	（万米）	250.36
针织服装	（万件）	289.71	砖	（万块）	1199.80
轻革	（万平方米）	194.10	钢化玻璃	（万平方米）	219.99
皮革鞋靴	（万双）	29195.85	日用玻璃制品	（万吨）	3.06
人造板	（万立方米）	13.70	纤维增强塑料制品	（万吨）	0.14
其中：纤维板	（万立方米）	7.74	卫生陶瓷制品	（万件）	22.97
家具	（万件）	2656.85	粗钢	（万吨）	1.37
其中：木质家具	（万件）	260.40	钢材	（万吨）	31.16
金属家具	（万件）	2135.98	白银（银锭）	（千克）	34478.00

4－14续表

产品名称		产量	产品名称		产量
铝合金	（万吨）	3.17	两轮脚踏自行车	（万辆）	46.69
铜材	（万吨）	14.93	电动自行车	（万辆）	52.46
铝材	（万吨）	16.42	民用钢质船舶	（万载重吨）	155.27
金属切削工具	（万件）	1156.41	交流电动机	（万千瓦）	1039.64
发动机	（万千瓦）	636.08	变压器	（万千伏安）	1771.54
金属切削机床	（万台）	0.73	电力电缆	（万千米）	28.73
其中：数控金属切削机床	（万台）	0.33	绝缘制品	（万吨）	0.30
电焊机	（万台）	160.45	锂离子电池	（万只）	9.27
泵	（万台）	2193.43	铅酸蓄电池	（万千伏安时）	6.42
其中：真空泵	（万台）	106.76	太阳能电池	（万千瓦）	15.93
气体压缩机	（万台）	206.79	家用电冰箱	（万台）	80.36
其中：制冷设备用压缩机	（万台）	2.28	家用冷柜(家用冷冻箱)	（万台）	95.78
阀门	（万吨）	25.70	房间空气调节器	（万台）	8.23
齿轮	（万吨）	7.73	家用电风扇	（万台）	211.74
电动手提式工具	（万台）	277.91	家用电热烘烤器具	（万个）	24.13
金属紧固件	（万吨）	0.46	家用吸尘器	（万台）	124.51
铸铁件	（万吨）	11.66	灯具及照明装置	（万套）	4687.75
铸钢件	（万吨）	1.12	电子元件	（万只）	255375
锻件	（万吨）	13.87	彩色电视机	（万台）	168.41
减速机	（万台）	54.46	其中：液晶(LCD)电视机	（万台）	167.09
模具	（万套）	2.60	等离子(PDP)电视机	（万台）	1.32
收获机械	（万台）	1.30	眼镜成镜	（万副）	4050.64
其中：谷物收获机械	（万台）	0.83	发电量	（亿千瓦小时）	326.11
汽车	（万辆）	14.74	其中：火力发电量	（亿千瓦小时）	313.37
其中：基本型乘用车(轿车)	（万辆）	12.50	水力发电量	（亿千瓦小时）	11.11
载货汽车	（万辆）	1.83	风力发电量	（亿千瓦小时）	1.64
摩托车整车	（万辆）	176.13	自来水生产量	（万立方米）	34038.00

4－15 规模以上工业主要财务指标(一)

(2012 年)

单位:万元

项目	企业单位数(个)	工业总产值	工业销售产值	出口交货值	年末资产总计	从业人员年平均人数(人)
总计	**3377**	**35308116**	**33655953**	**10232616**	**35854785**	**655296**
其中:国有控股企业	42	3810150	3770258	265286	4464597	26383
按登记注册类型分						
国有企业	21	1845081	1842950		1065474	9278
集体企业	4	8705	8550		15525	326
股份合作企业	91	442061	424361	52796	377374	11587
联营企业	3	60623	60098	2166	236205	273
有限责任公司	996	10464235	10041460	2823340	11520217	199340
股份有限公司	54	3669110	3397390	1927913	5063286	59485
私营企业	1909	13329098	12602051	3808562	12019858	286960
其他企业	2	10764	10819		4312	206
港、澳、台商投资公司	141	2057946	1921096	723379	1868959	39510
外商投资企业公司	156	3420495	3347178	894461	3683576	48331
按轻重工业分						
轻工业	1327	12288552	11582790	5206033	13183829	285654
重工业	2050	23019564	22073163	5026583	22670956	369642
按大中小微型分						
大型企业	47	6578552	6254890	2327617	8096638	101998
中型企业	422	10686417	10075891	3709521	10665057	216032
小型企业	2840	16814067	16088925	4123423	15312718	334816
微型企业	68	1229081	1236247	72055	1780373	2450
按工业行业分						
有色金属矿采选业	**1**	**3967**	**4176**		**4093**	**86**
贵金属矿采选	1	3967	4176		4093	86
非金属矿采选业	**3**	**8622**	**8442**		**7086**	**265**
土砂石开采	3	8622	8442		7086	265
农副食品加工业	**77**	**461000**	**437423**	**72693**	**327714**	**9507**
饲料加工	2	17554	16352	12324	11499	636
植物油加工	1	11210	10937		10319	117
屠宰及肉类加工	2	47947	47947		6386	299
水产品加工	70	376997	355645	59697	290215	8195
蔬菜、水果和坚果加工	1	3460	2615	671	4699	33

4－15 续表1

单位:万元

项目	企业单位数(个)	工业总产值	工业销售产值	出口交货值	年末资产总计	从业人员年平均人数(人)
其他农副食品加工	1	3833	3927		4596	227
食品制造业	**19**	**176172**	**162668**	**70483**	**165358**	**4694**
焙烤食品制造	1	5930	5890		2957	90
糖果、巧克力及蜜饯制造	1	3499	3080		3144	113
罐头食品制造	9	81365	74827	63619	84224	3830
其他食品制造	8	85379	78871	6864	75034	661
酒、饮料和精制茶制造业	**8**	**158162**	**153873**	**11**	**165691**	**1986**
酒的制造	3	108972	106433		127241	1424
饮料制造	4	49190	47440	11	38450	562
精制茶加工	1					
纺织业	**85**	**649353**	**610372**	**195493**	**640397**	**14604**
棉纺织及印染精加工	14	158174	142894	13557	175598	2149
毛纺织及染整精加工	3	13884	12397	2483	30489	657
麻纺织及染整精加工	1	2028	2028	26	2857	58
丝绢纺织及印染精加工	1	3916	3291		6513	49
化纤织造及印染精加工	17	125427	119616	10937	98727	1752
针织或钩针编织物及其制品制造	5	25386	24205	1380	18145	646
家用纺织制成品制造	11	50145	49798	24050	37512	1454
非家用纺织制成品制造	33	270393	256144	143059	270557	7839
纺织服装、服饰业	**19**	**62095**	**58969**	**29646**	**53767**	**2856**
机织服装制造	14	43291	40859	22288	32488	1949
针织或钩针编织服装制造	4	16324	15746	5190	19936	722
服饰制造	1	2480	2365	2169	1343	185
皮革、毛皮、羽毛及其制品和制鞋业	**223**	**1084784**	**1026462**	**660103**	**544984**	**44353**
皮革鞣制加工	3	25590	24227		24588	368
皮革制品制造	8	27242	26708	14915	23129	1215
制鞋业	212	1031952	975527	645189	497267	42770
木材加工和木、竹、藤、棕、草制品业	**16**	**84632**	**81986**	**18985**	**78747**	**2261**
人造板制造	6	46073	45005	6913	49143	771
木制品制造	3	10330	10188	2316	10538	489
竹、藤、棕、草等制品制造	7	28230	26793	9756	19066	1001
家具制造业	**80**	**592382**	**562574**	**397300**	**498413**	**20838**

4－15续表2

单位:万元

项　　目	企业单位数（个）	工业总产值	工业销售产值	出口交货值	年末资产总计	从业人员年平均人数（人）
木质家具制造	45	265846	256420	207830	181580	10780
竹、藤家具制造	4	12249	12070	5301	5982	621
金属家具制造	24	256216	237477	143331	271145	8436
塑料家具制造	5	50179	49239	39091	30964	790
其他家具制造	2	7893	7369	1747	8743	211
造纸和纸制品业	**63**	**387714**	**374526**	**13902**	**447787**	**7843**
造纸	16	114182	107499		103622	1887
纸制品制造	47	273533	267027	13902	344165	5956
印刷和记录媒介复制业	**23**	**92572**	**90856**	**29057**	**97470**	**2810**
印刷	23	92572	90856	29057	97470	2810
文教、工美、体育和娱乐用品制造业	**114**	**554247**	**534178**	**380297**	**440101**	**21796**
文教办公用品制造	2	8786	8808	7015	8689	335
工艺美术品制造	105	520771	500392	357660	415839	20631
体育用品制造	1	3693	3860	496	1846	115
玩具制造	5	15953	16103	15127	10576	620
游艺器材及娱乐用品制造	1	5045	5015		3151	95
石油加工、炼焦和核燃料加工业	**1**	**4556**	**4887**		**4640**	**15**
精炼石油产品制造	1	4556	4887		4640	15
化学原料和化学制品制造业	**75**	**1136979**	**1075322**	**327081**	**1374060**	**11593**
基础化学原料制造	19	279161	255635	109958	472632	3781
农药制造	3	65420	62991	38014	39623	851
涂料油墨颜料及类似产品制造	18	302578	294888	95871	447105	3193
合成材料制造	12	193680	187643	10117	160768	1101
专用化学产品制造	18	265444	244526	65418	227012	2067
炸药、火工及焰火产品制造	1	3845	3806		6328	95
日用化学产品制造	4	26851	25834	7704	20592	505
医药制造业	**82**	**2477180**	**2283556**	**1117981**	**3446840**	**33704**
化学药品原料药制造	69	2232787	2055498	1094318	3080699	29643
化学药品制剂制造	3	114068	108036	7700	200858	2491
中成药生产	4	78502	72310	462	128009	1003
兽用药品制造	1	5810	5806	1393	4416	67
生物药品制造	5	46013	41906	14108	32858	500

4－15 续表3

单位:万元

项目	企业单位数(个)	工业总产值	工业销售产值	出口交货值	年末资产总计	从业人员年平均人数(人)
化学纤维制造业	**3**	**49335**	**47566**	**1313**	**35862**	**402**
合成纤维制造	3	49335	47566	1313	35862	402
橡胶和塑料制品业	**407**	**3406175**	**3245933**	**883295**	**3452407**	**65300**
橡胶制品业	68	674678	650084	202690	671705	12036
塑料制品业	339	2731498	2595849	680605	2780702	53264
非金属矿物制品业	**65**	**507301**	**481694**	**40701**	**609710**	**8058**
水泥、石灰和石膏制造	8	97032	96306		74194	544
石膏、水泥制品及类似制品制造	34	238915	234135		317830	3053
砖瓦、石材等建筑材料制造	4	23619	23210		42061	323
玻璃制造	2	15960	15494	431	11777	550
玻璃制品制造	8	61469	56917	24508	72834	1376
玻璃纤维和玻璃纤维增强塑料制品制造	2	6090	6504	3238	8261	209
陶瓷制品制造	6	62017	46994	12524	80963	1982
石墨及其他非金属矿物制品制造	1	2198	2133		1790	21
黑色金属冶炼和压延加工业	**62**	**503297**	**472953**	**6420**	**461551**	**6943**
黑色金属铸造	40	160464	152490	3864	128976	4145
钢压延加工	22	342833	320463	2556	332575	2798
有色金属冶炼和压延加工业	**62**	**1053749**	**1046751**	**53842**	**709663**	**5822**
常用有色金属冶炼	2	5005	4947		2289	89
贵金属冶炼	3	31342	31751		10077	92
有色金属合金制造	6	62418	62532	879	33910	590
有色金属铸造	3	26647	26029		26021	513
有色金属压延加工	48	928338	921492	52963	637366	4538
金属制品业	**174**	**1411807**	**1334331**	**432001**	**1308650**	**28629**
结构性金属制品制造	5	22570	22443	5242	18600	255
金属工具制造	19	64665	59957	4721	46557	1980
集装箱及金属包装容器制造	5	23411	22021	844	18480	514
金属丝绳及其制品制造	10	142534	140910	3604	106761	1054
建筑、安全用金属制品制造	59	413867	400640	162688	304056	9826
金属表面处理及热处理加工	28	93454	89971	1006	85214	3656
搪瓷制品制造	4	14069	13788	13286	11895	327
金属制日用品制造	19	447717	404951	219308	489368	7493

4－15 续表4

单位:万元

项　目	企　业 单位数 (个)	工　业 总产值	工　业 销　售 产　值	出　口 交货值	年　末 资　产 总　计	从业人员 年平均人数 (人)
其他金属制品制造	25	189521	179650	21303	227719	3524
通用设备制造业	**528**	**4062297**	**3827815**	**1839207**	**3682427**	**97684**
锅炉及原动设备制造	8	54442	52039	21591	76803	1632
金属加工机械制造	30	232853	213282	104606	268661	7435
物料搬运设备制造	11	83414	79830	15395	92427	1741
泵、阀门、压缩机及类似机械制造	370	2812488	2636599	1457818	2216262	63744
轴承、齿轮和传动部件制造	49	400280	375492	55092	516546	9692
烘炉、风机、衡器、包装等设备制造	31	326517	329084	149774	348779	9199
文化、办公用机械制造	4	39995	36045	650	41633	1101
通用零部件制造	24	109798	103217	34044	119430	3071
其他通用设备制造业	1	2510	2227	237	1887	69
专用设备制造业	**177**	**1684261**	**1623126**	**531729**	**2026241**	**35448**
采矿、冶金、建筑专用设备制造	10	67383	63115	8241	43242	1594
化工、木材、非金属加工专用设备制造	59	406935	391322	113717	520558	9355
食品、饮料、烟草及饲料生产专用设备制造	5	16871	15976	8580	17976	355
印刷制药日化及日用品生产专用设备制造	3	15531	15045		17184	415
纺织、服装和皮革加工专用设备制造	49	711910	689207	265404	932367	13310
农、林、牧、渔专用机械制造	32	257156	245907	106195	183821	4924
医疗仪器设备及器械制造	9	57267	53533	4404	73196	2474
环保社会公共服务及其他专用设备制造	10	151208	149021	25188	237899	3021
汽车制造业	**279**	**3093339**	**2926874**	**671619**	**3131357**	**61324**
汽车整车制造	5	744430	702976	144309	722912	3341
汽车零部件及配件制造	274	2348909	2223899	527310	2408445	57983
铁路船舶航空航天和其他运输设备制造业	**184**	**2433063**	**2403315**	**473725**	**2864733**	**46590**
铁路运输设备制造	5	42800	38415	815	124857	622
船舶及相关装置制造	65	954493	957939	149890	1237133	13877
航空、航天器及设备制造	2	10605	10603		9501	181
摩托车制造	91	1230871	1209861	312899	1333061	27671
自行车制造	21	194294	186497	10121	160181	4239
电气机械和器材制造业	**307**	**2748761**	**2604667**	**967923**	**3094853**	**52234**
电机制造	109	989640	937299	342193	988562	20829
输配电及控制设备制造	46	494627	470997	128185	597431	8585
电线、电缆、光缆及电工器材制造	49	419815	398182	8406	431659	3767

4－15 续表 5

单位:万元

项　　目	企业单位数（个）	工业总产值	工业销售产值	出口交货值	年末资产总计	从业人员年平均人数（人）
电池制造	3	31038	30024	21638	25384	117
家用电力器具制造	29	371837	342513	186272	587869	8991
非电力家用器具制造	5	46002	45627	40952	36180	1194
照明器具制造	65	391618	375982	239568	423704	8674
其他电气机械及器材制造	1	4185	4044	709	4064	77
计算机、通信和其他电子设备制造业	**40**	**475497**	**442999**	**254188**	**596600**	**7716**
计算机制造	1	2857	2607	1438	4156	191
通信设备制造	4	24470	21697	12476	39548	447
广播电视设备制造	1	6079	4599	344	7118	88
视听设备制造	1	215954	200941	197098	113537	1042
电子器件制造	6	63245	59372	22616	129381	2308
电子元件制造	20	127552	122419	14926	269462	2669
其他电子设备制造	7	35339	31366	5291	33399	971
仪器仪表制造业	**83**	**802530**	**745652**	**331766**	**849074**	**21552**
通用仪器仪表制造	54	606071	568064	274687	604661	13725
专用仪器仪表制造	7	46428	36582	2626	31878	1395
光学仪器及眼镜制造	21	147325	138714	52597	211041	6338
其他仪器仪表制造业	1	2706	2292	1857	1494	94
其他制造业	**29**	**765203**	**678100**	**430314**	**973721**	**18847**
日用杂品制造	29	765203	678100	430314	973721	18847
废弃资源综合利用业	**47**	**1437873**	**1387221**		**622066**	**9218**
金属废料和碎屑加工处理	38	1411969	1361771		605087	8895
非金属废料和碎屑加工处理	9	25903	25450		16979	323
金属制品、机械和设备修理业	**2**	**11756**	**11756**	**1541**	**7583**	**153**
铁路、船舶、航空航天等运输设备修理	2	11756	11756	1541	7583	153
电力、热力生产和供应业	**22**	**2784950**	**2762421**		**2653948**	**8200**
电力生产	8	1409714	1387106		2066492	2633
电力供应	9	1337723	1337802		536494	4952
热力生产和供应	5	37513	37513		50962	615
燃气生产和供应业	**5**	**23578**	**23578**		**33534**	**331**
水的生产和供应业	**12**	**118930**	**118930**		**443658**	**1634**
自来水生产和供应	10	110776	110776		388030	1491
污水处理及其再生利用	2	8153	8153		55628	143

4-16 规模以上工业主要财务指标(二)

(2012年)

单位:万元

项目	流动资产合计	存货	固定资产合计	固定资产原价	固定资产净值	年末负债合计
总计	**21075028**	**5238088**	**9532154**	**13547135**	**8576768**	**21809767**
其中:国有控股企业	1151549	239686	2569660	4092983	2476295	2144158
按登记注册类型分						
国有企业	242454	54550	770305	1386799	690649	525973
集体企业	8871	3946	6337	9016	5320	11025
股份合作企业	272924	84850	78881	111567	70356	275264
联营企业	23072	326	202793	340912	202793	142339
有限责任公司	6989614	1681809	2500566	3768266	2303071	7338751
股份有限公司	2870329	717714	1170688	1368066	911881	2258674
私营企业	7791473	1920593	2815176	3774393	2497391	8285962
其他企业	3053	327	1070	1874	1070	3702
港、澳、台商投资公司	1241890	402835	364714	533662	343211	1089690
外商投资企业公司	1631348	371138	1621625	2252579	1551028	1878387
按轻重工业分						
轻工业	7666861	2005145	3010537	4386372	2750057	8041670
重工业	13408167	3232943	6521617	9160763	5826711	13768097
按大中小微型分						
大型企业	4301913	1211328	1884357	2817541	1575764	3809628
中型企业	6355085	1700975	2710944	3759561	2449971	6618044
小型企业	9885297	2249745	3777305	5349474	3400608	10515325
微型企业	532732	76041	1159548	1620560	1150425	866769
按工业行业分						
有色金属矿采选业	**1789**	**598**	**393**	**624**	**393**	**1432**
贵金属矿采选	1789	598	393	624	393	1432
非金属矿采选业	**3923**	**498**	**1910**	**3939**	**1906**	**5743**
土砂石开采	3923	498	1910	3939	1906	5743
农副食品加工业	**211683**	**66612**	**83590**	**97954**	**70172**	**209417**
饲料加工	8903	1674	1756	2178	1066	8909
植物油加工	5473	759	2071	2725	1693	4929
屠宰及肉类加工	1312	11	2549	3044	2197	3115
水产品加工	192398	62332	73431	86766	62791	185422
蔬菜、水果和坚果加工	2286	1444	912	912	858	3826

4－16 续表 1

单位:万元

项目	流动资产合计	存货	固定资产合计	固定资产原价	固定资产净值	年末负债合计
其他农副食品加工	1311	393	2871	2330	1567	3217
食品制造业	**113624**	**57800**	**31241**	**44843**	**29276**	**107797**
焙烤食品制造	1574	559	1383	2037	1383	1582
糖果、巧克力及蜜饯制造	1685	752	1458	2358	1458	506
罐头食品制造	64859	39858	15078	22215	13786	60566
其他食品制造	45506	16631	13323	18233	12650	45144
酒、饮料和精制茶制造业	**54991**	**31858**	**82266**	**125879**	**81629**	**111406**
酒的制造	33098	25136	71212	109627	71194	85525
饮料制造	21892	6722	11054	16252	10435	25881
纺织业	**403595**	**123614**	**161416**	**220497**	**139098**	**444969**
棉纺织及印染精加工	108112	35989	40299	62266	39484	116472
毛纺织及染整精加工	18124	2723	10146	16535	9557	22940
麻纺织及染整精加工	2692	1259	165	368	165	2784
丝绢纺织及印染精加工	3817	611	2696	3740	2696	4239
化纤织造及印染精加工	71401	16953	22086	28788	16139	59035
针织或钩针编织物及其制品制造	10294	2458	7349	10871	6958	10245
家用纺织制成品制造	25599	5245	9706	11264	7140	27806
非家用纺织制成品制造	163556	58378	68969	86665	56959	201448
纺织服装、服饰业	**35183**	**7606**	**16416**	**21882**	**13133**	**42862**
机织服装制造	25038	6549	5600	8552	5220	25233
针织或钩针编织服装制造	9048	948	10571	12029	7668	16627
服饰制造	1098	109	245	1301	245	1002
皮革、毛皮、羽毛及其制品和制鞋业	**417471**	**81020**	**89073**	**137311**	**79871**	**392556**
皮革鞣制加工	18117	7209	6416	6387	3142	19646
皮革制品制造	14762	4461	6606	9881	5837	16594
制鞋业	384592	69351	76052	121043	70892	356317
木材加工和木、竹、藤、棕、草制品业	**50820**	**12373**	**16737**	**23736**	**15914**	**51620**
人造板制造	33403	7862	6574	11045	6135	32121
木制品制造	6644	777	2582	2770	2200	9282
竹、藤、棕、草等制品制造	10773	3733	7581	9922	7579	10216
家具制造业	**311297**	**110280**	**119830**	**158283**	**104190**	**351350**

4－16续表2

单位:万元

项 目	流动资产合计	存货	固定资产合计	固定资产原价	固定资产净值	年末负债合计
木质家具制造	111841	39705	49366	70110	43675	129794
竹、藤家具制造	5484	1321	495	631	495	4621
金属家具制造	177155	63071	53059	70958	48958	193384
塑料家具制造	11118	4110	14439	14160	9190	14129
其他家具制造	5700	2073	2470	2423	1872	9422
造纸和纸制品业	**261744**	**34101**	**98857**	**141273**	**88324**	**315929**
造纸	49811	11728	45224	48170	37335	80074
纸制品制造	211933	22373	53633	93103	50989	235856
印刷和记录媒介复制业	**57078**	**10247**	**35376**	**59226**	**34893**	**66314**
印刷	57078	10247	35376	59226	34893	66314
文教、工美、体育和娱乐用品制造业	**290921**	**76302**	**111995**	**148219**	**96797**	**316939**
文教办公用品制造	4142	922	3271	4255	3271	6530
工艺美术品制造	278081	73687	104001	137089	88947	299528
体育用品制造	1157	221	513	1037	513	989
玩具制造	5888	1120	4096	5723	3996	7403
游艺器材及娱乐用品制造	1653	352	115	115	70	2489
石油加工、炼焦和核燃料加工业	**552**	**456**	**4036**	**25**	**20**	**1650**
精炼石油产品制造	552	456	4036	25	20	1650
化学原料和化学制品制造业	**811433**	**132990**	**376404**	**332739**	**201744**	**763191**
基础化学原料制造	230503	42015	221673	105596	62475	236764
农药制造	24362	3951	14273	15730	6370	23180
涂料油墨颜料及类似产品制造	277994	47124	75710	109663	70492	272099
合成材料制造	106057	15779	20027	28400	18145	114257
专用化学产品制造	155600	20556	37515	60873	37057	106255
炸药、火工及焰火产品制造	1138	294	3472	4452	3472	4515
日用化学产品制造	15780	3271	3734	8025	3734	6121
医药制造业	**1669114**	**581877**	**841414**	**1310928**	**786673**	**1836371**
化学药品原料药制造	1450245	540318	757542	1192409	715339	1589660
化学药品制剂制造	106670	17866	48894	70127	40724	142047
中成药生产	88119	20477	24338	33673	22470	86388
兽用药品制造	3289	490	1067	2055	1067	1383
生物药品制造	20791	2727	9574	12664	7073	16892

4－16 续表 3

单位:万元

项目	流动资产合计	存货	固定资产合计	固定资产原价	固定资产净值	年末负债合计
化学纤维制造业	**14391**	**1843**	**20474**	**24144**	**19930**	**23881**
合成纤维制造	14391	1843	20474	24144	19930	23881
橡胶和塑料制品业	**2141442**	**437121**	**844645**	**1162923**	**759703**	**2073967**
橡胶制品业	474288	91538	156995	216117	140553	386158
塑料制品业	1667154	345584	687650	946806	619150	1687810
非金属矿物制品业	**402025**	**99665**	**153040**	**233635**	**145602**	**435393**
水泥、石灰和石膏制造	35203	4516	32716	42350	31003	48691
石膏、水泥制品及类似制品制造	240167	57685	56219	102612	54210	250966
砖瓦、石材等建筑材料制造	12962	3469	22576	24391	20680	24928
玻璃制造	6877	1944	3503	7625	3503	9387
玻璃制品制造	45399	10360	18083	28555	17086	36862
玻璃纤维和玻璃纤维增强塑料制品制造	2206	264	5004	5704	5004	6139
陶瓷制品制造	57677	21263	14725	22006	13901	57150
石墨及其他非金属矿物制品制造	1534	163	215	392	215	1269
黑色金属冶炼和压延加工业	**322384**	**64529**	**111148**	**149478**	**105631**	**377240**
黑色金属铸造	83038	13193	33133	44516	30590	92747
钢压延加工	239346	51336	78014	104962	75041	284494
有色金属冶炼和压延加工业	**489072**	**117029**	**103018**	**154456**	**89363**	**511862**
常用有色金属冶炼	1435	303	675	1152	675	1038
贵金属冶炼	8436	2613	870	1421	865	9845
有色金属合金制造	23510	5044	9258	11308	9046	25412
有色金属铸造	13318	3095	11773	18899	11758	21018
有色金属压延加工	442375	105974	80442	121676	67018	454550
金属制品业	**799164**	**199541**	**233567**	**331833**	**211960**	**758269**
结构性金属制品制造	11838	1547	4721	4094	3181	11749
金属工具制造	28955	7262	15728	21340	15541	33925
集装箱及金属包装容器制造	11819	2113	5167	8523	5167	8483
金属丝绳及其制品制造	93446	6168	6863	10988	5489	85319
建筑、安全用金属制品制造	216911	74832	59351	76702	50655	211815
金属表面处理及热处理加工	48351	7148	25863	36085	22387	60412
搪瓷制品制造	6650	1654	4221	3566	2679	10024
金属制日用品制造	239627	74095	49097	81772	48813	174392

4－16 续表4

单位:万元

项　　目	流动资产合计	存货	固定资产合计	固定资产原价	固定资产净值	年末负债合计
其他金属制品制造	141567	24723	62557	88763	58048	162151
通用设备制造业	**2359948**	**697922**	**883988**	**1205113**	**773422**	**2253390**
锅炉及原动设备制造	53640	8153	19451	27203	19451	55837
金属加工机械制造	173908	62115	68882	97295	64339	190563
物料搬运设备制造	56685	18126	24143	28760	20715	60164
泵、阀门、压缩机及类似机械制造	1477336	426776	458165	656732	413894	1377642
轴承、齿轮和传动部件制造	298034	94021	198770	222877	147050	264153
烘炉、风机、衡器、包装等设备制造	188390	63885	75983	115961	73116	205868
文化、办公用机械制造	29380	8649	9674	16190	9674	27775
通用零部件制造	80948	16044	28662	39601	24925	70159
其他通用设备制造业	1628	154	258	494	258	1230
专用设备制造业	**1204985**	**272107**	**494203**	**658987**	**432940**	**1291879**
采矿、冶金、建筑专用设备制造	32053	8092	7602	11834	7062	30261
化工、木材、非金属加工专用设备制造	278855	57699	175771	258325	162905	333801
食品、饮料、烟草及饲料生产专用设备制造	10131	2599	4229	6503	3574	10557
印刷制药日化及日用品生产专用设备制造	9470	973	4914	6690	4568	13690
纺织、服装和皮革加工专用设备制造	589571	131420	192760	223084	153959	582931
农、林、牧、渔专用机械制造	123165	39119	33755	45923	30299	121585
医疗仪器设备及器械制造	42478	7679	18596	23568	15030	55985
环保社会公共服务及其他专用设备制造	119262	24528	56576	83060	55543	143069
汽车制造业	**1892390**	**309535**	**699792**	**989457**	**634977**	**1884213**
汽车整车制造	395041	24407	145918	181552	118421	361862
汽车零部件及配件制造	1497350	285128	553873	807904	516556	1522351
铁路船舶航空航天和其他运输设备制造业	**1942183**	**624926**	**543130**	**743622**	**486251**	**1868249**
铁路运输设备制造	102292	7337	10167	14603	9293	25762
船舶及相关装置制造	895810	406229	254179	312641	223711	887771
航空、航天器及设备制造	6999	194	2348	3589	2215	6710
摩托车制造	821716	179340	253139	381773	228151	817643
自行车制造	115367	31825	23297	31016	22881	130363
电气机械和器材制造业	**2094658**	**458863**	**583932**	**798252**	**536614**	**2128939**
电机制造	652795	139031	208045	276603	189248	667408
输配电及控制设备制造	414715	105442	126650	172261	122354	400842
电线、电缆、光缆及电工器材制造	327715	57248	50142	63134	40274	284791

4－16 续表 5

单位:万元

项　　目	流动资产合计	存货	固定资产合计	固定资产原价	固定资产净值	年末负债合计
电池制造	16347	678	5993	7360	5948	19064
家用电力器具制造	383405	96276	91946	119345	86785	435406
非电力家用器具制造	17089	5621	9640	16756	9319	13930
照明器具制造	278743	53355	91350	142543	82531	303899
其他电气机械及器材制造	3849	1212	165	251	156	3600
计算机、通信和其他电子设备制造业	**396640**	**65879**	**96860**	**132776**	**80145**	**252266**
计算机制造	3951	424	205	369	205	2347
通信设备制造	31353	3990	1902	3230	1894	32106
广播电视设备制造	2974	1986	3000	3263	3000	6416
视听设备制造	93725	21771	10827	13939	10827	58364
电子器件制造	75781	14465	22006	16192	6881	45885
电子元件制造	167465	18804	50017	81531	49366	86257
其他电子设备制造	21391	4439	8904	14254	7972	20890
仪器仪表制造业	**512603**	**147275**	**213241**	**269851**	**178910**	**450037**
通用仪器仪表制造	386369	115071	114807	164807	107553	356320
专用仪器仪表制造	17279	4062	10732	16791	10237	17235
光学仪器及眼镜制造	107918	27620	87246	87450	60664	75456
其他仪器仪表制造业	1037	522	457	803	457	1026
其他制造业	**638465**	**110448**	**156833**	**215688**	**145413**	**455356**
日用杂品制造	638465	110448	156833	215688	145413	455356
废弃资源综合利用业	**552847**	**260636**	**35373**	**44433**	**27967**	**449855**
金属废料和碎屑加工处理	539266	257082	32691	41087	25285	435808
非金属废料和碎屑加工处理	13581	3554	2682	3346	2681	14048
金属制品、机械和设备修理业	**1919**	**134**	**5664**	**6637**	**5575**	**4091**
铁路、船舶、航空航天等运输设备修理	1919	134	5664	6637	5575	4091
电力、热力生产和供应业	**453114**	**34097**	**2035787**	**3265758**	**1983473**	**1238660**
电力生产	335559	11958	1603898	2650709	1607989	934115
电力供应	96788	21649	415416	571703	358909	277420
热力生产和供应	20767	490	16473	43346	16575	27125
燃气生产和供应业	**13238**	**1466**	**15748**	**21398**	**13673**	**20143**
水的生产和供应业	**148343**	**6843**	**230760**	**311338**	**201188**	**312530**
自来水生产和供应	134975	6765	194002	255914	164430	266602
污水处理及其再生利用	13367	77	36757	55425	36757	45928

4－17 规模以上工业主要财务指标(三)

(2012年)

单位:万元

项目	流动负债	非流动负债	年末所有者权益合计	实收资本	主营业务收入	主营业务成本
总计	**20006283**	**1471070**	**14018742**	**6639324**	**33329486**	**28149722**
其中:国有控股企业	1467887	671093	2320439	1274568	3725803	3082706
按登记注册类型分						
国有企业	443820	77605	539501	249285	1836392	1645427
集体企业	8862	1234	4500	3241	8611	7355
股份合作企业	268778	6143	102110	49949	417803	366470
联营企业	23060	119278	93866	84342	47984	34717
有限责任公司	6634908	554662	4162992	1737273	9881851	8313246
股份有限公司	1990142	231997	2804613	759009	3553655	2771439
私营企业	7922590	225649	3731797	2017516	12376754	10635591
其他企业	3452		610	870	8407	7733
港、澳、台商投资公司	1058643	30954	779269	410996	1900835	1669146
外商投资企业公司	1652029	223548	1799486	1326843	3297192	2698598
按轻重工业分						
轻工业	7314059	621777	5128473	1996051	11613253	9550123
重工业	12692225	849292	8890270	4643273	21716232	18599599
按大中小微型分						
大型企业	3334993	416429	4287010	1255457	6328800	5127222
中型企业	6200734	326727	4047012	1629602	9924693	8365550
小型企业	9816857	559101	4796874	2887977	15876618	13733675
微型企业	653700	168813	887847	866288	1199375	923275
按工业行业分						
有色金属矿采选业	**1432**		**2661**	**800**	**4176**	**1680**
贵金属矿采选	1432		2661	800	4176	1680
非金属矿采选业	**5693**		**1343**	**1048**	**8442**	**4814**
土砂石开采	5693		1343	1048	8442	4814
农副食品加工业	**184847**	**17921**	**118296**	**80070**	**437762**	**393725**
饲料加工	8909		2590	1797	16352	14236
植物油加工	2240	2688	5390	3800	10937	7930
屠宰及肉类加工	3024	92	3271	2500	49138	46803
水产品加工	164087	14685	104793	68968	355370	319625
蔬菜、水果和坚果加工	3826		873	1500	2037	1718

4－17 续表1

单位:万元

项　　目	流动负债	非流动负债	年末所有者权益合计	实收资本	主营业务收入	主营业务成本
其他农副食品加工	2760	456	1379	1505	3927	3413
食品制造业	**98631**	**8121**	**57561**	**19018**	**160525**	**130355**
焙烤食品制造	1582		1375	508	6018	5085
糖果、巧克力及蜜饯制造	506		2637	503	3080	2548
罐头食品制造	60398	16	23658	6609	74501	58590
其他食品制造	36145	8105	29890	11398	76927	64132
酒、饮料和精制茶制造业	**111039**	**366**	**54286**	**50512**	**146693**	**110544**
酒的制造	85159	366	41716	45818	99395	72073
饮料制造	25881		12570	4694	47298	38471
纺织业	**401461**	**7901**	**195428**	**99839**	**600364**	**520367**
棉纺织及印染精加工	84311	1859	59125	24535	139325	123132
毛纺织及染整精加工	21774		7549	3067	12397	10047
麻纺织及染整精加工	2784		73	528	2029	1739
丝绢纺织及印染精加工	4239		2274	300	3291	2698
化纤织造及印染精加工	58306		39693	23672	119681	106089
针织或钩针编织物及其制品制造	9995	249	7900	4670	24205	20349
家用纺织制成品制造	27553		9706	5206	49683	43383
非家用纺织制成品制造	192499	5793	69109	37861	249754	212929
纺织服装、服饰业	**40894**		**10905**	**6971**	**58966**	**50008**
机织服装制造	25233		7256	3946	40878	34185
针织或钩针编织服装制造	14660		3309	2825	15747	13911
服饰制造	1002		341	200	2341	1911
皮革、毛皮、羽毛及其制品和制鞋业	**384634**	**2447**	**151742**	**82337**	**1024249**	**891232**
皮革鞣制加工	19196		4943	5719	24362	20828
皮革制品制造	16183	405	6535	3885	26611	23261
制鞋业	349255	2042	140264	72733	973276	847143
木材加工和木、竹、藤、棕、草制品业	**48767**	**233**	**27127**	**14932**	**78529**	**69263**
人造板制造	31889	233	17022	10681	43092	38903
木制品制造	9282		1256	1713	8691	7378
竹、藤、棕、草等制品制造	7596		8850	2538	26746	22981
家具制造业	**347492**	**－1988**	**147063**	**71809**	**547219**	**457899**

4－17 续表2

单位:万元

项目	流动负债	非流动负债	年末所有者权益合计	实收资本	主营业务收入	主营业务成本
木质家具制造	128290	1101	51785	29649	253293	212263
竹、藤家具制造	4621		1361	1308	12058	10717
金属家具制造	191031	－3089	77761	31166	225370	188856
塑料家具制造	14129		16835	8866	49317	40271
其他家具制造	9422		－679	820	7182	5793
造纸和纸制品业	**298492**	**13462**	**131858**	**89975**	**358105**	**312520**
造纸	72320	7754	23549	26654	98044	86798
纸制品制造	226172	5708	108309	63321	260061	225722
印刷和记录媒介复制业	**59354**	**4533**	**31156**	**19921**	**90943**	**78181**
印刷	59354	4533	31156	19921	90943	78181
文教、工美、体育和娱乐用品制造业	**312990**	**3543**	**123136**	**72865**	**532101**	**447078**
文教办公用品制造	6530		2159	1673	8781	7806
工艺美术品制造	295579	3543	116286	68755	498481	418127
体育用品制造	989		857	504	3840	3221
玩具制造	7403		3173	1434	15985	13633
游艺器材及娱乐用品制造	2489		662	500	5015	4292
石油加工、炼焦和核燃料加工业	**1650**		**2990**	**100**	**4887**	**4496**
精炼石油产品制造	1650		2990	100	4887	4496
化学原料和化学制品制造业	**668425**	**93366**	**610870**	**190342**	**1114489**	**889674**
基础化学原料制造	162423	74341	235868	77672	269168	207924
农药制造	21911	1269	16443	7720	59014	44859
涂料油墨颜料及类似产品制造	264725	7192	175007	36312	320257	252793
合成材料制造	113753	282	46512	24218	190584	161088
专用化学产品制造	94977	10283	120757	40402	246391	202878
炸药、火工及焰火产品制造	4515		1813	1000	3193	2045
日用化学产品制造	6121		14471	3018	25882	18088
医药制造业	**1491311**	**334567**	**1604465**	**477313**	**2279666**	**1663538**
化学药品原料药制造	1315896	263272	1485035	405088	2045660	1510158
化学药品制剂制造	89671	52376	58811	55350	112490	82275
中成药生产	67445	18943	41621	7760	74355	33747
兽用药品制造	1383		3033	100	5917	4698
生物药品制造	16916	－24	15966	9015	41244	32661

4－17 续表3

单位:万元

项　　目	流动负债	非流动负债	年末所有者权益合计	实收资本	主营业务收入	主营业务成本
化学纤维制造业	**23881**		**11982**	**2244**	**46017**	**39926**
合成纤维制造	23881		11982	2244	46017	39926
橡胶和塑料制品业	**1990806**	**55497**	**1378439**	**593596**	**3251322**	**2716139**
橡胶制品业	364915	16700	285547	135424	664867	548700
塑料制品业	1625891	38797	1092892	458172	2586454	2167439
非金属矿物制品业	**415648**	**17381**	**174317**	**137497**	**470650**	**393720**
水泥、石灰和石膏制造	37310	11143	25503	14586	96302	79576
石膏、水泥制品及类似制品制造	246787	3478	66864	63946	226307	193560
砖瓦、石材等建筑材料制造	23311	1500	17133	15112	22780	18191
玻璃制造	8059	20	2390	2058	15494	13602
玻璃制品制造	35649	1213	35972	22013	56855	45599
玻璃纤维和玻璃纤维增强塑料制品制造	6139		2122	2500	6468	5350
陶瓷制品制造	57124	27	23812	17124	44310	36093
石墨及其他非金属矿物制品制造	1269		521	158	2133	1750
黑色金属冶炼和压延加工业	**345791**	**25097**	**84311**	**80388**	**488145**	**452881**
黑色金属铸造	88323	2056	36229	25816	146116	128408
钢压延加工	257469	23041	48081	54572	342028	324473
有色金属冶炼和压延加工业	**505167**		**197801**	**104754**	**997503**	**945718**
常用有色金属冶炼	1038		1251	1000	4947	4500
贵金属冶炼	9845		232	1100	32009	30786
有色金属合金制造	19906		8499	10231	62742	61568
有色金属铸造	21018		5004	3306	25795	23531
有色金属压延加工	453360		182816	89117	872010	825334
金属制品业	**741172**	**11075**	**550380**	**253546**	**1325376**	**1130487**
结构性金属制品制造	9316	2433	6850	6900	22136	20383
金属工具制造	32575		12633	6193	59984	51677
集装箱及金属包装容器制造	8214		9997	3356	21279	18432
金属丝绳及其制品制造	84504	815	21442	17935	141819	136141
建筑、安全用金属制品制造	210982	453	92241	62017	396335	345079
金属表面处理及热处理加工	55295	5117	24803	13851	89677	76664
搪瓷制品制造	9885		1871	1180	13782	12215
金属制日用品制造	173703	689	314976	95760	403271	317596

4－17 续表4

单位:万元

项　目	流动负债	非流动负债	年末所有者权益合计	实收资本	主营业务收入	主营业务成本
其他金属制品制造	156699	1569	65568	46354	177094	152299
通用设备制造业	**2148952**	**47839**	**1429037**	**580277**	**3790926**	**3183503**
锅炉及原动设备制造	55798	40	20965	13085	52147	45161
金属加工机械制造	182848	5478	78098	46655	209452	176058
物料搬运设备制造	59616	515	32263	19897	78297	64546
泵、阀门、压缩机及类似机械制造	1307998	26571	838621	353325	2626192	2226738
轴承、齿轮和传动部件制造	254676	9114	252393	77058	365028	294777
烘炉、风机、衡器、包装等设备制造	195134	6121	142910	48442	324263	262818
文化、办公用机械制造	27548		13858	6704	31063	25972
通用零部件制造	64104		49271	14732	102257	85629
其他通用设备制造业	1230		657	380	2227	1805
专用设备制造业	**1215189**	**65120**	**734362**	**440628**	**1592444**	**1332894**
采矿、冶金、建筑专用设备制造	30225	1	12981	7653	59674	50218
化工、木材、非金属加工专用设备制造	316677	7169	186757	119179	390338	319995
食品、饮料、烟草及饲料生产专用设备制造	9310	1247	7419	2488	13248	10306
印刷制药日化及日用品生产专用设备制造	13690		3494	1600	14063	12099
纺织、服装和皮革加工专用设备制造	529721	51779	349435	225655	670681	564561
农、林、牧、渔专用机械制造	120203	1232	62236	34864	244087	203051
医疗仪器设备及器械制造	52561	3424	17210	9131	51596	39683
环保社会公共服务及其他专用设备制造	142802	267	94830	40058	148759	132982
汽车制造业	**1779493**	**90266**	**1247094**	**439045**	**2803872**	**2336664**
汽车整车制造	355362	6500	361050	79202	636095	546372
汽车零部件及配件制造	1424131	83766	886043	359843	2167777	1790292
铁路船舶航空航天和其他运输设备制造业	**1802760**	**46131**	**985451**	**463072**	**2249310**	**1988902**
铁路运输设备制造	21322	4440	99094	12188	37714	23186
船舶及相关装置制造	869128	12402	338330	262169	868977	799544
航空、航天器及设备制造	6710		2792	1930	10580	9234
摩托车制造	776418	29289	515418	159566	1148600	996628
自行车制造	129181		29817	27219	183439	160310
电气机械和器材制造业	**1995942**	**65214**	**959013**	**565561**	**2719999**	**2329948**
电机制造	593775	15810	321155	153587	909998	775761
输配电及控制设备制造	392756	7525	196590	107966	453711	374963
电线、电缆、光缆及电工器材制造	281320	3471	146868	118428	392708	352551

4－17 续表5

单位:万元

项　目	流动负债	非流动负债	年末所有者权益合计	实收资本	主营业务收入	主营业务成本
电池制造	19064		6320	5620	10149	8767
家用电力器具制造	395012	31323	145887	86572	523678	450820
非电力家用器具制造	13877		22250	6806	45526	36094
照明器具制造	296538	7084	119479	86082	380110	328003
其他电气机械及器材制造	3600		464	500	4119	2991
计算机、通信和其他电子设备制造业	**219239**	**4075**	**342829**	**91201**	**446174**	**377271**
计算机制造	2347		1808	201	2607	2316
通信设备制造	5491		5936	2288	21121	16967
广播电视设备制造	5690	726	703	120	4594	4286
视听设备制造	58364		55173	15000	200851	171397
电子器件制造	44305	581	83496	21597	65810	56572
电子元件制造	83489	2768	183204	44407	120271	100152
其他电子设备制造	19554		12509	7589	30922	25581
仪器仪表制造业	**430922**	**17956**	**398967**	**169796**	**728795**	**588012**
通用仪器仪表制造	349751	5876	248341	122799	552024	454575
专用仪器仪表制造	16777		14643	3958	36449	30373
光学仪器及眼镜制造	63368	12080	135515	42839	138030	101191
其他仪器仪表制造业	1026		468	200	2292	1873
其他制造业	**453375**	**1981**	**518365**	**107217**	**662801**	**540844**
日用杂品制造	453375	1981	518365	107217	662801	540844
废弃资源综合利用业	**434141**	**15714**	**172210**	**102612**	**1408280**	**1346139**
金属废料和碎屑加工处理	420094	15714	169279	100666	1383130	1323895
非金属废料和碎屑加工处理	14048		2931	1946	25150	22244
金属制品、机械和设备修理业	**4091**		**3492**	**3058**	**11758**	**10644**
铁路、船舶、航空航天等运输设备修理	4091		3492	3058	11758	10644
电力、热力生产和供应业	**862905**	**371208**	**1415287**	**1134365**	**2749258**	**2300215**
电力生产	581472	352644	1132376	1109328	1376738	1021037
电力供应	256079	16792	259074	17867	1332452	1247243
热力生产和供应	25354	1772	23836	7171	40069	31934
燃气生产和供应业	**17870**	**1343**	**13391**	**8589**	**24461**	**20911**
水的生产和供应业	**161828**	**150702**	**131128**	**84028**	**115280**	**89533**
自来水生产和供应	148878	117724	121428	70142	107127	80385
污水处理及其再生利用	12950	32978	9701	13886	8153	9147

4－18　规模以上工业主要财务指标(四)

(2012年)

单位:万元

项　　目	销售费用	主营业务税金及附加	利润总额	利税总额	本年应交增值税	本年销项税
总　计	**867963**	**164560**	**1805091**	**2998325**	**1028674**	**4191501**
其中:国有控股企业	29173	28570	352289	515276	134417	587800
按登记注册类型分						
国有企业	13456	9027	86522	159683	64134	215460
集体企业	124	80	590	1021	351	1432
股份合作企业	5903	1374	17308	32949	14267	58638
联营企业	225	705	3590	4477	183	780
有限责任公司	271337	62214	486549	845530	296768	1441260
股份有限公司	165670	15162	339918	466540	111460	284766
私营企业	303758	46881	499089	922048	376078	1532570
其他企业	95	25	155	382	202	1433
港、澳、台商投资公司	45691	8353	75000	130171	46817	208755
外商投资企业公司	61703	20739	296372	435526	118416	446408
按轻重工业分						
轻工业	398766	74871	648519	1093717	370328	1308915
重工业	469197	89689	1156572	1904608	658346	2882586
按大中小微型分						
大型企业	218654	45468	517191	753429	190770	841700
中型企业	275205	50353	488500	864630	325777	1111535
小型企业	372251	63483	604772	1130047	461792	2052545
微型企业	1854	5256	194628	250220	50336	185721
按工业行业分						
有色金属矿采选业	**64**	**167**	**1701**	**2429**	**561**	**689**
贵金属矿采选	64	167	1701	2429	561	689
非金属矿采选业	**657**	**235**	**838**	**1802**	**729**	**972**
土砂石开采	657	235	838	1802	729	972
农副食品加工业	**5613**	**701**	**19916**	**26341**	**5724**	**46862**
饲料加工	314	15	580	836	241	2312
植物油加工	506	74	1097	1768	597	1674
屠宰及肉类加工	764	14	277	310	19	5970
水产品加工	3859	572	18097	23287	4618	36116
蔬菜、水果和坚果加工	69		－20	－20		123

4－18 续表1

单位：万元

项目	销售费用	主营业务税金及附加	利润总额	利税总额	本年应交增值税	本年销项税
其他农副食品加工	101	25	－115	160	250	668
食品制造业	**4659**	**746**	**11631**	**18901**	**6524**	**16231**
焙烤食品制造	77	29	354	626	244	1023
糖果、巧克力及蜜饯制造	220	18	150	320	152	524
罐头食品制造	2841	550	6523	11821	4748	9492
其他食品制造	1520	148	4605	6133	1380	5191
酒、饮料和精制茶制造业	**8718**	**12745**	**3104**	**22682**	**6833**	**24488**
酒的制造	6129	12383	772	18107	4953	16490
饮料制造	2589	363	2332	4575	1881	7998
纺织业	**13876**	**2021**	**20239**	**37786**	**15526**	**61502**
棉纺织及印染精加工	1614	311	5770	8318	2237	18317
毛纺织及染整精加工	240	60	－184	307	431	1295
麻纺织及染整精加工	3	12	27	123	84	341
丝绢纺织及印染精加工	117	11	147	257	99	559
化纤织造及印染精加工	1552	241	6085	9349	3023	14817
针织或钩针编织物及其制品制造	357	90	1346	2129	693	3484
家用纺织制成品制造	1020	161	1831	3214	1222	5204
非家用纺织制成品制造	8974	1136	5217	14089	7737	17485
纺织服装、服饰业	**1467**	**288**	**1291**	**3951**	**2371**	**7543**
机织服装制造	1215	211	883	2734	1640	5029
针织或钩针编织服装制造	161	65	430	1081	586	2452
服饰制造	92	13	－22	136	146	62
皮革、毛皮、羽毛及其制品和制鞋业	**24527**	**3813**	**47833**	**84528**	**32883**	**130319**
皮革鞣制加工	164	107	476	1652	1069	3321
皮革制品制造	746	117	74	1170	979	2105
制鞋业	23617	3589	47282	81706	30835	124893
木材加工和木、竹、藤、棕、草制品业	**1757**	**389**	**2378**	**5730**	**2964**	**10742**
人造板制造	620	213	1371	2689	1105	5664
木制品制造	266	45	145	619	428	1004
竹、藤、棕、草等制品制造	871	130	862	2422	1430	4074
家具制造业	**24468**	**2396**	**14996**	**32078**	**14686**	**31149**

4－18 续表2

单位:万元

项　　目	销售费用	主营业务税金及附加	利润总额	利税总额	本年应交增值税	本年销项税
木质家具制造	12757	1124	5604	14256	7527	10186
竹、藤家具制造	292	58	152	648	438	1095
金属家具制造	8783	1071	7452	14159	5636	17509
塑料家具制造	2479	105	1584	2544	855	1718
其他家具制造	157	38	203	472	231	642
造纸和纸制品业	**7722**	**1979**	**13294**	**27143**	**11871**	**56931**
造纸	2453	455	2094	5545	2997	14984
纸制品制造	5269	1524	11200	21599	8874	41947
印刷和记录媒介复制业	**1979**	**285**	**3176**	**5867**	**2407**	**11465**
印刷	1979	285	3176	5867	2407	11465
文教、工美、体育和娱乐用品制造业	**21810**	**3312**	**10509**	**33251**	**19429**	**38748**
文教办公用品制造	229	28	221	545	297	416
工艺美术品制造	20712	3116	9772	30610	17721	35589
体育用品制造	85	17	108	242	117	571
玩具制造	594	124	228	1457	1105	1319
游艺器材及娱乐用品制造	190	28	180	397	190	853
石油加工、炼焦和核燃料加工业	**62**	**5**	**250**	**311**	**56**	**831**
精炼石油产品制造	62	5	250	311	56	831
化学原料和化学制品制造业	**32551**	**4594**	**105075**	**143036**	**33367**	**165489**
基础化学原料制造	5654	1139	28897	37456	7420	30617
农药制造	3033	166	4215	5820	1439	7803
涂料油墨颜料及类似产品制造	9693	1669	19714	33100	11717	53366
合成材料制造	3371	516	13971	18325	3837	38808
专用化学产品制造	8974	867	34454	42603	7282	30606
炸药、火工及焰火产品制造	91	28	432	703	243	543
日用化学产品制造	1735	209	3393	5031	1430	3747
医药制造业	**77151**	**11853**	**244798**	**350053**	**93402**	**257816**
化学药品原料药制造	60601	9945	208424	298534	80166	225442
化学药品制剂制造	6666	1049	9507	17974	7418	17275
中成药生产	5954	652	25712	30414	4050	9595
兽用药品制造	38	33	759	1094	303	1006
生物药品制造	3892	174	397	2037	1467	4499

4－18 续表3

单位:万元

项　　目	销售费用	主营业务税金及附加	利润总额	利税总额	本年应交增值税	本年销项税
化学纤维制造业	**294**	**47**	**4422**	**5145**	**676**	**7559**
合成纤维制造	294	47	4422	5145	676	7559
橡胶和塑料制品业	**100639**	**12601**	**197002**	**313937**	**104334**	**410246**
橡胶制品业	19519	2565	48214	69570	18792	71287
塑料制品业	81121	10037	148788	244367	85542	338959
非金属矿物制品业	**16002**	**2662**	**19430**	**43039**	**20947**	**35795**
水泥、石灰和石膏制造	2505	499	8071	12952	4382	8980
石膏、水泥制品及类似制品制造	6778	1636	5225	19267	12406	13187
砖瓦、石材等建筑材料制造	1597	114	609	1440	717	1958
玻璃制造	435	44	84	468	340	2055
玻璃制品制造	1538	216	5440	7522	1866	3439
玻璃纤维和玻璃纤维增强塑料制品制造	122	8	－188	－86	94	672
陶瓷制品制造	2943	138	36	1235	1061	5140
石墨及其他非金属矿物制品制造	86	8	152	240	80	363
黑色金属冶炼和压延加工业	**2803**	**950**	**4904**	**13721**	**7867**	**62401**
黑色金属铸造	1512	522	3963	8958	4473	22312
钢压延加工	1291	428	941	4763	3394	40090
有色金属冶炼和压延加工业	**6124**	**1352**	**17770**	**30692**	**11570**	**156250**
常用有色金属冶炼	33	15	248	432	168	841
贵金属冶炼	32	10	458	567	100	5479
有色金属合金制造	428	43	－1001	－526	432	10652
有色金属铸造	136	36	88	470	345	4390
有色金属压延加工	5495	1247	17976	29749	10525	134888
金属制品业	**53980**	**5302**	**47233**	**92226**	**39691**	**166593**
结构性金属制品制造	160	54	304	603	245	2830
金属工具制造	1029	188	3003	5013	1822	8662
集装箱及金属包装容器制造	275	77	1932	2749	740	3706
金属丝绳及其制品制造	683	169	2432	4004	1403	25318
建筑、安全用金属制品制造	9000	1512	12660	26875	12704	47037
金属表面处理及热处理加工	1046	428	3531	7799	3840	13703
搪瓷制品制造	391	56	332	846	458	2063
金属制日用品制造	38529	2175	17782	33607	13650	34554

4－18 续表 4

单位:万元

项　　目	销售费用	主营业务税金及附加	利润总额	利税总额	本年应交增值税	本年销项税
其他金属制品制造	2868	643	5257	10729	4829	28720
通用设备制造业	**102569**	**14151**	**185698**	**317157**	**117309**	**400310**
锅炉及原动设备制造	1907	150	－782	563	1195	4731
金属加工机械制造	5402	1074	7339	15070	6657	24641
物料搬运设备制造	3167	288	2477	5726	2962	10024
泵、阀门、压缩机及类似机械制造	68266	8687	118258	204542	77598	252210
轴承、齿轮和传动部件制造	9716	1688	30517	45669	13464	55745
烘炉、风机、衡器、包装等设备制造	10201	1599	20754	32867	10514	37975
文化、办公用机械制造	1208	153	952	1792	687	3444
通用零部件制造	2676	503	6050	10679	4126	11164
其他通用设备制造业	26	9	134	250	107	376
专用设备制造业	**48101**	**5995**	**77710**	**143862**	**60157**	**202613**
采矿、冶金、建筑专用设备制造	1924	208	2364	4248	1676	8805
化工、木材、非金属加工专用设备制造	11222	2218	18177	39288	18893	49639
食品、饮料、烟草及饲料生产专用设备制造	332	55	886	1481	540	1595
印刷制药日化及日用品生产专用设备制造	433	54	558	1108	496	2429
纺织、服装和皮革加工专用设备制造	18631	2313	37851	64107	23943	90328
农、林、牧、渔专用机械制造	10049	627	11408	17057	5021	21177
医疗仪器设备及器械制造	2148	296	2168	4936	2473	8626
环保社会公共服务及其他专用设备制造	3361	225	4298	11639	7116	20016
汽车制造业	**93014**	**24726**	**121961**	**245000**	**98314**	**459039**
汽车整车制造	18961	15136	21753	56161	19271	163180
汽车零部件及配件制造	74052	9589	100208	188839	79043	295859
铁路船舶航空航天和其他运输设备制造业	**38395**	**20576**	**90688**	**180538**	**69274**	**359556**
铁路运输设备制造	1481	247	7663	10128	2218	6452
船舶及相关装置制造	6554	3152	21971	51964	26841	76258
航空、航天器及设备制造	229	62	384	994	548	1803
摩托车制造	21332	16479	56470	107930	34981	245502
自行车制造	8800	637	4200	9522	4686	29541
电气机械和器材制造业	**87099**	**8548**	**93912**	**181542**	**79082**	**301171**
电机制造	19406	3217	43287	75257	28754	111353
输配电及控制设备制造	21324	1741	12638	33274	18896	61986
电线、电缆、光缆及电工器材制造	2968	856	11745	20130	7529	64286

4－18 续表5

单位:万元

项　　目	销售费用	主营业务税金及附加	利润总额	利税总额	本年应交增值税	本年销项税
电池制造	252	70	－343	－221	53	435
家用电力器具制造	30689	856	14784	25148	9509	24796
非电力家用器具制造	3125	274	2942	5246	2030	1371
照明器具制造	8825	1522	8839	22657	12296	36366
其他电气机械及器材制造	510	12	22	52	18	578
计算机、通信和其他电子设备制造业	**7939**	**716**	**34763**	**41811**	**6332**	**34349**
计算机制造	33	12	－27	－15		1047
通信设备制造	744	79	1629	2488	781	2656
广播电视设备制造	63	8	7	99	84	494
视听设备制造	3241		19034	19034		130
电子器件制造	1382	174	2652	4367	1540	3612
电子元件制造	1762	312	10275	13398	2812	22270
其他电子设备制造	716	131	1194	2441	1116	4141
仪器仪表制造业	**22199**	**2663**	**50756**	**72321**	**18902**	**72903**
通用仪器仪表制造	17141	1941	30490	47007	14577	54223
专用仪器仪表制造	1049	154	1124	2633	1354	4908
光学仪器及眼镜制造	3886	565	19055	22565	2946	13585
其他仪器仪表制造业	124	3	87	115	25	187
其他制造业	**28536**	**3768**	**44289**	**62117**	**14060**	**35549**
日用杂品制造	28536	3768	44289	62117	14060	35549
废弃资源综合利用业	**20424**	**1684**	**23948**	**42814**	**17182**	**237297**
金属废料和碎屑加工处理	20097	1627	22798	41008	16584	233082
非金属废料和碎屑加工处理	327	57	1150	1806	599	4215
金属制品、机械和设备修理业	**19**	**51**	**866**	**1157**	**240**	**1622**
铁路、船舶、航空航天等运输设备修理	19	51	866	1157	240	1622
电力、热力生产和供应业	**9352**	**11992**	**286925**	**406937**	**108020**	**378198**
电力生产		6459	264954	327270	55857	173095
电力供应	9352	5396	17745	74062	50921	199838
热力生产和供应		138	4225	5605	1242	5265
燃气生产和供应业	**1297**	**103**	**1098**	**1483**	**282**	**2562**
水的生产和供应业	**2096**	**1145**	**690**	**6936**	**5102**	**5713**
自来水生产和供应	2091	1145	4170	10417	5102	5713
污水处理及其再生利用	5		－3480	－3480		

4－19　规模以上工业主要经济效益指标(一)

(2012年)

项　　目	企　业 亏损面 (%)	资　产 负债率 (%)	流　动 比　率	存货周 转次数 (次)	产　品 销售率 (%)
总　　计	**10.31**	**60.83**	**1.05**	**5.37**	**95.32**
其中:国有控股企业	9.52	48.03	0.78	12.86	98.95
按轻重工业分					
轻工业	10.63	61.00	1.05	4.76	94.26
重工业	10.10	60.73	1.06	5.75	95.89
按工业行业分					
有色金属矿采选业		34.99	1.25	2.81	105.26
非金属矿采选业		81.05	0.69	9.67	97.91
农副食品加工业	7.79	63.90	1.15	5.91	94.89
食品制造业	5.26	65.19	1.15	2.26	92.33
酒、饮料和精制茶制造业	12.50	67.24	0.50	3.47	97.29
纺织业	16.47	69.48	1.01	4.21	94.00
纺织服装、服饰业	21.05	79.72	0.86	6.57	94.97
皮革、毛皮、羽毛及其制品和制鞋业	2.24	72.03	1.09	11.00	94.62
木材加工和木、竹、藤、棕、草制品业	25.00	65.55	1.04	5.60	96.87
家具制造业	11.25	70.49	0.90	4.15	94.97
造纸和纸制品业	12.70	70.55	0.88	9.16	96.60
印刷和记录媒介复制业	4.35	68.04	0.96	7.63	98.15
文教、工美、体育和娱乐用品制造业	14.04	72.02	0.93	5.86	96.38
石油加工、炼焦和核燃料加工业		35.56	0.33	9.87	107.26
化学原料和化学制品制造业	6.67	55.54	1.21	6.69	94.58
医药制造业	15.85	53.28	1.12	2.86	92.18
化学纤维制造业		66.59	0.60	21.66	96.42
橡胶和塑料制品业	8.85	60.07	1.08	6.21	95.30
非金属矿物制品业	26.15	71.41	0.97	3.95	94.95
黑色金属冶炼和压延加工业	14.52	81.73	0.93	7.02	93.97
有色金属冶炼和压延加工业	32.26	72.13	0.97	8.08	99.34
金属制品业	8.62	57.94	1.08	5.67	94.51
通用设备制造业	6.63	61.19	1.10	4.56	94.23
专用设备制造业	8.47	63.76	0.99	4.90	96.37
汽车制造业	8.60	60.17	1.06	7.55	94.62
铁路船舶航空航天和其他运输设备制造业	18.48	65.22	1.08	3.18	98.78
电气机械和器材制造业	9.45	68.79	1.05	5.08	94.76
计算机、通信和其他电子设备制造业	15.00	42.28	1.81	5.73	93.17
仪器仪表制造业	10.84	53.00	1.19	3.99	92.91
其他制造业	17.24	46.76	1.41	4.90	88.62
废弃资源综合利用业	10.64	72.32	1.27	5.16	96.48
金属制品、机械和设备修理业		53.95	0.47	79.49	100.00
电力、热力生产和供应业		46.67	0.53	67.46	99.19
燃气生产和供应业		60.07	0.74	14.26	100.00
水的生产和供应业	16.67	70.44	0.92	13.08	100.00

4－20　规模以上工业主要经济效益指标(二)

(2012年)

项　　目	企　业 亏损率 (%)	成本费用 利 润 率 (%)	百元销售收 入实现利税 (元)	百元固定 资产原值 实现利税 (元)	出口交货 值占工业 销售产值 (%)
总　　计	**5.91**	**5.71**	**9.00**	**22.13**	**30.40**
其中:国有控股企业	1.26	10.42	13.83	12.59	7.04
按轻重工业分					
轻工业	5.29	5.91	9.42	24.93	44.95
重工业	6.26	5.60	8.77	20.79	22.77
按工业行业分					
有色金属矿采选业		73.73	58.18	389.54	
非金属矿采选业		11.38	21.34	45.75	
农副食品加工业	2.99	4.76	6.02	26.89	16.62
食品制造业	0.55	7.80	11.77	42.15	43.33
酒、饮料和精制茶制造业	23.54	2.35	15.46	18.02	0.01
纺织业	8.45	3.48	6.29	17.14	32.03
纺织服装、服饰业	12.62	2.25	6.70	18.06	50.27
皮革、毛皮、羽毛及其制品和制鞋业	2.84	4.92	8.25	61.56	64.31
木材加工和木、竹、藤、棕、草制品业	8.85	3.12	7.30	24.14	23.16
家具制造业	11.88	2.82	5.86	20.27	70.62
造纸和纸制品业	10.24	3.83	7.58	19.21	3.71
印刷和记录媒介复制业	11.01	3.61	6.45	9.91	31.98
文教、工美、体育和娱乐用品制造业	25.52	2.02	6.25	22.43	71.19
石油加工、炼焦和核燃料加工业		5.40	6.37	1229.64	
化学原料和化学制品制造业	0.83	10.13	12.83	42.99	30.42
医药制造业	3.46	11.89	15.36	26.70	48.96
化学纤维制造业		10.61	11.18	21.31	2.76
橡胶和塑料制品业	3.37	6.41	9.66	27.00	27.21
非金属矿物制品业	24.05	4.30	9.14	18.42	8.45
黑色金属冶炼和压延加工业	54.62	1.02	2.81	9.18	1.36
有色金属冶炼和压延加工业	24.61	1.80	3.08	19.87	5.14
金属制品业	7.99	3.69	6.96	27.79	32.38
通用设备制造业	4.68	5.15	8.37	26.32	48.05
专用设备制造业	3.73	5.10	9.03	21.83	32.76
汽车制造业	8.55	4.54	8.74	24.76	22.95
铁路船舶航空航天和其他运输设备制造业	13.86	4.21	8.03	24.28	19.71
电气机械和器材制造业	12.50	3.57	6.67	22.74	37.16
计算机、通信和其他电子设备制造业	5.62	8.38	9.37	31.49	57.38
仪器仪表制造业	3.31	7.45	9.92	26.80	44.49
其他制造业	1.30	7.18	9.37	28.80	63.46
废弃资源综合利用业	8.73	1.72	3.04	96.36	
金属制品、机械和设备修理业		7.85	9.84	17.43	13.11
电力、热力生产和供应业		11.65	14.80	12.46	
燃气生产和供应业		4.45	6.06	6.93	
水的生产和供应业	85.04	0.59	6.02	2.23	

4-21 国有及国有控股工业主要财务指标(一)

(2012年)

单位:万元

项目	企业单位数(个)	工业总产值	工业销售产值	出口交货值	年末资产总计	从业人员年平均人数(人)
总计	**42**	**3810150**	**3770258**	**265286**	**4464597**	**26383**
按轻重工业分						
轻工业	18	985035	947326	265286	1780310	17006
重工业	24	2825115	2822932		2684288	9377
按大中小微型分						
大型企业	3	1038453	1009765	236201	1469961	15642
中型企业	12	1440821	1431230	29085	710517	6741
小型企业	25	363528	362521		847911	3662
微型企业	2	967348	966741		1436209	338
按工业行业分						
非金属矿采选业	**1**	**2200**	**2020**		**3997**	**119**
土砂石开采	1	2200	2020		3997	119
农副食品加工业	**1**	**12203**	**12203**		**1254**	**89**
屠宰及肉类加工	1	12203	12203		1254	89
食品制造业	**1**	**4513**	**4665**		**6120**	**68**
其他食品制造	1	4513	4665		6120	68
酒、饮料和精制茶制造业	**1**	**15650**	**15315**		**12276**	**257**
酒的制造	1	15650	15315		12276	257
印刷和记录媒介复制业	**1**	**4331**	**4331**		**2305**	**102**
印　刷	1	4331	4331		2305	102
医药制造业	**3**	**338173**	**306425**	**193852**	**840551**	**5446**
化学药品原料药制造	3	338173	306425	193852	840551	5446
非金属矿物制品业	**2**	**50306**	**50003**		**28867**	**182**
水泥、石灰和石膏制造	2	50306	50003		28867	182
通用设备制造业	**2**	**15992**	**14873**		**30667**	**855**
锅炉及原动设备制造	1	5976	6603		12033	405
泵、阀门、压缩机及类似机械制造	1	10016	8269		18635	450
铁路船舶航空航天和其他运输设备制造业	**4**	**531428**	**525828**	**71434**	**566409**	**9919**
船舶及相关装置制造	2	28688	28864		30316	362
摩托车制造	2	502741	496963	71434	536093	9557
电气机械和器材制造业	**1**	**3701**	**3472**		**3846**	**90**
输配电及控制设备制造	1	3701	3472		3846	90
电力、热力生产和供应业	**15**	**2719204**	**2718676**		**2538010**	**7668**
电力生产	5	1372013	1371407		1985020	2464
电力供应	9	1337723	1337802		536494	4952
热力生产和供应	1	9467	9467		16497	252
水的生产和供应业	**10**	**112448**	**112448**		**430296**	**1588**
自来水生产和供应	9	107424	107424		381711	1487
污水处理及其再生利用	1	5024	5024		48585	101

4－22 国有及国有控股工业主要财务指标(二)

(2012年)

单位:万元

项目	流动资产合计	存货	固定资产合计	固定资产原价	固定资产净值	年末负债合计
总计	**1151549**	**239686**	**2569660**	**4092983**	**2476295**	**2144158**
按轻重工业分						
轻工业	652227	191881	487889	766868	447350	874143
重工业	499322	47805	2081771	3326115	2028945	1270015
按大中小微型分						
大型企业	434523	176738	501911	1145344	495690	606322
中型企业	191917	34568	430794	592134	374943	343301
小型企业	243806	28042	526861	790034	495568	560629
微型企业	281302	338	1110094	1565471	1110094	633906
按工业行业分						
非金属矿采选业	**3197**	**383**	**194**	**833**	**190**	**4119**
土砂石开采	3197	383	194	833	190	4119
农副食品加工业	**427**		**811**	**1306**	**811**	**533**
屠宰及肉类加工	427		811	1306	811	533
食品制造业	**2253**	**506**	**1720**	**2266**	**1720**	**3810**
其他食品制造	2253	506	1720	2266	1720	3810
酒、饮料和精制茶制造业	**5750**	**2516**	**4890**	**9696**	**4872**	**5506**
酒的制造	5750	2516	4890	9696	4872	5506
印刷和记录媒介复制业	**2277**	**348**	**10**	**11**	**10**	**1610**
印刷	2277	348	10	11	10	1610
医药制造业	**216025**	**102105**	**212124**	**368931**	**201173**	**372794**
化学药品原料药制造	216025	102105	212124	368931	201173	372794
非金属矿物制品业	**10823**	**1672**	**16432**	**22238**	**16432**	**19862**
水泥、石灰和石膏制造	10823	1672	16432	22238	16432	19862
通用设备制造业	**17949**	**4090**	**12560**	**17596**	**12527**	**12566**
锅炉及原动设备制造	9538	368	2495	5456	2495	4202
泵、阀门、压缩机及类似机械制造	8411	3722	10065	12140	10032	8364
铁路船舶航空航天和其他运输设备制造业	**314919**	**87673**	**83014**	**142883**	**82641**	**246242**
船舶及相关装置制造	22198	7868	8089	12059	7716	19710
摩托车制造	292721	79805	74925	130824	74925	226532
电气机械和器材制造业	**2513**	**41**	**737**	**1324**	**737**	**742**
输配电及控制设备制造	2513	41	737	1324	737	742
电力、热力生产和供应业	**430119**	**33673**	**2009303**	**3222127**	**1956887**	**1168221**
电力生产	324549	11798	1586408	2630093	1590499	880413
电力供应	96788	21649	415416	571703	358909	277420
热力生产和供应	8783	226	7479	20331	7479	10389
水的生产和供应业	**145295**	**6678**	**227867**	**303774**	**198295**	**308153**
自来水生产和供应	132772	6601	193410	253835	163838	263358
污水处理及其再生利用	12523	77	34457	49939	34457	44795

4-23 国有及国有控股工业主要财务指标(三)

(2012年)

单位:万元

项目	流动负债	非流动负债	年末所有者权益合计	实收资本	主营业务收入	主营业务成本
总计	**1467887**	**671093**	**2320439**	**1274568**	**3725803**	**3082706**
按轻重工业分						
轻工业	574997	298516	906167	142674	917695	726760
重工业	892890	372577	1414272	1131894	2808108	2355946
按大中小微型分						
大型企业	440725	165597	863639	223314	988683	773607
中型企业	301717	37084	367216	56248	1423506	1324140
小型企业	256730	303220	287282	197015	346873	276022
微型企业	468714	165191	802303	797991	966741	708936
按工业行业分						
非金属矿采选业	**4119**		**-122**	**310**	**2020**	**1023**
土砂石开采	4119		-122	310	2020	1023
农副食品加工业	**442**	**92**	**721**	**500**	**12203**	**11682**
屠宰及肉类加工	442	92	721	500	12203	11682
食品制造业	**3180**		**2310**	**100**	**4665**	**2968**
其他食品制造	3180		2310	100	4665	2968
酒、饮料和精制茶制造业	**5140**	**366**	**6769**	**7000**	**15315**	**10181**
酒的制造	5140	366	6769	7000	15315	10181
印刷和记录媒介复制业	**1610**		**696**	**500**	**4285**	**3335**
印刷	1610		696	500	4285	3335
医药制造业	**212112**	**160682**	**467757**	**40000**	**332637**	**233046**
化学药品原料药制造	212112	160682	467757	40000	332637	233046
非金属矿物制品业	**9862**	**10000**	**9005**	**2600**	**50003**	**38539**
水泥、石灰和石膏制造	9862	10000	9005	2600	50003	38539
通用设备制造业	**9940**	**2627**	**18101**	**4830**	**15227**	**10959**
锅炉及原动设备制造	4202		7831	1100	6707	5157
泵、阀门、压缩机及类似机械制造	5738	2627	10270	3730	8520	5803
铁路船舶航空航天和其他运输设备制造业	**226590**	**19652**	**320167**	**33897**	**475847**	**414779**
船舶及相关装置制造	19710		10605	6465	31033	26768
摩托车制造	206880	19652	309561	27432	444814	388011
电气机械和器材制造业	**742**		**3104**	**588**	**3468**	**2989**
输配电及控制设备制造	742		3104	588	3468	2989
电力、热力生产和供应业	**836422**	**327250**	**1369789**	**1108765**	**2701334**	**2269274**
电力生产	569955	310458	1104607	1090328	1359415	1014087
电力供应	256079	16792	259074	17867	1332452	1247243
热力生产和供应	10389		6108	571	9467	7944
水的生产和供应业	**157729**	**150424**	**122143**	**75478**	**108798**	**83930**
自来水生产和供应	145634	117724	118353	67142	103774	77537
污水处理及其再生利用	12095	32700	3790	8336	5024	6394

4-24 国有及国有控股工业主要财务指标(四)

(2012年)

单位:万元

项目	销售费用	主营业务税金及附加	利润总额	利税总额	本年应交增值税	本年销项税
总计	**29173**	**28570**	**352289**	**515276**	**134417**	**587800**
按轻重工业分						
轻工业	16698	16246	72486	112938	24206	208816
重工业	12475	12324	279803	402338	110211	378984
按大中小微型分						
大型企业	13142	13376	111005	146190	21809	183263
中型企业	11177	5339	28324	83548	49885	213549
小型企业	4854	5077	20281	40530	15171	26587
微型企业		4778	192679	245009	47552	164401
按工业行业分						
非金属矿采选业	**154**	**44**	**464**	**762**	**254**	**343**
土砂石开采	154	44	464	762	254	343
农副食品加工业	**180**	**14**	**-16**	**17**	**19**	**1163**
屠宰及肉类加工	180	14	-16	17	19	1163
食品制造业	**75**	**47**	**1150**	**1605**	**408**	**956**
其他食品制造	75	47	1150	1605	408	956
酒、饮料和精制茶制造业	**290**	**2180**	**1718**	**5130**	**1232**	**2666**
酒的制造	290	2180	1718	5130	1232	2666
印刷和记录媒介复制业		**29**	**617**	**849**	**204**	**463**
印　刷		29	617	849	204	463
医药制造业	**12295**	**1502**	**26289**	**34059**	**6268**	**44473**
化学药品原料药制造	12295	1502	26289	34059	6268	44473
非金属矿物制品业	**1969**	**276**	**6949**	**9804**	**2579**	**1102**
水泥、石灰和石膏制造	1969	276	6949	9804	2579	1102
通用设备制造业	**935**	**130**	**-485**	**708**	**1062**	**2353**
锅炉及原动设备制造	758	57	-566	-26	483	1169
泵、阀门、压缩机及类似机械制造	177	73	81	733	579	1184
铁路船舶航空航天和其他运输设备制造业	**1774**	**11429**	**39980**	**62749**	**11340**	**155882**
船舶及相关装置制造	5	79	1261	1481	142	1929
摩托车制造	1769	11350	38719	61268	11198	153953
电气机械和器材制造业	**56**	**30**	**120**	**295**	**145**	**590**
输配电及控制设备制造	56	30	120	295	145	590
电力、热力生产和供应业	**9352**	**11765**	**275080**	**392874**	**106029**	**372666**
电力生产		6317	256859	317847	54671	171542
电力供应	9352	5396	17745	74062	50921	199838
热力生产和供应		52	476	965	437	1287
水的生产和供应业	**2095**	**1124**	**424**	**6425**	**4877**	**5143**
自来水生产和供应	2090	1124	4009	10010	4877	5143
污水处理及其再生利用	5		-3585	-3585		

4－25 国有及国有控股工业主要经济效益指标(一)

(2012 年)

项　　目	企　业 亏损面 (%)	资　产 负债率 (%)	流　动 比　率	存货周 转次数 (次)	产　品 销售率 (%)
总　计	**9.52**	**48.03**	**0.78**	**12.86**	**98.95**
按轻重工业分					
轻工业	11.11	49.10	1.13	3.79	96.17
重工业	8.33	47.31	0.56	49.28	99.92
按工业行业分					
非金属矿采选业		**103.05**	**0.78**	**2.67**	**91.80**
土砂石开采		103.05	0.78	2.67	91.80
农副食品加工业	**100.00**	**42.52**	**0.97**		**100.00**
屠宰及肉类加工	100.00	42.52	0.97		100.00
食品制造业		**62.25**	**0.71**	**5.87**	**103.37**
其他食品制造		62.25	0.71	5.87	103.37
酒、饮料和精制茶制造业		**44.86**	**1.12**	**4.05**	**97.86**
酒的制造		44.86	1.12	4.05	97.86
印刷和记录媒介复制业		**69.82**	**1.41**	**9.59**	**100.00**
印刷		69.82	1.41	9.59	100.00
医药制造业		**44.35**	**1.02**	**2.28**	**90.61**
化学药品原料药制造		44.35	1.02	2.28	90.61
非金属矿物制品业		**68.81**	**1.10**	**23.05**	**99.40**
水泥、石灰和石膏制造		68.81	1.10	23.05	99.40
通用设备制造业	**50.00**	**40.98**	**1.81**	**2.68**	**93.00**
锅炉及原动设备制造	100.00	34.92	2.27	14.00	110.49
泵、阀门、压缩机及类似机械制造		44.89	1.47	1.56	82.56
铁路船舶航空航天和其他运输设备制造业		**43.47**	**1.39**	**4.73**	**98.95**
船舶及相关装置制造		65.02	1.13	3.40	100.61
摩托车制造		42.26	1.41	4.86	98.85
电气机械和器材制造业		**19.29**	**3.39**	**72.55**	**93.82**
输配电及控制设备制造		19.29	3.39	72.55	93.82
电力、热力生产和供应业		**46.03**	**0.51**	**67.39**	**99.98**
电力生产		44.35	0.57	85.96	99.96
电力供应		51.71	0.38	57.61	100.01
热力生产和供应		62.97	0.85	35.12	100.00
水的生产和供应业	**20.00**	**71.61**	**0.92**	**12.57**	**100.00**
自来水生产和供应	11.11	68.99	0.91	11.75	100.00
污水处理及其再生利用	100.00	92.20	1.04	82.71	100.00

4-26 国有及国有控股工业主要经济效益指标(二)

(2012年)

项目	企业亏损率(%)	成本费用利润率(%)	百元销售收入实现利税(元)	百元固定资产原值实现利税(元)	出口交货值占工业销售产值(%)
总计	**1.26**	**10.42**	**13.83**	**12.59**	**7.04**
按轻重工业分					
轻工业	0.48	8.49	12.31	14.73	28.00
重工业	1.46	11.07	14.33	12.10	
按工业行业分					
非金属矿采选业		**30.69**	**37.70**	**91.45**	
土砂石开采		30.69	37.70	91.45	
农副食品加工业		**-0.13**	**0.14**	**1.29**	
屠宰及肉类加工		-0.13	0.14	1.29	
食品制造业		**31.17**	**34.41**	**70.83**	
其他食品制造		31.17	34.41	70.83	
酒、饮料和精制茶制造业		**14.88**	**33.49**	**52.90**	
酒的制造		14.88	33.49	52.90	
印刷和记录媒介复制业		**16.61**	**19.82**	**7792.66**	
印刷		16.61	19.82	7792.66	
医药制造业		**8.39**	**10.24**	**9.23**	**63.26**
化学药品原料药制造		8.39	10.24	9.23	63.26
非金属矿物制品业		**16.14**	**19.61**	**44.09**	
水泥、石灰和石膏制造		16.14	19.61	44.09	
通用设备制造业	**700.37**	**-2.96**	**4.65**	**4.02**	
锅炉及原动设备制造		-7.69	-0.38	-0.47	
泵、阀门、压缩机及类似机械制造		0.89	8.61	6.04	
铁路船舶航空航天和其他运输设备制造业		**9.13**	**13.19**	**43.92**	**13.59**
船舶及相关装置制造		4.20	4.77	12.28	
摩托车制造		9.49	13.77	46.83	14.37
电气机械和器材制造业		**3.60**	**8.51**	**22.30**	
输配电及控制设备制造		3.60	8.51	22.30	
电力、热力生产和供应业		**11.34**	**14.54**	**12.19**	
电力生产		23.26	23.38	12.09	
电力供应		1.35	5.56	12.95	
热力生产和供应		5.25	10.19	4.75	
水的生产和供应业	**90.25**	**0.39**	**5.91**	**2.12**	
自来水生产和供应	7.73	3.96	9.65	3.94	
污水处理及其再生利用		-41.38	-71.37	-7.18	

4-27 大中型工业主要财务指标(一)

(2012年)

单位:万元

项目	企业单位数(个)	工业总产值	工业销售产值	出口交货值	年末资产总计	从业人员年平均人数(人)
总计	**469**	**17264969**	**16330781**	**6037138**	**18761694**	**318030**
按轻重工业分						
轻工业	202	6704429	6227954	3262851	8216356	154219
重工业	267	10560540	10102827	2774287	10545338	163811
按大中型分						
大型企业	47	6578552	6254890	2327617	8096638	101998
中型企业	422	10686417	10075891	3709521	10665057	216032
按工业行业分						
农副食品加工业	**6**	**109289**	**101288**	**35871**	**113458**	**3494**
饲料加工	1	14094	13597	12324	10406	618
水产品加工	5	95195	87691	23547	103051	2876
食品制造业	**6**	**66471**	**59948**	**53159**	**72626**	**3470**
罐头食品制造	6	66471	59948	53159	72626	3470
酒、饮料和精制茶制造业	**2**	**93321**	**91118**		**114966**	**1167**
酒的制造	2	93321	91118		114966	1167
纺织业	**9**	**260573**	**243558**	**120725**	**281052**	**6524**
棉纺织及印染精加工	1	74480	63592	8291	88786	802
化纤织造及印染精加工	1	33558	33567	5802	27350	502
非家用纺织制成品制造	7	152535	146400	106632	164916	5220
纺织服装、服饰业	**1**	**7803**	**6003**		**6054**	**397**
机织服装制造	1	7803	6003		6054	397
皮革、毛皮、羽毛及其制品和制鞋业	**34**	**446040**	**411020**	**302700**	**235717**	**20775**
制鞋业	34	446040	411020	302700	235717	20775
木材加工和木、竹、藤、棕、草制品业	**2**	**10323**	**10123**	**7606**	**10246**	**581**
木制品制造	1	2316	2316	2316	1715	241
竹、藤、棕、草等制品制造	1	8007	7807	5290	8531	340
家具制造业	**25**	**343823**	**325386**	**233097**	**348189**	**13098**
木质家具制造	15	130000	126648	104316	103114	6019
金属家具制造	10	213823	198739	128781	245076	7079
造纸和纸制品业	**4**	**72212**	**72490**	**7451**	**129837**	**1989**
造纸	2	27577	27476		51627	687
纸制品制造	2	44636	45014	7451	78209	1302
文教、工美、体育和娱乐用品制造业	**15**	**175539**	**170463**	**122977**	**134443**	**7672**
工艺美术品制造	15	175539	170463	122977	134443	7672
化学原料和化学制品制造业	**8**	**406888**	**387428**	**214689**	**717231**	**4793**

4－27 续表 1

单位:万元

项目	企业单位数（个）	工业总产值	工业销售产值	出口交货值	年末资产总计	从业人员年平均人数（人）
基础化学原料制造	2	124653	116666	75751	313854	1744
农药制造	1	55098	53244	37411	34116	735
涂料油墨颜料及类似产品制造	4	201052	194840	89500	350516	2016
专用化学产品制造	1	26086	22678	12027	18745	298
医药制造业	**25**	**1840093**	**1688747**	**899755**	**2745930**	**25634**
化学药品原料药制造	23	1714006	1570463	892055	2524661	22837
化学药品制剂制造	1	105207	99533	7700	189402	2291
中成药生产	1	20880	18752		31868	506
橡胶和塑料制品业	**49**	**1425677**	**1355183**	**385246**	**1622827**	**27612**
橡胶制品业	8	252883	255344	78814	242299	4480
塑料制品业	41	1162795	1099839	306432	1380528	23132
非金属矿物制品业	**5**	**91274**	**72291**	**20105**	**93517**	**2500**
玻璃制造	1	10821	10355	431	6046	370
玻璃制品制造	1	30638	26501	11525	31342	580
陶瓷制品制造	3	49816	35435	8148	56130	1550
黑色金属冶炼和压延加工业	**4**	**165714**	**149512**		**117893**	**1319**
黑色金属铸造	1	14361	13543		6253	293
钢压延加工	3	151354	135970		111640	1026
有色金属冶炼和压延加工业	**2**	**290895**	**285547**	**50335**	**257193**	**1393**
有色金属压延加工	2	290895	285547	50335	257193	1393
金属制品业	**9**	**489737**	**444635**	**242813**	**595395**	**9912**
金属工具制造	1	10479	10060	4492	3978	357
建筑、安全用金属制品制造	5	111915	108910	49607	118761	3505
金属制日用品制造	2	347342	308664	186599	441894	5399
其他金属制品制造	1	20002	17002	2115	30762	651
通用设备制造业	**69**	**1762318**	**1661629**	**901338**	**1897729**	**42376**
锅炉及原动设备制造	1	5976	6603		12033	405
金属加工机械制造	6	144244	129954	74724	170036	4492
泵、阀门、压缩机及类似机械制造	45	1155588	1078571	684922	1101784	25410
轴承、齿轮和传动部件制造	7	211687	197300	23145	319885	5356
烘炉、风机、衡器、包装等设备制造	8	198487	206142	102841	237933	5403
文化、办公用机械制造	1	28855	25870		31054	770
通用零部件制造	1	17481	17188	15706	25004	540
专用设备制造业	**24**	**905148**	**877927**	**290834**	**1238893**	**16966**
采矿、冶金、建筑专用设备制造	1	13576	13572	4487	10478	402

4－27 续表2

单位:万元

项　　目	企业单位数（个）	工业总产值	工业销售产值	出口交货值	年末资产总计	从业人员年平均人数（人）
化工、木材、非金属加工专用设备制造	8	126139	120324	19925	195738	3103
纺织、服装和皮革加工专用设备制造	8	546024	527143	218248	719541	8581
农、林、牧、渔专用机械制造	3	68116	68384	20760	56866	1205
医疗仪器设备及器械制造	3	36204	33495	2331	52283	1606
环保社会公共服务及其他专用设备制造	1	115090	115010	25085	203988	2069
汽车制造业	**54**	**1856120**	**1767745**	**507589**	**1972761**	**31135**
汽车整车制造	4	576104	548657	144309	612193	3240
汽车零部件及配件制造	50	1280017	1219088	363280	1360568	27895
铁路船舶航空航天和其他运输设备制造业	**33**	**1288445**	**1266551**	**265738**	**1402538**	**26280**
船舶及相关装置制造	12	356097	350780	58699	377454	5985
摩托车制造	17	830102	818156	206435	931280	18043
自行车制造	4	102245	97615	604	93804	2252
电气机械和器材制造业	**34**	**1263622**	**1181863**	**530818**	**1640736**	**24165**
电机制造	16	558857	526092	231644	589195	10118
输配电及控制设备制造	6	275142	262348	86570	357798	4150
家用电力器具制造	6	273540	246331	133632	485504	6805
非电力家用器具制造	1	32231	32231	32129	23098	720
照明器具制造	5	123854	114861	46844	185141	2372
计算机、通信和其他电子设备制造业	**4**	**305006**	**282238**	**218893**	**398336**	**3292**
视听设备制造	1	215954	200941	197098	113537	1042
电子器件制造	1	35713	32685	17021	101772	1445
电子元件制造	1	39109	37421	2136	171185	450
其他电子设备制造	1	14230	11191	2639	11842	355
仪器仪表制造业	**24**	**518659**	**474429**	**235354**	**594854**	**13290**
通用仪器仪表制造	18	393385	363751	189520	406630	8213
专用仪器仪表制造	2	29628	20630	2495	19956	952
光学仪器及眼镜制造	4	95646	90048	43340	168267	4125
其他制造业	**9**	**675304**	**591859**	**390045**	**874297**	**16190**
日用杂品制造	9	675304	591859	390045	874297	16190
废弃资源综合利用业	**3**	**758809**	**715854**		**353055**	**5285**
金属废料和碎屑加工处理	3	758809	715854		353055	5285
电力、热力生产和供应业	**9**	**1635868**	**1635946**		**791922**	**6721**
电力生产	1	346985	346985		278640	2026
电力供应	8	1288883	1288962		513282	4695

4-28 大中型工业主要财务指标(二)

(2012年)

单位:万元

项目	流动资产合计	存货	固定资产合计	固定资产原价	固定资产净值	年末负债合计
总计	**10656998**	**2912303**	**4595301**	**6577102**	**4025735**	**10427673**
按轻重工业分						
轻工业	4521606	1299720	1722285	2576264	1617045	4590859
重工业	6135392	1612583	2873016	4000838	2408690	5836814
按大中型分						
大型企业	4301913	1211328	1884357	2817541	1575764	3809628
中型企业	6355085	1700975	2710944	3759561	2449971	6618044
按工业行业分						
农副食品加工业	**67354**	**25444**	**36382**	**46841**	**34859**	**73270**
饲料加工	8085	1313	1665	1981	974	8185
水产品加工	59269	24131	34717	44860	33885	65085
食品制造业	**55615**	**36106**	**12916**	**18454**	**11624**	**52589**
罐头食品制造	55615	36106	12916	18454	11624	52589
酒、饮料和精制茶制造业	**27348**	**22620**	**66322**	**99931**	**66322**	**80019**
酒的制造	27348	22620	66322	99931	66322	80019
纺织业	**171142**	**72679**	**60683**	**88543**	**54869**	**197486**
棉纺织及印染精加工	54131	24217	15933	28451	15933	56835
化纤织造及印染精加工	20427	4566	4137	7421	3593	20013
非家用纺织制成品制造	96585	43897	40613	52670	35343	120637
纺织服装、服饰业	**5046**	**2446**	**410**	**644**	**327**	**4702**
机织服装制造	5046	2446	410	644	327	4702
皮革、毛皮、羽毛及其制品和制鞋业	**186945**	**35166**	**30599**	**49873**	**27176**	**170610**
制鞋业	186945	35166	30599	49873	27176	170610
木材加工和木、竹、藤、棕、草制品业	**5662**	**2784**	**4438**	**4367**	**4057**	**4650**
木制品制造	1087	162	482	234	100	1926
竹、藤、棕、草等制品制造	4575	2621	3956	4133	3956	2723
家具制造业	**214894**	**78702**	**80041**	**107679**	**71839**	**243773**
木质家具制造	60437	22953	29915	41330	25708	72519
金属家具制造	154457	55749	50126	66349	46132	171254
造纸和纸制品业	**51829**	**7862**	**43338**	**48950**	**36301**	**81403**
造纸	13407	3737	34142	30034	27104	37483
纸制品制造	38422	4126	9197	18916	9197	43921
文教、工美、体育和娱乐用品制造业	**86003**	**31525**	**38542**	**51605**	**33134**	**99047**
工艺美术品制造	86003	31525	38542	51605	33134	99047
化学原料和化学制品制造业	**365278**	**57776**	**261655**	**151642**	**93869**	**382170**

4－28 续表1

单位:万元

项　　目	流动资产合计	存货	固定资产合计	固定资产原价	固定资产净值	年末负债合计
基础化学原料制造	122865	20092	185981	45873	28511	139985
农药制造	21212	3246	12904	13129	5140	20866
涂料油墨颜料及类似产品制造	207335	31978	58236	86644	55684	213442
专用化学产品制造	13866	2459	4535	5996	4534	7877
医药制造业	**1229907**	**445388**	**667054**	**1050520**	**631108**	**1364648**
化学药品原料药制造	1117616	426469	605390	968824	579363	1212621
化学药品制剂制造	98077	15984	46922	65026	38870	135628
中成药生产	14214	2936	14742	16671	12875	16399
橡胶和塑料制品业	**969182**	**197016**	**381398**	**514531**	**337489**	**876478**
橡胶制品业	172485	35178	49884	73399	44938	131239
塑料制品业	796697	161838	331514	441133	292551	745239
非金属矿物制品业	**65426**	**22857**	**22199**	**32104**	**22199**	**70935**
玻璃制造	4194	1438	1851	4840	1851	5186
玻璃制品制造	20062	6208	8786	11152	8786	19195
陶瓷制品制造	41171	15211	11562	16111	11562	46554
黑色金属冶炼和压延加工业	**81589**	**15361**	**33551**	**42135**	**33525**	**104624**
黑色金属铸造	3946	123	328	842	328	4708
钢压延加工	77642	15239	33223	41293	33197	99916
有色金属冶炼和压延加工业	**131977**	**41245**	**44621**	**68012**	**38118**	**154415**
有色金属压延加工	131977	41245	44621	68012	38118	154415
金属制品业	**323491**	**111869**	**63186**	**105356**	**61255**	**243590**
金属工具制造	2169	773	1691	2495	1691	2324
建筑、安全用金属制品制造	91271	42630	17559	24266	15940	80739
金属制日用品制造	210524	63908	34447	62988	34447	138280
其他金属制品制造	19527	4558	9489	15607	9177	22247
通用设备制造业	**1160898**	**372935**	**448693**	**602630**	**387305**	**1060910**
锅炉及原动设备制造	9538	368	2495	5456	2495	4202
金属加工机械制造	107748	46384	47933	65689	44515	125486
泵、阀门、压缩机及类似机械制造	703488	194664	207147	302421	193059	644181
轴承、齿轮和传动部件制造	174137	72135	136499	142829	93668	133583
烘炉、风机、衡器、包装等设备制造	121730	46738	45435	69258	44382	131742
文化、办公用机械制造	22567	6565	6129	10767	6129	20798
通用零部件制造	21691	6081	3057	6211	3057	919
专用设备制造业	**728772**	**171251**	**283711**	**360365**	**241942**	**752658**
采矿、冶金、建筑专用设备制造	9072	1456	1093	2183	1093	9165

4－28 续表2

单位：万元

项目	流动资产合计	存货	固定资产合计	固定资产原价	固定资产净值	年末负债合计
化工、木材、非金属加工专用设备制造	109552	28804	57285	86490	55692	127270
纺织、服装和皮革加工专用设备制造	439504	100634	153477	166303	117178	419524
农、林、牧、渔专用机械制造	40078	13635	9838	16755	9261	31245
医疗仪器设备及器械制造	32542	6688	13373	16062	10073	39679
环保社会公共服务及其他专用设备制造	98025	20035	48646	72573	48646	125776
汽车制造业	**1179414**	**192067**	**439209**	**611458**	**394452**	**1088716**
汽车整车制造	340609	24229	138744	168501	111247	306883
汽车零部件及配件制造	838805	167838	300464	442957	283206	781833
铁路船舶航空航天和其他运输设备制造业	**900361**	**264221**	**252665**	**378180**	**235781**	**851953**
船舶及相关装置制造	286763	119612	71853	95690	63333	250140
摩托车制造	549673	131402	169931	269393	161584	523338
自行车制造	63925	13207	10881	13098	10863	78475
电气机械和器材制造业	**1053755**	**260918**	**313027**	**438841**	**301911**	**1123260**
电机制造	370454	87428	119492	168072	117354	383330
输配电及控制设备制造	248667	72164	73375	103906	72806	244114
家用电力器具制造	320696	77124	69035	87456	64207	364468
非电力家用器具制造	10003	2441	5029	11420	4836	3275
照明器具制造	103935	21763	46096	67986	42710	128073
计算机、通信和其他电子设备制造业	**252556**	**40510**	**57255**	**67822**	**41520**	**114028**
视听设备制造	93725	21771	10827	13939	10827	58364
电子器件制造	53758	10322	17741	9586	2617	26082
电子元件制造	99332	7124	25130	39295	25130	24627
其他电子设备制造	5741	1292	3557	5002	2946	4955
仪器仪表制造业	**354339**	**102221**	**148527**	**178735**	**120998**	**281445**
通用仪器仪表制造	262676	78286	67145	96006	63616	227123
专用仪器仪表制造	10379	2840	7150	11478	7077	9054
光学仪器及眼镜制造	81285	21095	74232	71251	50306	45269
其他制造业	**568911**	**96191**	**144968**	**198662**	**134934**	**380063**
日用杂品制造	568911	96191	144968	198662	134934	380063
废弃资源综合利用业	**310435**	**174397**	**20111**	**30609**	**20111**	**219486**
金属废料和碎屑加工处理	310435	174397	20111	30609	20111	219486
电力、热力生产和供应业	**108870**	**30748**	**639801**	**1228612**	**588712**	**350746**
电力生产	19062	11113	240613	683410	244704	84306
电力供应	89808	19635	399189	545202	344008	266440

4－29 大中型工业主要财务指标(三)

(2012年)

单位:万元

项　　目	流动负债	非流动负债	年末所有者权益合计	实收资本	主营业务收入	主营业务成本
总　　计	**9535727**	**743156**	**8334021**	**2885059**	**16253493**	**13492772**
按轻重工业分						
轻工业	4125195	435693	3625497	1100325	6319473	5045860
重工业	5410532	307463	4708524	1784734	9934019	8446912
按大中型分						
大型企业	3334993	416429	4287010	1255457	6328800	5127222
中型企业	6200734	326727	4047012	1629602	9924693	8365550
按工业行业分						
农副食品加工业	**66212**	**7058**	**40188**	**31945**	**99180**	**89222**
饲料加工	8185		2221	1697	13597	11645
水产品加工	58027	7058	37967	30248	85583	77578
食品制造业	**52422**	**16**	**20037**	**4872**	**59583**	**45852**
罐头食品制造	52422	16	20037	4872	59583	45852
酒、饮料和精制茶制造业	**80019**		**34947**	**38818**	**84081**	**61892**
酒的制造	80019		34947	38818	84081	61892
纺织业	**176045**	**2532**	**83566**	**30159**	**237991**	**201563**
棉纺织及印染精加工	38215		31951	8850	61846	53935
化纤织造及印染精加工	20013		7337	2479	33567	28112
非家用纺织制成品制造	117817	2532	44278	18830	142578	119517
纺织服装、服饰业	**4702**		**1351**	**1000**	**6003**	**4124**
机织服装制造	4702		1351	1000	6003	4124
皮革、毛皮、羽毛及其制品和制鞋业	**168569**	**2042**	**65107**	**34333**	**408884**	**355555**
制鞋业	168569	2042	65107	34333	408884	355555
木材加工和木、竹、藤、棕、草制品业	**4650**		**5596**	**1413**	**10123**	**8179**
木制品制造	1926		－212	413	2316	1855
竹、藤、棕、草等制品制造	2723		5808	1000	7807	6324
家具制造业	**240528**	**2197**	**104416**	**43721**	**310376**	**256683**
木质家具制造	71628	891	30594	15574	123119	101450
金属家具制造	168901	1306	73821	28147	187256	155233
造纸和纸制品业	**73374**	**8029**	**48433**	**33200**	**71419**	**57885**
造纸	30656	6827	14145	17600	26405	22861
纸制品制造	42719	1202	34289	15600	45014	35024
文教、工美、体育和娱乐用品制造业	**96766**	**2281**	**35396**	**14790**	**169430**	**142544**
工艺美术品制造	96766	2281	35396	14790	169430	142544
化学原料和化学制品制造业	**303881**	**78107**	**335061**	**89773**	**422447**	**322099**

4-29 续表1

单位:万元

项目	流动负债	非流动负债	年末所有者权益合计	实收资本	主营业务收入	主营业务成本
基础化学原料制造	69247	70738	173869	55369	128474	89788
农药制造	19785	1081	13250	6000	49267	37844
涂料油墨颜料及类似产品制造	206972	6288	137074	24676	221822	177183
专用化学产品制造	7877		10868	3728	22885	17285
医药制造业	**1040022**	**321422**	**1381283**	**349088**	**1682980**	**1194355**
化学药品原料药制造	950097	259320	1312040	294238	1557676	1109714
化学药品制剂制造	83377	52251	53774	49850	105037	77795
中成药生产	6549	9851	15469	5000	20266	6846
橡胶和塑料制品业	**852220**	**18359**	**746349**	**233005**	**1364969**	**1111871**
橡胶制品业	127606	3633	111060	42324	257390	209099
塑料制品业	724614	14726	635289	190681	1107579	902772
非金属矿物制品业	**70888**	**46**	**22583**	**17871**	**69676**	**57739**
玻璃制造	5166	20	860	1000	10355	9265
玻璃制品制造	19195		12147	7235	26228	21758
陶瓷制品制造	46527	27	9576	9636	33094	26716
黑色金属冶炼和压延加工业	**85381**	**19240**	**13269**	**14104**	**150552**	**142854**
黑色金属铸造	4704		1545	388	13543	11784
钢压延加工	80677	19240	11724	13716	137010	131070
有色金属冶炼和压延加工业	**154415**		**102778**	**41500**	**259140**	**237938**
有色金属压延加工	154415		102778	41500	259140	237938
金属制品业	**242901**	**689**	**351805**	**120429**	**445903**	**342347**
金属工具制造	2324		1654	501	10018	9017
建筑、安全用金属制品制造	80739		38022	27250	111748	90184
金属制日用品制造	137591	689	303614	87498	307278	229197
其他金属制品制造	22247		8515	5180	16860	13950
通用设备制造业	**987344**	**30436**	**836819**	**261700**	**1641276**	**1335848**
锅炉及原动设备制造	4202		7831	1100	6707	5157
金属加工机械制造	118965	4500	44550	22591	126214	105234
泵、阀门、压缩机及类似机械制造	593087	14598	457604	161204	1080249	896051
轴承、齿轮和传动部件制造	126795	6788	186302	39963	187098	142119
烘炉、风机、衡器、包装等设备制造	122579	4550	106191	31106	202882	158482
文化、办公用机械制造	20798		10256	5218	20939	17489
通用零部件制造	919		24085	518	17188	11317
专用设备制造业	**689828**	**54283**	**486235**	**281673**	**857312**	**713698**
采矿、冶金、建筑专用设备制造	9165		1313	550	13572	10894

4－29 续表 2

单位:万元

项　　目	流动负债	非流动负债	年末所有者权益合计	实收资本	主营业务收入	主营业务成本
化工、木材、非金属加工专用设备制造	115357	3366	68468	41406	119687	96570
纺织、服装和皮革加工专用设备制造	370264	49259	300017	197038	509328	425498
农、林、牧、渔专用机械制造	31243	2	25622	11521	67688	52573
医疗仪器设备及器械制造	38023	1656	12604	5358	32083	23257
环保社会公共服务及其他专用设备制造	125776		78212	25800	114954	104907
汽车制造业	**1024800**	**63460**	**884045**	**269308**	**1709260**	**1402627**
汽车整车制造	300383	6500	305310	73902	530737	448435
汽车零部件及配件制造	724417	56960	578735	195406	1178524	954193
铁路船舶航空航天和其他运输设备制造业	**816238**	**29238**	**550585**	**190165**	**1178194**	**1035346**
船舶及相关装置制造	246288	3852	127314	87970	317832	289346
摩托车制造	491475	25386	407942	86315	764209	663150
自行车制造	78475		15329	15880	96153	82850
电气机械和器材制造业	**1014493**	**53290**	**517476**	**246456**	**1319122**	**1107142**
电机制造	317718	10134	205866	79960	497603	417219
输配电及控制设备制造	238149	5965	113683	54390	244929	202983
家用电力器具制造	333225	31243	121035	72034	427855	367603
非电力家用器具制造	3275		19824	3600	32129	23558
照明器具制造	122126	5948	57068	36472	116607	95778
计算机、通信和其他电子设备制造业	**112495**	**1533**	**284308**	**59937**	**287304**	**245501**
视听设备制造	58364		55173	15000	200851	171397
电子器件制造	25501	581	75691	15000	39657	35505
电子元件制造	23675	952	146558	24919	35850	29779
其他电子设备制造	4955		6887	5018	10947	8821
仪器仪表制造业	**268109**	**12531**	**313409**	**122419**	**467106**	**369398**
通用仪器仪表制造	226333	451	179508	84229	356590	292340
专用仪器仪表制造	8596		10903	2288	20655	16726
光学仪器及眼镜制造	33180	12080	122998	35901	89861	60332
其他制造业	**379129**	**934**	**494235**	**91812**	**579486**	**468304**
日用杂品制造	379129	934	494235	91812	579486	468304
废弃资源综合利用业	**203772**	**15714**	**133569**	**51270**	**729060**	**707186**
金属废料和碎屑加工处理	203772	15714	133569	51270	729060	707186
电力、热力生产和供应业	**326525**	**19721**	**441177**	**210300**	**1632637**	**1475022**
电力生产	81318	2988	194334	194334	346985	273351
电力供应	245207	16732	246842	15966	1285652	1201671

4-30 大中型工业主要财务指标(四)

(2012年)

单位:万元

项目	销售费用	主营业务税金及附加	利润总额	利税总额	本年应交增值税	本年销项税
总计	**493859**	**95821**	**1005691**	**1618059**	**516547**	**1953235**
按轻重工业分						
轻工业	259103	50032	435196	688116	202889	681624
重工业	234756	45789	570495	929942	313658	1271611
按大中型分						
大型企业	218654	45468	517191	753429	190770	841700
中型企业	275205	50353	488500	864630	325777	1111535
按工业行业分						
农副食品加工业	**1348**	**157**	**3353**	**4974**	**1465**	**9950**
饲料加工	314	15	521	778	241	2312
水产品加工	1034	142	2832	4197	1223	7638
食品制造业	**2366**	**480**	**5843**	**10256**	**3933**	**6949**
罐头食品制造	2366	480	5843	10256	3933	6949
酒、饮料和精制茶制造业	**5839**	**10203**	**-946**	**12978**	**3720**	**13824**
酒的制造	5839	10203	-946	12978	3720	13824
纺织业	**7603**	**962**	**9922**	**18558**	**7674**	**14107**
棉纺织及印染精加工	983	176	2787	3861	898	7128
化纤织造及印染精加工	504	11	3385	4896	1500	1255
非家用纺织制成品制造	6117	775	3750	9800	5275	5723
纺织服装、服饰业	**563**	**38**	**120**	**478**	**320**	**1021**
机织服装制造	563	38	120	478	320	1021
皮革、毛皮、羽毛及其制品和制鞋业	**10795**	**1778**	**16866**	**31432**	**12788**	**41876**
制鞋业	10795	1778	16866	31432	12788	41876
木材加工和木、竹、藤、棕、草制品业	**655**	**68**	**415**	**1205**	**722**	**1327**
木制品制造	227	16	-33	143	160	
竹、藤、棕、草等制品制造	428	52	448	1062	562	1327
家具制造业	**14938**	**1499**	**9018**	**18460**	**7942**	**18283**
木质家具制造	7190	601	2121	6071	3349	4609
金属家具制造	7747	899	6897	12389	4593	13674
造纸和纸制品业	**2856**	**329**	**4152**	**7685**	**3204**	**11633**
造纸	748	64	428	1025	533	4626
纸制品制造	2108	264	3724	6660	2672	7007
文教、工美、体育和娱乐用品制造业	**6759**	**1258**	**2531**	**10524**	**6734**	**10983**
工艺美术品制造	6759	1258	2531	10524	6734	10983
化学原料和化学制品制造业	**10444**	**1885**	**39311**	**54983**	**13786**	**55752**

4-30 续表 1

单位:万元

项　　目	销售费用	主营业务税金及附加	利润总额	利税总额	本年应交增值税	本年销项税
基础化学原料制造	1630	496	21392	25185	3297	8559
农药制造	2607	147	3281	4721	1293	6599
涂料油墨颜料及类似产品制造	5281	1166	11317	20290	7807	38782
专用化学产品制造	926	77	3321	4787	1389	1811
医药制造业	**61635**	**9146**	**203952**	**284889**	**71792**	**189167**
化学药品原料药制造	54703	7917	187794	260365	64655	171527
化学药品制剂制造	4980	1009	9159	17206	7039	15998
中成药生产	1952	220	6999	7317	98	1642
橡胶和塑料制品业	**43730**	**5596**	**119455**	**167657**	**42606**	**168410**
橡胶制品业	8003	1019	24423	30523	5081	23933
塑料制品业	35728	4576	95033	137135	37526	144478
非金属矿物制品业	**2515**	**154**	**1445**	**3282**	**1683**	**5014**
玻璃制造	357	24	-62	148	185	1181
玻璃制品制造	513	60	2155	2817	602	
陶瓷制品制造	1645	69	-648	317	896	3833
黑色金属冶炼和压延加工业	**365**	**181**	**596**	**2017**	**1240**	**4581**
黑色金属铸造	239	27	665	957	266	1128
钢压延加工	126	154	-69	1060	975	3453
有色金属冶炼和压延加工业	**2472**	**504**	**14913**	**19455**	**4038**	**42914**
有色金属压延加工	2472	504	14913	19455	4038	42914
金属制品业	**40712**	**2609**	**23269**	**43258**	**17379**	**36803**
金属工具制造	175	35	352	787	401	1795
建筑、安全用金属制品制造	3200	590	6202	12284	5492	10723
金属制日用品制造	37090	1931	16228	29206	11047	21749
其他金属制品制造	247	53	488	980	440	2536
通用设备制造业	**52314**	**7008**	**103762**	**166925**	**56155**	**154032**
锅炉及原动设备制造	758	57	-566	-26	483	1169
金属加工机械制造	3272	686	4611	9025	3728	14062
泵、阀门、压缩机及类似机械制造	31883	3945	59989	98721	34787	82453
轴承、齿轮和传动部件制造	6836	998	20302	29529	8229	29280
烘炉、风机、衡器、包装等设备制造	8095	1056	15362	23480	7062	24725
文化、办公用机械制造	1001	113	307	775	356	1909
通用零部件制造	469	153	3758	5421	1510	434
专用设备制造业	**25945**	**2968**	**51392**	**88940**	**34580**	**116105**
采矿、冶金、建筑专用设备制造	607	41	481	741	220	1545

4－30 续表 2

单位:万元

项　　目	销售费用	主营业务税金及附加	利润总额	利税总额	本年应交增值税	本年销项税
化工、木材、非金属加工专用设备制造	3141	644	6294	12004	5066	17551
纺织、服装和皮革加工专用设备制造	14983	1742	34666	56270	19862	69734
农、林、牧、渔专用机械制造	3343	233	5530	7863	2100	6556
医疗仪器设备及器械制造	1539	207	1665	3492	1620	5691
环保社会公共服务及其他专用设备制造	2332	101	2756	8570	5713	15028
汽车制造业	**56836**	**17947**	**84919**	**167061**	**64195**	**290184**
汽车整车制造	15570	12273	14909	45720	18538	144479
汽车零部件及配件制造	41266	5674	70010	121341	45657	145705
铁路船舶航空航天和其他运输设备制造业	**22398**	**15578**	**60484**	**113317**	**37256**	**238217**
船舶及相关装置制造	3009	1258	12638	26386	12490	27887
摩托车制造	13305	14054	45217	81379	22108	193904
自行车制造	6084	265	2629	5553	2659	16427
电气机械和器材制造业	**61281**	**3796**	**49202**	**92524**	**39526**	**119306**
电机制造	11716	1762	28792	45794	15241	52975
输配电及控制设备制造	15689	933	179	13075	11963	32889
家用电力器具制造	28120	487	11456	18928	6985	18068
非电力家用器具制造	2887	218	3813	5845	1814	14
照明器具制造	2869	396	4963	8882	3523	15361
计算机、通信和其他电子设备制造业	**5157**	**81**	**26339**	**26981**	**562**	**7922**
视听设备制造	3241		19034	19034		130
电子器件制造	896	10	1540	1592	42	42
电子元件制造	657	19	5523	5542		6288
其他电子设备制造	363	52	241	813	519	1462
仪器仪表制造业	**15658**	**1631**	**39068**	**52001**	**11302**	**45694**
通用仪器仪表制造	11849	1182	21684	31926	9060	36227
专用仪器仪表制造	835	106	536	1667	1025	3042
光学仪器及眼镜制造	2974	344	16848	18408	1217	6425
其他制造业	**26241**	**3370**	**42486**	**57405**	**11550**	**26821**
日用杂品制造	26241	3370	42486	57405	11550	26821
废弃资源综合利用业	**3081**	**843**	**16548**	**24420**	**7029**	**124079**
金属废料和碎屑加工处理	3081	843	16548	24420	7029	124079
电力、热力生产和供应业	**9352**	**5753**	**77276**	**136395**	**53366**	**198280**
电力生产		760	60221	67386	6405	6405
电力供应	9352	4992	17054	69008	46962	191876

4－31 大中型工业主要经济效益指标(一)

(2012年)

项　　目	企业亏损面(%)	资产负债率(%)	流动比率	存货周转次数(次)	产品销售率(%)
总　计	**8.74**	**55.58**	**1.12**	**4.63**	**94.59**
按轻重工业分					
轻工业	9.41	55.87	1.10	3.88	92.89
重工业	8.24	55.35	1.13	5.24	95.67
按大中型分					
大型企业	2.13	47.05	1.29	4.23	95.08
中型企业	9.48	62.05	1.02	4.92	94.29
按工业行业分					
农副食品加工业		64.58	1.02	3.51	92.68
食品制造业	16.67	72.41	1.06	1.27	90.19
酒、饮料和精制茶制造业	50.00	69.60	0.34	2.74	97.64
纺织业	22.22	70.27	0.97	2.77	93.47
纺织服装、服饰业		77.68	1.07	1.69	76.94
皮革、毛皮、羽毛及其制品和制鞋业	2.94	72.38	1.11	10.11	92.15
木材加工和木、竹、藤、棕、草制品业	50.00	45.38	1.22	2.94	98.06
家具制造业	20.00	70.01	0.89	3.26	94.64
造纸和纸制品业		62.70	0.71	7.36	100.38
文教、工美、体育和娱乐用品制造业	13.33	73.67	0.89	4.52	97.11
化学原料和化学制品制造业		53.28	1.20	5.58	95.22
医药制造业		49.70	1.18	2.68	91.78
橡胶和塑料制品业	10.20	54.01	1.14	5.64	95.06
非金属矿物制品业	40.00	75.85	0.92	2.53	79.20
黑色金属冶炼和压延加工业	25.00	88.74	0.96	9.30	90.22
有色金属冶炼和压延加工业		60.04	0.85	5.77	98.16
金属制品业	11.11	40.91	1.33	3.06	90.79
通用设备制造业	8.70	55.90	1.18	3.58	94.29
专用设备制造业		60.75	1.06	4.17	96.99
汽车制造业	3.70	55.19	1.15	7.30	95.24
铁路船舶航空航天和其他运输设备制造业	12.12	60.74	1.10	3.92	98.30
电气机械和器材制造业	8.82	68.46	1.04	4.24	93.53
计算机、通信和其他电子设备制造业		28.63	2.25	6.06	92.54
仪器仪表制造业	12.50	47.31	1.32	3.61	91.47
其他制造业	11.11	43.47	1.50	4.87	87.64
废弃资源综合利用业		62.17	1.52	4.06	94.34
电力、热力生产和供应业		44.29	0.33	47.97	100.00

4－32 大中型工业主要经济效益指标(二)

(2012 年)

项目	企业亏损率(%)	成本费用利润率(%)	百元销售收入实现利税(元)	百元固定资产原值实现利税(元)	出口交货值占工业销售产值(%)
总计	**3.15**	**6.56**	**9.96**	**24.60**	**36.97**
按轻重工业分					
轻工业	1.51	7.38	10.89	26.71	52.39
重工业	4.37	6.05	9.36	23.24	27.46
按大中型分					
大型企业	0.04	8.85	11.90	26.74	37.21
中型企业	6.25	5.15	8.71	23.00	36.82
按工业行业分					
农副食品加工业		3.48	5.02	10.62	35.41
食品制造业	1.08	10.85	17.21	55.57	88.68
酒、饮料和精制茶制造业	9557.00	－1.25	15.44	12.99	
纺织业	6.47	4.35	7.80	20.96	49.57
纺织服装、服饰业		2.04	7.96	74.15	
皮革、毛皮、羽毛及其制品和制鞋业	1.54	4.32	7.69	63.02	73.65
木材加工和木、竹、藤、棕、草制品业	7.30	4.31	11.90	27.59	75.14
家具制造业	11.58	2.99	5.95	17.14	71.64
造纸和纸制品业		5.97	10.76	15.70	10.28
文教、工美、体育和娱乐用品制造业	41.31	1.52	6.21	20.39	72.14
化学原料和化学制品制造业		9.99	13.02	36.26	55.41
医药制造业		13.57	16.93	27.12	53.28
橡胶和塑料制品业	0.49	9.43	12.28	32.58	28.43
非金属矿物制品业	48.24	2.12	4.71	10.22	27.81
黑色金属冶炼和压延加工业	85.06	0.40	1.34	4.79	
有色金属冶炼和压延加工业		5.97	7.51	28.61	17.63
金属制品业	6.98	5.53	9.70	41.06	54.61
通用设备制造业	3.78	6.73	10.17	27.70	54.24
专用设备制造业		6.32	10.37	24.68	33.13
汽车制造业	7.82	5.24	9.77	27.32	28.71
铁路船舶航空航天和其他运输设备制造业	3.72	5.42	9.62	29.96	20.98
电气机械和器材制造业	10.87	3.86	7.01	21.08	44.91
计算机、通信和其他电子设备制造业		9.98	9.39	39.78	77.56
仪器仪表制造业	1.91	9.09	11.13	29.09	49.61
其他制造业	0.76	7.94	9.91	28.90	65.90
废弃资源综合利用业		2.30	3.35	79.78	
电力、热力生产和供应业		4.96	8.35	11.10	

4－33　规模以上非国有工业主要财务指标(一)

(2012年)

单位:万元

项　　目	企业单位数(个)	工业总产值	工业销售产值	出口交货值	年末资产总计	从业人员年平均人数(人)
总　　计	**3335**	**31497967**	**29885696**	**9967331**	**31390188**	**628913**
按轻重工业分						
轻工业	1309	11303517	10635464	4940748	11403519	268648
重工业	2026	20194449	19250231	5026583	19986669	360265
按大中小微型分						
大型企业	44	5540099	5245125	2091416	6626677	86356
中型企业	410	9245596	8644661	3680436	9954540	209291
小型企业	2815	16450538	15726404	4123423	14464808	331154
微型企业	66	261733	269506	72055	344164	2112
按工业行业分						
有色金属矿采选业	**1**	**3967**	**4176**		**4093**	**86**
贵金属矿采选	1	3967	4176		4093	86
非金属矿采选业	**2**	**6422**	**6422**		**3089**	**146**
土砂石开采	2	6422	6422		3089	146
农副食品加工业	**76**	**448797**	**425220**	**72693**	**326460**	**9418**
饲料加工	2	17554	16352	12324	11499	636
植物油加工	1	11210	10937		10319	117
屠宰及肉类加工	1	35743	35743		5132	210
水产品加工	70	376997	355645	59697	290215	8195
蔬菜、水果和坚果加工	1	3460	2615	671	4699	33
其他农副食品加工	1	3833	3927		4596	227
食品制造业	**18**	**171659**	**158003**	**70483**	**159238**	**4626**
焙烤食品制造	1	5930	5890		2957	90
糖果、巧克力及蜜饯制造	1	3499	3080		3144	113
罐头食品制造	9	81365	74827	63619	84224	3830
其他食品制造	7	80866	74206	6864	68914	593
酒、饮料和精制茶制造业	**7**	**142512**	**138558**	**11**	**153416**	**1729**
酒的制造	2	93321	91118		114966	1167
饮料制造	4	49190	47440	11	38450	562
精制茶加工	1					

4－33 续表1

单位:万元

项　　目	企　业单位数(个)	工　业总产值	工　业销　售产　值	出　口交货值	年　末资　产总　计	从业人员年平均人数(人)
纺 织 业	**85**	**649353**	**610372**	**195493**	**640397**	**14604**
棉纺织及印染精加工	14	158174	142894	13557	175598	2149
毛纺织及染整精加工	3	13884	12397	2483	30489	657
麻纺织及染整精加工	1	2028	2028	26	2857	58
丝绢纺织及印染精加工	1	3916	3291		6513	49
化纤织造及印染精加工	17	125427	119616	10937	98727	1752
针织或钩针编织物及其制品制造	5	25386	24205	1380	18145	646
家用纺织制成品制造	11	50145	49798	24050	37512	1454
非家用纺织制成品制造	33	270393	256144	143059	270557	7839
纺织服装、服饰业	**19**	**62095**	**58969**	**29646**	**53767**	**2856**
机织服装制造	14	43291	40859	22288	32488	1949
针织或钩针编织服装制造	4	16324	15746	5190	19936	722
服饰制造	1	2480	2365	2169	1343	185
皮革、毛皮、羽毛及其制品和制鞋业	**223**	**1084784**	**1026462**	**660103**	**544984**	**44353**
皮革鞣制加工	3	25590	24227		24588	368
皮革制品制造	8	27242	26708	14915	23129	1215
制鞋业	212	1031952	975527	645189	497267	42770
木材加工和木、竹、藤、棕、草制品业	**16**	**84632**	**81986**	**18985**	**78747**	**2261**
人造板制造	6	46073	45005	6913	49143	771
木制品制造	3	10330	10188	2316	10538	489
竹、藤、棕、草等制品制造	7	28230	26793	9756	19066	1001
家具制造业	**80**	**592382**	**562574**	**397300**	**498413**	**20838**
木质家具制造	45	265846	256420	207830	181580	10780
竹、藤家具制造	4	12249	12070	5301	5982	621
金属家具制造	24	256216	237477	143331	271145	8436
塑料家具制造	5	50179	49239	39091	30964	790
其他家具制造	2	7893	7369	1747	8743	211
造纸和纸制品业	**63**	**387714**	**374526**	**13902**	**447787**	**7843**
造纸	16	114182	107499		103622	1887
纸制品制造	47	273533	267027	13902	344165	5956

4－33 续表2

单位:万元

项　　目	企业单位数（个）	工业总产值	工业销售产值	出口交货值	年末资产总计	从业人员年平均人数（人）
印刷和记录媒介复制业	**22**	**88241**	**86525**	**29057**	**95164**	**2708**
印刷	22	88241	86525	29057	95164	2708
文教、工美、体育和娱乐用品制造业	**114**	**554247**	**534178**	**380297**	**440101**	**21796**
文教办公用品制造	2	8786	8808	7015	8689	335
工艺美术品制造	105	520771	500392	357660	415839	20631
体育用品制造	1	3693	3860	496	1846	115
玩具制造	5	15953	16103	15127	10576	620
游艺器材及娱乐用品制造	1	5045	5015		3151	95
石油加工、炼焦和核燃料加工业	**1**	**4556**	**4887**		**4640**	**15**
精炼石油产品制造	1	4556	4887		4640	15
化学原料和化学制品制造业	**75**	**1136979**	**1075322**	**327081**	**1374060**	**11593**
基础化学原料制造	19	279161	255635	109958	472632	3781
农药制造	3	65420	62991	38014	39623	851
涂料油墨颜料及类似产品制造	18	302578	294888	95871	447105	3193
合成材料制造	12	193680	187643	10117	160768	1101
专用化学产品制造	18	265444	244526	65418	227012	2067
炸药、火工及焰火产品制造	1	3845	3806		6328	95
日用化学产品制造	4	26851	25834	7704	20592	505
医药制造业	**79**	**2139007**	**1977132**	**924129**	**2606289**	**28258**
化学药品原料药制造	66	1894614	1749073	900466	2240148	24197
化学药品制剂制造	3	114068	108036	7700	200858	2491
中成药生产	4	78502	72310	462	128009	1003
兽用药品制造	1	5810	5806	1393	4416	67
生物药品制造	5	46013	41906	14108	32858	500
化学纤维制造业	**3**	**49335**	**47566**	**1313**	**35862**	**402**
合成纤维制造	3	49335	47566	1313	35862	402
橡胶和塑料制品业	**407**	**3406175**	**3245933**	**883295**	**3452407**	**65300**
橡胶制品业	68	674678	650084	202690	671705	12036
塑料制品业	339	2731498	2595849	680605	2780702	53264
非金属矿物制品业	**63**	**456995**	**431691**	**40701**	**580842**	**7876**

4－33 续表3

单位:万元

项　　目	企业单位数(个)	工业总产值	工业销售产值	出口交货值	年末资产总计	从业人员年平均人数(人)
水泥、石灰和石膏制造	6	46725	46303		45327	362
石膏、水泥制品及类似制品制造	34	238915	234135		317830	3053
砖瓦、石材等建筑材料制造	4	23619	23210		42061	323
玻璃制造	2	15960	15494	431	11777	550
玻璃制品制造	8	61469	56917	24508	72834	1376
玻璃纤维和玻璃纤维增强塑料制品制造	2	6090	6504	3238	8261	209
陶瓷制品制造	6	62017	46994	12524	80963	1982
石墨及其他非金属矿物制品制造	1	2198	2133		1790	21
黑色金属冶炼和压延加工业	**62**	**503297**	**472953**	**6420**	**461551**	**6943**
黑色金属铸造	40	160464	152490	3864	128976	4145
钢压延加工	22	342833	320463	2556	332575	2798
有色金属冶炼和压延加工业	**62**	**1053749**	**1046751**	**53842**	**709663**	**5822**
常用有色金属冶炼	2	5005	4947		2289	89
贵金属冶炼	3	31342	31751		10077	92
有色金属合金制造	6	62418	62532	879	33910	590
有色金属铸造	3	26647	26029		26021	513
有色金属压延加工	48	928338	921492	52963	637366	4538
金属制品业	**174**	**1411807**	**1334331**	**432001**	**1308650**	**28629**
结构性金属制品制造	5	22570	22443	5242	18600	255
金属工具制造	19	64665	59957	4721	46557	1980
集装箱及金属包装容器制造	5	23411	22021	844	18480	514
金属丝绳及其制品制造	10	142534	140910	3604	106761	1054
建筑、安全用金属制品制造	59	413867	400640	162688	304056	9826
金属表面处理及热处理加工	28	93454	89971	1006	85214	3656
搪瓷制品制造	4	14069	13788	13286	11895	327
金属制日用品制造	19	447717	404951	219308	489368	7493
其他金属制品制造	25	189521	179650	21303	227719	3524
通用设备制造业	**526**	**4046304**	**3812943**	**1839207**	**3651760**	**96829**
锅炉及原动设备制造	7	48466	45436	21591	64770	1227
金属加工机械制造	30	232853	213282	104606	268661	7435

4－33 续表4

单位:万元

项目	企业单位数（个）	工业总产值	工业销售产值	出口交货值	年末资产总计	从业人员年平均人数（人）
物料搬运设备制造	11	83414	79830	15395	92427	1741
泵、阀门、压缩机及类似机械制造	369	2802472	2628330	1457818	2197628	63294
轴承、齿轮和传动部件制造	49	400280	375492	55092	516546	9692
烘炉、风机、衡器、包装等设备制造	31	326517	329084	149774	348779	9199
文化、办公用机械制造	4	39995	36045	650	41633	1101
通用零部件制造	24	109798	103217	34044	119430	3071
其他通用设备制造业	1	2510	2227	237	1887	69
专用设备制造业	**177**	**1684261**	**1623126**	**531729**	**2026241**	**35448**
采矿、冶金、建筑专用设备制造	10	67383	63115	8241	43242	1594
化工、木材、非金属加工专用设备制造	59	406935	391322	113717	520558	9355
食品、饮料、烟草及饲料生产专用设备制造	5	16871	15976	8580	17976	355
印刷制药日化及日用品生产专用设备制造	3	15531	15045		17184	415
纺织、服装和皮革加工专用设备制造	49	711910	689207	265404	932367	13310
农、林、牧、渔专用机械制造	32	257156	245907	106195	183821	4924
医疗仪器设备及器械制造	9	57267	53533	4404	73196	2474
环保社会公共服务及其他专用设备制造	10	151208	149021	25188	237899	3021
汽车制造业	**279**	**3093339**	**2926874**	**671619**	**3131357**	**61324**
汽车整车制造	5	744430	702976	144309	722912	3341
汽车零部件及配件制造	274	2348909	2223899	527310	2408445	57983
铁路船舶航空航天和其他运输设备制造业	**180**	**1901634**	**1877487**	**402292**	**2298324**	**36671**
铁路运输设备制造	5	42800	38415	815	124857	622
船舶及相关装置制造	63	925805	929075	149890	1206818	13515
航空、航天器及设备制造	2	10605	10603		9501	181
摩托车制造	89	728130	712897	241465	796968	18114
自行车制造	21	194294	186497	10121	160181	4239
电气机械和器材制造业	**306**	**2745060**	**2601195**	**967923**	**3091007**	**52144**
电机制造	109	989640	937299	342193	988562	20829
输配电及控制设备制造	45	490926	467524	128185	593585	8495
电线、电缆、光缆及电工器材制造	49	419815	398182	8406	431659	3767
电池制造	3	31038	30024	21638	25384	117

4－33 续表 5

单位:万元

项　目	企业单位数（个）	工业总产值	工业销售产值	出口交货值	年末资产总计	从业人员年平均人数（人）
家用电力器具制造	29	371837	342513	186272	587869	8991
非电力家用器具制造	5	46002	45627	40952	36180	1194
照明器具制造	65	391618	375982	239568	423704	8674
其他电气机械及器材制造	1	4185	4044	709	4064	77
计算机、通信和其他电子设备制造业	**40**	**475497**	**442999**	**254188**	**596600**	**7716**
计算机制造	1	2857	2607	1438	4156	191
通信设备制造	4	24470	21697	12476	39548	447
广播电视设备制造	1	6079	4599	344	7118	88
视听设备制造	1	215954	200941	197098	113537	1042
电子器件制造	6	63245	59372	22616	129381	2308
电子元件制造	20	127552	122419	14926	269462	2669
其他电子设备制造	7	35339	31366	5291	33399	971
仪器仪表制造业	**83**	**802530**	**745652**	**331766**	**849074**	**21552**
通用仪器仪表制造	54	606071	568064	274687	604661	13725
专用仪器仪表制造	7	46428	36582	2626	31878	1395
光学仪器及眼镜制造	21	147325	138714	52597	211041	6338
其他仪器仪表制造业	1	2706	2292	1857	1494	94
其他制造业	**29**	**765203**	**678100**	**430314**	**973721**	**18847**
日用杂品制造	29	765203	678100	430314	973721	18847
废弃资源综合利用业	**47**	**1437873**	**1387221**		**622066**	**9218**
金属废料和碎屑加工处理	38	1411969	1361771		605087	8895
非金属废料和碎屑加工处理	9	25903	25450		16979	323
金属制品、机械和设备修理业	**2**	**11756**	**11756**	**1541**	**7583**	**153**
铁路、船舶、航空航天等运输设备修理	2	11756	11756	1541	7583	153
电力、热力生产和供应业	**7**	**65747**	**43745**		**115937**	**532**
电力生产	3	37701	15699		81472	169
热力生产和供应	4	28046	28046		34465	363
燃气生产和供应业	**5**	**23578**	**23578**		**33534**	**331**
水的生产和供应业	**2**	**6482**	**6482**		**13362**	**46**
自来水生产和供应	1	3353	3353		6319	4
污水处理及其再生利用	1	3129	3129		7044	42

4－34　规模以上非国有工业主要财务指标（二）

（2012年）

单位：万元

项　　目	流动资产合计	存　货	固定资产合计	固定资产原价	固定资产净值	年末负债合计
总　　计	**19923479**	**4998402**	**6962494**	**9454152**	**6100473**	**19665609**
按轻重工业分						
轻工业	7014634	1813264	2522648	3619504	2302707	7167527
重工业	12908845	3185138	4439846	5834648	3797766	12498082
按大中小微型分						
大型企业	3867390	1034590	1382446	1672197	1080074	3203306
中型企业	6163168	1666407	2280150	3167427	2075028	6274743
小型企业	9641491	2221703	3250445	4559439	2905040	9954696
微型企业	251430	75702	49454	55090	40331	232864
按工业行业分						
有色金属矿采选业	**1789**	**598**	**393**	**624**	**393**	**1432**
贵金属矿采选	1789	598	393	624	393	1432
非金属矿采选业	**725**	**115**	**1716**	**3106**	**1716**	**1625**
土砂石开采	725	115	1716	3106	1716	1625
农副食品加工业	**211256**	**66612**	**82779**	**96648**	**69361**	**208884**
饲料加工	8903	1674	1756	2178	1066	8909
植物油加工	5473	759	2071	2725	1693	4929
屠宰及肉类加工	885	11	1738	1738	1386	2582
水产品加工	192398	62332	73431	86766	62791	185422
蔬菜、水果和坚果加工	2286	1444	912	912	858	3826
其他农副食品加工	1311	393	2871	2330	1567	3217
食品制造业	**111371**	**57294**	**29521**	**42577**	**27556**	**103987**
焙烤食品制造	1574	559	1383	2037	1383	1582
糖果、巧克力及蜜饯制造	1685	752	1458	2358	1458	506
罐头食品制造	64859	39858	15078	22215	13786	60566
其他食品制造	43253	16125	11603	15967	10930	41334
酒、饮料和精制茶制造业	**49240**	**29342**	**77376**	**116183**	**76757**	**105899**
酒的制造	27348	22620	66322	99931	66322	80019
饮料制造	21892	6722	11054	16252	10435	25881

4－34 续表1

单位:万元

项目	流动资产合计	存货	固定资产合计	固定资产原价	固定资产净值	年末负债合计
纺织业	**403595**	**123614**	**161416**	**220497**	**139098**	**444969**
棉纺织及印染精加工	108112	35989	40299	62266	39484	116472
毛纺织及染整精加工	18124	2723	10146	16535	9557	22940
麻纺织及染整精加工	2692	1259	165	368	165	2784
丝绢纺织及印染精加工	3817	611	2696	3740	2696	4239
化纤织造及印染精加工	71401	16953	22086	28788	16139	59035
针织或钩针编织物及其制品制造	10294	2458	7349	10871	6958	10245
家用纺织制成品制造	25599	5245	9706	11264	7140	27806
非家用纺织制成品制造	163556	58378	68969	86665	56959	201448
纺织服装、服饰业	**35183**	**7606**	**16416**	**21882**	**13133**	**42862**
机织服装制造	25038	6549	5600	8552	5220	25233
针织或钩针编织服装制造	9048	948	10571	12029	7668	16627
服饰制造	1098	109	245	1301	245	1002
皮革、毛皮、羽毛及其制品和制鞋业	**417471**	**81020**	**89073**	**137311**	**79871**	**392556**
皮革鞣制加工	18117	7209	6416	6387	3142	19646
皮革制品制造	14762	4461	6606	9881	5837	16594
制鞋业	384592	69351	76052	121043	70892	356317
木材加工和木、竹、藤、棕、草制品业	**50820**	**12373**	**16737**	**23736**	**15914**	**51620**
人造板制造	33403	7862	6574	11045	6135	32121
木制品制造	6644	777	2582	2770	2200	9282
竹、藤、棕、草等制品制造	10773	3733	7581	9922	7579	10216
家具制造业	**311297**	**110280**	**119830**	**158283**	**104190**	**351350**
木质家具制造	111841	39705	49366	70110	43675	129794
竹、藤家具制造	5484	1321	495	631	495	4621
金属家具制造	177155	63071	53059	70958	48958	193384
塑料家具制造	11118	4110	14439	14160	9190	14129
其他家具制造	5700	2073	2470	2423	1872	9422
造纸和纸制品业	**261744**	**34101**	**98857**	**141273**	**88324**	**315929**
造纸	49811	11728	45224	48170	37335	80074
纸制品制造	211933	22373	53633	93103	50989	235856

4－34 续表 2

单位:万元

项目	流动资产合计	存货	固定资产合计	固定资产原价	固定资产净值	年末负债合计
印刷和记录媒介复制业	**54801**	**9899**	**35367**	**59215**	**34883**	**64704**
印刷	54801	9899	35367	59215	34883	64704
文教、工美、体育和娱乐用品制造业	**290921**	**76302**	**111995**	**148219**	**96797**	**316939**
文教办公用品制造	4142	922	3271	4255	3271	6530
工艺美术品制造	278081	73687	104001	137089	88947	299528
体育用品制造	1157	221	513	1037	513	989
玩具制造	5888	1120	4096	5723	3996	7403
游艺器材及娱乐用品制造	1653	352	115	115	70	2489
石油加工、炼焦和核燃料加工业	**552**	**456**	**4036**	**25**	**20**	**1650**
精炼石油产品制造	552	456	4036	25	20	1650
化学原料和化学制品制造业	**811433**	**132990**	**376404**	**332739**	**201744**	**763191**
基础化学原料制造	230503	42015	221673	105596	62475	236764
农药制造	24362	3951	14273	15730	6370	23180
涂料油墨颜料及类似产品制造	277994	47124	75710	109663	70492	272099
合成材料制造	106057	15779	20027	28400	18145	114257
专用化学产品制造	155600	20556	37515	60873	37057	106255
炸药、火工及焰火产品制造	1138	294	3472	4452	3472	4515
日用化学产品制造	15780	3271	3734	8025	3734	6121
医药制造业	**1453089**	**479772**	**629290**	**941997**	**585500**	**1463577**
化学药品原料药制造	1234220	438212	545418	823477	514165	1216867
化学药品制剂制造	106670	17866	48894	70127	40724	142047
中成药生产	88119	20477	24338	33673	22470	86388
兽用药品制造	3289	490	1067	2055	1067	1383
生物药品制造	20791	2727	9574	12664	7073	16892
化学纤维制造业	**14391**	**1843**	**20474**	**24144**	**19930**	**23881**
合成纤维制造	14391	1843	20474	24144	19930	23881
橡胶和塑料制品业	**2141442**	**437121**	**844645**	**1162923**	**759703**	**2073967**
橡胶制品业	474288	91538	156995	216117	140553	386158
塑料制品业	1667154	345584	687650	946806	619150	1687810
非金属矿物制品业	**391201**	**97992**	**136609**	**211397**	**129171**	**415530**

4－34 续表3

单位:万元

项目	流动资产合计	存货	固定资产合计	固定资产原价	固定资产净值	年末负债合计
水泥、石灰和石膏制造	24380	2844	16284	20112	14572	28829
石膏、水泥制品及类似制品制造	240167	57685	56219	102612	54210	250966
砖瓦、石材等建筑材料制造	12962	3469	22576	24391	20680	24928
玻璃制造	6877	1944	3503	7625	3503	9387
玻璃制品制造	45399	10360	18083	28555	17086	36862
玻璃纤维和玻璃纤维增强塑料制品制造	2206	264	5004	5704	5004	6139
陶瓷制品制造	57677	21263	14725	22006	13901	57150
石墨及其他非金属矿物制品制造	1534	163	215	392	215	1269
黑色金属冶炼和压延加工业	**322384**	**64529**	**111148**	**149478**	**105631**	**377240**
黑色金属铸造	83038	13193	33133	44516	30590	92747
钢压延加工	239346	51336	78014	104962	75041	284494
有色金属冶炼和压延加工业	**489072**	**117029**	**103018**	**154456**	**89363**	**511862**
常用有色金属冶炼	1435	303	675	1152	675	1038
贵金属冶炼	8436	2613	870	1421	865	9845
有色金属合金制造	23510	5044	9258	11308	9046	25412
有色金属铸造	13318	3095	11773	18899	11758	21018
有色金属压延加工	442375	105974	80442	121676	67018	454550
金属制品业	**799164**	**199541**	**233567**	**331833**	**211960**	**758269**
结构性金属制品制造	11838	1547	4721	4094	3181	11749
金属工具制造	28955	7262	15728	21340	15541	33925
集装箱及金属包装容器制造	11819	2113	5167	8523	5167	8483
金属丝绳及其制品制造	93446	6168	6863	10988	5489	85319
建筑、安全用金属制品制造	216911	74832	59351	76702	50655	211815
金属表面处理及热处理加工	48351	7148	25863	36085	22387	60412
搪瓷制品制造	6650	1654	4221	3566	2679	10024
金属制日用品制造	239627	74095	49097	81772	48813	174392
其他金属制品制造	141567	24723	62557	88763	58048	162151
通用设备制造业	**2341999**	**693832**	**871428**	**1187517**	**760895**	**2240824**
锅炉及原动设备制造	44102	7785	16956	21747	16956	51635
金属加工机械制造	173908	62115	68882	97295	64339	190563

4－34 续表 4

单位:万元

项　　目	流动资产合计	存货	固定资产合计	固定资产原价	固定资产净值	年末负债合计
物料搬运设备制造	56685	18126	24143	28760	20715	60164
泵、阀门、压缩机及类似机械制造	1468925	423054	448100	644592	403862	1369277
轴承、齿轮和传动部件制造	298034	94021	198770	222877	147050	264153
烘炉、风机、衡器、包装等设备制造	188390	63885	75983	115961	73116	205868
文化、办公用机械制造	29380	8649	9674	16190	9674	27775
通用零部件制造	80948	16044	28662	39601	24925	70159
其他通用设备制造业	1628	154	258	494	258	1230
专用设备制造业	**1204985**	**272107**	**494203**	**658987**	**432940**	**1291879**
采矿、冶金、建筑专用设备制造	32053	8092	7602	11834	7062	30261
化工、木材、非金属加工专用设备制造	278855	57699	175771	258325	162905	333801
食品、饮料、烟草及饲料生产专用设备制造	10131	2599	4229	6503	3574	10557
印刷制药日化及日用品生产专用设备制造	9470	973	4914	6690	4568	13690
纺织、服装和皮革加工专用设备制造	589571	131420	192760	223084	153959	582931
农、林、牧、渔专用机械制造	123165	39119	33755	45923	30299	121585
医疗仪器设备及器械制造	42478	7679	18596	23568	15030	55985
环保社会公共服务及其他专用设备制造	119262	24528	56576	83060	55543	143069
汽车制造业	**1892390**	**309535**	**699792**	**989457**	**634977**	**1884213**
汽车整车制造	395041	24407	145918	181552	118421	361862
汽车零部件及配件制造	1497350	285128	553873	807904	516556	1522351
铁路船舶航空航天和其他运输设备制造业	**1627264**	**537252**	**460116**	**600739**	**403610**	**1622007**
铁路运输设备制造	102292	7337	10167	14603	9293	25762
船舶及相关装置制造	873612	398361	246090	300582	215995	868060
航空、航天器及设备制造	6999	194	2348	3589	2215	6710
摩托车制造	528995	99535	178214	250949	153226	591111
自行车制造	115367	31825	23297	31016	22881	130363
电气机械和器材制造业	**2092145**	**458822**	**583195**	**796929**	**535877**	**2128197**
电机制造	652795	139031	208045	276603	189248	667408
输配电及控制设备制造	412202	105401	125914	170938	121617	400100
电线、电缆、光缆及电工器材制造	327715	57248	50142	63134	40274	284791
电池制造	16347	678	5993	7360	5948	19064

4－34 续表5

单位:万元

项　　目	流动资产合计	存货	固定资产合计	固定资产原价	固定资产净值	年末负债合计
家用电力器具制造	383405	96276	91946	119345	86785	435406
非电力家用器具制造	17089	5621	9640	16756	9319	13930
照明器具制造	278743	53355	91350	142543	82531	303899
其他电气机械及器材制造	3849	1212	165	251	156	3600
计算机、通信和其他电子设备制造业	**396640**	**65879**	**96860**	**132776**	**80145**	**252266**
计算机制造	3951	424	205	369	205	2347
通信设备制造	31353	3990	1902	3230	1894	32106
广播电视设备制造	2974	1986	3000	3263	3000	6416
视听设备制造	93725	21771	10827	13939	10827	58364
电子器件制造	75781	14465	22006	16192	6881	45885
电子元件制造	167465	18804	50017	81531	49366	86257
其他电子设备制造	21391	4439	8904	14254	7972	20890
仪器仪表制造业	**512603**	**147275**	**213241**	**269851**	**178910**	**450037**
通用仪器仪表制造	386369	115071	114807	164807	107553	356320
专用仪器仪表制造	17279	4062	10732	16791	10237	17235
光学仪器及眼镜制造	107918	27620	87246	87450	60664	75456
其他仪器仪表制造业	1037	522	457	803	457	1026
其他制造业	**638465**	**110448**	**156833**	**215688**	**145413**	**455356**
日用杂品制造	638465	110448	156833	215688	145413	455356
废弃资源综合利用业	**552847**	**260636**	**35373**	**44433**	**27967**	**449855**
金属废料和碎屑加工处理	539266	257082	32691	41087	25285	435808
非金属废料和碎屑加工处理	13581	3554	2682	3346	2681	14048
金属制品、机械和设备修理业	**1919**	**134**	**5664**	**6637**	**5575**	**4091**
铁路、船舶、航空航天等运输设备修理	1919	134	5664	6637	5575	4091
电力、热力生产和供应业	**22995**	**424**	**26484**	**43631**	**26586**	**70440**
电力生产	11010	161	17490	20616	17490	53703
热力生产和供应	11985	263	8994	23015	9096	16737
燃气生产和供应业	**13238**	**1466**	**15748**	**21398**	**13673**	**20143**
水的生产和供应业	**3047**	**164**	**2893**	**7565**	**2893**	**4377**
自来水生产和供应	2203	164	592	2079	592	3244
污水处理及其再生利用	844		2301	5486	2301	1133

4－35　规模以上非国有工业主要财务指标(三)

(2012 年)

单位:万元

项　　目	流动负债	非流动负债	年末所有者权益合计	实收资本	主营业务收入	主营业务成本
总　　计	**18538397**	**799977**	**11698303**	**5364755**	**29603683**	**25067017**
按轻重工业分						
轻工业	6739062	323261	4222306	1853377	10695559	8823363
重工业	11799335	476715	7475997	3511379	18908124	16243654
按大中小微型分						
大型企业	2894268	250832	3423371	1032143	5340117	4353616
中型企业	5899017	289642	3679796	1573354	8501187	7041409
小型企业	9560127	255881	4509592	2690962	15529745	13457653
微型企业	184985	3621	85544	68297	232634	214339
按工业行业分						
有色金属矿采选业	**1432**		**2661**	**800**	**4176**	**1680**
贵金属矿采选	1432		2661	800	4176	1680
非金属矿采选业	**1575**		**1465**	**738**	**6422**	**3791**
土砂石开采	1575		1465	738	6422	3791
农副食品加工业	**184405**	**17829**	**117575**	**79570**	**425558**	**382043**
饲料加工	8909		2590	1797	16352	14236
植物油加工	2240	2688	5390	3800	10937	7930
屠宰及肉类加工	2582		2550	2000	36935	35121
水产品加工	164087	14685	104793	68968	355370	319625
蔬菜、水果和坚果加工	3826		873	1500	2037	1718
其他农副食品加工	2760	456	1379	1505	3927	3413
食品制造业	**95451**	**8121**	**55251**	**18918**	**155860**	**127387**
焙烤食品制造	1582		1375	508	6018	5085
糖果、巧克力及蜜饯制造	506		2637	503	3080	2548
罐头食品制造	60398	16	23658	6609	74501	58590
其他食品制造	32965	8105	27580	11298	72262	61164
酒、饮料和精制茶制造业	**105899**		**47517**	**43512**	**131379**	**100363**
酒的制造	80019		34947	38818	84081	61892
饮料制造	25881		12570	4694	47298	38471

4－35 续表 1

单位：万元

项　　目	流动负债	非流动负债	年末所有者权益合计	实收资本	主营业务收入	主营业务成本
纺织业	**401461**	**7901**	**195428**	**99839**	**600364**	**520367**
棉纺织及印染精加工	84311	1859	59125	24535	139325	123132
毛纺织及染整精加工	21774		7549	3067	12397	10047
麻纺织及染整精加工	2784		73	528	2029	1739
丝绢纺织及印染精加工	4239		2274	300	3291	2698
化纤织造及印染精加工	58306		39693	23672	119681	106089
针织或钩针编织物及其制品制造	9995	249	7900	4670	24205	20349
家用纺织制成品制造	27553		9706	5206	49683	43383
非家用纺织制成品制造	192499	5793	69109	37861	249754	212929
纺织服装、服饰业	**40894**		**10905**	**6971**	**58966**	**50008**
机织服装制造	25233		7256	3946	40878	34185
针织或钩针编织服装制造	14660		3309	2825	15747	13911
服饰制造	1002		341	200	2341	1911
皮革、毛皮、羽毛及其制品和制鞋业	**384634**	**2447**	**151742**	**82337**	**1024249**	**891232**
皮革鞣制加工	19196		4943	5719	24362	20828
皮革制品制造	16183	405	6535	3885	26511	23261
制鞋业	349255	2042	140264	72733	973276	847143
木材加工和木、竹、藤、棕、草制品业	**48767**	**233**	**27127**	**14932**	**78529**	**69263**
人造板制造	31889	233	17022	10681	43092	38903
木制品制造	9282		1256	1713	8691	7378
竹、藤、棕、草等制品制造	7596		8850	2538	26746	22981
家具制造业	**347492**	**－1988**	**147063**	**71809**	**547219**	**457899**
木质家具制造	128290	1101	51785	29649	253293	212263
竹、藤家具制造	4621		1361	1308	12058	10717
金属家具制造	191031	－3089	77761	31166	225370	188856
塑料家具制造	14129		16835	8866	49317	40271
其他家具制造	9422		－679	820	7182	5793
造纸和纸制品业	**298492**	**13462**	**131858**	**89975**	**358105**	**312520**
造纸	72320	7754	23549	26654	98044	86798
纸制品制造	226172	5708	108309	63321	260061	225722

4－35 续表2

单位:万元

项　　目	流动负债	非流动负债	年末所有者权益合计	实收资本	主营业务收入	主营业务成本
印刷和记录媒介复制业	**57745**	**4533**	**30460**	**19421**	**86657**	**74846**
印刷	57745	4533	30460	19421	86657	74846
文教、工美、体育和娱乐用品制造业	**312990**	**3543**	**123136**	**72865**	**532101**	**447078**
文教办公用品制造	6530		2159	1673	8781	7806
工艺美术品制造	295579	3543	116286	68755	498481	418127
体育用品制造	989		857	504	3840	3221
玩具制造	7403		3173	1434	15985	13633
游艺器材及娱乐用品制造	2489		662	500	5015	4292
石油加工、炼焦和核燃料加工业	**1650**		**2990**	**100**	**4887**	**4496**
精炼石油产品制造	1650		2990	100	4887	4496
化学原料和化学制品制造业	**668425**	**93366**	**610870**	**190342**	**1114489**	**889674**
基础化学原料制造	162423	74341	235868	77672	269168	207924
农药制造	21911	1269	16443	7720	59014	44859
涂料油墨颜料及类似产品制造	264725	7192	175007	36312	320257	252793
合成材料制造	113753	282	46512	24218	190584	161088
专用化学产品制造	94977	10283	120757	40402	246391	202878
炸药、火工及焰火产品制造	4515		1813	1000	3193	2045
日用化学产品制造	6121		14471	3018	25882	18088
医药制造业	**1279199**	**173886**	**1136708**	**437313**	**1947029**	**1430492**
化学药品原料药制造	1103784	102591	1017278	365088	1713023	1277112
化学药品制剂制造	89671	52376	58811	55350	112490	82275
中成药生产	67445	18943	41621	7760	74355	33747
兽用药品制造	1383		3033	100	5917	4698
生物药品制造	16916	－24	15966	9015	41244	32661
化学纤维制造业	**23881**		**11982**	**2244**	**46017**	**39926**
合成纤维制造	23881		11982	2244	46017	39926
橡胶和塑料制品业	**1990806**	**55497**	**1378439**	**593596**	**3251322**	**2716139**
橡胶制品业	364915	16700	285547	135424	664867	548700
塑料制品业	1625891	38797	1092892	458172	2586454	2167439
非金属矿物制品业	**405786**	**7381**	**165312**	**134897**	**420646**	**355181**

4－35 续表3

单位:万元

项　　目	流　动 非流动	非流动 负　债	年末所 有者权 益合计	实　收 资　本	主　营 业　务 收　入	主　营 业　务 成　本
水泥、石灰和石膏制造	27448	1143	16498	11986	46299	41037
石膏、水泥制品及类似制品制造	246787	3478	66864	63946	226307	193560
砖瓦、石材等建筑材料制造	23311	1500	17133	15112	22780	18191
玻璃制造	8059	20	2390	2058	15494	13602
玻璃制品制造	35649	1213	35972	22013	56855	45599
玻璃纤维和玻璃纤维增强塑料制品制造	6139		2122	2500	6468	5350
陶瓷制品制造	57124	27	23812	17124	44310	36093
石墨及其他非金属矿物制品制造	1269		521	158	2133	1750
黑色金属冶炼和压延加工业	**345791**	**25097**	**84311**	**80388**	**488145**	**452881**
黑色金属铸造	88323	2056	36229	25816	146116	128408
钢压延加工	257469	23041	48081	54572	342028	324473
有色金属冶炼和压延加工业	**505167**		**197801**	**104754**	**997503**	**945718**
常用有色金属冶炼	1038		1251	1000	4947	4500
贵金属冶炼	9845		232	1100	32009	30786
有色金属合金制造	19906		8499	10231	62742	61568
有色金属铸造	21018		5004	3306	25795	23531
有色金属压延加工	453360		182816	89117	872010	825334
金属制品业	**741172**	**11075**	**550380**	**253546**	**1325376**	**1130487**
结构性金属制品制造	9316	2433	6850	6900	22136	20383
金属工具制造	32575		12633	6193	59984	51677
集装箱及金属包装容器制造	8214		9997	3356	21279	18432
金属丝绳及其制品制造	84504	815	21442	17935	141819	136141
建筑、安全用金属制品制造	210982	453	92241	62017	396335	345079
金属表面处理及热处理加工	55295	5117	24803	13851	89677	76664
搪瓷制品制造	9885		1871	1180	13782	12215
金属制日用品制造	173703	689	314976	95760	403271	317596
其他金属制品制造	156699	1569	65568	46354	177094	152299
通用设备制造业	**2139013**	**45212**	**1410936**	**575447**	**3775699**	**3172544**
锅炉及原动设备制造	51596	40	13135	11985	45441	40005
金属加工机械制造	182848	5478	78098	46655	209452	176058

4－35 续表 4

单位:万元

项　　目	流动负债	非流动负债	年末所有者权益合计	实收资本	主营业务收入	主营业务成本
物料搬运设备制造	59616	515	32263	19897	78297	64546
泵、阀门、压缩机及类似机械制造	1302261	23944	828350	349595	2617671	2220935
轴承、齿轮和传动部件制造	254676	9114	252393	77058	365028	294777
烘炉、风机、衡器、包装等设备制造	195134	6121	142910	48442	324263	262818
文化、办公用机械制造	27548		13858	6704	31063	25972
通用零部件制造	64104		49271	14732	102257	85629
其他通用设备制造业	1230		657	380	2227	1805
专用设备制造业	**1215189**	**65120**	**734362**	**440628**	**1592444**	**1332894**
采矿、冶金、建筑专用设备制造	30225	1	12981	7653	59674	50218
化工、木材、非金属加工专用设备制造	316677	7169	186757	119179	390338	319995
食品、饮料、烟草及饲料生产专用设备制造	9310	1247	7419	2488	13248	10306
印刷制药日化及日用品生产专用设备制造	13690		3494	1600	14063	12099
纺织、服装和皮革加工专用设备制造	529721	51779	349435	225655	670681	564561
农、林、牧、渔专用机械制造	120203	1232	62236	34864	244087	203051
医疗仪器设备及器械制造	52561	3424	17210	9131	51596	39683
环保社会公共服务及其他专用设备制造	142802	267	94830	40058	148759	132982
汽车制造业	**1779493**	**90266**	**1247094**	**439045**	**2803872**	**2336664**
汽车整车制造	355362	6500	361050	79202	636095	546372
汽车零部件及配件制造	1424131	83766	886043	359843	2167777	1790292
铁路船舶航空航天和其他运输设备制造业	**1576170**	**26479**	**665284**	**429175**	**1773463**	**1574122**
铁路运输设备制造	21322	4440	99094	12188	37714	23186
船舶及相关装置制造	849418	12402	327725	255704	837944	772776
航空、航天器及设备制造	6710		2792	1930	10580	9234
摩托车制造	569538	9637	205857	132134	703785	608617
自行车制造	129181		29817	27219	183439	160310
电气机械和器材制造业	**1995200**	**65214**	**955909**	**564973**	**2716531**	**2326959**
电机制造	593775	15810	321155	153587	909998	775761
输配电及控制设备制造	392014	7525	193485	107378	450243	371974
电线、电缆、光缆及电工器材制造	281320	3471	146868	118428	392708	352551
电池制造	19064		6320	5620	10149	8767

4-35 续表5

单位:万元

项目	流动负债	非流动负债	年末所有者权益合计	实收资本	主营业务收入	主营业务成本
家用电力器具制造	395012	31323	145887	86572	523678	450820
非电力家用器具制造	13877		22250	6806	45526	36094
照明器具制造	296538	7084	119479	86082	380110	328003
其他电气机械及器材制造	3600		464	500	4119	2991
计算机、通信和其他电子设备制造业	**219239**	**4075**	**342829**	**91201**	**446174**	**377271**
计算机制造	2347		1808	201	2607	2316
通信设备制造	5491		5936	2288	21121	16967
广播电视设备制造	5690	726	703	120	4594	4286
视听设备制造	58364		55173	15000	200851	171397
电子器件制造	44305	581	83496	21597	65810	56572
电子元件制造	83489	2768	183204	44407	120271	100152
其他电子设备制造	19554		12509	7589	30922	25581
仪器仪表制造业	**430922**	**17956**	**398967**	**169796**	**728795**	**588012**
通用仪器仪表制造	349751	5876	248341	122799	552024	454575
专用仪器仪表制造	16777		14643	3958	36449	30373
光学仪器及眼镜制造	63368	12080	135515	42839	138030	101191
其他仪器仪表制造业	1026		468	200	2292	1873
其他制造业	**453375**	**1981**	**518365**	**107217**	**662801**	**540844**
日用杂品制造	453375	1981	518365	107217	662801	540844
废弃资源综合利用业	**434141**	**15714**	**172210**	**102612**	**1408280**	**1346139**
金属废料和碎屑加工处理	420094	15714	169279	100666	1383130	1323895
非金属废料和碎屑加工处理	14048		2931	1946	25150	22244
金属制品、机械和设备修理业	**4091**		**3492**	**3058**	**11758**	**10644**
铁路、船舶、航空航天等运输设备修理	4091		3492	3058	11758	10644
电力、热力生产和供应业	**26482**	**43957**	**45498**	**25600**	**47924**	**30941**
电力生产	11517	42186	27770	19000	17323	6951
热力生产和供应	14965	1772	17728	6600	30602	23990
燃气生产和供应业	**17870**	**1343**	**13391**	**8589**	**24461**	**20911**
水的生产和供应业	**4099**	**278**	**8986**	**8550**	**6482**	**5602**
自来水生产和供应	3244		3075	3000	3353	2849
污水处理及其再生利用	855	278	5911	5550	3129	2754

4-36 规模以上非国有工业主要财务指标(四)

(2012年)

单位:万元

项目	销售费用	主营业务税金及附加	利润总额	利税总额	本年应交增值税	本年销项税
总　计	**838790**	**135990**	**1452802**	**2483049**	**894258**	**3603701**
按轻重工业分						
轻工业	382068	58624	576033	980779	346122	1100099
重工业	456722	77365	876770	1502270	548135	2503602
按大中小微型分						
大型企业	205512	32092	406186	607239	168961	658437
中型企业	264028	45014	460176	781082	275892	897986
小型企业	367397	58406	584491	1089517	446621	2025958
微型企业	1854	478	1949	5211	2783	21320
按工业行业分						
有色金属矿采选业	**64**	**167**	**1701**	**2429**	**561**	**689**
贵金属矿采选	64	167	1701	2429	561	689
非金属矿采选业	**503**	**192**	**374**	**1040**	**475**	**629**
土砂石开采	503	192	374	1040	475	629
农副食品加工业	**5433**	**686**	**19932**	**26324**	**5706**	**45699**
饲料加工	314	15	580	836	241	2312
植物油加工	506	74	1097	1768	597	1674
屠宰及肉类加工	584		293	294		4808
水产品加工	3859	572	18097	23287	4618	36116
蔬菜、水果和坚果加工	69		-20	-20		123
其他农副食品加工	101	25	-115	160	250	668
食品制造业	**4584**	**699**	**10481**	**17296**	**6116**	**15275**
焙烤食品制造	77	29	354	626	244	1023
糖果、巧克力及蜜饯制造	220	18	150	320	152	524
罐头食品制造	2841	550	6523	11821	4748	9492
其他食品制造	1445	101	3455	4528	972	4235
酒、饮料和精制茶制造业	**8428**	**10566**	**1386**	**17553**	**5601**	**21822**
酒的制造	5839	10203	-946	12978	3720	13824
饮料制造	2589	363	2332	4575	1881	7998

4-36 续表1

单位:万元

项　　目	销售费用	主营业务税金及附加	利润总额	利税总额	本年应交增值税	本年销项税
纺织业	**13876**	**2021**	**20239**	**37786**	**15526**	**61502**
棉纺织及印染精加工	1614	311	5770	8318	2237	18317
毛纺织及染整精加工	240	60	-184	307	431	1295
麻纺织及染整精加工	3	12	27	123	84	341
丝绢纺织及印染精加工	117	11	147	257	99	559
化纤织造及印染精加工	1552	241	6085	9349	3023	14817
针织或钩针编织物及其制品制造	357	90	1346	2129	693	3484
家用纺织制成品制造	1020	161	1831	3214	1222	5204
非家用纺织制成品制造	8974	1136	5217	14089	7737	17485
纺织服装、服饰业	**1467**	**288**	**1291**	**3951**	**2371**	**7543**
机织服装制造	1215	211	883	2734	1640	5029
针织或钩针编织服装制造	161	65	430	1081	586	2452
服饰制造	92	13	-22	136	146	62
皮革、毛皮、羽毛及其制品和制鞋业	**24527**	**3813**	**47833**	**84528**	**32883**	**130319**
皮革鞣制加工	164	107	476	1652	1069	3321
皮革制品制造	746	117	74	1170	979	2105
制鞋业	23617	3589	47282	81706	30835	124893
木材加工和木、竹、藤、棕、草制品业	**1757**	**389**	**2378**	**5730**	**2964**	**10742**
人造板制造	620	213	1371	2689	1105	5664
木制品制造	266	45	145	619	428	1004
竹、藤、棕、草等制品制造	871	130	862	2422	1430	4074
家具制造业	**24468**	**2396**	**14996**	**32078**	**14686**	**31149**
木质家具制造	12757	1124	5604	14256	7527	10186
竹、藤家具制造	292	58	152	648	438	1095
金属家具制造	8783	1071	7452	14159	5636	17509
塑料家具制造	2479	105	1584	2544	855	1718
其他家具制造	157	38	203	472	231	642
造纸和纸制品业	**7722**	**1979**	**13294**	**27143**	**11871**	**56931**
造纸	2453	455	2094	5545	2997	14984
纸制品制造	5269	1524	11200	21599	8874	41947

4－36 续表2

单位：万元

项　　目	销售费用	主营业务税金及附加	利润总额	利税总额	本年应交增值税	本年销项税
印刷和记录媒介复制业	**1979**	**256**	**2559**	**5017**	**2203**	**11002**
印刷	1979	256	2559	5017	2203	11002
文教、工美、体育和娱乐用品制造业	**21810**	**3312**	**10509**	**33251**	**19429**	**38748**
文教办公用品制造	229	28	221	545	297	416
工艺美术品制造	20712	3116	9772	30610	17721	35589
体育用品制造	85	17	108	242	117	571
玩具制造	594	124	228	1457	1105	1319
游艺器材及娱乐用品制造	190	28	180	397	190	853
石油加工、炼焦和核燃料加工业	**62**	**5**	**250**	**311**	**56**	**831**
精炼石油产品制造	62	5	250	311	56	831
化学原料和化学制品制造业	**32551**	**4594**	**105075**	**143036**	**33367**	**165489**
基础化学原料制造	5654	1139	28897	37456	7420	30617
农药制造	3033	166	4215	5820	1439	7803
涂料油墨颜料及类似产品制造	9693	1669	19714	33100	11717	53366
合成材料制造	3371	516	13971	18325	3837	38808
专用化学产品制造	8974	867	34454	42603	7282	30606
炸药、火工及焰火产品制造	91	28	432	703	243	543
日用化学产品制造	1735	209	3393	5031	1430	3747
医药制造业	**64857**	**10351**	**218509**	**315994**	**87134**	**213343**
化学药品原料药制造	48307	8443	182135	264475	73898	180969
化学药品制剂制造	6666	1049	9507	17974	7418	17275
中成药生产	5954	652	25712	30414	4050	9595
兽用药品制造	38	33	759	1094	303	1006
生物药品制造	3892	174	397	2037	1467	4499
化学纤维制造业	**294**	**47**	**4422**	**5145**	**676**	**7559**
合成纤维制造	294	47	4422	5145	676	7559
橡胶和塑料制品业	**100639**	**12601**	**197002**	**313937**	**104334**	**410246**
橡胶制品业	19519	2565	48214	69570	18792	71287
塑料制品业	81121	10037	148788	244367	85542	338959
非金属矿物制品业	**14033**	**2386**	**12481**	**33235**	**18369**	**34693**

4－36 续表3

单位:万元

项　　目	销售费用	主营业务税金及附加	利润总额	利税总额	本年应交增值税	本年销项税
水泥、石灰和石膏制造	536	223	1122	3148	1804	7879
石膏、水泥制品及类似制品制造	6778	1636	5225	19267	12406	13187
砖瓦、石材等建筑材料制造	1597	114	609	1440	717	1958
玻璃制造	435	44	84	468	340	2055
玻璃制品制造	1538	216	5440	7522	1866	3439
玻璃纤维和玻璃纤维增强塑料制品制造	122	8	－188	－86	94	672
陶瓷制品制造	2943	138	36	1235	1061	5140
石墨及其他非金属矿物制品制造	86	8	152	240	80	363
黑色金属冶炼和压延加工业	**2803**	**950**	**4904**	**13721**	**7867**	**62401**
黑色金属铸造	1512	522	3963	8958	4473	22312
钢压延加工	1291	428	941	4763	3394	40090
有色金属冶炼和压延加工业	**6124**	**1352**	**17770**	**30692**	**11570**	**156250**
常用有色金属冶炼	33	15	248	432	168	841
贵金属冶炼	32	10	458	567	100	5479
有色金属合金制造	428	43	－1001	－526	432	10652
有色金属铸造	136	36	88	470	345	4390
有色金属压延加工	5495	1247	17976	29749	10525	134888
金属制品业	**53980**	**5302**	**47233**	**92226**	**39691**	**166593**
结构性金属制品制造	160	54	304	603	245	2830
金属工具制造	1029	188	3003	5013	1822	8662
集装箱及金属包装容器制造	275	77	1932	2749	740	3706
金属丝绳及其制品制造	683	169	2432	4004	1403	25318
建筑、安全用金属制品制造	9000	1512	12660	26875	12704	47037
金属表面处理及热处理加工	1046	428	3531	7799	3840	13703
搪瓷制品制造	391	56	332	846	458	2063
金属制日用品制造	38529	2175	17782	33607	13650	34554
其他金属制品制造	2868	643	5257	10729	4829	28720
通用设备制造业	**101634**	**14021**	**186183**	**316450**	**116246**	**397957**
锅炉及原动设备制造	1149	93	－216	589	712	3561
金属加工机械制造	5402	1074	7339	15070	6657	24641

4－36 续表4

单位:万元

项目	销售费用	主营业务税金及附加	利润总额	利税总额	本年应交增值税	本年销项税
物料搬运设备制造	3167	288	2477	5726	2962	10024
泵、阀门、压缩机及类似机械制造	68090	8614	118177	203809	77019	251026
轴承、齿轮和传动部件制造	9716	1688	30517	45669	13464	55745
烘炉、风机、衡器、包装等设备制造	10201	1599	20754	32867	10514	37975
文化、办公用机械制造	1208	153	952	1792	687	3444
通用零部件制造	2676	503	6050	10679	4126	11164
其他通用设备制造业	26	9	134	250	107	376
专用设备制造业	**48101**	**5995**	**77710**	**143862**	**60157**	**202613**
采矿、冶金、建筑专用设备制造	1924	208	2364	4248	1676	8805
化工、木材、非金属加工专用设备制造	11222	2218	18177	39288	18893	49639
食品、饮料、烟草及饲料生产专用设备制造	332	55	886	1481	540	1595
印刷制药日化及日用品生产专用设备制造	433	54	558	1108	496	2429
纺织、服装和皮革加工专用设备制造	18631	2313	37851	64107	23943	90328
农、林、牧、渔专用机械制造	10049	627	11408	17057	5021	21177
医疗仪器设备及器械制造	2148	296	2168	4936	2473	8626
环保社会公共服务及其他专用设备制造	3361	225	4298	11639	7116	20016
汽车制造业	**93014**	**24726**	**121961**	**245000**	**98314**	**459039**
汽车整车制造	18961	15136	21753	56161	19271	163180
汽车零部件及配件制造	74052	9589	100208	188839	79043	295859
铁路船舶航空航天和其他运输设备制造业	**36622**	**9147**	**50708**	**117789**	**57934**	**203674**
铁路运输设备制造	1481	247	7663	10128	2218	6452
船舶及相关装置制造	6549	3073	20710	50483	26700	74328
航空、航天器及设备制造	229	62	384	994	548	1803
摩托车制造	19563	5128	17751	46662	23783	91549
自行车制造	8800	637	4200	9522	4686	29541
电气机械和器材制造业	**87043**	**8518**	**93793**	**181247**	**78937**	**300581**
电机制造	19406	3217	43287	75257	28754	111353
输配电及控制设备制造	21268	1711	12518	32979	18750	61396
电线、电缆、光缆及电工器材制造	2968	856	11745	20130	7529	64286
电池制造	252	70	－343	－221	53	435

4－36 续表 5

单位:万元

项　　目	销售费用	主营业务税金及附加	利润总额	利税总额	本年应交增值税	本年销项税
家用电力器具制造	30689	856	14784	25148	9509	24796
非电力家用器具制造	3125	274	2942	5246	2030	1371
照明器具制造	8825	1522	8839	22657	12296	36366
其他电气机械及器材制造	510	12	22	52	18	578
计算机、通信和其他电子设备制造业	**7939**	**716**	**34763**	**41811**	**6332**	**34349**
计算机制造	33	12	－27	－15		1047
通信设备制造	744	79	1629	2488	781	2656
广播电视设备制造	63	8	7	99	84	494
视听设备制造	3241		19034	19034		130
电子器件制造	1382	174	2652	4367	1540	3612
电子元件制造	1762	312	10275	13398	2812	22270
其他电子设备制造	716	131	1194	2441	1116	4141
仪器仪表制造业	**22199**	**2663**	**50756**	**72321**	**18902**	**72903**
通用仪器仪表制造	17141	1941	30490	47007	14577	54223
专用仪器仪表制造	1049	154	1124	2633	1354	4908
光学仪器及眼镜制造	3886	565	19055	22565	2946	13585
其他仪器仪表制造业	124	3	87	115	25	187
其他制造业	**28536**	**3768**	**44289**	**62117**	**14060**	**35549**
日用杂品制造	28536	3768	44289	62117	14060	35549
废弃资源综合利用业	**20424**	**1684**	**23948**	**42814**	**17182**	**237297**
金属废料和碎屑加工处理	20097	1627	22798	41008	16584	233082
非金属废料和碎屑加工处理	327	57	1150	1806	599	4215
金属制品、机械和设备修理业	**19**	**51**	**866**	**1157**	**240**	**1622**
铁路、船舶、航空航天等运输设备修理	19	51	866	1157	240	1622
电力、热力生产和供应业		**228**	**11845**	**14063**	**1991**	**5532**
电力生产		142	8095	9423	1186	1553
热力生产和供应		85	3750	4640	805	3979
燃气生产和供应业	**1297**	**103**	**1098**	**1483**	**282**	**2562**
水的生产和供应业	**1**	**21**	**266**	**512**	**225**	**570**
自来水生产和供应	1	21	161	406	225	570
污水处理及其再生利用			105	105		

4－37 规模以上非国有工业主要经济效益指标(一)

(2012年)

项目	企业亏损面(%)	资产负债率(%)	流动比率	存货周转次数(次)	产品销售率(%)
总计	**10.31**	**62.65**	**1.07**	**5.02**	**94.88**
按轻重工业分					
轻工业	10.62	62.85	1.04	4.87	94.09
重工业	10.12	62.53	1.09	5.10	95.32
按工业行业分					
有色金属矿采选业		34.99	1.25	2.81	105.26
非金属矿采选业		52.58	0.46	32.99	100.00
农副食品加工业	6.58	63.98	1.15	5.74	94.75
食品制造业	5.56	65.30	1.17	2.22	92.04
酒、饮料和精制茶制造业	14.29	69.03	0.47	3.42	97.23
纺织业	16.47	69.48	1.01	4.21	94.00
纺织服装、服饰业	21.05	79.72	0.86	6.57	94.97
皮革、毛皮、羽毛及其制品和制鞋业	2.24	72.03	1.09	11.00	94.62
木材加工和木、竹、藤、棕、草制品业	25.00	65.55	1.04	5.60	96.87
家具制造业	11.25	70.49	0.90	4.15	94.97
造纸和纸制品业	12.70	70.55	0.88	9.16	96.60
印刷和记录媒介复制业	4.55	67.99	0.95	7.56	98.06
文教、工美、体育和娱乐用品制造业	14.04	72.02	0.93	5.86	96.38
石油加工、炼焦和核燃料加工业		35.56	0.33	9.87	107.26
化学原料和化学制品制造业	6.67	55.54	1.21	6.69	94.58
医药制造业	16.46	56.16	1.14	2.98	92.43
化学纤维制造业		66.59	0.60	21.66	96.42
橡胶和塑料制品业	8.85	60.07	1.08	6.21	95.30
非金属矿物制品业	26.98	71.54	0.96	3.62	94.46
黑色金属冶炼和压延加工业	14.52	81.73	0.93	7.02	93.97
有色金属冶炼和压延加工业	32.26	72.13	0.97	8.08	99.34
金属制品业	8.62	57.94	1.08	5.67	94.51
通用设备制造业	6.46	61.36	1.09	4.57	94.23
专用设备制造业	8.47	63.76	0.99	4.90	96.37
汽车制造业	8.60	60.17	1.06	7.55	94.62
铁路船舶航空航天和其他运输设备制造业	18.89	70.57	1.03	2.93	98.73
电气机械和器材制造业	9.48	68.85	1.05	5.07	94.76
计算机、通信和其他电子设备制造业	15.00	42.28	1.81	5.73	93.17
仪器仪表制造业	10.84	53.00	1.19	3.99	92.91
其他制造业	17.24	46.76	1.41	4.90	88.62
废弃资源综合利用业	10.64	72.32	1.27	5.16	96.48
金属制品、机械和设备修理业		53.95	0.47	79.49	100.00
电力、热力生产和供应业		60.76	0.87	72.94	66.54
燃气生产和供应业		60.07	0.74	14.26	100.00
水的生产和供应业		32.75	0.74	34.10	100.00

4－38　规模以上非国有工业主要经济效益指标(二)

(2012 年)

项　　目	企　业 亏损率 (%)	成本费用 利润率 (%)	百元销售收 入实现利税 (元)	百元固定 资产原值 实现利税 (元)	出口交货 值占工业 销售产值 (%)
总　　计	**6.98**	**5.14**	**8.39**	**26.26**	**33.35**
按轻重工业分					
轻工业	5.86	5.69	9.17	27.10	46.46
重工业	7.70	4.84	7.95	25.75	26.11
按工业行业分					
有色金属矿采选业		73.73	58.18	389.54	
非金属矿采选业		6.39	16.20	33.49	
农副食品加工业	2.92	4.90	6.19	27.24	17.10
食品制造业	0.61	7.20	11.10	40.62	44.61
酒、饮料和精制茶制造业	40.81	1.15	13.36	15.11	0.01
纺织业	8.45	3.48	6.29	17.14	32.03
纺织服装、服饰业	12.62	2.25	6.70	18.06	50.27
皮革、毛皮、羽毛及其制品和制鞋业	2.84	4.92	8.25	61.56	64.31
木材加工和木、竹、藤、棕、草制品业	8.85	3.12	7.30	24.14	23.16
家具制造业	11.88	2.82	5.86	20.27	70.62
造纸和纸制品业	10.24	3.83	7.58	19.21	3.71
印刷和记录媒介复制业	13.31	3.04	5.79	8.47	33.58
文教、工美、体育和娱乐用品制造业	25.52	2.02	6.25	22.43	71.19
石油加工、炼焦和核燃料加工业		5.40	6.37	1229.64	
化学原料和化学制品制造业	0.83	10.13	12.83	42.99	30.42
医药制造业	3.86	12.53	16.23	33.55	46.74
化学纤维制造业		10.61	11.18	21.31	2.76
橡胶和塑料制品业	3.37	6.41	9.66	27.00	27.21
非金属矿物制品业	33.02	3.05	7.90	15.72	9.43
黑色金属冶炼和压延加工业	54.62	1.02	2.81	9.18	1.36
有色金属冶炼和压延加工业	24.61	1.80	3.08	19.87	5.14
金属制品业	7.99	3.69	6.96	27.79	32.38
通用设备制造业	4.39	5.18	8.38	26.65	48.24
专用设备制造业	3.73	5.10	9.03	21.83	32.76
汽车制造业	8.55	4.54	8.74	24.76	22.95
铁路船舶航空航天和其他运输设备制造业	22.34	2.95	6.64	19.61	21.43
电气机械和器材制造业	12.52	3.57	6.67	22.74	37.21
计算机、通信和其他电子设备制造业	5.62	8.38	9.37	31.49	57.38
仪器仪表制造业	3.31	7.45	9.92	26.80	44.49
其他制造业	1.30	7.18	9.37	28.80	63.46
废弃资源综合利用业	8.73	1.72	3.04	96.36	
金属制品、机械和设备修理业		7.85	9.84	17.43	13.11
电力、热力生产和供应业		32.02	29.34	32.23	
燃气生产和供应业		4.45	6.06	6.93	
水的生产和供应业		4.30	7.89	6.76	

主 要 统 计 指 标 解 释

工业 我国的工业,包括:

1. 自然资源的开采,如采矿、晒盐、森林采伐等(但不包括禽兽捕猎和水产捕捞);

2. 对农副产品的加工、再加工,如:粮油加工、食品加工、轧花、缫丝、纺织、制革等;

3. 对采掘品的加工、再加工,如:冶金加工、石油加工、化学加工、机械加工、木材加工等,以及电力、煤气及水的生产和供应等;

4. 对生产资料的修理、翻新,如:机器设备的修理、交通运输工具(包括小汽车)的修理等。

轻工业 指提供生活消费品和制作手工工具的工业。按其所使用的原料不同,可分为:

1. 以农产品为原料的轻工业,指直接或间接以农产品为基本原料的轻工业。主要包括食品饮料制造、烟草加工、纺织、缝纫、毛皮制作、造纸以及印刷等工业。

2. 以非农产品为原料的轻工业,指以工业品为原料的轻工业。主要包括文教用品、工艺美术用品制造、化学药品制造、合成纤维制造、日用金属制品、工具制造、医疗器械制造、文化和办公用机械制造等工业。

重工业 指提供生产资料的工业,是为国民经济各部门提供物质技术基础的工业。按其生产的产品用途,可以分为:

1. 采掘(伐)工业,指对自然资源的开采、非金属矿开采和木材采伐等工业。

2. 原料工业,指提供国民经济各部门使用的原料、动力和燃料的工业。包括金属冶炼及加工、炼焦及焦炭、化学、化工原料、水泥、人造板、电力、石油加工等。

3. 制造工业,指对原材料进行加工制造的工业。包括装备国民经济各部门和机械设备制造工业、金属结构、水泥制品等工业,以及为农业提供的生产资料和化肥、农药等工业。

根据上述划分原则,修理业中修理作业对象是重工业的划分为重工业,否则划为轻工业。

轻重工业总产值的划分按“工厂法”计算,即一个工业企业在正常情况下生产的主要产品的性质属于轻工业,则该企业的全部总产值作为轻工业总产值;一个工业企业生产的主要产品的性质属于重工业,则该企业的全部总产值作为重工业总产值。

工业总产值 指以货币表现的工业企业在报告期内生产的工业产品总量。包括成品价值、工业性作业价值和自制半成品、在制品期末期初差额价值。工业总产值采用“工厂法”计算,即:一个工业企业为核算整体,其内部自产自用的产品、半成品不允许重复计算产值,但各工业企业之间允许存在着重复计算。它是反映一定时间内工业生产总规模和总水平的重要指标,是计算工业生产发展速度和其他经济指标的基本指标,是计算工业主要比例、结构关系的重要依据。

统计上大中小微型企业划分 是根据工业和信息化部、国家统计局、国家发展改革委、财政部《关于印发中小企业划型标准规定的通知》要求,国家统计局结合统计工作的实际情况,制定了《统计上大中小微型企业划分办法》。办法对工业(制造业,电力、热力、燃气及水生产和供应业)等15个行业门类以及社会工作行业大类的各种组织形式的法人企业或单位,依据从业人员、营业收入、资产总额等指标或替代指标,将企业划分为大型、中型、小型、微型等四种类型。个体工商户参照本办法进行划分。

企业划分由政府综合统计部门根据统计年报每年确定一次,定报统计原则上不进行调整。

工业划分大型、中型、小型、微型等四种类型标准是:大型:从业人员大于(等于)1000人且营业收入大于(等于)4亿元,中型:从业人员大于(等于)300人小于1000人且营业收入大于(等于)2000万元小于4亿元,小型:从业人员大于(等于)20人小于300人且营业收入大于(等于)300万元小于2000万元,微型:从业人员小于20人或营业收入小于300万元。

其他行业划型标准详见国家统计局《关于印发统计上大中小微型企业划分办法的通知》(国统字〔2011〕75号)。

5 固定资产投资和建筑业

Investment in Fixed Assets and Construction

5－1 主要年份固定资产投资

单位:万元

年份	固定资产投资总额	#建筑安装工程	#设备工器具购置	#工业性投资	#住宅投资	房屋建筑施工面积(万平方米)	#住宅面积	房屋建筑竣工面积(万平方米)	#住宅面积
1978	11445	3051	1030		655	22.7	1.3	13.3	0.8
1980	29443	4783	704		880	56.6	1.7	27.5	0.8
1985	88708	51926	22425		39158	198.0	87.4	118.2	52.2
1986	86792	43514	12975		37696	181.9	78.8	98.5	42.8
1987	126606	57294	36028		58604	198.1	91.7	100.8	46.7
1988	156973	95999	40873		66944	208.0	88.7	136.6	58.2
1989	144696	104312	23348		67919	179.1	116.6	131.4	85.5
1990	144816	123999	17944		69404	584.8	494.0	529.5	469.8
1991	181125	146663	29637		88136	610.2	506.3	550.2	489.1
1992	254339	189328	56233		106869	666.1	539.7	635.5	505.2
1993	493979	353498	112489		193398	908.7	600.5	727.5	578.9
1994	777823	516232	203632		289434	1084.0	781.5	812.9	648.7
1995	1243560	860881	228039		479081	1470.6	1043.5	1155.2	890.1
1996	1210136	843453	290689		391096	1340.1	836.5	1053.7	739.0
1997	1085782	740058	230332		321137	1125.8	744.6	853.1	645.8
1998	1251596	842666	266145		385357	1005.7	572.2	698.5	469.5
1999	1513842	1014241	337732		351952	1222.9	750.6	883.8	597.9
2000	1797340	1125880	403737		421673	1391.6	814.7	977.5	622.3
2001	2221123	1298037	540078		490516	1600.7	922.4	1001.5	644.9
2002	2743742	1717415	510791		579255	1669.2	977.8	845.6	530.9
2003	3710971	1993837	775450	1865200	660448	2210.6	1061.7	1025.0	576.7
2004	4610152	2644982	1224614	2480708	887132	3050.4	1189.1	1475.8	541.3
2005	4506515	2211104	1105801	2433001	924272	2733.6	1028.0	926.7	310.3
2006	5405680	2735059	1116659	3185471	824986	3011.4	1070.2	810.3	157.4
2007	6243547	2943924	1746791	4047263	766013	3205.5	1100.8	788.9	235.5
2008	6547565	3413340	1597396	3880391	944981	3299.4	1084.8	941.5	218.9
2009	7297767	3780515	1787850	3985862	1243206	3388.3	1301.5	842.9	177.1
2010	8380672	4376587	1730419	4217694	1548043	4179.4	1608.7	992.6	230.7
2011	10078106	5783429	1772687	4225747	2535164	4717.8	1954.4	1035.3	305.7
2012	12425575	7333646	2129036	4984720	2879879	5769.2	2071.7	1110.9	277.7

注：2004年及以前固定资产统计范围为全社会统计口径，2005年起为计划总投资500万元及以上项目（单位）投资和全部房地产开发企业投资，下同。

5-2 市区固定资产投资

(1990-2012年)

单位:万元

年份	市区	椒江区	黄岩区	路桥区
1990	51503	23367	28136	
1991	66045	35114	30931	
1992	106363	40820	65543	
1993	202901	68165	88154	46582
1994	320921	132714	115381	72826
1995	474858	212421	146488	115949
1996	559698	283683	128820	147195
1997	479387	224520	146205	108662
1998	484542	203703	132167	148672
1999	595443	298051	128881	168511
2000	672946	338550	153720	180676
2001	921925	472034	228505	221386
2002	1226586	537090	314181	375315
2003	1539595	665439	367659	506497
2004	1987261	948041	440483	598737
2005	1901390	869907	354538	676945
2006	2076254	919935	400488	755811
2007	2237360	899738	488586	849036
2008	2356171	883901	537886	934384
2009	2554443	984229	585823	984391
2010	2650487	1286012	603655	760820
2011	3269198	1629559	721256	918383
2012	4239132	2093110	895807	1250215

5-3 各县市固定资产投资

（1990－2012年）

单位：万元

年份	玉环县	三门县	天台县	仙居县	温岭市	临海市
1990	10848	6747	18140	5580	29059	22939
1991	15469	8151	12572	8366	47672	22850
1992	24540	9592	19388	12883	43493	38080
1993	40133	19622	34323	23808	113969	59223
1994	71218	26849	36364	37129	190387	94955
1995	142569	28267	64300	56590	297225	179751
1996	125953	29688	50431	40486	255426	148454
1997	97706	29174	38254	31167	258867	151227
1998	128486	34915	55370	38284	283185	226814
1999	169840	43721	81417	54801	302301	266319
2000	201474	53252	129449	74635	362265	303319
2001	233712	71390	130236	91784	405741	366335
2002	297989	101498	160046	113108	504223	340292
2003	471989	156993	234006	159980	749591	398817
2004	521822	213481	299254	183847	813098	591389
2005	643923	231719	304093	161384	629751	634255
2006	840543	339785	328869	214638	864211	741380
2007	972752	567262	259677	250977	1074708	880811
2008	523346	736483	322894	242251	1304522	1061898
2009	414722	1062719	349736	265777	1434085	1216285
2010	600866	1283718	365333	384916	1680988	1414364
2011	719629	1304908	615595	677742	1935988	1555046
2012	914223	1326271	888285	964641	2359129	1733894

5－4　分注册类型和分行业固定资产投资

（2007－2012年）

单位：万元

指　标	2007年	2008年	2009年	2010年	2011年	2012年
总　计	**6243547**	**6547565**	**7297767**	**8380672**	**10078106**	**12425575**
按注册登记类型分						
内　资	5963327	6189735	6986695	8091099	9868429	12155902
国　有	1820740	1353280	1938089	2417191	2745954	3282212
集　体	152311	199559	329398	277816	328301	390973
股份合作	134278	87202	89385	66577	39454	71488
联　营	12019	1260	7682	3150	4560	5900
集体联营		1260	5716	1400		1100
国有与集体联营	12019		1966	1750	4060	
其他联营					500	
有限责任公司	2559065	3190576	2975944	3143955	3931826	4486288
国有独资公司	71123	127496	89941	115856	173877	136320
其他有限责任公司	2487942	3063080	2886003	3028099	3757949	4349968
股份有限公司	350498	314889	360510	289206	261565	442109
私　营	824722	954676	1178404	1664809	2419978	3186089
其　他	109694	88293	107283	228395	136791	290843
港澳台商投资	106826	156238	136391	117631	118772	134378
外商投资	151304	180059	140954	138451	72450	104979
个体经营	22090	21533	33727	33491	18455	30316
按国有控股情况分						
国有及国有控股投资	2104363	1615358	2192142	2718032	3076759	3653755
非国有控股投资	4139184	4932207	5105625	5662640	7001347	8771820
其中：民间投资	3881054	4595910	4837683	5443533	6811505	8649593
按三次产业分						
第一产业	21920	29220	20611	12304	128457	101617
第二产业	4058712	3904628	4089949	4373594	4280569	5034625
其中：能源工业	1030749	520413	774262			
第三产业	2162915	2613717	3187207	3994774	5669080	7289333

5－4 续表 1

单位：万元

指　　标	2007 年	2008 年	2009 年	2010 年	2011 年	2012 年
按国民经济行业分组						
一、农林牧渔业	21920	29220	20611	12304	128457	101617
二、采 矿 业	8378	2555	2809	2523	10055	9225
三、制 造 业	3009346	3359193	3212591	3245277	3225482	4058844
农副食品加工业	24521	28622	22741	22600	30900	43512
食品制造业	16700	13915	13348	8746	16025	25417
饮料制造业	24372	12756	2718	7195	19617	40782
纺　织　业	67312	56214	85510	93123	100375	76623
纺织服装、鞋、帽制造业	16324	15165	23812	9704	13218	37987
皮革、毛皮、羽毛(绒)及其制造业	39293	62246	46547	92876	56604	61452
木材加工及木、竹、藤、棕、草制品制造业	19421	17156	23447	17200	10389	26933
家具制造业	21110	30700	26325	30165	31882	46099
造纸及纸制品业	33402	31494	38534	72642	40893	66304
印刷业和记录媒介的复制	26253	22762	55053	30263	16106	22334
文教体育用品制造业	19677	22376	8091	11633	7332	110438
石油加工、炼焦及核燃料加工业	1210	1770	3800	4000	1500	2600
化学原料及化学制品制造业	52011	58753	50591	79754	77400	127083
医药制造业	157434	160676	172713	200922	231607	285560
化学纤维制造业	2489	2417	747	3938	8436	9442
橡胶制造业	59324	87999	108151	88084	132773	184494
塑料制品业	198084	273052	234786	273011	264123	300905
非金属矿物制品业	69940	77895	41382	95153	87176	110869
黑色金属冶炼及压延加工业	14373	11489	9497	24354	19551	36725
有色金属冶炼及压延加工业	11066	25871	15752	28130	39386	27713
金属制品业	159520	192767	150270	140699	182107	222399
通用设备制造业	473226	457733	425559	406928	441189	474456
专用设备制造业	245168	211403	238344	236714	188738	271837
交通运输设备制造业	693079	977247	784471	718725	539259	686643
电气机械及器材制造业	293054	263564	263229	278294	356869	373905
通信设备、计算机及其他电子设备制造业	44992	50450	40238	40299	48554	122756
仪器仪表及文化、办公用机械制造业	47348	37620	58416	76475	83380	91885
工艺品及其他制造业	145792	114338	140507	125972	146114	56200
废弃资源和废旧材料回收加工业	32851	40743	128012	27678	33979	112024

5－4 续表2

单位:万元

指　　标	2007年	2008年	2009年	2010年	2011年	2012年
四、电力、燃气及水的生产和供应业	1029539	518643	770462	969894	990210	916651
其中：电力、热力的生产和供应	952277	439987	694537	897874	890373	787046
水的生产和供应业	73358	74346	69460	67682	96085	119797
五、建 筑 业	11449	24237	104087	155900	54822	49905
六、交通运输、仓储和邮政业	522834	441472	642103	527791	656684	902889
其中：铁路运输业	195660	147926	216605	9968	9840	2330
道路运输业	294837	230920	384966	476226	565802	737873
水上运输业	29959	38951	33989	41589	54322	122966
仓 储 业	418	14988	5641	8	13052	17188
七、信息传输、计算机服务和软件业	1685	1300	9000		4567	2929
八、批发和零售业	70647	133514	90498	92666	127626	225333
其中：批发业	54957	105912	69220	59403	67065	88095
九、住宿和餐饮业	36042	39140	64729	63035	146315	226305
住宿业	32182	29414	55551	45475	102961	149495
餐饮业	3860	9726	9178	17560	43354	76810
十、金 融 业	2240	8855	13251	7937	18345	47862
十一、房地产业	1040365	1345210	1684676	2246588	3395455	3959078
十二、租赁和商务服务业	3880	7433	36207	124955	70526	176910
十三、科学研究、技术服务和地质勘查业	1202	920	18422	20015	11235	26722
专业技术服务业	1202	920	18422	14877	1595	9088
科技交流和推广服务业				5138	9640	8394
十四、水利、环境和公共设施管理业	341948	446902	397152	600089	660259	894554
水利管理业	98549	148327	129028	125498	141681	164395
环境管理业	21830	32497	19660	14960	43518	21161
公共设施管理业	221569	266078	248464	459631	475060	708998
十五、居民服务业和其他服务业			700		580	36174
十六、教　育	36352	56136	62048	52999	61194	85324
十七、卫生、社会保障和社会福利业	28312	42470	31053	37510	57003	102760
其中：卫　生	18212	25901	29731	37205	51682	95005

5－4续表3

单位:万元

指　　标	2007年	2008年	2009年	2010年	2011年	2012年
十八、文化、体育和娱乐业	22965	11354	20637	32865	38825	61801
新闻出版业						
广播、电视、电影和音像业				2100	4846	4496
文化艺术业	5888	7391	5335	22577	15433	30478
体　育	6814	950	825	178	7887	15336
娱乐业	10263	3013	14477	8010	10659	11491
十九、公共管理和社会组织	54443	79011	116731	188324	420466	540692
在总计中:基础设施投资	**1963272**	**1498695**	**1916656**	**2212833**	**2450202**	**2946627**
水利、环境和公共设施管理	341948	446902	397152	600089	660259	894554
电力、燃气及水生产供应业	1029539	518643	770462	969894	990210	916651
交通运输、仓储和邮政业	522834	441472	642103	527791	656684	902889
电信和其他信息传输服务业	1685	1300	9000		2007	1894
教育设施	36352	56136	62048	52999	61194	85324
广播、电视、电影和音像业				2100	4846	4496
文化艺术业	5888	7391	5335	22577	15433	30478
体育设施	6814	950	825	178	7887	15336
卫生设施	18212	25901	29731	37205	51682	95005
在总计中:农村投资	**2183514**	**2610875**	**2702996**	**2868867**	**3267219**	**4489698**
在总计中:工业投资	**4047263**	**3880391**	**3985862**	**4217694**	**4225747**	**4984720**
本年资金来源合计	**7749684**	**8117591**	**9321382**	**11350514**	**13752953**	**16740249**
上年末结余资金	638809	792561	894301	1189689	2137165	2667291
本年资金来源小计	7110875	7325030	8427081	10160825	11615788	14072958
国家预算内资金	67044	82104	234392	315953	377045	441336
国内贷款	1292050	1376534	1219090	1655748	1543379	1704205
债　券		5000			14018	142714
利用外资	25450	37697	23060	3928	14712	93
其中:外商直接投资	18224	32149	10168	2190	4811	
自筹资金	4501751	4611320	4712285	5764863	6853680	8712365
其中:企、事业单位自筹	3563548	3351386	3331064	3783792	3743612	3539288
其他资金来源	1224580	1212375	2238254	2420333	2812954	3072245

5-5 房地产开发投资(一)

(1990-2012年)

单位:万元

年份	房地产开发投资额	按构成分				按用途分			
		建筑工程	安装工程	设备工器具购置	其他费用	住宅	办公楼	商业用房	其他
1990	8194	6710	275	24	1185	7150	281	305	458
1991	10189	8430	353	20	1386	8448	350	345	1046
1992	15553	13883	303	116	1251	14202	51	301	999
1993	28711	23716	217	25	4753	26894	76	565	1176
1994	82515	62926	552	166	18871	75499	988	1419	4609
1995	159558	122500	2916	380	33762	127092	11651	15511	5304
1996	121127	92518	6324	70	22215	85634	15481	14727	5285
1997	104333	73766	3447	1826	25294	71713	7920	19661	5039
1998	117780	84340	2701	127	30612	85617	7906	20758	3499
1999	132302	89549	5510	789	36454	110507	4733	11342	5720
2000	240974	130421	3331	1437	105785	168037	9747	28495	34695
2001	320213	177790	2215	10	140198	202389	22195	35997	59632
2002	467686	266652	3239	830	196965	341552	21108	63200	41826
2003	564954	352618	8735	3161	200440	424154	25944	84714	30142
2004	872958	481399	15770	6744	369045	663979	28550	107465	72964
2005	1161255	623378	8219	10858	518800	861037	25225	142498	132495
2006	1014720	683178	7936	6502	317104	747737	29087	115110	122786
2007	957290	587516	38787	11473	319514	704099	38954	101569	112668
2008	1262494	720615	33797	13709	494373	916313	35852	127714	182615
2009	1522741	853863	43029	17847	608002	1141388	21398	186986	172969
2010	1960774	1006068	89339	7196	858171	1426309	33732	232572	268161
2011	3191643	1515055	101869	14941	1559778	2413168	80266	327401	370808
2012	3573761	1802660	174419	27746	1568936	2645443	65919	415194	447205

5-6 房地产开发投资(二)

(1990-2012年)

单位:万元

年份	本年资金来源情况						新增固定资产	竣工房屋价值
	合计	国家预算内	国内贷款	利用外资	自筹资金	其他资金		
1990							7272	7889
1991	11082	30	2190		2449	6413	6470	10209
1992	22943		7028		3111	12804	11310	8857
1993	36563	325	4860		9843	21535	13609	16227
1994	93134		15127	1972	22574	53461	36228	36012
1995	161024		28593	2474	30885	99072	101864	106643
1996	144789	990	33293	3000	29933	77573	108977	89927
1997	139262	1290	36866	2288	30133	68685	102019	82388
1998	154570	4340	38504	3248	23264	85214	80912	73028
1999	206298	940	50835	1942	41025	111556	129283	76465
2000	382577	267	120185	954	74591	186580	141600	120678
2001	473031		132419	602	102743	237267	156477	144599
2002	725117		200653		117922	406542	185457	160782
2003	1023823		295050		155163	573610	303535	262133
2004	1295343		254892	26959	226655	786837	250858	233921
2005	1538953		331226	22386	386168	799173	569856	504322
2006	1578898		308258	100	307844	962696	343951	258215
2007	1777193		278898	2729	406546	1089020	533574	475246
2008	1824484		258255		548569	1017660	666306	604153
2009	2838076		376276	5770	584235	1871795	364144	334377
2010	3503328		516728		945118	2041482	860992	512974
2011	4483613		341327	300	1902184	2239802	1051826	805925
2012	4819965		595161		1551372	2673432	886531	516976

5-7 房地产开发投资(三)

(1990-2012年)

单位:万平方米

年份	施工面积	#住宅	竣工面积	#住宅	商品房销售面积	#住宅	商品房待售面积	商品房销售额(万元)	#住宅
1990	39.25	35.79	21.87	20.17					
1991	76.68	69.85	29.22	27.99	14.90	14.69		5522	4231
1992	56.18	52.03	22.30	19.67	22.71	22.35		9241	6948
1993	89.17	72.06	32.41	29.34	21.27	20.87		11656	8763
1994	187.18	169.96	56.10	53.55	47.10	46.45		36848	36051
1995	289.59	246.60	135.80	126.42	53.38	50.05	15.60	81544	66163
1996	227.15	168.47	105.24	90.12	65.97	59.88	25.04	79251	65456
1997	201.87	141.53	92.32	73.75	72.37	63.58	31.40	103124	76673
1998	192.65	147.61	82.95	63.60	53.25	48.78	23.71	73521	63292
1999	244.51	206.26	94.93	77.89	68.74	62.11	21.43	106200	85235
2000	312.24	256.48	129.03	108.54	110.05	87.29	16.33	182013	126406
2001	405.47	305.35	124.14	97.35	137.98	116.54	10.55	237291	173452
2002	600.13	464.99	135.26	110.13	119.12	100.46	3.76	231988	176534
2003	721.41	559.51	201.32	164.32	168.49	144.06	4.44	446640	349028
2004	920.36	712.30	199.17	162.31	175.67	148.92	3.53	455713	346156
2005	1159.08	879.84	304.14	226.41	184.29	159.91	28.31	769814	638832
2006	1238.32	951.84	188.92	142.09	259.72	231.23	24.19	1227395	1042565
2007	1286.12	952.59	231.88	189.86	281.33	241.65	36.77	1435164	1201307
2008	1364.52	979.98	296.18	218.10	227.91	197.37	35.06	1226328	1046742
2009	1454.63	1071.97	171.42	130.15	422.36	378.90	34.84	2715370	2461015
2010	1801.61	1292.62	190.60	138.74	462.89	390.57	38.84	3304746	2830011
2011	2323.08	1685.01	301.55	226.45	327.00	278.58	47.99	2852331	2542727
2012	2438.97	1752.54	209.60	142.01	319.72	275.96	46.30	3053129	2765035

5-8　固定资产投资新增生产能力或效益

（2007-2012年）

能力（效益）名称		2007年	2008年	2009年	2010年	2011年	2012年
热轧钢材	（万吨/年）				5.00		
铜冶炼	（吨/年）	230	150	50	9500		
铜加工材	（吨/年）						30
铝加工	（吨/年）	5600	350	120			5000
水力发电	（万千瓦）	0.68	1.64	0.12			6.20
火力发电	（万千瓦）	30.00	230.10	0.20	0.25	0.35	
其他发电	（万千瓦）		1.09	1.45	1.20	1.20	
输电线路长度（11万伏及以上）	（公里）	227	5	321	411	170	108
水泥	（万吨/年）						38
平板玻璃	（万重量箱/年）					39.00	
化学农药原药	（吨/年）	1084		200			
塑料树脂及共聚物	（吨/年）	1700	303	400		15004	804
合成橡胶	（吨/年）			590			
轿车制造	（辆/年）	49999				7000	
其他汽车制造	（辆/年）	4999				30000	
摩托车制造	（辆/年）	103000		46000			30000
新建公路	（公里）		62	128	26	205	35
其中：高速公路	（公里）					165	
一级公路	（公里）		25		4	15	16
二级公路	（公里）		5	63	6	22	13
改建公路	（公里）	231	172	160	234	66	108
其中：高速公路	（公里）						
一级公路	（公里）		15	36	23	17	72
二级公路	（公里）	27	6	44	91	49	37
新建独立公路桥梁	（延长米）						3655
新建独立公路桥梁	（座）				5		1
新建独立公路隧道	（延长米）						800
新建独立公路隧道	（处）						1
新（扩）建公路客、货运站	（个）			1	3	2	4
新（扩）建公路客、货运站	（平方米）			13000	45565	8215	108987
城市自来水供水能力	（万吨/日）	3.60	18.20	7.40		18.50	5.00
城市污水处理能力	（万吨/日）	2.00	0.50	0.50		20.92	3.25

5－9 建筑业企业生产情况(一)

(2012年)

单位:万元

指　　标	企业数(个)	建筑业总产值	#建筑工程	#安装工程	#在外省市完成	竣工产值
总　　计	393	14481084	13889741	407513	8238114	9717103
其中:国有控股企业	14	104915	76743	28172		91240
一、按登记注册类型分						
内　资	391	14478224	13886993	407401	8236005	9716700
国有企业	4	54993	53393	1600		45860
集体企业	10	725476	696986	28490	522025	585299
股份合作企业	2	21876	21876		12516	19427
有限责任公司	161	4636963	4351333	197568	2377582	2841679
国有独资公司	2	3996	3996			3657
其他有限责任公司	159	4632968	4347337	197568	2377582	2838022
股份有限公司	8	1542845	1474421	1962	828562	924771
私营企业	206	7496071	7288984	177781	4495321	5299663
私营合伙企业	1	9655	9510		2230	1750
私营有限责任公司	199	7046647	6839852	177684	4293075	5080403
私营股份有限公司	6	439769	439622	97	200016	217510
港、澳、台商投资企业	1	2456	2456		2109	
港、澳、台商独资经营企业	1	2456	2456		2109	
外商投资企业	1	404	292	112		404
中外合资经营企业	1	404	292	112		404
二、按建筑业行业分						
房屋和土木工程建筑业	293	14107455	13663074	277273	8149149	9512184
房屋工程建筑业	162	10721677	10398237	260836	6715074	7710638
土木工程建筑业	131	3385778	3264837	16438	1434075	1801546
建筑安装业	35	168136	37243	129817	20366	103146
建筑装饰业	52	164470	149870	373	54397	81483
其他建筑	2	9128	9078	49	7505	7312

注:本表统计范围为有工作量的总承包和专业承包的建筑业企业,下同。

5-10 建筑业企业生产情况(二)

(2012年)

单位:万平方米

指　　标	房屋建筑施工面积	#本年新开工面积	#投标承包面积	房屋建筑竣工面积	#厂房和仓库	#住宅
总　　计	**14619.41**	**6187.05**	**12395.49**	**5191.93**	**838.17**	**3012.69**
其中:国有控股企业						
一、按登记注册类型分						
内　资	14618.89	6186.86	12395.49	5191.41	794.04	3012.69
国有企业						
集体企业	813.75	423.58	607.24	356.28	5.37	172.22
股份合作企业	19.91	13.69	19.91	14.19	2.24	7.75
有限责任公司	5222.77	2134.84	4236.24	1586.28	211.17	908.21
国有独资公司						
其他有限责任公司	5222.77	2134.84	4236.24	1586.28	211.17	908.21
股份有限公司	839.9	302.12	839.9	346.89	23.05	295.37
私营企业	7722.56	3312.63	6692.19	2887.77	552.21	1629.14
私营合伙企业	15.25	10.94	15.25	1.37		1.37
私营有限责任公司	7586.93	3269.17	6556.55	2845.59	547.64	1596.25
私营股份有限公司	120.38	32.52	120.38	40.81	4.57	31.52
港、澳、台商投资企业						
港、澳、台商独资经营企业						
外商投资企业	0.52	0.19		0.52		
中外合资经营企业	0.52	0.19		0.52		
二、按建筑业行业分						
房屋和土木工程建筑业	14588.47	6177.79	12386.79	5180.12	782.92	3012.69
房屋工程建筑业	14130.81	5967.71	11991.55	4982.45	756.31	2901.81
土木工程建筑业	457.66	210.08	395.25	197.66	26.61	110.88
建筑安装业	30.94	9.27	8.70	11.81	11.11	
建筑装饰业						
其他建筑						

5－11 建筑业企业财务状况(一)

(2012年)

单位:万元

指　　标	流动资产合计	#存货	固定资产合计	#本年折旧	资产合计	负债合计
总　　计	**4506508**	**1414143**	**780685**	**51545**	**5733926**	**3101573**
其中:国有控股企业	71183	26404	10482	880	83995	58815
一、按登记注册类型分						
内　资	4502494	1413522	779711	51521	5728698	3098860
国有企业	13429	6150	6808	326	21395	8620
集体企业	134346	29442	17417	1926	154028	90655
股份合作企业	11167	5309	2422	220	13616	8114
有限责任公司	1657437	512987	273215	17296	2217661	1277174
国有独资公司	2224	218	693	14	2919	1532
其他有限责任公司	1655213	512769	272522	17282	2214742	1275642
股份有限公司	738842	186846	79811	2862	832079	503784
私营企业	1947273	672789	400038	28891	2489919	1210514
私营合伙企业	656		398	33	1054	268
私营有限责任公司	1807969	618125	387584	28410	2310045	1112339
私营股份有限公司	138648	54663	12056	449	178820	97907
港、澳、台商投资企业	2701	85	88	9	2789	1992
港、澳、台商独资经营企业	2701	85	88	9	2789	1992
外商投资企业	1313	535	887	15	2440	721
中外合资经营企业	1313	535	887	15	2440	721
二、按建筑业行业分						
房屋和土木工程建筑业	4273914	1343335	743810	48772	5362168	2909110
房屋工程建筑业	2970004	1057822	417555	24431	3649022	2040945
土木工程建筑业	1303910	285513	326255	24340	1713146	868165
建筑安装业	132155	41035	11439	1014	151956	93166
建筑装饰业	70508	21145	10233	890	173631	84496
其他建筑	8652	5452	1115	87	9767	6403

5-12 建筑业企业财务状况(二)

(2012年)

单位:万元

指标	所有者权益合计	#实收资本	营业收入	营业成本	营业税金及附加	营业利润
总计	**2632353**	**1340389**	**11527143**	**10406922**	**405326**	**401642**
其中:国有控股企业	25180	13740	111413	95520	4384	3253
一、按登记注册类型分						
内资	2629837	1338155	11524561	10404764	405223	401455
国有企业	12775	6267	55999	50224	2637	986
集体企业	63374	26423	490365	442041	17272	13509
股份合作企业	5503	4676	19034	17514	857	132
有限责任公司	940487	543184	3788154	3431520	131745	119228
国有独资公司	1387	1193	3864	3552	82	78
其他有限责任公司	939100	541991	3784291	3427968	131663	119150
股份有限公司	328295	127059	1148759	1030088	41419	49472
私营企业	1279405	630547	6022250	5433377	211292	218128
私营合伙企业	786	700	9549	8570	375	440
私营有限责任公司	1197706	608719	5703574	5139859	200169	206591
私营股份有限公司	80913	21128	309127	284949	10748	11097
港、澳、台商投资企业	797	733	2179	1831	101	185
港、澳、台商独资经营企业	797	733	2179	1831	101	185
外商投资企业	1718	1500	404	327	2	3
中外合资经营企业	1718	1500	404	327	2	3
二、按建筑业行业分						
房屋和土木工程建筑业	2453058	1211940	11189324	10122501	395021	381853
房屋工程建筑业	1608077	740417	8287221	7545432	290701	259536
土木工程建筑业	844982	471524	2902103	2577069	104320	122317
建筑安装业	58789	34745	157144	128541	4761	11124
建筑装饰业	89135	69109	142665	123655	4233	7386
其他建筑	3364	2818	9128	7889	307	476

5－13 建筑业企业财务状况(三)

(2012 年)

单位:万元

指 标	管理费用	#税金	财务费用	#利息支出	利润总额	应交所得税	应付职工薪酬
总 计	**193825**	**10755**	**65854**	**60401**	**410805**	**104676**	**2297412**
其中:国有控股企业	7337	211	98	32	3798	1006	13747
一、按登记注册类型分							
内 资	193763	10728	65826	60375	410618	104648	2297077
国有企业	2022	14	－4		1045	290	7592
集体企业	10678	196	1053	1130	12957	3706	127811
股份合作企业	427	9	67	66	138	45	4081
有限责任公司	66835	4499	24304	20206	125064	29924	757791
国有独资公司	114	9	35	30	72	40	884
其他有限责任公司	66722	4490	24269	20176	124993	29884	756907
股份有限公司	17893	595	8178	5818	49991	11566	180012
私营企业	95908	5415	32228	33155	221424	59117	1219791
私营合伙企业	126	3	2		440	191	1921
私营有限责任公司	93889	5311	32139	33155	203715	56265	1171187
私营股份有限公司	1893	101	87		17268	2661	46682
港、澳、台商投资企业	29	12	2		185	26	256
港、澳、台商独资经营企业	29	12	2		185	26	256
外商投资企业	33	16	26	26	3	2	79
中外合资经营企业	33	16	26	26	3	2	79
二、按建筑业行业分							
房屋和土木工程建筑业	174181	9880	64229	59127	389284	99274	2242622
房屋工程建筑业	109687	7115	43107	43481	262130	67256	1781593
土木工程建筑业	64495	2765	21122	15646	127154	32018	461029
建筑安装业	11994	374	551	419	11493	2272	24634
建筑装饰业	5421	425	618	549	7263	2750	24691
其他建筑	384	12	66	67	430	59	993

主 要 统 计 指 标 解 释

固定资产投资额　指以货币表示的工作量指标，包括实际完成的建筑安装工程价值，设备、工具、器具的购置费，以及实际发生的其他费用。没用到工程实体的建筑材料、工程预付款和没有进行安装的需要安装的设备等，都不能计算投资完成额。

建筑工程（建筑工作量）　指各种房屋、建筑物的建造工程，又称建筑工作量。包括①各种房屋如厂房、仓库、办公室、住宅、商店、学校、医院、俱乐部、食堂、招待所等工程；房屋的土建工程；列入房屋工程预算内的暖气、卫生、通风、照明、煤气等设备的价值及装设油饰工程；列入建筑工程预算内的各种管道（如蒸汽、压缩空气、石油、给排水等管道）、电力、电讯电缆、导线的敷设工程。②设备基础、支柱、操作平台、梯子、烟囱、凉水塔、水池、灰塔等建筑工程；炼焦炉、裂解炉、蒸汽炉等各种窑炉的砌筑工程及金属结构工程。③为施工而进行的建筑场地的布置、工程地质勘探，原有建筑物和障碍物的拆除，平整土地、施工临时用水、电、汽、道路工程，以及完工后建筑场地的清理、环境绿化美化工作等。④矿井的开凿，井巷掘进延伸，露天矿的剥离，石油、天然气钻井工程和铁路、公路、港口、桥梁等工程。⑤水利工程，如水库、堤坝、灌溉以及河道整治等工程。⑥防空、地下建筑等特殊工程及其他建筑工程。

安装工程（安装工作量）　指各种设备、装置的安装工程，又称安装工作量。包括：①生产、动力、起重、运输、传动和医疗、实验等各种需要安装设备的装配和安装，与设备相连的工作台、梯子、栏杆等装设工程，附属于被安装设备的管线敷设工程，被安装设备的绝缘、防腐、保温、油漆等工作。②为测定安装工程质量，对单个设备、系统设备进行单机试运、系统联动无负荷试运工作（投料试运工作不包括在内）。在安装工程中，不包括被安装设备本身价值。

设备、工具、器具购置　是指建设单位或企、事业单位购置或自制的，达到固定资产标准的设备、工具、器具的价值。新建单位及扩建单位的新建车间，按照设计或计划要求购置或自制的全部设备、工具、器具，不论是否达到固定资产标准均计入"设备、工具、器具购置"中。①设备：指各种生产设备、传导设备、动力设备、运输设备等。②工具、器具：是指具有独立用途的各种生产用具、工作工具和仪器。

其他费用　是指在固定资产建造和购置过程中发生的，除建筑安装工程和设备、工器具购置费以外的各种应分摊计入固定资产的费用。

民间投资　从投资主体为标准划分，政府或代表政府的国有企、事业单位投资建造和购置固定资产，均为政府投资，非国有、合资企业投资建造和购置固定资产则为民间投资。从2002年年报开始，国家投资统计制度中新增加了"国有及国有控股"指标，根据现有的统计资料，一般认为投资总额中扣除国有及国有控股投资部分即为非国有投资。因此，在做民间投资分析时，可以从非国有经济投资中再扣除外商及港澳台商投资部分即为民间投资，但要注意在扣除时，不要再次扣除国有控股部分的外商及港澳台商投资，否则会引起重复扣除。

基础设施投资　目前关于基础设施的界定，国际、国内尚没有统一的标准。我们通常在进行基础设施投资分析时，采用的基础设施投资范围包括：水利、环境和公共设施管理业；电力、燃气及水的生产供应业；交通运输、仓储和邮政业；电信和其他信息传输服务业；教育设施；广播、电视、电影和音像业；文化艺术业；体育设施；卫生设施。

房地产开发投资　是指报告期内完成的全部用于房屋建设工程、土地开发工程投资额以及公益性建筑和土地购置费等投资额。包括各种经济类型的房地产开发公司、商品房建设公司及其他房地产开发单位统一开发的包括统代建、拆迁还建的住宅、厂房、仓库、饭店、宾馆、度假村、写字楼、办公楼等房屋建筑物和配套的服务设施、土地开发工程，如道路、给水、排水、供电、供热、通讯、平整场地等基础设施工程的投资。不包括单纯的土地交易活动。

农村投资　是指发生在农村区域范围内的非农户固定资产投资项目完成的投资额。不包括县及县以上各级政府及主管部门直接领导、管理的建设项目和企事业单位的投资。

新增固定资产　指通过投资活动所形成的新的固定资产价值。包括已经建成投入生产或交付使用的工程价值和达到固定资产标准的设备、工具、器具的价值及有关应摊入的费用。

房屋建筑施工面积　指报告期内房屋建筑按照设计要求已全部完工，达到住人和使用条件，经验收鉴定合格或达到竣工验收标准,可正式移交使用的各栋房屋建筑面积的总和。

房屋建筑面积的统计范围是从房屋外墙线算起的各层平面面积的总和,包括房屋结构(如柱、墙)占用的面积和地下室面积。多层建筑按各自然层面积总和计算,包括房屋内的楼隔层,突出墙面的眺望间、门斗、有柱雨罩的面积,不包括突出墙面结构的构件、艺术装饰等所占的面积,如台阶等。凹阳台、挑阳台按其水平投影面积一半计算建筑面积。

房屋建筑竣工面积 指在报告期内,按照设计所规定的工程内容全部完成,达到了设计规定的交工条件,经有关部门检查验收鉴定合格的房屋建筑面积。

商品房销售面积 指报告期内出售商品房屋的合同总面积(即双方签署的正式买卖合同中所确定的建筑面积)。由现房销售面积和期房销售面积两部分组成。

待售面积 指报告期末已竣工的可供销售或出租的商品房屋建筑面积中,尚未销售或出租的商品房屋建筑面积,包括以前年度竣工和本期竣工的房屋面积,但不包括报告期已竣工的拆迁还建、统建代建、公共配套建筑、房地产公司自用及周转房等不可销售或出租的房屋面积。按照商品房待售时间的长短可以划分为待售一年以下、待售一到到三年(含一年)和待售三年以上(含三年)。

商品房销售额 指报告期内出售商品房屋的合同总价款(即双方签署的正式买卖合同中所确定的合同总价)。该指标与商品房销售面积同口径,由现房销售额和期房销售额两部分组成。

建筑业统计单位 指从事房屋、构筑物建造和设备安装活动的法人企业。建筑业法人企业应同时具备的条件是:①依法成立,有自己的名称、组织机构和场所,能够承担民事责任;②独立拥有和使用资产,承担负债,有权与其他单位签订合同;③独立核算盈亏,能够编制资产负债表。建筑业企业同时也是建筑业统计报表的基本填报单位。建筑业包括施工总承包、专业承包和劳务分包。建筑业法人单位和产业活动单位按注册所地原则进行统计。

建筑业总产值 建筑业总产值是以货币表现的建筑业企业在一定时期内生产的建筑业产品和服务的总和。建筑业总产值包括建筑工程产值、安装工程产值和其他产值三部分内容。建筑业总产值包括:

1. 建筑工程产值:指列入建筑工程预算内的各种工程价值。

2. 设备安装工程产值:指设备安装工程价值。

3. 其他产值:建筑业总产值中除建筑工程、安装工程以外的产值。包括房屋构筑物修理产值、非标准设备制造产值、总包企业向分包企业收取的管理费以及不能明确划分的施工活动所完成的产值。

房屋构筑物修理产值:指房屋和构筑物的修理所完成的产值,但不包括被修理房屋、构筑物本身价值和生产设备的修理价值。

非标准设备制造产值:指加工制造没有定型的非标准生产设备的加工费和原材料价值(如化工厂、炼油厂用的各种罐、槽,矿井生产统一使用的各种漏斗、三角槽、阀门等)以及附属加工厂为本企业承建工程制作的非标准设备的价值。

竣工产值 一般是以单位工程为对象,当该工程按照设计所规定的工程内容全部完成,达到了设计规定的交工条件,经有关部门检查验收鉴定合格的单位工程价值,即为竣工产值。竣工产值包括范围是:对跨年度施工的单位工程,其竣工产值应当包括该工程从开始到竣工的全部自行完成价值;对有些大型单位工程,如大型厂房、高级宾馆、各种管道、公路、铁路等,能够分跨、分层、分段施工并按合同规定,能够分开交付使用的,可以分开计算竣工产值。

6 交通运输邮电通信和电力

Transportation,Posts,Telecommunications and Electricity Consumption

6-1 主要年份客运量和货运量

年份	客运量（万人）					货运量（万吨）			港口货物吞吐量（万吨）
	合计	铁路	公路	水运	民用航空	合计	公路	水运	
1952	86		39	47		39		39	
1957	280		211	69		217	111	106	
1962	515		330	185		143	40	103	
1965	659		539	120		202	79	123	
1970	797		605	192		265	106	159	
1975	1155		708	447		301	117	184	
1978	1920		1502	418		382	136	246	
1980	2693		2166	527		431	122	309	
1985	6018		5610	408		1143	697	446	
1990	7934		7652	280	2	2113	1281	832	
1991	8013		7720	291	2	2293	1440	853	
1992	8651		8369	280	2	2606	1695	911	
1993	8824		8586	235	3	3257	2303	954	
1994	9127		8924	196	7	4022	3005	1017	
1995	9338		9123	207	8	4396	3168	1228	
1996	9736		9520	204	12	4121	3023	1098	
1997	9981		9800	170	11	4084	3018	1066	
1998	10051		9894	147	10	4074	2942	1132	
1999	9986		9831	145	10	4587	3260	1327	1134
2000	10049		9899	138	12	4688	3347	1341	1271
2001	10187		10110	62	15	5452	3587	1865	1398
2002	11294		11234	53	7	5971	3868	2103	1613
2003	11921		11851	63	7	7380	4650	2730	2150
2004	10646		10553	83	10	8655	5168	3487	2722
2005	10892		10807	73	12	8629	4330	4299	2819
2006	12143		12021	108	14	10318	4816	5502	3027
2007	14320		14162	140	18	12006	5707	6299	3507
2008	28470		28291	158	21	16143	10025	6118	3898
2009	29201	40	28941	193	27	15830	10021	5809	4294
2010	30137	272	29623	210	32	18155	10500	7655	4706
2011	30577	350	29973	223	31	19685	11220	8462	5099
2012	30874	426	30210	217	21	21245	11744	9493	5358

注:2008 年起公路运输统计口径调整,与以前年份有不可比因素;下同。

6－2　主要年份客运周转量和货运周转量

年　份	客运周转量（万人公里）				货运周转量（万吨公里）			
	合　计	铁　路	公　路	水　运	合　计	铁　路	公　路	水　运
1952	2429		1404	1025	2866		55	2811
1957	8904		7308	1596	8162		651	7511
1962	14722		10337	4385	12075		485	11590
1965	14280		12188	2092	17778		1253	16525
1970	18505		15439	3066	23941		1700	22241
1975	23800		18625	5175	25409		1859	23550
1978	43841		32032	11809	52630		3401	49229
1980	62337		46205	16132	58734		3879	54855
1985	164001		150726	13275	190588		44649	145939
1990	248166		236650	11516	277473		68381	209092
1991	270101		256419	13682	346354		88583	257771
1992	298036		284500	13536	392256		101314	290942
1993	320012		308510	11502	482041		136236	345805
1994	339888		330580	9308	592027		201379	390648
1995	376539		367190	9349	662074		260199	401875
1996	435206		428349	6857	800486		366380	434106
1997	490569		485100	5469	799378		368430	430948
1998	562752		558186	4566	903920		376450	527470
1999	599956		595898	4058	1136367		355856	780511
2000	609219		605222	3997	1265144		367388	897756
2001	573927		570954	2973	1547704		370050	1177654
2002	530396		527998	2398	2107028		372897	1734131
2003	552254		550315	1939	2861369		378638	2482731
2004	486854		485418	1436	3607218		343161	3264057
2005	497676		496490	1186	4391979		321865	4070114
2006	568713		567631	1082	5738826		391389	5347437
2007	697739		696613	1126	6778528		454670	6323858
2008	856179		855012	1167	7642498		1274580	6367918
2009	897620	10498	885604	1518	8045858		1314321	6731537
2010	977082	68930	905849	2303	11106446		1419832	9686614
2011	1038253	119485	916120	2647	12382359	640	1566498	10815222
2012	1062380	134317	925562	2501	13252138	1680	1688270	11562188

6－3 公路基本情况

（2012年）

单位：公里

指标	通车总里程	国道公路	省道公路	县道公路	乡道公路	专用公路	村道公路
合计	**11688**	**273**	**729**	**2422**	**2070**	**66**	**6129**
按技术等级分							
高速公路	298	128	170				
一级	325	71	136	109	3	6	
二级	1209	69	388	589	102	2	59
三级	565	4	24	299	157	3	77
四级	5731		10	1426	1804	45	2447
准四级	3325						3325
等外	235				3	11	221
按路面类型分							
有铺装	11070	273	729	2329	2046	48	5646
水泥混凝土	9338	90	197	1528	1925	33	5565
沥青混凝土	1732	182	532	802	122	14	80
简易铺装	124			92	19		14
未铺装	494				6	18	469
桥梁							
座	5306						
米	228215						
隧道							
道	278						
延米	181270						

6-4 按管理性质分公路里程

（1986－2012年）

单位:公里

年份	通车总里程	国道	省道	县道	乡道	专用公路	村道
1986	2160	155	616	792	502	95	
1987	2104	155	615	815	511	7	
1988	2197	155	618	862	554	7	
1989	2230	151	608	973	494	7	
1990	2256	150	588	995	516	7	
1991	2302	149	588	1005	560		
1992	2315	149	590	1015	561		
1993	2381	148	595	1045	593		
1994	2438	148	599	1060	632		
1995	2470	158	599	1064	649		
1996	2521	158	598	1087	678		
1997	2589	169	596	1118	707		
1998	3618	176	602	1154	1686		
1999	3650	176	592	1198	1685		
2000	3766	234	592	1230	1710		
2001	3994	232	591	1481	1575	115	
2002	4018	232	591	1503	1576	117	
2003	4060	232	591	1534	1586	117	
2004	4125	232	585	1613	1576	119	
2005	4128	232	585	1617	1576	119	
2006	9087	232	649	1655	1604	98	4849
2007	10200	232	652	1691	1606	98	5921
2008	10593	274	653	2352	2045	65	5204
2009	10988	274	696	2386	2042	66	5523
2010	11267	273	695	2391	2042	66	5800
2011	11528	273	720	2403	2042	66	6024
2012	11688	273	729	2422	2070	66	6129

注：从2006年开始通车公路里程及相关指标包括村道，下同。

6-5 运输线路长度

（1986-2012年）

单位：公里

年份	铁路营业里程	公路通车里程	等级公路合计	#高速公路	#一级	#二级	#三级	#四级	内河航道里程	民用航空航线（条）
1986		2160	1206			32	26	1148	1091	
1987		2104	1239			32	36	1171	1096	2
1988		2197	1347			33	43	1271	1074	2
1989		2230	1386			31	43	1312	1074	2
1990		2256	1384			93	110	1181	1074	4
1991		2302	1446			93	110	1243	986	4
1992		2315	1493			120	132	1241	986	3
1993		2381	1611			210	153	1248	986	5
1994		2438	1693			256	182	1255	986	8
1995		2470	1791			272	188	1331	986	7
1996		2521	1854		22	299	299	1234	986	10
1997		2589	1927		21	329	331	1246	986	10
1998		3618	3029		60	364	477	2128	986	7
1999		3650	3065		60	373	488	2144	986	7
2000		3766	3180	90	60	374	486	2170	986	12
2001		3994	3530	123	124	975	511	1792	986	8
2002		4018	3561	123	140	965	512	1816	986	4
2003		4060	3611	123	141	981	515	1846	993	4
2004		4125	3686	123	177	1030	516	1835	993	4
2005		4128	3688	123	182	1031	512	1835	993	4
2006		9087	8522	188	209	1115	536	3999	993	4
2007		10200	9691	188	236	1169	544	4203	993	5
2008		10593	10175	230	237	1203	565	5053	993	9
2009	94	10988	10671	274	255	1223	568	5301	993	9
2010	94	11267	11005	274	299	1196	556	5507	993	9
2011	94	11528	11287	298	307	1196	565	5577	984	9
2012	94	11688	11453	298	325	1209	565	5731	1007	8

6-6 公路运输工具拥有量

(1999-2012年)

单位:辆

年份	汽车	#营业性汽车	载客汽车	载货汽车	其他汽车	摩托车	农用运输车	拖拉机	挂车
1999	35538		12328	22805	405	170224	3701	39715	76
2000	52390		18485	33386	519	267219	3843	35823	99
2001	70357		26569	43135	653	323187	3859	27895	135
2002	98863	20750	41259	56757	847	391797	3867	23233	172
2003	136432	23522	63937	71352	1143	477445	3778	26785	204
2004	170650	27400	83831	83536	3283	528609	1044	22867	466
2005	211745	24453	114664	93795	3286	576227	796	18086	324
2006	260615	25996	157742	99091	3782	622064	450	15949	667
2007	315913	24959	206790	105016	4107	656827	308	19653	924
2008	368029	24502	254013	109517	4499	646246	251	21881	1223
2009	457161	25046	330605	123306	3250	664074	209	21886	1893
2010	565917	27284	423241	139133	3543	677287	209	21793	2720
2011	678938	32750	520767	154518	3653	632821	209	20955	3302
2012	793273	33789	623700	165915	3658			3603	

6-7 水路运输工具拥有量

(1996-2012年)

年份	机动船拥有量(艘)			净载重量(吨位)	载客量(客位)
	合计	货船	客船		
1996	3996	3868	128	239092	12397
1997	3596	3434	123	230381	6471
1998	3327	3279	48	267942	3060
1999	2849	2808	40	345076	2812
2000	2354	2338	16	399659	1671
2001	2389	2375	14	512720	1531
2002	2481	2466	15	652575	1545
2003	2281	2263	18	780320	2224
2004	2127	2113	14	960802	1737
2005	2078	2064	14	1365200	1784
2006	2109	2095	14	1703568	1742
2007	2057	2042	15	1606295	1651
2008	1866	1854	12	1429165	1572
2009	1201	1189	12	2267030	1610
2010	938	926	12	2494626	1227
2011	829	817	12	2739021	1377
2012	772	759	13	3160552	1457

6－8 按货物形态和包装分港口货物吞吐量

（2012 年）

单位：吨

指　标	合　计	#外　贸	出　港	#外　贸	进　港	#外　贸
港口货物吞吐量	**53582171**	**9393158**	**8398672**	**57467**	**45183499**	**9335691**
1、液体散货	2022075		202052		1820023	
其中：成品油	1934147		198302		1735845	
液化气、天然气及制品	27496				27496	
2、干散货	34290230	7050239	2252586		32037644	7050239
其中：煤炭及制品	15169473	7033928	892		15168581	7033928
散水泥	930115				930115	
散　粮						
3、件杂货	4112843	1657421	13182		4099661	1657421
其中：木　材	35146		983		34163	
粮　食	3240				3240	
化　肥	35678				35678	
水　泥	1856641				1856641	
4、集装箱（TEU）	150947	52529	75973	26042	74974	26487
重　量（吨）	1816683	685498	282332	57467	1534351	628031
其中：货　重	1484233	569922	115568	163	1368665	569759
5、滚装船汽车吞吐量（辆）	567017		282426		284591	
滚装船汽车吞吐量（标辆）	567017		282426		284591	
重　量（吨）	11340340		5648520		5691820	

6－9　按货类分港口货物吞吐量

（2012年）

单位:吨

指　　标	合　计	#外　贸	出　港	#外　贸	进　港	#外　贸
港口货物吞吐量	**53582171**	**9393158**	**8398672**	**57467**	**45183499**	**9335691**
1、煤炭及制品	15169473	7033928	892		15168581	7033928
2、石油、天然气及制品	1961643		198302		1763341	
成品油	1934147		198302		1735845	
液化气、天然气	27496				27496	
3、钢铁	2670796	16311	299576		2371220	16311
其中：钢　材	2370453	16311	5613		2364840	16311
生　铁	262289		262289			
4、矿建材料	15248805		1957648		13291157	
其中:砂	13689632		1113500		12576132	
5、水　泥	2786756				2786756	
6、木　材	35146		983		34163	
7、非金属矿石	269039				269039	
8、化肥及农药	35678				35678	
9、盐	36976				36976	
10、粮　食	3240				3240	
其中：小　麦	1030				1030	
玉　米						
11、机械、设备、电器	1670589	1657421	13168	2368	1668221	1657421
12、化工原料及制品	167112		4500		162612	
其中:纯　碱	13290				13290	
13、轻工、医药产品	48682				48682	
其中:糖	48682				48682	
14、农林牧渔业产品	3500				3500	
15、其　他	13474736	685498	5934403	57467	7540333	628031
其中：集装箱重量	1816683	685498	282332	574865	1534351	628031
滚装船汽车吞吐量	11340340		5648520		5691820	

6－10 主要年份邮电业务量

年　份	邮电业务总量（万元）	邮电业务收入（万元）	函　件（万件）	订销报刊累计份数（万份）	固定电话用户数（万户）	移动电话用户数（万户）	国际互联网用户数（户）	#宽带
1949	20		64	18				
1952	47		150	364				
1957	133		493	707				
1962	278		608	700				
1965	299		585	1623				
1970	354		610	2694				
1975	458		686	3133				
1978	611		775	3635	0.67			
1980	792		1106	4707	0.76			
1985	1514		1987	7332	1.28			
1990	5376		1989	7401	2.86			
1991	6753		1823	7984	3.41			
1992	9388		1870	8802	4.57			
1993	16077		2052	8842	7.27	0.05		
1994	30034		2428	8937	12.76	0.61		
1995	51505		2376	10740	20.29	1.99		
1996	76928		2489	11750	26.99	4.27	2	
1997	105213		2172	10172	36.13	9.24	447	
1998	164086		2205	10201	53.29	16.19	3957	
1999	226838		2360	10889	77.10	41.20	7663	
2000	362332		2630	11339	100.81	78.35	62305	
2001	331815		3581	11826	117.09	127.33	182318	
2002	400261		3484	11766	143.66	157.78	278892	
2003	590142	354574	3446	12800	169.13	225.02	390310	
2004	836830	390559	2705	12187	198.32	283.06	393280	
2005	889277	426046	2227	12276	207.69	360.83	431934	282427
2006	1063520	475040	1583	12693	214.30	432.97	460637	373162
2007	1318754	561391	1444	12614	215.53	517.74	548431	461203
2008	1463341	646065	1373	13065	211.86	554.13	646504	558170
2009	1536168	625391	1592	13254	189.95	591.34	752645	683016
2010	1467071	663022	1516	12724	178.72	719.60	957845	863564
2011		691300	1774	12933	170.99	791.45	1127042	1126632
2012		763311	1803	14419	165.07	782.99	1421183	1265399

注：2001 年起邮电业务总量为 2000 年不变价，下同。

6-11 邮电企业主要指标

(1978-2012年)

年份	邮电局(所)数(个)	邮路及农村投递线路长度(公里)	长途电话电路总数(路)	长途自动交换机(路端)	电话交换机装机总容量(万门)	固定电话主线普及率(户/百人)	移动电话普及率(户/百人)
1978	294		122		1.25	0.15	
1979	297	14962	132		1.26	0.15	
1980	302	14529	156		1.49	0.16	
1981	317	14530	182		1.50	0.17	
1982	322	14760	201		2.02	0.18	
1983	324	14931	231		2.78	0.21	
1984	335	15324	244		3.14	0.23	
1985	339	15451	316		3.38	0.26	
1986	348	16224	332		3.82	0.28	
1987	350	16072	403		4.17	0.33	
1988	349	15788	433		4.70	0.40	
1989	348	16306	472		5.39	0.46	
1990	345	15835	991	1168	6.10	0.55	
1991	342	16063	1507	1458	6.61	0.66	
1992	336	15616	1858	1598	8.12	0.88	
1993	321	16052	5076	5670	14.22	1.39	0.01
1994	294	16112	3145	16950	26.39	2.42	0.12
1995	293	16263	3163	16920	42.42	3.83	0.38
1996	280	16552	6422	32924	54.18	5.06	0.80
1997	284	16476	7593	15450	68.41	6.74	1.72
1998	368	16485	11221	10260	80.18	9.88	3.00
1999	433	16264	15626	19305	82.32	14.20	7.59
2000	408	16211	21912	25476	159.30	18.44	14.33
2001	365	16433	10864	25476	172.50	21.35	23.21
2002	343	16715	10502	27000	206.26	26.10	28.66
2003	232	15779	11522	27000	232.43	30.61	40.72
2004	327	18645	14700	27000	263.38	35.67	50.92
2005	417	20038	18600	27000	300.67	37.10	64.45
2006	437	20989	22170	27000	300.74	37.95	76.68
2007	475	21587	20169	27000	300.10	37.85	90.93
2008	456	24444	21033	48670	282.73	36.91	96.53
2009	468	24372	25740	48670	262.56	32.84	102.22
2010	465	24315	30450	48670	261.60	30.65	123.40
2011	447	24937	30523	48670	258.44	29.14	134.88
2012	457	24690	30450	48670	240.18	27.90	132.50

注：2003年起邮电局、所总数不包括代办点，下同。

6-12 全社会用电量(一)

(1986-2012年)

单位:万千瓦时

年 份	全社会用电量(包括厂用电量及线损)	农林牧渔水利业	工业用电			建筑业
				轻工业	重工业	
1986	68185	6771	47606	23295	24311	346
1987	81333	6388	55928	26218	29710	473
1988	97744	7037	65001	31807	33194	664
1989	101163	5700	65199	32284	32915	675
1990	114048	5679	69416	35376	34040	776
1991	138918	6359	85071	44299	40772	863
1992	160412	6734	101102	56365	44737	1296
1993	194360	6768	123414	68936	54478	1678
1994	224103	7876	140052	80616	59436	2103
1995	253892	8161	155598	87155	68443	3038
1996	270237	8048	165274	90346	74928	3477
1997	290184	7393	178064	97804	80260	4960
1998	318937	7261	195749	109284	86465	5732
1999	377370	7130	241075	136822	104253	5995
2000	460236	8795	309357	174070	135287	6397
2001	525430	9104	358175	198073	160102	7167
2002	647020	9444	452978	247101	205878	8157
2003	779903	9986	552753	296718	256034	9746
2004	848560	8488	618333	336047	282286	11720
2005	1048465	10346	744117	306493	437625	15354
2006	1240624	11841	870314	379305	491009	22439
2007	1438263	11939	1031548	391116	640432	22180
2008	1566240	12296	1111781	391240	720540	21438
2009	1718830	13185	1214514	418490	796023	24205
2010	1962057	12937	1391383	479452	911931	30082
2011	2219849	12924	1570324	530430	1039895	33710
2012	2273310	13487	1566705	539937	1026768	35761

6-13 全社会用电量(二)

(1986-2012年)

单位:万千瓦时

年份	交通运输仓储邮政业	商业住宿和餐饮业	其他事业	城乡居民生活用电	乡村	城市
1986	236	839	2264	10123	6955	3168
1987	275	1104	2798	14368	9519	4849
1988	336	1357	3557	19793	13133	6660
1989	357	1418	3961	23854	15623	8231
1990	419	1675	4309	31774	20812	10962
1991	570	2050	5212	38794	24925	13869
1992	621	2015	5897	42746	27256	15490
1993	792	2448	7123	52137	33011	19126
1994	1008	2961	8410	61693	38905	22788
1995	1283	3476	9447	72889	45249	27640
1996	1747	4883	10965	75844	46172	29672
1997	1919	5422	12457	79969	47386	32583
1998	2260	6753	14770	86414	49907	36507
1999	2562	8689	18014	93905	53254	40650
2000	3328	10993	21000	100365	55896	44470
2001	4283	16426	23287	106988	60513	46475
2002	5135	20333	25686	125287	71591	53696
2003	6605	24063	32205	144544	81424	63120
2004	6517	28488	33012	142002	75818	66184
2005	6895	32660	59243	179849	101689	78160
2006	8522	40554	69979	216975	127247	89728
2007	9660	45522	79839	237575	141979	95596
2008	9492	49541	87478	274214	158919	115295
2009	10352	59848	94167	302559	177569	124990
2010	16645	68668	102487	339856	204750	135106
2011	19681	81565	114534	387110	235962	151148
2012	18570	91379	126222	421186	253065	168122

6－14 分行业全社会用电量

（2012 年）

类　　别	用户数（个）	用户用电装接容量（千瓦）	本年用电量（万千瓦时）
总　　计	**2497542**	**24311855**	**2273310**
一、农、林、牧、渔业	**12774**	**191346**	**13487**
农　业	3785	59304	3877
林　业	120	2549	159
畜牧业	997	13088	942
渔　业	480	17091	1638
农、林、牧、渔服务业	7392	99314	6870
其中：排　灌	5999	73667	3791
二、工　　业	**130841**	**7971733**	**1566705**
采　矿　业	869	87164	10105
制　造　业	128331	7322826	1411549
电力、燃气及水的生产和供应业	1641	561743	145051
在工业用电中：轻工业	55516	2781775	539937
重工业	75325	5189958	1026768
三、建筑业	**7512**	**643597**	**35761**
四、交通运输、仓储、邮政业	**1753**	**237965**	**18570**
交通运输业	700	204227	15808
仓储业	767	24274	1585
邮政业	286	9464	1176
五、信息传输、计算机服务和软件业	**8788**	**142225**	**19693**
电信和其他信息传输服务业	8429	129706	18235
计算机服务业和软件业	359	12519	1458
六、商业、住宿和餐饮业	**37629**	**942266**	**91379**
批发和零售业	32761	640091	56215
住宿和餐饮业	4868	302175	35164
七、金融、房地产、商务及居民服务业	**17304**	**479702**	**32850**
八、公共事业和管理组织	**19903**	**956146**	**73680**
九、城乡居民生活用电	**2261038**	**12746875**	**421186**
乡村居民生活用电	1621212	8650474	253065
城市居民生活用电	639826	4096401	168122

主 要 统 计 指 标 解 释

货(客)运量 指运输业实际运送的货物(旅客)数量。货运按吨计算,客运按人计算。货物不论运输距离长短,货物类别,均按实际重量统计;旅客不论行程远近或票价多少,均按一人一次作为客运量统计。半价票、小孩票也按一人统计。货(客)运量反映运输业为国民经济和人民生产服务的数量指标,也是制定和检查运输生产计划,研究运输发展规模和速度的重要指标。

货物(旅客)周转量 指运输业实际运送的货物(旅客)数量与相应运输距离乘积之总和,通常以吨公里和人公里为计算单位。计算货物周转量通常按发出站与到达站之间的最短距离,也就是计费距离计算。它反映运输业生产总成果的重要指标,也是编制和检查运输生产计划、计算运输效率、劳动生产率以及核算运输单位成本的主要基础资料。

铁路营业里程 又称营业长度,指办理客货运输业务的铁路正线总长度。凡是全线或部分建成双线及以上的线路,以第一线的实际长度计算;复线、站线、段管线、岔线和特殊用途线以及不计算运费的联络线都不计算营业里程。铁路营业里程是反映铁路运输业基础设施发展水平的重要指标,也是计算客货周转量、运输密度和机车车辆运用效率等指标的基础资料。

公路里程 也称"公路通车里程",是指实际达到公路工程技术标准等级的公路长度。它包括大中城市的郊区公路以及通过小城镇街道的公路里程,也包括桥梁、渡口的长度,但不包括城市的街道以及厂矿、林区和农业生产用道的里程。两条或多条公路共同走向的同一条路段,只计算一次,不得重复计算里程长度,公路里程是反映公路建设发展规模重要指标,也是计算运输网密度等指标的基础资料。

内河航道里程 也称"内河通航里程",是反映内河水运网规模、水平和发展情况的主要指标;是指在一定时期内,能通航运输船舶及排筏的天然河流、湖泊水库、运河及通航渠道的长度。包括全年季节性通航累计三个月以上的航道,但不包括仅供零散流放竹、木排的河道。

港口货物吞吐量 指由水运进出港口港区范围、并经过装卸的货物数量。吞吐量可以分进口、出口,又可以分为国内贸易和对外贸易。货物吞吐量的货种分类及其主要流向流量,反映了港口在国内外物资交换和对外贸易运输中的地位和作用。

载货汽车拥有量 是指以辆为单位计算的,在报告期末,全社会拥有的载货汽车总辆数。按公路监理部门和公安部门的机动车管理单位所掌握的领有车辆牌照资料加以整理计算。

订销报刊累计份数 是以万份为计算单位,报告期订阅和零售国内外报刊各出版期的总份数。在计算时,订阅的报刊按出版期计算,零售的按实销份数计算。凡正常性或临时加发的零售份数,报告期出版的或报告期前出版的份数都统计在内,但不包括变价出售的报刊。订销报刊的累计份数应按进口交换量计算。

全社会用电量 国民经济各行业及城乡居民消费的电量。它包括电力企业售电量与自备电厂自发自用电量及其售给附近用户电量之和。它是考察电力消费去向、作为电力分配依据的重要指标。

7

原材料和能源

Crude Materials and Energy

7-1 全社会单位生产总值能耗

(2008-2012年)

指标名称		2008年	2009年	2010年	2011年	2012年
一、能源消费总量	(万吨标准煤)	1005.25	1029.39	1105.30	1173.04	1171.67
单位GDP能耗	(吨标准煤/万元)	0.560	0.531	0.505	0.443	0.416
单位GDP能耗降低率	(%)	5.18	5.12	4.85	2.79	6.14
能源消费弹性系数	(%)	0.41	0.28	0.57	0.63	0.12
二、电力消费总量	(亿千瓦时)	156.62	171.88	196.21	221.98	227.33
单位GDP电耗	(千瓦时/万元)	872	886	897	847	807
单位GDP电耗降低率	(%)	0.60	-1.65	-0.88	-4.73	4.70
电力消费弹性系数	(%)	0.92	1.15	1.08	1.46	0.32

注:2008-2010年GDP按2005年不变价格计算,2011年和2012年GDP按2010年不变价格计算;下同。

7-2 各县市区全社会单位生产总值能耗

(2008-2012年)

地区	单位GDP能耗(吨标准煤/万元)					单位GDP电耗(千瓦时/万元)				
	2008年	2009年	2010年	2011年	2012年	2008年	2009年	2010年	2011年	2012年
全市	**0.560**	**0.531**	**0.505**	**0.443**	**0.416**	**872**	**886**	**897**	**847**	**807**
椒江区	0.703	0.659	0.613	0.537	0.502	944	952	1032	961	930
黄岩区	0.617	0.585	0.55	0.489	0.462	1114	1164	1146	1091	1035
路桥区	0.448	0.428	0.406	0.361	0.339	768	774	799	733	693
玉环县	0.642	0.637	0.571	0.501	0.461	1037	1123	1054	958	895
三门县	0.698	0.661	0.628	0.535	0.499	840	875	876	854	818
天台县	0.433	0.413	0.396	0.345	0.332	733	712	749	688	665
仙居县	0.363	0.347	0.328	0.295	0.284	610	630	644	610	609
温岭市	0.555	0.530	0.508	0.457	0.429	777	781	790	756	717
临海市	0.509	0.487	0.464	0.432	0.405	800	791	798	824	802

7-3 各县市区全社会单位生产总值能耗降低率

(2008-2012年)

单位:%

地区	单位GDP能耗降低率					单位GDP电耗降低率				
	2008年	2009年	2010年	2011年	2012年	2008年	2009年	2010年	2011年	2012年
全　市	**5.18**	**5.12**	**4.85**	**2.79**	**6.14**	**0.60**	**-1.65**	**-0.88**	**-4.73**	**4.70**
椒江区	1.33	6.24	7.00	2.78	6.53	-3.88	-0.89	-0.26	-3.39	3.24
黄岩区	4.50	5.21	5.90	2.84	5.56	4.60	-4.45	-1.10	-0.53	5.13
路桥区	5.72	4.30	5.10	3.86	5.90	2.27	-0.80	0.88	0.06	5.58
玉环县	-4.06	0.85	10.38	3.65	8.00	-1.83	-8.30	4.85	0.13	6.55
三门县	5.59	5.27	5.10	3.20	6.68	-0.45	-4.17	-2.87	-6.12	4.24
天台县	5.02	4.68	4.10	2.31	3.81	-1.12	2.81	-3.04	-2.76	3.32
仙居县	5.65	4.53	5.40	1.60	3.80	2.44	-3.34	-2.26	-6.58	0.12
温岭市	5.70	4.52	4.12	1.93	6.16	0.92	-0.47	-1.66	-4.19	5.15
临海市	4.01	4.30	4.86	-2.50	6.10	-3.68	1.11	-1.20	-13.08	2.60

7-4 规模以上工业能源购进、消费及库存

(2012年)

能源名称		购进量	消费合计	工业生产消费	非工业生产消费	期末库存
能源合计	**吨标准煤**		**11090496**	**11005473**	**85023**	
原　煤	吨	12970434	12884375	12858581	25794	586316
煤制品	吨	12482	12429	12114	315	3241
焦　炭	吨	13067	12847	12841	6	597
天然气(气态)	万立方米	1256	1256	1248	8	
液化天然气	吨	8603	8674	8632	43	111
汽　油	吨	20776	20775	10397	10378	165
煤　油	吨	2575	2618	2549	69	109
柴　油	吨	52282	52553	44282	8271	3453
燃料油	吨	6239	6329	6132	197	153
液化石油气	吨	5154	5321	5234	88	80
润滑油	吨	1032	1037	1013	24	58
石　蜡	吨	213	231	231		12
溶剂油	吨	433	432	430	2	12
其它石油制品	吨	3103	3059	3045	14	215
热　力	百万千焦	5894498	5894498	5827155	67343	
电　力	万千瓦时	836274	1006422	977302	29120	
其他燃料	吨标准煤	7563	7320	7318	2	309

7－5　规模以上工业按行业分主要能源消费量(一)

(2012 年)

单位:吨

行业名称	原煤	煤制品	焦炭	液化天然气(液态)	汽油	煤油
总　　计	**12884375**	**12429**	**12847**	**8674**	**20775**	**2618**
有色金属矿采选业					5	
非金属矿采选业						
农副食品加工业	4138				95	
食品制造业	3700				79	
酒、饮料和精制茶制造业	8394				74	
纺织业	40908				219	
纺织服装、服饰业	3098				69	14
皮革、毛皮、羽毛及其制品和制鞋业	3001	3364			567	204
木材加工和木、竹、藤、棕、草制品业	240	122		3	63	
家具制造业	1622				287	
造纸和纸制品业	43672	190			131	
印刷和记录媒介复制业	422				190	
文教、工美、体育和娱乐用品制造业	3678	8			621	
化学原料和化学制品制造业	53061	1080			757	
医药制造业	221723	17			884	39
化学纤维制造业						
橡胶和塑料制品业	93971	2498			3273	193
非金属矿物制品业	13257			48	240	
黑色金属冶炼和压延加工业	7030	4564	5577	550	237	49
有色金属冶炼和压延加工业	20833		895		127	96
金属制品业	37804	12	144	36	600	56
通用设备制造业	16446		494	64	2074	1443
专用设备制造业	2486	375	4444		1397	100
汽车制造业	7699	200	632	7089	2337	157
铁路、船舶、航空航天和其他运输设备制造业	6517			648	1893	19
电气机械和器材制造业	10409		644	127	1959	89
计算机、通信和其他电子设备制造业				108	239	3
仪器仪表制造业	64		17		585	157
其他制造业	6443				181	
废弃资源综合利用业	388				48	
金属制品、机械和设备修理业	111					
电力、热力生产和供应业	12273260				1237	
燃气生产和供应业					47	
水的生产和供应业					261	

7－6　规模以上工业按行业分主要能源消费量(二)

(2012年)

单位:吨

行业名称	柴油	燃料油	液化石油气	其他石油制品	热力(百万千焦)	电力(万千瓦时)
总计	**52553**	**6329**	**5321**	**3059**	**5894498**	**1006422**
有色金属矿采选业	19					375
非金属矿采选业	120					31
农副食品加工业	450		13		28443	7300
食品制造业	90		5		274654	2201
酒、饮料和精制茶制造业	275				268132	3407
纺织业	450			44	4648	20482
纺织服装、服饰业	34		27			747
皮革、毛皮、羽毛及其制品和制鞋业	1251	1	7			17374
木材加工和木、竹、藤、棕、草制品业	269		59			4562
家具制造业	668		2	6		7364
造纸和纸制品业	679		65	2	64518	12634
印刷和记录媒介复制业	121				1152	2121
文教、工美、体育和娱乐用品制造业	406	6	33	2		4890
化学原料和化学制品制造业	1896	435	67	29	472617	28600
医药制造业	1437	152		20	4579276	87313
化学纤维制造业						54
橡胶和塑料制品业	3053	213	578	178	8131	130497
非金属矿物制品业	7942	155	390		144866	22692
黑色金属冶炼和压延加工业	463					17864
有色金属冶炼和压延加工业	940	867	81	22	2132	22659
金属制品业	2744	2216	624	144	45194	45097
通用设备制造业	5240	136	550	599		62613
专用设备制造业	2837	45	1	1074		28459
汽车制造业	4869	326	300	327		57269
铁路、船舶、航空航天和其他运输设备制造业	6862	297	13	379	735	28539
电气机械和器材制造业	5054	298	250	33		35413
计算机、通信和其他电子设备制造业	601	1152		75		9551
仪器仪表制造业	731	30	122	126		13964
其他制造业	854		16			7948
废弃资源综合利用业	893		2081			3870
金属制品、机械和设备修理业	21					418
电力、热力生产和供应业	1252		3			308831
燃气生产和供应业	16		34			73
水的生产和供应业	17					11211

7-7 规模以上工业按行业分能源消费情况

（2012 年）

单位：吨标准煤

行业名称	单位数（个）	综合能耗		万元产值综合能耗		节能量
		绝对额	比上年增长（%）	绝对额	比上年降低（%）	
总计	**3086**	**6909924**	**-9.49**	**0.192**	**12.54**	**990298**
有色金属矿采选业	1	496	17.66	0.125	-23.67	-95
非金属矿采选业	1	183	-31.64	0.083	-6.33	-11
农副食品加工业	54	15177	2.68	0.038	3.77	594
食品制造业	18	14616	-2.59	0.088	13.16	2216
酒、饮料和精制茶制造业	8	19265	-0.94	0.122	22.53	5603
纺织业	82	57333	1.82	0.085	3.64	2167
纺织服装、服饰业	16	3192	-14.06	0.045	23.20	964
皮革、毛皮、羽毛及其制品和制鞋业	170	27261	-13.43	0.028	13.80	4364
木材加工和木、竹、藤、棕、草制品业	17	6198	10.08	0.072	-9.44	-535
家具制造业	78	12624	3.04	0.020	5.82	781
造纸和纸制品业	53	47664	-13.78	0.131	13.61	7510
印刷和记录媒介复制业	21	3103	-6.14	0.035	18.39	699
文教、工美、体育和娱乐用品制造业	106	9442	-8.72	0.018	11.28	1200
化学原料和化学制品制造业	80	92105	9.04	0.087	-0.50	-454
医药制造业	84	324557	-1.16	0.127	12.34	45676
化学纤维制造业	1	66	26.84	0.005	50.87	68
橡胶和塑料制品业	370	234824	-6.93	0.066	13.91	37932
非金属矿物制品业	58	51728	0.52	0.110	-9.55	-4508
黑色金属冶炼和压延加工业	58	37436	-18.91	0.078	12.19	5196
有色金属冶炼和压延加工业	64	48774	-10.07	0.047	16.75	9810
金属制品业	155	96587	-6.75	0.069	4.51	4560
通用设备制造业	464	101717	-6.19	0.027	8.00	8839
专用设备制造业	171	47242	-5.92	0.029	12.85	6962
汽车制造业	260	100355	-9.50	0.032	11.86	13499
铁路、船舶、航空航天和其他运输设备制造业	177	51900	-16.47	0.021	6.54	3631
电气机械和器材制造业	294	60042	-14.64	0.023	14.80	10431
计算机、通信和其他电子设备制造业	39	14503	-7.02	0.025	21.33	3932
仪器仪表制造业	78	18502	-6.21	0.023	15.83	3480
其他制造业	25	14746	-6.70	0.020	8.00	1283
废弃资源综合利用业	43	9722	0.48	0.007	4.72	482
金属制品、机械和设备修理业	2	624	17.53	0.027	-0.02	
电力、热力生产和供应业	23	5373864	-10.57	1.371	13.78	858861
燃气生产和供应业	5	183	39.13	0.008	-6.87	-12
水的生产和供应业	10	13898	5.07	0.123	1.46	206

7－8 规模以上工业主要能源消费量(一)

(1999－2012 年)

单位:吨

年份	原煤	煤制品	焦炭	汽油	煤油
1999	4106147	82	8316	9148	2926
2000	4665482	180	11642	11126	3946
2001	4787214	116	20011	13388	5731
2002	4747322	238	17291	17346	7123
2003	5414989	316	25424	20048	7188
2004	5868900	1238	33611	27533	17612
2005	5873411	149	36615	32360	11661
2006	5726068	637	42483	41334	12363
2007	9963353	1829	45799	48012	11149
2008	13518900	1169	40008	43092	9252
2009	13409540	909	26507	40899	7139
2010	13922044		26360	42102	7051
2011	15110170	19840	17550	24602	4367
2012	12884375	12429	12847	20775	2618

7－9 规模以上工业主要能源消费量(二)

(1999－2012 年)

单位:吨

年份	柴油	燃料油	液化石油气	热力(百万千焦)	电力(万千瓦时)
1999	32822	280	588	659930	184951
2000	29953	1132	968	1766294	236146
2001	34289	2140	1811	2171882	270509
2002	43914	3128	3536	2881165	298967
2003	78053	4898	4683	3470891	447453
2004	169985	9364	11036	3894369	460304
2005	135280	35860	6351	4909302	585211
2006	141321	20129	8837	5053894	681262
2007	169879	20395	9347	5904636	821157
2008	147176	19341	8358	6024796	925013
2009	108967	16628	7303	5950744	963462
2010	124310	14216	7450	6226344	1101773
2011	80976	10104	6622	5802316	1004928
2012	52553	6329	5321	5894498	1006422

7－10　规模以上工业按行业分取水量

（2012年）

单位：万立方米

行业名称	取水总量	地表水	地下水	自来水	海水	其他水	外供水
总计	**69714.97**	**52894.12**	**358.45**	**11824.14**	**1736.71**	**2901.56**	**53941.90**
有色金属矿采选业	4.60		4.60				
非金属矿采选业	0.19		0.19				
农副食品加工业	273.24	66.53	40.22	165.50	0.63	0.35	
食品制造业	248.20	2.21	6.67	239.33			
酒、饮料和精制茶制造业	264.05	38.37	5.55	220.14			
纺织业	390.70	29.86	7.42	352.21		1.20	
纺织服装、服饰业	21.45	0.20	1.27	19.97			
皮革、毛皮、羽毛及其制品和制鞋业	204.91	38.04	1.14	165.72			
木材加工和木、竹、藤、棕、草制品业	15.38		0.02	15.35			
家具制造业	96.74	16.62	8.30	71.81		0.02	
造纸和纸制品业	326.31	188.33	41.29	96.68			
印刷和记录媒介复制业	16.31	0.64	0.12	15.55			
文教、工美、体育和娱乐用品制造业	94.10	2.47	12.76	78.87			
化学原料和化学制品制造业	438.46	112.52	4.16	301.07		20.71	
医药制造业	1887.86	165.24	43.58	1652.50		26.54	
化学纤维制造业	0.38			0.38			
橡胶和塑料制品业	901.43	70.08	90.50	740.28		0.58	
非金属矿物制品业	175.40	51.69	3.71	119.31		0.69	
黑色金属冶炼和压延加工业	94.41	23.88	1.24	69.29			
有色金属冶炼和压延加工业	91.55	5.63	1.30	84.57		0.05	
金属制品业	323.32	43.23	1.85	278.06		0.19	
通用设备制造业	372.07	7.81	11.08	352.64		0.55	
专用设备制造业	195.87	2.99	3.01	189.87			
汽车制造业	334.06	2.98	6.23	324.74		0.11	
铁路、船舶、航空航天和其他运输设备制造业	362.66	4.51	7.46	349.56	0.14	0.99	
电气机械和器材制造业	305.62	3.29	4.14	298.01		0.18	
计算机、通信和其他电子设备制造业	82.75	0.24	0.77	81.74			
仪器仪表制造业	126.72	1.32	4.08	121.29		0.03	
其他制造业	250.49	0.90	45.13	204.46			
废弃资源综合利用业	25.02	3.19	0.36	21.48			
金属制品、机械和设备修理业	1.33			1.27	0.04	0.02	
电力、热力生产和供应业	2749.74	840.17	0.29	173.39	1735.90		14.90
燃气生产和供应业	1.19			1.19			
水的生产和供应业	59038.45	51171.19		5017.92		2849.34	53927.00

主 要 统 计 指 标 解 释

能源购进量 指能源使用单位在报告期内外购的、用于本企业消费的各种一次能源和二次能源。购进量的统计原则是:谁购进,谁统计。

能源消费量 是指能源使用单位在报告期内实际消费的一次能源或二次能源的数量。包括终端消费和中间消费。能源消费数量分别用实物量和价值量表示。能源消费量统计的原则是:

(1)谁消费、谁统计;

(2)何时投入使用,何时计算消费量;

(3)消费量只能计算一次。

工业企业的能源消费量包括工业企业在生产过程中作为燃料、动力、原料、辅助材料使用的能源以及工艺用能、非生产用能。作为能源加工转换企业,还要包括能源加工转换的投入量。具体包括:

(1)用于本企业产品生产、工业性作业和其他生产性活动的能源;

(2)用于技术更新改造措施、新技术研究和新产品试制以及科学试验等方面的能源;

(3)用于经营维修、建筑及设备大修理、机电设备和交通运输工具等方面的能源;

(4)用于劳动保护的能源;

(5)其他非生产消费的能源。

综合能源消费量 是指报告期内工业企业在工业生产活动中实际消费的各种能源的总和。

万元工业总产值综合能耗 是指综合能源消费量与工业总产值之比,它反应单位工业总产值所耗的能源量。

标准煤 各种能源折算成以煤当量为统一标准的计量单位。

能源消费弹性系数 是反映能源消费增长速度与国民经济增长速度之间比例关系的指标。计算公式:

$$能源消费弹性系数 = \frac{能源消费量年平均增长速度}{国民经济年平均增长速度}$$

电力消费弹性系数 是反映电力消费增长速度与国民经济增长速度之间比例关系的指标。计算公式:

$$电力消费弹性系数 = \frac{电力消费量年平均增长速度}{国民经济年平均增长速度}$$

国民经济年平均增长速度,可根据不同的目的或需要,用国民生产总值,国内生产总值等指标来计算,本资料是采用生产总值指标计算的。

取水总量 指工业企业从各种水源提取的,并用于工业生产活动的水量总和。包括地表水、地下水、自来水、由管道供应的未经达标处理的水、经城市污水处理厂处理后回用的中水、海水,以及企业从市场购得的其他水或水的产品(如纯净水、矿泉水、蒸汽、热水、地热水等)。

8-1 主要年份社会消费品零售总额

单位:万元

年份	社会消费品零售总额	批发和零售业	住宿和餐饮业	其他
1949	3257	3178	61	18
1952	5196	5066	100	30
1957	13064	12636	353	75
1962	18197	17188	892	117
1965	19656	19011	536	109
1970	24796	23298	721	777
1975	31157	29890	860	407
1978	49157	47252	1204	701
1980	76294	72577	1731	1986
1985	169672	155903	4911	8858
1990	371549	338638	13646	19265
1991	403936	367993	15173	20770
1992	471531	416951	20578	34002
1993	645085	557732	32129	55224
1994	1004440	896540	70359	37541
1995	1431932	1303393	105055	23484
1996	1679697	1504939	112149	62609
1997	1765479	1562593	128040	74846
1998	1818458	1605022	128517	84919
1999	2009855	1750219	153424	106212
2000	2180811	1928811	174445	77555
2001	2458302	2153581	221176	83545
2002	2839044	2437704	310493	90847
2003	3264367	2757343	396443	110581
2004	3788700	3203478	479122	106100
2005	4412511	3702714	590178	119619
2006	5146870	4331501	689924	125445
2007	6016532	5076909	809356	130268
2008	7184344	6365848	798191	20305
2009	8178784	7293463	857701	27620
2010	9604506	8582807	1021699	
2011	11323711	10078162	1245549	
2012	13043014	11586735	1456279	

注：从2010年开始社会消费品零售总额统计范围不包括非批发零售和住宿餐饮业单位,下同。

8－2 市区主要年份社会消费品零售总额

单位:万元

年　份	市　区	椒江区	黄岩区	路桥区
1949	1076	374	702	
1952	1805	624	1181	
1957	4309	1522	2787	
1962	7016	2633	4383	
1965	7252	2810	4442	
1970	8202	2920	5282	
1975	9250	3453	5797	
1978	17280	6439	10841	
1980	25401	7748	17653	
1985	70360	27755	42605	
1990	142578	59519	83059	
1991	155604	62263	93341	
1992	180794	73184	107611	
1993	243417	103095	140322	
1994	386377	146619	104408	135350
1995	553034	223732	111089	218213
1996	663850	245383	150304	268164
1997	703877	224198	176307	303372
1998	726139	225090	188648	312400
1999	808145	239840	223925	344379
2000	887364	266039	237137	384188
2001	1028501	319272	275079	434150
2002	1200228	375093	313040	512094
2003	1381562	431911	350605	599046
2004	1592391	497000	399900	695491
2005	1869294	588109	468078	813107
2006	2193664	681730	553696	958238
2007	2573539	796143	642574	1134822
2008	3071525	946678	756962	1367884
2009	3466197	1103547	901447	1461203
2010	4104622	1290855	1062868	1750899
2011	4818346	1508310	1245585	2064452
2012	5474591	1743853	1408423	2322315

8-3 各县市主要年份社会消费品零售总额

单位:万元

年　份	玉环县	三门县	天台县	仙居县	温岭市	临海市
1949	157	226	376	116	569	737
1952	394	252	524	181	1146	894
1957	1209	615	1132	635	2786	2378
1962	1432	767	1308	940	3455	3279
1965	1524	948	1478	1038	3876	3540
1970	1795	1338	2001	1776	5249	4435
1975	2345	2097	2979	2055	6673	5758
1978	4508	3525	3731	2679	10583	6851
1980	7977	5359	5790	4401	15173	12193
1985	16456	10331	10571	8348	31718	21887
1990	28249	20298	33129	15637	74716	56942
1991	29656	19249	35287	17087	83792	63261
1992	34758	23277	39887	20012	102236	70566
1993	46274	29489	48065	31299	148681	97860
1994	79306	40805	66980	37969	251317	141685
1995	124342	59402	83421	57532	371144	183057
1996	119885	59020	101511	68760	477408	189263
1997	127677	60178	105683	69266	517735	181061
1998	133218	57449	111444	74776	551521	163911
1999	144955	66516	118778	79902	587884	203676
2000	170963	75880	125285	86181	604442	230696
2001	193876	84497	141571	97410	642717	269731
2002	230107	101627	163583	114621	711693	317185
2003	271759	125379	186643	133469	796888	368667
2004	317509	151200	216200	156400	922800	432200
2005	369147	172396	243753	182602	1073924	501395
2006	425807	200757	281620	212075	1249273	583674
2007	494012	235352	327617	246518	1457003	682491
2008	593376	281905	393193	293847	1736376	814122
2009	641673	325938	435291	346606	2025050	938029
2010	756617	375712	496479	409210	2355278	1106588
2011	904169	449656	584424	478806	2802448	1285862
2012	1060805	527306	682002	555664	3266826	1475823

8－4 限额以上批发和零售业企业销售情况

（2012年）

单位:万元

名称	法人企业（个）	年末从业人数（人）	销售额	批发额	零售额
总计	**705**	**36070**	**13213737**	**9539730**	**3674007**
一、批发业	**428**	**13818**	**8667932**	**8491121**	**176811**
按登记注册类型分					
内资企业	424	13762	8641101	8464302	176799
国有企业	11	1121	1186530	1185696	834
股份合作企业	1	22	5166	5166	
有限责任公司	177	5969	2642627	2571187	71440
股份有限公司	6	902	289644	275672	13972
私营企业	227	5325	4186198	4161467	24731
其他企业	2	423	330936	265114	65822
港、澳、台商投资企业	2	51	12838	12838	
外商投资企业	2	5	13993	13981	12
按批发行业分					
农畜产品批发业	3	36	9776	8942	834
食品、饮料及烟草制品批发业	23	1703	1112130	1098907	13223
纺织、服装及日用品批发业	57	1935	770589	751239	19350
文化、体育用品及器材批发业	12	221	71449	71299	150
医药及医疗器材批发业	18	2397	552421	422421	130000
矿产品、建材及化工产品批发业	215	4913	4806624	4800903	5721
机械设备、五金交电及电子产品批发业	70	1660	897082	889549	7533
贸易经纪与代理	4	60	81378	81378	
其他批发业	26	893	366483	366483	

8－4续表

单位:万元

名　　称	法人企业(个)	年　末从业人数(人)	销售额	批发额	零售额
二、零　售　业	**277**	**22252**	**4545805**	**1048609**	**3497196**
按登记注册类型分					
内资企业	272	20744	4287324	1044540	3242784
国有企业	8	1030	98090	905	97185
集体企业	3	29	7106	970	6136
股份合作企业	4	101	8484	540	7944
有限责任公司	102	9035	1236446	138854	1097592
股份有限公司	6	1204	1449232	795480	653752
私营企业	149	9345	1487966	107791	1380175
港、澳、台商投资企业	4	1458	181281	4069	177212
外商投资企业	1	50	77200		77200
按零售行业分					
综合零售业	26	7422	453677	6134	447543
食品、饮料及烟草制品专门零售业	8	749	49717	2311	47406
纺织、服装及日用品专门零售业	5	633	24381	2315	22066
文化、体育用品及器材专门零售业	16	876	74894	16817	58077
医药及医疗器材专门零售业	11	1310	215988	5380	210608
汽车、摩托车、燃料及零配件专门零售业	151	9105	3471863	957635	2514228
家用电器及电子产品专门零售业	39	1671	197940	44268	153672
五金、家具及室内装修材料专门零售业	5	87	4747	694	4053
无店铺及其他零售业	16	399	52598	13055	39543
按经营方式分					
独立门店	251	15999	3816296	861216	2955080
连锁总店	6	4304	214604	4692	209911
连锁门店	12	1243	434492	178820	255672
其　他	8	706	80414	3881	76533
按零售业态分					
便利店	1	956	29664	289	29375
超　市	8	491	23199	1707	21492
大型超市	9	4004	232697	69	232628
百货店	8	1971	168117	4069	164048
专业店	154	7517	1374879	306715	1068164
专卖店	96	7177	2696157	723943	1972214
购物中心	1	136	21092	11817	9275

8-5 限额以上住宿和餐饮业企业基本情况

（2012年）

单位:万元

名　　称	法人企业（个）	年　末从业人数（人）	营业额	客房间数（间）	床位数（个）	餐位数（位）	年末餐饮营业面积（平方米）
总　　计	**132**	**17533**	**275960**	**12668**	**20003**	**70163**	**313015**
一、住　宿　业	**69**	**11520**	**175282**	**10306**	**16302**	**40704**	**175646**
按登记注册类型分							
内资企业	66	10510	154995	9509	15244	37118	158246
国有企业	3	511	7627	346	588	2550	8800
有限责任公司	25	4235	60070	3499	5907	14141	55935
股份有限公司	2	537	9563	307	494	1800	5957
私营企业	36	5227	77735	5357	8255	18627	87554
港、澳、台商投资企业	2	948	19592	673	903	3586	17400
外商投资企业	1	62	695	124	155		
按住宿行业分							
旅游饭店	60	10992	169442	9386	15012	40012	167530
一般旅馆	9	528	5840	920	1290	692	8116
按星级分							
五　星	1	512	12352	410	565	2200	12000
四　星	13	4152	61257	2987	4779	12758	61977
三　星	23	2784	39504	2530	4378	13964	48955
二　星	6	377	5163	818	1382	1830	4709
其　他	26	3695	57006	3561	5198	9952	48005
二、餐　饮　业	**63**	**6013**	**100678**	**2362**	**3701**	**29459**	**137369**
按登记注册类型分							
内资企业	61	5561	92685	1863	2857	27643	127250
集体企业	1	24	416			435	900
有限责任公司	10	674	18199	253	359	3090	12996
股份有限公司	1	106	1561			590	3000
私营企业	49	4757	72509	1610	2498	23528	110354
外商投资企业	2	452	7993	499	844	1816	10119
按餐饮行业分							
正餐服务	57	5711	96296	2362	3701	27757	133403
快餐服务	2	75	601			266	516
饮料及冷饮服务	2	70	869			826	2100
其他餐饮服务	2	157	2912			610	1350
按经营方式分							
独立门店	62	6008	99866	2362	3701	29309	137069
连锁门店	1	5	812			150	300

8－6 限额以上批发和零售业企业财务状况(一)

(2012年)

单位:万元

名称	企业数(个)	流动资产合计	#存货	固定资产原价	累计折旧	#本年折旧
总计	**705**	**4371770**	**763916**	**549793**	**205155**	**39121**
一、批发业	**428**	**3162747**	**421126**	**260395**	**103578**	**15374**
按登记注册类型分						
内资企业	424	3152798	419658	258765	102706	15300
国有企业	11	400130	42207	72127	33750	3116
股份合作企业	1	252	4	385	223	18
有限责任公司	177	961308	127711	76313	28977	5153
股份有限公司	6	172655	22717	22529	6453	800
私营企业	227	1543914	204422	82124	32042	5910
其他企业	2	74539	22597	5287	1261	303
港澳台商投资企业	2	8247	1365	1621	872	74
外商投资企业	2	1702	103	9		
按批发行业分						
农畜产品批发业	3	6848	2017	1425	492	33
食品、饮料及烟草制品批发业	23	396959	50959	73721	33547	3600
纺织、服装及日用品批发业	57	240754	30162	24405	7260	1231
文化、体育用品及器材批发业	12	23957	1549	1432	695	143
医药及医疗器材批发业	18	190655	34020	17016	5760	869
矿产品、建材及化工产品批发业	215	1816770	228822	118699	45262	7586
机械设备、五金交电及电子产品批发业	70	340872	33735	17301	8073	1345
贸易经纪与代理	4	32420	9	248	196	17
其他批发业	26	113512	39853	6148	2293	550

8－6 续表

单位：万元

名　　称	企业数（个）	流动资产合计	#存货	固定资产原价	累计折旧	#本年折旧
二、零　售　业	**277**	**1209023**	**342790**	**289398**	**101577**	**23747**
按登记注册类型分						
内资企业	272	1114323	321594	250489	90337	20865
国有企业	8	22122	5983	11506	4244	238
集体企业	3	491	152	340	115	31
股份合作企业	4	3547	1180	288	194	20
有限责任公司	102	484322	133076	88510	31481	5315
股份有限公司	6	125877	27690	59062	24288	7210
私营企业	149	477964	153513	90783	30015	8051
港澳台商投资企业	4	81806	14801	34318	10766	2599
外商投资企业	1	12894	6395	4591	474	283
按零售行业分						
综合零售业	26	241172	50723	60948	22397	3728
食品、饮料及烟草制品专门零售业	8	15083	3188	9081	2684	142
纺织、服装及日用品专门零售业	5	23568	4103	1431	834	176
文化、体育用品及器材专门零售业	16	71202	25063	17984	5334	689
医药及医疗器材专门零售业	11	63497	15789	4222	1538	363
汽车、摩托车、燃料及零配件专门零售业	151	710678	215599	178526	62493	17793
家用电器及电子产品专门零售业	39	67623	26258	5224	2198	364
五金、家具及室内装修材料专门零售业	5	2672	739	1417	480	50
无店铺及其他零售业	16	13528	1328	10565	3619	442
按经营方式分						
独立门店	251	944628	292312	227425	77047	16145
连锁总店	6	135524	25304	14149	7964	1291
连锁门店	12	94103	14342	26920	10221	5002
其他	8	34768	10832	20904	6345	1309
按零售业态分						
便利店	1	8095	1913	1128	546	215
超　市	8	17269	2250	1631	900	－79
大型超市	9	80948	21610	32395	11537	2542
百货店	8	134860	24949	25793	9415	1050
专业店	154	392699	94470	82850	29303	8581
专卖店	96	561015	193253	145360	49675	11399
购物中心	1	14137	4345	241	201	39

8－7 限额以上批发和零售业企业财务状况(二)

(2012年)

单位:万元

名称	资产合计	负债合计	所有者权益	#实收资本	#国家资本	主营业务收入
总计	**5273928**	**4006447**	**1267481**	**750610**	**85186**	**11861476**
一、批发业	**3644385**	**2737051**	**907334**	**460772**	**12569**	**7825710**
按登记注册类型分						
内资企业	3633418	2729370	904047	457851	12569	7801707
国有企业	447417	81641	365776	9966	4256	1033655
股份合作企业	923	529	393	183		5166
有限责任公司	1131754	890370	241384	190851	3754	2440596
股份有限公司	229236	211574	17662	26150	659	248652
私营企业	1744512	1484366	260146	223201		3797691
其他企业	79576	60890	18686	7500	3900	275947
港澳台商投资企业	9220	6280	2941	2580		11515
外商投资企业	1747	1401	346	341		12488
按批发行业分						
农畜产品批发业	11989	5903	6086	1208	238	8790
食品、饮料及烟草制品批发业	452875	88031	364844	15141	3315	960373
纺织、服装及日用品批发业	281502	236788	44715	30337		747035
文化、体育用品及器材批发业	24754	20937	3816	1939		69142
医药及医疗器材批发业	211483	172876	38607	24424	4075	474462
矿产品、建材及化工产品批发业	2132589	1776258	356331	318185	2343	4288200
机械设备、五金交电及电子产品批发业	377658	301456	76202	43591	2598	861441
贸易经纪与代理	32494	31490	1004	718		79851
其他批发业	119041	103312	15729	25229		336416

8－7 续表

单位：万元

名　　称	资产合计	负债合计	所有者权益	#实收资本	#国家资本	主营业务收入
二、零　售　业	**1629543**	**1269396**	**360147**	**289838**	**72617**	**4035766**
按登记注册类型分						
内资企业	1480300	1166072	314227	253452	72617	3798798
国有企业	31649	16814	14835	1753	1203	89234
集体企业	732	279	453	79		7234
股份合作企业	3712	3007	706	670		7271
有限责任公司	604823	509878	94944	82979	7835	1093962
股份有限公司	270140	143176	126963	64654	63079	1234794
私营企业	569244	492918	76326	103317	500	1366303
港澳台商投资企业	132136	96194	35943	32517		166490
外商投资企业	17107	7130	9977	3869		70478
按零售行业分						
综合零售业	315397	268761	46635	51864	110	406692
食品、饮料及烟草制品专门零售业	23057	13542	9515	1036	551	46613
纺织、服装及日用品专门零售业	24243	27074	－2831	2150	50	21787
文化、体育用品及器材专门零售业	106662	64477	42185	11110	7000	66376
医药及医疗器材专门零售业	71076	49876	21201	9520		185059
汽车、摩托车、燃料及零配件专门零售业	976012	762939	213073	192231	64906	3082295
家用电器及电子产品专门零售业	73601	60003	13598	12710		173106
五金、家具及室内装修材料专门零售业	3700	2344	1356	963		4534
无店铺及其他零售业	35795	20380	15415	8254		49304
按经营方式分						
独立门店	1221371	980685	240686	238944	64226	3406453
连锁总店	168359	137370	30989	25881		189167
连锁门店	186617	105531	81085	9670	8391	366734
其他	53196	45810	7387	15343		73412
按零售业态分						
便利店	9170	5950	3219	500		29664
超　市	18272	23229	－4957	830	60	20768
大型超市	112659	101312	11345	20052	50	205719
百货店	175296	138270	37027	30482		150542
专业店	559248	380849	178400	75551	10359	1220671
专卖店	740721	606391	134330	161905	62148	2390374
购物中心	14177	13395	783	518		18028

8－8 限额以上批发和零售业企业财务状况(三)

(2012年)

单位:万元

名称	主营业务成本	主营业务税金	其他业务利润	销售费用	管理费用	#税金
总计	**11094309**	**60383**	**34332**	**296295**	**196676**	**10330**
一、批发业	**7305183**	**54232**	**11797**	**158323**	**115092**	**5475**
按登记注册类型分						
内资企业	7282655	54206	11760	156822	114824	5436
国有企业	818169	47347	2954	12070	31620	666
股份合作企业	4705			343	101	10
有限责任公司	2289309	4160	2437	72075	37970	1551
股份有限公司	238563	550	980	4128	5143	240
私营企业	3664675	1937	5342	65915	36918	2881
其他企业	267234	212	47	2291	3072	88
港澳台商投资企业	10597	17	36	972	232	27
外商投资企业	11931	9	1	529	36	12
按批发行业分						
农畜产品批发业	8415	6	468	218	451	64
食品、饮料及烟草制品批发业	740695	47395	2463	14346	33657	653
纺织、服装及日用品批发业	713862	339	3304	16568	11783	562
文化、体育用品及器材批发业	64069	40	62	2889	1516	41
医药及医疗器材批发业	418297	728	292	29400	13212	367
矿产品、建材及化工产品批发业	4134131	5074	4272	67772	37559	2891
机械设备、五金交电及电子产品批发业	819540	429	926	19101	12170	653
贸易经纪与代理	76811	16		1453	812	8
其他批发业	329363	205	10	6576	3932	236

8-8 续表

单位:万元

名称	主营业务成本	主营业务税金	其他业务利润	销售费用	管理费用	#税金
二、零售业	**3789126**	**6151**	**22535**	**137972**	**81584**	**4856**
按登记注册类型分						
内资企业	3575257	5520	20175	126549	74334	4206
国有企业	81108	179	714	3057	3037	75
集体企业	6825	8	0	157	115	1
股份合作企业	6556	7	24	365	250	8
有限责任公司	1009678	2499	11145	55188	30795	1529
股份有限公司	1174160	931	989	23588	7557	550
私营企业	1296930	1896	7303	44194	32580	2043
港澳台商投资企业	151137	503	2047	9435	6297	650
外商投资企业	62732	128	313	1988	953	0
按零售行业分						
综合零售业	348281	2049	11168	45700	15760	976
食品、饮料及烟草制品专门零售业	42270	64	402	1040	2336	39
纺织、服装及日用品专门零售业	16325	142	137	3437	1120	4
文化、体育用品及器材专门零售业	53232	354	948	4513	4625	284
医药及医疗器材专门零售业	169290	473	415	5182	3155	437
汽车、摩托车、燃料及零配件专门零售业	2951702	2730	7106	66210	47954	2912
家用电器及电子产品专门零售业	159369	248	2006	9335	4473	110
五金、家具及室内装修材料专门零售业	3937	11		167	352	4
无店铺及其他零售业	44720	80	353	2388	1809	90
按经营方式分						
独立门店	3216287	4742	15136	97784	67762	3871
连锁总店	161494	812	5459	25522	5671	170
连锁门店	347073	242	1706	11710	3346	364
其他	64272	355	234	2956	4805	451
按零售业态分						
便利店	23590	118	1400	5671	721	11
超　市	18261	53	841	3284	442	75
大型超市	176425	970	3871	26592	7017	512
百货店	130006	908	5056	10153	7580	378
专业店	1138929	1626	5602	38696	24881	1742
专卖店	2284921	2431	5355	52761	40749	2116
购物中心	16994	45	410	815	194	22

8-9 限额以上批发和零售业企业财务状况(四)

(2012年)

单位:万元

名称	财务费用	#利息支出	营业利润	利润总额	应付职工薪酬	应交增值税
总计	**80892**	**99881**	**168103**	**186525**	**189879**	**133396**
一、批发业	**49167**	**68690**	**154419**	**169875**	**101812**	**65635**
按登记注册类型分						
内资企业	48718	68232	155154	170615	101648	65361
国有企业	-7928	1080	135337	135129	27886	34585
股份合作企业			17	17	61	
有限责任公司	21944	21711	17473	17910	30634	13198
股份有限公司	9671	12368	-8018	-6262	18437	2053
私营企业	24700	32635	7491	20916	21764	14114
其他企业	331	438	2854	2905	2866	1411
港澳台商投资企业	438	453	-708	-713	139	179
外商投资企业	11	5	-27	-27	25	95
按批发行业分						
农畜产品批发业	177	222	45	122	216	-46
食品、饮料及烟草制品批发业	-7590	1304	134080	133959	29493	34294
纺织、服装及日用品批发业	4312	4283	3430	4674	8446	1855
文化、体育用品及器材批发业	268	196	424	477	861	80
医药及医疗器材批发业	2680	2393	10328	10151	17381	5202
矿产品、建材及化工产品批发业	43700	55584	4710	19423	34948	20017
机械设备、五金交电及电子产品批发业	1885	2310	8028	8242	7475	2690
贸易经纪与代理	703	57	56	308	390	
其他批发业	3032	2341	-6682	-7481	2602	1543

8－9续表

单位:万元

名称	财务费用	#利息支出	营业利润	利润总额	应付职工薪酬	应交增值税
二、零售业	**31725**	**31191**	**13684**	**16650**	**88067**	**67761**
按登记注册类型分						
内资企业	29670	29361	9584	12215	82694	65032
国有企业	37	26	2700	3119	3691	1624
集体企业			130	126	81	45
股份合作企业	82	116	34	50	367	63
有限责任公司	13069	12644	－5855	－5449	33386	18845
股份有限公司	－1238	341	32362	32007	14084	7462
私营企业	17720	16234	－19787	－17638	31085	36993
港澳台商投资企业	2020	1802	－854	－523	4787	1809
外商投资企业	35	28	4954	4958	585	920
按零售行业分						
综合零售业	4543	5956	1534	2379	20131	6912
食品、饮料及烟草制品专门零售业	46	63	1259	1702	2156	904
纺织、服装及日用品专门零售业	1128	1125	－227	－214	2048	617
文化、体育用品及器材专门零售业	600	768	4077	4063	4404	962
医药及医疗器材专门零售业	1539	1595	5835	5770	5173	6057
汽车、摩托车、燃料及零配件专门零售业	22334	20277	334	1238	46676	43260
家用电器及电子产品专门零售业	1071	931	608	918	5597	8479
五金、家具及室内装修材料专门零售业	12	13	55	55	236	69
无店铺及其他零售业	452	463	209	739	1646	501
按经营方式分						
独立门店	28373	25700	8484	11098	68248	60211
连锁总店	1681	3913	－553	－41	12447	3173
连锁门店	388	586	5777	5460	5564	1546
其他	1283	992	－24	133	1808	2831
按零售业态分						
便利店	2		962	962	2052	121
超市	48	88	－480	－180	1190	302
大型超市	666	1843	－2079	－1649	11417	4132
百货店	3827	4025	3131	3246	5472	2358
专业店	9170	7747	13237	14242	28935	27309
专卖店	17803	17253	－1267	－153	38591	33354
购物中心	209	235	180	182	410	185

8－10 限额以上住宿和餐饮业企业财务状况(一)

(2012 年)

单位:万元

名称	企业数(个)	流动资产合计	#存货	固定资产原价	累计折旧	#本年折旧
总计	**132**	**244180**	**10318**	**338773**	**123861**	**19098**
一、住宿业	**69**	**188295**	**5811**	**288562**	**106821**	**14753**
按登记注册类型分						
内资企业	66	177759	4857	198400	86360	9813
国有企业	3	4990	189	9265	3839	465
有限责任公司	25	55293	1811	91606	40775	4197
股份有限公司	2	6541	205	4121	2870	196
私营企业	36	110935	2652	93408	38876	4955
港澳台商投资企业	2	10501	930	87127	19846	4781
外商投资企业	1	35	24	3035	615	159
按住宿行业分						
旅游饭店	60	182041	5661	281060	104460	14012
一般旅馆	9	6254	150	7502	2361	741
二、餐饮业	**63**	**55885**	**4507**	**50211**	**17040**	**4345**
按登记注册类型分						
内资企业	61	44451	4378	24822	7679	1704
集体企业	1	35	1	143	137	4
有限责任公司	10	11454	562	3663	1668	489
股份有限公司	1	229	15			
私营企业	49	32733	3800	21016	5874	1211
外商投资企业	2	11434	129	25389	9361	2641
按餐饮行业分						
正餐服务	57	52902	4353	49556	16897	4300
快餐服务	2	38	9	9		
饮料及冷饮服务	2	385	105	533	135	43
其他餐饮服务	2	2560	40	113	8	2

8－11 限额以上住宿和餐饮业企业财务状况(二)

(2012年)

单位:万元

名称	资产合计	负债合计	所有者权益	#实收资本	#国家资本	主营业务收入
总计	**654247**	**514658**	**139589**	**182165**	**1950**	**274057**
一、住宿业	**531643**	**424400**	**107243**	**134403**	**1950**	**174656**
按登记注册类型分						
内资企业	448891	364328	84563	108115	1950	154369
国有企业	10911	6549	4362	823	450	7628
有限责任公司	153227	136146	17080	43774	1500	59591
股份有限公司	10233	12363	－2130	2100		9563
私营企业	274520	209270	65251	61418		77587
港澳台商投资企业	79536	56860	22676	26284		19592
外商投资企业	3216	3212	4	4		695
按住宿行业分						
旅游饭店	514333	407634	106699	131324	1950	168816
一般旅馆	17310	16766	544	3079		5840
二、餐饮业	**122604**	**90258**	**32346**	**47762**		**99401**
按登记注册类型分						
内资企业	87751	61555	26196	29256		91413
集体企业	46	134	－89	37		416
有限责任公司	18210	13210	5000	4551		17888
股份有限公司	229	29	200	200		1561
私营企业	69266	48182	21085	24468		71548
外商投资企业	34853	28703	6150	18506		7988
按餐饮行业分						
正餐服务	119063	89084	29979	46945		94986
快餐服务	47	6	41	25		601
饮料及冷饮服务	828	300	528	530		869
其他餐饮服务	2666	868	1798	262		2945

8-12 限额以上住宿和餐饮业企业财务状况(三)

(2012年)

单位:万元

名称	主营业务成本	主营业务税金	其他业务利润	销售费用	管理费用	#税金
总计	**124418**	**14939**	**2577**	**82468**	**57653**	**1947**
一、住宿业	**64970**	**9592**	**1994**	**59667**	**44881**	**1377**
按登记注册类型分						
内资企业	59153	8452	762	50902	39048	1182
国有企业	3315	432	158	1923	1477	84
有限责任公司	23447	3351	316	19427	13698	451
股份有限公司	4273	538		3767	932	7
私营企业	28118	4131	288	25785	22941	640
港澳台商投资企业	5739	1102	1232	8269	5737	190
外商投资企业	78	38		496	96	5
按住宿行业分						
旅游饭店	63703	9289	1839	57605	41828	1356
一般旅馆	1267	303	155	2062	3053	21
二、餐饮业	**59448**	**5347**	**583**	**22801**	**12772**	**570**
按登记注册类型分						
内资企业	54575	4899	564	20589	10948	374
集体企业	250	23		112	59	
有限责任公司	10821	1025	275	3720	1924	76
股份有限公司	891	51		499	110	
私营企业	42613	3800	289	16258	8855	298
外商投资企业	4873	448	19	2212	1824	196
按餐饮行业分						
正餐服务	56744	5223	583	22262	12169	565
快餐服务	436	13		102	22	2
饮料及冷饮服务	479	41		237	44	3
其他餐饮服务	1789	70		200	537	

8-13 限额以上住宿和餐饮业企业财务状况(四)

(2012年)

单位:万元

名称	财务费用	#利息支出	营业利润	利润总额	应交所得税	应付职工薪酬
总计	**15365**	**13591**	**-19770**	**-15688**	**1869**	**51744**
一、住宿业	**11696**	**10746**	**-15718**	**-11506**	**846**	**36046**
按登记注册类型分						
内资企业	9419	8498	-13405	-9199	846	31750
国有企业	438	375	200	200	41	1282
有限责任公司	3728	3045	-3743	-3537	344	12873
股份有限公司	309	227	-256	-254	43	1848
私营企业	4944	4851	-9606	-5608	418	15747
港澳台商投资企业	2148	2119	-2171	-2165		4118
外商投资企业	129	129	-142	-142		178
按住宿行业分						
旅游饭店	11505	10593	-14838	-12309	827	34345
一般旅馆	191	153	-880	803	19	1701
二、餐饮业	**3669**	**2845**	**-4052**	**-4182**	**1023**	**15698**
按登记注册类型分						
内资企业	1581	752	-614	-738	1023	14232
集体企业	3	3	-31	-6	5	92
有限责任公司	475	397	198	231	193	2025
股份有限公司			10	1	1	341
私营企业	1103	352	-791	-964	824	11774
外商投资企业	2088	2093	-3438	-3444		1466
按餐饮行业分						
正餐服务	3654	2841	-4484	-4579	992	14897
快餐服务			29	29	2	104
饮料及冷饮服务	9		60	25		189
其他餐饮服务	6	4	343	343	29	508

8-14 各类商品市场基本情况

(1990-2012年)

年份	市场数(个)	消费品市场	生产资料市场	市场成交额(亿元)
1990	837			28.70
1991	822			32.80
1992	810			46.80
1993	851			71.70
1994	854			181.60
1995	859	740	119	352.10
1996	858	729	129	420.40
1997	843	687	156	396.50
1998	841	684	157	396.20
1999	811	687	124	439.80
2000	585	477	108	474.90
2001	569	464	105	541.50
2002	585	481	104	542.90
2003	538	440	98	577.40
2004	544	443	99	634.96
2005	530	435	95	671.76
2006	523	430	93	727.50
2007	538	444	94	798.79
2008	537	446	91	844.48
2009	571	478	93	905.77
2010	488	404	83	1019.87
2011	497	410	86	1136.65
2012	509	426	82	1295.21

主 要 统 计 指 标 解 释

社会消费品零售总额 指批发和零售业、餐饮业、新闻出版业、邮政业和其他服务业等，售予城乡居民用于生活消费的商品和社会集团用于公共消费的商品之总量。社会消费品零售总额包括：

一、批发和零售业企业（单位）：

1. 售予城乡居民的各种生活消费品；

2. 售予入境旅游的外国人、华侨、港澳台同胞的各类商品；

3. 售予行政事业单位、社会团体、军队和武警等机构的商品，以及以零售方式售予各类企业的商品。具体包括：用于非生产和社会交往的办公用品，如通讯设备、计算器具和设备、电讯网络设备、文印设备、音像视听器材和设备、纸张、本册、文具及装订文印材料、家具、日用电器、针纺织品、清洁卫生用品、文体用品、奖品、纪念品、礼品等；供内部人员乘坐的交通工具和燃料；用于办公设施修缮的各类配件、材料、工具等；用于取暖和防暑降温的设备、燃料、材料及食品等；专用于教学的用品和设备；非营利医疗机构的中、西药品、中药材和医疗设备器材；非专用的劳动保护用品；不对外营业的内部食堂用的餐具、炊具、设备、清洁卫生工具和食品、燃料等；军队、武警用于其人员生活的衣着品和个人用品；其他各类非生产性设备和用品。

二、餐饮业出售的主食、菜肴、烟酒饮料和其他商品。

三、新闻出版业、邮政业售予城乡居民、企事业单位、军队和武警等机构的书报杂志、音像制品、邮品等。

四、其他服务业出售的食品、烟酒饮料、服装鞋帽、日常生活用品、医药保健用品、艺术品、工艺美术品、玩具、殡葬用品以及其他消费品。

销售额 指对本企业以外的单位和个人出售（包括对国（境）外直接出口）的商品（包括售给本单位消费用的商品）。本指标由对生产经营单位批发额、对批发零售贸易业批发额、出口额和对居民和社会集团商品零售额项目组成。这个指标反映批发零售贸易企业在国内市场上销售商品以及出口商品的总量。

批发 指除零售以外的一切商品销售活动，包括对生产经营单位批发、对批发零售贸易业批发和出口。

连锁企业（或称连锁店、连锁公司） 指在核心企业或总店的领导下，由分散的、经营同类商品或服务的企业或活动单位，采取共同方针，实行集中采购和分散销售的有机结合，通过规范化经营，实现规模效益的经济联合组织形式。一般连锁店应由若干个分店组成。其经营特征：（1）经营同类商品；（2）使用统一商号；（3）统一采购配送，采购与销售相分离（部分商品可根据物流合理和保质保鲜原则，由供应商直接送货到门店，其余均由总部统一配送）。连锁门店包括下列两种形式：

1、直营连锁：指正规连锁。连锁门店均由总部独资或控股开设，在总部的直接领导下统一经营。

2、加盟连锁：指特许连锁。各连锁门店（被特许人）通过合同形式，取得使用总部（特许人）商标、商号、经营技术和销售总部开发的商品的特许权，各加盟连锁门店为独立法人，在总部指导下统一经营。

限额以上批发企业 指年主营业务收入在2000万元及以上的批发企业。

限额以上零售企业 指年主营业务收入在500万元及以上的零售企业。

限额以上住宿企业 指年主营业务收入在200万元及以上的住宿企业。

限额以上餐饮企业 指年主营业务收入在200万元及以上的餐饮企业。

营业额 指住宿和餐饮业法人企业、产业活动单位在经营活动中因提供服务或销售商品等取得的收入，包括：客房收入、餐费收入、商品销售收入和其他收入。

客房数 指住宿和餐饮业连锁门店提供住宿服务的房间数，该指标按年内正常情况下实有数统计。

床位数 指住宿和餐饮业连锁门店供应旅客使用的床位数，不包括临时加床和内部工作人员使用的床位。该指标按年内正常情况下实有数统计。

餐位数 指住宿和餐饮业连锁门店为顾客提供就餐服务时，正常可同时容纳就餐人员的餐位数量，不包括临时加的餐位。该指标按年内正常情况下实有数统计。

年末餐饮营业面积 指住宿和餐饮业连锁门店对外提供就餐服务的门店建筑面积和从事食品加工、烹饪、调制的厨房面积，不包括办公用房和仓库等面积。该指标按年末实有面积统计。

市场成交额 指经乡镇及以上政府主管部门批准，有固定交易场所，进行经常性常年交易、并设有专职管理人员的现货商品交易市场所有摊位商品交易额之和。

9 对外经济贸易和旅游

Foreign Economy and Trade, Tourism

9-1 外贸出口和进口总额

（1990-2012年）

单位:万美元

年份	进出口总额	出口额	外贸企业	三资企业	生产企业	进口额	外贸企业	三资企业	生产企业
1990	1028	1020				8			
1991	3823	3793	3280	513		30	30		
1992	6127	6127	4767	1360					
1993	14732	14177	7564	5673	940	555	547		8
1994	24496	20314	10925	5999	3390	4182	3466	618	98
1995	32591	27778	15344	5880	6554	4813	2839	1766	208
1996	40111	32857	14618	8367	9872	7254	5954	1175	125
1997	46636	35757	14778	10764	10215	10879	9145	1507	227
1998	47337	37969	13785	11963	12221	9368	3037	4839	1492
1999	65932	49001	13157	18728	17116	16931	7609	6061	3261
2000	114436	86877	26168	27824	32885	27559	11413	9781	6365
2001	154277	117860	34356	38611	44893	36417	17799	11511	7107
2002	219125	180240	50000	54234	76006	38885	13215	14578	11092
2003	328806	265072	61566	74823	128683	63734	23414	19794	20527
2004	478862	379895	81865	103464	194566	98967	39787	30522	28658
2005	635301	519553	102866	145028	271659	115748	36617	40127	39004
2006	843174	703475	129048	203560	370867	139699	29112	53227	57360
2007	1109292	936472	165165	241736	529571	172820	41379	66754	64687
2008	1381114	1176443	177425	267234	731785	204671	58842	76910	68919
2009	1203152	1006683	163521	194230	648932	196469	60007	65900	70562
2010	1700137	1396259	222856	250367	923037	303878	72232	118537	113109
2011	2050352	1703492	260251	270695	1172546	346860	75784	144077	126999
2012	2062194	1723882	249216	253316	1221350	338312	77876	127690	132746

注：从1999年开始外贸进出口总额使用海关数据，下同。

9－2 外贸主要商品出口情况

(1990－2012年)

单位:万美元

年份	水产品	服装	工艺品	罐头	缝纫机	节日灯	鞋类	阀门及龙头	医化产品	汽摩及零件
1990	241	175	350		45	24	8		77	57
1991	761	723	734	118	133	310	84			
1992	467	2232	775	183	162	467	104			
1993	1260	4802	3475	221	769	934	192	125	1018	81
1994	2500	5296	3952	465	997	1247	324	243	2078	168
1995	4695	4963	4812	1620	1243	2604	792	251	2394	186
1996	5215	3978	5825	1458	1875	3221	1682	672	3058	1542
1997	5299	3211	7709	2127	1317	3612	1299	1146	3433	1004
1998	3919	2376	10002	1863	1866	5943	887	1337	4988	1228
1999	3084	2407	13771	2484	2971	5680	1340	2155	7322	2006
2000	1911	3089	4363	3244	5403	8336	3160	4363	10354	9618
2001	3916	5047	6052	2860	6166	10093	7307	6729	14844	6052
2002	4041	6778	10388	3038	7195	15351	14855	10937	20564	7263
2003	4809	8580	10398	4092	10813	17273	27181	19908	29515	11466
2004	5790	8165	13549	3947	12860	20563	36315	30280	47494	31935
2005	6127	8737	16108	4097	16115	24575	45939	39988	51076	40554
2006	7710	12139	20244	4499	18878	22741	55766	67684	62478	59717
2007	7545	16487	19817	5294	21072	26654	67562	107788	78444	80877
2008	9168	9868	15778	5447	18794	28193	66748	128375	103760	110252
2009	7100	13283	14479	5269	14389	20523	66375	94698	102559	68674
2010	9547	10895	19004	6783	22968	35407	102670	139972	16665	90988
2011	10023	84219	21811	5420	33451	41358	127933	156925	162199	129126
2012	9599	75370	22162	8083	28112	40280	109931	161845	192092	135371

注：从2000年开始外贸出口商品使用海关数据。

9－3　分国别和地区外贸进出口总额

（2011－2012 年）

单位：万美元

国别（地区）	2011 年			2012 年		
	进出口总额	出口额	进口额	进出口总额	出口额	进口额
总　计	**2050352**	**1703492**	**346860**	**2062194**	**1723882**	**338312**
按各大洲分：						
欧　洲	701078	604254	96824	640132	564616	75516
亚　洲	688694	497449	191245	706560	499579	206981
北美洲	315861	273918	41943	343255	305633	37622
拉丁美洲	170396	162912	7484	179403	169756	9647
非　洲	124263	119873	4390	143080	140479	2601
大洋州	50052	45086	4966	49761	43818	5943
按区域（经济）组织分：						
其中：欧　盟	584683	492141	92542	515419	442880	72539
中　东	164544	155683	8861	154443	147015	7428
东　盟	136651	116635	20016	120403	105694	14709
主要国家（地区）						
其中：香　港	27125	24214	2912	34951	32217	2734
台　湾	22500	14815	7686	24111	16734	7377
印　度	65958	62801	3157	70846	66669	4177
以色列	10687	10096	591	12313	11895	418
日　本	152866	36339	116527	182047	45865	136182
沙特阿拉伯	25190	22005	3185	29076	24310	4766
韩　国	59943	32870	27074	52864	28919	23945
土耳其	25625	25450	175	25156	23985	1171
阿联酋	54831	54135	696	52027	51113	914
印度尼西亚	27519	26561	958	31850	31529	321
菲律宾	9925	8868	1057	9509	8672	837
新加坡	28533	23640	4893	10983	7740	3243

9－3续表

单位:万美元

国别（地区）	2011年			2012年		
	进出口总额	出口额	进口额	进出口总额	出口额	进口额
泰国	32010	24693	7317	31106	26255	4851
越南	14115	13438	678	14083	12573	1510
埃及	11633	11628	6	14422	14422	
尼日利亚	19581	19561	20	23548	23267	281
波兰	25069	23744	1325	24521	23975	546
罗马尼亚	5156	4742	414	5149	4609	540
比利时	26741	22052	4689	24161	19202	4959
丹麦	9527	8043	1485	9402	8587	815
英国	72211	54442	17769	65799	54556	11243
德国	115103	99953	15150	100693	88202	12491
法国	51661	48584	3077	50064	47006	3058
意大利	68587	58902	9685	55984	49570	6414
荷兰	77746	53309	24437	62357	40944	21413
希腊	11398	10383	1015	6620	5959	661
西班牙	43875	37551	6324	37270	32585	4685
瑞典	10071	7580	2491	9746	7999	1747
阿根廷	15868	15852	15	11936	11863	73
巴西	37912	36878	1034	38984	37796	1188
智利	18351	15021	3329	20651	16774	3877
墨西哥	32335	31304	1031	35789	34869	920
委内瑞拉	20763	20762	1	25531	25531	
加拿大	41653	39430	2223	43841	40650	3191
美国	274206	234486	39720	299413	264982	34431
澳大利亚	40284	35802	4482	44734	39491	5243

9－4 分贸易方式出口情况

（1999－2012年）

单位:万美元

年份	一般贸易	加工贸易	来料加工装配贸易	进料加工装配贸易
1999	38634	10121	327	9794
2000	72969	13750	294	13456
2001	101241	16483	525	15957
2002	158279	21704	1077	20627
2003	232230	32255	1694	30562
2004	340957	37879	3203	34676
2005	465033	52253	5694	46559
2006	639293	62435	3317	59118
2007	862233	71488	879	70610
2008	1071447	104228	1015	103214
2009	897253	109001	1460	107541
2010	1251568	144160	849	143311
2011	1538338	164770	1161	163609
2012	1567849	154923	5426	149497

9-5 分贸易方式进口情况

（1999－2012年）

单位:万美元

年份	一般贸易	加工贸易	来料加工装配贸易	进料加工装配贸易
1999	13940	2582	179	2403
2000	22785	3721	224	3497
2001	31660	3902	310	3592
2002	31500	6386	518	5868
2003	53209	9092	793	8299
2004	85759	11570	1801	9769
2005	96174	15998	2039	13959
2006	116411	21025	896	20128
2007	146618	22760	717	22043
2008	165676	36711	579	36132
2009	166668	28595	401	28194
2010	260365	41677	248	41429
2011	305218	38801	460	38341
2012	297179	38467	2640	35828

9－6 对外经济合作和境外投资企业情况

（1988－2012年）

单位：万美元

年份	对外经济合作		境外投资企业				
	项目数（个）	营业额	当年投资境外企业（家）	中方投资额	境外企业直接出口	年末实有投资境外企业（家）	期末在外人数（人）
1988	304	28					
1989	671	91					
1990	428	99					
1991	240	85					
1992	119	53	2	58		2	767
1993	135	55	1	10	28	3	935
1994	92	42	1	5	57	4	655
1995	79	40	1	9	229	5	598
1996	76	36	6	79	409	11	609
1997	34	23	4	22	347	15	659
1998	40	34	6	51	528	19	690
1999	43	128	8	176	2405	22	416
2000	11	101	11	135	8838	27	243
2001	4	28	18	610	11724	31	344
2002	1	6262	25	548	15959	73	228
2003		6464	29	950	23053	97	252
2004		1320	39	1182	31578	136	428
2005		1800	48	1892	38680	184	444
2006		2600	55	5254	45869	245	808
2007	10	3784	38	5001	54489	277	466
2008	2	4002	39	6852		315	130
2009	1	5085	26	5119		342	146
2010	3	31175	29	7341		371	1912
2011	14	7403	38	6436		408	87
2012	16	3636	38	8216		446	65

9-7 利用外资情况

（1985-2012年）

单位：万美元

年份	项目数（企业数）（个）	总投资	合同外资	实际利用外资
1985	1	55	16	
1986	2	67	26	
1987	2	33	29	
1988	5	206	87	9
1989	12	1451	304	15
1990	9	314	109	21
1991	16	1035	405	43
1992	95	5211	2201	548
1993	266	24561	8461	2596
1994	155	17371	5438	2589
1995	123	17241	7763	3700
1996	70	12318	5335	3510
1997	51	9129	3037	3697
1998	91	25491	9994	3849
1999	93	16842	9949	4347
2000	120	22040	10715	5083
2001	107	23773	13329	5568
2002	173	60977	27919	11800
2003	200	94406	40204	21588
2004	123	61354	27507	21684
2005	117	63180	39893	25107
2006	139	160026	79829	31138
2007	95	135601	81681	31150
2008	38	43468	27300	23890
2009	25	28613	14334	18806
2010	28	16765	11842	13206
2011	20	11786	6320	14301
2012	25	53829	78482	47520

注：实际利用外资从2004年开始使用商务部统计口径，合同外资从2006年开始使用商务部统计口径。

9－8 分国别和地区利用外资

（2011－2012年）

单位：万美元

行业	2011年			2012年		
	利用外资企业数（家）	合同外资	实际利用外资	利用外资企业数（家）	合同外资	实际利用外资
总计	**20**	**6320**	**14301**	**25**	**78482**	**47520**
亚洲	**16**	**5066**	**6758**	**20**	**19881**	**9050**
阿富汗				1	582	300
文莱					20	
香港	7	2143	2969	8	18556	7402
印度	1	2				
伊朗						46
伊拉克	1	50				
日本	3	2434	2781		－150	166
澳门					－820	
马来西亚		11		1	202	133
沙特阿拉伯				1	240	136
新加坡			305		－441	
韩国	1	75		2	676	720
泰国				1	8	
土耳其	1	2				2
阿拉伯联合酋长国				1	606	
台湾省	2	349	703	5	402	145
非洲	**1**	**3**			**－828**	**5**
埃及					－828	
南非	1	3				5
欧洲		**－2063**	**580**	**2**	**53846**	**36612**
英国		－257				
德国				2	1280	1101
法国					52526	35471
奥地利			580		40	40
匈牙利		－1735				
罗马尼亚		－71				
南美洲	**2**	**3085**	**3376**	**2**	**5221**	**1146**
开曼群岛	1	3173	3213	2	5221	1046
英属维尔京群岛	1	－88	163			100
北美洲	**1**	**55**	**2977**		**－250**	**8**
加拿大	1	65	105			
美国		－10	2238		－250	8
百慕大			634			
大洋洲		**－222**	**101**	**1**	**108**	**88**
澳大利亚		125	101	1	108	88
新西兰		－347				
其他		**396**	**509**		**504**	**611**
投资性公司投资		**396**	**509**		**504**	**611**

9－9 分行业利用外资

（2011－2012年）

单位：万美元

行业	2011年			2012年		
	利用外资企业数（家）	合同外资	实际利用外资	利用外资企业数（家）	合同外资	实际利用外资
总计	**20**	**6320**	**14301**	**25**	**78482**	**47520**
农、林、牧、渔业	**1**	**－237**	**430**	**3**	**1518**	**387**
农业	1	－237	430	2	1388	367
农、林、牧、渔服务业				1	130	20
制造业	**12**	**5845**	**6837**	**9**	**57680**	**41644**
食品制造业	1	151			－22	152
纺织业			217			
纺织服装、鞋、帽制造业		－71			－828	
化学原料及化学制品制造业	1	396	634			
医药制造业		52	401		－200	112
塑料制品业	1	－165	377		300	319
有色金属冶炼及压延加工业					－195	
金属制品业	2	1665	619	1	55216	37853
通用设备制造业	1	447	319		161	235
专用设备制造业	1	－10	306		－561	
交通运输设备制造业	3	2598	3830	5	3248	2441
电气机械及器材制造业		－11	5	1	161	472
通信设备、计算机及其他电子设备制造业	2	695	109	1	300	60
仪器仪表及文化、办公用机械制造业				1	100	
工艺品及其他制造业		98	20			
电力、燃气及水的生产和供应业			**140**	**1**	**332**	**434**
燃气生产和供应业				1	332	334
水的生产和供应业			140			100
批发和零售业	**5**	**642**	**2983**	**7**	**4881**	**2984**
批发业	5	453	558	6	3821	1730
零售业		189	2425	1	1060	1254
住宿和餐饮业		**－468**	**108**			
住宿业		－468	108			
房地产业	**1**	**438**	**3213**	**3**	**6321**	**2021**
房地产业	1	438	3213	3	6321	2021
租赁和商务服务业	**1**	**100**	**10**	**1**	**50**	**50**
商务服务业	1	100	10	1	50	50
科学研究、技术服务和地质勘查业			**580**		**－2200**	
专业技术服务业			580			
科技交流和推广服务业					－2200	
卫生、社会保障和社会福利业				**1**	**9900**	
社会保障业				1	9900	

9－10 国际国内旅游情况

（2000－2012年）

单位：万人次

年份	旅游总人数	国内旅游人数	国际旅游入境人数	外国人数	港澳人数	台湾人数	旅游总收入（亿元）	国内旅游收入（亿元）	国际旅游（外汇）收入（万美元）
2000	509.92	507.65	2.27	1.14	0.36	0.77	38.62	37.87	903
2001	642.97	639.67	3.30	1.73	0.34	1.23	48.70	47.50	1418
2002	925.49	921.10	4.39	2.15	0.43	1.81	74.93	71.85	3720
2003	1068.64	1063.86	4.78	1.94	0.83	2.01	86.71	83.51	3855
2004	1243.90	1237.61	6.29	3.50	0.79	2.00	100.40	97.15	3923
2005	1615.03	1607.50	7.53	4.30	1.10	2.13	139.09	134.79	5304
2006	1812.69	1803.80	8.89	5.44	1.96	1.50	150.32	145.10	6448
2007	2182.97	2173.66	9.31	6.52	1.20	1.59	175.28	170.63	6200
2008	2605.23	2594.85	10.38	7.06	1.28	2.05	208.59	203.70	7046
2009	2895.87	2887.22	8.65	5.91	0.95	1.79	230.04	226.65	4964
2010	3295.95	3285.66	10.29	6.83	1.02	2.45	273.23	269.42	5629
2011	3977.70	3965.36	12.34	6.93	1.40	4.00	329.25	325.16	6334
2012	4492.92	4468.92	24.00	10.90	2.71	10.40	412.18	406.67	8726

9－11 接待外国旅游人数

（2012年）

单位：人次

国别（地区）	人数	国别（地区）	人数
总　　计	**108965**	**大洋洲小计**	**2956**
亚洲小计	**57404**	其中：澳大利亚	1858
其中：日　本	22900	新西兰	634
韩　国	12772	**欧洲小计**	**27174**
印度尼西亚	1590	其中：英　国	3820
新加坡	2179	法　国	3325
泰　国	1223	德　国	5355
马来西亚	2534	意大利	2468
菲律宾	2006	瑞　士	554
印　度	3576	瑞　典	92
美洲小计	**15877**	荷　兰	628
其中：美　国	10345	俄罗斯	1472
加拿大	2145	西班牙	3078
非洲小计	**3294**	**其他小计**	**2260**

主 要 统 计 指 标 解 释

进出口总额 指实际进出我国国境的货物总金额。包括对外贸易实际进出口货物,来料加工装配进出口货物,国家间、联合国及国际组织无偿援助物资和赠送品,华侨、港澳台胞和外籍华人捐赠品,租赁期满归承租人所有的租赁货物,进料加工进出口货物,边境地方贸易及边境地区小额贸易进出口货物(边民互市贸易除外),中外合资企业、中外合作经营企业、外商独资经营企业进出口货物和公用物品,到、离岸价格在规定限额以上的进出口货样和广告品(无商业价值、无使用价值和免费提供出口的除外),从保税仓库提取在中国境内销售的进口货物,以及其他进出口货物。我国规定出口货物按离岸价格统计,进口货物按到岸价格统计。

利用外资 指各级政府、部门、企业、中国银行和其他单位通过对外借款、吸收客商直接投资和商品信贷及其他方式,从国外和港澳台地区筹措的资金。对外借款包括通过外国政府贷款、国际金融组织贷款、外国银行的买方信贷和现汇贷款及对外发行债券等方式,从国外和港澳台地区借用的资金。

外商直接投资 是指外国企业和经济组织或个人(包括华侨、港澳台胞以及我国在境外注册的企业)按我国有关政策、法规,在我国境内开办独资企业、与我国境内的企业或经济组织共同举办合资企业、合作经营企业、股份制企业或合作开发资源的投资以及客商从企业得到的收益的再投资。

外国旅游人数 指来我国观光游览、度假、探亲访友、就医疗养、购物、参加会议或从事经济、科技、文化、体育、宗教活动的外国人、港澳台同胞等人境人数。不包括外国在我国的常住机构,如领使馆、通讯社、企业办事处的工作人员;来我国常驻的外国专家、留学生以及在岸逗留不过夜人员。统计时,外国人、港澳台同胞每入境一次统计1人次。

国内旅游人数 指国内居民在中国(大陆)观光旅览、度假、探亲访友、就医疗养、购物、参加会议或从事经济、文化、体育、宗教活动的人数,其出游的目的不是通过所从事的活动谋取报酬。统计时,国内游客每按出游一次统计1人次。

国际旅游(外汇)收入 指入境旅游的外国人、港澳台同胞在中国(大陆)旅行、游览过程中用于交通、参观游览、住宿、餐饮、购物、娱乐等全部费用,对国家来说就是国际旅游(外汇)收入。

国内旅游收入 又称旅游总花费。指国内游客在国内旅行、游览过程中用于交通、参观游览、住宿、餐饮、购物、娱乐等全部花费

10

财政金融保险

Public Finance, Banking and Insurance

10－1 主要年份财政收入与支出

单位:万元

年 份	财政总收入	地方财政一般预算收入	#增值税	#营业税	#企业所得税	#个人所得税	地方财政一般预算支出
1949	480						200
1952	972						455
1957	3337						1333
1962	5186						2778
1965	5769						2242
1970	6635						3706
1975	6502						5908
1978	11897						9871
1980	13677						10539
1985	31377						20480
1990	65925						49925
1991	76019						60485
1992	83454						65169
1993	129977						98104
1994	168869	86479	26512	14130	19487	7263	121969
1995	203050	104642	30869	21779	27759	8348	144858
1996	239739	120900	34773	29431	28419	12476	165445
1997	263381	134112	38469	33386	30582	14966	196390
1998	309568	162619	44488	42649	36767	18617	223500
1999	380039	197303	51709	50744	45112	23042	258937
2000	531793	261491	72941	55766	79621	29137	331947
2001	650425	388056	75314	74685	127995	47260	428608
2002	868285	431122	99245	104977	67392	36378	556353
2003	1086780	526964	118324	137692	73324	37603	688820
2004	1266669	626046	61696	162942	102201	38264	791520
2005	1474457	723324	157257	174958	107334	44788	880887
2006	1756878	861115	193493	213294	130776	53233	1040000
2007	2183788	1088551	232654	273535	175148	66079	1269285
2008	2480225	1260498	264386	300397	180448	82885	1538078
2009	2631616	1360227	283823	355692	160627	87158	1759524
2010	3106245	1648845	293775	432931	224035	115832	2227592
2011	3704657	2001150	325771	503206	289871	145347	2655309
2012	4089456	2204230	380110	574263	310909	136008	2879269

注：2004 年外贸出口退税政策调整，当年全市财政总收入新口径 997540 万元，地方财政一般预算收入新口径 559726 万元，考虑历史年份资料可比性，本表中财政总收入和地方财政一般预算收入仍按老口径计算。

10－2 市区财政总收入

（1978－2012年）

单位：万元

年份	市区	#椒江区	#黄岩区	#路桥区
1978	4251		3943	
1979	4756		4525	
1980	4755		4536	
1981	5026	1442	3493	
1982	6180	1820	.4189	
1983	7469	2563	4537	
1984	9503	3141	5690	
1985	13145	4057	8342	
1986	16577	5121	10543	
1987	17495	5766	11004	
1988	21474	6285	12853	
1989	24235	6776	15215	
1990	27001	8058	16714	
1991	32591	10562	18749	
1992	34652	12586	21347	
1993	55318	18327	35357	
1994	70347	24287	45688	
1995	83037	27794	30574	23410
1996	96367	32026	34121	26691
1997	112168	35714	39065	31475
1998	134217	41890	45882	36661
1999	157289	47437	52837	43459
2000	208039	64645	67479	61638
2001	272467	85241	83200	81319
2002	362205	109502	116320	102318
2003	465779	146011	145003	127678
2004	551899	177441	150536	154065
2005	638204	199738	172172	181630
2006	751477	236223	201549	222566
2007	923035	287488	247435	277733
2008	1048382	316242	272368	327095
2009	1122393	325118	284464	361155
2010	1349410	386899	326821	441433
2011	1627998	460759	386512	534966
2012	1763763	513458	418183	542848

注：2004年，外贸出口退税政策调整，考虑历史年份资料可比性，本表中的财政总收入按老口径计算，下同。

10－3 各县市财政总收入

（1978－2012年）

单位：万元

年份	玉环县	三门县	天台县	仙居县	温岭市	临海市
1978	847	725	1112	867	1805	2290
1979	776	785	1041	741	1892	2383
1980	1000	727	1155	996	2308	2736
1981	1062	949	1076	990	2432	2905
1982	1262	969	1242	966	2588	3180
1983	1367	1101	1336	1263	2927	3379
1984	1711	1186	1428	1262	3655	3649
1985	2300	1591	2342	1970	5353	4676
1986	3056	2034	2807	2383	6548	5982
1987	3744	2281	3425	2777	7951	6903
1988	4842	2378	3908	3185	9991	7646
1989	5393	2692	4488	3648	11534	9136
1990	5712	2750	4940	3743	13124	8655
1991	6505	3693	5310	4116	13777	10027
1992	7883	3473	5788	4287	15156	12215
1993	12352	5131	8302	7618	21187	20069
1994	16740	6013	10515	9518	29221	26515
1995	20491	6910	12075	12180	36439	31918
1996	24103	7248	13521	13515	49666	35314
1997	27873	6703	14129	14898	51094	36511
1998	31836	8451	16607	16665	61306	40486
1999	38236	11587	20443	22479	85474	44531
2000	55685	16727	28481	29023	134805	59033
2001	75268	24058	33107	30869	139009	75647
2002	100157	31573	46005	42428	177911	108006
2003	122141	41062	56010	48889	222880	130019
2004	145644	43646	67148	46986	260234	151112
2005	180100	53318	77008	54972	294209	176646
2006	239762	65283	87518	66118	333938	212782
2007	308300	86168	100088	81199	418892	266106
2008	356478	107153	115380	92418	453898	306516
2009	370059	116279	124429	93432	475522	329502
2010	401427	136675	140142	106582	570123	401886
2011	466622	163436	170690	130233	665511	480167
2012	552054	179500	198451	146808	721978	526902

10－4 市区地方财政一般预算收入

（1994－2012 年）

单位：万元

年　份	市　区	#椒江区	#黄岩区	#路桥区
1994	35834	13611	21851	
1995	42731	15353	15078	11478
1996	49805	17625	16843	12954
1997	57294	19437	18463	15076
1998	72242	24133	21552	18169
1999	85777	28575	24656	22023
2000	110603	38256	31889	29440
2001	171574	56224	47410	48688
2002	197148	63389	56618	51859
2003	245674	82592	69231	62841
2004	295117	98446	73551	77737
2005	337181	111041	83309	87855
2006	385038	125449	96266	104460
2007	472813	150971	118769	133120
2008	537741	164540	132707	155408
2009	590145	180667	142843	178598
2010	723612	226478	166018	225550
2011	899464	275213	197394	288078
2012	981790	301439	215851	291821

注：2004 年，外贸出口退税政策调整，考虑历史年份资料可比性，本表中的地方财政一般预算收入按老口径计算。

10－5 各县市地方财政一般预算收入

（1994－2012年）

单位:万元

年　份	玉环县	三门县	天台县	仙居县	温岭市	临海市
1994	8004	2939	4856	4613	16558	13675
1995	10039	3414	5801	5956	19688	17013
1996	11760	3719	6189	6712	23688	19027
1997	13308	3401	6275	7093	27144	19597
1998	16033	4459	7170	7668	34018	21029
1999	20006	6470	8802	10167	41458	24623
2000	27649	10051	13127	13252	56588	30221
2001	42738	15803	18053	18005	77538	44345
2002	45820	16733	20108	17680	80018	53615
2003	51290	21431	25841	20518	97357	64853
2004	62477	22221	32819	22150	117954	73308
2005	74959	27527	37511	25052	134798	86296
2006	103888	34156	42547	30822	158013	106651
2007	137582	45679	51610	40626	204069	136172
2008	158308	61111	60533	48023	233759	161023
2009	165568	66069	65442	49377	250238	173388
2010	182530	80734	78081	56698	305918	221272
2011	216856	96022	96610	68553	361688	261957
2012	251128	106818	110722	79028	388678	286066

10－6 地方财政收入及分类（一）

（1994－2012 年）

单位：万元

年　份	一般预算收入合计	增值税	营业税	企业所得税	企业所得税退税	个人所得税	资源税	固定资产投资方向调节税
1994	86479	26512	14130	19487	－1503	7263	174	746
1995	104642	30869	21779	27759	－1425	8348	127	1015
1996	120900	34773	29431	28419	－1286	12476	165	1485
1997	134112	38469	33386	30582	－406	14966	134	1726
1998	162619	44488	42649	36767	－1015	18617	92	1481
1999	197303	51709	50744	45112	－2683	23042	103	1048
2000	261491	72941	55766	79621	－1303	29137	115	174
2001	388056	75314	74685	127995		47260	116	－83
2002	431122	99245	104977	67392		36378	126	－7
2003	526964	118324	137692	73324		37603	104	
2004	559726	61696	162942	102201		38264	147	
2005	723324	157257	174958	107334		44788	1068	
2006	861115	193493	213294	130776		53233	3021	
2007	1088551	233654	273535	175148		66079	3616	
2008	1260498	264386	300397	180448		82885	3835	
2009	1360227	283823	355692	160627		87158	3643	
2010	1648845	293775	432931	224035		115832	3440	
2011	2001150	325771	503206	289871		145347	3244	
2012	2204230	380110	574263	310909		136008	3596	

注：1. 2002 年起税收收入分享政策调整，企业所得税和个人所得税原全部计入地方财政收入，2002 年调整为中央与地五方五分成，2003 年调整为中央与地方六四分成；

2. 本表中 2004 年地方财政一般预算收入按新口径计算。

10－7　地方财政收入及分类(二)

(1994－2012年)

单位:万元

年份	城市维护建设税	房产税	印花税	城镇土地使用税	土地增值税	车船税	屠宰税	农牧业税	农业特产税
1994	6206	1300	317	310		388	222	3644	3259
1995	7624	1749	405	358	1	487	459	4692	3736
1996	8615	2303	520	264	53	518	530	6633	3122
1997	9992	2730	503	341	111	549	582	5454	3060
1998	11180	3690	701	411	185	618	675	6290	3018
1999	12923	4475	941	493	238	867	861	5067	3088
2000	16088	5230	1380	568	364	865	816	5153	3459
2001	23042	7391	1837	697	687	1147	826	5071	3054
2002	28231	10313	3075	873	1682	1452	185	5260	1734
2003	33817	13358	4603	1246	3805	1780	2	5675	
2004	39259	16937	6925	1665	4630	2382		8	
2005	48171	23685	8914	5122	10326	2206			
2006	57246	26871	11622	7018	13809	2764			
2007	72070	32401	14975	10763	23934	3418			
2008	83087	42637	18677	43442	30663	8952			
2009	87333	46689	18271	58842	42016	11285			
2010	104067	47562	25590	57364	55868	14941			
2011	133390	71139	27484	80487	78145	18114			
2012	144439	88276	28327	86141	97642	27477			

10－8 地方财政收入及分类(三)

(1994－2012年)

单位:万元

年份	耕地占用税	契税	专项收入	罚没和行政事业性收费收入	国有资本经营收入	国有资源(资产)有偿使用收入	其他收入	基金收入
1994	2585	805			－4061		4695	3517
1995	2703	926		1528	－12533		4035	4642
1996	2546	1949		1578	－17606		4412	5228
1997	3161	1915		2528	－21372		5601	5121
1998	2374	3004	5340	4629	－22580		5	12572
1999	3040	5062	6603	3908	－19358		20	15017
2000	4218	9172	8588	5858	－37213		494	17379
2001	6519	12351	11332	23138	－34591		268	32307
2002	16442	19952	15361	43183	－24833		101	87451
2003	21022	32045	15704	42425	－16755		1190	136992
2004	11271	41950	17648	66231	－15713	47	1236	174957
2005	8789	45804	24471	75473	－16634	54	1538	216982
2006	12095	48778	30800	75791	－21847	63	2288	268984
2007	12003	69976	38817	76555	－21372	2971	8	918572
2008	13857	70792	44947	87121	－20346	4149	569	1304414
2009	16421	94645	47278	73789	－33569	6167	117	1567329
2010	25612	153125	55462	82591	－55067	11563	154	3063426
2011	38067	142764	68842	97919	－41196	18532	24	3036436
2012	40576	120240	73174	110933	－23655	5634	140	2780556

10－9 地方财政支出情况

（2006－2012 年）

单位：万元

指　　标	2006 年	2007 年	2008 年	2009 年	2010 年	2011 年	2012 年
地方一般预算支出合计	**1040000**	**1269285**	**1538078**	**1759524**	**2227592**	**2655309**	**2879269**
一般公共服务	244141	287109	319988	332279	381781	400495	420778
国　防	2705	3705	5639	4486	4218	4015	4303
公共安全	103340	124704	142529	156241	194623	210772	231268
教　育	277862	332682	390568	449578	515679	623131	739748
科学技术	24468	32356	40669	45914	57589	56423	78933
文化体育与传媒	20290	25615	38351	42106	38206	40278	50194
社会保障和就业	51285	61390	77615	80852	139781	217148	242616
医疗卫生	44114	61049	72849	102893	138565	167760	191990
节能环保	9707	21753	20720	27875	50134	45761	41922
城乡社区事务	45935	60471	65299	79272	83846	101850	102521
农林水事务	83221	109810	130179	203871	260585	373425	392910
交通运输	35012	39465	40389	116503	130805	165690	174722
工业商业金融等事务	72055	84893	159067	74165	109854	129052	134195
其他支出	25865	24273	34216	43489	121926	119509	73169
政府性基金支出合计	**95306**	**543842**	**984949**	**1173730**	**2355339**	**1901269**	**1569691**
一般公共服务			5256	9550		220	119
教　育	13350	14766	19560	28053	35773	25732	43222
文化教育与传媒	929	925	683	1199	1572	992	1594
社会保障和就业	5914	7525	8915	9830	16104	19994	18489
城乡社区事务	10316	443994	851718	1065140	2233243	1677370	1315320
农林水事务	25564	36933	46660	55637	52984	64554	54453
交通运输	36170	31413	46048	840	2531	1957	2981
工业商业金融等事务	2690	6111	6008		1557	1553	2343
其他支出	373	2175	101	3481	11575	108897	131170
社会保险基金支出合计	**203957**	**230180**	**208657**	**248869**	**294268**	**578124**	**810267**
基本养老保险基金支出	152968	114684	141590	165941	194050	251227	360935
失业保险基金支出	8413	2971	1778	4326	6131	8789	7935
基本医疗保险基金支出	40419	45655	53311	63423	74542	109582	107362
工伤保险基金支出	1668	5712	9623	12091	15434	22665	38897
生育保险基金支出	489	1697	2355	3088	4111	5237	8812
其他社会保险基金支出		59461					
居民社会养老保险基金支出						48848	96518
居民基本医疗保险基金支出						131776	189808

10－10 主要年份金融主要指标

单位:万元

年份	金融机构本外币存款年末余额	#金融机构人民币存款余额	#城乡居民储蓄存款年末余额	金融机构本外币贷款年末余额	#金融机构人民币贷款余额	#短期贷款	#中长期贷款
1952		560	143		193		
1957		1784	521		5388		
1962		3593	601		12898		
1965		5238	1110		11989		
1970		6927	1384		22740		
1975		11875	2546		26090		
1978		16368	4401		34604		
1980		32389	11209		53673		
1985		98546	40501		123613		
1990		312614	153584		307913		
1991		408827	205715		365527		
1992		554558	272188		467174		
1993		691276	352582		590541		
1994		1061934	546404		838094	695657	96289
1995		1399917	727602		1052121	865819	123833
1996		1896944	1017397		1335406	1052894	179930
1997		2496502	1360738		1711067	1424932	208135
1998		3394537	1939241		2126197	1723669	301773
1999		4320709	2468949		2726762	2108507	478072
2000	5407241	5289565	2896237	3307634	3304269	2596518	556846
2001	6428949	6290422	3526960	4096823	4023234	2669865	1272296
2002	8284108	8117593	4362702	5794759	5716237	3642042	1733151
2003	10740254	10561850	5421684	8237648	8090895	4909163	2783124
2004	11823111	11640689	6010774	9454142	9328902	5693519	3373348
2005	13849843	13694418	7117604	10580440	10445507	6411816	3764513
2006	16659867	16499842	8582033	13132416	12946754	8271509	4473442
2007	19375543	19213038	9287212	16159896	15770372	10527055	5124007
2008	23717020	23533773	12044432	19262657	18930765	12392248	6068898
2009	29356051	29152567	14437498	25180611	24229188	15603817	8219377
2010	35884773	35627957	17250805	30558214	29405118	19324859	9845344
2011	39989019	39590586	20588359	34707628	33545934	22740162	10542262
2012	45091738	44573554	23719853	38931604	37839726	25873733	11258308

10－11 金融机构年末人民币存款余额

(2010－2012 年)

单位:万元

指　　标	2010 年	2011 年	2012 年
各项存款合计	**35675423**	**39590586**	**44573554**
单位存款	17262541	17292052	18990348
活期存款		8332795	8297506
定期存款		4914992	6286487
通知存款		217093	214007
保证金存款	2231279	2799490	3065481
个人存款	17250885	21004032	23925120
储蓄存款	17250139	20588359	23719853
结构性存款	666	415069	189524
保证金存款	80	604	15743
财政性存款	740658	788936	986436
临时性存款	69991	56992	74620
委托存款	6056	22705	13513
其他存款	345292	425870	583518

10－12　金融机构年末人民币贷款余额

（2009－2012年）

单位：万元

指　　标	2009年	2010年	2011年	2012年
各项贷款合计	**24229187**	**29405118**	**33545934**	**37839726**
短期贷款	15635556	19324859	22740162	25873733
个人贷款及透支	7741886	9824346	11649797	13002799
其中：个人消费贷款	1759594	2796565	3445825	3668703
单位普通贷款及透支	7491541	8942256	10144783	11781996
其中：经营性贷款	7387436	8810697	10066373	11681279
固定资产贷款	97100	123802	73939	96720
贸易融资	402130	558258	945582	1088938
中长期贷款	8186690	9845344	10542262	11258308
个人贷款	4788540	5882999	6516616	7021614
其中：个人消费贷款	4336666	5156958	5493865	5836495
单位普通贷款	3396250	3960605	4016794	4188462
经营性贷款	628143	542139	430261	509127
固定资产贷款	2768107	3418466	3586533	3679335
银团贷款	1900	1740	8852	45731
票据融资	354508	196910	221403	646570
其中：贴　现	354508	196910	221403	646570
各项垫款	52433	38004	41476	60502

10－13　财产和人寿保险业务收支情况

（1989－2012年）

单位：万元

地　区	保费收入			赔款、给付			
	合　计	财产险	人身险	合　计	财产险赔款支出	人身险赔款支出	人身险给付
1989	3917	2214	1703	6844	6307	537	
1990	4688	2727	1961	3483	2762	721	
1991	8452	4515	3937	3087	2445	642	
1992	15956	8234	7722	8186	6486	1700	
1993	21221	12611	8610	9370	5492	3878	
1994	21844	12987	8857	12187	11060	1127	
1995	28985	17973	11012	9609	8268	1341	
1996	34669	20489	14180	11173	9513	1660	
1997	44182	22755	21427	56522	43690	2723	10109
1998	57600	26061	31539	25928	12149	2935	10844
1999	74468	30348	44120	22303	14691	3418	4194
2000	92422	36150	56272	27915	15957	3564	8394
2001	128548	43389	85159	34789	20314	5580	8895
2002	173031	53802	119229	40151	27902	7021	5228
2003	194986	56614	138372	52557	33194	7426	11937
2004	240338	76198	164140	127470	101907	10043	15520
2005	274479	98715	175764	101523	82333	9459	9731
2006	311690	126931	184759	93238	66165	9366	17707
2007	374198	162896	211302	141927	89755	9839	42333
2008	515523	193432	322091	183381	117919	14959	50503
2009	575102	233688	341414	207852	125507	14679	67666
2010	729151	294241	434910	184306	139505	16462	28339
2011	758807	342052	416755	228258	173571	11150	43537
2012	843994	391421	452573	291713	227214	18615	45884

主 要 统 计 指 标 解 释

财政总收入　包括地方上划中央税收入和地方财政收入两部分。

一般预算收入　指按国家预算收入科目规定，属于地方负责组织征收的收入数，包括①各种税收收入类，指税务机关征管的“工商税收类”；海关征管的“关税类”；财政机关征管的“农业税类”、“国有企业所得税类”等。②企业收入类。③企业亏损补贴类。④其他收入等。

增值税　是以商品生产流通和劳务服务各个环节的增值额为征税对象的一种流转税。按现行财政体制，增值税属于中央与地方的共享税种，其中：中央分享75%，地方分享25%。

一般预算支出　指按国家预算支出科目规定，属于地方财政的各类预算支出，包括一般公共服务支出、公共安全支出、教育支出、科学技术支出、文化体育与传媒支出、社会保障和就业支出、医疗卫生支出、环境保护支出、城乡社区事务支出、农林水事务支出、交通运输支出、工业商业金融事务支出等。

金融机构存款　指企业、机关、团体和居民根据可以收回的原则，把货币存入各类金融机构保管，并取得一定利息的一种信用活动形式。根据存款对象的不同可划分为企业存款、财政存款、机关团体存款、居民储蓄存款等。

金融机构贷款　指各类金融机构根据必须归还的原则，按一定利率为企业、个人等提供资金的一种信用活动形式。根据贷款对象的不同分为工业贷款、建筑业贷款、商业贷款、农业贷款等。

城乡居民储蓄存款余额　包括城镇居民储蓄和农村居民个人储蓄两部分存款余额。不包括工矿企业、部队、机关团体等集体存款。

保费　指被保险人按其得到保险利益的保障程度(保险金额)的一定比率向保险人缴付的费用。

赔款　指保险人对财产保险的保险事故给予的经济补偿或对人身保险的保险事故给付的保险金。

11

物价

Prices

11-1 物价总指数

(1978-2012年,以上年为100)

年份	居民消费价格总指数		商品零售价格指数	
	全市	市区	全市	市区
1978	100.0	100.0	100.1	99.9
1979	102.6	102.6	102.1	103.4
1980	108.8	108.8	108.0	109.5
1981	101.7	101.7	101.5	101.6
1982	101.9	101.9	100.9	102.1
1983	102.8	102.8	102.0	102.9
1984	103.7	103.7	103.4	103.5
1985	111.9	109.4	112.3	109.8
1986	107.0	107.7	106.7	107.4
1987	111.3	111.8	111.6	112.0
1988	123.5	124.8	124.4	125.2
1989	117.2	117.7	117.0	117.1
1990	102.4	100.9	101.8	100.4
1991	104.2	104.6	103.8	104.2
1992	111.5	111.4	111.2	111.5
1993	120.1	118.7	118.5	116.0
1994	125.7	125.3	125.5	124.2
1995	117.3	115.2	115.3	114.0
1996	108.2	108.8	105.7	105.2
1997	101.6	102.4	99.3	99.9
1998	99.2	99.6	97.5	98.0
1999	99.2	99.2	98.4	98.3
2000	101.1	100.8	100.4	99.1
2001	99.3	98.4	98.8	99.0
2002	99.6	99.0	99.8	99.3
2003	101.5	100.4	99.6	98.4
2004	105.0	104.3	102.1	100.5
2005	100.6	100.0	99.7	99.2
2006	100.7	100.2	100.0	99.4
2007	104.1	104.0	104.3	104.4
2008	104.9	104.2	106.2	105.6
2009	99.2	99.4	99.3	99.5
2010	104.6	104.6	104.7	104.3
2011	106.3	106.3	106.9	106.7
2012	102.3	102.0	102.4	102.1

11－2 定基物价总指数

（1978－2012年，以1978年为100）

年份	居民消费价格总指数		商品零售价格指数	
	全市	市区	全市	市区
1978	100.0	100.0	100.0	100.0
1979	102.6	102.6	102.1	103.4
1980	111.6	111.6	110.3	113.2
1981	113.5	113.5	111.9	115.0
1982	115.7	115.7	112.9	117.5
1983	118.9	118.9	115.2	120.9
1984	123.3	123.3	119.1	125.1
1985	138.0	134.9	133.8	137.3
1986	147.7	145.3	142.7	147.5
1987	164.3	162.4	159.3	165.2
1988	203.0	202.7	198.1	206.8
1989	237.9	238.6	231.8	242.2
1990	243.6	240.8	236.0	243.2
1991	253.8	251.8	245.0	253.4
1992	283.0	280.6	272.4	282.5
1993	339.9	333.0	322.8	327.7
1994	427.2	417.3	405.1	407.1
1995	501.1	480.7	467.1	464.0
1996	542.2	523.0	493.7	488.2
1997	550.9	535.6	490.2	487.7
1998	546.5	533.4	478.0	477.9
1999	542.1	529.1	470.3	469.8
2000	548.1	533.4	472.2	465.6
2001	544.3	524.8	466.5	460.9
2002	542.1	519.6	465.6	457.7
2003	550.2	521.7	463.7	450.4
2004	577.7	544.1	473.4	452.7
2005	581.2	544.1	472.0	449.1
2006	585.3	545.2	472.0	446.4
2007	609.3	567.0	492.3	466.0
2008	639.2	590.8	522.8	492.1
2009	634.1	587.3	519.1	489.6
2010	663.3	614.3	543.5	510.7
2011	705.1	653.0	581.0	544.9
2012	721.3	666.1	594.9	556.3

11－3　全市居民消费价格分类指数(一)

（1994－2012年，以上年为100）

年　　份	居民消费价格总指数	#服务项目价格指数	食品类	#粮　食	#肉禽及其制品	#水产品类	#鲜菜	#在外用膳食品
1994	125.7	136.5	133.3	165.6	152.2	124.3	139.4	125.7
1995	117.3	121.0	123.3	137.7	121.9	124.9	149.1	131.2
1996	108.2	118.0	106.2	101.5	104.1	122.0	98.6	104.9
1997	101.6	120.7	98.9	84.5	104.4	105.1	101.7	99.6
1998	99.2	109.2	97.5	101.3	86.7	100.8	102.6	96.6
1999	99.2	107.5	98.3	97.3	91.1	98.8	113.9	103.3
2000	101.1	115.1	100.2	85.5	99.6	101.9	120.7	100.2
2001	99.3	106.0	98.2	103.9	102.0	91.8	93.4	96.9
2002	99.6	100.5	101.7	94.5	98.2	101.0	126.3	100.1
2003	101.5	106.5	102.5	105.7	105.1	105.0	90.9	103.1
2004	105.0	105.8	113.4	132.8	117.9	108.0	108.6	109.4
2005	100.6	101.7	103.2	96.6	102.4	104.1	117.7	98.7
2006	100.7	102.7	101.5	102.9	95.5	99.8	98.1	101.4
2007	104.1	101.2	111.9	105.1	130.4	105.1	103.7	112.6
2008	104.9	102.0	111.9	105.1	119.0	108.2	108.2	109.7
2009	99.2	98.7	102.1	104.1	90.4	107.9	105.0	111.0
2010	104.6	103.8	109.0	113.7	103.1	116.2	123.4	103.5
2011	106.3	103.2	114.7	115.4	125.8	116.4	97.5	112.9
2012	102.3	100.5	105.7	103.1	99.1	111.2	117.4	109.0

注：2000年及以前年份分类指数不含服务项目价格，下同。

11－4 全市居民消费价格分类指数(二)

(1994－2012年,以上年为100)

年份	烟酒及用品	衣着类	家庭设备用品及维修服务	医疗保健和个人用品	交通和通讯	娱乐教育文化用品及服务	居住
1994		126.7	110.1	96.5	101.1	113.1	112.5
1995		112.3	108.3	111.1	99.9	106.1	111.8
1996		105.7	102.5	119.7	96.5	109.5	124.6
1997		101.8	100.0	102.1	96.5	100.8	102.6
1998		99.3	97.9	102.1	95.9	97.2	99.6
1999		98.2	96.4	101.4	98.9	94.0	101.2
2000		99.4	97.8	100.8	90.7	92.1	105.5
2001	101.3	98.2	96.8	98.2	98.1	105.3	100.2
2002	100.3	98.2	97.0	97.0	96.1	98.7	99.8
2003	105.2	97.7	96.7	98.5	97.4	107.4	101.2
2004	103.2	98.6	100.2	90.3	98.8	106.2	105.0
2005	99.2	93.3	100.5	97.2	97.6	99.3	106.1
2006	100.1	95.4	102.5	101.2	99.2	98.9	105.0
2007	102.2	98.6	101.1	102.5	99.8	97.3	104.0
2008	101.5	94.8	104.4	106.6	99.0	99.8	105.1
2009	100.3	93.9	100.0	102.5	98.0	100.8	91.8
2010	100.7	96.1	99.8	106.7	100.4	101.9	108.3
2011	103.0	101.3	104.3	106.7	101.1	100.0	104.8
2012	102.0	104.0	102.4	101.7	98.3	99.2	101.0

11－5　市区居民消费价格分类指数(一)

(1994－2012 年,以上年为 100)

年　份	居民消费价格总指数	# 服务项目价格指数	食品类	#粮　食	#肉禽及其制品	#水产品类	#鲜菜	#在外用膳食品
1994	125.3	137.5	133.2	160.3	151.2	128.8	142.5	126.0
1995	115.2	122.0	119.4	139.6	119.1	107.9	151.4	130.1
1996	108.8	118.2	106.2	102.1	105.6	120.1	96.8	99.8
1997	102.4	118.7	99.9	83.9	106.3	108.9	104.6	94.9
1998	99.6	109.2	98.3	101.6	88.1	106.8	103.4	93.7
1999	99.2	106.8	97.9	98.5	89.6	99.0	103.4	105.4
2000	100.8	115.5	97.9	84.7	99.5	99.4	107.1	98.9
2001	98.4	107.1	95.4	102.5	101.4	90.2	88.8	93.7
2002	99.0	100.4	101.5	94.7	96.9	102.8	118.3	100.2
2003	100.4	104.3	102.7	104.0	103.9	103.8	101.3	102.2
2004	104.3	107.3	111.8	127.7	116.4	109.6	109.2	110.2
2005	100.0	102.1	102.9	97.4	103.0	101.8	115.1	99.6
2006	100.2	101.9	101.5	102.4	94.7	100.9	98.9	101.9
2007	104.0	100.9	112.4	103.7	131.6	107.9	102.7	115.3
2008	104.2	101.9	110.1	103.2	116.9	107.0	106.1	107.4
2009	99.4	99.1	103.3	103.3	91.1	109.7	108.9	114.0
2010	104.6	104.8	108.5	116.0	101.5	114.1	122.8	103.2
2011	106.3	103.1	115.4	115.2	124.7	119.8	96.9	115.1
2012	102.0	100.3	105.6	102.4	99.8	108.9	119.9	107.3

注：2000 年及以前年份分类指数不含服务项目价格,下同。

11-6　市区居民消费价格分类指数(二)

(1994-2012年,以上年为100)

年　份	烟酒及用品	衣着类	家庭设备用品及维修服务	医疗保健和个人用品	交通和通讯	娱乐教育文化用品及服务	居　住
1994		125.7	108.7	92.2	102.0	110.2	108.2
1995		112.9	106.8	109.3	101.5	104.6	109.3
1996		105.1	102.8	113.0	96.7	108.5	137.3
1997		103.6	99.6	103.8	94.7	99.9	104.1
1998		101.5	98.3	104.0	93.0	96.3	96.9
1999		98.9	96.3	102.6	99.4	94.3	100.7
2000		99.4	97.5	101.9	98.6	88.8	105.7
2001	100.8	98.3	97.2	98.2	96.6	106.5	100.9
2002	99.3	96.2	97.8	95.7	95.7	98.5	98.5
2003	103.7	95.6	96.0	95.3	96.8	103.9	101.7
2004	103.5	97.2	99.1	90.1	97.5	108.2	104.0
2005	98.6	89.3	99.3	99.2	96.6	99.7	105.5
2006	100.3	93.0	102.0	100.9	97.4	98.7	104.8
2007	101.8	97.6	100.7	102.2	99.0	97.6	103.2
2008	101.3	89.4	104.6	110.1	96.9	101.5	104.6
2009	99.9	91.8	100.3	101.9	98.4	102.7	90.4
2010	100.4	95.5	100.0	105.2	100.9	102.4	109.8
2011	103.5	100.6	104.6	107.4	100.4	100.4	104.4
2012	101.8	104.4	101.5	100.9	97.4	99.0	101.1

11－7 全市商品零售价格分类指数(一)

（1994－2012年，以上年为100）

年 份	商品零售价格总指数	食品类	饮料、烟酒类	服装、鞋帽类	纺织品类	家用电器及音像器材类	文化办公用品类	日用品类	体育娱乐用品类
1994	125.5	137.4	109.9	133.2	127.1	107.4		111.8	
1995	115.3	127.6	102.9	114.9	117.6	97.8		111.4	
1996	105.7	106.0	104.0	105.1	108.3	97.4		106.4	
1997	99.3	98.8	97.7	101.8	101.6	96.4		100.2	
1998	97.5	98.1	97.3	100.2	98.0	92.3		97.6	
1999	98.4	98.9	95.1	98.3	98.6	91.0		98.1	
2000	100.4	100.7	101.7	99.2	99.2	92.3		96.8	
2001	98.8	99.7	102.4	97.4	101.0	88.3		98.3	
2002	99.8	101.2	101.0	97.9	99.2	95.3		99.3	
2003	99.6	102.6	104.9	97.6	100.0	92.1	92.1	98.5	97.1
2004	102.1	113.7	103.1	98.6	100.3	96.2	94.1	100.2	99.0
2005	99.7	103.0	99.2	93.2	99.5	98.6	98.0	100.6	99.6
2006	100.0	101.4	100.2	95.6	99.0	98.5	98.5	100.4	96.9
2007	104.3	112.3	102.3	98.3	100.0	98.2	97.6	100.2	96.9
2008	106.2	112.1	102.9	94.5	99.6	99.4	98.6	104.9	96.2
2009	106.2	112.1	102.9	94.5	99.6	99.4	98.6	104.9	96.2
2010	104.7	109.3	100.8	96.0	96.9	96.5	95.9	100.2	98.2
2011	106.9	115.2	103.5	101.0	101.3	98.5	97.8	104.3	98.5
2012	102.4	105.7	103.6	103.7	109.9	97.9	96.9	102.1	98.9

11－8 全市商品零售价格分类指数(二)

(1994－2012 年,以上年为100)

年份	交通、通信用品类	家具类	化妆品类	金银珠宝类	中西药品及医疗保健用品类	书报、杂志及电子出版物类	燃料类	建筑材料及五金电料类
1994			105.7	110.4	91.7	154.9	111.1	114.3
1995			111.1	98.6	112.7	110.7	102.1	104.7
1996			104.6	101.1	119.2	136.8	102.0	101.9
1997			99.7	98.9	101.9	107.3	101.5	94.7
1998			97.2	93.0	101.7	111.2	91.7	96.0
1999			96.6	91.0	100.9	105.1	104.6	100.1
2000			94.6	99.6	100.9	103.4	130.0	99.4
2001			95.0	85.1	103.3	111.6	91.8	99.1
2002			99.1	98.7	100.6	99.5	96.4	98.9
2003	92.3	95.0	100.7	109.1	96.8	99.9	107.7	100.7
2004	90.7	98.0	98.8	110.3	82.4	100.6	112.2	104.6
2005	91.7	98.0	100.0	105.1	93.4	99.5	114.0	101.1
2006	93.4	97.8	100.0	114.2	98.5	99.2	112.2	104.0
2007	97.2	97.5	101.2	108.5	103.1	100.0	106.3	106.1
2008	97.7	95.8	104.0	117.3	109.9	100.8	116.9	108.4
2009	100.6	90.4	98.4	99.3	103.5	106.1	85.1	99.2
2010	98.9	98.3	98.5	118.5	110.4	101.2	118.5	104.8
2011	97.1	100.1	100.9	120.1	108.9	103.1	114.3	105.5
2012	94.6	102.6	103.2	102.3	101.6	100.5	104.0	101.8

11－9　市区商品零售价格分类指数(一)

（1994－2012年，以上年为100）

年　份	商品零售价格总指数	食品类	饮料、烟酒类	服装、鞋帽类	纺织品类	家用电器及音像器材类	文化办公用品类	日用品类	体育娱乐用品类
1994	124.2	136.2	103.5	126.7	119.4	108.3		111.3	
1995	114.0	122.6	92.4	114.0	117.7	98.2		111.1	
1996	105.2	106.3	102.9	103.9	110.6	97.9		108.9	
1997	99.9	99.9	96.9	103.5	102.4	95.6		100.4	
1998	98.0	99.2	94.7	101.8	99.3	96.6		96.8	
1999	98.3	97.6	95.9	99.3	98.4	92.4		98.0	
2000	99.1	97.4	101.3	98.6	100.1	90.7		96.9	
2001	99.0	98.7	102.4	96.8	100.2	96.8		98.1	
2002	99.3	100.3	98.8	95.8	98.6	97.8		98.7	
2003	98.4	102.7	103.6	95.4	99.9	94.7	94.2	97.6	96.5
2004	100.5	111.9	103.2	97.2	100.1	94.7	96.7	98.9	99.7
2005	99.2	103.1	98.5	89.7	99.0	97.3	97.0	100.8	100.0
2006	99.4	101.6	100.5	93.0	98.5	98.5	98.7	100.7	95.9
2007	104.4	112.8	102.0	97.3	100.8	98.5	98.0	100.5	95.8
2008	105.6	110.0	103.0	89.0	99.3	99.3	99.4	104.5	93.1
2009	99.5	113.5	99.9	91.4	105.0	96.4	97.6	101.1	94.21
2010	104.3	108.8	100.4	95.6	96.8	97.1	94.3	99.8	97.2
2011	106.7	115.8	103.8	100.3	100.5	98.8	98.3	104.6	97.8
2012	102.1	105.6	103.9	104.5	112.0	97.3	95.7	102.9	98.4

11－10 市区商品零售价格分类指数(二)

(1994－2012 年,以上年为 100)

年份	交通、通信用品类	家具类	化妆品类	金银珠宝类	中、西药品及医疗保健用品类	书报、杂志及电子出版物类	燃料类	建筑材料及五金电料类
1994			105.5	110.0	95.0	154.3	100.2	113.4
1995			110.4	98.1	109.9	109.6	101.1	110.9
1996			103.4	100.0	111.5	137.0	98.3	101.5
1997			97.2	100.7	104.3	108.7	100.3	94.5
1998			93.1	93.0	103.3	108.3	91.6	89.5
1999			95.4	91.1	101.5	105.9	104.3	101.9
2000			93.6	100.8	101.9	103.1	131.2	100.0
2001			92.4	81.8	96.7	109.8	89.8	99.4
2002			97.9	99.2	96.0	99.5	93.7	100.9
2003	88.1	90.6	101.1	103.5	91.6	99.3	108.8	98.5
2004	86.4	96.3	97.5	113.3	81.9	100.4	109.8	102.6
2005	89.1	95.9	100.7	103.5	96.4	99.8	114.2	100.1
2006	91.7	96.9	99.8	112.3	97.2	99.2	112.3	104.1
2007	96.7	94.8	100.5	108.0	102.8	99.3	108.2	105.9
2008	97.1	90.2	100.7	111.8	117.2	101.8	117.9	108.8
2009	100.6	90.4	98.4	99.3	103.5	106.1	85.1	99.2
2010	99.2	96.8	97.8	115.5	109.1	101.3	119.7	105.4
2011	96.3	100.0	101.4	120.2	109.0	102.5	113.7	105.3
2012	92.8	103.3	103.7	102.6	100.4	100.6	103.5	102.7

11－11　工业生产者价格指数

（2007－2012年，以上年为100）

项　　目	2007年	2008年	2009年	2010年	2011年	2012年
一、工业生产者出厂价格指数	**101.8**	**102.8**	**94.4**	**103.7**	**103.8**	**97.6**
其中：轻工业	101.6	103.3	96.6	102.5	103.2	98.4
重工业	102.0	102.0	92.6	105.0	104.1	97.1
其中：生产资料	102.1	102.8	93.5	104.6	104.0	97.2
生活资料	101.3	102.7	97.1	101.8	103.3	98.2
按工业行业大类分						
有色金属矿采选业	156.4	62.6				
非金属矿采选业	100.1	96.4	100.4	106.2	108.8	110.4
农副食品加工业	101.9	107.2	101.1	103.1	107.3	102.6
食品制造业	97.9	99.2	101.2	105.6	111.1	97.3
饮料制造业	102.7	108.1	98.0	102.2	110.6	99.1
纺织业	100.8	103.3	95.4	102.9	108.3	100.2
纺织服装、鞋、帽制造业	103.7	102.7	100.0	102.3	107.0	104.5
皮革、毛皮、羽毛(绒)及其制品业	100.2	100.3	97.7	103.5	105.1	104.1
木材加工及木、竹、藤、棕、草制品业	99.7	103.5	98.5	103.6	105.6	101.2
家具制造业	101.6	102.8	98.2	101.7	103.2	100.4
造纸及纸制品业	100.0	106.3	92.6	104.7	104.8	97.8
印刷业和记录媒介的复制	100.7	100.0	87.9	101.6	101.5	101.2
文教体育用品制造业	102.6	101.7	93.1	100.7	103.4	100.1
化学原料及化学制品制造业	102.9	106.7	86.0	111.4	110.7	96.5
医药制造业	96.6	101.2	95.9	104.0	107.1	97.2
化学纤维制造业			86.7	117.8	114.9	92.1
橡胶制品业	102.0	103.2	98.7	103.3	110.7	98.2
塑料制品业	100.4	103.7	96.4	101.9	102.0	97.7
非金属矿物制品业	104.7	105.2	95.7	109.4	110.1	97.3
黑色金属冶炼及压延加工业	111.7	121.4	76.9	108.4	108.8	98.4
有色金属冶炼及压延加工业	106.7	93.0	86.2	114.0	108.7	95.3
金属制品业	109.7	101.6	91.2	106.4	103.6	97.5
通用设备制造业	106.2	103.7	94.1	102.9	103.7	98.1
专用设备制造业	101.7	103.8	98.9	99.3	106.7	101.2
交通运输设备制造业	97.7	102.3	95.0	101.8	97.5	99.5
电气机械及器材制造业	106.8	102.6	92.1	104.8	103.4	93.2
通信设备、计算机及其他电子设备制造业	124.7	117.1	92.9	95.0	100.6	97.6
仪器仪表及文化、办公用机械制造业	111.8	104.3	97.4	103.6	101.5	99.0
工艺品及其他制造业	106.4	100.3	97.1	101.6	102.3	95.7
废弃资源和废旧材料回收加工业	101.4	102.6	76.8	117.5	114.0	78.9
电力、热力的生产和供应业	100.4	100.9	102.5	101.0	101.3	102.5
燃气生产和供应业	99.6	118.5	75.0	135.6	113.4	102.9
水的生产和供应业	105.2	100.6	100.8	105.3	106.4	100.0
二、工业生产者购进价格指数	**105.1**	**111.8**	**91.2**	**110.2**	**108.4**	**97.5**
燃料、动力类	104.5	121.5	92.7	107.3	106.3	99.6
黑色金属材料类	103.8	116.4	85.6	108.7	109.1	95.6
有色金属材料和电线类	116.2	92.1	79.4	126.6	108.8	92.5
化工原料类	104.2	104.7	86.5	113.7	110.4	94.8
木材及纸浆类	101.9	104.8	95.3	105.9	104.8	99.7
建筑材料及非金属矿类	105.8	103.4	98.9	103.7	107.9	98.4
其他工业原材料及半成品类	106.8	103.4	96.7	108.0	105.1	99.0
农副产品类	107.6	121.4	91.4	106.7	113.6	101.7
纺织原料类	99.7	99.7	96.3	108.4	112.4	94.2

主 要 统 计 指 标 解 释

居民消费价格指数 居民消费价格是指城乡居民支付生活消费品和服务项目消费的价格，是社会产品和服务项目的最终价格。居民消费价格指数是度量一组具有代表性的消费商品及服务项目价格水平随着时间而变动的相对数；反映居民家庭购买的消费品及服务价格水平的变动情况。它是宏观经济分析和决策、价格总水平监测和调控以及国民经济核算的重要指标。调查内容包括食品类、烟酒及用品类、衣着类、家庭设备用品及维修服务类、医疗保健及个人用品类、交通和通信类、娱乐教育文化用品及服务类、居住等8大类的商品及服务项目。编制居民消费价格指数共设262个基本分类，每个分类设置2-10个代表规格品，代表规格品600种，采用加权算术平均公式计算指数。计算指数的价格来源于各采价点，权数根据住户调查中居民的实际消费构成每年调整。

商品零售价格指数 商品零售价格是商品在流通过程中最后一个环节的价格，指工业、商业、餐饮业和其它零售企业向城乡居民、机关团体出售生活消费品和办公用品的价格。商品零售价格指数是指反映一定时期内商品零售价格变动趋势和变动程度的相对数。调查内容包括即食品、饮料烟酒、服装鞋帽、纺织品、家用电器及音像器材、文化办公用品、日用品、体育娱乐用品、交通通信用品、家具、化妆品、金银珠宝、中西药品及医疗保健用品、书报杂志及电子出版物、燃料、建筑材料及五金电料等16大类，编制商品零售价格指数共设229个基本分类，必报商品535种，采用加权算术平均公式计算指数。计算指数的价格来源于各采价点（即商场、商店、农贸市场等），权数根据批发零售贸易统计中的相关资料和典型调查资料每年调整。

工业品出厂价格指数 工业品出厂价格是指工业品第一次出售时的出厂价格，工业品出厂价格指数是以出厂代表产品的价格变动来反映全部出厂产品的价格变化趋势和变动幅度。编制工业品出厂价格指数共设39大类，选用274种产品。

原材料、燃料、动力购进价格指数 原材料、燃料、动力购进价格是指企业作为中间投入的原材料、燃料、动力购进价格。原材料、燃料、动力购进价格指数是以购进代表产品的价格变动来反映全部购进产品的价格变化趋势和变动幅度。编制原材料购进价格指数共设9大类，选用227种产品。

12

人民生活

People's Livelihood

12－1　分经济类型在岗职工工资总额

（1978－2012 年）

单位：万元

年　份	在岗职工工资总额	国　有经济单位	城镇集体经济单位	其　他经济单位
1978	10991	6232	4759	
1979	12188	7420	4768	
1980	15462	9426	6036	
1981	16930	10193	6737	
1982	18173	11132	7041	
1983	19064	11678	7386	
1984	22888	12593	10253	42
1985	29816	17050	12721	45
1986	37300	21339	15958	3
1987	42260	23665	18593	2
1988	54200	30965	23216	19
1989	60462	33557	26754	151
1990	64706	36934	27465	307
1991	73106	41661	30286	1159
1992	84014	50992	32162	860
1993	116709	68783	44999	2927
1994	165673	102264	58427	4982
1995	206886	125891	72971	8024
1996	234605	143406	81132	10067
1997	270870	173888	84476	12506
1998	309077	192707	76523	39847
1999	348943	211797	77026	60120
2000	395935	235989	70476	89470
2001	476969	295154	56116	125699
2002	557525	343098	53332	161094
2003	666248	386838	56549	222861
2004	844901	514574	67055	263273
2005	1160823	695915	73360	391548
2006	1243008	714852	66110	462045
2007	1509686	810890	87703	611093
2008	1831658	894297	77426	859935
2009	2130097	987406	81600	1061091
2010	2551521	1088049	95756	1367716
2011	3341672	1144172	122738	2074762
2012	4143337	1245713	172753	2724872

注：本表统计范围为城镇集体以上各类单位；2003 年以前为职工资料；2005 年数据有不可比因素。

12-2 市区在岗职工工资总额

(1990-2012年)

单位:万元

年份	市区	椒江区	黄岩区	路桥区
1990	23370	9730	13640	
1991	26833	11322	15511	
1992	29362	13504	15858	
1993	43238	19373	23865	
1994	59188	24685	27337	7166
1995	73751	31117	32401	10233
1996	87295	34639	39422	13234
1997	101677	42993	43722	14962
1998	121383	56405	47015	17963
1999	137499	63098	54740	19661
2000	156553	74559	61051	20943
2001	191763	95549	71294	24920
2002	220261	111321	77539	31401
2003	272660	147702	87637	37321
2004	330371	177525	105629	47217
2005	448308	227797	145668	74843
2006	491496	250422	160075	80999
2007	638453	348269	181212	108972
2008	820302	409196	193587	217519
2009	917011	473982	211043	231986
2010	1140013	596051	264818	279144
2011	1465823	728749	406149	330925
2012	1890357	932317	536929	421111

注:本表统计范围为城镇集体以上各类单位;2003年以前为职工资料;2005年数据有不可比因素。

12-3 各县市在岗职工工资总额

(1990-2012年)

单位:万元

年份	玉环县	三门县	天台县	仙居县	温岭市	临海市
1990	4890	3805	5172	4378	10914	12177
1991	5256	4447	5808	4902	12321	13539
1992	6553	5467	6515	6175	14114	15827
1993	9469	7561	8868	7744	18367	21462
1994	13913	11606	12940	10848	29098	28080
1995	17129	13895	15745	14913	35258	36197
1996	18259	14243	17248	16689	43007	37862
1997	17861	18882	15971	20627	45951	49901
1998	20364	19966	16203	25732	48910	56519
1999	28532	15753	21346	22437	66256	57120
2000	32310	15937	22985	26004	78111	64035
2001	34322	20150	30900	31135	87964	80735
2002	41259	24562	38385	37278	107804	87976
2003	45904	25995	47831	47864	130506	95487
2004	54280	32196	66320	57202	170476	134056
2005	98016	67564	88510	71599	210786	176041
2006	106421	71135	91894	75540	224744	181777
2007	111760	79981	108631	85863	267185	217813
2008	149684	81888	125380	106787	282304	265314
2009	161383	93410	141827	144843	328152	343471
2010	198213	103041	164593	181450	392752	371459
2011	397554	124274	180169	203798	433749	536305
2012	441803	150883	211767	194335	530716	723476

注:本表统计范围为城镇集体以上各类单位;2003年以前为职工资料;2005年数据有不可比因素。

12－4 分行业在岗职工工资总额

（2007－2012年）

单位：万元

行业	2007年	2008年	2009年	2010年	2011年	2012年
总　　计	**1509686**	**1831658**	**2130097**	**2551521**	**3341672**	**4143337**
按企业、事业、机关分						
企　业	805306	1089966	1285075	1605301	2344587	3012012
事　业	491958	526099	599137	679825	726510	793408
机　关	212422	215592	242780	261782	266150	317268
民间非营利组织			2619	3586	3308	9358
其　它			486	1026	1118	11292
按国民经济行业分						
农、林、牧、渔业	14425	15300	16167	16076	17882	5262
采矿业	364	638	320	410	566	658
制造业	230409	364769	445689	589414	982022	1197460
电力、热力、燃气及水生产和供应业	69053	76265	75911	86255	88805	95202
建筑业	254744	330687	385675	482861	752727	1079114
批发和零售业	38928	42392	49692	56448	65608	98939
交通运输、仓储和邮政业	22623	25722	28355	30045	32480	81141
住宿和餐饮业	45890	56098	63637	71584	87510	20678
信息传输、软件和信息技术服务业	15028	14473	15902	16608	17780	38610
金融业	108188	147839	176779	214778	250953	278483
房地产业	15830	20011	20274	31356	36927	51126
租赁和商务服务业	23555	29692	29822	34294	32047	52929
科学研究、技术服务业	26736	27869	30140	32644	37166	62374
水利、环境和公共设施管理业	14179	16041	17362	20350	21275	27097
居民服务、修理和其他服务业	2946	2709	4008	4450	4565	4311
教　育	248310	266143	320429	369388	377698	415380
卫生和社会工作	120656	130358	148715	168115	201279	243350
文化、体育和娱乐业	11737	13074	15809	18179	22049	23631
公共管理、社会保障和社会组织	246087	251580	285414	308267	312334	367595

注：本表统计范围为城镇集体以上各类单位。

12－5 分行业国有经济在岗职工工资总额

（2007－2012 年）

单位:万元

行业	2007 年	2008 年	2009 年	2010 年	2011 年	2012 年
总计	**810890**	**894297**	**987406**	**1088049**	**1144172**	**1245713**
按企业、事业、机关分						
企业	137385	185917	173797	186548	194575	187209
事业	461305	493027	569245	637706	683137	741065
机关	212200	215353	242445	261782	266150	317268
民间非营利组织			1658	1778	69	76
其它			262	236	243	95
按国民经济行业分						
农、林、牧、渔业	14104	15108	15913	15902	17754	5149
采矿业						
制造业	5219	6558	6710	5177	5785	5916
电力、热力、燃气及水生产和供应业	46580	71442	69628	78805	78492	82272
建筑业	3493	9378	3328	3647	1478	1881
批发和零售业	22456	24268	29744	31907	35384	18824
交通运输、仓储和邮政业	5967	6823	6431	7157	12161	36480
住宿和餐饮业	17302	18292	18380	19006	18527	1268
信息传输、软件和信息技术服务业	1076	802	1021	959	1349	8628
金融业	42030	53000	35878	38809	45047	29556
房地产业	4579	5104	4087	5000	4542	6116
租赁和商务服务业	11501	11986	13868	14039	9876	10309
科学研究、技术服务业	23633	24930	27479	28482	29857	34033
水利、环境和公共设施管理业	10024	11351	12500	15408	16785	19192
居民服务、修理和其他服务业	1990	2073	2247	2574	2290	2517
教育	238934	255720	312193	351788	351312	381911
卫生和社会工作	104355	113139	127577	144874	181735	215516
文化、体育和娱乐业	11737	13074	15232	17572	20440	21066
公共管理、社会保障和社会组织	245914	251250	285192	306943	311359	365079

12－6　分行业城镇集体经济在岗职工工资总额

（2007－2012年）

单位：万元

行　　业	2007年	2008年	2009年	2010年	2011年	2012年
总　　计	**87703**	**77426**	**81600**	**95756**	**122738**	**172753**
按企业、事业、机关分						
企　业	65518	54498	56440	60134	94057	140525
事　业	21963	22689	24704	35500	28460	30006
机　关	222	240	335			
民间非营利组织			16	18	106	419
其　它			105	105	116	1803
按国民经济行业分						
农、林、牧、渔业	175	75	124	39	28	20
采矿业	34	21			265	
制造业	2853	7418	7612	8179	3783	1871
电力、热力、燃气及水生产和供应业	774	965	1112	1304	751	626
建筑业	46605	26171	30375	41213	78767	125458
批发和零售业	906	47	26		71	467
交通运输、仓储和邮政业						101
住宿和餐饮业	1588	1819	1222	844	300	76
信息传输、软件和信息技术服务业	447	378	103	79	274	
金融业	8602	13291	12551	4780	5951	7147
房地产业	190	178	203	211	182	792
租赁和商务服务业	5432	6459	3400	3499	3871	5154
科学研究、技术服务业	1110	1041	429	827	770	866
水利、环境和公共设施管理业	3057	3309	3213	3131	2099	3153
居民服务、修理和其他服务业	476	434	17	17	17	6
教　育	877	617	2431	10359	9460	8970
卫生和社会工作	14420	14988	18661	20537	15508	17286
文化、体育和娱乐业				15		
公共管理、社会保障和社会组织	157	217	121	722	643	483

12－7　分行业其他经济在岗职工工资总额

（2007－2012年）

单位:万元

行　　业	2007年	2008年	2009年	2010年	2011年	2012年
总　　计	**611093**	**859935**	**1061091**	**1367716**	**2074762**	**2724872**
按企业、事业、机关分						
企　业	602402	849552	1054839	1358620	2055955	2684278
事　业	8690	10384	5188	6620	14914	22337
机　关						
民间非营利组织			946	1791	3134	8863
其　它			119	685	759	9395
按国民经济行业分						
农、林、牧、渔业	146	117	130	134	100	93
采矿业	329	618	320	410	301	380
制造业	222337	350792	431367	576058	972454	1189673
电力、热力、燃气及水生产和供应业	21699	3859	5171	6146	9561	12304
建筑业	204646	295138	351972	438002	672481	951776
批发和零售业	15565	18078	19922	24540	30153	79649
交通运输、仓储和邮政业	16656	18899	21924	22888	20318	44560
住宿和餐饮业	27001	35987	44036	51734	68684	19333
信息传输、软件和信息技术服务业	13505	13293	14779	15571	16158	29982
金融业	57557	81548	128350	171189	199955	241780
房地产业	11062	14729	15985	26144	32203	44218
租赁和商务服务业	6622	11246	12554	16757	18300	37466
科学研究、技术服务业	1993	1898	2231	3335	6539	27475
水利、环境和公共设施管理业	1098	1382	1649	1811	2391	4752
居民服务、修理和其他服务业	480	202	1744	1858	2258	1788
教　育	8500	9805	5805	7241	16927	24499
卫生和社会工作	1881	2232	2477	2704	4036	10548
文化、体育和娱乐业			577	592	1610	2565
公共管理、社会保障和社会组织	17	113	100	602	332	2033

12－8　分经济类型在岗职工平均工资

（1978－2012年）

单位:元

年　　份	在岗职工平均工资	国　有经济单位	城镇集体经济单位	其　他经济单位
1978	498	562	454	
1979	560	610	527	
1980	639	711	564	
1981	690	717	645	
1982	695	735	649	
1983	716	751	659	
1984	815	866	772	851
1985	1029	1116	946	958
1986	1237	1320	1161	695
1987	1275	1420	1268	1141
1988	1653	1767	1559	1299
1989	1856	1920	1783	1659
1990	1995	2122	1848	1853
1991	2193	2300	2055	2388
1992	2625	2750	2448	2600
1993	3511	3696	3253	3634
1994	5128	5554	4530	4979
1995	6320	6614	5811	7011
1996	7067	7347	6641	6898
1997	8097	8678	7129	7996
1998	9368	10009	7661	10623
1999	10783	11587	8739	11410
2000	12446	13631	9278	12960
2001	15611	18373	10429	13800
2002	18246	22008	13082	14793
2003	21000	26191	15142	16856
2004	24919	33620	18064	17683
2005	31077	45805	24149	20476
2006	31949	46542	24668	22143
2007	33366	50182	25572	23817
2008	34126	53921	29883	24928
2009	36822	59995	32942	27268
2010	40562	65978	37238	31197
2011	42199	71388	41375	34468
2012	47007	79338	43061	39820

注:本表统计范围为城镇集体以上各类单位;2003年以前为职工资料;2005年数据有不可比因素。

12-9 市区在岗职工平均工资

(1990-2012年)

单位:元

年份	市区	椒江区	黄岩区	路桥区
1990	2063	2106	2033	
1991	2312	2361	2183	
1992	2774	3046	2538	
1993	3664	3880	3506	
1994	5139	5270	5196	4560
1995	6522	6934	6298	6110
1996	7472	7788	7516	6647
1997	8642	9460	8328	7591
1998	9912	11119	9173	8774
1999	11342	12686	10328	10637
2000	12929	15178	11533	11007
2001	15973	18154	13579	16707
2002	18599	21090	15359	20714
2003	21806	24709	17852	23078
2004	24861	26770	21394	27458
2005	31495	30658	29640	39606
2006	32840	32703	30019	40977
2007	33131	33829	30029	37053
2008	32672	34759	30801	30854
2009	35519	37840	32564	34061
2010	39107	41620	35726	37633
2011	40996	44105	37582	39278
2012	47059	50865	40613	48852

注:本表统计范围为城镇集体以上各类单位;2003年以前为职工资料;2005年数据有不可比因素。

12－10 各县市在岗职工平均工资

（1990－2012年）

单位：元

年份	玉环县	三门县	天台县	仙居县	温岭市	临海市
1990	2019	1817	1893	1999	1978	1981
1991	2290	2007	2037	2148	2211	2178
1992	2772	2541	2357	2644	2520	2589
1993	3763	3328	3198	3276	3351	3554
1994	6055	4957	4740	4966	5246	4932
1995	7404	5925	5672	6386	6325	5949
1996	7602	6442	6383	6915	7276	6447
1997	8314	7225	6987	7549	8432	7649
1998	10010	8404	7966	8465	9845	8744
1999	11966	9423	9705	10034	11042	9939
2000	13693	11377	11355	11769	12828	11394
2001	16925	15925	14452	14550	16624	14199
2002	20082	19656	17286	16905	19337	16266
2003	20255	21518	19158	18630	22571	19487
2004	22519	26807	23314	21312	28976	23965
2005	37000	29209	30558	26265	32127	29472
2006	38282	30352	31252	27653	32135	29558
2007	40518	32936	32897	31087	34173	31537
2008	34750	33315	35935	34136	36335	35791
2009	36641	36514	37146	33062	41247	38532
2010	40251	38023	40028	37987	47583	41383
2011	38328	41852	40612	43395	50571	43315
2012	42482	45052	44078	43630	53621	48016

注：本表统计范围为城镇集体以上各类单位；2003年以前为职工资料；2005年数据有不可比因素。

12－11 分行业在岗职工平均工资

（2007－2012年）

单位:元

行业	2007年	2008年	2009年	2010年	2011年	2012年
总计	**33366**	**34126**	**36822**	**40562**	**42199**	**47007**
按企业、事业、机关分						
企业	25942	27622	29521	33323	36168	40989
事业	47136	50385	57525	63631	68214	76440
机关	56398	57177	63687	66947	74033	83542
民间非营利组织			32902	33486	37549	44369
其它			42667	35628	37510	41669
按国民经济行业分						
农、林、牧、渔业	31134	34883	39003	40099	43700	40914
采矿业	24233	24729	22378	21677	29942	32716
制造业	20201	21782	23041	27143	31278	36643
电力、热力、燃气及水生产和供应业	67693	72793	76911	86246	93351	106585
建筑业	21471	23071	25219	28347	31971	36657
批发和零售业	34860	37955	43921	49295	54052	44238
交通运输、仓储和邮政业	64951	68832	72242	76122	79822	55523
住宿和餐饮业	27961	32701	34627	37779	39709	29025
信息传输、软件和信息技术服务业	18668	17236	18009	20013	24063	88111
金融业	66267	85426	91142	95806	102964	98071
房地产业	29342	32934	37433	44070	49706	53857
租赁和商务服务业	30094	27641	28337	31634	32939	38329
科学研究、技术服务业	46352	52523	55070	56910	62181	73885
水利、环境和公共设施管理业	31912	29412	33375	36378	40432	44774
居民服务、修理和其他服务业	40306	51314	30663	33455	33372	44718
教育	46881	50519	60408	68542	69689	74365
卫生和社会工作	47954	52060	57539	62265	72525	82166
文化、体育和娱乐业	44240	49957	49310	52768	59240	63833
公共管理、社会保障和社会组织	55428	56416	61897	65122	72231	81664

注:本表统计范围为城镇集体以上各类单位。

12-12 分行业国有经济在岗职工平均工资

（2007-2012年）

单位：元

行业	2007年	2008年	2009年	2010年	2011年	2012年
总计	**50182**	**53921**	**59995**	**65978**	**71388**	**79338**
按企业、事业、机关分						
企业	49290	57151	59088	67639	78578	81293
事业	48005	51538	58885	65209	68654	77215
机关	56403	57186	63729	66947	74033	83542
民间非营利组织			40136	44889	34350	35952
其它			62476	62079	62282	73000
按国民经济行业分						
农、林、牧、渔业	31511	35127	39311	40505	44011	41521
采矿业						
制造业	22409	26391	28847	32603	34681	40859
电力、热力、燃气及水生产和供应业	73192	78266	83267	93216	100156	118122
建筑业	22518	24922	29038	30190	32492	34076
批发和零售业	43020	47314	55132	62612	69448	67252
交通运输、仓储和邮政业	54540	61748	65828	72005	71961	71445
住宿和餐饮业	42657	52577	56815	64844	64106	24917
信息传输、软件和信息技术服务业	15982	15915	17095	18055	22289	68643
金融业	72804	94761	85404	91964	118763	112765
房地产业	41437	47043	55223	55189	62305	72641
租赁和商务服务业	34016	31684	31101	35604	35873	45095
科学研究、技术服务业	49806	55462	57669	60599	69402	76858
水利、环境和公共设施管理业	44004	37313	40943	48944	43206	47354
居民服务、修理和其他服务业	55275	58222	59447	68090	68781	72336
教育	47368	51257	61477	70121	70640	76266
卫生和社会工作	50299	54983	60586	64754	75287	85914
文化、体育和娱乐业	44240	49957	50571	54100	63047	70905
公共管理、社会保障和社会组织	55457	56435	61934	65171	72254	82173

12－13　分行业城镇集体经济在岗职工平均工资

（2007－2012 年）

单位：元

行　　业	2007 年	2008 年	2009 年	2010 年	2011 年	2012 年
总　　计	**25572**	**29883**	**32942**	**37238**	**41375**	**43061**
按企业、事业、机关分						
企　业	23159	27483	30582	33139	37937	40164
事　业	36831	37614	39800	47063	59180	63965
机　关	51721	49896	42936			
民间非营利组织			53000	59667	25829	32473
其　它			37643	45739	52545	58158
按国民经济行业分						
农、林、牧、渔业	23959	41500	45815	24500	27900	32833
采矿业	17100	17083			30814	32291
制造业	16351	20470	22354	25127	32168	36397
电力、热力、燃气及水生产和供应业	29670	34081	37695	46092	46346	48930
建筑业	21375	23719	27571	32170	36236	38452
批发和零售业	31469	18600	11391		23667	99319
交通运输、仓储和邮政业						30606
住宿和餐饮业	25813	30578	29083	27776	62396	31833
信息传输、软件和信息技术服务业	15844	20416	17133	18786	35141	
金融业	61483	72907	58188	111953	138713	161699
房地产业	16779	18542	19481	21763	32446	87989
租赁和商务服务业	33121	30481	37080	40352	39697	46853
科学研究、技术服务业	50240	51261	48236	58268	52733	59322
水利、环境和公共设施管理业	19202	19006	22565	18299	42584	56603
居民服务、修理和其他服务业	38732	65803	12071	13385	15091	9833
教　育	32243	26264	39206	62743	72265	63260
卫生和社会工作	37938	39410	44772	51665	55053	61604
文化、体育和娱乐业				73000		
公共管理、社会保障和社会组织	32646	45104	39129	60689	63049	54864

12－14 分行业其他经济在岗职工平均工资

（2007－2012年）

单位：元

行业	2007年	2008年	2009年	2010年	2011年	2012年
总计	**23817**	**24928**	**27268**	**31197**	**34468**	**39820**
按企业、事业、机关分						
企业	23692	24823	27226	31160	34340	39660
事业	37572	38161	40690	44075	68038	71363
机关						
民间非营利组织			24882	26649	38213	45243
其它			26955	30176	32038	39357
按国民经济行业分						
农、林、牧、渔业	17321	17418	18571	20030	20875	23300
采矿业	25331	25102	22378	21677	29214	33035
制造业	20215	21740	22982	27133	31256	36624
电力、热力、燃气及水生产和供应业	60680	36201	42631	48621	63153	66906
建筑业	21476	22961	25003	28019	31535	36438
批发和零售业	27505	30054	33789	38616	42996	40806
交通运输、仓储和邮政业	69719	71805	74368	77508	85406	47029
住宿和餐饮业	22997	27511	29910	32924	35960	29332
信息传输、软件和信息技术服务业	19035	17246	18082	20154	24094	95941
金融业	62876	82455	98443	96330	99228	95441
房地产业	26482	30089	34962	42776	48469	51650
租赁和商务服务业	23600	23236	24385	27785	30496	35946
科学研究、技术服务业	24848	31211	36047	37301	42768	71032
水利、环境和公共设施管理业	19157	20592	22739	24644	27043	32953
居民服务、修理和其他服务业	19359	19094	19056	19790	22054	29305
教育	37743	38345	35354	34945	53633	56152
卫生和社会工作	30688	33824	39882	41472	50641	61110
文化、体育和娱乐业			29727	30364	33531	35093
公共管理、社会保障和社会组织	24000	43538	31375	50142	70638	40899

12－15　各经济类型分行业全部在岗职工平均工资

（2012 年）

单位:元

行业	在岗职工平均工资	国有经济单位	城镇集体经济单位	其他经济单位
总　　计	**47007**	**79338**	**43061**	**39820**
按企业、事业、机关分				
企　业	40989	81293	40164	39660
事　业	76440	77215	63965	71363
机　关	83542	83542		
民间非营利组织	44369	35952	32473	45243
其　它	41669	73000	58158	39357
按国民经济行业分				
农、林、牧、渔业	**40914**	**41521**	**32833**	**23300**
农　业	28078	28078		
林　业	27150	27150		
畜牧业	23300			23300
渔　业	32833		32833	
农、林、牧、渔服务业	59968	59968		
采矿业	**32716**		**32291**	**33035**
有色金属矿采选业	32291		32291	
非金属矿采选业	33035			33035
制造业	**36643**	**40859**	**36397**	**36624**
农副食品加工业	43605		27194	43843
食品制造业	34584			34584
酒、饮料和精制茶制造业	40444	47339		38768
纺织业	31219			31219
纺织服装、服饰业	27561			27561
皮革、毛皮、羽毛及其制品和制鞋业	33270			33270
木材加工及木、竹、藤、棕、草制品业	26689			26689
家具制造业	30929			30929
造纸和纸制品业	32204		28958	32291
印刷业和记录媒介复制业	34783	83206	19143	31938
文教、美工、体育和娱乐用品制造业	28314		22615	28320

注:本表统计范围为城镇集体以上各类单位。

12－15 续表1

单位:元

行业	在岗职工平均工资	国有经济单位	城镇集体经济单位	其他经济单位
化学原料和化学制品制造业	45888			45888
医药制造业	50902			50902
橡胶和塑料制品业	34965		19783	35006
非金属矿物制品业	37393	52905	23065	37087
黑色金属冶炼和压延加工业	34776			34776
有色金属冶炼和压延加工业	32355			32355
金属制品业	35742			35742
通用设备制造业	36433	29766	40105	36510
专用设备制造业	34795			34795
汽车制造业	39584			39584
铁路、船舶、航空航天和其他运输设备制造业	28243	37391		28124
电气机械和器材制造业	36588		129405	36461
计算机、通讯和其他电子设备制造业	37866			37866
仪器仪表制造业	37815		26192	37839
其他制造业	35664			35664
废弃资源综合利用业	36167			36167
金属制品、机械和设备修理业	33191			33191
电力、热力、燃气及水生产和供应业	**106585**	**118122**	**48930**	**66906**
电力、热力生产和供应业	117473	125441	27087	60720
燃气生产和供应业	52149		53700	51414
水的生产和供应业	73556	72116	53760	75724
建筑业	**36657**	**34076**	**38452**	**36438**
房屋建筑业	36459		38122	36228
土木工程建筑业	36919	34076	38939	36826
建筑安装业	57030		194018	52533
建筑装饰和其他建筑业	36921		28333	36963
批发和零售业	**44238**	**67252**	**99319**	**40806**

12－15 续表2

单位:元

行业	在岗职工平均工资	国有经济单位	城镇集体经济单位	其他经济单位
批发业	52893	85399	213222	45179
零售业	37662	35698	28621	37856
交通运输、仓储和邮政业	**55523**	**71445**	**30606**	**47029**
道路运输业	47534	60925	30606	41211
水上运输业	64384	66998		63859
航空运输业	135644	142727		105036
装卸搬运和运输代理业	58426	66867		53824
仓储业	44166	48973		43223
邮政业	96618	97827		30600
住宿和餐饮业	**29025**	**24917**	**31833**	**29332**
住宿业	28753	24917		29118
餐饮业	30284		31833	30254
信息传输、软件和信息技术服务业	**88111**	**68643**		**95941**
电信、广播电视和卫星传输服务业	91035	68470		100655
软件和信息技术服务业	41746	77160		37979
金融业	**98071**	**112765**	**161699**	**95441**
货币金融服务业	99825	115846	161699	96682
资本市场服务业	73180	66677		74610
保险业	87743	19500		89022
其他金融活动	30250			30250
房地产业	**53857**	**72641**	**87989**	**51650**
房地产开发经营	60196	64859		59990
物业管理	35317	26000	170838	33340
房地产中介服务	46825			46825
租赁和商务服务业	**38329**	**45095**	**46853**	**35946**
租赁业	38533	55375		19286
商务服务业	38329	45023	46853	35968
科学研究、技术服务业	**73885**	**76858**	**59322**	**71032**
研究与试验发展	82269	81948	61960	82330

12－15 续表3

单位:元

行业	在岗职工平均工资	国有经济单位	城镇集体经济单位	其他经济单位
专业技术服务业	73640	85746	42700	56008
科技推广和应用服务业	60913	61732		41277
水利、环境和公共设施管理业	**44774**	**47354**	**56603**	**32953**
水利管理业	70368	70452	29333	
生态保护和环境治理业	83527	93792		75581
公共设施管理业	35938	33592	56751	32016
居民服务、修理和其他服务业	**44718**	**72336**	**9833**	**29305**
居民服务业	60157	72956	9833	25165
机动车、电子产品和日用品修理业	31540	51400		31540
其他服务业	28457			26692
教　育	**74365**	**76266**	**63260**	**56152**
初等教育	74389	74807	70082	54338
中等教育	75502	76961	78792	63844
高等教育	88553	89552		34873
卫生和社会工作	**82166**	**85914**	**61604**	**61110**
卫　生	82466	86097	62114	62106
社会工作	56576	67243	24421	34825
文化、体育和娱乐业	**63833**	**70905**		**35093**
新闻和出版业	80455	80455		
广播、电视、电影和影视录音制作业	65171	68175		31093
文化艺术业	64667	69639		34286
体　育	54048	76267		47104
娱乐业	35085	59500		33762
公共管理、社会保障和社会组织	**81664**	**82173**	**54864**	**40899**
中国共产党机关	90560	90560		
国家机构	81718	81757	57667	
人民政协、民主党派	98962	98962		
社会保障	72688	72688		
群众团体、社会团体和其他成员组织	72199	80879	46455	48184

12－16　全市城镇居民家庭基本情况(一)

(1990－2012年)

单位:人

年　份	平均每户家庭人口数	有收入者人数	#离退休人数	无收入者人数	平均每户就业人口数	平均每户就业面(%)	平均每一就业者负担人数
1990	3.19	2.23	0.27	0.96	1.96	61.44	1.63
1991	3.10	2.20	0.27	0.90	1.93	62.26	1.61
1992	3.08	2.25	0.26	0.83	1.98	64.29	1.56
1993	3.05	2.26	0.28	0.79	1.96	64.26	1.56
1994	3.01	2.30	0.28	0.71	1.96	65.12	1.54
1995	2.99	2.33	0.34	0.66	1.94	64.88	1.54
1996	2.91	2.25	0.38	0.66	1.83	62.89	1.59
1997	3.00	2.23	0.33	0.77	1.87	62.33	1.60
1998	2.97	2.16	0.41	0.81	1.75	58.92	1.70
1999	2.94	2.17	0.41	0.77	1.74	59.18	1.69
2000	2.87	2.09	0.52	0.78	1.54	53.65	1.87
2001	2.81	2.04	0.49	0.75	1.52	54.22	1.85
2002	2.70	2.10	0.60	0.60	1.40	52.59	1.90
2003	2.77	1.96	0.38	0.81	1.53	55.23	1.81
2004	2.76	1.95	0.42	0.81	1.50	54.17	1.85
2005	2.82	2.02	0.51	0.80	1.47	52.13	1.92
2006	2.90	2.08	0.49	0.82	1.54	53.10	1.88
2007	2.87	2.04	0.51	0.83	1.52	53.00	1.89
2008	2.91	2.05	0.50	0.85	1.52	52.23	1.91
2009	2.93	2.04	0.47	0.89	1.55	52.90	1.89
2010	2.90	2.06	0.48	0.84	1.55	53.45	1.87
2011	2.90	2.07	0.45	0.83	1.58	54.48	1.84
2012	2.94	2.11	0.46	0.82	1.63	54.44	1.80

注：根据2006年城镇住户调查方法制度,对之前年份的相关数据作了调整,下同。

12－17　全市城镇居民家庭基本情况(二)

(1990－2012 年)

单位:元

年份	人均家庭总收入	#人均可支配收入	人均家庭总支出	#人均消费支出	年末人均住房使用面积(平方米)
1990	1631	1619	1491	1364	
1991	1987	1968	1851	1721	
1992	2364	2342	2314	2119	
1993	3593	3568	4633	2862	
1994	5049	5036	4768	3800	
1995	6621	6588	6324	5209	
1996	6955	6897	5852	5385	
1997	7382	7331	7060	6349	
1998	7918	7880	7760	6752	
1999	8364	8314	8621	6812	
2000	9274	8861	8750	6926	18.87
2001	10736	10260	10798	7896	21.96
2002	12450	11817	11608	8840	24.00
2003	14548	13609	12559	9735	27.76
2004	17161	16113	14471	10992	29.11
2005	18608	17394	15817	12367	30.38
2006	20060	19036	15981	12988	32.77
2007	22179	20942	18155	14536	33.68
2008	24189	22738	19745	15182	31.95
2009	26164	24429	21373	16390	31.99
2010	28995	27212	24180	17933	32.26
2011	32441	30490	25110	19808	32.29
2012	36167	33979	26153	20643	33.21

12－18　市区城镇居民家庭基本情况(一)

(1990－2012年)

单位:人

年　份	平均每户家庭人口数	有收入者人数	#离退休人数	无收入者人数	平均每户就业人口数	平均每户就业面(%)	平均每一就业者负担人数
1990	3.22	2.22	0.28	1.00	1.95	60.56	1.65
1991	3.06	2.15	0.25	0.91	1.85	60.46	1.65
1992	3.03	2.17	0.23	0.86	1.93	63.69	1.57
1993	3.02	2.24	0.21	0.78	1.97	65.23	1.53
1994	2.81	2.11	0.33	0.70	1.70	60.50	1.65
1995	2.87	2.20	0.35	0.67	1.77	61.67	1.62
1996	2.85	2.15	0.38	0.70	1.73	60.70	1.65
1997	2.83	2.17	0.38	0.66	1.74	61.48	1.63
1998	2.85	2.10	0.53	0.75	1.58	55.22	1.81
1999	2.87	2.14	0.50	0.74	1.59	55.40	1.81
2000	2.87	2.10	0.43	0.77	1.63	56.79	1.76
2001	2.85	2.07	0.42	0.77	1.61	56.49	1.77
2002	2.71	2.11	0.51	0.60	1.50	55.35	1.81
2003	2.71	1.96	0.43	0.75	1.47	54.24	1.84
2004	2.70	1.93	0.48	0.77	1.41	52.22	1.91
2005	2.78	1.98	0.48	0.80	1.45	52.15	1.92
2006	2.76	1.98	0.50	0.78	1.42	51.45	1.94
2007	2.77	2.02	0.51	0.75	1.45	52.35	1.91
2008	2.87	1.93	0.42	0.93	1.44	50.17	1.99
2009	2.84	1.94	0.43	0.89	1.47	51.76	1.93
2010	2.82	1.96	0.44	0.86	1.46	51.77	1.93
2011	2.73	2.02	0.45	0.72	1.53	56.04	1.78
2012	2.73	2.01	0.50	0.71	1.47	53.85	1.86

12－19　市区城镇居民家庭基本情况(二)

(1990－2012年)

单位:元

年　份	人均家庭总收入	*人均可支配收入	人均家庭总支出	*人均消费支出	年末人均住房使用面积(平方米)
1990	1491	1481	1335	1244	13.25
1991	1952	1930	1802	1699	14.07
1992	2303	2276	2295	2171	14.03
1993	3613	3584	4744	2962	15.26
1994	5199	5191	4732	3940	16.37
1995	6912	6871	6598	5432	16.36
1996	7337	7258	6084	5684	17.11
1997	7884	7816	7066	6353	17.30
1998	8464	8419	8497	7441	18.71
1999	8837	8775	9448	7354	17.98
2000	9628	9176	8819	7420	22.76
2001	10894	10396	11818	8668	22.93
2002	13058	12391	13148	9921	26.41
2003	15548	14525	13994	10865	27.87
2004	17841	16651	15903	13052	27.84
2005	19680	18313	19806	14423	27.06
2006	21428	19953	20789	15460	28.13
2007	24042	22245	19402	15666	28.18
2008	25834	24181	19577	15715	29.49
2009	27587	25889	21872	17477	29.98
2010	30555	28583	27164	19626	30.01
2011	35616	32127	32588	22648	30.55
2012	39039	35926	31765	24170	30.92

12－20　全市城镇居民家庭人均全年家庭收支(一)

(1992－2012年)

单位:元

年　份	家　庭总收入	#可支配收　入	工资性收　入	工 资 及补贴收入	其他劳动收入	经营净收　入	财产性收　入	转移性收　入
1992	2364	2342	1895	1861	34	41	76	352
1993	3593	3568	2766	2638	128	75	177	575
1994	5049	5036	3791	3642	149	76	337	845
1995	6621	6588	4858	4581	277	142	356	1265
1996	6955	6897	5188	4975	213	173	288	1306
1997	7382	7331	5455	5049	406	205	267	1455
1998	7918	7880	5499	5140	359	426	332	1661
1999	8364	8314	6011	5655	356	420	204	1729
2000	9274	8861	5052	4658	394	1545	334	2343
2001	10736	10260	5914	5505	409	1627	292	2903
2002	12450	11817	7079	6491	588	1725	336	3310
2003	14548	13609	9763	9206	557	1795	478	2512
2004	17161	16113	11385	10903	482	2135	415	3226
2005	18608	17394	11111	10725	386	2869	798	3830
2006	20060	19036	11632	11267	365	3555	830	4043
2007	22179	20942	13000	12724	276	3634	956	4589
2008	24189	22738	14731	14480	251	3444	1084	4930
2009	26164	24429	15983	15782	201	3736	1360	5085
2010	28995	27212	17428	17228	200	4045	1432	6090
2011	32441	30490	18735	18548	188	5209	1961	6536
2012	36167	33979	21210	20994	216	5668	1934	7356

12－21 全市城镇居民家庭人均全年家庭收支(二)

(1992－2012 年)

单位:元

年 份	家庭总支出	#消费支出	#服务性支出	#购房与建房支出	#转移性支出	#赡养支出	#捐赠支出	#社会保障支出
1992	2314	2119						
1993	4633	2862						
1994	4768	3800						
1995	6324	5209						
1996	5852	5385						
1997	7060	6349						
1998	7760	6752						
1999	8621	6812						
2000	8750	6926		946				
2001	10798	7896		1816				
2002	11608	8840	2335	1032	1256	351	767	473
2003	12559	9735	2682	343	1695	763	709	770
2004	14471	10992	3217	1160	1482	486	777	827
2005	15817	12367	3559	760	1604	426	908	945
2006	15981	12988	3885	405	1713	261	1115	811
2007	18155	14536	4324	702	1831	258	1199	1006
2008	19745	15182	4515	1126	2070	292	1329	1133
2009	21373	16390	4782	1199	2160	301	1298	1385
2010	24180	17933	5102	1161	2280	318	1412	1407
2011	25110	19808	5343	1060	2369	207	1466	1566
2012	26153	20643	5891	766	2410	237	1543	1861

12－22 市区城镇居民家庭人均全年家庭收支(一)

(1990－2012年)

单位:元

年 份	家庭总收入	#可支配收入	工资性收入	工资及补贴收入	其他劳动收入	经营净收入	财产性收入	转移性收入
1990	1491	1481	1048	1036	12	19	40	384
1991	1952	1930	1414	1399	15	32	48	458
1992	2303	2276	1854	1816	38	42	52	355
1993	3613	3584	2822	2693	129	73	128	590
1994	5199	5191	3898	3727	171	78	372	851
1995	6912	6871	5219	4876	343	102	318	1273
1996	7337	7258	5664	5405	259	104	276	1293
1997	7884	7816	5733	5263	470	141	319	1691
1998	8464	8419	5616	5285	331	572	311	1965
1999	8837	8775	6229	5910	319	510	193	1905
2000	9628	9176	5182	4771	411	1937	390	2119
2001	10894	10396	5968	5718	250	1998	364	2564
2002	13058	12391	7291	6900	391	2147	386	3234
2003	15548	14525	10046	9449	597	2249	566	2687
2004	17841	16651	11145	10706	439	2713	506	3477
2005	19680	18313	11359	10948	411	3695	880	3746
2006	21428	19953	12054	11790	264	4081	1023	4270
2007	24042	22245	13187	12885	302	4491	1221	5143
2008	25834	24181	14544	14232	312	5760	1411	4119
2009	27587	25889	15800	15590	210	5814	1722	4251
2010	30555	28583	17265	17005	260	6840	1384	5066
2011	35616	32127	19889	19772	116	8153	1651	5923
2012	39039	35926	21415	21351	64	8978	1780	6866

12-23 市区城镇居民家庭人均全年家庭收支(二)

(1990-2012年)

单位:元

年份	家庭总支出	#消费支出	#服务性支出	#购房与建房支出	#转移性支出	#赡养支出	#捐赠支出	#社会保障支出
1990	1335	1244						
1991	1802	1699						
1992	2295	2171						
1993	4744	2962						
1994	4732	3940						
1995	6598	5432						
1996	6084	5684						
1997	7066	6353						
1998	8497	7441						
1999	9448	7354						
2000	8819	7420						
2001	11818	8668		2169				
2002	13148	9921	2620	1496	1216	364	728	515
2003	13994	10865	3075	443	1848	931	656	834
2004	15903	13052	3924	382	1537	459	822	926
2005	19806	14423	4368	2523	1572	409	848	1090
2006	20789	15460	4505	2492	1511	244	920	1079
2007	19402	15666	4442	719	1578	258	856	1307
2008	19577	15715	4822	913	1599	178	960	1199
2009	21872	17477	4883	1205	1757	315	908	1210
2010	27164	19626	5680	3883	1895	198	995	1450
2011	32588	22648	6534	3559	3251	608	1448	2640
2012	31765	24170	7064	2880	3382	714	1592	2321

12－24　全市城镇居民家庭人均全年消费性支出(一)

(1992－2012年)

单位:元

年　份	消　费 支　出	#服务性 消费支出	食　品	#粮食类	#油脂类	#肉　禽 及制品	#蛋　类
1992	2119		1114	94	21	225	38
1993	2862		1413	126	25	249	43
1994	3800		1930	228	56	374	64
1995	5209		2554	293	59	461	80
1996	5385		2620	301	58	464	88
1997	6349		2614	238	64	461	72
1998	6752		2746	217	61	387	56
1999	6812		2709	211	63	364	60
2000	6926		2984	204	72	440	62
2001	7896		3060	195	62	422	62
2002	8840	2335	3308	195	52	462	66
2003	9735	2682	3320	178	61	453	55
2004	10992	3217	3903	262	80	489	67
2005	12367	3559	4099	285	78	502	77
2006	12988	3885	4459	333	74	513	68
2007	14536	4324	5025	352	90	648	86
2008	15182	4515	5419	410	115	792	89
2009	16390	4782	5578	402	98	733	91
2010	17933	5102	6212	469	95	774	101
2011	19808	5343	6916	545	106	958	119
2012	20643	5891	7175	566	114	994	119

注：2002年起消费支出分类指标进行了调整，家庭设备用品及服务、娱乐教育文化服务、居住、杂项商品及服务类与之前年份不可同比，下同。

12－25　全市城镇居民家庭人均全年消费性支出(二)

(1992－2012年)

单位:元

年 份	#水产品类	#菜类	#烟草类	#酒和饮料	#干鲜瓜果类	#糕点	#奶及奶制品	#在外饮食
1992	182	128	89	38	81	19	11	107
1993	199	147	126	51	100	23	11	212
1994	300	204	131	74	134	33	17	154
1995	412	297	161	100	167	36	27	253
1996	417	257	139	109	176	42	32	291
1997	441	283	140	104	165	42	30	368
1998	410	247	202	132	167	43	31	594
1999	447	243	183	142	181	38	34	564
2000	567	278	197	127	174	39	55	571
2001	586	261	233	127	173	37	55	636
2002	609	324	248	127	210	36	79	709
2003	612	316	259	123	224	38	87	715
2004	642	388	293	137	244	41	92	1012
2005	655	383	302	140	274	48	98	1107
2006	776	389	306	158	307	45	112	1212
2007	807	425	343	172	327	50	119	1427
2008	823	448	311	164	329	53	133	1572
2009	827	476	318	181	361	62	142	1711
2010	909	571	365	181	426	65	133	1927
2011	1016	594	355	195	501	74	138	2109
2012	1128	636	291	196	522	78	172	2144

12－26 全市城镇居民家庭人均全年消费性支出(三)

(1992－2012 年)

单位:元

年 份	衣 着	#服 装	家庭设备用品及服务	#耐 用消费品	医 疗保 健	交 通和通讯	交 通	通 讯
1992	250	146	209	145	50	66	52	14
1993	345	214	282	164	70	87	65	22
1994	463	285	320	205	153	136	70	66
1995	555	341	505	295	246	342	177	165
1996	645	462	507	293	208	255	100	155
1997	608	394	1085	658	301	468	269	199
1998	570	404	1223	757	287	466	186	280
1999	596	416	618	302	472	664	353	311
2000	583	423	489	290	569	574	177	397
2001	682	500	740	428	588	719	235	484
2002	637	466	519	296	639	1092	604	488
2003	817	619	660	415	571	1403	823	580
2004	954	725	713	417	621	1558	903	655
2005	1145	884	698	362	853	2015	1240	775
2006	1203	923	644	318	899	2266	1462	804
2007	1405	1084	686	360	891	2578	1699	879
2008	1421	1094	705	284	1021	2655	1780	875
2009	1585	1211	773	335	986	3085	2179	906
2010	1746	1333	853	349	1096	3448	2528	920
2011	1974	1515	1047	431	1209	3539	2621	918
2012	2156	1634	1106	419	1049	3706	2630	1075

12－27 全市城镇居民家庭人均全年消费性支出(四)

(1992－2012年)

单位:元

年 份	教育文化娱乐服务	文化娱乐用品	教 育	文 化 娱 乐	居 住	*住 房	*水 电 燃 料	其 他 商 品 及服务
1992	222	136	46	40	112	20	92	96
1993	400	255	96	49	173	51	122	92
1994	363	200	103	59	219	71	147	216
1995	413	162	179	72	299	123	176	295
1996	508	166	261	81	408	163	244	234
1997	601	173	299	129	378	102	276	294
1998	758	264	381	112	368	74	292	334
1999	915	300	490	125	405	75	330	433
2000	815	163	523	129	569	145	424	343
2001	1070	322	598	150	673	134	438	364
2002	1376	383	733	260	1014	262	498	255
2003	1497	422	747	328	1157	586	531	310
2004	1682	447	826	409	1178	537	604	383
2005	1997	389	1106	502	1087	311	706	473
2006	1988	357	1047	584	1128	333	751	401
2007	2229	399	1174	656	1248	396	792	474
2008	2177	296	1181	700	1346	457	837	438
2009	2412	396	1188	828	1488	652	788	483
2010	2575	427	1224	924	1468	492	908	535
2011	2811	471	1280	1059	1619	539	1004	693
2012	3072	343	1533	1196	1554	403	1073	824

12－28 市区城镇居民家庭人均全年消费性支出(一)

(1992－2012年)

单位:元

年 份	消费支出	#服务性消费支出	食 品	#粮食类	#油脂类	#肉禽及制品	#蛋 类
1992	2171		1147	95	19	231	34
1993	2962		1433	129	22	246	39
1994	3940		2085	233	63	389	69
1995	5432		2718	307	62	468	81
1996	5684		2700	307	60	445	92
1997	6353		2787	302	67	480	78
1998	7441		3073	256	63	401	53
1999	7354		2992	226	66	379	60
2000	7420		3251	220	78	466	57
2001	8668		3517	197	67	447	61
2002	9921	2620	3870	193	51	503	66
2003	10865	3075	3847	179	76	423	51
2004	13052	3924	4617	295	80	478	63
2005	14423	4368	4703	319	79	538	69
2006	15460	4505	5137	345	74	517	64
2007	15666	4442	5695	372	93	618	86
2008	15715	4822	5980	374	110	801	88
2009	17477	4883	6181	364	101	704	85
2010	19626	5680	6794	430	94	777	101
2011	22648	6534	7962	536	121	946	117
2012	24170	7064	8608	573	126	1021	122

12－29 市区城镇居民家庭人均全年消费性支出(二)

(1992－2012年)

单位:元

年份	#水产品类	#菜类	#烟草类	#酒和饮料	#干鲜瓜果类	#糕点	#奶及奶制品	#在外饮食
1992	227	132	79	38	79	19	9	105
1993	234	146	117	48	97	20	10	238
1994	374	220	121	88	139	36	18	164
1995	520	314	133	115	173	41	23	266
1996	495	262	108	130	179	45	24	303
1997	540	310	115	124	170	40	28	348
1998	490	260	217	163	180	44	29	734
1999	547	257	182	181	198	37	30	652
2000	725	309	181	146	187	35	54	609
2001	728	291	250	140	190	36	57	836
2002	829	398	266	143	222	34	81	882
2003	745	361	255	143	244	38	79	1062
2004	822	404	303	156	264	43	84	1482
2005	755	396	284	147	289	41	79	1552
2006	838	414	303	160	336	50	92	1791
2007	872	445	389	190	368	52	111	1934
2008	919	476	247	150	358	52	107	2146
2009	931	493	305	151	378	56	100	2351
2010	1095	615	291	163	450	74	83	2437
2011	1085	644	227	212	586	92	148	3011
2012	1225	731	238	216	631	105	158	3225

12-30 市区城镇居民家庭人均全年消费性支出(三)

(1992-2012年)

单位:元

年 份	衣 着	#服 装	家庭设备用品及服务	#耐 用消费品	医 疗保 健	交 通和通讯	交 通	通 讯
1992	264	161	197	139	35	77	56	21
1993	351	228	301	176	68	70	64	6
1994	490	320	241	120	133	112	56	56
1995	558	347	493	316	280	311	161	150
1996	704	505	640	367	157	271	98	173
1997	567	364	716	436	328	620	370	250
1998	613	432	1488	892	332	421	154	267
1999	611	428	646	288	571	597	228	368
2000	632	458	542	320	440	675	213	462
2001	744	564	792	501	610	744	264	480
2002	686	506	509	273	845	1545	1031	514
2003	970	757	513	289	614	2022	1352	670
2004	998	760	725	392	619	2146	1547	599
2005	1242	962	770	434	919	2807	1882	925
2006	1318	996	591	263	1005	3363	2398	965
2007	1457	1117	706	324	856	3188	2215	973
2008	1415	1085	532	211	738	3329	2341	988
2009	1710	1334	739	396	929	3496	2527	969
2010	1984	1568	734	300	991	4389	3409	980
2011	2669	2161	1018	338	1228	4278	3264	1014
2012	2761	2215	1039	288	1209	4696	3521	1175

12－31 市区城镇居民家庭人均全年消费性支出（四）

（1992－2012 年）

单位：元

年 份	教育文化娱乐服务	文化娱乐用品	教 育	文化娱乐	居 住	#住 房	#水电燃料	其他商品及服务
1992	246	164	47	36	93	13	80	113
1993	496	351	98	46	151	29	121	87
1994	417	247	108	62	201	51	151	261
1995	485	213	192	80	245	69	176	342
1996	566	252	225	89	389	132	257	257
1997	586	204	255	127	457	154	302	292
1998	699	250	332	116	416	106	310	399
1999	920	339	454	128	450	105	345	567
2000	937	196	618	123	574	128	448	369
2001	1197	337	696	164	669	119	449	395
2002	1478	409	787	282	687	131	513	301
2003	1417	335	715	367	1082	502	538	400
2004	2246	525	954	767	1253	630	579	448
2005	2298	450	1282	566	1166	378	708	518
2006	2315	565	1195	555	1242	428	766	489
2007	2162	554	1073	535	1031	128	840	571
2008	2165	270	1290	605	1120	219	841	436
2009	2485	534	1313	638	1332	496	794	605
2010	3055	426	1599	1030	1189	228	906	490
2011	3319	479	1504	1336	1491	299	1046	683
2012	3506	441	1393	1672	1603	402	1112	747

12－32　全市城镇居民家庭每百户耐用消费品年末拥有量(一)

(1992－2012年)

年　份	摩托车（辆）	助力车（辆）	家　用汽　车（辆）	洗衣机（台）	电冰箱（包括冰柜）（台）	彩　色电视机（台）	家　用电　脑（台）	组　合音　响（套）	摄像机（架）
1992	1			76	76	69		4	
1993	1			83	78	80		6	
1994	1			84	80	76		5	
1995	6			85	85	83		5	
1996	8			86	86	88		4	
1997	13			86	103	100		10	1
1998	18			98	107	108	2	26	1
1999	21			98	110	124	3	23	1
2000	19			91	105	139	7	19	1
2001	26			93	106	151	12	20	2
2002	24	5	1	96	111	157	17	18	2
2003	39	13	5	97	111	170	47	27	3
2004	44	16	6	98	113	178	51	29	4
2005	45	32	11	96	111	180	61	38	4
2006	48	30	13	98	111	198	68	38	6
2007	42	36	16	97	106	199	73	37	7
2008	40	45	21	97	105	198	83	38	9
2009	39	51	26	98	107	207	95	37	10
2010	37	57	30	99	108	207	100	37	10
2011	31	61	37	100	106	204	108	37	12
2012	28	64	41	102	108	207	116	37	11

12－33　全市城镇居民家庭每百户耐用消费品年末拥有量（二）

（1992－2012年）

年　份	照相机（架）	钢　琴（架）	其他中高档乐器（件）	空调器（台）	淋　浴热水器（台）	消　毒碗　柜（台）	洗碗机（台）	健　身器　材（件）	电话（包括移动）（部）
1992	14		9		39				8
1993	35		9	1	46				14
1994	31		8	6	35				29
1995	39		15	8	46				49
1996	36		11	10	53				55
1997	51		16	16	61			3	76
1998	53		6	25	78			3	91
1999	53		11	26	79			5	113
2000	35		3	35	78			6	142
2001	42		5	42	79			6	185
2002	40	1	4	50	84	11	1	5	214
2003	47	4	6	104	94	27	2	8	265
2004	48	3	7	122	95	28	2	9	283
2005	50	3	9	135	96	24	1	9	294
2006	47	3	11	137	98	34	1	8	309
2007	44	3	10	146	101	33	1	8	307
2008	44	3	10	159	103	33	2	8	300
2009	50	3	9	179	104	35	2	6	308
2010	53	3	8	182	104	36	3	7	311
2011	53	4	8	188	105	35	3	8	309
2012	57	5	8	204	109	39	3	9	319

12－34　市区城镇居民家庭每百户耐用消费品年末拥有量(一)

(1990－2012年)

年　份	摩托车(辆)	助力车(辆)	家用汽车(辆)	洗衣机(台)	电冰箱(包括冰柜)(台)	彩色电视机(台)	家用电脑(台)	组合音响(套)	摄像机(架)
1990				68	58	55			
1991				67	65	57			
1992	2			65	72	60		2	
1993	2			80	72	75		7	
1994	2			77	77	72		7	
1995	7			77	82	82		7	
1996	7			80	83	90		5	
1997	8			83	89	103		5	
1998	15			95	101	103	3	20	
1999	18			95	103	130	5	20	
2000	25			92	101	139	10	20	
2001	29			93	101	152	12	22	
2002	25	2	2	97	105	156	18	20	3
2003	42	10	7	95	112	174	48	31	3
2004	44	13	9	95	113	181	49	33	4
2005	44	29	13	92	110	178	62	41	4
2006	43	33	17	93	111	182	74	41	4
2007	42	41	19	94	104	183	81	41	5
2008	27	52	25	97	104	197	87	46	8
2009	25	53	29	99	102	201	91	46	10
2010	24	55	37	99	102	203	94	47	10
2011	24	59	45	98	103	184	108	40	9
2012	23	62	47	98	103	185	113	39	9

12－35　市区城镇居民家庭每百户耐用消费品年末拥有量(二)

(1990－2012 年)

年　份	照相机(架)	钢　琴(架)	其他中高档乐器(件)	空调器(台)	淋浴热水器(台)	消毒碗柜(台)	洗碗机(台)	健身器材(件)	电话(包括移动)(部)
1990	7		5						
1991	7		15						
1992	7		10		37				12
1993	15		10		40				13
1994	32		22	2	40				30
1995	32		20	2	45				42
1996	32		15	5	52				52
1997	32		20	10	50			2	72
1998	43			23	73			3	83
1999	43		5	23	78			5	125
2000	41		4	49	82			6	161
2001	44		6	54	83	13		6	183
2002	41	1	4	58	89	16	1	4	218
2003	47	5	4	113	93	30	3	10	256
2004	48	4	5	128	92	32	3	11	267
2005	52	4	9	141	94	26	1	10	288
2006	57	4	11	149	97	28	1	11	295
2007	61	3	13	159	102	29	1	11	293
2008	53	6	12	173	107	29	1	10	302
2009	54	6	12	183	111	32	1	7	307
2010	59	6	14	190	112	32	1	7	312
2011	55	7	14	196	109	35	3	7	295
2012	54	7	14	199	111	36	3	7	299

12－36　全市城镇居民家庭住房和设施年末拥有情况(一)

(1992－2012年)

单位:%

年 份	按房屋产权分			按住宅建筑式样分		
	公 房	自有房	其 他	单元式配套住宅	普 通楼 房	其 他住 宅
1992	73.8	23.7	2.5	66.2	31.3	2.5
1993	17.5	80.0	2.5	68.8	28.7	2.5
1994	13.8	85.0	1.2	58.8	37.5	3.7
1995	12.5	86.3	1.2	65.0	31.2	3.8
1996	12.5	86.3	1.2	63.8	31.2	5.0
1997	13.8	85.0	1.2	66.2	26.3	7.5
1998	10.0	88.8	1.2	76.2	16.3	7.5
1999	8.7	88.8	2.5	77.5	17.5	5.0
2000	8.0	87.0	5.0	66.0	32.0	2.0
2001	9.8	88.0	2.2	62.0	35.5	2.5
2002	5.5	89.5	5.0	69.2	24.6	6.2
2003	1.0	96.7	2.3	81.7	17.6	0.7
2004	1.0	96.7	2.3	81.0	18.3	0.7
2005	1.1	94.5	4.4	84.2	15.1	0.7
2006	2.5	92.2	5.3	88.5	10.9	0.6
2007	2.1	93.7	4.2	86.7	11.9	1.4
2008	3.1	93.4	3.5	86.7	12.3	1.0
2009	2.2	96.0	1.8	89.1	9.9	1.0
2010	2.1	96.1	1.8	89.4	9.6	1.0
2011	1.4	96.6	2.0	87.3	11.8	0.9
2012	0.8	95.2	3.0	88.1	11.3	0.6

12－37　全市城镇居民家庭住房和设施年末拥有情况(二)

(1992－2012年)

单位:%

年份	按用水情况分			按卫生设备拥有情况分		按取暖设备拥有情况分	
	独用自来水	公用自来水	无自来水	无卫生设备	有卫生设备	无取暖设备	空调设备
1992	96.2		3.8	35.0	65.0	100.0	
1993	95.0	2.5	2.5	32.5	67.5	98.7	1.3
1994	92.5	3.8	3.7	36.2	63.8	96.2	3.8
1995	97.5	2.5		27.5	72.5	96.2	3.8
1996	97.5	2.5		26.2	73.8	93.8	6.2
1997	97.5	2.5		31.2	68.8	86.2	13.8
1998	97.5	2.5		22.5	77.5	83.8	16.2
1999	97.5	2.5		13.8	86.2	82.5	17.5
2000	99.0	1.0		15.0	85.0	73.0	27.0
2001	99.0	1.0		18.7	81.3	70.3	29.7
2002	97.2	2.8		13.0	87.0	56.1	43.9
2003	98.7	1.3		2.6	97.4	34.8	65.2
2004	98.7	1.3		2.6	97.4	31.8	68.2
2005	98.7	1.3		2.9	97.1	18.0	82.0
2006	97.8	2.2		2.0	98.0	18.9	81.1
2007	99.4	0.6		1.4	98.6	18.0	82.0
2008	99.7	0.3		1.1	98.9	16.3	83.7
2009	99.8	0.2		0.7	99.3	9.7	90.3
2010	99.8	0.2		0.5	99.5	8.9	91.1
2011	99.9	0.1		0.5	99.5	6.4	93.6
2012	99.9	0.1		0.5	99.5	4.8	95.2

12－38 全市城镇居民家庭住房和设施年末拥有情况(三)

(1992－2012年)

单位:%

年 份	按燃料使用情况分			按电话拥有情况分		
	液 化 石油气	煤	其 他	无电话	公 费 电 话	自 费 电 话
1992	70.0	30.0		92.5	5.0	2.5
1993	73.7	26.3		86.3	8.7	5.0
1994	81.3	18.7		71.2	18.8	10.0
1995	87.5	12.5		51.2	23.8	25.0
1996	88.8	10.0	1.2	45.0	22.5	32.5
1997	90.6	8.2	1.2	23.8	16.2	60.0
1998	92.3	6.5	1.2	10.0		90.0
1999	95.1	3.7	1.2	5.0		95.0
2000	97.0	2.0	1.0	6.0		94.0
2001	97.0	2.0	1.0	5.3		94.7
2002	97.7	1.5	0.8	2.9		97.1
2003	99.0	1.0		1.0		99.0
2004	99.3	0.7		1.0		99.0
2005	99.3	0.7		0.8		99.2
2006	99.7	0.3		0.1		99.9
2007	99.6	0.4		0.1		99.9
2008	99.3	0.4	0.3	0.1		99.9
2009	99.3	0.4	0.3	0.1		99.9
2010	99.5	0.2	0.3	0.1		99.9
2011	99.5	0.2	0.3	0.1		99.9
2012	95.5	0.2	0.3	0.1		99.9

12－39 市区城镇居民家庭住房和设施年末拥有情况(一)

(1992－2012年)

单位:%

年份	按房屋产权分			按住宅建筑式样分		
	公房	自有房	其他	单元式配套住宅	普通楼房	其他住宅
1992	72.5	25.0	2.5	72.5	27.5	
1993	17.5	80.0	2.5	77.5	22.5	
1994	12.5	85.0	2.5	65.0	30.0	5.0
1995	12.5	85.0	2.5	62.5	32.5	5.0
1996	12.5	85.0	2.5	62.5	32.5	5.0
1997	10.0	87.5	2.5	65.0	32.5	2.5
1998	7.5	90.0	2.5	82.5	12.5	5.0
1999	7.5	90.0	2.5	85.0	15.0	
2000	2.0	92.0	6.0	69.0	31.0	
2001	2.0	96.0	2.0	69.0	31.0	
2002	2.0	93.0	5.0	75.0	25.0	
2003	1.0	97.0	2.0	86.0	14.0	
2004	1.0	97.0	2.0	86.0	14.0	
2005	0.7	98.6	0.7	81.3	18.7	
2006	0.7	98.6	0.7	83.3	16.7	
2007	0.7	98.6	0.7	84.6	14.7	0.7
2008	0.5	98.8	0.7	87.5	12.1	0.4
2009	0.3	99.0	0.7	91.7	8.0	0.3
2010	0.3	99.0	0.7	91.8	8.0	0.2
2011	0.3	99.0	0.7	88.6	10.7	0.7
2012	0.3	99.0	0.7	88.0	11.3	0.7

12-40 市区城镇居民家庭住房和设施年末拥有情况(二)

(1992-2012年)

单位:%

年份	按用水情况分		按卫生设备拥有情况分		按取暖设备拥有情况分	
	独用自来水	无自来水	无卫生设备	有卫生设备	无取暖设备	空调设备
1992	97.5	2.5	27.5	72.5	100.0	
1993	97.5	2.5	27.5	72.5	100.0	
1994	95.0	5.0	30.0	70.0	97.5	2.5
1995	97.5	2.5	35.0	65.0	97.5	2.5
1996	100.0		32.5	67.5	95.0	5.0
1997	100.0		32.5	67.5	90.0	10.0
1998	100.0		17.5	82.5	85.0	15.0
1999	100.0		2.5	97.5	82.5	17.5
2000	100.0		9.0	91.0	61.0	39.0
2001	100.0		10.0	90.0	53.0	47.0
2002	100.0		7.0	93.0	48.0	52.0
2003	100.0		1.0	99.0	25.0	75.0
2004	100.0		1.0	99.0	22.0	78.0
2005	100.0		3.3	96.7	18.0	82.0
2006	100.0		2.0	98.0	15.3	84.7
2007	100.0		0.7	99.3	14.0	86.0
2008	100.0		0.5	99.5	11.3	88.7
2009	100.0		0.4	99.6	10.7	89.3
2010	100.0		0.3	99.7	10.7	89.3
2011	100.0		0.7	99.3	4.0	96.0
2012	100.0		0.7	99.3	4.0	96.0

12－41　市区城镇居民家庭住房和设施年末拥有情况(三)

(1992－2012 年)

单位:%

年份	按燃料使用情况分				按电话拥有情况分		
	液化石油气	#管道液化石油气	煤	其他	无电话	公费电话	自费电话
1992	62.5		34.0	3.5	87.5	7.5	5.0
1993	67.5		29.0	3.5	87.5	7.5	5.0
1994	82.5		14.5	3.0	70.0	25.0	5.0
1995	82.5		14.5	3.0	57.5	30.0	12.5
1996	87.5		10.0	2.5	47.5	32.5	20.0
1997	97.5		2.5		27.5	32.5	40.0
1998	97.5		2.5		17.5		82.5
1999	97.5		2.5		7.5		92.5
2000	97.5		2.5		3.0		97.0
2001	98.0		2.0		3.0		97.0
2002	99.0	3.0	1.0		2.0		98.0
2003	100.0	9.0			1.0		99.0
2004	100.0	12.0			1.0		99.0
2005	100.0	14.7			0.7		99.3
2006	100.0	16.7			0.7		99.3
2007	100.0	18.7			0.5		99.5
2008	100.0	20.7			0.3		99.7
2009	100.0	21.3			0.3		99.7
2010	100.0	21.3			0.2		99.8
2011	100.0	28.7			0.2		99.8
2012	100.0	29.3			0.1		99.9

12－42 各县市区农村居民人均纯收入

（1997－2012年）

单位:元

年 份	全 市	市 区	椒江区	黄岩区	路桥区	玉环县	三门县	天台县	仙居县	温岭市	临海市
1997	3530		4050	3506	4050	4804	1863	2800	2385	4718	2421
1998	3837		4699	3928	4520	5004	2521	2942	2493	5035	3081
1999	4029		5020	4163	5050	5260	2744	3092	2637	5375	3508
2000	4296		5370	4502	5430	5723	2997	3320	2771	5609	3806
2001	4631		5700	4802	5740	6207	3300	3618	2917	5917	4125
2002	4970		6054	5225	6145	6651	3530	3822	3094	6229	4389
2003	5359		6423	5652	6640	7225	3865	4134	3346	6594	4696
2004	6008	6870	7194	6130	7516	8016	4313	4486	3621	7062	5255
2005	6689	7630	7802	6560	8433	8620	4846	4890	4328	7556	5732
2006	7368	8477	8447	7185	9365	9261	5558	5378	4817	8167	6703
2007	8331	9601	9514	8325	10795	10252	6327	6053	5588	9367	7816
2008	9180	10522	10391	9197	11776	11258	7179	6907	6307	10354	8739
2009	10006	11421	11243	10098	12735	12192	7863	7590	6976	11313	9595
2010	11307	12667	12550	11217	14037	14161	8852	8683	8022	12947	10851
2011	13108	14555	14340	13144	16105	16455	10264	10158	9376	14996	12519
2012	14567	16208	16010	14675	17829	18257	11440	11333	10460	16639	13915

12－43 农村居民人均纯收入及总支出

（2006－2012 年）

单位：元

指标名称	2006 年	2007 年	2008 年	2009 年	2010 年	2011 年	2012 年
调查户数(户)	**1970**	**1970**	**1970**	**1970**	**1970**	**2000**	**2000**
常住人口(人)	**6715**	**6673**	**6643**	**6627**	**6647**	**6701**	**6683**
人均纯收入	**7368**	**8331**	**9180**	**10006**	**11307**	**13108**	**14567**
工资性收入	2757	3207	3686	4163	4828	6018	6841
在非企业组织中得到收入	308	326	351	379	435	458	527
在本地域内劳动得到收入	2038	2428	2819	3200	3694	4465	5057
外出从业收入	411	453	516	584	699	1095	1258
家庭经营收入	3649	4142	4322	4619	5127	5603	6007
第一产业收入	1196	1406	1443	1542	1666	1618	1466
第二产业收入	1131	1329	1452	1486	1708	1943	2227
第三产业收入	1322	1407	1427	1591	1753	2042	2314
财产性收入	669	640	713	724	688	750	885
转移性收入	293	342	459	500	664	736	863
人均总支出	**7664**	**9350**	**10111**	**10695**	**11765**	**12875**	**13935**
其中：家庭经营费用支出	1436	2039	2162	2209	2367	2141	2383
购置生产性固定资产支出	228	106	147	134	380	252	272
税费支出	17	15	17	16	17	11	8
生活消费支出	5481	6490	7090	7424	8086	9491	10148
食品消费	1945	2242	2577	2675	2980	3778	4021
衣着消费	336	397	444	488	547	738	777
居住消费	870	1266	1182	1190	1509	1328	1549
家庭设备及用品消费	246	302	340	355	388	520	519
交通通讯消费	731	821	940	1017	953	1273	1387
文化教育及娱乐消费	762	798	778	850	854	853	778
医疗消费	447	530	676	687	660	753	802
其他商品和服务消费	144	134	153	162	195	248	315
财产性支出	51	84	29	42	69	97	5
转移性支出	446	609	655	853	846	875	1118

12－44 农村居民居住情况

（2006－2012 年）

单位：%

指标名称	2006 年	2007 年	2008 年	2009 年	2010 年	2011 年	2012 年
人均居住面积（平方米）	**52.3**	**54.4**	**55.0**	**56.3**	**54.7**	**54.6**	**55.3**
钢筋混土结构面积	31.2	35.3	35.5	38.2	39.6	43.3	44.0
砖木结构面积	20.4	18.6	19.1	17.5	15.0	11.2	11.1
其　他	0.7	0.5	0.4	0.6	0.1	0.1	0.2
住房卫生设备使用情况							
使用水冲式卫生厕所	63.8	67.9	71.3	74.2	77.6	87.0	88.0
使用旱厕	28.9	24.4	22.2	19.8	17.5	6.4	6.0
无 厕 所	7.3	7.7	6.5	6.0	4.9	6.6	6.0
住房取暖设备使用情况							
使用空调	22.5	28.8	32.9	37.9	43.7	60.8	65.0
无取暖设备	77.5	71.2	67.1	62.1	56.3	39.2	35.0
燃料使用情况							
使用液化气	56.5	72.5	70.5	73.1	75.7	86.2	86.7
使用柴草	42.0	26.5	28.3	25.3	22.9	13.2	12.7
使用其他燃料	1.5	1.0	1.2	1.6	1.4	0.6	0.6
饮用水来源							
饮用自来水	79.8	83.1	82.6	87.4	88.0	96.8	98.3
饮用井水	17.1	15.0	15.1	12.1	11.0	3.2	1.7
饮用江河湖泊水	1.0	1.0	0.5	0.5	0.5		
饮用其他水源	2.1	0.9	1.8		0.5		

12－45　农村居民家庭每百户耐用消费品拥有量

（2006－2012 年）

指标名称		2006 年	2007 年	2008 年	2009 年	2010 年	2011 年	2012 年
洗衣机	（台）	53	56	58	63	66	73	78
电冰箱	（台）	67	76	77	83	88	95	97
空调器	（台）	30	41	47	54	64	82	90
排油烟机	（台）	36	38	40	44	46	54	59
吸尘器	（台）	8	8	7	7	8	7	9
微波炉	（台）	17	20	21	27	28	41	44
热水器	（台）	52	58	61	67	71	82	85
自行车	（辆）	134	132	134	136	133	120	126
摩托车	（辆）	45	39	37	36	35	25	25
电话机	（部）	91	87	84	80	79	69	70
移动电话	（部）	147	166	176	194	205	217	225
彩色电视机	（台）	133	142	146	153	158	168	171
家用汽车	（辆）	5	7	7	9	10	15	18
摄像机	（台）	2	2	1	1	2	3	3
影碟机	（台）	48	42	43	43	44	34	34
照相机	（架）	8	6	6	8	10	16	17
家用计算机	（台）	17	21	23	31	37	51	57
中高档乐器	（件）	1	1	1	1	1	1	2

主 要 统 计 指 标 解 释

工资总额 指各单位在一定时期内直接支付给本单位全部职工的劳动报酬总额。

工资总额的计算应以直接支付给职工的全部劳动报酬为依据。各单位支付给职工的劳动报酬以及其他根据有关规定支付的工资，不论是计入成本的还是不计入成本的，不论是按国家规定列入计征奖金税项目的还是未列入计征奖金税项目的，不论是以货币形式支付的还是以实物形式支付的，均应列入工资总额的计算范围。

工资总额的组成是：

1. **计时工资** 指按计时工资标准和工作时间支付给职工的劳动报酬。

2. **计件工资** 指对已做工作按计件单价支付给职工的劳动报酬。

其中：计件超额工资指计件工人超过定额后所得的工资。即计件工人实得的全部计件工资减去应得的计件标准工资后的数额。

3. **奖金** 指支付给职工的超额劳动报酬。包括生产奖、节约奖、劳动竞赛奖和其他奖金。

4. **津贴和补贴** 指为了补偿职工特殊或额外的劳动消耗，和因其他特殊原因支付给职工的津贴，以及为了保证职工工资水平不受物价影响支付给职工的物价补贴。

津贴包括补偿职工特殊或额外的劳动消耗的津贴，保健性津贴，技术性津贴，年功性津贴及其他津贴。

补贴目前仅指物价补贴。物价补贴包括粮价、副食品价格补贴、肉类等价格补贴、煤价补贴、房贴、水电贴等。

5. **加班加点工资** 指对在法定节假日和公休假日工作的职工以及在正常工作日以外延长工作时间进行工作的职工发给的劳动报酬。

6. **其他** 指其他根据国家规定支付的工资。如保留工资、附加工资、落实政策人员的补发工资、调整工资职工补发上年的工资。

家庭总收入 指调查户中生活在一起的所有家庭成员在调查期得到的工资性收入、经营净收入、财产性收入、转移性收入的总和，不包括出售财物和借贷收入。

可支配收入 指调查户可用于最终消费支出和其他非义务性支出以及储蓄的总和，即居民家庭可以用来自由支配的收入。它是家庭总收入扣除交纳的个人所得税、个人交纳的社会保障支出以及调查户的记账补贴后的收入

工资性收入 指就业人员通过各种途径得到的全部劳动报酬，包括所从事主要职业的工资以及从事第二职业、其他兼职和零星劳动得到的其他劳动收入。

工资及补贴收入 指劳动者从工作单位得到的全部劳动报酬和各种福利。既包括单位支付的计时计件劳动报酬、各种奖金，也包括根据国家的有关政策、法令规定而支付的工资性津贴、补贴，以及根据国家法律、法规和政策规定的因病、工伤、各种假期、停工学习、执行国家或社会义务等原因按计时工资标准或计件工资标准的一定比例支付的工资。

其他劳动收入 指家庭成员从事第二职业、兼职、零星劳动等劳动所得的报酬。如稿费、翻译费、讲课费、课题费、咨询费、信息费、调查费、商品推销费等。

经营净收入 指家庭成员从事生产经营活动所获得的净收入。是全部生产经营收入中扣除生产成本和税金（但不扣除个人所得税）后所得的收入。

财产性收入 指家庭拥有的动产（如银行存款、有价证券）、不动产（如房屋、土地等）所获得的收入。包括出让财产使用权所获得的利息、租金、专利收入；财产营运所获得的红利收入、财产增值收益等。

转移性收入 指国家、单位、社会团体对居民家庭的各种转移支付和居民家庭间的收入转移。包括政府对个人收入转移的离退休金、失业救济金、赔偿等；单位对个人收入转移的辞退金、保险索赔、住房公积金、家庭间的赠送和赡养等。

家庭总支出 指家庭除借贷支出以外的全部实际支出。包括消费性支出、财产性支出、转移性支出、社会保障支出、购房与建房支出。

消费性支出 指调查户用于本家庭日常生活的全部支出，包括食品、衣着、居住、家庭设备用品及服务、医疗保健、交通和通信、教育文化娱乐服务、其他商品和服务八大类等。包括用于赠送的商品或服务。2002 年消费性支出统计范围进行了调整，其中：家庭设备、用品及服务不包括住宅装璜支出；娱乐、

教育、文化服务包括了团体旅游;居住包括了住宅装璜支出,不包括私有房虚拟折旧费;杂项商品与服务不包括旅游支出。

财产性支出 指家庭购买或维护财产所支付的利息等有关费用。

服务性支出 指调查户用于本家庭支付社会提供的各种文化和生活方面的非商品性服务费用。包括为别人付款的服务。

转移性支出 指调查户对国家、单位、住户、个人的转移支付。包括交纳的税款、捐赠和赡养支出等。

社会保障支出 指调查户家庭成员参加国家法律、法规规定的社会保障项目中由个人交纳的保障支出。不包括职工所在单位交纳的那部分社会保障金。

购房与建房支出 指包括调查户购买住房、建房时的全部支出。

现住房总建筑面积 指调查户现住房的总建筑面积。现住房计算总建筑面积时以房屋产权证或租赁证为准,建筑面积也可按使用面积×1.333计算得出。应扣除住房中专门用于出租的建筑面积。但不包括仓库等作为生产用途房屋面积。

常住人口 指全年经常在家或在家居住6个月以上,而且经济和生活与本户连成一体的人口。外出从业人员在外居住时间虽然在6个月以上,但收入主要带回家中,经济与本户连为一体,仍视为家庭常住人口;在家居住,生活和本户连成一体的国家职工、退休人员也为家庭常住人口。但是现役军人、中专及以上(走读生除外)的在校学生、以及常年在外(不包括探亲、看病等)且已有稳定的职业与居住场所的外出从业人员,不应当作家庭常住人口。家庭常住人口主要作为计算农村住户平均每人收入、消费和积累水平及分析家庭人口状况的依据。

纯收入 指农村住户当年从各个来源得到的总收入相应地扣除所发生的费用后的收入总和。纯收入主要用于再生产投入和当年生活消费支出,也可用于储蓄和各种非义务性支出。"农民人均纯收入"按人口平均的纯收入水平,反映的是一个地区或一个农户农村居民的平均收入水平。

总支出 指农村住户用于生产、生活和再分配的全部支出。家庭经营费用支出、购置生产性固定资产支出、生产性固定资产折旧、税费支出、生活消费支出、财产性支出和转移性支出。

13

城市建设和环境保护

City Construction and Enviroment Protection

13－1 城市和县城建设基本情况(一)

(1998－2012年)

年份	建成区面积(平方公里)	城市维护建设资金支出(亿元)	全年供水总量(万吨)	#居民家庭用水量	用水普及率(%)	排水管道长度(公里)	铺设道路面积(万平方米)
1998	108.20	7.08	11503	3452	76.25	854	1512
1999	115.78	8.08	12265	3848	80.50	905	1621
2000	133.55	10.31	14184	4604	80.67	1040	1781
2001	152.84	14.76	16310	5834	92.84	1275	2079
2002	168.40	20.34	17860	6639	92.89	1485	2411
2003	190.67	28.06	19448	7427	92.41	1906	2800
2004	209.89	20.90	20116	8434	93.92	2081	3147
2005	219.85	16.78	22135	9484	95.00	2240	3387
2006	231.37	14.29	19519	7762	98.48	2169	3575
2007	235.96	16.81	21777	8366	99.04	2451	3843
2008	243.39	21.94	21077	8592	98.19	2758	4052
2009	247.05	25.14	22717	9725	99.12	2988	4295
2010	249.97	44.64	24205	10631	99.36	3205	4444
2011	251.89	38.98	24942	11504	100.00	3489	4777
2012	254.22	37.67	25520	11393	100.00	3626	4895

13－2 城市和县城建设基本情况(二)

(1998－2012年)

年份	公共汽车总数(辆)	绿化覆盖面积(公顷)	园林绿地面积(公顷)	公园绿地面积(公顷)	人均公园绿地面积(平方米)	公园个数(个)	公园面积(公顷)
1998	667	2905	1860	422	2.31	29	345
1999	705	2930	1930	426	2.29	31	349
2000	816	3247	2154	472	2.32	36	388
2001	691	3766	2672	537	2.38	39	402
2002	842	4324	3168	678	2.95	57	489
2003	853	5164	3810	909	3.85	75	628
2004	969	5876	4312	1071	4.45	84	714
2005	1110	6208	4639	1175	4.85	96	851
2006	1128	6700	4813	1194	5.36	97	872
2007	1207	7435	5569	1335	5.82	118	1068
2008	1518	9421	8403	1815	7.45	129	1411
2009	1358	9712	8738	2075	9.80	132	1632
2010	1477	10396	9502	2158	10.14	137	1806
2011	1506	10417	9767	2217	10.41	138	1838
2012	1613	10702	9604	2374	11.08	141	1925

注：13－1、13－2表统计范围：市区2005年及以前为行政区域内镇和街道，2006年开始仅包括各街道，临海、温岭两市为城市规划区，其他各县为县政府所在地建制镇或街道。公园绿地面积和人均公园绿地面积2005年及以前分别为公共绿地面积和人均公共绿地面积。

13－3 废水排放和处理情况

（1990－2012年）

年份	工业废水排放量（万吨）	工业废水中有害物质含量（吨）						
		六价铬	砷	铅	挥发酚	氰化物	石油类	化学需氧量（万吨）
1990	5313	1.22	0.19	0.70	8.07	8.23	30.51	1.90
1991	3718	1.65	0.02	0.32	4.54	7.56	1.76	27.65
1992	3560	1.60	0.21	0.05	10.24	4.77	2.50	2.10
1993	3407	1.95		0.06	2.51	2.03	9.90	1.80
1994	2811	3.25	0.62	0.02	0.70	1.11	3.68	1.50
1995	2409	2.40	0.01	0.1	1.51	5.07	32.43	1.50
1996	1968	1.33	0.04	0.48	1.40	0.84	32.87	1.03
1997	3527	6.00	0.03	0.09	18.79	0.61	97.37	2.82
1998	4222	1.71	0.15	0.09	0.35	1.16	193.12	2.69
1999	4800	1.58	0.19	0.11	0.45	0.84	231.85	2.77
2000	4809	3.10	0.05	0.06	0.33	1.96	53.92	1.96
2001	4235	1.69	0.06	0.07	1.09	1.68	40.74	1.35
2002	4273	1.40	0.07	0.08	0.69	1.16	37.49	1.30
2003	4018	1.13	0.49	0.02	1.68	0.86	107.65	1.52
2004	4265	0.93	0.01	0.07	0.45	0.71	58.9	1.33
2005	4428	0.74	0.46	0.03	0.01	0.54	17.96	1.02
2006	4892	2.47	0.01	0.10	0.01	1.93	14.68	0.99
2007	5292	0.71	0.01	0.08	0.52	0.77	41.17	1.04
2008	5317	0.78	0.01	0.10		0.34	45.02	0.96
2009	5125	0.40	…	0.06		0.25	10.38	0.82
2010	5709	0.20	…	0.06		0.09	6.69	0.97
2011	6305	0.60	0.06	0.02	0.17	0.38	92.92	0.91
2012	6152	0.52	0.04	0.02	1.06	0.29	81.84	0.90

13-4 废气排放和处理情况

（1990-2012年）

年份	废气排放量（亿标立米）	二氧化硫排放量（吨）	烟粉尘排放量（吨）	氮氧化物排放量（吨）
1990	239.02	52710	39230	
1991	218.09	48833	25526	
1992	219.39	44619	27605	
1993	251.84	49694	23115	
1994	268.93	50746	21038	
1995	294.57	51297	23027	
1996	272.89	52491	15479	
1997	330.02	69114	18815	
1998	372.82	68830	21186	
1999	398.41	69277	20146	
2000	455.94	62344	18011	
2001	450.20	58040	10386	
2002	449.89	66396	9726	
2003	501.43	57488	9886	
2004	543.21	71716	10588	
2005	927.96	78831	8244	
2006	548.39	75494	8117	28099
2007	1214.77	65624	11019	38344
2008	1957.98	48380	8964	46712
2009	1279.56	30878	7313	51049
2010	1395.68	24552	6165	61704
2011	1700.82	48981	16619	48087
2012	1446.82	44209	13016	41566

13－5 工业固体废物排放和处理情况

（1990－2012年）

单位:万吨

年份	工业固体废物产生量	工业固体废物倾倒丢弃量	工业固体废物贮存量	工业固体废物综合利用量	工业固体废物综合利用率（%）	工业固体废物处理量
1990	87.89	3.21	73.64	10.8	12.3	
1991	86.00	0.13	77.00			
1992	90.40	0.05	76.35	83.90		
1993	85.81	0.07	14.01	8.19	9.5	
1994	91.26	0.05	12.59	9.07	9.9	
1995	103.69	0.16	13.89	52.73	50.9	
1996	111.16	0.15	96.44	84.45	75.9	
1997	107.30	0.21	14.11	96.02	89.4	
1998	103.31	0.12	12.70	83.67	81.0	
1999	101.36	0.07	11.37	86.74	85.6	
2000	100.81	0.07	8.20	90.34	89.6	1.14
2001	109.48	0.01	6.71	101.43	92.7	1.34
2002	104.09	0.05	2.34	99.92	96.0	1.78
2003	146.33	0.01	7.65	135.51	92.6	2.53
2004	167.57	0.03	6.00	158.46	94.6	3.09
2005	154.09	0.01	4.23	147.88	96.0	2.16
2006	171.78	0.03	0.07	163.97	95.5	7.90
2007	214.32	0.30	3.11	204.90	95.6	6.25
2008	313.18	0.02	5.02	305.43	97.5	2.72
2009	242.06	0.12	3.21	225.07	93.0	13.78
2010	245.85	0.09	1.05	239.97	97.6	4.84
2011	266.54	0.27	0.30	237.27	89.8	28.70
2012	242.85	0.30	3.04	228.80	94.2	10.72

注:本表统计范围:2011年开始为一般工业固体废物,不包括危险废物。

13－6　工业污染治理情况

（1990－2012年）

单位：万元

年份	工业污染治理投入合计	#治理废水	#治理废气	#治理固体废物	#治理噪声	#治理其他	当年安排治理项目（个）
1990	370	282	66				62
1991	517	387	128				26
1992	2087	1327	730				44
1993	2287	1250	1037				24
1994	1160	1140	8				15
1995	1975	475	1425				22
1996	2480	400	1560	520			6
1997	2342	1798	144	350		50	24
1998	2337	1978	213	111	1	35	57
1999	9447	5331	919	600	5	2592	182
2000	22299	20334	1010	40	321	595	290
2001	6918	5928	584	405			59
2002	10207	8455	1394	108	250		60
2003	22999	19224	765		10		71
2004	10652	6690	2187	9	10	1756	74
2005	25239	7262	16276	68		1634	127
2006	23516	8794	7546	157		1719	123
2007	21975	9881	11818	52		208	192
2008	16992	6178	10526			288	123
2009	8167	6188	1803	115		61	54
2010	5862	3489	2178	50		145	56
2011	17227	10760	4877	201	800	590	143
2012	6812	3779	1847	58	850	278	23

主 要 统 计 指 标 解 释

工业废水排放量 指经过企业所有排放口排到企业外的生产废水总量。包括外排的直接冷却水和矿区超标排放的有毒有害矿井地下水,但不包括外排的间接冷却水(清污不分流的应计算在内)。

废气排放总量 指燃料燃烧和生产工艺过程中排放的废气总量。以标准状态下每年亿标立方米表示。

粉尘排放量 指生产工艺过程中排放的固体微粒的重量。工业固体废物产生量指工矿企业、事业单位在生产(试验)过程中产生的固体废弃物总量。不包括矿山开采的剥离及掘进时产生的废石。(煤矸石除外)

工业固体废物综合利用量 指已用作农业肥料、造田、生产建筑材料,以及其他方式综合利用的工业固体废弃物。不包括填埋量和焚烧量。

工业固体废物处理量 指以填埋、焚烧方式处理的工业固体废弃物(包括用炉渣修路),不包括倒入江、河中的废渣。

14

教育科技和质量监督

Education, Science and Qualitical Supervision

14－1 教育事业基本情况

(2012年)

单位:人

项目	学校数(所)	招生数	在校学生数	毕业生数	教职工数	#专任教师
一、普通高等学校	**4**	**9602**	**31132**	**9144**	**2400**	**1616**
台州学院	1	3956	14675	3751	1265	860
台州职业技术学院	1	3534	9773	3287	706	478
台州科技职业学院	1	1850	4658	1642	259	187
浙江汽车职业技术学院	1	262	2026	464	170	91
二、成人高等教育		**9927**	**33509**	**6035**	**433**	**285**
其中：台州广播电视大学	1	6589	25512	4555	433	285
三、普通中等专业学校	**1**	**700**	**3803**	**864**	**165**	**114**
四、成人中等专业学校	**6**	**777**	**2247**	**677**	**246**	**196**
五、技工学校	**6**	**3645**	**9520**	**2789**	**1040**	**820**
六、普通中学	**274**	**94847**	**281149**	**91534**	**24156**	**20436**
高　中	66	30601	93245	30230	9821	6771
初　中	208	64246	187904	61304	14335	13665
七、职业中学	**39**	**23242**	**67358**	**19883**	**3279**	**2961**
高　中	39	23242	67358	19883	3279	2961
八、小　学	**502**	**85023**	**473217**	**68184**	**21135**	**21132**
九、幼儿园	**1434**	**97633**	**251947**	**86113**	**20971**	**12089**
十、特殊教育	**10**	**158**	**1126**	**75**	**234**	**208**

注：成人高等教育数据含普通高等学校成人教育；特殊教育学生含普通学校附设及随班就读人数。

14－2　主要年份高等学校基本情况

单位：人

年　份	招生数	在校学生数	毕业生数	教职工数	#专任教师
1977	146	146		64	18
1978	267	413		173	79
1980	275	776	146	188	101
1985	333	921	280	300	145
1986	322	1086	263	321	149
1987	320	1217	312	322	147
1988	497	944	756	320	147
1989	469	968	440	313	142
1990	486	962	477	295	133
1991	499	988	459	312	139
1992	540	1124	401	337	141
1993	539	1403	403	339	147
1994	834	1794	533	386	167
1995	558	1692	378	390	169
1996	448	1606	389	396	179
1997	491	1443	638	395	180
1998	603	1674	457	399	183
1999	1360	2296	457	491	284
2000	2309	4125	478	649	381
2001	3375	6892	590	1007	619
2002	4803	10623	1703	1160	702
2003	5048	12784	2703	1324	840
2004	5818	15371	2859	1689	1083
2005	6957	18069	3867	1759	1145
2006	7709	21079	4559	1833	1235
2007	8627	24307	5414	2049	1370
2008	9486	27254	6362	2136	1447
2009	9738	29164	7580	2239	1520
2010	9469	29749	8530	2317	1579
2011	9657	30933	8222	2336	1595
2012	9602	31132	9144	2400	1616

14－3 主要年份普通中等专业学校基本情况

单位:人

年 份	学校数（所）	招生数	在校学生数	毕业生数	教职工数	#专任教师
1949	4	413	1323	54	66	35
1952	7	1056	2242	238	215	113
1957	5	759	1809	466	216	113
1962	4	158	552	857	201	106
1965	2	610	756	40	116	61
1970	2				114	60
1975	5	704	1618	472	242	111
1978	5	1006	1893	519	362	179
1980	6	1223	2834	1277	556	245
1985	7	1211	3019	999	677	334
1990	7	1284	3739	1184	728	438
1991	7	1178	3677	1222	731	389
1992	7	1457	3991	1133	745	402
1993	7	1917	4606	1328	755	400
1994	8	3116	6775	1309	735	410
1995	8	3769	8983	1503	778	424
1996	8	4574	11515	1949	802	442
1997	7	2895	8918	2698	797	433
1998	7	2618	8574	2930	805	439
1999	8	2631	8194	2915	801	458
2000	6	2413	7848	2695	782	461
2001	6	2928	8508	2619	810	533
2002	6	4397	9891	2737	670	467
2003	5	3261	9831	1935	589	408
2004	3	1942	8076	3001	356	279
2005	1	1820	6063	3191	134	112
2006	1	1490	4989	2383	150	131
2007	1	1765	4716	1613	148	119
2008	1	1749	4253	1404	158	118
2009	1	1093	3201	1106	194	120
2010	1	2221	4384	856	229	155
2011	1	1376	4246	831	270	154
2012	1	700	3803	864	165	114

14－4　主要年份成人教育基本情况

单位:人

年份	成人高等教育				成人中等教育					
	招生数	在校生数	毕业生数	教职工数	学校数（所）	招生数	在校生数	毕业生数	教职工数	#专任教师
1979	136	136		11						
1980	97	168		20						
1985	2057	4152	755	83	6	1099	1740	864	295	103
1986	725	3346	749	93	6	442	1894	872	274	114
1987	617	3399	432	101	6	1595	2807	912	290	137
1988	1313	3516	1000	112	6	1457	3486	412	246	135
1989	1108	3061	596	110	7	615	3429	394	253	116
1990	377	1962	451	113	7	31	2609	522	230	145
1991	328	1698	1165	112	7	232	1914	879	178	100
1992	499	988	735	114	7	493	1338	609	190	111
1993	383	1227	193	110	8	314	1145	511	217	113
1994	804	1546	272	114	8	1741	2777	843	253	147
1995	672	1543	360	124	8	1448	2745	992	274	169
1996	772	1803	295	136	8	1559	2809	1178	253	152
1997	657	2084	455	153	8	1358	3626	605	247	144
1998	1034	2519	848	166	8	1006	3109	816	241	149
1999	1085	2959	812	187	9	1578	3851	1058	332	175
2000	2020	4802	761	227	9	1235	3567	1337	361	207
2001	3217	5911	774	288	9	872	2639	1096	335	205
2002	7083	13150	1317	300	10	902	2558	813	365	230
2003	4748	15614	2003	323	11	1352	3655	1337	396	252
2004	6341	14973	5477	377	11	1160	3504	1179	297	200
2005	7829	16332	5080	401	11	1189	3378	1360	320	224
2006	7851	18898	4731	449	11	777	1957	1042	275	192
2007	7895	19359	7209	551	10	846	2086	615	296	208
2008	8293	21428	5955	460	10	971	2308	617	291	202
2009	9102	24256	5635	438	9	902	2479	607	254	184
2010	7828	22323	7140	442	7	900	2390	792	221	168
2011	12040	29697	7616	433	7	1167	2616	799	225	177
2012	9927	33509	6035	433	6	777	2247	677	246	196

14－5 主要年份技工学校基本情况

单位:人

年份	学校数（所）	招生数	在校学生数	毕业生数	教职工数	#专任教师
1979	2	300	300		24	11
1980	2	50	350		29	16
1985	2	173	282		26	14
1986	2	317	599	109	47	33
1987	2	191	660	173	54	40
1988	2	213	369	52	71	36
1989	2	216	495	135	74	37
1990	3	259	617	169	98	50
1991	3	179	648	136	97	50
1992	3	383	737	194	115	55
1993	3	301	848	220	115	60
1994	3	226	935	182	119	63
1995	3	269	792	309	115	63
1996	5	651	1298	253	125	105
1997	5	1287	2194	197	188	147
1998	6	1748	3602	348	287	225
1999	7	2179	5009	625	283	243
2000	7	2704	5952	1091	316	254
2001	7	2485	6146	1519	471	400
2002	6	2638	5600	1776	444	329
2003	6	4320	7658	1934	583	360
2004	6	4210	10961	2260	576	411
2005	6	4883	12263	3193	665	417
2006	7	6075	13513	3055	748	583
2007	6	4931	10818	2374	790	566
2008	6	4980	11744	2573	894	637
2009	6	5359	12947	3760	872	609
2010	6	5847	12145	3721	957	752
2011	6	5105	13961	3460	1038	815
2012	6	3645	9520	2789	1040	820

14－6 特殊教育基本情况

（1982－2012年）

单位:人

年份	学校数（所）	招生数	在校学生数	毕业生数	教职工数	#专任教师
1982		12	12		1	1
1983		3	22		4	3
1984			27		4	3
1985	1		21		4	3
1986	1		21		4	3
1987	2	59	74		12	8
1988	2	37	114		15	13
1989	3	46	135		21	14
1990	4	58	178		31	27
1991	4	64	251		39	27
1992	4	81	304	17	56	40
1993	5	144	385	45	70	54
1994	5	73	336	25	87	60
1995	6	113	448	17	131	100
1996	7	108	484	31	141	110
1997	7	73	423	26	143	106
1998	7	78	530	78	122	89
1999	7	191	1715	299	129	95
2000	7	153	1624	336	134	102
2001	7	331	2289	172	131	102
2002	7	293	2048	337	128	103
2003	7	337	2230	339	131	103
2004	7	257	1884	251	136	107
2005	7	218	1824	166	139	109
2006	7	265	1815	212	144	117
2007	7	266	2056	223	150	126
2008	7	284	2070	226	154	136
2009	8	263	2045	236	173	146
2010	9	280	2141	242	186	170
2011	10	250	1910	163	221	193
2012	10	158	1126	75	234	208

注：从1999年开始学生数含普通学校附设及随班就读人数。

14－7　主要年份普通中学基本情况

单位:人

年　　份	学校数（所）	招生数	在校学生数	毕业生数	教职工数	#专任教师
1949	19	1900	7039	842	628	393
1952	20	5235	14234	1679	894	559
1957	47	7317	18875	4365	1265	791
1962	66	8981	20878	5201	1882	1177
1965	95	10522	26578	5458	1889	1225
1970	597	42406	74170	10193	3236	2476
1975	562	86364	155363	53738	7075	4977
1978	568	92508	225792	91819	11779	10250
1980	431	79063	207727	52095	11586	9464
1985	356	71813	200249	44786	11615	9285
1990	375	71848	200084	53325	11910	9751
1991	400	70501	202628	53463	12263	10065
1992	365	74456	204668	59754	12511	10295
1993	360	72593	204294	59131	12743	10537
1994	360	86696	222141	58196	13429	11250
1995	350	100049	250442	64311	14319	12178
1996	353	98397	280473	64104	15557	13369
1997	352	98522	292662	80778	16940	14712
1998	363	105937	296671	94032	18141	15633
1999	355	114696	311962	91774	19222	16592
2000	335	120734	334081	92374	20342	17663
2001	335	109934	339150	98191	21140	18217
2002	324	106058	331353	107320	21480	18533
2003	311	99440	315106	112144	21622	18572
2004	298	91450	297368	105832	21702	18757
2005	277	89160	283958	103575	21906	18994
2006	270	95207	280281	98117	22013	19257
2007	264	98786	287457	94126	22284	19452
2008	261	98489	293146	88767	22343	19732
2009	259	95980	289083	92922	22606	20003
2010	258	96088	286837	92150	22531	20157
2011	268	95928	283109	92747	23831	20246
2012	274	94847	281149	91534	24156	20436

14－8　主要年份职业中学基本情况

单位：人

年份	学校数（所）	招生数	在校学生数	毕业生数	教职工数	#专任教师
1979	12	595	1128	148		
1980	25	1156	2017	580		
1985	23	4601	7396	984	519	391
1986	26	5293	9660	2193	716	557
1987	29	4467	9804	3285	763	572
1988	38	4640	9579	3520	885	661
1989	36	5144	10604	3406	963	735
1990	36	5084	11386	3347	1057	800
1991	30	5781	11626	4696	1045	798
1992	31	5434	11874	3937	1131	853
1993	35	5785	12137	4497	1110	827
1994	41	7414	14628	3823	1258	890
1995	42	9760	18668	4682	1469	1066
1996	32	7289	17758	5730	1401	1066
1997	39	10949	22444	7223	1529	1201
1998	56	12662	26808	6172	1701	1294
1999	58	12302	28063	7593	2169	1633
2000	48	14431	31359	8622	2102	1690
2001	55	20516	40641	7467	2410	1933
2002	55	26013	53789	9463	2895	2351
2003	52	30211	65214	11699	3592	2977
2004	53	27275	69999	13952	3588	3026
2005	50	25284	67952	17789	4043	3415
2006	48	25052	65357	20743	3856	3295
2007	44	24591	61795	19086	3646	3084
2008	45	23877	59935	18362	3585	3091
2009	43	27453	64270	17507	3399	2925
2010	42	27252	67242	16616	3457	3024
2011	41	26710	69251	17254	3178	2848
2012	39	23242	67358	19883	3279	2961

14－9 主要年份小学基本情况

单位:人

年份	学校数（所）	招生数	在校学生数	毕业生数	教职工数	*专任教师	入学率（%）
1949	1970	48028	96738	4070	5073	4693	
1952	2751	42724	194412	7650	7227	6685	
1957	2546	59246	238276	22037	7364	6812	
1962	3251	67268	249793	26417	7140	5609	
1965	5677	123169	401476	22185	12283	10520	
1970	5014	112006	446081	59807	14722	13817	
1975	6305	148328	670227	78801	21752	20170	
1978	5420	144258	649623	102368	22342	21860	97.16
1980	4956	114734	640215	87440	22876	21723	96.53
1985	4205	81412	497033	102647	21301	19762	97.60
1990	3377	88868	460288	74263	18514	17010	99.17
1991	3198	82164	467722	71065	18726	17197	98.90
1992	2951	80487	471996	73549	18975	17586	99.56
1993	2652	86183	485003	69773	19124	17749	99.69
1994	2446	94110	497515	80450	19306	17952	99.72
1995	2248	79668	486871	89144	19533	18123	99.55
1996	1991	69159	468435	86784	20201	18742	99.80
1997	1847	62084	446885	82228	20765	19315	99.67
1998	1622	55032	416557	84654	20378	18956	99.95
1999	1324	63379	387715	92573	20322	18876	99.91
2000	1134	74022	370452	92160	20309	18809	99.94
2001	977	63708	354473	78918	20363	18797	99.99
2002	914	63532	353256	67435	19905	18449	100.00
2003	843	60557	360886	57553	19903	18364	100.00
2004	794	61380	375140	53181	19911	18353	100.00
2005	749	61482	387461	54819	20197	18782	100.00
2006	729	65903	397107	64240	20611	19209	100.00
2007	678	71122	406204	69621	21097	19530	100.00
2008	600	72607	411801	70039	21445	19928	100.00
2009	575	72375	410767	67116	21684	20319	100.00
2010	561	82428	430476	65150	21924	20510	100.00
2011	560	88358	462265	66089	20852	20716	100.00
2012	502	85023	473217	68184	21135	21132	100.00

14－10 主要年份幼儿园基本情况

单位：人

年份	幼儿园数（所）	班数（个）	在园幼儿数	教职工数	#专任教师
1978	68	185	8539	240	233
1980	90	444	18613	519	507
1985	962	1918	59632	2290	2198
1986	679	2047	63968	2408	2283
1987	684	2009	70006	2459	2308
1988	665	2128	76942	2677	2483
1989	452	2229	74623	2727	2599
1990	401	2218	71938	2748	2580
1991	421	2278	79390	2744	2557
1992	284	2336	77969	2552	2416
1993	293	2319	90189	2824	2677
1994	719	2418	84818	2969	2712
1995	338	2456	83020	3069	2772
1996	403	2544	84601	3235	2855
1997	526	2497	79429	3532	3021
1998	726	2979	90637	3698	3253
1999	651	3037	94797	4225	3339
2000	445	3308	97897	4627	3804
2001	653	4692	128707	6245	3924
2002	588	5056	138302	6953	4432
2003	718	5453	151458	8015	5104
2004	838	5638	164752	9142	5671
2005	1319	5721	172201	9820	6111
2006	1356	6303	193585	11001	6816
2007	1251	6557	205811	12314	7637
2008	1278	6943	225949	13427	8520
2009	1297	7704	239897	15587	9808
2010	1291	8226	259760	18521	11075
2011	1372	8716	262004	18259	10519
2012	1434	8687	251947	20971	12089

14－11 主要年份每万人口中在校学生数的大中小学生构成

年份	各级学校在校学生占全市人口(%)	平均每万人口中(人)			大、中、小学生占学生总数(%)		
		大学生	中学生	小学生	大学生	中学生	小学生
1949	4.37		29.26	402.12		7.96	92.04
1952	8.38		65.45	772.27		7.81	92.19
1957	9.15		73.09	841.99		7.99	92.01
1962	8.84		69.86	814.35		7.90	92.10
1965	12.62		80.43	1181.37		6.37	93.63
1970	13.28		189.33	1138.69		14.26	85.74
1975	19.04		361.24	1542.31		18.98	81.02
1978	19.39	0.91	502.94	1434.96	0.05	25.94	74.01
1980	18.50	1.40	461.27	1386.92	0.08	24.94	74.99
1985	14.59	10.35	433.98	1014.19	0.71	29.75	69.54
1990	13.22	5.67	423.74	892.91	0.43	32.05	67.53
1991	13.33	5.18	425.38	902.35	0.39	31.91	67.70
1992	13.39	4.06	427.67	906.80	0.30	31.95	67.75
1993	13.58	5.02	426.09	926.59	0.37	31.38	68.25
1994	14.21	6.35	469.79	945.29	0.45	33.05	66.50
1995	14.54	6.11	531.82	915.61	0.42	36.59	62.99
1996	14.74	6.40	588.86	878.90	0.43	39.95	59.62
1997	14.54	6.58	613.56	833.77	0.45	42.20	57.35
1998	14.09	7.77	627.91	772.10	0.55	44.65	54.80
1999	13.81	9.68	657.63	714.05	0.70	47.61	51.69
2000	13.94	16.33	700.32	677.71	1.17	50.23	48.60
2001	13.94	23.34	723.92	646.24	1.67	51.95	46.38
2002	14.17	43.19	732.46	641.75	3.05	51.68	45.27
2003	14.31	51.39	726.49	653.06	3.59	50.77	45.64
2004	14.31	54.75	703.47	676.83	3.82	49.02	47.16
2005	14.21	61.45	667.34	692.08	4.32	46.97	48.71
2006	14.22	70.80	648.34	703.26	4.98	45.58	49.44
2007	14.34	76.69	644.32	713.40	5.35	44.92	49.73
2008	14.49	84.80	646.95	717.35	5.85	44.64	49.50
2009	14.45	92.35	643.04	710.09	6.39	44.49	49.12
2010	14.67	89.30	639.64	738.20	6.09	43.60	50.32
2011	15.27	103.32	635.97	787.79	6.77	41.65	51.59
2012	15.26	109.38	616.09	800.77	7.17	40.37	52.47

注：大学生包括普通教育、成人教育、本科、专科学生，中学生包括普通中专、成人中专、技工学校、普通中学、职业中学学生，本表仅包括台州市各类学校学生数，不包括在外地就读的台州籍学生数。

14－12 主要年份学校教师负担学生数

单位：人

年份	高等学校		中等学校		小学	
	教师数	平均每个教师负担学生	教师数	平均每个教师负担学生	教师数	平均每个教师负担学生
1949			428	19.54	4693	20.61
1952			672	24.52	6685	29.08
1957			904	22.88	6812	34.98
1962			1283	16.70	5609	44.53
1965			1286	21.26	10520	38.13
1970			2536	29.25	13817	32.28
1975			5088	30.85	20170	33.23
1978	79	5.23	10429	21.83	21860	29.72
1980	121	7.80	9725	21.89	21723	29.47
1985	228	22.25	10127	21.00	19762	25.15
1990	246	11.89	11184	19.53	17010	27.06
1991	251	10.70	11402	19.34	17197	27.20
1992	255	8.28	11716	19.00	17586	26.84
1993	257	10.23	11937	18.68	17749	27.33
1994	281	11.89	12760	19.38	17952	27.71
1995	293	11.04	13900	20.26	18123	26.75
1996	315	10.82	15134	20.74	18742	24.99
1997	333	10.59	16647	19.75	19315	23.14
1998	349	12.01	17740	19.10	18956	21.97
1999	411	12.79	19101	18.69	18876	20.54
2000	523	17.07	20275	18.88	18809	19.70
2001	806	15.88	21288	18.65	18797	18.86
2002	891	26.68	21910	18.40	18449	19.15
2003	1042	27.25	22569	17.79	18364	19.65
2004	1329	22.83	22673	17.20	18353	20.44
2005	1397	24.62	23162	16.13	18782	20.63
2006	1502	26.62	23458	15.61	19209	20.67
2007	1652	26.43	23429	15.66	19530	20.80
2008	1737	28.03	23780	15.62	19928	20.66
2009	1795	28.76	23841	15.60	20319	20.22
2010	1645	31.65	24256	15.38	20510	20.99
2011	1880	32.25	24240	15.40	20716	22.31
2012	1901	34.00	24527	14.84	21132	22.39

注：高等学校包括成人教育，中等学校包括普通中专、成人中专、技工学校、普通中学、职业中学。

14－13　县级及以上政府部门属研究与开发机构变化情况

（1991－2012年）

单位：万元

年　份	机构数（个）	职工总数（人）	#科技活动人员	经费收入总　额	#政　府拨　款	经费支出总　额	#人　员费　用
1991	8	294	96	248	192	241	94
1992	8	316	83	375	265	294	114
1993	8	277	100	432	375	406	137
1994	8	257	91	574	350	519	163
1995	8	246	89	618	446	604	265
1996	8	230	77	611	470	572	298
1997	8	226	79	804	540	815	347
1998	9	231	84	1020	640	797	450
1999	9	223	71	1135	764	1066	522
2000	8	214	75	1361	868	1209	597
2001	7	198	65	1543	1110	1242	718
2002	7	192	66	1901	1157	1602	755
2003	7	194	68	2197	1501	1871	1036
2004	7	183	70	2170	1511	2051	699
2005	7	188	77	2589	1608	2288	783
2006	7	187	80	3474	2049	2887	1276
2007	7	237	95	4081	2124	3631	2102
2008	7	236	97	4122	2065	3436	1794
2009	7	232	144	4772	2514	4982	1676
2010	7	233	117	4680	2604	4221	1420
2011	7	233	134	5765	2868	4977	1711
2012	7	207	114	6437	2952	5711	3605

注：科技活动人员统计范围：2008年及以前的数据为科学家和工程师的人员数。

14－14　科技成果和专利批准情况

（1990－2012年）

单位:项

年　份	科技进步奖励	国家级	部级	省进步奖	市进步奖	合同数	成交额（万元）	#技术交易额	专利申请受理量	专利批准量合计	发明	实用新型	外观设计
1990	77	1	1	22	46	4	21	2	107	58	1	56	1
1991	27			23		368	285	112	137	99	3	86	10
1992	90			22	60	14	200	80	218	147	2	131	14
1993	31	1	1	22		481	2167	1853	308	248		194	54
1994	102			19	72	1894	351	125	251	231	2	187	42
1995	28		1	20		462	1856	1814	285	245		183	62
1996	92			30	52	8141	3864	3864	339	305	1	161	143
1997	68			19	42	1716	1662	1202	448	409	3	187	219
1998	69			19	40	1033	6598	1074	519	483		201	282
1999	95	1		28	56	488	4615	4098	823	791		415	376
2000	113	2		28	78	526	5651	5163	829	772		407	365
2001	112			22	90	623	6948	6948	1480	962	22	410	530
2002	109			27	82	733	13133	13133	2197	1223	14	471	738
2003	77			27	50	932	23772	23772	2345	1795	21	540	1234
2004	72			22	50	854	22696	22696	2803	1698	31	537	1130
2005	68		2	16	50	1029	28153	28153	4834	2136	38	705	1393
2006	80			27		446	38116	38116	5626	3365	57	1059	2249
2007	78			19	59	649	37046	36154	6276	4589	82	1723	2784
2008	72	3		15	54	228	88300	88000	9043	4811	168	1805	2838
2009	84	3		16	65	240	43300	43100	8806	8145	225	2292	5628
2010	121	2		16	101	208	22877	22783	10436	10558	285	4348	5925
2011	80			17	63	197	41837	41824	12471	9653	519	4293	4841
2012	79			23	56	118	27672	27192	14111	12182	793	5987	5402

14－15 全部科技活动单位基本情况

（2012 年）

项　　目	科技活动单位数（个）	科技活动人员数（人）	全部科技项目数（项）	专利申请数（件）	企业办科技开发机构数（个）
总　　计	**1310**	**42058**	**5979**	**5350**	**755**
工业企业	**1288**	**39348**	**5826**	**3342**	**735**
大型企业	44	10651	1021	1003	72
中型企业	276	14165	2009	1146	234
小型企业	968	14532	2796	1193	492
非工业企业	**22**	**2710**	**153**	**2008**	**20**
一、按登记注册类型分					
内资企业	**1179**	**37356**	**5220**	**4819**	**663**
国有企业	4	184	26	2	3
集体企业	2	22	6		2
股份合作企业	25	250	37	4	6
联营企业	1	6	1		1
有限责任公司	387	13832	1812	3009	248
股份有限公司	47	8270	942	635	57
私营企业	712	14787	2395	1169	346
其他企业	1	5	1		
港澳台投资企业	**61**	**2016**	**380**	**296**	**51**
外商投资企业	**70**	**2686**	**379**	**235**	**41**

注：统计范围为规上工业企业、年主营业务收入在 2000 万以上的农林牧渔业、建筑业、软件和信息技术服务业、金融业等。

14－15 续表

项　　目	科技活动单位数（个）	科技活动人员数（人）	全部科技项目数（项）	专利申请数（件）	企业办科技开发机构数（个）
二、按国民经济行业分					
农业	2	17	2		2
渔业	1	20	1		1
农副食品加工业	5	98	15	4	3
食品制造业	6	122	33	2	2
酒、饮料和精制茶制造业	5	68	13	2	2
纺织业	15	619	66	207	12
纺织服装、服饰业	2	47	3	12	2
皮革、毛皮、羽毛及其制品和制鞋业	55	576	115	5	12
木材加工及木、竹、藤、棕、草制品业	3	13	4	9	
家具制造业	29	556	82	79	13
造纸及纸制品业	7	162	17	7	5
印刷业和记录媒介的复制	2	9	2	5	1
文教、工美、体育和娱乐用品	23	242	36	98	7
化学原料及化学制品制造业	34	1290	248	54	30
医药制造业	61	4425	615	204	78
橡胶和塑料制品业	114	2399	346	340	56
非金属矿物制品业	12	291	58	54	9
黑色金属冶炼及压延加工业	16	102	20		1
有色金属冶炼及压延加工业	15	527	71	2	4
金属制品业	48	1633	140	360	18
通用设备制造业	298	7263	1161	550	151
专用设备制造业	92	2951	460	386	64
汽车制造业	147	5479	655	312	73
铁路、船舶、航空航天和其他运输设备制造业	69	2240	374	63	45
电气机械及器材制造业	144	3945	617	232	84
计算机、通讯及其他电子设备制造业	24	1077	279	39	19
仪器仪表制造业	47	1674	292	250	35
其他制造业	9	1423	88	66	5
废弃资源综合利用业	2	10	2		1
金属制品、机械和设备修理业	1	9	3		1
电力、热力的生产和供应业	3	98	11	0	2
工程和技术研究及试验发展	1	1668	14	1968	1
建筑业	16	920	132	40	15
金融业	2	85	4	0	1

14－16　全部研究与试验发展(R&D)活动基本情况

(2012 年)

项　　目	有R&D活动单位数（个）	R&D项目数（项）	R&D人员合计（人）	R&D人员折合当时全量（人年）	R&D经费内部支出合计（万元）	R&D经费外部支出合计（万元）	专利申请数（件）
总　　计	**923**	**4266**	**29465**	**23339**	**420426**	**45043**	**5327**
工业企业	910	4178	27492	21494	373621	34375	3319
非工业企业	13	38	1973	1845	46805	10668	2008
一、按登记注册类型分							
内资企业	**831**	**3746**	**26284**	**20653**	**381424**	**42636**	**4761**
国有企业	2	21	123	64	1259	250	2
集体企业	1	5	14	6	240		1
股份合作企业	14	21	153	121	2142		4
有限责任公司	296	1448	10753	8945	175914	29355	3022
股份有限公司	37	743	5434	4184	79334	7799	627
私营企业	481	1508	9807	7332	122535	5232	1141
港、澳、台商投资企业	**43**	**255**	**1295**	**983**	**16125**	**126**	**296**
外商投资企业	**49**	**265**	**1886**	**1703**	**22878**	**2281**	**235**
二、按国民经济行业分							
农副食品加工业	2	6	44	39	653		4
食品制造业	4	29	87	80	1400	49	2
酒、饮料和精制茶制造业	2	7	35	22	1713		2
纺织业	9	27	319	277	3988	35	207
纺织服装和服饰业	1	1	14	14	121		12
木材加工及木、竹、藤、棕、草制品业	1	2	4	4	234		9
家具制造业	10	20	168	134	2559		79

注：统计范围为规上工业企业、年主营业务收入在2000万以上的农林牧渔业、建筑业、软件和信息技术服务业、金融业等。

14－16 续表

项　　目	有R&D活动单位数（个）	R&D项目数（项）	R&D人员合计（人）	R&D人员折合当时全量（人年）	R&D经费内部支出合计（万元）	R&D经费外部支出合计（万元）	专利申请数（件）
造纸及纸制品业	6	15	147	96	1798	1	7
文教、工美和体育娱乐用品制造业	9	12	99	91	1049		98
化学原料及化学制品制造业	34	234	1188	1019	21880	1614	54
医药制造业	56	548	3680	3089	66642	18458	204
橡胶和塑料制品业	73	222	1531	1047	21507	241	340
非金属矿物制品业	8	38	183	147	2373		41
黑色金属冶炼及压延加工业	8	8	50	22	700		
有色金属冶炼及压延加工业	10	47	309	199	4719		2
金属制品业	32	79	1139	639	13039	6	360
通用设备制造业	231	850	5423	4350	64215	949	550
专用设备制造业	78	370	2368	1970	28593	2569	386
汽车制造业	111	451	3497	2576	44310	6322	312
铁路船舶航空航天和其他运输设备制造业	54	272	1662	1312	25203	2396	63
电气机械及器材制造业	108	454	2863	2210	40403	1182	232
计算机通信及其他电子设备制造业	16	230	793	691	10676	23	39
仪器仪表制造业	40	223	1262	1014	12811	249	250
工艺品及其他制造业	4	23	567	411	2408	29	66
废弃资源综合利用业	1	1	8	8	54	2	
金属制品、机械和设备修理业	1	3	9	6	231		
电力、热力的生产和供应业	1	6	43	28	345	250	
建筑业	12	74	430	302	6292	988	40
工程和技术研究及试验发展	1	14	1543	1543	40513	9680	1968

14－17 标准计量质量监督基本情况(一)

(1990－2012 年)

年份	已建市(地)级社会公用计量标准			已开展强制检定计量器具		强制检定计量器具实际检定数(台件)	计量仪器检定(台件)
	类	项	种	项	种		
1990	4	17	29	17	29	18231	36688
1991	4	17	32	15	26	14679	42584
1992	4	17	32	17	26	29432	49265
1993	5	17	43	18	28	27075	48819
1994	5	20	49	16	26	30799	42383
1995	5	25	54	20	27	31752	48518
1996	5	28	58	20	27	36950	55043
1997	6	28	64	20	35	32988	50653
1998	9	32	76	26	40	39919	32058
1999	10	27	40	27	40	18655	53361
2000	10	55	265	36	65	26538	132693
2001	10	52	119	23	36	8685	55176
2002	5	56	143	23	33	35985	78550
2003	5	95	201	21	33	48863	135373
2004	9	98	289	22	38	23751	78087
2005	10	65	114	28	48	10681	113102
2006	10	71	196	22	32	14678	103518
2007	15	98	223	25	35	15678	123518
2008	15	81	199	23	45	29134	95422
2009	11	99	222	23	45	44748	84913
2010	11	99	222	23	45	45160	90432
2011	11	99	222	23	45	35782	108732
2012	11	100	223	24	46	43316	110539

14－18 标准计量质量监督基本情况(二)

(1990－2012 年)

年份	产品质量监督受检企业数(个)	受检产品种数(种)	检验产品批次(批次)	检验产品合格批次(批次)	批次合格率(%)	现有工作用房(平方米)
1990	18	3	19	14	73.70	2739
1991	1292	14	1452	788	54.27	2946
1992	1135	11	1373	979	71.30	3300
1993	1330	13	1537	1133	73.72	3600
1994	2126	37	2185	1516	69.38	3600
1995	1428	14	1469	1033	70.32	4074
1996	2031	20	2118	1559	74.00	4100
1997	2866	46	3078	2403	76.00	4300
1998	3058	56	3134	2441	78.00	5900
1999	1966	55	2253	1592	70.66	7900
2000	1423	58	1534	1283	83.60	7930
2001	2100	28	2100	1697	80.83	10280
2002	4376	130	4376	3543	81.20	9280
2003	3634	240	3726	2727	75.00	18790
2004	3981	258	4158	3451	83.00	11800
2005	1956	167	1971	1691	85.79	28500
2006	2170	189	2319	2016	86.90	28500
2007	2497	196	2497	2197	87.99	28500
2008	1012	89	1012	816	80.63	28500
2009	1832	92	1832	1623	88.69	28500
2010	2093	149	2093	1907	91.11	28500
2011	1839	143	1839	1665	90.54	28500
2012	976	55	976	907	92.93	28500

14－19　标准计量质量监督基本情况(三)

(1990－2012年)

年　份	标准馆藏总量（件）			接待情报资料咨询读者人数（人次）	为情报资料咨询者提供标准（件）	为情报资料咨询者复印资料（页）
		国　内 标　准	国　外 标　准			
1990	28020	28000	20	105	300	1000
1991	32030	32000	30	125	350	1050
1992	33050	33000	50	140	380	2000
1993	42060	42000	60	156	410	2000
1994	47060	47000	60	178	410	2800
1995	51060	51000	60	182	520	2800
1996	53080	53000	80	190	550	2900
1997	57100	56100	1000	198	580	3000
1998	67100	66100	1000	498	680	5000
1999	87500	86500	1000	520	780	25000
2000	104800	103800	1000	624	936	50000
2001	105554	104554	1000	742	1054	139663
2002	105952	104952	1000	922	1254	146833
2003	107572	106572	1000	1090	1464	151833
2004	109372	108372	1000	998	1458	151962
2005	109372	109372		816	738	2632
2006	109372	109372		952	879	3483
2007	118406	118090	326	5744	12068	14086
2008	120500	120000	500	6500	15320	16280
2009	150000	130000	2000	10500	25000	18300
2010	142000	124000	18000	20000	28000	6000
2011	260000	180000	80000	140000	40000	30000
2012	580000	180000	400000	80000	20000	2000

14－20　标准计量质量监督基本情况（四）

（1990－2012年）

年　份	企业产品标准备案年末累计数（个）	政府计量部门建立社会公用计量标准（项）	授权建立社会公用计量标准（项）	制造计量器具许可证工商户数（户）	修理计量器具许可证工商户数（户）	技术监督行政执法受理案件数（件）	技术监督行政法结案案件数（件）
1990	258						
1991	227					15	15
1992	446					90	85
1993	416	37		120	50	45	30
1994	501	94		89	60	195	182
1995	2315	95	5	167	56	417	384
1996	2680	123	5	182	87	591	495
1997	3409	123	2	127	69	976	935
1998	4285	122	3	91	71	1162	1096
1999	5511	94	3	89	60	1927	1830
2000	7489	92	7	112	49	2042	2021
2001	9021	125	7	76	7	2493	2487
2002	11327	249	13	29	21	2542	2534
2003	2931	201	13	147	9	2342	2342
2004	15584	289	43	175	1	1557	1551
2005	17007	320	76	28	2	1211	1185
2006	15677	325	30	35	1	580	518
2007	11136	332	31	35	1	3726	3720
2008	10735	339	2	26	1	2292	1978
2009	12019	199		23	1	3726	3720
2010	3875	200	3	21	1	1228	1099
2011	3151	211	3	24	1	957	956
2012	1285	219	3	23	1	556	539

主 要 统 计 指 标 解 释

普通高等学校 指按照国家规定的审批程序举办,通过全国统一招生考试,招收高级中等学校毕业生和具有同等学历者,实施高等教育,增减高等专门人才的学校。包括大学、专门学校、专科学校和短期职业大学。

成人高等学校 指按照国家规定的审批程序批准举办,招收高中毕业生或同等学历者,利用多种形式对成人实施高等教育,培养相当普通高等学校专科或本科毕业水平的专门人才的学校。包括广播电视大学、职工高等学校、农民高等学校、干部管理学校、教育学院、独立函授学院以及普通高等学校举办的函授、夜大等。

中等专业学校 指经国务院各部委或省人民政府批准举办,招收初中(或部分高中)毕业生或具有同等学历者,实施中等专业教育、培养中等专门人才的学校。具体又可分为中等技术学校和中等师范学校两大类。

技工学校 指招收初中(或部分高中)毕业生或同等学历者,实施专业技术教育、培养中级技术工人的学校。包括中央在地方单位办、各级劳动部门办、各级其他部门办和厂矿企业办。其在校学生数不包括培训的在职职工人数。

招生数 指新学年开始时,按照国家招生计划实际招收入学的新生数。不包括留级生和复读学生数。

在校学生数 指学年初开学以后,具有学籍的人武部在校学习的学生总数。

毕业生数 指上学年度内,具有学籍的学生学完教学计划的人全部课程,考试及格,获得毕业证书的学生数。不包括结业生和肄业生数。

教职工数 指在学校中工作的固定教职工人数。包括校本部、科研机构、校办工厂、农(林)场和附属机构的人员。不包括下列人员:离休、退休、退职人员;学校办的集体单位和学校附属机构中,属于集体单位的职工;代课教师和各种临时工。

专任教师 指主要从事教育工作的人员。包括临时(一年以内)调去帮助做其他工作的教学人员。不包括调离教学岗位,担任行政领导工作或其他工作的原教学人员;不包括兼任教师和代课教师。

小学学龄儿童入学率 指调查范围内已入学学习的学龄儿童占校内外学龄儿童总数(包括弱智儿童在内,但不包括盲聋哑儿童)的比重,计算公式是:

$$\text{小学学龄儿童入学率} = \frac{\text{已入学的小学学龄儿童数}}{\text{校内外小学学龄儿童总数}} 100\%$$

专利 是专利数的简称,是对发明人的发明创造经审查合格后,由专利局依据专利法授于发明人和设计人对该项发明创造享有的专有权。从类型来看,包括发明、实用新型和外观设计。

发明 指对产品、方法或者其改进所提出的新的技术方案。实用新型指对产品的形状、构造或者其结合所提出的适于实用的新的技术方案。

外观设计 指对产品的形状、图案、色彩或者其结合所作出的富有美感并适于工业上应用的新设计。

技术市场 指知识形态商品交换关系的总和,即买、卖中介各方就技术开发、技术转让、技术咨询和技术服务所结成的交换关系,包括科技成果从开发、应用、推广直至为社会服务的整个流通领域和流通环节。订立技术合同提供服务的中介机构,是我国技术市场的一个重要组成部分。

科技活动 是指在自然科学、农业科学、医药科学、工程与技术科学、人文与社会科学领域(简称科学技术领域)中与科技知识的产生、发展、传播和应用密切相关的有组织的活动。为核算科技投入的需要,科技活动可分为科学研究与试验发展(R&D)、科学研究与试验发展成果应用及相关的科技服务三类活动。

企业办科技机构 指企业自办(或与外单位合办),管理上同生产系统相对独立(或者单独核算)的专门科技活动机构,如企业办的技术中心、研究院所、开发中心、开发部、实验室、中试车间、试验基地等。

科技活动人员 是指企业内部直接参加科技项目以及项目的管理人员和直接服务的人员。不包括全年累计从事科技活动时间不足制度工作时间10%的人员。

R&D(研究与试验发展) 是指在科学技术领域,为增加知识总量、以及运用这些知识去创造新的应用进行的系统的创造性的活动,包括基础研究、应用研究、试验发展三类活动。

R&D 内部经费支出　是指调查单位在报告年度用于内部开展 R&D 活动（基础研究、应用研究和试验发展）的实际支出。包括用于 R&D 项目（课题）活动的直接支出，以及间接用于 R&D 活动的管理费、服务费、与 R&D 有关的基本建设支出以及外协加工费等。不包括生产性活动支出、归还贷款支出以及与外单位合作或委托外单位进行 R&D 活动而转拨给对方的经费支出。

R&D 经费外部支出　是指报告期委托外单位或与外单位合作进行科技活动而拨给对方的经费。包括对国内研究机构支出、对国内高等学校支出、对国内企业支出以及对境外机构支出合计。

已开展强制检定工作计量器具　指县级以上政府计量行政部门根据《中华人民共和国强制检定的工作计量器具明细目录》中规定的 55 项 111 种，具体开展项、种数。

产品质量监督检验企业数　指报告期内实际受检的企业数。

产品质量监督检验批次　在同一时期，对同一企业生产的同种规格的产品，按规定办法抽取样品，进行一次监督检验，为一个批次。

企业产品标准备案数　指企业已审批发布并办理了备案手续的企业产品标准数。

社会公用计量标准　指经过政府计量行政部门考核、作为统一本地区量值的依据，在社会上实施计量监督具有公证作用的计量标准。项数是指县级以上政府计量行政部门建立并考核发证的项目数。

授权建立的社会公用计量标准　指县以上政府计量行政部门授权其他部门或单位建立的社会公用计量标准器具考核发证的项目数。

制造计算器具许可证工商户数　指取得由县以上政府计量行政部门考核颁发制造计量器具许可证的企业单位数（包括个体工商户数）。

修理计量器具许可证工商户数　指取得县级政府计量行政部门考核颁发的修理计量器具许可证的企业单位数（包括个体工商户数）。

15

文化卫生体育和广播

Culture, Public Health, sports and Broadcast

15-1 文化艺术事业单位数

(1980-2012年)

单位:个

年份	电影放映单位	艺术表演团体	文化馆、站	#文化馆	公共图书馆
1980	412	12	205	8	7
1981	416	12	199	8	8
1982	396	9	216	8	8
1983	496	8	290	8	8
1984	558	8	436	8	8
1985	616	8	441	8	8
1986	626	8	439	8	8
1987	616	8	436	8	8
1988	613	8	436	8	8
1989	589	8	436	8	8
1990	577	8	430	8	8
1991	554	8	420	8	8
1992	542	8	202	8	8
1993	516	8	157	8	8
1994	516	8	210	8	8
1995	490	4	168	8	8
1996	493	4	168	8	8
1997	452	4	150	8	8
1998	453	6	181	9	8
1999	453	6	181	9	8
2000	370	6	180	9	8
2001	370	6	163	9	8
2002	380	7	139	9	8
2003	380	8	129	9	8
2004	380	8	131	9	8
2005	352	8	140	9	8
2006	402	7	143	10	9
2007	280	8	144	10	9
2008	170	8	143	10	10
2009	124	8	143	10	10
2010	124	8	143	10	10
2011	-	7	143	10	10
2012	-	6	143	10	10

15－2 群众文化基本情况

（1996－2012年）

年份	举办展览场次（个）	组织文艺活动（人）	举办训练班班次（次）	培训人次（万人次）	藏书（万册）	经费总支出（万元）	#事业支出
1996	689	2059	610	2.00	21.50	833	648
1997	625	1959	617	2.10	19.80	788	632
1998	737	2047	795	1.50	18.20	914	786
1999	666	2213	870	1.30	24.20	989	898
2000	708	1889	622	1.23	29.91	1424	1111
2001	501	1482	516	1.40	30.20	1340	1015
2002	518	1954	752	1.47	34.94	3474	3305
2003	503	1720	479	1.37	38.03	2955	2614
2004	636	2385	715	1.95	58.75	3177	3000
2005	617	1607	620	2.33	64.20	3548	3548
2006	698	1859	774	2.63	89.60	6046	6046
2007	550	1028	1686	4.05	77.35	2858	2858
2008	694	1999	1344	9.64	83.77	5387	5387
2009	671	2285	4379	9.38	88.61	5831	5831
2010	620	2331	1214	8.30	97.98	6363	6351
2011	596	2186	1245	9.77	105.00	6923	6923
2012	583	2307	1500	14.12	112.00	9648	9648

注：本表统计范围为群众艺术馆、文化馆和文化站。

15－3 医疗机构诊疗次数和入院人数

（2012年）

类别	机构数（个）	诊疗人次数（万人次）	#门、急诊	入院人数（万人）	每百诊次入院人数（人）
总计	**3101**	**4283**	**4239**	**65**	**1.52**
一、县及县以上医院	31	1685	1676	55	3.26
综合医院	18	1337	1334	47	3.52
中医医院	9	327	322	7	2.14
精神医院	4	21	20	1	4.76
二、妇幼保健医院	10	112	112	2	1.79
三、卫生院	124	940	919	2	0.21
四、其他	2936	1546	1532	6	0.39

15-4 主要年份卫生机构数

单位：个

年份	卫生机构数	医院、卫生院	#县以上医院	疗养院、所	社区卫生服务中心(站)	诊所卫生所医务室门诊部	卫生防疫机构	妇幼保健机构	卫生监督所	医学在职培训机构	其他卫生机构
1978	618	417	15								
1980	674	425	16								
1985	718	357	18								
1986	722	346	21		336		9	9		1	21
1987	717	353	21	1	323		9	9		1	21
1988	714	334	21	1	342		9	9		1	18
1989	727	350	21	1	332		9	9		1	25
1990	730	351	21	1	333		9	10		1	25
1991	729	359	22	1	322		9	10		1	27
1992	728	415	25	1	264		9	10		1	28
1993	701	386	25	1	266		9	10	1	10	18
1994	698	393	25	1	264		9	10	1	10	10
1995	709	402	25	1	265		10	10	1	10	10
1996	694	387	28	1	265		10	10	1	10	10
1997	717	391	29	1	284		10	10	1	10	10
1998	680	382	29	1	255		10	10	1	10	11
1999	635	356	29	1	236		10	10	1	10	11
2000	645	340	31	1	262		10	10	1	10	11
2001	664	365	31	1	238		28	10	1	10	11
2002	932	277	36	1	378	225	23	10	1	10	7
2003	1097	229	30	1	344	462	20	10	1	9	21
2004	1223	232	30	1	135	796	20	10	1	9	19
2005	1285	237	30	1	327	673	20	10	1	9	7
2006	1243	242	30	1	346	605	20	10	1	9	9
2007	1401	233	30	1	413	703	20	10	1	9	11
2008	1379	240	30	1	417	670	10	10	10	8	13
2009	1394	239	35	1	440	663	10	10	10	8	13
2010	1380	220	35	1	470	638	10	10	10	8	13
2011	3061	156	35	1	548	633	10	10	10	8	5
2012	3101	192	36	1	515	658	10	10	10	8	5

注：2002年开始卫生机构数包括个体诊所、社区卫生服务站机构数；2003和2011年度均有一部分卫生院转为社区卫生服务站，导致卫生院数减少，社区卫生服务站增加；2011年卫生机构数包括1672家村卫生室，导致卫生机构数增加。

15－5　主要年份卫生机构床位数

单位:张

年　份	卫生机构床位数	#医院、卫生院	#县以上医院	#疗养院、所	#妇幼保健机构	#社区卫生服务站	每万人口拥有床位数
1978	4788	4723	2366				10.6
1980	5237	5162	2607				11.3
1985	5974	5858	3212				12.2
1986	6035	5941	3318				12.2
1987	6373	6267	4910				12.7
1988	6558	6423	3785	20			12.9
1989	6785	6654	3943	60			13.2
1990	7030	6902	4120	60			13.6
1991	7352	7223	4415	60			14.2
1992	7672	7546	4788	70			14.7
1993	7682	7563	4814	70			14.7
1994	7861	7695	4931	112			14.9
1995	8015	7854	4974	112			15.1
1996	8333	8177	5292	112			15.6
1997	8534	8422	5483	112			15.9
1998	8671	8559	5628	112			16.1
1999	8880	8768	5892	112			16.4
2000	9559	9459	7006	100			17.5
2001	10496	10396	7277	100			19.1
2002	10387	10307	8374	80			18.9
2003	11352	11035	8555	100	173	44	20.5
2004	12285	11965	9172	100	201	19	22.1
2005	12634	12367	9158	32	220	15	22.6
2006	13762	13494	10192	25	243		24.4
2007	14293	14025	10393		258	10	25.1
2008	14927	14465	10816	30	253	179	26.0
2009	15563	15160	11232	30	303	70	26.9
2010	16528	16088	12580	30	318	339	28.3
2011	17536	16025	12100	30	336	1130	29.2
2012	18729	17809	14526	30	366	509	31.7

注：2007年疗养院、所的床位数并入医院统计。

15－6 主要年份卫生事业基本情况

单位:人

年份	卫生机构人员数	卫生机构技术人员数	#医生	#护士	其他技术人员	管理人员	工勤人员	每万人口拥有卫生技术人员数	#医生数	#护士数
1978	7894	6998	2743	739	36	583	277	15.5	6.1	1.6
1980	9554	8283	2608	655	27	731	513	17.9	5.6	1.4
1985	10998	9391	3357	1073	43	828	736	19.2	6.8	2.2
1986	11608	9939	3707	1174	46	907	716	20.0	7.5	2.4
1987	11897	10080	3658	1180	57	1022	738	20.0	7.3	2.4
1988	12206	10474	4344	1154	65	924	743	20.6	8.5	2.3
1989	12662	10878	4546	1217	62	1048	674	21.2	8.9	2.4
1990	12879	11011	4512	1969	71	1140	657	21.4	8.8	3.8
1991	13219	11285	4607	2072	86	1172	676	21.8	8.9	4.0
1992	13599	11584	4599	2136	93	1223	699	22.3	8.8	4.1
1993	13952	11763	4483	2248	109	1167	913	22.5	8.6	4.3
1994	14534	12406	4950	2419	127	1094	907	23.6	9.4	4.6
1995	14495	12027	5357	2443	39	1813	616	22.7	10.1	4.6
1996	15240	12628	5676	2597	42	1924	646	23.7	10.6	4.9
1997	17186	14501	6106	2772	49	1982	654	27.1	11.4	5.2
1998	16635	13905	5871	2973	228	1453	1049	25.8	10.9	5.5
1999	17204	14149	6165	2992	211	1683	1161	26.1	11.4	5.5
2000	18017	14841	6479	3309	232	1724	1220	27.2	11.9	6.1
2001	18947	15692	7100	3713	396	1760	1099	28.6	12.9	6.8
2002	19337	16276	6898	4658	726	943	1392	29.6	12.5	8.5
2003	20967	17780	7837	4658	950	881	1356	32.2	14.2	8.4
2004	21548	18484	7804	4873	969	974	1121	33.2	14.0	8.8
2005	24484	20806	8577	5695	1198	898	1582	37.2	15.3	10.2
2006	25517	21372	8826	6232	1190	999	1956	37.8	15.6	11.1
2007	27426	22868	9828	6588	1162	1068	2328	40.2	17.3	11.6
2008	28794	24488	10968	7675	1137	979	2190	42.7	19.3	13.4
2009	30526	25798	11237	8432	1135	977	2616	44.6	19.4	14.6
2010	31855	26765	11521	9104	1282	1037	2771	45.9	19.8	15.6
2011	36660	29890	12606	10227	1515	725	3240	49.8	21.1	17.0
2012	39103	31643	12944	10873	1603	739	3844	53.5	21.9	18.4

注：2002 年及以后卫生机构数为登记注册数;医生系执业(助理)医师数,护士为注册护士数。

15－7 体 育 基 本 情 况

（1992－2012 年）

年份	体育场(馆)(个)	举办县以上运动会(次)	参加县以上运动会(人)	举办乡镇运动会(次)	参加乡镇运动会(人)	获世界比赛：金牌(枚)	获全国、全省比赛(枚)			向上级体育团体输送人员(人)	国家级裁判员(人)	国家一级裁判员(人)
							金牌	银牌	铜牌			
1992	4					4	87	80	55			
1993	4					3	72	56	49	35		
1994	4	141	27023	68	25921		35	26	18	10		
1995	4	161	27950	94	48530	1	60	72	67	25		
1996	4	180	28103	164	56704		63	86	75	23		
1997	6	102	13756	165	49316		91	57	55	10	7	35
1998	6	10	2000			2	57	51	39.5		7	40
1999	7	9	6234	6	3250	15	90	83	66	35	7	40
2000	9	12	1420	114	48545	2	60	56	53	27	7	40
2001	9	42	10850	77	26586		77	51	51	13	7	40
2002	9	12	11080	86	18600		104	64	61	7	8	45
2003	9	17	12741	135	18860		86	69	80	43	11	57
2004	11	23	11500	27	5500		117	94	104	30	13	72
2005	11	94	29227	174	32229		167.5	134	123	52	14	113
2006	14	21	21250	18	12500		147	138	146	88	15	124
2007	14	25	26280	35	17250		99	83	77	110	15	142
2008	14	27	28320	26	23620		93	71	103	135	16	167
2009	14	26	27840	30	32460		88.5	76	80	139	17	194
2010	7	28	25370	23	26000		189.7	119	151.5		18	222
2011	7	10	16800	29	22100	2	285.5	129	51	51	19	237
2012	7	19	26299	25	17800	9	142.5	137	168	71	19	249

15－8 广播电视基本情况

（1992－2012年）

年份	无线广播电台（座）	广播节目套数（套）	广播电台（个）	无线电视节目套数（套）	有线广播电视网络干线总长（公里）	卫星收转（座）	电视人口覆盖率（%）
1992	3	3	8	7		112	78.56
1993	4	4	8	8		215	88.00
1994	4	4	8	8		917	87.00
1995	4	4	8	8		1338	90.00
1996	4	4	8	8		1133	88.61
1997	4	4	8	8		991	86.37
1998	1	3	6	7		425	86.37
1999	1	4	6	7		339	90.45
2000	1	4	6	7	20507	359	94.26
2001	1	8	6	8	24639	621	95.67
2002	1	8	6	10	45161	638	98.04
2003	1	8	6	10	44832	536	98.64
2004	1	9	7	10	11038	498	98.80
2005	1	10	9	10	12515	487	98.91
2006	1	10	9	10	11705	211	99.01
2007	1	10	9	10	14449	198	99.48
2008		10	9	10	15125	34	99.47
2009		10	9	10	15475	35	99.48
2010		10	9	10	17519	22	99.47
2011		10	9	10	18425		99.42
2012		10	9	10	21771		99.56

注：2006年有线广播电视网络干线总长是光节点之前的长度。

主 要 统 计 指 标 解 释

文化事业机构 指从事专业文化工作和为专业文化工作服务的独立核算、独立建制的单位。不包括文化主管部门直属单位举办的其他行业和各部门的业余文化组织。

艺术表演团体 指从事戏曲、音乐、舞蹈、杂技等专业艺术表演，有独立帐户，实行单独核算的团体。不包括半工半艺、半农半艺和民间职业剧团。

医院 指设有固定床位能收病人住院并能为病人提供医疗和护理服务的医疗机构。包括县及县以上医院、乡镇卫生院、其他医院三部分。

卫生技术人员 指卫生事业机构支付工资的全部固定职工和合同制职工中现任职务为卫生技术工作的专业人员。包括中医师、西医师、中西医结合高级医师、护师、中药师、西药师、检验师、其他技师、中医士、西医士、护士、助产士、中药剂士、西药剂士 、检验士、其他技士、其他中医、护理员、中药剂员、西药剂员、检验员，其他初级卫生技术人员。

医生 包括执业医生和执业助理医生。指具有《医师执业证》及其“级别”为“执业医师”且实际从事医疗、预防保健工作的人员，不包括实际从事管理工作的执业医师。

诊疗人次数 指一定时期内所有诊疗工作的总人次数，包括病人来院就诊的门诊、急诊人次数和出诊、赴家庭病床、到工厂、农村、会议、集体活动等外出诊疗的人次数以及外出进行的单项健康检查人次数。

体育场 指有400米跑道，中心含足球场。并有固定看台的田径场。

体育馆 指有固定看台可供蓝球、排球、羽毛球、乒乓球、体操等项目训练比赛活动用的室内场地。

等级裁判员人数 指经考核正式批准授予等级裁判员称号的人数。裁判员等级分为国际裁判、国家级裁判、一级裁判、二级裁判、三级裁判。

广播(电视)人口覆盖率 指广播(或电视)覆盖人口与总人口的比率。广播(或电视)覆盖，目前是按某套节目来计算的。广播覆盖人口是指能够用普通收音机在中午收听中波广播节目，并且收听效果能达到听清完整的节目内容的地区的人口数。包括只能收听外省的中波广播的人口数在内。电视覆盖人口是指能够用普通电视接收机，室外天线在离地面四米高外，在晚上收看电视，并且收看效果能达到图像基本稳定、清晰，能看清人物的形象、动作的地区内的人口数。指标计算公式：

$$\text{广播(或电视)人口覆盖率} = \frac{\text{年末广播(或电视)覆盖人口数}}{\text{年末总人口数}} \times 100\%$$

16 档案工会妇联共青团和社会保障

Archives,Labor Union,The Women's Federation, The Communist Youth League and Social Security

16－1 档案馆档案资料馆藏情况

（1990－2012年）

年份	馆藏档案				馆藏资料册数（万册）	档案馆面积（平方米）	#库房面积
	全宗（个）	案卷（万卷）	录音录像影片（盒）	照片（万张）			
1990	624	14.83	595	0.55	3.95	6544	4371
1991	713	15.76	637	0.87	4.13	7689	4900
1992	944	18.10	672	0.95	4.30	8709	5412
1993	1008	18.65	704	1.04	4.74	8709	5412
1994	1070	19.77	734	1.17	4.92	8709	5412
1995	1116	21.54	793	1.30	5.16	8709	5412
1996	1133	22.31	770	1.44	5.65	8868	5563
1997	1215	23.31	637	1.74	6.00	8868	5563
1998	1223	24.42	612	1.89	6.44	9337	5885
1999	1322	28.80	766	2.04	6.63	8970	5831
2000	1353	30.66	1485	2.14	6.86	9097	5865
2001	1395	37.16	1617	2.47	7.13	9172	5865
2002	1449	40.93	1563	2.91	7.33	9372	5965
2003	1480	43.68	1597	3.15	7.43	9499	6199
2004	1497	45.22	1627	3.31	7.85	9167	6099
2005	1526	56.93	1783	3.60	8.09	9892	6810
2006	1554	49.66	1806	4.01	8.31	14441	9401
2007	1590	51.97	1820	4.23	8.46	13941	9147
2008	1620	54.24	1844	4.60	8.70	23941	11291
2009	1632	55.40	1860	4.82	8.91	23941	11291
2010	1753	59.27	1867	5.36	9.03	23941	11291
2011	1805	61.28	1923	5.47	9.14	23941	11291
2012	1839	65.92	1944	5.74	9.38	25041	11291

16－2 档案馆档案资料利用情况

（1990－2012年）

年份	档案资料利用				开放档案	
	利用人次（万人次）	利用档案（万卷、件次）	利用资料（万册、次）	复制（万页）	全宗（个）	案卷（万卷）
1990	0.56	2.45	0.31	1.08		
1991	0.50	1.40	0.20	0.72	222	2.00
1992	0.49	1.16	0.15	0.76	264	2.19
1993	0.34	0.99	0.13	0.94	264	2.22
1994	0.36	1.01	0.15	1.13	264	2.27
1995	0.28	0.64	0.11	0.80	269	3.79
1996	0.24	0.67	0.11	0.51	340	3.90
1997	0.30	0.81	0.09	1.56	422	4.65
1998	0.40	1.01	0.15	0.88	520	5.47
1999	0.52	1.53	0.17	1.18	523	5.48
2000	0.54	1.74	0.16	1.24	528	5.75
2001	0.56	1.63	0.14	2.10	528	5.75
2002	0.79	2.27	0.10	2.94	458	5.88
2003	0.79	2.05	0.19	3.17	653	6.12
2004	1.01	3.04	0.78	4.86	673	6.21
2005	2.09	3.28	1.17	3.13	556	10.96
2006	1.94	19.46	0.52	9.82	556	6.31
2007	1.71	34.07	1.33	8.55	618	6.70
2008	1.64	5.04	0.18	7.25	625	7.01
2009	1.94	3.15	0.55	3.25	625	7.11
2010	1.56	2.50	0.98	3.12	625	7.11
2011	6.15	9.07	1.29	6.79	639	7.36
2012	2.98	3.77	0.28		657	7.36

16－3 工 会 基 本 情 况

(1990－2012 年)

单位:人

年　份	基层工会组织数(个)	建立工会组织单位职工人数	#女职工	建立工会组织单位会员人数	#女会员	建立职工代表大会制度的单位数(个)	全国劳模	省、部级劳模	市级劳模
1990	2228	251674	95376	230452	87158			10	
1991	2248	262784	101983	238735	91425			4	
1992	2324	266339	105200	239708	92282			3	
1993	2291	244033	97152	218933	86362			5	
1994	2273	246203	97268	223354	86867			8	
1995							9	13	
1996	2639	226287	89340	205707	81974			5	
1997	2489	196051	79224	179901	70837			3	
1998	2359	213689	87487	185941	74880	973		5	
1999	2926	265768	110630	217735	89573	971		27	100
2000	5399	503285	204580	408975	164591	621	9	2	
2001	7073	845300	288184	821751	263792	517		11	
2002	5795	865423	368442	818095	339828	1209		4	
2003	5940	890017	367797	826141	339025	1675		5	
2004	7218	973565	395162	888892	370207	2349		36	100
2005	8356	1043045	473879	982363	417495	2400	10		
2006	9205	1142028	469978	1073865	421380	2537		4	
2007	10378	1236408	535409	1167186	497179	2770		4	
2008	11647	1326682	537442	1249840	511820	2904		5	
2009	12538	1432401	558981	1352600	535431	3010		39	79
2010	13343	1580373	621436	1517298	601393	3290	11		
2011	14719	1763071	682306	1712126	666807	3653		5	
2012	16739	2014431	770027	1981778	760996	4106		4	

注:工会基层组织统计口径 2002 年开始由原工会组织覆盖企业改为一级基层工会委员会。

16-4 妇女联合会基本情况

(1990-2012年)

年份	妇女双学双比参赛人数(万人)	巾帼文明示范岗数(市级以上)(个)	巾帼志愿者(人)	三八红旗手(人)	巾帼文明标兵(省级以上)(人)	实用技术培训人数(万人)	文明家庭(市、县级)(户)	女农民技术员(人)
1990	87.30			83		14.56	725	
1991				73		15.61	151	
1992				20			410	
1993				30			335	
1994	94.19			3		9.39	91	
1995	102.99			37		15.42	110	
1996	108.46			3		17.37	267	
1997	113.87			79		17.90	162	
1998	118.21			44		19.67	450	
1999	121.29					11.40	763	
2000	122.30			10		9.72	11563	
2001	131.70	746				14.34	40141	
2002	122.82	1206	20514	13		10.25	225280	7732
2003	130.00	623	23021	26		10.79	412811	11207
2004	131.90	628	34997	37	7	6.73	482499	11207
2005	131.00	321	32640	34		6.75	289166	12439
2006	131.50	161	35680	28	7	5.66	144701	12439
2007	132.10	227	33600	33	5	4.76	135837	13406
2008	131.85	309	34580	59	38	3.68	647	13411
2009	130.10	309	35280	105	9	5.38	2048	14457
2010	128.50	411	35760	84	10	4.22	1490	14457
2011	131.80	124	36250	56	12	4.79	418	14200
2012	131.90	74	37777	60	15	7.25	2380	14200

16－5 共青团基本情况

（1995－2012年）

单位：人

年份	新命名市级青年文明号（个）	市十大杰出青年	优秀团干部	优秀团员	市“五四”红旗团委（个）	市优秀青年志愿者	市大中学生“三下乡”先进集体（个）	市大中学生“三下乡”先进个人
1995							28	40
1996	11	10					27	30
1997	17					27	25	33
1998	22					29	17	28
1999	41	10	50	51	11	31	10	25
2000	66		50	51	5	30	19	24
2001	88		51	52	11	32	26	50
2002	89	10	51	52	10	32	31	68
2003	72		52	50	12	51	31	61
2004	70		54	51	11	50	26	64
2005	66	10	51	51	9	51	36	70
2006	60		54	53	11	100	36	64
2007	73		52	59	13		46	60
2008	58	10	51	49	12		35	61
2009	64		53	51	8	53		
2010	64		53	54	10		26	46
2011	64	10	54	53	10		42	53
2012	64		53	57	11		30	49

16-6 民政事业基本情况(一)

(1990-2012年)

单位:人

年份	享受定期抚恤金人数	#烈士家属	享受定期补助人数	#在乡复员军人	#在乡退伍军人	烈军属享受优待户数(户)	烈军属享受优待总额(万元)	安置退伍军人人数	#城镇安置	离退休、退职直接发放人员
1990	821	502	10591	9112	1296	10589	517	1639	485	772
1991	829	492	10427	8914	1410	10081	524			725
1992	793	483	10330	8697	1543	10455	553	2425	602	571
1993	797	474	10096	4836	1585	11111	570	1816	488	561
1994	770	458	10085	8434	1575	11888	689	2546	531	535
1995	780	467	9977	8314	1589	12728	864	2148	507	510
1996	721	431	9862	8112	1694	10307	1359	1872	430	501
1997	724	423	9526	7757	1711	10590	2223	1651	367	496
1998	694	391	9407	7407	1943	10296	2322	1366	551	474
1999	672	368	9308	7202	2072	14515	3559	3596	677	447
2000	646	349	9181	6947	2208	15940	3513	3568	1128	427
2001	626	333	8811	6835	1959	17040	3825	1690	618	421
2002	611	323	8802	6581	2209	16572	3440	2409	724	406
2003	602	318	8474	6189	2274	16141	3950	1150	705	403
2004	590	312	8356	5982	2364	13522	2939	854	546	402
2005	583	309	7968	5616	2346	11922	4370	1257	585	391
2006	581	309	7741	5384	2351	9656	4543	1781	423	392
2007	561	291	7823	5164	2282	10104	5313	1730	373	386
2008	547	284	9150	4981	3197	10973	6063	2943	504	375
2009	545	277	9096	4680	3156	10993	7087	2482	431	363
2010	527	271	8987	4430	3183	11959	8797	2763	426	357
2011	510	257	9348	4158	3118	13483	11872	2698	511	349
2012	485	242	36368	3803	2193	14349	11438	2756	436	325

16－7 民政事业基本情况(二)

(1990－2012年)

单位:人

年份	定期社会救济对象总人数	#城镇最低生活保障人数	#农村最低生活保障人数	最低生活保障资金(万元)	社会福利院数(个)	床位(张)	年末在院人数	收养类单位(个)	床位(张)	年末在院人数
1990					4	222	124	82	1133	751
1991					4	194	112	93	1209	850
1992					4	194	114	98	1339	975
1993					4	182	142	98	1374	1056
1994					4	178	154	101	1336	1116
1995					4	178	297	123	1852	1087
1996					4	232	188	165	2225	1321
1997					6	322	177	185	2585	1666
1998					7	372	247	184	2795	1655
1999					7	403	297	179	2847	1640
2000	79794	899	28712	1441	7	525	359	175	3697	2005
2001	44493	1313	32174	1915	8	735	425	164	4024	2149
2002	55978	2416	46510	1751	9	854	503	149	4980	2396
2003	60837	3308	53443	2260	9	876	552	134	4303	2783
2004	64921	3792	57101	4970	9	908	599	135	5788	3642
2005	60172	3829	52918	4932	9	992	643	168	8327	4411
2006	61213	3766	52761	5126	9	1093	729	196	11753	7094
2007	64161	4019	56167	6917	9	1323	773	194	13237	9346
2008	66712	4310	58678	9422	9	1423	748	209	15061	8524
2009	65425	4401	57223	9960	9	1473	808	203	15574	9284
2010	64326	3966	56739	11988	9	1638	792	224	20518	9803
2011	65120	4029	57637	15686	9	1931	817	327	26949	16290
2012	65159	4005	57607	19035	9	1871	786	342	32939	18461

16－8 民政事业基本情况(三)

(1990－2012年)

单位:个

年份	民政福利企业单位数	结婚对数(对)	离婚对数(对)	涉外结婚对数(对)	社会团体机构数	#地级社团	年末实有殡仪馆	年处理遗体数(具)
1990	431	30054	463	26			1	322
1991	391	29217	467	22	600	118	1	303
1992	425	36625	517	35	874	140	1	354
1993	460	39201	841	55	1134	165	1	348
1994	496	44557	1010	38	1091	171	1	406
1995	425	44544	992	51	1105	182	1	538
1996	382	45338	1375	55	1424	206	1	665
1997	376	40764	1559	62	1264	212	1	720
1998	380	50200	1555	66	1080	218	2	1419
1999	364	57519	1673	83	1131	215	5	13609
2000	345	48006	1994	73	884	202	5	25954
2001	361	46771	2080	78	815	203	5	26260
2002	382	47446	2179	47	887	234	5	27839
2003	388	46640	3163	62	953	256	6	32241
2004	384	46602	4795	64	1027	260	7	33110
2005	381	43853	4773	42	1151	273	7	35629
2006	387	49405	6522	65	1257	293	7	25709
2007	354	46229	6702	3	1315	301	7	33745
2008	323	47479	7837	8	1342	302	7	34621
2009	326	48197	8745	37	1384	333	7	34677
2010	311	47843	9516	40	1431	332	7	44043
2011	301	50064	10261	67	1448	315	7	35307
2012	209	47721	11159	98	1516	337	7	34565

16－9 基本养老保险情况

（1995－2012年）

年份	期末参保人数（人）	职工参保	离退休参保	收缴保险基金（万元）	支付养老金（万元）
1995	223450	181285	42165		
1996	231067	186165	44902		
1997	230021	181685	48336	26203	23500
1998	238425	186402	52023	28957	29778
1999	289975	232229	57746	29038	35818
2000	323774	260075	63699	39518	43289
2001	337621	268966	68655	67635	55314
2002	475499	404592	70907	74404	68063
2003	564249	490256	73993	116500	72220
2004	663682	584910	78772	125341	77926
2005	699799	616468	83331	140543	87633
2006	740966	652528	88438	173169	103925
2007	817298	723023	94275	218071	125779
2008	906825	806013	100812	262405	153331
2009	1010435	900749	109686	269939	177683
2010	1138364	1021004	117360	314867	206125
2011	1340952	1179823	161129	392608	263072
2012	1486883	1291768	195115	496811	373575

16－10 基本医疗和失业保险情况

（1995－2012 年）

年份	基本医疗保险情况					失业保险情况		
	期末参保人数（人）	职工参保	离退休参保	收缴保险基金（万元）	支付保险基金（万元）	期末参保人数（人）	收缴保险基金（万元）	支付保险基金（万元）
1995	60102	49481	10621			149713	950	530
1996	65328	51544	13784			155772	1438	625
1997	58237	21421	36816	2054	1321	156924	1543	796
1998	109136	91479	17657	4687	2230	153038	2320	1082
1999	126770	97841	28929	8391	3761	231800	3628	1706
2000	127805	96257	31548	5445	5014	262000	3928	1619
2001	132793	90059	42734	7894	7674	284055	4431	2273
2002	223409	157042	66367	16835	9062	309988	5295	1998
2003	296000	219381	76619	40919	18480	320716	6411	1251
2004	330855	250393	87662	43205	27831	346440	8099	2596
2005	375163	282927	92236	45028	33894	348259	9334	1924
2006	427668	326288	101380	50724	38843	392096	11448	2622
2007	487703	380074	107629	52340	31423	443716	13257	2424
2008	586798	471292	115506	59191	35442	516349	17860	1774
2009	662437	530546	131891	72335	45043	562033	20080	4319
2010	744828	604216	140612	88734	53600	627233	27061	7639
2011	925990	762801	163189	136867	67558	748807	31761	10704
2012	1070942	893920	177022	225034	107365	822736	42710	10496

16－11　工伤和生育保险基本情况

（1995－2012年）

年　份	工伤保险情况			生育保险情况		
	期末参保人数（人）	收缴保险基金（万元）	支付保险基金（万元）	期末参保人数（人）	收缴保险基金（万元）	支付保险基金（万元）
1995	34964			14274		
1996	107496			46942		
1997	132906	618	118	73035	227	137
1998	130593	651	140	135056	378	255
1999	123201	639	200	133177	570	414
2000	122066	719	285	128547	590	451
2001	129824	858	347	129325	681	533
2002	129983	1147	420	126554	805	532
2003	190081	1414	733	123497	732	548
2004	235329	2505	1380	143816	811	542
2005	290154	4107	2541	135991	1106	841
2006	420460	5977	4092	176515	1570	1036
2007	1128802	9726	5713	199769	2421	1695
2008	1480046	16989	9623	243769	3072	2356
2009	1600697	17207	12092	274273	4053	3088
2010	1809065	23439	15435	345769	5373	4110
2011	1972055	31263	22660	574568	7837	5235
2012	2085850	36453	38900	666972	12560	8812

主 要 统 计 指 标 解 释

社会救济对象总人数 指在报告期末生活在当地规定的最低生活保障线以下的家庭人员及国家规定由民政部门救济的特殊人员和60年代精减退职老职工救济人员等。

城镇居民最低生活保障人数 指在报告期末家庭平均收入在当地规定的最低生活保障线以下的城镇居民数。包括“三无”对象，失业人员和在职、下岗、退休人员等。

农村居民最低生活保障人数 指在报告期末在建立农村最低生活保障制度的地区，得到当地政府或集体给予最低生活保障的农业人口家庭人数。

收养类单位 指提供食宿的、不以盈利为目的的革命伤残军人休养院、复退军人慢性病疗养院、复退军人精神病院、光荣院、社会福利院、儿童福利院、精神病人福利院、老年收养性机构（敬老院、养老院、老年公寓）等收养性的社会福利事业单位的总称。分事业单位、企业和民办非企业3类。

基本医疗保险 建立城镇职工基本医疗保险制度，是对现行公费医疗、劳动医疗制度的创新和机制转换。基本医疗保险实行社会统筹和个人帐户相结合，是建立城镇职工基本医疗保险制度的核心内容。

基本养老保险参保职工人数 指参加基本养老保险并在社保经办机构已建立缴费记录档案的职工人数，包括不经常缴费、已中断缴费但未终止养老保险关系的职工人数，已参加基本养老保险后进入再就业服务中心并继续缴费的下岗职工人数。不包括只登记未建立缴费记录档案的人员。

保险福利费用 指企业、事业、机关单位在工资以外实际支付给职工和离休、退休、退职人员个人以及用于集体的劳动保险和福利费用。

17

各县市区国民经济主要指标

Main Indicators of National Economy by County, City and District

17－1 各县市区法人单位数

（2012年）

单位:个

地区	法人单位数	单产业法人	多产业法人
全市	**83467**	**81726**	**1741**
市区	30544	29813	731
椒江区	10439	10082	357
黄岩区	10210	10061	149
路桥区	9895	9670	225
玉环县	11074	10981	93
三门县	5760	5635	125
天台县	4742	4624	118
仙居县	5650	5503	147
温岭市	16406	16099	307
临海市	9291	9071	220

17－2 各县市区分产业法人单位数

（2012年）

单位:个

地区	法人单位数	第一产业	第二产业	#工业	第三产业
全市	**83467**	**6850**	**38514**	**36882**	**38103**
市区	30544	1276	12872	12195	16396
椒江区	10438	334	3653	3244	6451
黄岩区	10210	669	4812	4687	4729
路桥区	9896	273	4407	4264	5216
玉环县	11074	529	7095	6929	3450
三门县	5760	1152	2003	1860	2605
天台县	4742	677	1559	1482	2506
仙居县	5650	1246	1917	1827	2487
温岭市	16406	606	9271	9028	6529
临海市	9291	1364	3797	3561	4130

17－3 各县市区分产业和行业增加值(一)

(2012 年)

单位:万元

地区	生产总值	第一产业	第二产业			第三产业
				工业	建筑业	
全市	**29112616**	**2009148**	**14194728**	**12736428**	**1458300**	**12908740**
市区	10493944	402846	4952466	4475661	476805	5138632
椒江区	3723360	151507	1589546	1374762	214784	1982307
黄岩区	2834634	146434	1471282	1370415	100867	1216918
路桥区	3935950	104905	1891638	1730484	161154	1939407
玉环县	3705353	253094	2249488	2140676	108812	1202771
三门县	1301882	210039	548143	394497	153646	543700
天台县	1483642	116873	644333	545002	99331	722436
仙居县	1257023	131128	554171	446672	107499	571724
温岭市	6838377	535290	3244831	2969218	275613	3058256
临海市	3877696	359878	1974469	1740051	234418	1543349

注:本表按当年价格计算。

17－4 各县市区分产业和行业增加值(二)

(2012 年)

单位:万元

地区	第三产业按行业分						
	交通运输仓储及邮政业	信息传输计算机服务和软件业	批发和零售业	住宿和餐饮业	金融业	房地产业	租赁和商务服务业
全市	**1117334**	**425391**	**3598302**	**711089**	**2086004**	**1582056**	**307740**
市区	370331	188143	1520210	261862	1030094	598009	137421
椒江区	147988	111035	338769	85199	506059	275508	55643
黄岩区	111191	36590	270772	89574	199952	166682	22784
路桥区	111152	40518	910669	87089	324083	155819	58994
玉环县	91105	38403	346001	83457	178440	132614	38715
三门县	45998	16925	117580	33599	77920	82599	7626
天台县	81071	19273	145270	57729	100186	110968	6048
仙居县	48056	16936	124987	32956	90793	70880	8459
温岭市	306104	83345	1017004	168214	405317	298959	77981
临海市	143667	44894	311885	71139	225120	237748	26218

注:本表按当年价格计算。

17－5 各县市区分产业和行业增加值(三)

(2012年)

单位:万元

地区	第三产业按行业分(续)						
	科学研究技术服务和地质勘查业	水利环境和公共设施管理业	居民服务和其他服务业	教育	卫生社会保障和社会福利业	文化体育和娱乐业	公共管理和社会组织
全市	**122415**	**55881**	**445372**	**783280**	**454443**	**186818**	**1032615**
市区	43731	26121	135306	269239	153360	57328	347477
椒江区	32998	8420	34935	114907	64712	27832	178302
黄岩区	6726	11985	52165	88518	47908	22263	89808
路桥区	4007	5716	48206	65814	40740	7233	79367
玉环县	7299	3925	45618	61639	37989	40752	96814
三门县	3573	3274	18820	42010	19840	9147	64789
天台县	4525	4011	26740	62829	33391	9552	60843
仙居县	4101	6342	19089	50973	23362	8958	65832
温岭市	20260	8724	119331	142643	104917	44558	260899
临海市	41545	8512	52768	153770	81412	17050	127621

注:本表按当年价格计算。

17－6 各县市区生产总值增长速度

(2012年)

单位:%

地区	生产总值	第一产业	第二产业			第三产业	人均生产总值
				工业	建筑业		
全市	**7.1**	**2.5**	**5.9**	**5.8**	**7.7**	**9.1**	**6.4**
市区	7.6	1.8	8.4	8.4	8.9	7.3	6.9
椒江区	5.3	3.6	5.7	5.2	8.9	5.1	4.3
黄岩区	8.2	2.3	7.6	7.6	6.6	9.8	7.8
路桥区	9.4	-1.3	11.4	11.5	10.2	8.0	8.7
玉环县	5.8	0.8	5.1	5.1	5.4	8.1	5.1
三门县	5.3	4.5	3.5	3.9	2.6	7.6	4.6
天台县	8.8	2.0	9.0	8.5	11.7	9.7	7.8
仙居县	9.1	1.9	9.7	10.3	6.8	10.2	8.3
温岭市	5.3	3.1	0.1	-0.8	12.3	12.5	4.8
临海市	6.9	2.9	6.0	6.0	5.2	9.1	6.2

注：本表增长速度按可比价格计算。

17－7 各县市区户籍人口数

（2012 年）

单位:人

地区	总户数（户）	总人口数	按性别分		按户籍分	
			男性	女性	农业人口	非农业人口
全市	**1917043**	**5909450**	**3032591**	**2876859**	**4830721**	**1078729**
市区	501147	1568983	791149	777834	1253598	315385
椒江区	173017	518838	261598	257240	376105	142733
黄岩区	193698	601416	303961	297455	491688	109728
路桥区	134432	448729	225590	223139	385805	62924
玉环县	139215	425478	215940	209538	225458	200020
三门县	131784	435312	228232	207080	390309	45003
天台县	193468	592246	309606	282640	480206	112040
仙居县	147601	502919	261263	241656	452670	50249
温岭市	420452	1205998	612395	593603	1001449	204549
临海市	383376	1178514	614006	564508	1027031	151483

17－8 各县市区人口自然变动情况

（2012 年）

地区	出生		死亡		自然增长	
	人数（人）	出生率（‰）	人数（人）	死亡率（‰）	人数（人）	自然增长率（‰）
全市	**75335**	**12.79**	**36209**	**6.15**	**39126**	**6.64**
市区	17540	11.22	9730	6.22	7810	4.99
椒江区	5646	10.94	2949	5.71	2697	5.22
黄岩区	6585	10.97	4143	6.90	2442	4.07
路桥区	5309	11.87	2638	5.90	2671	5.97
玉环县	5518	13.01	2261	5.33	3257	7.68
三门县	5813	13.40	2295	5.29	3518	8.11
天台县	9343	15.86	3914	6.64	5429	9.21
仙居县	7804	15.59	3185	6.36	4619	9.23
温岭市	14238	11.84	7882	6.55	6356	5.28
临海市	15079	12.84	6942	5.91	8137	6.93

17－9 各县市区分乡镇街道户籍人口数

（2012年）

单位：人

地区	总户数（户）	总人口数	按性别分		按户籍分	
			男性	女性	农业人口	非农业人口
椒江区						
海门街道	29878	84708	42093	42615	29964	54744
白云街道	25378	71725	35846	35879	19791	51934
葭沚街道	24848	67355	33173	34182	52411	14944
洪家街道	14749	50100	24797	25303	40979	9121
下陈街道	14433	42344	21152	21192	41454	890
前所街道	16090	52595	27392	25203	47443	5152
章安街道	23517	84620	44138	40482	82624	1996
三甲街道	22536	61529	31084	30445	58522	3007
大陈镇	1588	3862	1923	1939	2917	945
黄岩区						
东城街道	22689	62504	30936	31568	12400	50104
南城街道	7035	23145	11576	11569	22183	962
西城街道	23263	66377	32712	33665	29595	36782
北城街道	10745	34824	17181	17643	33755	1069
新前街道	14191	42968	21658	21310	42040	928
澄江街道	10661	32119	16052	16067	31274	845
江口街道	10040	33820	16888	16932	31820	2000
高桥街道	6927	23091	11749	11342	22623	468
宁溪镇	10930	35184	18139	17045	33424	1760
北洋镇	10925	33693	17166	16527	32347	1346
头陀镇	12135	36832	18976	17856	35098	1734
院桥镇	20660	71638	36258	35380	61966	9672

17－9 续表1

单位:人

地　区	总户数（户）	总人口数	按性别分		按户籍分	
			男　性	女　性	农业人口	非农业人口
沙埠镇	7107	24110	12325	11785	23725	385
富山乡	3717	12017	6487	5530	11841	176
上郑乡	4018	13004	6948	6056	12474	530
屿头乡	4383	14277	7408	6869	14045	232
上垟乡	6420	17967	9186	8781	17629	338
平田乡	3274	10000	5209	4791	9867	133
茅畲乡	4578	13846	7107	6739	13582	264
路桥区						
路南街道	8844	31669	15773	15896	30552	1117
路桥街道	21883	57919	28516	29403	18582	39337
路北街道	7191	22795	11059	11736	19287	3508
螺洋街道	6980	24891	12233	12658	24091	800
桐屿街道	9792	35639	17605	18034	34727	912
峰江街道	12184	44766	22870	21896	43536	1230
新桥镇	7880	28019	14307	13712	26628	1391
金清镇	32867	107225	54244	52981	95224	12001
横街镇	8008	28330	14482	13848	27314	1016
蓬街镇	18803	67476	34501	32975	65864	1612
玉环县						
玉城街道	33421	99339	49632	49707	38393	60946
坎门街道	22470	69047	34778	34269	5690	63357
大麦屿街道	17243	56939	29577	27362	18247	38692
清港镇	17191	50210	25848	24362	47004	3206

17－9 续表2

单位:人

地　　区	总户数（户）	总人口数	按性别分		按户籍分	
			男　性	女　性	农业人口	非农业人口
楚门镇	16672	50484	25065	25419	22374	28110
干江镇	7503	21757	11239	10518	20700	1057
沙门镇	8457	26010	13035	12975	24407	1603
芦浦镇	5567	17795	9125	8670	16488	1307
龙溪乡	5819	18696	9691	9005	17731	965
鸡山乡	2573	7730	4034	3696	7342	388
海山乡	2299	7471	3916	3555	7082	389
三 门 县						
海游镇	29021	90945	46894	44051	55559	35386
沙柳镇	5407	17606	9263	8343	17279	327
珠岙镇	6450	21868	11560	10308	21160	708
亭旁镇	18176	58749	30728	28021	57000	1749
六敖镇	10152	34842	18184	16658	33883	959
健跳镇	10416	34320	17901	16419	32699	1621
横渡镇	6953	22902	12177	10725	22524	378
浬浦镇	9135	31771	16819	14952	31193	578
花桥镇	8030	26328	13977	12351	25704	624
小雄镇	9200	31146	16625	14521	30438	708
高枧乡	6236	22102	11778	10324	21540	562
蛇蟠乡	451	1551	802	749	1511	40
沿赤乡	6094	20178	10582	9596	19115	1063
泗淋乡	6063	21004	10942	10062	20704	300

17－9 续表3

单位:人

地区	总户数（户）	总人口数	按性别分		按户籍分	
			男性	女性	农业人口	非农业人口
天台县						
赤城街道	33287	94748	47859	46889	20423	74325
始丰街道	15066	46352	23598	22754	40105	6247
福溪街道	13976	44654	23324	21330	31116	13538
平桥镇	34868	111514	58058	53456	104552	6962
白鹤镇	22712	65619	34250	31369	62375	3244
石梁镇	5695	16680	8945	7735	16200	480
街头镇	12966	38783	20386	18397	37123	1660
三合镇	12114	40761	21630	19131	39562	1199
洪畴镇	6055	21617	11510	10107	21029	588
坦头镇	14961	45667	24573	21094	43812	1855
三州乡	3247	9986	5399	4587	9678	308
龙溪乡	2609	8063	4340	3723	7837	226
雷锋乡	5208	16304	8775	7529	15782	522
南屏乡	5547	15114	8239	6875	14598	516
泳溪乡	5157	16384	8720	7664	16014	370
仙居县						
安洲街道	8581	30215	15269	14946	20564	9651
南峰街道	9959	35271	17867	17404	22570	12701
福应街道	15981	56324	29030	27294	38271	18053
横溪镇	13941	48825	25036	23789	46885	1940
埠头镇	5383	19805	10178	9627	19270	535
白塔镇	12811	42865	22078	20787	41416	1449
田市镇	8770	28943	15301	13642	28350	593
官路镇	6859	22693	11728	10965	22075	618

17－9 续表 4

单位：人

地　　区	总户数（户）	总人口数	按性别分		按户籍分	
			男　性	女　性	农业人口	非农业人口
下各镇	15642	51546	26747	24799	50018	1528
朱溪镇	9956	31656	16476	15180	30968	688
安岭乡	3127	11594	6331	5263	11401	193
溪港乡	2547	8579	4639	3940	8363	216
湫山乡	5446	18261	9327	8934	17963	298
皤滩乡	4714	15732	8204	7528	15419	313
淡竹乡	3935	13334	7081	6253	13139	195
步路乡	4557	15449	8293	7156	15172	277
上张乡	4303	13762	7581	6181	13522	240
广度乡	2601	9795	5243	4552	9655	140
大战乡	4824	15862	8333	7529	15495	367
双庙乡	3664	12408	6521	5887	12154	254
温 岭 市						
太平街道	41131	109630	54058	55572	25891	83739
城东街道	19985	52960	26612	26348	48097	4863
城西街道	10151	26897	13380	13517	25038	1859
城北街道	7269	20244	10174	10070	19011	1233
横峰街道	11330	32320	16293	16027	31127	1193
泽国镇	42949	126908	64364	62544	108359	18549
大溪镇	42838	129813	66209	63604	115315	14498
松门镇	32513	93323	47205	46118	78929	14394
箬横镇	51387	147821	75909	71912	126444	21377
新河镇	42868	122800	62472	60328	103913	18887
石塘镇	23880	72205	36240	35965	57561	14644
滨海镇	27032	75857	38909	36948	73656	2201

17－9 续表5

单位:人

地区	总户数(户)	总人口数	按性别分		按户籍分	
			男性	女性	农业人口	非农业人口
温峤镇	22642	63903	32657	31246	59953	3950
城南镇	25581	75753	39179	36574	74030	1723
石桥头镇	10161	29336	15166	14170	28586	750
坞根镇	8735	26228	13568	12660	25539	689
临海市						
古城街道	44813	123855	61901	61954	29400	94455
大洋街道	19199	51299	25810	25489	27577	23722
江南街道	9517	28102	14187	13915	26807	1295
大田街道	13798	40164	20319	19845	37475	2689
邵家渡街道	13755	41605	21276	20329	40899	706
汛桥镇	6428	19714	10340	9374	19439	275
东塍镇	22581	65201	33745	31456	63798	1403
汇溪镇	7791	21838	11508	10330	21545	293
小芝镇	11604	35900	18759	17141	35115	785
河头镇	16123	44963	23908	21055	43897	1066
白水洋镇	33845	104188	55947	48241	102068	2120
括苍镇	15683	46066	24411	21655	44982	1084
永丰镇	20691	61621	32933	28688	60459	1162
尤溪镇	8686	25813	13727	12086	25253	560
涌泉镇	16767	53877	28442	25435	52764	1113
沿江镇	15161	48581	25099	23482	47797	784
杜桥镇	59337	213187	111641	101546	199068	14119
上盘镇	16174	56971	29690	27281	55459	1512
桃渚镇	31423	95569	50363	45206	93229	2340

17－10　各县市区分行业全部在岗职工年末人数(一)

(2012年)

单位:人

地　区	在岗职工年末人数	农林牧渔　业	采矿业	制造业	电力热力燃气及水生产和供应业	建筑业	批发和零售业	交通运输仓储和邮政业	住宿和餐饮业	信息传输软件和信息技术服务业
全　市	**889843**	**1338**	**201**	**324854**	**8875**	**301028**	**22304**	**14559**	**6867**	**4394**
市　区	408275	492		151127	4124	143720	13188	7434	3304	3166
椒江区	182787	353		68891	2646	53211	9583	4651	2301	3078
黄岩区	139237	126		39444	975	75296	1956	1572	959	53
路桥区	86251	13		42792	503	15213	1649	1211	44	35
玉 环 县	104426	19		78954	542	4007	1882	1140	1058	161
三 门 县	33541	572		4687	416	16027	316	471	191	109
天 台 县	48886	86	85	7921	527	21347	933	765	710	154
仙 居 县	44368	3	116	11020	480	17876	1271	307	576	131
温 岭 市	101382	9		26537	938	32495	1844	1155		216
临 海 市	148965	157		44608	1848	65556	2870	3287	1028	457

17－11　各县市区分行业全部在岗职工年末人数(二)

(2012年)

单位:人

地　区	金融业	房地产业	租赁和商务服务业	科学研究技术服务业	水利环境和公共设施管理业	居民服务修理和其他服务业	教育	卫生和社会工作	文化体育和娱乐业	公共管理社会保障和社会组织
全　市	**30026**	**9863**	**14255**	**8459**	**6101**	**970**	**56272**	**30331**	**3699**	**45447**
市　区	19709	4853	5980	3348	2016	420	16639	10437	1651	16667
椒江区	7755	2929	3888	1763	388	374	7024	4142	1089	8721
黄岩区	1137	1193	520	1354	680	21	5411	3456	481	4603
路桥区	10817	731	1572	231	948	25	4204	2839	81	3343
玉 环 县	1094	715	843	282	819	84	4790	2657	362	5017
三 门 县	615	671	74	242	113	34	3547	1624	317	3515
天 台 县	868	625	176	945	717	70	5733	2618	441	4165
仙 居 县	700	325	349	446	483	51	4133	2005	252	3844
温 岭 市	5428	1231	6000	1026	1637	108	10280	5445	339	6694
临 海 市	1612	1443	833	2170	316	203	11150	5545	337	5545

17－12　各县市区分经济类型全部在岗职工年末人数

(2012 年)

单位:人

地　区	合　计	国　有 经济单位	城镇集体 经济单位	其　他 经济单位
全　市	**889843**	**158324**	**36051**	**695468**
市　区	408275	54039	4813	349423
椒江区	182787	27815	1067	153905
黄岩区	139237	15863	1099	122275
路桥区	86251	10361	2647	73243
玉 环 县	104426	13053	1167	90206
三 门 县	33541	10456	441	22644
天 台 县	48886	15368	954	32564
仙 居 县	44368	11735	206	32427
温 岭 市	101382	26725	3349	71308
临 海 市	148965	26925	25144	96896

17－13　各县市区从业人员素质情况(一)

(2012 年)

单位:人

地　区	从业人员 年末人数	大学本科 及 以 上	大　专	中专及 高　中	初中及 以　下
全　市	**968174**	**150589**	**143784**	**237801**	**436000**
市　区	451853	67552	65392	104023	214886
椒江区	211769	34538	34333	48752	94146
黄岩区	144249	14372	15207	31660	83010
路桥区	95835	18642	15852	23611	37730
玉 环 县	110263	12331	16035	27558	54339
三 门 县	35888	6867	6303	9350	13368
天 台 县	52822	9781	8840	17082	17119
仙 居 县	47917	9022	8459	11974	18462
温 岭 市	109373	21807	18268	23186	46112
临 海 市	160058	23229	20487	44628	71714

17－14 各县市区从业人员素质情况(二)

(2012 年)

单位:人

地区	在从业人员中:经营管理人员	在从业人员中:专业技术人员	高级专业技术人员	中级专业技术人员	初级专业技术人员	在专业技术岗位工作人员	在从业人员中:技术工人
全市	**95195**	**221338**	**14252**	**51908**	**78730**	**76448**	**295846**
市区	41212	91472	5924	20964	30926	33658	117027
椒江区	18465	42950	3044	11188	14736	13982	58350
黄岩区	11364	23784	1466	5937	9289	7092	41569
路桥区	11383	24738	1414	3839	6901	12584	17108
玉环县	24195	21243	1061	4051	6915	9216	50357
三门县	3246	10809	729	3084	4108	2888	9249
天台县	4103	17900	1215	4035	5963	6687	13129
仙居县	4252	12638	1076	3970	4912	2680	13181
温岭市	7335	29831	1790	7632	13248	7161	41017
临海市	10852	37445	2457	8172	12658	14158	51886

17－15 各县市区农村基本情况

(2012 年)

地区	农村常住户数(万户)	农村常住人口数(万人)	#外来人口数	通电话村数(个)	通自来水的村数(个)	通有线电视村数(个)	垃圾集中处理村数(个)
全市	**166.31**	**522.27**	**64.97**	**5010**	**4814**	**4873**	**4864**
市区	43.65	137.27	17.96	1095	1055	1082	1051
椒江区	14.20	42.51	6.75	275	275	275	275
黄岩区	16.45	50.76	3.80	533	498	525	499
路桥区	13.00	44.00	7.41	287	282	282	277
玉环县	19.49	61.18	21.69	276	274	274	274
三门县	10.42	34.50	1.74	509	494	506	503
天台县	14.47	45.75	0.67	596	572	580	545
仙居县	13.00	42.00	1.61	711	689	658	684
温岭市	37.38	112.05	17.94	830	820	829	829
临海市	27.90	89.52	3.35	993	910	944	978

17-16 各县市区分行业农村从业人员数

(2012年)

单位:万人

地区	农村从业人员数	#外出	农林牧渔业	农业	林业	牧业	渔业	工业	其他行业
全市	**327.06**	**64.96**	**74.62**	**58.32**	**2.03**	**6.72**	**7.55**	**121.03**	**131.41**
市区	82.16	10.52	15.54	13.59	0.39	0.96	0.60	38.05	28.57
椒江区	24.26	3.16	4.62	4.22	0.02	0.10	0.28	9.77	9.87
黄岩区	32.26	5.75	8.06	6.96	0.35	0.69	0.06	13.65	10.55
路桥区	25.64	1.61	2.86	2.41	0.02	0.17	0.26	14.63	8.15
玉环县	43.19	1.71	4.30	2.15	0.37	0.35	1.43	24.55	14.34
三门县	21.99	6.03	6.47	4.57	0.08	0.41	1.41	4.95	10.57
天台县	29.49	10.17	8.58	7.03	0.19	1.28	0.08	7.27	13.64
仙居县	26.05	10.18	7.24	5.15	0.45	1.47	0.17	4.36	14.45
温岭市	66.22	12.04	15.71	12.11	0.19	0.68	2.73	25.34	25.17
临海市	57.96	14.31	16.78	13.72	0.36	1.57	1.13	16.51	24.67

17-17 各县市区农林牧渔业总产值(一)

(2012年)

单位:万元

地区	农林牧渔业总产值	农业产值	粮食作物	谷物	豆类	薯类	油料	棉花
全市	**3491510**	**1264092**	**213880**	**152451**	**15486**	**45943**	**7879**	**1432**
市区	683152	319791	36683	29406	2510	4767	205	97
椒江区	302307	70692	10280	9193	611	476	87	92
黄岩区	201182	168649	14656	9440	1330	3886	112	
路桥区	179663	80450	11747	10773	569	405	6	5
玉环县	466439	64573	5690	2572	1014	2104	220	311
三门县	408311	90419	28795	19901	1712	7182	1486	440
天台县	177450	115568	22627	17669	1386	3572	949	63
仙居县	200861	137424	30025	21193	1432	7400	3737	27
温岭市	969610	246179	49828	34084	4064	11680	471	350
临海市	585687	290138	40232	27626	3368	9238	811	144

注：农林牧渔业总产值按当年价格计算，下同。

17－18　各县市区农林牧渔业总产值(二)

(2012 年)

单位:万元

地区	在农业产值中										
	甘蔗	药材	蔬菜	食用菌	花卉园艺	茶桑果及坚果	#茶叶	#水果			
									柑桔	果用瓜	其他
全　市	**20814**	**29188**	**364596**	**5271**	**44864**	**570609**	**52410**	**515284**	**139672**	**110094**	**265518**
市　区	6429	378	129306	2133	18341	125485	171	125154	22883	25506	76765
椒江区	1367		15828	919	1818	40285		40285	8085	12546	19654
黄岩区	2805	19	82822	467	6457	61131	171	60800	13637	3637	43526
路桥区	2257	359	30656	747	10066	24069		24069	1161	9323	13585
玉环县	199	312	24109		7300	26419	18	26401	11228	7044	8129
三门县	118	86	22588		2344	34313	5843	28252	12156	11120	4976
天台县	60	14239	23766	321	1920	50553	22030	28042	5376	4786	17880
仙居县	109	12301	31422	976	2140	56069	5776	48656	1661	2586	44409
温岭市	13299	1631	75032	1130	8515	95381	468	94913	4911	40801	49201
临海市	600	241	58373	711	4304	182389	18104	163866	81457	18251	64158

17－19　各县市区农林牧渔业总产值(三)

(2012 年)

单位:万元

地区	在农业产值中			林业产值				
	其他				人造林木生长	林产品	竹木采运	采集野生植物
		饲料绿肥作物	其他作物					
全　市	**5558**	**452**	**5106**	**59886**	**8599**	**13504**	**25387**	**12396**
市　区	734	88	646	4089	819	783	2032	455
椒江区	16	16		179	167		12	
黄岩区	180	39	141	3500	242	783	2020	455
路桥区	538	33	505	410	410			
玉环县	13	1	12	837	828		9	
三门县	249	13	236	5249	570	815	2300	1564
天台县	1069	74	995	13908	2567	2234	6088	3019
仙居县	618	79	539	19458	2389	5298	5624	6147
温岭市	542	150	392	654	654			
临海市	2333	47	2286	15691	772	4374	9334	1211

17－20 各县市区农林牧渔业总产值(四)

(2012 年)

单位:万元

地区	牧业产值	牲畜	牛	猪	羊	家禽饲养	活的畜禽产品	捕猎野兽野禽
全市	**356463**	**228687**	**4674**	**221464**	**2549**	**54872**	**46306**	**696**
市区	66318	45718	1255	44343	120	6250	12606	59
椒江区	24470	15743	277	15396	70	2845	4890	
黄岩区	23421	16407	374	15983	50	1545	4737	59
路桥区	18427	13568	604	12964		1860	2979	
玉环县	18505	11185	337	10566	282	5237	1936	
三门县	31030	19524	655	18441	428	3931	7228	59
天台县	43670	21293	888	20138	267	14635	2746	229
仙居县	38287	26798	465	25757	576	5290	3646	288
温岭市	83232	52703	500	51752	451	17218	11050	
临海市	75421	51466	574	50467	425	2311	7094	61

17－21 各县市区农林牧渔业总产值(五)

(2012 年)

单位:万元

地区	在牧业产值中				渔业产值	海水产品			淡水产品	农林牧渔服务业
	其他动物饲养	家兔	蚕茧	其他			捕捞	养殖		
全市	**25902**	**10333**	**916**	**14653**	**1779332**	**1715347**	**1237576**	**477771**	**63985**	**31737**
市区	1685	873		812	287567	275787	241192	34595	11780	5387
椒江区	992	838		154	206465	206129	199850	6279	336	501
黄岩区	673	35		638	3086				3086	2526
路桥区	20			20	78016	69658	41342	28316	8358	2360
玉环县	147	56		91	377176	373593	271341	102252	3583	5348
三门县	288	126		162	281433	277924	28862	249062	3509	180
天台县	4767	990	217	3560	3419				3419	885
仙居县	2265	23	583	1659	4387				4387	1305
温岭市	2261	873		1388	622996	611750	545223	66527	11246	16549
临海市	14489	7392	116	6981	202354	176293	150958	25335	26061	2083

17－22 各县市区农作物播种面积(一)

(2012 年)

单位:公顷

地区	农作物总播种面积	粮食作物	谷物	稻谷	早稻	单季稻	连作晚稻
全市	**251367**	**137442**	**95824**	**73758**	**8258**	**59296**	**6204**
市区	47618	21994	16206	15300	1718	12536	1046
椒江区	11414	6673	5299	5083	567	4059	457
黄岩区	19532	8212	5063	4559	128	4321	110
路桥区	16672	7109	5844	5658	1023	4156	479
玉环县	10609	4274	1851	1588	182	1267	139
三门县	25423	15770	10244	6954	457	6129	368
天台县	35308	23597	18254	9095	100	8640	355
仙居县	33072	18140	12416	9132	183	8734	215
温岭市	52087	25637	17220	16266	4135	9085	3046
临海市	47250	28030	19633	15423	1483	12905	1035

17－23 各县市区农作物播种面积(二)

(2012 年)

单位:公顷

地区	在粮食作物中								
	在谷物中				豆类				薯类
	小麦	大麦	玉米	其他谷物		大豆	蚕(豌)豆	杂豆	
全市	**13952**	**2248**	**5797**	**69**	**19015**	**10032**	**7160**	**1823**	**22603**
市区	297	141	468		3064	1418	1294	352	2724
椒江区	72	72	72		1068	657	394	17	306
黄岩区	222		282		1085	505	398	182	2064
路桥区	3	69	114		911	256	502	153	354
玉环县	147	8	108		1116	491	460	165	1307
三门县	2886	249	154	1	2475	1137	1249	89	3051
天台县	6167	988	2004		2318	1952	265	101	3025
仙居县	1006	82	2181	15	1411	996	337	78	4313
温岭市	303	298	330	23	4667	1860	2098	709	3750
临海市	3146	482	552	30	3964	2178	1457	329	4433

17－24 各县市区农作物播种面积(三)

(2012 年)

单位:公顷

地区	油料	油菜籽	花生	芝麻	棉花	麻类	甘蔗
全市	11301	10179	1000	122	715	4	2955
市区	361	286	74	1	67		680
椒江区	177	177			64		129
黄岩区	160	85	74	1			312
路桥区	24	24			3		239
玉环县	754	716	38		151		45
三门县	1692	1572	79	41	167		19
天台县	1740	1321	402	17	62	4	23
仙居县	4423	4145	228	50	4		23
温岭市	541	456	85		162		1987
临海市	1790	1683	94	13	102		178

17－25 各县市区农作物播种面积(四)

(2012 年)

单位:公顷

地区	药材类	蔬菜	果用瓜	#西瓜	#草莓	花卉苗木	#花卉	#盆栽类园艺	其他作物
全市	3106	70293	12674	10444	614	3344	881	56	9533
市区	71	18876	2410	1630	47	1142	323		2017
椒江区		3365	542	215	15	115	29		349
黄岩区	10	9288	559	485	16	380	106		611
路桥区	61	6223	1309	930	16	647	188		1057
玉环县	22	4219	997	881	18	111	40	42	36
三门县	57	5068	2105	1935	1	229	40		316
天台县	1395	6311	795	708	11	420	17	3	961
仙居县	1277	5979	940	837	26	302	25		1984
温岭市	212	17423	2965	2587	24	516	180	11	2644
临海市	72	12417	2462	1866	487	624	256		1575

17－26 各县市区农作物产量(一)

(2012 年)

单位:吨

地区	粮食作物	谷物	稻谷	早稻	单季稻	连作晚稻
全市	**791920**	**622563**	**545589**	**51174**	**453512**	**40903**
市区	137308	116166	112345	10206	95283	6856
椒江区	40550	36593	35650	3312	29561	2777
黄岩区	49294	36098	33987	741	32556	690
路桥区	47464	43475	42708	6153	33166	3389
玉环县	24098	13063	11936	1091	9967	878
三门县	85934	63232	52538	2750	47233	2555
天台县	120379	102636	72709	582	69806	2321
仙居县	101628	77007	62310	1080	59882	1348
温岭市	155386	121323	117864	27172	70158	20534
临海市	167187	129136	115887	8293	101183	6411

17－27 各县市区农作物产量(二)

(2012 年)

单位:吨

地区	在粮食作物中								
	在谷物中				豆类				薯类
	小麦	大麦	玉米	其他谷物		大豆	蚕(豌)豆	杂豆	
全市	**43422**	**7600**	**25675**	**277**	**42437**	**22895**	**15486**	**4056**	**126920**
市区	979	508	2333	1	7234	3104	3315	815	13908
椒江区	287	279	377		2059	1077	955	27	1898
黄岩区	684		1427		2812	1356	1029	427	10384
路桥区	8	229	529	1	2363	671	1331	361	1626
玉环县	522	24	579	2	3217	1532	1211	474	7818
三门县	9270	918	501	5	4923	2398	2368	157	17779
天台县	19244	3460	7223		4068	3446	472	150	13675
仙居县	3178	237	11215	67	3090	2069	853	168	21531
温岭市	855	868	1636	100	11112	5090	4403	1619	22951
临海市	9374	1585	2188	102	8793	5256	2864	673	29258

17－28 各县市区农作物产量(三)

(2012 年)

单位:吨

地　区	油料	#油菜籽	棉花	麻类	甘蔗	药材	蔬菜	果用瓜
全　市	**19317**	**16990**	**941**	**4**	**227770**	**27533**	**1871956**	**417181**
市　区	549	369	89		44084	1123	530046	74647
椒江区	229	229	85		6511		87060	21633
黄岩区	293	113			24847	62	270783	16530
路桥区	27	27	4		12726	1061	172203	36484
玉环县	1049	941	260		3525	80	133297	28783
三门县	2814	2572	215		831	219	135417	65763
天台县	2986	2327	43	4	708	7363	122832	23932
仙居县	7731	7060	15		1069	17733	172299	25858
温岭市	943	701	181		170500	834	513213	140694
临海市	3245	3020	138		7053	181	264852	57504

17－29 各县市区桑园面积和蚕茧产量

(2012 年)

地　区	桑园面积(公顷)	#本年采摘面积	饲养蚕种张数(张)	春蚕	夏蚕	秋蚕	蚕茧总产量(吨)	春蚕	夏茧	秋茧
全　市	**324**	**324**	**7637**	**3477**	**642**	**3518**	**328**	**171**	**28**	**129**
市　区										
椒江区										
黄岩区										
路桥区										
玉环县										
三门县										
天台县	109	109	1542	650	50	842	62	32	2	28
仙居县	123	123	2834	1460	256	1118	119	61	13	45
温岭市										
临海市	92	92	3261	1367	336	1558	147	78	13	56

17－30　各县市区茶园面积和茶叶产量

（2012 年）

地　区	茶　园总面积（公顷）	#本年新增面积	#本年采摘面积	茶　叶总产量（吨）	春茶	夏茶	秋茶
全　市	**9788**	**214**	**8848**	**4526**	**3265**	**918**	**343**
市　区	298		141	52	50	2	
椒江区							
黄岩区	298		141	52	50	2	
路桥区							
玉环县	50	7	37	6	6		
三门县	1138		1007	706	530	160	16
天台县	4455	176	4202	2060	1355	530	175
仙居县	1426	1	1378	638	501	100	37
温岭市	287		131	49	40	9	
临海市	2134	30	1952	1015	783	117	115

17－31　各县市区果园面积和水果产量(一)

（2012 年）

单位:公顷

地　区	果　园面　积	柑　桔	梨　园	桃　园	杨　梅	枇　杷
全　市	**64985**	**25828**	**2409**	**2654**	**24039**	**3388**
市　区	14424	5750	108	358	5462	1600
椒江区	2309	1159	9	22	765	40
黄岩区	10473	4376	76	222	4241	1289
路桥区	1642	215	23	114	456	271
玉环县	3972	2429	39	127	335	86
三门县	4993	3517	326	52	679	207
天台县	4104	788	583	422	1430	106
仙居县	10347	619	559	575	7499	352
温岭市	6504	1883	278	234	1818	304
临海市	20641	10842	516	886	6816	733

17－32　各县市区果园面积和水果产量(二)

(2012年)

地区	在果园面积中(公顷)				水果总产量(吨)		
	柿子	葡萄	弥猴桃	其他	合计	柑桔	柑
全市	**1010**	**3994**	**220**	**1443**	**1215825**	**443978**	**21237**
市区	31	972	49	94	238142	82313	9299
椒江区	15	291	1	7	64080	26949	2970
黄岩区	14	122	48	85	113382	51511	6329
路桥区	2	559		2	60680	3853	
玉环县	254	579		123	95126	43122	3318
三门县	78	55	10	69	146067	73673	1446
天台县	220	101	15	439	77315	20526	63
仙居县	187	219	98	239	88293	8362	1781
温岭市	64	1818		105	234684	21350	5128
临海市	176	250	48	374	336198	194632	202

17－33　各县市区果园面积和水果产量(三)

(2012年)

单位:吨

地区	在水果总产量中					
	柑桔产量中			梨头	桃子	杨梅
	桔	橙	柚			
全市	**376755**	**7921**	**38065**	**28072**	**35174**	**162473**
市区	72806	196	12	1448	3878	42809
椒江区	23979			101	236	8672
黄岩区	44974	196	12	696	2762	27971
路桥区	3853			651	880	6166
玉环县	1005	2526	36273	534	1229	2533
三门县	71288	383	556	1349	254	3356
天台县	20132	44	287	10642	6022	9204
仙居县	6276	109	196	4661	6749	36335
温岭市	10947	4534	741	4013	2881	15467
临海市	194301	129		5425	14161	52769

17－34　各县市区果园面积和水果产量(四)

(2012年)

单位:吨

地区	在水果总产量中					
	枇杷	柿子	葡萄	弥猴桃	果用瓜	其它水果
全　市	**21397**	**7886**	**87419**	**1272**	**417181**	**10973**
市　区	13301	340	18415	224	74647	767
椒江区	387	188	5852	13	21633	49
黄岩区	10019	136	2880	211	16530	666
路桥区	2895	16	9683		36484	52
玉环县	1085	3640	12567		28783	1633
三门县	693	238	326	11	65763	404
天台县	679	917	2156	142	23932	3095
仙居县	986	1219	2799	372	25858	952
温岭市	2043	550	47333		140694	353
临海市	2610	982	3823	523	57504	3769

17－35　各县市区林业生产情况(一)

(2012年)

单位:公顷

地区	荒山荒(沙)地造林面积	#人工造林	#无林地和疏林地新封山(沙)育林	年末实有封山(沙)育林	更新造林	低产低效林改造	育苗面积
全　市	**4162**	**2532**	**1630**	**18226**	**1257**	**398**	**2585**
市　区	785	672	113	2769	81	9	982
椒江区	189	189		541	13	9	99
黄岩区	259	146	113	1828	68		600
路桥区	337	337		400			283
玉环县	503	233	270	1790	10		20
三门县	340	148	192	2595	148	90	383
天台县	534	214	320	3938	295	157	381
仙居县	555	275	280	2533	367		322
温岭市	467	467		1282	17	7	60
临海市	978	523	455	3319	339	135	437

17－36 各县市区林业生产情况(二)

(2012年)

地区	幼林抚育实际面积(公顷)	成林抚育面积(公顷)	主要林产品产量(吨)			村及村以下竹木采伐量	
			油茶籽	竹笋干	板栗	木材(万立方米)	竹材(万根)
全市	**9014**	**15580**	**4547**	**3388**	**2049**	**10.12**	**43**
市区	171	2737		300	50	0.62	5
椒江区	77	77					
黄岩区	67	2633		300	50	0.62	5
路桥区	27	27					
玉环县							
三门县	467	1433	630	142	150	1.42	5
天台县	533	2067	2100	722	325	1.02	
仙居县	6243	6243	1800	635	1000	3.82	
温岭市	600	2000		8		0.08	
临海市	1000	1100	17	1581	524	3.16	33

17－37 各县市区畜牧业生产情况(一)

(2012年)

地区	生猪(万头)					牛(头)		
	年末存栏头数	能繁殖的母猪	其他生猪	年内肥猪出栏头数	全年饲养量	年末存栏	#良种牛	年内出栏
全市	**80.76**	**6.86**	**73.90**	**97.64**	**178.40**	**30249**	**3669**	**11977**
市区	15.57	1.18	14.39	21.86	37.43	4365	2286	3183
椒江区	5.76	0.55	5.21	9.23	14.99	1499	1290	553
黄岩区	5.89	0.44	5.45	6.76	12.65	2010	789	893
路桥区	3.92	0.19	3.73	5.87	9.79	856	207	1737
玉环县	3.76	0.30	3.46	7.04	10.80	881	5	1151
三门县	4.97	0.41	4.56	7.57	12.54	2239	29	1092
天台县	13.75	1.61	12.14	8.95	22.70	7410	9	1861
仙居县	9.91	0.54	9.37	10.23	20.14	7502	636	1292
温岭市	14.15	1.04	13.11	21.71	35.86	1941	307	556
临海市	18.65	1.78	16.87	20.28	38.93	5911	397	2842

17－38　各县市区畜牧业生产情况(二)

(2012年)

地　区	羊(万只)		家禽(万只)		兔(万只)		肉类产量(吨)	#猪肉	禽蛋产量(吨)
	年末存栏	年内出栏	年末存栏	年内出栏	年末存栏	年内出栏			
全　市	**6.23**	**4.87**	**1164.32**	**3144.74**	**53.86**	**38.69**	**139118**	**93673**	**48771**
市　区	0.37	0.32	154.28	289.79	6.47	6.78	25259	19900	13573
椒江区	0.23	0.17	61.58	149.55	4.77	4.90	11356	8311	5738
黄岩区	0.14	0.15	51.40	69.17	1.70	1.88	7683	6599	4414
路桥区			41.30	71.07			6220	4990	3421
玉环县	0.46	0.82	101.90	232.79	0.65	1.04	10064	6610	2882
三门县	0.95	0.63	88.00	107.70	2.92	2.01	8696	7177	7292
天台县	0.84	0.43	222.67	776.28	8.29	3.77	20192	8117	2824
仙居县	1.10	1.01	110.61	182.33	0.78	0.84	13503	10948	3256
温岭市	0.62	0.41	414.20	1494.84	8.07	19.77	39517	20778	12041
临海市	1.89	1.25	72.66	61.01	26.68	4.48	21887	20143	6903

17－39　各县市区渔业基本情况

(2012年)

单位:人

地　区	渔业乡镇(个)	渔业村(个)	渔业户(户)	渔业人口	渔业从业人员	#专业从业人员	海洋渔业从业人员	#专业从业人员	淡水渔业从业人员	#专业从业人员
全　市	**31**	**219**	**82909**	**259699**	**148037**	**104521**	**136633**	**96353**	**11404**	**8168**
市　区	4	30	7183	23650	21519	14497	19119	12894	2400	1603
椒江区	4	20	3785	10739	9673	6221	9643	6191	30	30
黄岩区		1	112	296	791	630			791	630
路桥区		9	3286	12615	11055	7646	9476	6703	1579	943
玉环县	11	86	25182	71390	30681	25656	28350	23727	2331	1929
三门县	11	7	9668	36421	25386	15687	22805	13324	2581	2363
天台县			300	891	1819	894			1819	894
仙居县				620	404	278			404	278
温岭市	3	88	29671	90084	54429	36813	54280	36742	149	71
临海市	2	8	10905	36643	13799	10696	12079	9666	1720	1030

17－40 各县市区水产养殖面积和水产品产量

（2012 年）

地区	海水养殖面积（公顷）	#鱼类	#甲壳类	#贝类	#藻类	淡水养殖面积（公顷）	水产品总产量（吨）	#海水产品产量	#海洋捕捞	#淡水产品产量	#养殖产量
全市	**27307**	**699**	**10189**	**14596**	**1382**	**11124**	**1417871**	**1362864**	**1001181**	**44574**	**39585**
市区	1871	107	982	427	55	2956	328053	307669	293937	9951	9496
椒江区	129	101	13	15		61	268132	257382	254400	317	317
黄岩区						2530	2196			2196	2083
路桥区	1742	6	969	412	55	365	57725	50287	39537	7438	7096
玉环县	6189	378	676	4850	285	603	249602	247495	161231	2107	1817
三门县	12862	45	6827	5586	404	971	208152	204329	16287	3823	3415
天台县						1192	2725			2725	2464
仙居县						1261	4272			4272	4084
温岭市	5108	169	1033	3127	638	1089	503863	496871	433576	6992	6674
临海市	1277		671	606		3052	121204	106500	96150	14704	11635

17－41 各县市区农业机械年末拥有量(一)

（2012 年）

地区	农业机械总动力（千瓦）	耕作机械					收获机械			收获后处理机械	
		耕作机械动力（千瓦）	#大中型拖拉机		#农用小型拖拉机		合计		#联合收割机（台）	台	千瓦
			台	千瓦	台	千瓦	台	千瓦			
全市	**3586169**	**219707**	**1236**	**60018**	**14071**	**137693**	**6929**	**228479**	**2992**	**96093**	**192712**
市区	833928	36670	141	6709	2726	25972	1908	53622	721	31147	45745
椒江区	421676	8044	31	1559	645	6314	284	9712	142	13338	15414
黄岩区	176226	15423	42	1638	1217	11674	390	14692	195	5841	11404
路桥区	236026	13203	68	3512	864	7984	1234	29218	384	11968	18927
玉环县	277338	7330	19	662	352	2111	142	2095	24	5921	13874
三门县	305448	19062	98	5140	1368	12132	570	11517	209	906	7960
天台县	163113	23618	78	2849	1977	18046	366	12784	170	6415	19034
仙居县	201425	30740	39	1511	2411	27426	407	15658	187	11744	17598
温岭市	1198674	60526	596	30455	2373	24510	1586	54152	778	21120	46962
临海市	606243	41761	265	12692	2864	27496	1950	78651	903	18840	41539

17－42　各县市区农业机械年末拥有量(二)

(2012年)

地　　区	植保机械			排灌机械				运输机械动力（千瓦）
	合　　计		#机动喷雾(粉)机（架）	合　　计		#农用水泵（台）	#节水喷灌机械（套）	
	台	千瓦		台	千瓦			
全　　市	**48495**	**82275**	**34457**	**165683**	**324309**	**153026**	**7186**	**589231**
市　　区	14324	27280	11627	53495	89798	48160	5971	95594
椒江区	472	702	472	25539	28537	24604	108	22336
黄岩区	5103	8151	3172	17653	36515	14147	4652	41107
路桥区	8749	18427	7983	10303	24746	9409	1211	32151
玉 环 县	3136	4402	2136	24261	32750	23710	436	30867
三 门 县	5743	12186	4496	5235	27568	3132	12	98878
天 台 县	2283	7789	535	6998	19298	6938	64	37039
仙 居 县	8227	6694	2678	20858	30732	18646	17	52195
温 岭 市	4349	7470	3575	15198	48769	21995	478	182810
临 海 市	10433	16454	9410	39638	75394	30445	208	91848

17－43　各县市区农业机械年末拥有量(三)

(2012年)

地　　区	农副产品加工机械				渔业机械动力（千瓦）	#机动渔船			其他农业机械动力（千瓦）
	合　　计		#粮食加工机械（台）	#棉花加工机械（台）		（艘）	（吨位）	（千瓦）	
	台	千瓦							
全　　市	**13798**	**123487**	**11140**	**147**	**1479459**	**7089**	**853176**	**1438014**	**346510**
市　　区	1879	19319	1381	11	404487	1544	243949	387799	61413
椒江区	454	4326	220	8	321864	1223	205186	320409	10741
黄岩区	1163	10401	940		1140	31	230	410	37393
路桥区	262	4592	221	3	81483	290	38533	66980	13279
玉 环 县	256	2474	177	3	156665	1115	81165	154151	26881
三 门 县	939	8201	647	22	58037	690	22769	43801	62039
天 台 县	2278	18318	2015	14	245	5	13	42	24988
仙 居 县	2893	19848	2294	3	380	5	9	33	27580
温 岭 市	2318	22764	1819	63	706059	2786	429135	700477	69162
临 海 市	3235	32563	2807	31	153586	944	76136	151711	74447

17－44　各县市区农业机械化农村能源及农业物资消耗情况

（2012 年）

地　区	农业机械化情况(千公顷)			农村用电量(万千瓦时)	农用塑料薄膜使用量(吨)	农用柴油使用量(吨)	农药使用量(吨)
	机耕面积	机播面积	机收面积				
全　市	**204.96**	**23.45**	**106.92**	**957734**	**8545**	**611604**	**4605**
市　区	44.62	8.16	22.27	364865	4096	108595	1651
椒江区	9.52	2.14	7.92	115227	195	103939	232
黄岩区	13.32	0.72	5.83	63068	3029	1325	1026
路桥区	21.78	5.30	8.52	186570	872	3331	393
玉环县	5.49	1.25	2.00	87177	862	20113	132
三门县	22.76	1.94	10.70	35800	326	18500	198
天台县	15.65	1.05	12.43	29817	304	2785	253
仙居县	28.19	4.16	13.71	26250	112	2460	300
温岭市	37.69	3.83	22.50	273415	2054	377598	604
临海市	50.56	3.06	23.31	140410	791	81553	1467

17－45　各县市区农用化肥施用量

（2012 年）

单位:吨

地　区	合　计		氮　肥		磷　肥		钾　肥		复合肥	
	实物量	折纯量	实物量	折纯量	实物量	折纯量	实物量	折纯量	实物量	折纯量
全　市	**356446**	**90370**	**195129**	**47371**	**46080**	**9240**	**14581**	**4926**	**100656**	**28833**
市　区	95239	29291	40320	12209	14767	1927	4695	1647	35457	13508
椒江区	21212	8553	9515	3851	2197	321	820	415	8680	3966
黄岩区	36613	13940	10069	3545	5816	1055	2045	1063	18683	8277
路桥区	37414	6798	20736	4813	6754	551	1830	169	8094	1265
玉环县	18351	2589	6672	927	3014	350	1482	315	7183	997
三门县	17980	6325	10860	3421	2626	926	18	9	4476	1969
天台县	18592	7135	9188	3666	2991	533	1899	950	4514	1986
仙居县	34232	4085	22740	2713	3111	371	1434	171	6947	830
温岭市	53453	18144	37968	11963	8610	3100	1990	997	4885	2084
临海市	118599	22801	67381	12472	10961	2033	3063	837	37194	7459

17-46 各县市区水利设施建设情况

(2012 年)

地　区	本年水利资金总投入(万元)	已建成水库(座)	#大型水库	总库容(万立方米)	#大型水库	堤防总长度(公里)	水闸总座数(座)
全　市	**216200**	**345**	**4**	**193643**	**136850**	**1486.58**	**870**
市　区	81629	34	1	80542	73200	269.88	60
椒江区	24716	4		169		52.41	10
黄岩区	7869	28	1	80345	73200	178.50	20
路桥区	39073	2		28		38.97	30
市本级	9971						
玉环县	18661	16		2525		58.28	202
三门县	24502	49		7052		251.40	150
天台县	14176	73	1	32287	19900	129.10	
仙居县	16635	62	1	23209	13500	94.70	
温岭市	28237	23		7508		549.62	301
临海市	32360	88	1	40520	30250	133.60	157

17-47 各县市区农田水利建设情况

(2012 年)

单位:千公顷

地　区	除涝面积	旱涝保收面积	园地灌溉面积	有效灌溉面积	机电排灌面积
全　市	**37.84**	**85.40**	**14.06**	**128.54**	**88.13**
市　区	18.14	22.47	2.53	34.80	23.71
椒江区	1.53	7.57	1.96	10.48	3.15
黄岩区	9.75	6.94		11.54	9.56
路桥区	6.86	7.96	0.57	12.78	11.00
玉环县	1.78	2.76	1.60	5.12	4.03
三门县	2.13	0.60	0.18	10.44	6.80
天台县		10.51	0.11	13.26	3.09
仙居县	0.40	6.66	0.76	13.25	7.02
温岭市	4.49	20.60	7.98	28.52	22.60
临海市	10.90	21.80	0.90	23.15	20.88

17－48 各县市区全部工业单位数

(2012年)

单位:个

地区	全部工业单位数	#国有	#集体	#股份制	#股份合作制	#外商及港澳台	#个体私营
全市	**115094**	**42**	**193**	**205**	**1671**	**683**	**107323**
市区	45358	15	88	44	554	225	41952
椒江区	12313	8	47	19	512	101	11019
黄岩区	16482	4	32	8	42	51	15078
路桥区	16563	3	9	17		73	15855
玉环县	13865	2	3	103	43	106	12097
三门县	3904	2	10	4	7	34	3828
天台县	5377	8	16	2	4	24	5254
仙居县	4630	6	12	3		62	4483
温岭市	32216	4	20	15	812	107	30919
临海市	9744	5	44	34	251	125	8790

17－49 各县市区规模以上工业单位数

(2012年)

单位:个

地区	工业单位数	#国有及国有控股企业	轻工业	重工业	大型企业	中型企业	小型企业	微型企业
全市	**3377**	**42**	**1327**	**2050**	**47**	**422**	**2840**	**68**
市区	1068	20	454	614	25	108	914	21
椒江区	360	12	160	200	10	34	301	15
黄岩区	348	5	181	167	6	34	307	1
路桥区	360	3	113	247	9	40	306	5
玉环县	632	4	94	538	4	97	526	5
三门县	144	1	35	109	3	17	119	5
天台县	127	2	52	75	1	20	104	2
仙居县	107	3	63	44	1	19	85	2
温岭市	867	6	408	459	7	90	750	20
临海市	432	6	221	211	6	71	342	13

17－50 各县市区分注册类型规模以上工业单位数

(2012年)

单位:个

地区	国有企业	集体企业	股份合作企业	联营企业	有限责任公司	股份有限公司	私营企业	其他企业	港澳台商投资公司	外商投资企业
全市	**21**	**4**	**91**	**3**	**996**	**54**	**1909**	**2**	**141**	**156**
市区	13	1	26	1	530	23	397	1	39	37
椒江区	9		10		208	13	90		21	9
黄岩区	2	1	14	1	124	5	185		10	6
路桥区	2		2		198	5	122	1	8	22
玉环县	2		11	1	286	11	256		29	36
三门县	1				4	3	125		1	10
天台县	1		2	1	19	2	87		7	8
仙居县	1				19	2	68		9	8
温岭市	2	1	45		60	4	689		28	38
临海市	1	2	7		78	9	287	1	28	19

17－51 各县市区分行业规模以上工业单位数(一)

(2012年)

单位:个

地区	有色金属矿采选业	非金属矿采选业	农副食品加工业	食品制造业	酒饮料和精制茶制造业	纺织业	纺织服装服饰业	皮革毛皮羽毛及其制品和制鞋业	木材加工和木竹藤棕草制品业
全市	**1**	**3**	**77**	**19**	**8**	**85**	**19**	**223**	**16**
市区		1	7	11	3	29	11	6	4
椒江区			3	2	1	23	8	3	
黄岩区			2	9	2	4	2	2	1
路桥区		1	2			2	1	1	3
玉环县			3	3	1			4	
三门县			1	1		5	1	2	1
天台县	1			2	1	13			3
仙居县		2	2		2	4		1	3
温岭市			64			5	4	210	4
临海市				2	1	29	3		1

17－52　各县市区分行业规模以上工业单位数(二)

(2012 年)

单位:个

地　　区	家　具 制造业	造纸和纸 制 品 业	印刷和记 录 媒 介 复 制 业	文教工美 体育和娱 乐 用 品 制 造 业	石油加工 炼 焦 和 核 燃 料 加 工 业	化学原料 和化学制 品制造业	医　药 制造业	化学纤维 制 造 业	橡胶和塑 料制品业
全　　市	**80**	**63**	**23**	**114**	**1**	**75**	**82**	**3**	**407**
市　　区	7	21	16	38		31	28	2	202
椒江区	4	7	3	5		14	18	2	41
黄岩区	3	6	3	31		10	10		123
路桥区		8	10	2		7			38
玉 环 县	33	2	2	1		2	6		19
三 门 县	2	4		3	1	2	3		34
天 台 县	1	1	2	18		2	6		37
仙 居 县	2	3		24		5	17		17
温 岭 市	3	16	3	12		6	5		41
临 海 市	32	16		18		27	17	1	57

17－53　各县市区分行业规模以上工业单位数(三)

(2012 年)

单位:个

地　　区	非金属 矿　物 制品业	黑色金属 冶炼和压 延加工业	有色金属 冶炼和压 延加工业	金　属 制品业	通用设备 制 造 业	专用设备 制 造 业	汽　车 制造业	铁路船舶 航空航天 和其他运 输 设 备 制 造 业	电气机械 和 器 材 制 造 业
全　　市	**65**	**62**	**62**	**174**	**528**	**177**	**279**	**184**	**307**
市　　区	28	11	20	70	84	111	43	72	139
椒江区	16	1	6	13	35	38	18	27	48
黄岩区	6	7	3	21	10	47	1	13	25
路桥区	6	3	11	36	39	26	24	32	66
玉 环 县	3	2	20	35	225	19	173	12	19
三 门 县	5	4	2	8	14	7	8	10	19
天 台 县	5			3	4	3	11	4	3
仙 居 县	3		3	3	4	2	1	1	4
温 岭 市	11	19	11	34	175	20	24	57	87
临 海 市	10	26	6	21	22	15	19	28	36

17－54 各县市区分行业规模以上工业单位数(四)

(2012年)

单位:个

地　区	计算机通信和其他电子设备制造业	仪器仪表制造业	其他制造业	废弃资源综合利用业	金属制品机械和设备修理业	电力热力生产和供应业	燃气生产和供应业	水的生产和供应业
全　市	**40**	**83**	**29**	**47**	**2**	**22**	**5**	**12**
市　区	17	6	1	34	1	6	1	7
椒江区	10	6		2	1	3		2
黄岩区	2					2	1	2
路桥区	5		1	32		1		3
玉环县	2	43				2		1
三门县	2		4			1		
天台县	1	3				3		
仙居县				1		3		
温岭市	16	20	1	11	1	3	1	3
临海市	2	11	23	1		4	3	1

17－55 各县市区规模以上工业总产值

(2012年)

单位:万元

地　区	工业总产值	#国有及国有控股企业	轻工业	重工业	大型企业	中型企业	小型企业	微型企业
全　市	**35308116**	**3810150**	**12288552**	**23019564**	**6578552**	**10686417**	**16814066**	**1229081**
市　区	12844052	1287740	4413588	8430464	3560299	3318830	5891594	73329
椒江区	4586108	887023	2060105	2526003	1457172	1092141	1975693	61101
黄岩区	3252896	217971	1569748	1683148	558139	913099	1778360	3299
路桥区	5005048	182746	783735	4221313	1544988	1313590	2137542	8928
玉环县	6192812	1191379	771570	5421241	475965	1883648	2836986	996213
三门县	1572617	57530	317863	1254754	255595	502376	784315	30331
天台县	1597018	111115	623988	973030	115186	561244	918505	2083
仙居县	979570	63244	611917	367653	128946	351421	491895	7308
温岭市	6598850	827282	2770828	3828023	1140474	2005693	3379146	73538
临海市	5523197	271860	2778799	2744398	902087	2063205	2511626	46280

17－56　各县市区分注册类型规模以上工业总产值

（2012 年）

单位：万元

地　　区	国有企业	集体企业	股份合作企业	联营企业	有限责任公司	股份有限公司	私营企业	其他企业	港澳台商投资公司	外商投资企业
全　市	**1845080**	**8705**	**442061**	**60623**	**10464235**	**3669109**	**13329098**	**10764**	**2057946**	**3420495**
市　区	950120	2557	115375	3755	5454617	1467564	3154957	5237	847253	842616
椒江区	600945		36798		2141848	847297	552821		200283	206117
黄岩区	185091	2557	71668	3755	1290776	417367	1164681		75756	41246
路桥区	164084		6910		2021994	202901	1437456	5237	571214	595253
玉 环 县	223720		55113	3518	2159213	318387	1572339		363544	1496979
三 门 县	57530				52646	196892	1161776		3079	100693
天 台 县	57764		20236	53351	246055	137145	856483		57370	168616
仙 居 县	48840				161803	184043	387946		105537	91400
温 岭 市	318181	2875	233619		1081090	426876	3703152		425394	407664
临 海 市	188925	3272	17718		1308811	938203	2492445	5527	255769	312528

17－57　各县市区分行业规模以上工业总产值（一）

（2012 年）

单位：万元

地　　区	有色金属矿采选业	非金属矿采选业	农副食品加工业	食品制造业	酒饮料和精制茶制造业	纺织业	纺织服装服饰业	皮革毛皮羽毛及其制品和制鞋业	木材加工和木竹藤棕草制品业
全　市	**3967**	**8622**	**461000**	**176172**	**158162**	**649353**	**62095**	**1084784**	**84632**
市　区		4207	77766	92506	53445	203549	37837	42930	23722
椒江区			11162	8104	15650	164469	28609	32272	
黄岩区			59148	84402	37795	22466	6641	7345	2988
路桥区		4207	7456			16615	2587	3313	20734
玉 环 县			22795	48655	30011			29610	
三 门 县			3460	6287		35324	2642	5210	2688
天 台 县	3967			12189	63310	76832			22450
仙 居 县		4415	23413		11396	20463		2878	19673
温 岭 市			333567			26038	14785	1004155	14084
临 海 市				16536		287146	6831		2016

17－58 各县市区分行业规模以上工业总产值（二）

（2012 年）

单位：万元

地区	家具制造业	造纸和纸制品业	印刷和记录媒介复制业	文教工美体育和娱乐用品制造业	石油加工炼焦和核燃料加工业	化学原料和化学制品制造业	医药制造业	化学纤维制造业	橡胶和塑料制品业
全市	**592382**	**387714**	**92572**	**554247**	**4556**	**1136979**	**2477180**	**49335**	**3406175**
市区	47862	103727	69713	136171		528339	998070	36099	1473807
椒江区	17432	38065	13811	20489		275196	622339	36099	271246
黄岩区	30430	34156	14117	106896		210156	375731		966264
路桥区		31506	41786	8786		42986			236296
玉环县	204126	8354	5200	3693		8782	42486		92769
三门县	17446	17409		17648	4556	31054	33733		433476
天台县	21959	3962	5662	139730		36511	190513		419344
仙居县	8641	11861		95568		88412	375653		139720
温岭市	16626	112033	11997	54758		86413	46339		166799
临海市	275723	130370		106681		357468	790385	13236	680261

17－59 各县市区分行业规模以上工业总产值（三）

（2012 年）

单位：万元

地区	非金属矿物制品业	黑色金属冶炼和压延加工业	有色金属冶炼和压延加工业	金属制品业	通用设备制造业	专用设备制造业	汽车制造业	铁路船舶航空航天和其他运输设备制造业	电气机械和器材制造业
全市	**507301**	**503297**	**1053749**	**1411807**	**4062297**	**1684261**	**3093339**	**2433063**	**2748761**
市区	321341	98715	491926	519982	747871	1063005	930584	744845	1363993
椒江区	158160	33092	97857	59852	239638	542610	203584	273240	473684
黄岩区	70251	35269	26647	148037	57245	306124	10326	194716	219517
路桥区	92930	30354	367422	312093	450988	214271	716674	276888	670792
玉环县	19160	8146	345364	301286	1627639	327875	1112521	93562	151949
三门县	13828	19750	55171	62384	134371	36781	84993	130021	232960
天台县	26641			84349	31973	10951	179007	41520	47979
仙居县	9817		27737	23371	16430	18001	2781	7548	10912
温岭市	53204	82957	68020	338090	1362336	127789	280868	1002879	700281
临海市	63311	293730	65531	82346	141677	99859	502584	412688	240688

17－60　各县市区分行业规模以上工业总产值(四)

(2012年)

单位:万元

地区	计算机通信和其他电子设备制造业	仪器仪表制造业	其他制造业	废弃资源综合利用业	金属制品机械和设备修理业	电力热力生产和供应业	燃气生产和供应业	水的生产和供应业
全　市	**475497**	**802530**	**765203**	**1437873**	**11756**	**2784950**	**23578**	**118930**
市　区	355516	70177	14313	1278596	2178	823594	4662	83007
椒江区	323160	70177		46669	2178	484760		22507
黄岩区	8108					184623	4662	28835
路桥区	24248		14313	1231927		154211		31665
玉环县	7696	513455				1181800		5878
三门县	4232		129666			57530		
天台县	5901	53462				118809		
仙居县				4754		56128		
温岭市	93230	98079	7811	150073	9579	313109	2875	20076
临海市	8923	67357	613413	4449		233980	16041	9969

17－61　各县市区规模以上工业主要财务指标(一)

(2012年)

单位:万元

地区	企业单位数(个)	#亏损企业	工业总产值	工业销售产值	出口交货值	年末资产总计
全　市	**3377**	**348**	**35308116**	**33655953**	**10232616**	**35854785**
市　区	1068	131	12844052	12512939	3614436	14099514
椒江区	360	70	4586108	4428163	1488023	6026679
黄岩区	348	30	3252896	3198411	1012004	3665810
路桥区	360	31	5005048	4886364	1114409	4407025
玉环县	632	59	6192812	5914468	1868458	6055194
三门县	144	30	1572617	1473828	359838	1759932
天台县	127	12	1597018	1515611	524823	1865736
仙居县	107	22	979570	944092	312403	993984
温岭市	867	20	6598850	6263682	1988646	5107142
临海市	432	74	5523197	5031334	1564012	5973284

17－62　各县市区规模以上工业主要财务指标(二)

(2012 年)

单位:万元

地区	流动资产合计	存货	固定资产合计	固定资产原价	固定资产净值	年末负债合计	流动负债
全　市	**21075028**	**5238088**	**9532154**	**13547135**	**8576768**	**21809767**	**20006283**
市　区	8368793	2083438	3457649	5118082	2994488	8681308	7929798
椒江区	3344967	855341	1538321	2541628	1429326	3480602	3117872
黄岩区	2111145	457001	1090333	1390372	833416	2265977	2018652
路桥区	2912682	771096	828995	1186082	731746	2934729	2793274
玉环县	3230851	773696	2164098	3037166	2032845	3536845	3172658
三门县	1059209	270898	508247	624347	430588	1232402	1174075
天台县	1041911	223026	577193	885329	541271	1001925	829515
仙居县	565557	176694	268727	381738	240720	582518	544842
温岭市	3167798	759392	1142886	1586011	1038552	3133101	2925389
临海市	3640909	950946	1413355	1914463	1298305	3641668	3430007

17－63　各县市区规模以上工业主要财务指标(三)

(2012 年)

单位:万元

地区	非流动负债	年末所有者权益合计	实收资本	主营业务收入	主营业务成本	主营业务税金及附加
全　市	**1471070**	**14018742**	**6639324**	**33329486**	**28149722**	**164560**
市　区	653093	5394029	2464177	12721090	10884315	60990
椒江区	326511	2523407	1074744	4643529	3891072	17706
黄岩区	229860	1399833	620904	3223097	2637584	17325
路桥区	96722	1470790	768529	4854464	4355659	25959
玉环县	304086	2518350	1604637	5819529	4828381	24328
三门县	35229	527530	298945	1393783	1185812	4368
天台县	169713	863734	359397	1514372	1221548	15017
仙居县	33617	411466	173329	956757	754521	5093
温岭市	119390	1972413	816672	6159800	5287029	30566
临海市	155943	2331221	922166	4764155	3988116	24198

17－64　各县市区规模以上工业主要财务指标(四)

(2012年)

单位:万元

地　　区	销售费用	利润总额	利税总额	本年应交增值税	本年销项税	从业人员年平均人数(人)
全　市	**867963**	**1805091**	**2998325**	**1028674**	**4191501**	**655296**
市　区	310810	584065	1020798	375743	1647708	214380
椒江区	112837	265719	405227	121802	480500	79342
黄岩区	102342	174981	331947	139641	416097	63756
路桥区	95632	143365	283624	114301	751111	71282
玉环县	152364	371805	582938	186804	651126	126258
三门县	42262	49865	96732	42500	151163	28663
天台县	42704	105177	169971	49777	175876	23904
仙居县	46473	55102	99315	39120	114125	22135
温岭市	147746	349811	577559	197183	897182	144164
临海市	125604	289266	451011	137547	554321	95792

17－65　各县市区规模以上工业主要经济效益指标(一)

(2012年)

地　　区	企业亏损面(%)	资产负债率(%)	流动比率	存货周转次数(次)	产品销售率(%)
全　市	**10.31**	**60.83**	**1.05**	**5.37**	**95.32**
市　区	12.27	61.57	1.06	5.22	97.42
椒江区	19.44	57.75	1.07	4.55	96.56
黄岩区	8.62	61.81	1.05	5.77	98.33
路桥区	8.61	66.59	1.04	5.65	97.63
玉环县	9.34	58.41	1.02	6.24	95.51
三门县	20.83	70.03	0.90	4.38	93.72
天台县	9.45	53.70	1.26	5.48	94.90
仙居县	20.56	58.60	1.04	4.27	96.38
温岭市	2.31	61.35	1.08	6.96	94.92
临海市	17.13	60.97	1.06	4.19	91.09

17－66 各县市区规模以上工业主要经济效益指标(二)

(2012 年)

地　　区	企　业 亏损率 (%)	成本费用 利 润 率 (%)	百元销售收 入实现利税 (元)	百元固定 资产原值 实现利税 (元)	出口交货值 占工业销售 (%)
全　　市	**5.91**	**5.71**	**9.00**	**22.13**	**30.40**
市　　区	8.64	4.79	8.02	19.94	28.89
椒江区	9.74	6.03	8.73	15.94	33.60
黄岩区	9.13	5.71	10.30	23.87	31.64
路桥区	5.88	3.04	5.84	23.91	22.81
玉 环 县	4.20	6.85	10.02	19.19	31.59
三 门 县	15.91	3.70	6.94	15.49	24.42
天 台 县	2.45	7.50	11.22	19.20	34.63
仙 居 县	8.88	6.07	10.38	26.02	33.09
温 岭 市	0.96	6.02	9.38	36.42	31.75
临 海 市	6.80	6.39	9.47	23.56	31.09

17－67 各县市区国有及国有控股工业主要财务指标(一)

(2012 年)

单位:万元

地　　区	企　业 单位数 (个)	#亏　损 企　业	工　业 总产值	工业销 售产值	出　口 交货值	年末资 产总计
全　　市	**42**	**4**	**3810150**	**3770258**	**265286**	**4464597**
市　　区	20	2	1287740	1262773	164767	1672491
椒江区	12	1	887023	861903	164767	1277431
黄岩区	5	1	217971	218123		239524
路桥区	3		182746	182746		155537
玉 环 县	4		1191379	1190543		1552972
三 门 县	1		57530	57609		40815
天 台 县	2		111115	111115		266274
仙 居 县	3	1	63244	63064		28463
温 岭 市	6		827282	821505	71434	705024
临 海 市	6	1	271860	263650	29085	198558

17－68 各县市区国有及国有控股工业主要财务指标(二)

(2012年)

单位:万元

地区	流动资产合计	存货	固定资产合计	固定资产原价	固定资产净值	年末负债合计	流动负债
全市	**1151549**	**239686**	**2569660**	**4092983**	**2476295**	**2144158**	**1467887**
市区	384382	131937	810319	1561016	762873	816451	500448
椒江区	292091	123406	546636	1188527	535353	556780	341414
黄岩区	63459	6149	139802	203269	117913	164214	90707
路桥区	28832	2382	123881	169219	109607	95458	68327
玉环县	315694	2989	1180553	1648029	1178294	697734	522191
三门县	7263	1551	33552	40574	26024	22882	18350
天台县	27982	3595	228211	377151	225184	154996	35718
仙居县	10604	2398	17233	28639	15902	15632	15432
温岭市	331911	80302	201041	279148	178350	315909	269561
临海市	73713	16914	98753	158427	89668	120555	106187

17－69 各县市区国有及国有控股工业主要财务指标(三)

(2012年)

单位:万元

地区	非流动负债	年末所有者权益合计	实收资本	主营业务收入	主营业务成本	主营业务税金及附加
全市	**671093**	**2320439**	**1274568**	**3725803**	**3082706**	**28570**
市区	315373	856040	302285	1291869	1043489	7574
椒江区	215366	720651	252067	890855	682520	5398
黄岩区	72877	75310	20358	218311	188160	1374
路桥区	27131	60079	29859	182702	172809	802
玉环县	175543	855238	804950	1186771	922110	5529
三门县	4531	17933	1014	57530	56006	324
天台县	119278	111277	85987	99123	85336	1114
仙居县	152	12831	2711	61023	58277	461
温岭市	46347	389116	46074	767219	698351	12358
临海市	9868	78003	31547	262266	219138	1210

17－70 各县市区国有及国有控股工业主要财务指标(四)

(2012年)

单位:万元

地区	销售费用	利润总额	利税总额	本年应交增值税	本年销项税	从业人员年平均人数(人)
全　市	**29173**	**352289**	**515276**	**134417**	**587800**	**26383**
市　区	15559	99333	142750	35844	140047	11067
椒江区	15005	94364	121470	21708	76591	9064
黄岩区	88	2486	11462	7603	34163	1551
路桥区	466	2484	9818	6533	29292	452
玉环县	692	194514	254975	54932	164880	1193
三门县		603	4568	3640	10423	790
天台县		3860	9387	4413	10209	404
仙居县	334	1139	5832	4232	9469	465
温岭市	1826	45466	79042	21218	210073	10243
临海市	10762	7374	18722	10138	42700	2221

17－71 各县市区国有及国有控股工业主要经济效益指标(一)

(2012年)

地区	企业亏损面(%)	资产负债率(%)	流动比率	存货周转次数(次)	产品销售率(%)
全　市	**9.52**	**48.03**	**0.78**	**12.86**	**98.95**
市　区	10.00	48.82	0.77	7.91	98.06
椒江区	8.33	43.59	0.86	5.53	97.17
黄岩区	20.00	68.56	0.70	30.60	100.07
路桥区		61.37	0.42	72.56	100.00
玉环县		44.93	0.60	308.47	99.93
三门县		56.06	0.40	36.10	100.14
天台县		58.21	0.78	23.74	100.00
仙居县	33.33	54.92	0.69	24.31	99.71
温岭市		44.81	1.23	8.70	99.30
临海市	16.67	60.72	0.69	12.96	96.98

17－72　各县市区国有及国有控股工业主要经济效益指标(二)

(2012年)

地　　区	企　业亏损率(%)	成本费用利润率(%)	百元销售收入实现利税(元)	百元固定资产原值实现利税(元)	出口交货值占工业销售(%)
全　　市	**1.26**	**10.42**	**13.83**	**12.59**	**7.04**
市　　区	3.80	8.25	11.05	9.14	13.05
椒江区	3.66	11.69	13.64	10.22	19.12
黄岩区	11.90	1.15	5.25	5.64	
路桥区		1.37	5.37	5.80	
玉 环 县		19.67	21.48	15.47	
三 门 县		1.06	7.94	11.26	
天 台 县		4.08	9.47	2.49	
仙 居 县	1.38	1.91	9.56	20.36	
温 岭 市		6.30	10.30	28.32	8.70
临 海 市	7.13	2.89	7.14	11.82	11.03

17－73　各县市区大中型工业主要财务指标(一)

(2012年)

单位:万元

地　　区	企　业单位数(个)	#亏　损企　业	工　业总产值	工业销售产值	出　口交货值	年末资产总计
全　　市	**469**	**41**	**17264969**	**16330781**	**6037138**	**18761694**
市　　区	133	13	6879129	6638925	2182822	8023996
椒江区	44	6	2549313	2452468	1006001	3668056
黄岩区	40	7	1471238	1428218	459100	1865438
路桥区	49		2858578	2758239	717721	2490503
玉 环 县	101	13	2359613	2225251	937831	2545210
三 门 县	20	1	757971	715473	223860	756500
天 台 县	21	1	676430	644318	255230	712783
仙 居 县	20	1	480367	455720	222157	558657
温 岭 市	97		3146167	2989819	1112421	2719394
临 海 市	77	12	2965291	2661276	1102818	3445155

17－74 各县市区大中型工业主要财务指标(二)

(2012年)

单位:万元

地区	流动资产合计	存货	固定资产合计	固定资产原价	固定资产净值	年末负债合计	流动负债
全市	**10656998**	**2912303**	**4595301**	**6577102**	**4025735**	**10427673**	**9535727**
市区	4385728	1196806	2060499	3076541	1720252	4445960	3977641
椒江区	1797330	453931	959216	1724622	893834	1835226	1586532
黄岩区	1014563	250677	591096	637860	379311	1049502	904217
路桥区	1573834	492198	510187	714060	447108	1561232	1486891
玉环县	1521791	418087	571805	773654	494857	1511563	1382257
三门县	467829	105709	197152	255664	169800	507626	484155
天台县	392093	105517	182463	287586	168140	354564	339912
仙居县	301670	98783	136081	192620	126004	293158	269943
温岭市	1549135	423413	599294	843648	552214	1477275	1353082
临海市	2038753	563988	848007	1147388	794469	1837528	1728737

17－75 各县市区大中型工业主要财务指标(三)

(2012年)

单位:万元

地区	非流动负债	年末所有者权益合计	实收资本	主营业务收入	主营业务成本	主营业务税金及附加
全市	**743156**	**8334021**	**2885059**	**16253493**	**13492772**	**95821**
市区	457042	3578036	1245953	6854360	5734428	36057
椒江区	242338	1832830	619126	2669771	2179394	8195
黄岩区	141930	815936	274212	1453258	1126422	8614
路桥区	72775	929271	352616	2731331	2428612	19249
玉环县	88510	1033647	487651	2181834	1799436	10889
三门县	21088	248874	99506	675983	573787	2226
天台县	14652	358219	117224	647890	518587	11115
仙居县	23214	265499	85235	471365	342890	2483
温岭市	60214	1242119	358884	2888555	2441676	21318
临海市	78435	1607627	490606	2533505	2081968	11733

17－76　各县市区大中型工业主要财务指标(四)

(2012年)

单位:万元

地　区	销售费用	利润总额	利税总额	本年应交增值税	本年销项税	从业人员年平均人数(人)
全　市	**493859**	**1005691**	**1618059**	**516547**	**1953235**	**318030**
市　区	175276	426303	667949	205589	864457	107147
椒江区	70707	202252	281283	70836	237399	41390
黄岩区	51723	123122	201381	69646	189045	28703
路桥区	52846	100930	185285	65106	438013	37054
玉环县	76278	111539	187491	65063	189157	53889
三门县	26698	25975	49327	21127	63897	12237
天台县	19076	41030	79138	26993	82686	11623
仙居县	31364	43804	68451	22164	49028	10569
温岭市	92124	171833	293026	99874	443669	67726
临海市	73043	185207	272677	75737	260342	54839

17－77　各县市区大中型工业主要经济效益指标(一)

(2012年)

地　区	企业亏损面(%)	资产负债率(%)	流动比率	存货周转次数(次)	产品销售率(%)
全　市	**8.74**	**55.58**	**1.12**	**4.63**	**94.59**
市　区	9.77	55.41	1.10	4.79	96.51
椒江区	13.64	50.03	1.13	4.80	96.20
黄岩区	17.50	56.26	1.12	4.49	97.08
路桥区		62.69	1.06	4.93	96.49
玉环县	12.87	59.39	1.10	4.30	94.31
三门县	5.00	67.10	0.97	5.43	94.39
天台县	4.76	49.74	1.15	4.91	95.25
仙居县	5.00	52.48	1.12	3.47	94.87
温岭市		54.32	1.14	5.77	95.03
临海市	15.58	53.34	1.18	3.69	89.75

17－78 各县市区大中型工业主要经济效益指标(二)

(2012年)

地区	企业亏损率(%)	成本费用利润率(%)	百元销售收入实现利税(元)	百元固定资产原值实现利税(元)	出口交货值占工业销售(%)
全市	**3.15**	**6.56**	**9.96**	**24.60**	**36.97**
市区	3.06	6.58	9.74	21.71	32.88
椒江区	3.24	8.11	10.54	16.31	41.02
黄岩区	5.15	9.15	13.86	31.57	32.15
路桥区		3.83	6.78	25.95	26.02
玉环县	6.38	5.41	8.59	24.23	42.14
三门县	11.28	3.98	7.30	19.29	31.29
天台县	0.15	6.82	12.21	27.52	39.61
仙居县	0.07	10.08	14.52	35.54	48.75
温岭市		6.33	10.14	34.73	37.21
临海市	4.29	7.79	10.76	23.77	41.44

17－79 各县市区规模以上非国有工业主要财务指标(一)

(2012年)

单位:万元

地区	企业单位数(个)	#亏损企业	工业总产值	工业销售产值	出口交货值	年末资产总计
全市	**3335**	**344**	**31497967**	**29885696**	**9967331**	**31390188**
市区	1048	129	11556312	11250166	3449669	12427022
椒江区	348	69	3699085	3566260	1323256	4749248
黄岩区	343	29	3034925	2980288	1012004	3426286
路桥区	357	31	4822302	4703618	1114409	4251488
玉环县	628	59	5001433	4723925	1868458	4502222
三门县	143	30	1515087	1416219	359838	1719117
天台县	125	12	1485904	1404496	524823	1599462
仙居县	104	21	916326	881028	312403	965521
温岭市	861	20	5771568	5442177	1917213	4402117
临海市	426	73	5251337	4767684	1534927	5774726

17－80　各县市区规模以上非国有工业主要财务指标(二)

(2012年)

单位:万元

地　　区	流动资产合计	存货	固定资产合计	固定资产原价	固定资产净值	年末负债合计	流动负债
全　　市	**19923479**	**4998402**	**6962494**	**9454152**	**6100473**	**19665609**	**18538397**
市　　区	7984412	1951501	2647330	3557066	2231615	7864857	7429350
椒江区	3052876	731935	991685	1353101	893973	2923822	2776458
黄岩区	2047686	450852	950531	1187103	715503	2101764	1927946
路桥区	2883850	768714	705114	1016862	622139	2839271	2724947
玉 环 县	2915157	770706	983545	1389137	854551	2839111	2650467
三 门 县	1051946	269346	474695	583773	404564	1209521	1155725
天 台 县	1013929	219431	348982	508179	316087	846929	793797
仙 居 县	554953	174296	251494	353099	224818	566886	529410
温 岭 市	2835887	679090	941846	1306863	860202	2817192	2655828
临 海 市	3567196	934031	1314603	1756036	1208637	3521113	3323820

17－81　各县市区规模以上非国有工业主要财务指标(三)

(2012年)

单位:万元

地　　区	非流动负债	年末所有者权益合计	实收资本	主营业务收入	主营业务成本	主营业务税金及附加
全　　市	**799977**	**11698303**	**5364755**	**29603683**	**25067017**	**135990**
市　　区	337720	4537989	2161892	11429222	9840826	53417
椒江区	111146	1802756	822677	3752674	3208552	12308
黄岩区	156983	1324523	600546	3004786	2449423	15952
路桥区	69591	1410711	738670	4671762	4182850	25157
玉 环 县	128543	1663112	799687	4632758	3906272	18799
三 门 县	30698	509597	297931	1336252	1129807	4043
天 台 县	50434	752457	273410	1415249	1136211	13903
仙 居 县	33465	398635	170618	895733	696245	4632
温 岭 市	73042	1583297	770598	5392580	4588678	18207
临 海 市	146075	2253218	890619	4501889	3768979	22988

17－82 各县市区规模以上非国有工业主要财务指标(四)

(2012年)

单位:万元

地区	销售费用	利润总额	利税总额	本年应交增值税	本年销项税	从业人员年平均人数(人)
全市	**838790**	**1452802**	**2483049**	**894258**	**3603701**	**628913**
市区	295251	484732	878048	339899	1507662	203313
椒江区	97831	171355	283757	100094	403909	70278
黄岩区	102254	172496	320485	132038	381934	62205
路桥区	95165	140881	273806	107768	721818	70830
玉环县	151672	177291	327963	131872	486246	125065
三门县	42262	49262	92165	38859	140740	27873
天台县	42704	101317	160584	45365	165667	23500
仙居县	46140	53963	93483	34888	104657	21670
温岭市	145920	304345	498517	175965	687109	133921
临海市	114842	281892	432289	127409	511621	93571

17－83 各县市区规模以上非国有工业主要经济效益指标(一)

(2012年)

地区	企业亏损面(%)	资产负债率(%)	流动比率	存货周转次数(次)	产品销售率(%)
全市	**10.31**	**62.65**	**1.07**	**5.02**	**94.88**
市区	12.31	63.29	1.07	5.04	97.35
椒江区	19.83	61.56	1.10	4.38	96.41
黄岩区	8.45	61.34	1.06	5.43	98.20
路桥区	8.68	65.78	1.06	5.44	97.54
玉环县	9.39	63.06	1.10	5.07	94.45
三门县	20.98	70.36	0.91	4.19	93.47
天台县	9.60	52.95	1.28	5.18	94.52
仙居县	20.19	58.71	1.05	3.99	96.15
温岭市	2.32	64.00	1.07	6.76	94.29
临海市	17.14	60.97	1.07	4.04	90.79

17－84　各县市区规模以上非国有工业主要经济效益指标(二)

(2012 年)

地　　区	企　业亏损率(%)	成本费用利润率(%)	百元销售收入实现利税(元)	百元固定资产原值实现利税(元)	出口交货值占工业销售(%)
全　市	**6.98**	**5.14**	**8.39**	**26.26**	**33.35**
市　区	9.57	4.41	7.68	24.68	30.66
椒江区	12.77	4.76	7.56	20.97	37.10
黄岩区	9.08	6.05	10.67	27.00	33.96
路桥区	5.98	3.10	5.86	26.93	23.69
玉 环 县	8.42	3.99	7.08	23.61	39.55
三 门 县	16.07	3.81	6.90	15.79	25.41
天 台 县	2.55	7.75	11.35	31.60	37.37
仙 居 县	9.03	6.36	10.44	26.48	35.46
温 岭 市	1.10	5.98	9.24	38.15	35.23
临 海 市	6.79	6.60	9.60	24.62	32.19

17－85　各县市区固定资产投资(一)

(2012 年)

单位:万元

地　　区	固定资产投资总额	建　筑工　程	安　装工　程	设　备工器具购　置	其　它费　用	#土　地购置费	#工业性投　资	#住宅
全　市	**12425575**	**6905915**	**427731**	**2129036**	**2962893**	**2203852**	**4984720**	**2879879**
市　区	4239132	2296453	190846	480234	1271599	1049948	1211188	1381847
椒江区	2093110	1102942	46089	243962	700117	593602	492521	840812
黄岩区	895807	447212	57898	165269	225428	172992	343536	188042
路桥区	1250215	746299	86859	71003	346054	283354	375131	352993
玉 环 县	914223	525725	15938	117534	255026	209135	359895	184556
三 门 县	1326271	587154	58086	380710	300321	81168	944700	119442
天 台 县	888285	572134	36944	163015	116192	67428	381305	135194
仙 居 县	964641	649119	13312	191195	111015	101140	386489	289328
温 岭 市	2359129	1265156	65684	406012	622277	477426	795662	513016
临 海 市	1733894	1010174	46921	390336	286463	217607	905481	256496

17－86　各县市区固定资产投资(二)

(2012年)

地　　区	新　　增 固定资产 (万元)	施　　工 房屋面积 (平方米)	#住　宅	竣　　工 房屋面积 (平方米)	#住　宅	竣　　工 房屋价值 (万元)	#住　宅
全　　市	**5871425**	**57691962**	**20717492**	**11108867**	**2777124**	**1740465**	**538629**
市　　区	1348179	22579399	9453323	3842737	879128	669117	216250
椒江区	467731	10871502	5259338	1671071	403218	263308	90597
黄岩区	608496	5409373	1546520	1656925	325713	287199	86417
路桥区	271952	6298524	2647465	514741	150197	118610	39236
玉 环 县	203026	9498728	1356318	764873	42803	115200	19302
三 门 县	751089	3624718	1941111	516687	187058	122129	48015
天 台 县	268225	2340536	1233905	421642	201413	87719	54705
仙 居 县	655878	4752040	1919984	2132985	1018245	207711	105213
温 岭 市	1330754	10336865	2799409	2645953	151057	415561	34082
临 海 市	1314274	4559676	2013442	783990	297420	123028	61062

17－87　各县市区分用途房地产开发投资

(2012年)

单位:万元

地　　区	房地产开发投资　额	住　宅	办公楼	商　业 用　房	其　他	土　地 购置费	新增固定资产
全　　市	**3573761**	**2645443**	**65919**	**415194**	**447205**	**1383227**	**886531**
市　　区	1792901	1300219	47544	245235	199903	726019	395438
椒江区	1134547	840812	22796	165152	105787	505154	197700
黄岩区	166705	114214	460	37062	14969	50000	175315
路桥区	491649	345193	24288	43021	79147	170865	22423
玉 环 县	230341	183256	1595	18914	26576	116574	34662
三 门 县	166438	113020	755	35373	17290	47209	79864
天 台 县	171570	135194	275	11227	24874	53546	65649
仙 居 县	202900	186830		7269	8801	45900	922
温 岭 市	710811	499556	11313	82788	117154	281222	240832
临 海 市	298800	227368	4437	14388	52607	112757	69164

17－88　各县市区分注册类型房地产开发投资

（2012 年）

单位：万元

地　　区	房地产开发投资额	国有企业	有限责任公司	股份有限公司	私营企业	港澳台商投资企业	非国有控股	#民间
全　　市	**3573761**	**37135**	**2140153**	**19226**	**1361229**	**16018**	**3302677**	**3286659**
市　　区	1792901	30050	1273369		489482		1595617	1595617
椒江区	1134547	30050	915171		189326		1029294	1029294
黄岩区	166705		150405		16300		160958	160958
路桥区	491649		207793		283856		405365	405365
玉 环 县	230341		160932	5726	50965	12718	230341	217623
三 门 县	166438		128		166310		166438	166438
天 台 县	171570	60	150505	11100	9905		161210	161210
仙 居 县	202900		64490	2400	136010		194600	194600
温 岭 市	710811		369213		341598		667379	667379
临 海 市	298800	7025	121516		166959	3300	287092	283792

17－89　各县市区房地产开发企业施工和销售情况（一）

（2012 年）

单位：平方米

地　　区	施工面积	#住宅	竣工面积	#住宅	商品房住宅竣工套数（套）	竣工房屋价值（万元）	#住宅	商品房销售额（万元）	#住宅
全　　市	**24389723**	**17525447**	**2096035**	**1420092**	**12866**	**516976**	**354915**	**3053129**	**2765035**
市　　区	12418822	8659406	1134963	712458	7058	261445	172387	1537192	1396216
椒江区	7295334	5259338	568636	403218	3863	128098	90597	1083297	996468
黄岩区	1353376	853795	490145	260235	2818	111006	66554	137949	100694
路桥区	3770112	2546273	76182	49005	377	22341	15236	315946	299054
玉 环 县	1423170	1067563	64391	42803	358	29037	19302	96216	80399
三 门 县	1896790	1490213	191134	123435	1064	56091	32524	94606	90093
天 台 县	1615521	1233905	233592	201413	1401	65649	54705	338576	297350
仙 居 县	837414	742415	5276	5276	75	922	922	111929	107380
温 岭 市	3658420	2691607	167336	124355	1157	44904	31869	535020	502018
临 海 市	2539586	1640338	299343	210352	1753	58928	43206	339590	291579

17－90　各县市区房地产开发企业施工和销售情况(二)

(2012 年)

单位:平方米

地　　区	商品房销售面积	#住宅	现　房	#住宅	期　房	#住宅	商品房住宅销售套数(套)	商品房待售面积	#住宅
全　　市	**3197240**	**2759582**	**88488**	**56057**	**3108752**	**2703525**	**22939**	**462976**	**130383**
市　　区	1423896	1238248	34041	14051	1389855	1224197	10424	281275	80375
椒江区	1032909	881942	25420	13771	1007489	868171	7132	95024	39238
黄岩区	107501	89573	8621	280	98880	89293	670	156710	25579
路桥区	283486	266733			283486	266733	2622	29541	15558
玉 环 县	81929	71068	11943	6021	69986	65047	546	10965	3081
三 门 县	184196	180336	8437	7182	175759	173154	1447	122580	20081
天 台 县	389764	328203	17627	17627	372137	310576	2502	13278	5288
仙 居 县	164737	154437			164737	154437	1071		
温 岭 市	494873	435516	2445	1455	492428	434061	4078	15356	12606
临 海 市	457845	351774	13995	9721	443850	342053	2871	19522	8952

17－91　各县市区房地产开发企业财务状况(一)

(2012 年)

单位:万元

地　　区	单位数	流动资产合计	固定资产原价	#本年折旧	资产总计	负债合计	所有者权益合计	#实收资本
全　　市	**330**	**12264498**	**293781**	**19136**	**13610170**	**11505098**	**2105072**	**1419548**
市　　区	138	6174367	203623	11056	6913174	5777185	1135989	713976
椒江区	71	3631068	158473	7817	4171925	3566502	605423	374109
黄岩区	26	820545	13751	1201	890300	613244	277056	127777
路桥区	41	1722754	31399	2039	1850950	1597440	253510	212090
玉 环 县	29	745541	9051	928	772735	662241	110494	107312
三 门 县	29	484465	4682	640	557767	455022	102745	66274
天 台 县	25	693654	17153	1256	743462	616092	127370	80837
仙 居 县	12	512995	9477	807	538970	477669	61300	53153
温 岭 市	55	2231208	24098	2274	2525016	2153844	371172	247787
临 海 市	42	1422268	25697	2174	1559046	1363044	196003	150210

17－92 各县市区房地产开发企业财务状况(二)

(2012 年)

单位:万元

地　　区	主营业务收　　入	主营业务成　　本	主营业务税　　金及附加	销　售费　用	管　理费　用	#税　金
全　　市	**1612309**	**1170192**	**146829**	**42567**	**110072**	**6275**
市　　区	918358	645756	85214	26839	53641	3713
椒江区	501995	337905	55255	18106	31893	1805
黄岩区	335804	250809	17488	2756	10058	1113
路桥区	80558	57042	12471	5976	11690	795
玉 环 县	32265	26373	1423	944	7169	173
三 门 县	107453	86162	7864	4787	6245	257
天 台 县	126610	83564	16180	2093	10324	570
仙 居 县	76683	64498	5537	1254	5336	147
温 岭 市	211615	169489	19983	3445	15799	635
临 海 市	139326	94350	10628	3205	11559	781

17－93 各县市区房地产开发企业财务状况(三)

(2012 年)

单位:万元

地　　区	财　务费　用	营　业利　润	利　润总　额	应　交所得税	应　付职　工薪　酬
全　　市	**50651**	**110075**	**106070**	**45842**	**81323**
市　　区	33630	88795	83844	26810	23576
椒江区	22558	43528	38932	15320	12931
黄岩区	1716	53440	53695	8408	4519
路桥区	9356	－8172	－8783	3082	6125
玉 环 县	985	－4896	－7471	97	2811
三 门 县	2869	－387	－1713	1640	39497
天 台 县	94	15048	17683	5216	2676
仙 居 县	7298	－7234	－7557	577	1795
温 岭 市	－120	4553	8483	4614	6333
临 海 市	5896	14195	12801	6888	4635

17－94 各县市区建筑业企业基本情况(一)

(2012年)

地　区	企业数(个)	#国有控股企业	建筑业总产值(万元)	#建筑工程产值	#安装工程产值	#在外省完成产值	竣工产值
全　市	**393**	**14**	**14481084**	**13889741**	**407513**	**8238114**	**9717103**
市　区	140	5	4637171	4452078	96923	2231762	2950507
椒江区	65	1	1637343	1593665	24368	620123	1204910
黄岩区	43	2	1447986	1353980	46000	705486	919291
路桥区	32	2	1551842	1504433	26555	906153	826306
玉环县	24	2	100589	79540	9995	2572	71488
三门县	29		715536	714609		330241	369208
天台县	24	1	540341	536075	2765	198873	329313
仙居县	23		669471	587785	1268	387960	281149
温岭市	85	3	5089325	4900547	187076	3506692	3724313
临海市	68	3	2728652	2619108	109485	1580014	1991124

17－95 各县市区建筑业企业基本情况(二)

(2012年)

地　区	房屋建筑施工面积(万平方米)	#本年新开工面积	房屋建筑竣工面积(万平方米)	#住宅	年末自有机械设备总功率(万千瓦)
全　市	**14619.41**	**6187.05**	**5191.93**	**3012.69**	**153.75**
市　区	4331.38	1813.05	1533.70	953.74	43.02
椒江区	1611.43	556.33	578.12	422.91	10.78
黄岩区	2200.40	965.01	659.69	378.52	16.96
路桥区	519.55	291.70	295.88	152.31	15.28
玉环县	66.41	32.19	33.27	6.25	2.73
三门县	498.46	283.91	185.32	88.48	12.52
天台县	316.63	168.46	127.80	65.66	7.21
仙居县	261.03	166.08	154.79	89.14	10.09
温岭市	6690.20	2535.50	2044.52	1225.67	51.44
临海市	2455.30	1187.87	1112.54	583.75	26.74

17－96　各县市区建筑业企业财务状况(一)

(2012 年)

单位:万元

指　标	流动资产合计	#存货	固定资产合计	#本年折旧	资产合计	负债合计
全　市	**4506508**	**1414143**	**780685**	**51545**	**5733926**	**3101573**
市　区	1849518	560875	271825	15386	2278386	1291448
椒江区	783835	260929	72590	5866	909838	534988
黄岩区	401151	145785	69045	5245	535794	285618
路桥区	664532	154162	130190	4275	832754	470842
玉环县	70949	21627	16831	711	90620	51789
三门县	170938	41576	71364	6677	246798	94686
天台县	131290	38316	34978	1974	273312	112309
仙居县	267644	74440	47872	4291	324853	168917
温岭市	1382348	438045	222351	12401	1738178	965467
临海市	633820	239264	115464	10106	781780	416958

17－97　各县市区建筑业企业财务状况(二)

(2012 年)

单位:万元

指　标	所有者权益合计	#实收资本	营业收入	营业成本	营业税金及附加	营业利润
全　市	**2632353**	**1340389**	**11527143**	**10406922**	**405326**	**401642**
市　区	986937	465238	3699442	3368335	130014	120607
椒江区	374850	180441	1267425	1163191	45247	33577
黄岩区	250175	137813	1191482	1095282	41569	27420
路桥区	361912	146985	1240535	1109862	43198	59609
玉环县	38831	34312	106720	95615	3341	1749
三门县	152112	85271	608484	545485	21141	23894
天台县	161003	133868	517052	461157	19030	22325
仙居县	155936	101629	644523	572969	23176	25300
温岭市	772711	336524	4085115	3683369	136687	146508
临海市	364822	183547	1865808	1679992	71938	61260

17－98　各县市区建筑业企业财务状况(三)

(2012 年)

单位:万元

指　　标	管理费用	#税金	财务费用	#利息支出	利润总额	应交所得税	本年应付工资总额
全　　市	**193825**	**10755**	**65854**	**60401**	**410805**	**104676**	**2297412**
市　　区	51030	4231	21539	20743	132228	30244	664393
椒江区	17625	1291	5137	4118	37790	8540	233010
黄岩区	16883	1861	5977	5848	28509	7056	227537
路桥区	16522	1079	10425	10777	65929	14649	203846
玉 环 县	5091	403	159	144	1598	676	14310
三 门 县	12739	444	3573	3463	22712	8460	127628
天 台 县	7919	215	3443	3223	22348	8093	95062
仙 居 县	13800	930	6839	2382	25092	6307	87194
温 岭 市	67256	3226	23989	25538	146282	38684	853492
临 海 市	35990	1306	6308	4908	60544	12212	455333

17－99　各县市区客运量货运量及港口货物吞吐量

(2012 年)

地　　区	客运量(万人)	#铁路	#公路	#水运	货运量(万吨)	#公路	#水运	港口货物吞吐量(万吨)
全　　市	**30874**	**426**	**30210**	**217**	**21245**	**11744**	**9493**	**5358**
市　　区	11399	171	11197	10	11178	5632	5538	1793
椒江区	3287		3277	10	5802	2043	3759	1602
黄岩区	5009	171	4838		3015	2363	652	155
路桥区	3103		3082		2361	1226	1127	36
玉 环 县	8382		8175	207	2145	1099	1046	2586
三 门 县	1298	33	1265		925	188	737	108
天 台 县	756		756		289	289		
仙 居 县	668		668		265	265		
温 岭 市	5386	184	5202		4842	3638	1204	563
临 海 市	2985	38	2947		1601	633	968	309

17－100　各县市区客运周转量和货运周转量

（2012 年）

地　区	客运周转量（万人公里）	铁路	公路	水运	货运周转量（万吨公里）	铁路	公路	水运
全　市	**1062380**	**134317**	**925562**	**2501**	**13252138**	**1680**	**1688270**	**11562188**
市　区	392243	55233	336496	514	7121100	1680	740200	6379220
椒江区	88474		87960	514	4065822		140320	3925502
黄岩区	179193	55233	123960		1332042		493568	838474
路桥区	124576		124576		1723236	1680	106312	1615244
玉环县	141104		139117	1987	1661461		119010	1542451
三门县	43358	4554	38804		846148		55718	790430
天台县	45749		45749		71776		71776	
仙居县	21755		21755		73161		73161	
温岭市	291691	63700	227991		2162881		420724	1742157
临海市	126480	10830	115650		1315611		207681	1107930

17－101　各县市区公路基本情况（一）

（2012 年）

单位：公里

地　区	公路总里程	等级公路合计	高速公路	一级	二级	三级	四级	准四级	等外公路
全　市	**11688**	**11453**	**298**	**325**	**1209**	**565**	**5731**	**3325**	**235**
市　区	2372	2309	34	108	273	129	1148	617	63
椒江区	570	570	13	27	94	58	209	169	
黄岩区	1205	1142	21	37	73	25	546	441	63
路桥区	597	597		44	106	46	394	7	
玉环县	562	562		30	64	52	210	206	
三门县	1200	1198	21	22	147	43	861	104	2
天台县	1772	1772	42	16	86	68	759	801	
仙居县	1785	1757	106	35	125	63	616	812	28
温岭市	1868	1726	11	52	186	114	1217	146	142
临海市	2129	2129	85	61	328	95	921	639	

17－102 各县市区公路基本情况(二)

(2012年)

地区	路面里程			隧道		桥梁	
	有铺装（公里）	简易铺装（公里）	未铺装（公里）	道	延米	座	米
全市	**11070**	**124**	**494**	**278**	**181270**	**5306**	**228215**
市区	2243	11	119	15	8786	1340	46009
椒江区	570			8	4456	315	14925
黄岩区	1118	9	78	5	3080	608	22377
路桥区	556	1	40	2	1250	417	8708
玉环县	562	1		25	10245	154	6230
三门县	1175	17	7	35	24402	394	15528
天台县	1707	60	5	19	3178	454	15258
仙居县	1723	27	35	87	63509	543	42896
温岭市	1541	7	321	35	22211	1453	47765
临海市	2119	2	7	62	48938	968	54529

17－103 各县市区公路基本情况(三)

(2012年)

单位:公里

地区	公路总里程	国道	省道	县道	乡道	专用道	村道
全市	**11688**	**273**	**729**	**2422**	**2070**	**66**	**6129**
市区	2372	53	79	561	432	20	1227
椒江区	570		49	120	117		284
黄岩区	1205	36	29	325	157	14	644
路桥区	597	17	1	116	157	6	300
玉环县	562		27	151	132	2	250
三门县	1200	21	82	247	191	27	632
天台县	1772	79	62	317	338	10	966
仙居县	1735		227	367	249	3	939
温岭市	1858	32	63	327	275		1171
临海市	2129	88	188	452	454	3	943

17－104 各县市区汽车拥有量

（2012 年）

单位:辆

地区	汽车拥有量	载客汽车	#个人	载货汽车	#个人	其他汽车
全市	**793273**	**623700**	**555453**	**165915**	**134850**	**3658**
市区	337147	257940	227261	77659	61032	1548
椒江区	107835	87229	73786	19742	14034	864
黄岩区	104600	78224	69303	26111	19954	265
路桥区	124712	92487	84172	31806	27044	419
玉环县	72284	57419	47115	14393	11273	472
三门县	26182	20534	17595	5418	4471	230
天台县	40737	35253	31825	5325	4343	159
仙居县	36170	30459	27583	5559	4656	152
温岭市	179511	138354	128193	40571	35204	586
临海市	101242	83741	75881	16990	13871	511

17－105 各县市区邮电通信主要指标

（2012 年）

地区	邮电局(所)数(个)	邮电业务收入(万元)	电话交换机装机总容量(万门)	固定电话用户数(万户)	移动电话用户数(万户)	国际互联网用户数(万户)	#宽带
全市	**457**	**763311**	**240.18**	**165.07**	**782.99**	**142.12**	**126.54**
市区	130	311831	87.72	60.06	287.91	54.48	46.67
椒江区	47	146617	32.01	22.30	108.07	21.69	17.99
黄岩区	40	74454	27.82	18.08	83.71	15.62	13.73
路桥区	43	90761	27.89	19.68	96.13	17.17	14.95
玉环县	94	96098	31.91	22.74	114.14	19.01	17.12
三门县	74	164919	52.85	34.31	181.22	31.28	28.55
天台县	44	87396	27.97	20.29	85.19	16.30	14.82
仙居县	39	37922	16.24	10.87	41.26	7.96	7.32
温岭市	36	33594	12.90	8.36	38.63	6.58	6.08
临海市	40	31553	10.59	8.45	34.65	6.51	5.97

17－106 各县市区用电量

（2012年）

单位：万千瓦时

地区	全社会用电量（包括厂用电量及线损）	#工业用电量	#制造业	轻工业	重工业	#城乡居民生活用电
全市	**2273310**	**1566705**	**1411549**	**539937**	**1026768**	**421186**
市区	865363	590364	542323	260288	330075	142269
椒江区	231482	162869	152846	95303	67566	38713
黄岩区	282490	210525	192614	95206	115318	42408
路桥区	251946	162087	145184	53273	108814	44353
直辖局	99445	54883	51679	16506	38377	16795
玉环县	327387	250366	234637	35045	215322	53671
三门县	99803	61722	54583	15422	46299	18668
天台县	95218	57831	48624	17287	40544	23555
仙居县	74029	42752	36770	19400	23351	19355
温岭市	486731	324382	297813	98219	226164	105955
临海市	303593	209980	188938	94277	115703	57683

17－107 各县市区规模以上工业主要能源消费量

（2012年）

单位：吨

地区	原煤	焦炭	汽油	柴油	热力（百万千焦）	电力（万千瓦时）
全市	**12884375**	**12847**	**20775**	**52553**	**5894498**	**1006422**
市区	3350589	8443	10501	27753	3413295	366460
椒江区	3152679	2962	2858	11902	2492418	180003
黄岩区	161005	5392	4510	5591	920877	101462
路桥区	36905	89	3133	10260		84995
玉环县	9190301	1645	2689	5289		228646
三门县	89152		1095	2277		36461
天台县	75407	505	1064	1223	809389	57159
仙居县	51845		488	785	671177	24426
温岭市	47656	1250	3409	11601		133302
临海市	78925	1005	1528	3626	1000636	159969

17－108　各县市区规模以上工业企业能源消费情况

（2012 年）

单位：吨标准煤

地　区	综合能源消费量	万元产值综合能耗（吨标准煤/万元）	节能量	万元产值综合能耗降低率（%）
全　市	**6909924**	**0.192**	**990298**	**12.54**
市　区	2111422	0.165	317975	13.09
椒江区	1698241	0.367	328785	16.22
黄岩区	257453	0.081	19242	6.95
路桥区	155728	0.031	656	0.42
玉环县	3967751	0.648	599245	13.12
三门县	113492	0.073	9931	8.05
天台县	122070	0.079	6132	4.78
仙居县	68806	0.071	491	0.71
温岭市	232739	0.036	43387	15.71
临海市	293644	0.045	30387	9.38

17－109　各县市区规模以上工业取水情况

（2012 年）

单位：万立方米

地　区	取水总量	地表水	地下水	自来水	海　水	其他水	外供水
全　市	**69714.97**	**52894.12**	**358.45**	**11824.14**	**1736.71**	**2901.56**	**53941.90**
市　区	49494.00	39385.85	51.74	7171.55	0.09	2884.78	41792.90
椒江区	8006.33	3888.36	32.09	4050.48	0.09	35.32	5731.19
黄岩区	25801.02	24650.91	11.00	1139.11			23770.69
路桥区	15686.65	10846.58	8.65	1981.96		2849.46	12291.02
玉环县	4889.47	2847.39	15.21	290.86	1735.90	0.11	2360.75
三门县	537.58	64.15	140.75	332.64		0.04	
天台县	510.95	90.96	27.91	391.51		0.58	14.90
仙居县	569.97	133.47	54.85	370.88		10.78	
温岭市	5774.39	4288.38	4.17	1479.84	0.73	1.28	3938.35
临海市	7938.60	6083.91	63.83	1786.86		4.00	5835.00

17－110 各县市区社会消费品零售总额

（2012 年）

单位：万元

地区	社会消费品零售总额	按行业分			按销售地区分		
		批发和零售业	住宿业	餐饮业	城镇	#城区	乡村
全市	**13043014**	**11586735**	**139117**	**1317162**	**10599414**	**5923698**	**2443600**
市区	5474591	4937474	85154	451965	4704821	3741851	769770
椒江区	1743853	1607083	51699	85071	1428797	1335304	315056
黄岩区	1408423	1180280	20609	207535	1263880	819049	144543
路桥区	2322315	2150111	12846	159359	2012144	1587498	310171
玉环县	1060805	994641	13057	53107	826385	5095	234420
三门县	527306	484361	6558	36387	363664		163642
天台县	682002	637664	5846	38491	507401		174601
仙居县	555664	483022	5297	67345	365517		190147
温岭市	3266826	2707253	8918	550656	2616848	1190791	649978
临海市	1475823	1342325	14287	119211	1214781	985960	261042

17－111 各县市区限额以上批发业企业销售情况

（2012 年）

单位：万元

地区	法人企业（个）	年末从业人数（人）	销售额	批发额	零售额
全市	**428**	**13818**	**8667932**	**8491121**	**176811**
市区	229	7351	5910270	5822615	87656
椒江区	118	4273	3498023	3417009	81014
黄岩区	40	1128	805616	803103	2513
路桥区	71	1950	1606632	1602503	4129
玉环县	57	1795	804231	800892	3339
三门县	13	347	137713	137713	
天台县	5	90	71896	71896	
仙居县	10	1175	169735	167004	2731
温岭市	90	2283	1284865	1219681	65184
临海市	24	777	289221	271320	17901

17－112　各县市区限额以上零售业企业销售情况

（2012 年）

单位：万元

地　区	法人企业（个）	年末从业人数（人）	销售额	批发额	零售额
全　市	**277**	**22252**	**4545805**	**1048609**	**3497196**
市　区	127	12575	3293930	939899	2354032
椒江区	54	7090	2168870	854193	1314678
黄岩区	18	1842	253045	10998	242047
路桥区	55	3643	872015	74708	797307
玉环县	28	1414	102714	20960	81753
三门县	8	294	14394		14394
天台县	13	722	52918	3277	49641
仙居县	14	418	33481	2530	30951
温岭市	49	3310	553909	34190	519720
临海市	38	3519	494459	47753	446706

17－113　各县市区限额以上住宿业企业经营情况

（2012 年）

单位：万元

地　区	法人企业（个）	年末从业人数（人）	营业额	#客房收入	#餐费收入	客房间数（间）	床位数（个）	餐位数（位）	年末餐饮营业面积（平方米）
全　市	**69**	**11520**	**175282**	**60639**	**107090**	**10306**	**16302**	**40704**	**175646**
市　区	25	5272	91728	26755	61381	4182	6236	19014	70345
椒江区	10	2906	54569	14354	38221	2099	3119	11120	34208
黄岩区	7	1316	21779	7141	13623	1103	1670	4576	23416
路桥区	8	1050	15380	5260	9537	980	1447	3318	12721
玉环县	8	1311	18968	6804	11554	1103	1821	3452	14513
三门县	4	607	9450	3606	5485	607	968	1394	9191
天台县	7	595	7943	3173	3876	561	1016	2558	12446
仙居县	4	623	7308	2419	4049	593	970	3264	10430
温岭市	11	1167	18879	9343	8278	1676	2743	5695	21479
临海市	10	1945	21007	8539	12467	1584	2548	5327	37242

17－114 各县市区限额以上餐饮业企业经营情况

（2012 年）

单位：万元

地 区	法人企业（个）	年末从业人数（人）	营业额	#客房收入	#餐费收入	客房间数（间）	床位数（个）	餐位数（位）	年末餐饮营业面积（平方米）
全 市	**63**	**6013**	**100678**	**8536**	**88819**	**2362**	**3701**	**29459**	**137369**
市 区	18	1935	31106	2679	28068	894	1341	8596	51110
椒江区	6	576	14371	994	13103	210	344	1908	12100
黄岩区	3	218	1461	206	1201	190	278	998	7200
路桥区	9	1141	15274	1480	13764	494	719	5690	31810
玉 环 县	2	92	967		967			480	2110
三 门 县	4	159	1880	145	1735	65	95	840	6050
天 台 县	4	440	8999		7558			2060	8300
仙 居 县	4	349	1897	540	1232	221	410	1782	4635
温 岭 市	19	1933	34275	2332	30863	610	969	9882	39118
临 海 市	12	1105	21555	2840	18397	572	886	5819	26046

17－115 各县市区限额以上批发和零售业企业财务状况(一)

（2012 年）

单位：万元

地 区	企业数（个）	流动资产合计	#存货	固定资产原价	累计折旧	#本年折旧
全 市	**705**	**4371770**	**763916**	**549793**	**205155**	**39121**
市 区	356	2867297	504203	369203	137746	27172
椒江区	172	1614928	278893	250295	94280	18227
黄岩区	58	238341	54549	41680	15912	3018
路桥区	126	1014029	170761	77227	27554	5928
玉 环 县	85	392009	60029	46172	16574	3042
三 门 县	21	114335	8983	9161	3032	488
天 台 县	18	44174	15010	7766	2676	558
仙 居 县	24	63461	9925	8979	2802	653
温 岭 市	139	604411	115958	73745	26454	5079
临 海 市	62	286084	49809	34768	15873	2128

17－116　各县市区限额以上批发和零售业企业财务状况(二)

(2012 年)

单位:万元

地　区	资　产合　计	负　债合　计	所有者权　益	#实　收资　本	#国　家资　本	主营业务收　　入
全　市	**5273928**	**4006447**	**1267481**	**750610**	**85186**	**11861476**
市　区	3418547	2477291	941256	474658	77412	8236338
椒江区	1998277	1254629	743647	287094	71443	5041926
黄岩区	293089	231511	61578	47538	1680	957044
路桥区	1127182	991151	136031	140025	4289	2237369
玉 环 县	509088	437475	71613	78781	727	818559
三 门 县	172548	126029	46520	22949	500	139865
天 台 县	51789	40782	11007	9193	600	110306
仙 居 县	81143	70197	10946	12911	500	180296
温 岭 市	691734	584541	107193	97045	2427	1677960
临 海 市	349079	270132	78947	55073	3019	698151

17－117　各县市区限额以上批发和零售业企业财务状况(三)

(2012 年)

单位:万元

地　区	主营业务成　　本	主营业务税　　金	其他业务利　　润	销　售费　用	管　理费　用	#税　金
全　市	**11094309**	**60383**	**34332**	**296295**	**196676**	**10330**
市　区	7689162	54695	21017	177182	128917	6862
椒江区	4625781	51254	15401	118003	84921	3373
黄岩区	914311	799	1328	25155	15425	1006
路桥区	2149070	2642	4288	34024	28570	2482
玉 环 县	777210	2415	727	17430	14166	774
三 门 县	128645	191	2040	3719	3520	208
天 台 县	101971	123	266	4866	3296	135
仙 居 县	148126	397	924	25477	5725	178
温 岭 市	1601418	1147	5067	43921	25443	1651
临 海 市	647777	1415	4292	23701	15610	523

17－118　各县市区限额以上批发和零售业企业财务状况(四)

(2012 年)

单位:万元

地　区	财务费用	#利息支出	营业利润	利润总额	应付职工薪酬	应交增值税
全　市	**80892**	**99881**	**168103**	**186525**	**189879**	**133396**
市　区	40936	54430	168087	184291	107945	77012
椒江区	17603	29949	161111	175484	76540	59448
黄岩区	3825	4932	－1111	－831	10653	4826
路桥区	19508	19549	8087	9639	20752	12737
玉环县	16290	20522	－7822	－6185	25788	6653
三门县	3500	3473	2330	2209	2966	1409
天台县	491	671	－176	154	2156	366
仙居县	1859	1879	－310		9423	2771
温岭市	12607	12812	－2978	－3179	22249	31902
临海市	5210	6095	8971	9235	19351	13283

17－119　各县市区限额以上住宿和餐饮业企业财务状况(一)

(2012 年)

单位:万元

地　区	企业数(个)	流动资产合计	#存货	固定资产原价	累计折旧	#本年折旧
全　市	**132**	**244180**	**10318**	**338773**	**123861**	**19098**
市　区	43	96405	4902	158832	52493	7816
椒江区	16	41219	1899	86315	35453	4058
黄岩区	10	18586	791	56825	8926	3207
路桥区	17	36600	2212	15692	8114	551
玉环县	10	21049	510	34897	12180	1831
三门县	8	27007	399	26238	8507	1452
天台县	11	12810	929	13743	8042	477
仙居县	8	6823	417	15431	7836	844
温岭市	30	30424	2079	29498	10140	2154
临海市	22	49662	1084	60135	24666	4526

17－120　各县市区限额以上住宿和餐饮业企业财务状况(二)

(2012年)

单位:万元

地　区	资产合计	负债合计	所有者权益	#实收资本	#国家资本	主营业务收入
全　市	**654247**	**514658**	**139589**	**182165**	**1950**	**274057**
市　区	222679	159491	63188	76232	450	122197
椒江区	98457	67366	31091	42142	255	68639
黄岩区	74235	54729	19506	21219	195	23012
路桥区	49988	37396	12592	12871		30546
玉环县	49760	42600	7160	12102	1500	19662
三门县	46915	43234	3681	14357		11440
天台县	25439	26574	－1135	8949		16534
仙居县	27200	28132	－932	7322		9200
温岭市	77241	60848	16393	16340		52760
临海市	205013	153779	51234	46864		42265

17－121　各县市区限额以上住宿和餐饮业企业财务状况(三)

(2012年)

单位:万元

地　区	主营业务成本	主营业务税金	其他业务利润	销售费用	管理费用	#税金
全　市	**124418**	**14939**	**2577**	**82468**	**57653**	**1947**
市　区	51474	6658	1682	40446	23097	904
椒江区	27994	3817	1490	21022	15221	262
黄岩区	8541	1199	192	8841	4637	424
路桥区	14940	1642		10584	3239	219
玉环县	8050	1086	18	6812	3902	114
三门县	4053	703	186	3734	3527	73
天台县	8682	972	252	3948	2949	32
仙居县	3623	455	75	3220	2793	81
温岭市	26993	26467	282	13600	10353	324
临海市	21542	2419	83	10708	11032	420

17－122　各县市区限额以上住宿和餐饮业企业财务状况(四)

(2012年)

单位:万元

地　区	财务费用	#利息支出	营业利润	利润总额	应交所得税	应付职工薪酬
全　市	**153565**	**13591**	**－19770**	**－15688**	**1869**	**51744**
市　区	5489	4548	－3286	－3198	936	22564
椒江区	2160	1725	－83	－63	393	12626
黄岩区	2572	2561	－2587	－2562	49	4861
路桥区	757	262	－616	－573	494	5078
玉环县	1155	683	－1325	－1119	4	3939
三门县	2377	1995	－2769	－2748	44	2179
天台县	625	554	－389	－382	61	3103
仙居县	950	882	－1767	－1742	22	2198
温岭市	769	395	－1320	412	612	8366
临海市	4000	4534	－8916	－6911	191	9395

17－123　各县市区商品市场基本情况

(2012年)

地　区	市场数(个)	#消费品市场	#生产资料市场	市场成交额(亿元)
全　市	**509**	**426**	**82**	**1295.21**
市　区	168	132	36	597.61
椒江区	42	36	6	108.00
黄岩区	47	39	8	85.49
路桥区	76	54	22	403.63
市直属分局	3	3		0.49
玉环县	45	41	4	32.83
三门县	17	12	5	8.70
天台县	21	19	2	17.03
仙居县	18	16	2	6.30
温岭市	166	143	23	585.88
临海市	74	63	10	46.86

17-124 各县市区外贸进出口总额

(2012年)

单位:万美元

地区	进出口总额	出口额	#欧盟	#中东	#东盟	进口额
全市	**2062194**	**1723882**	**442880**	**147015**	**105694**	**338312**
市区	934491	656580	144191	50884	51526	277911
椒江区	257432	197145	36562	11811	19458	60288
黄岩区	196573	183631	44253	9852	8827	12942
路桥区	329031	171062	41041	20527	13437	157969
市直公司	40945	28296	8428	2481	2182	12648
台州经济开发区	110510	76446	13907	6213	7622	34064
玉环县	337325	319070	100676	36230	12929	18254
三门县	68715	65995	13750	5795	2827	2720
天台县	60653	56321	14766	5526	4225	4332
仙居县	57428	56041	20042	1179	2285	1387
温岭市	355682	341184	58744	42220	23463	14497
临海市	247900	228690	90711	5182	8439	19210

17-125 各县市区进出口贸易情况

(2012年)

单位:万美元

地区	出口额中				进口额中			
	一般贸易	加工贸易	来料加工装配贸易	进料加工装配贸易	一般贸易	加工贸易	来料加工装配贸易	进料加工装配贸易
全市	**1567849**	**154923**	**5426**	**149497**	**297179**	**38467**	**2640**	**35828**
市区	575935	80272	4866	75406	255759	20152	2336	17814
椒江区	152205	44621	3786	40835	45845	12859	2039	10819
黄岩区	156303	27286	1017	26269	7318	5519	256	5262
路桥区	167363	3689		3689	157127	811		811
市直公司	28284	11		11	12637	9		9
台州经济开发区	71780	4665	63	4602	32832	954	41	913
玉环县	299842	18557	29	18528	12146	5670	14	5656
三门县	63179	2798	515	2283	1630	1070	247	823
天台县	52962	3359	6	3354	3147	1181	2	1179
仙居县	54843	1198		1198	1116	269		269
温岭市	327880	13299		13299	10956	3393		3393
临海市	193208	35440	10	35429	12425	6733	41	6692

17－126　各县市区利用外资情况

（2012年）

单位:万美元

地　　区	2011年				2012年			
	利用外资企业数（家）	总投资	合同外资	实际利用外资	利用外资企业数（家）	总投资	合同外资	实际利用外资
全　　市	**20**	**11786**	**6320**	**14301**	**25**	**53829**	**78483**	**47520**
市　　区	5	－38	1499	4127	12	19453	8393	8213
椒江区	2	－427	－277	418	3	6186	2082	2072
黄岩区	1	1436	－137	290	3	4439	1492	2279
路桥区	1	475	2664	3015	3	8223	3787	2500
台州经济开发区	1	－1522	－751	404	3	605	1032	1362
玉 环 县	3	1504	1107	424	3	11643	62976	35471
三 门 县	2	1131	466	2434	3	1817	1158	74
天 台 县	1	382	－318	465	2	6500	2268	718
仙 居 县	1	－881	－83	784	3	1384	733	532
温 岭 市	5	10954	3319	4088	2	12757	2060	1208
临 海 市	3	－1266	330	1979		275	895	1304

17－127　各县市区国际国内旅游情况

（2012年）

单位:万人次

年　　份	旅游总人数	国内旅游人数	国际旅游入境人数	旅游总收入（亿元）	国内旅游收入（亿元）	国际旅游（外汇）收入（万美元）
全　　市	**4492.92**	**4468.92**	**24.00**	**412.18**	**406.67**	**8725.73**
市　　区	1324.25	1321.35	2.90	121.00	120.23	1234.95
其中：椒江区	798.16	796.71	1.45	72.91	72.50	652.18
黄岩区	218.29	217.11	1.18	20.04	19.76	455.35
路桥区	300.73	300.46	0.27	27.42	27.34	127.42
玉　　环	403.51	400.94	2.57	36.79	36.49	486.56
三　　门	206.58	206.10	0.48	19.00	18.76	386.32
天　　台	511.21	505.91	5.30	46.72	46.04	1083.37
仙　　居	357.16	354.62	2.54	32.80	32.27	842.80
温　　岭	851.60	846.45	5.15	78.82	77.03	2847.17
临　　海	838.60	833.55	5.05	77.02	75.85	1844.56

17－128 各县市区地方财政收入及分类(一)

(2012年)

单位:万元

地 区	一般预算收入合计	增值税	营业税	企业所得税	个人所得税	资源税	城市维护建设税
全 市	**2204230**	**380110**	**574263**	**310909**	**136008**	**3596**	**144439**
市 区	981790	147314	269044	140056	52105	917	67128
椒江区	301439	41779	85339	40474	16269		18880
黄岩区	215851	48644	39371	26404	10841	157	17095
路桥区	291821	47728	69217	51930	13289	760	19111
市本级	172679	9163	75117	21248	11706		12042
玉环县	251128	74390	46366	40180	10413	387	18680
三门县	106818	14390	33972	11432	7068	650	4614
天台县	110722	17542	29810	12906	5886	179	5930
仙居县	79028	13927	22812	10685	6700	150	4721
温岭市	388678	63885	97464	52370	35715	588	24019
临海市	286066	48662	74795	43280	18121	725	19347

17－129 各县市区地方财政收入及分类(二)

(2012年)

单位:万元

地 区	房产税	印花税	城镇土地使用税	土地增值税	车船税	耕地占用税	契 税
全 市	**88276**	**28327**	**86141**	**97642**	**27477**	**40576**	**120240**
市 区	36222	12624	37414	48697	14280	22214	51912
椒江区	11032	3300	11101	19257	4918	7598	20127
黄岩区	11077	2579	11230	5129	2717	10823	14433
路桥区	9227	4261	11121	13177	4515	3793	13315
市本级	4886	2484	3962	11134	2130		4037
玉环县	10884	3985	5079	7648	2429	2913	10490
三门县	6769	1585	5163	3766	701	2335	5247
天台县	3717	1168	2142	6719	1391	1807	9658
仙居县	1432	1038	1160	2083	993	4391	4202
温岭市	16113	4883	15892	16683	5062	3835	25119
临海市	13139	3044	19291	12046	2621	3081	13612

17－130　各县市区地方财政收入及分类(三)

(2012 年)

单位:万元

地　　区	专项收入	行政事业性收费收入	罚没收入	国有资本经营收入	国有资源(资产)有偿使用收入	其他收入	基金收入	
							政府性基金	社会保险基金
全　　市	**73174**	**8568**	**102365**	**－23655**	**5634**	**140**	**1547014**	**1233542**
市　　区	31058	4647	55332	－11418	2244		750670	440436
椒江区	6878	3653	10274	－302	786		173639	110646
黄岩区	7614		12981	－5316	72		144806	120571
路桥区	9324	224	22945	－2500	384		275640	89404
市本级	7242	770	9132	－3300	1002		156585	119815
玉环县	11553	560	6521	－1560	210		169699	134179
三门县	3010	508	5767	－500	201	140	59425	60836
天台县	3843	692	7601	－1161	892		37096	98390
仙居县	2845	351	2678	－1510	370		71186	67973
温岭市	11998	1741	17971	－6000	1340		303021	249172
临海市	8867	69	6495	－1506	377		155917	182556

17－131　各县市区地方财政支出及分类(一)

(2012 年)

单位:万元

地　　区	一般预算支出合计	一般公共服务支出	国防支出	公共安全支出	教育支出	科学技术支出
全　　市	**2879269**	**420778**	**4303**	**231268**	**739748**	**78933**
市　　区	1066533	174173	2433	101854	251597	37486
椒江区	251653	41462	740	23826	65190	8364
黄岩区	239579	37621	860	18770	66850	9598
路桥区	234639	33497	50	21452	66103	7584
市本级	340652	61593	783	37806	53454	11940
玉环县	296662	47725	137	24205	69371	10412
三门县	221533	37840	240	14692	69310	3013
天台县	206448	30167	594	16417	49517	2688
仙居县	184085	23787	225	13889	55131	1771
温岭市	486941	53767		31175	121270	12823
临海市	417067	53319	674	29036	123552	10740

17－132 各县市区地方财政支出及分类(二)

(2012年)

单位:万元

地区	文化体育与传媒支出	社会保障和就业支出	医疗卫生支出	环境保护支出	城乡社区事务支出	农林水事务支出
全市	**50194**	**242616**	**191990**	**41922**	**102521**	**392910**
市区	23804	77011	50271	18201	37008	116548
椒江区	3836	20018	12671	582	6411	34065
黄岩区	3493	22288	10349	5238	9608	29116
路桥区	4802	18612	14840	6149	7044	22409
市本级	11673	16093	12411	6232	13945	30958
玉环县	7371	22941	20515	3270	13964	43086
三门县	4146	19209	20882	3182	6530	17045
天台县	3320	23955	19307	4534	1896	22779
仙居县	2475	15504	15924	393	10414	19631
温岭市	4448	44579	31868	5830	13424	129403
临海市	4630	39417	33223	6512	19285	44418

17－133 各县市区地方财政支出及分类(三)

(2012年)

单位:万元

地区	交通运输支出	工业商业金融等事务支出	其他支出	基金支出	
				政府性基金	社会保险基金
全市	**174722**	**134195**	**73169**	**1569691**	**810267**
市区	82833	58582	34732	700669	279636
椒江区	18062	11496	4940	171228	90566
黄岩区	10790	9980	5018	129843	84096
路桥区	14862	12656	4579	271633	62406
市本级	39119	24450	20195	127965	42568
玉环县	16158	11230	6277	158674	66179
三门县	13044	9174	3226	43846	70977
天台县	12929	10790	7555	69398	45910
仙居县	10829	9616	4496	94372	51901
温岭市	22643	10758	4953	326775	159838
临海市	16286	24045	11930	175957	135826

17－134　各县市区全部金融机构年末存贷款余额(一)

(2012 年)

单位:万元

地　　区	本外币存款余额	人民币存款余额合　　计	单　位存　款	#活　期存　款	#定　期存　款	财政性存　款
全　　市	**45091738**	**44573554**	**18990348**	**8297506**	**6286487**	**986436**
市　　区	21787105	21504585	9951396	3975172	3321120	434255
其中：椒江区	4800880	4779974	2313286	968705	620754	399927
黄岩区	4511802	4460694	1689824	760653	579399	23823
路桥区	6428921	6393472	2400177	981221	692322	832
市本级	5527359	5352388	3506095	1232199	1419026	9674
玉 环 县	3826026	3759462	1621001	725330	555857	33055
三 门 县	1487375	1477176	610387	411686	141253	36041
天 台 县	2044114	2025336	852486	496823	255138	41733
仙 居 县	1957193	1941913	759814	440228	227678	69015
温 岭 市	8843005	8775263	3062084	1379171	1025610	298154
临 海 市	5146919	5089820	2133180	869095	759832	74183

17－135　各县市区全部金融机构年末存贷款余额(二)

(2012 年)

单位:万元

地　　区	个　人存　款	#储　蓄存　款	#结构性存　款	临　时存　款	委　托存　款	其　他存　款
全　　市	**23925120**	**23719853**	**189524**	**74620**	**13513**	**583518**
市　　区	10566172	10437299	115639	29980	10888	511894
其中：椒江区	1926826	1892943	27076	9083	306	130547
黄岩区	2739347	2705288	33267	3593		4107
路桥区	3901520	3869389	31740	10592	6160	74192
市本级	1522437	1493639	23556	6712	4422	303048
玉 环 县	2048959	2029700	19101	6180	217	50051
三 门 县	809340	807675	1664	20910	396	102
天 台 县	1128606	1126969	1579	2347		164
仙 居 县	1112010	1109092	2907	993		81
温 岭 市	5392500	5357725	32719	11094	854	10578
临 海 市	2867533	2851392	15914	3116	1160	10648

17－136　各县市区全部金融机构年末存贷款余额(三)

(2012年)

单位:万元

地　　区	本外币贷款余额	人民币贷款余额合计	短期贷款	个人贷款及透支	#个人消费贷款
全　　市	**38931604**	**37839726**	**25873733**	**13002799**	**3668703**
市　　区	19141153	18695295	13116180	6234962	1860735
其中:椒江区	3941113	3847112	2579893	1192290	217292
黄岩区	3260148	3234095	2213020	971565	178576
路桥区	6123038	5992728	4863327	3167282	1126101
市本级	5563224	5367730	3267754	817384	338679
玉 环 县	3419335	3343809	2160113	785180	176694
三 门 县	1959921	1634393	825446	423576	95181
天 台 县	1817973	1813477	1149232	726666	246393
仙 居 县	1550897	1535449	1031020	626880	187411
温 岭 市	7022441	6905020	5316211	3221918	840018
临 海 市	4019882	3912283	2275531	983616	262270

17－137　各县市区全部金融机构年末存贷款余额(四)

(2012年)

单位:万元

地　　区	在短期贷款中				中长期贷款	个人贷款	#个人消费贷款
	单位普通贷款及透支	#经营性贷款	#固定资产贷款	贸易融资			
全　　市	**11781996**	**11681279**	**96720**	**1088938**	**11258308**	**7021614**	**5836495**
市　　区	6443973	6406712	33265	437244	5008251	2846978	2467101
其中:椒江区	1352698	1340778	11920	34905	1184957	645196	566644
黄岩区	1164537	1150037	14500	76918	882422	479528	392992
路桥区	1615897	1607553	6345	80149	891610	430049	349611
市本级	2205098	2202601	500	245272	2007784	1250726	1117381
玉 环 县	1251948	1216998	34950	122984	1156418	770190	588646
三 门 县	366807	366662	145	35064	788790	423747	300325
天 台 县	399947	387716	12230	22620	653641	548589	516802
仙 居 县	344683	342183	2500	59457	499591	271544	258346
温 岭 市	1844333	1838803	5530	249959	1555256	1092198	972261
临 海 市	1130305	1122204	8100	161609	1596361	1068369	733014

17－138　各县市区全部金融机构年末存贷款余额(五)

(2012 年)

单位:万元

地　　区	在中长期贷款中			票据融资	各项垫款
	单位普通贷款及透支	经营性贷款	固定资产贷款		
全　　市	**4188462**	**509127**	**3679335**	**646570**	**60502**
市　　区	2121273	324435	1796839	530495	40050
其中：椒江区	539761	78056	461704	76132	6051
黄岩区	402893	77748	325145	134296	4357
路桥区	421562	58358	363203	227054	10737
市本级	757058	110272	646786	73046	18905
玉 环 县	386228	41469	344759	24012	3176
三 门 县	365043	4263	360780	19570	562
天 台 县	102552	2498	100054	5616	4987
仙 居 县	223735	10880	212855	4266	572
温 岭 市	461638	92605	369034	25558	7974
临 海 市	527992	32978	495014	37052	3181

17－139　各县市区财产和人寿保险业务收支情况

(2012 年)

单位:万元

地　　区	保费收入			赔款、给付			
	合　计	财产险	人身险	合　计	财产险赔款支出	人身险赔款支出	人身险给付
全　　市	**843994**	**391421**	**452573**	**291713**	**227214**	**18615**	**45884**
市　　区	403722	204731	198991	156678	119172	9505	28000
椒江区	37389	27942	9447	16958	16022	622	314
黄岩区	96720	39843	56877	27206	20699	1402	5106
路桥区	99146	63153	35992	36479	33023	1240	2215
市本级	170467	73793	96674	76035	49428	6242	20365
玉 环 县	73977	32200	41777	20756	15583	1229	3944
三 门 县	25819	12276	13543	8090	6720	429	940
天 台 县	46426	19551	26875	14997	11251	1585	2161
仙 居 县	45482	14387	31095	12625	9145	1210	2271
温 岭 市	158930	66709	92221	45850	38302	3037	4511
临 海 市	89637	41566	48072	32718	27042	1620	4056

17－140 各县市区基本养老保险基本情况

（2012 年）

地 区	期末参保人数（人）	职工参保人数	离退休参保人数	收缴保险基金（万元）	支付养老金（万元）	月人均养老金（元）
全 市	**1486883**	**1291768**	**195115**	**496811**	**373575**	**1703**
市 区	553554	480860	72694	193405	141151	1717
椒江区	168254	139845	28409	55779	57660	1754
黄岩区	174609	149208	25401	62971	47916	1721
路桥区	143225	127213	16012	45374	29382	1613
市本级	67466	64594	2872	29281	6193	1893
玉 环 县	145585	126601	18984	43605	30408	1535
三 门 县	70351	61300	9051	24668	18847	1803
天 台 县	98471	84558	13913	49865	26628	1740
仙 居 县	76394	65613	10781	28584	20581	1752
温 岭 市	302200	267602	34598	89286	64973	1652
临 海 市	240328	205234	35094	67398	70987	1755

17－141 各县市区基本医疗和失业保险基本情况

（2012 年）

地 区	基本医疗保险					失业保险		
	期末参保人数（人）	职工参保人数	离退休参保人数	收缴保险基金（万元）	支付保险基金（万元）	期末参保人数（人）	收缴保险基金（万元）	支付保险基金（万元）
全 市	**1070942**	**893920**	**177022**	**225034**	**107365**	**822736**	**42710**	**10496**
市 区	411054	352812	58242	92439	43167	322152	17552	4182
椒江区	129789	109418	20371	4270	3388	93994	4775	2059
黄岩区	114362	92155	22207	3984	3406	103915	5013	582
路桥区	94062	84060	10002	2975	2741	83957	3140	847
市本级	72841	67179	5662	81210	33632	40286	4623	694
玉环县	91561	74941	16620	22182	8369	77507	3881	1091
三门县	50314	43400	6914	10441	4991	31236	1458	552
天台县	74512	62972	11540	13580	12304	48701	2470	530
仙居县	61293	40880	20413	10231	5066	44769	1908	841
温岭市	221896	185805	36091	44890	17139	156231	8536	735
临海市	160312	133110	27202	31271	16329	142140	6905	2565

17－142 各县市区工伤与生育保险基本情况

(2012 年)

地区	工伤保险			生育保险		
	期末参保人数（人）	收缴保险基金（万元）	支付保险基金（万元）	期末参保人数（人）	收缴保险基金（万元）	支付保险基金（万元）
全　市	**2085850**	**36453**	**38900**	**666972**	**12560**	**8812**
市　区	736807	12133	11217	267970	5152	3289
椒江区	201105	2967	2923	83093	1550	903
黄岩区	233656	3896	2502	68990	1490	488
路桥区	223883	3807	4498	57406	780	493
市本级	78163	1463	1294	58481	1332	1405
玉环县	239442	5876	7017	57135	1494	1221
三门县	97329	1954	2278	26647	352	264
天台县	100561	1370	1465	40791	734	374
仙居县	113897	1644	1250	33925	435	191
温岭市	495329	8318	11869	125146	2132	1322
临海市	302485	5158	3804	115358	2261	2151

17－143 各县市区失地农民养老保险与新型农村合作医疗保险情况

(2012 年)

地区	失地农民养老保险			新型农村合作医疗保险		
	期末参保人数（人）	收缴保险基金（万元）	支付保险基金（万元）	期末参保人数（人）	收缴保险基金（万元）	支付保险基金（万元）
全　市	**305040**	**87050**	**100348**	**4428274**	**189498**	**175618**
市　区	114027	41523	28454	1099538	49803	48804
椒江区	21019	4835	5889	333056	14988	17405
黄岩区	45689	25880	13447	416273	19638	17841
路桥区	19277	6630	3700	350209	15178	13558
市本级	28042	4178	5418			
玉环县	18605	3506	8480	212553	7564	9206
三门县	7555	9645	3692	353914	17906	11986
天台县	47769	7125	18775	492617	21496	19736
仙居县	12869	4662	1826	403908	15162	16951
温岭市	69100	18910	32694	1015691	46657	46168
临海市	35115	1679	6427	850053	30910	22767

17－144　各县市区分经济类型在岗职工工资总额

（2012 年）

单位:万元

地　　区	在岗职工工资总额	国　有经济单位	城镇集体经济单位	其　他经济单位
全　　市	**4143337**	**1245713**	**172753**	**2724872**
市　　区	1890357	462863	25494	1402000
椒江区	932317	243911	4612	683794
黄岩区	536929	131935	7597	397397
路桥区	421111	87017	13285	320810
玉 环 县	441803	105039	10869	325895
三 门 县	150883	69587	2060	79237
天 台 县	211767	97529	3588	110650
仙 居 县	194335	79255	1044	114037
温 岭 市	530716	214276	14457	301983
临 海 市	723476	217164	115243	391070

17－145　各县市区分经济类型在岗职工平均工资

（2012 年）

单位:元

地　　区	在岗职工平均工资	国　有经济单位	城镇集体经济单位	其　他经济单位
全　　市	**47007**	**79338**	**43061**	**39820**
市　　区	47059	86300	54311	40830
椒江区	50865	88182	48497	44207
黄岩区	40613	83998	69189	34436
路桥区	48852	84754	50225	43773
玉 环 县	42482	81005	93695	36263
三 门 县	45052	67672	47236	34796
天 台 县	44078	64147	38625	34674
仙 居 县	43630	68071	50660	34881
温 岭 市	53621	80952	44013	43640
临 海 市	48016	80977	39223	41394

17－146　各县市区分行业在岗职工工资总额(一)

(2012年)

单位:万元

地　　区	在岗职工工资总额	农林牧渔　业	采矿业	制造业	电力热力燃气及水生产和供应业	建筑业	批发和零售业	交通运输仓储和邮政业	住宿和餐饮业	信息传输软件和信息技术服务业
全　　市	**4143337**	**5262**	**658**	**1197460**	**95202**	**1079114**	**98939**	**81141**	**20678**	**38610**
市　　区	1890357	1465		561300	46038	490115	55733	45879	10255	28784
椒江区	932317	1124		264993	29820	206227	40886	32552	7416	28265
黄岩区	536929	278		145089	11654	213149	7499	6749	2709	243
路桥区	421111	63		151218	4564	70739	7348	6577	129	276
玉 环 县	441803	132		279476	4930	13706	7167	5964	3180	1466
三 门 县	150883	2908		17863	2841	49863	1924	2480	396	974
天 台 县	211767	297	278	33503	4474	61102	3633	3335	2055	928
仙 居 县	194335	6	380	42513	5169	51228	7073	2259	1645	1074
温 岭 市	530716	18		94889	10592	147293	10400	5596		1879
临 海 市	723476	437		167917	21159	265806	13009	15628	3146	3505

17－147　各县市区分行业在岗职工工资总额(二)

(2012年)

单位:万元

地　　区	金融业	房地产业	租赁和商务服务业	科学研究技术服务业	水利环境和公共设施管理业	居民服务修理和其他服务业	教育	卫生和社会工作	文化体育和娱乐业	公共管理社会保障和社会组织
全　　市	**278483**	**51126**	**52929**	**62374**	**27097**	**4311**	**415380**	**243350**	**23631**	**367595**
市　　区	184924	24832	25825	23430	11824	1438	133704	86883	10516	147413
椒江区	92234	15103	17023	13543	2674	1094	54372	36257	6879	81854
黄岩区	13775	5393	2614	8590	5350	84	45755	30008	3127	34863
路桥区	78916	4337	6187	1297	3800	260	33576	20619	510	30696
玉 环 县	14050	4223	3769	1639	3074	422	34556	18928	2408	42715
三 门 县	5435	3350	403	1471	798	169	24515	9885	1779	23830
天 台 县	8487	3228	601	5111	2754	345	36092	15882	2412	27249
仙 居 县	8573	1812	1248	3512	2039	336	25301	13286	1274	25607
温 岭 市	36116	7204	17884	5784	4306	620	77490	54586	3000	53060
临 海 市	20897	6478	3199	21428	2304	980	83722	43900	2242	47720

17－148　各县市区分行业在岗职工平均工资(一)

(2012 年)

单位:元

地　　区	在岗职工平均工资	农林牧渔　业	采矿业	制造业	电力热力燃气及水生产和供应业	建筑业	批发和零售业	交通运输仓储和邮政业	住宿和餐饮业	信息传输软件和信息技术服务业
全　　市	**47007**	**40914**	**32716**	**36643**	**106585**	**36657**	**44238**	**55523**	**29025**	**88111**
市　　区	47059	31032		36653	110350	35812	42328	60791	29266	91349
椒江区	50865	34271		37721	110403	38846	42871	68130	30470	92370
黄岩区	40613	21191		37046	119776	31034	38280	43098	26430	43411
路桥区	48852	48462		34585	91649	46884	43974	54673	28756	78800
玉 环 县	42482	69211		35416	91458	36260	38245	51903	29751	91068
三 门 县	45052	54147		38250	70484	30768	60703	52772	19517	87000
天 台 县	44078	36244	32291	41994	85539	29604	38569	44295	28544	61046
仙 居 县	43630	18333	33035	37032	106571	28951	55212	72861	28218	83938
温 岭 市	53621	20222		35438	112803	47479	55883	48659		86170
临 海 市	48016	26628		38305	113090	38985	44505	48309	30104	76187

17－149　各县市区分行业在岗职工平均工资(二)

(2012 年)

单位:元

地　　区	金融业	房地产业	租赁和商务服务业	科学研究技术服务业	水利环境和公共设施管理业	居民服务修理和其他服务业	教育	卫生和社会工作	文化体育和娱乐业	公共管理社会保障和社会组织
全　　市	**98071**	**53857**	**38329**	**73885**	**44774**	**44718**	**74365**	**82166**	**63833**	**81664**
市　　区	98800	54721	43897	70380	59686	35690	81047	84963	63616	89542
椒江区	123538	56969	44893	77212	72067	30639	78471	89368	62768	94717
黄岩区	123539	45435	50757	63114	80332	40143	84779	88388	66526	77097
路桥区	77857	61953	39259	60598	40253	104080	80499	74328	58575	93046
玉 环 县	129139	59812	45139	58313	37946	50795	72856	73563	67081	85158
三 门 县	92754	50985	55972	61790	72518	51242	70223	61055	56837	68991
天 台 县	98346	51475	34331	53404	39453	49343	63655	62257	54703	66203
仙 居 县	123713	55757	36186	76847	41953	65882	62089	68240	49965	66895
温 岭 市	74266	58763	31480	57898	26094	57407	75985	103402	85720	79850
临 海 市	131762	45810	39109	98250	72675	45389	74865	80967	67719	86906

17－150　各县市区城镇居民家庭人均全年家庭收支情况(一)

(2012 年)

单位:元

地　　区	家　庭总收入	#可支配收　入	工资性收　入	经营净收　入	财产性收　入	转移性收　入	#养老金或离退休金	年末人均住房使用面　积(平方米)
全　市	**36167**	**33979**	**21210**	**5668**	**1934**	**7356**	**6181**	**33.2**
椒江区	38793	35106	23855	5958	1753	7226	6236	27.8
黄岩区	34430	32437	19974	4346	1197	8913	8107	31.8
路桥区	42832	40730	22053	12449	2533	5797	5061	35.6
玉环县	41896	40665	19405	10561	5279	6650	3718	31.4
三门县	29814	27592	19974	4094	1272	4474	3568	38.8
天台县	28950	27691	16858	3541	1827	6724	5432	43.6
仙居县	26991	25454	20464	2414	505	3607	3359	39.9
温岭市	36239	34444	24088	4558	1718	5875	5441	36.3
临海市	33858	31597	19496	1591	843	11927	10120	28.5

17－151　各县市区城镇居民家庭人均全年家庭收支情况(二)

(2012 年)

单位:元

地　　区	家　庭总支出	#消　费支　出	#食　品支　出	#服务性支　出	#转移性支　出	#赡　养支　出	#捐　赠支　出	#社会保障支出
全　市	**26153**	**20643**	**7175**	**5891**	**2410**	**237**	**1543**	**1861**
椒江区	31729	23155	7031	7328	2649	150	1985	3250
黄岩区	24189	20428	7610	5595	1951	328	1344	1718
路桥区	28879	24403	9571	8315	2650	338	1173	1700
玉环县	30907	25080	7615	6833	3321	244	1924	945
三门县	22109	16850	5704	4302	2756	115	2197	1828
天台县	20256	16577	5510	4949	2187	125	1559	1022
仙居县	18327	15787	5583	3749	1017	137	729	1351
温岭市	23268	19706	8001	5146	2061	145	1340	1408
临海市	26419	18760	6164	4475	2639	414	1555	2040

17－152 各县市区农村居民人均收入情况

（2012 年）

单位:元

地　　区	农村居民人均纯收入	工资性收　入	家庭经营收入	第 一产 业	第 二产 业	第 三产 业	财　产性收入	转移性收　入
全　　市	**14567**	**6841**	**6007**	**1466**	**2227**	**2314**	**856**	**863**
市　　区	16208	6985	6738	955	3235	2548	1457	1028
椒江区	16010	5832	6979	1294	2748	2937	2354	846
黄岩区	14675	8323	4109	704	1590	1815	760	1483
路桥区	17829	6873	8882	847	5199	2837	1288	786
玉 环 县	18257	8578	7104	2303	1822	2979	1518	1057
三 门 县	11440	4980	5523	2201	1084	2237	415	522
天 台 县	11333	5260	4608	2052	1347	1210	141	1324
仙 居 县	10460	5969	4007	1537	603	1867	149	335
温 岭 市	16639	7093	7605	1110	3009	3485	943	998
临 海 市	13915	8127	4887	1402	2132	1352	354	548

17－153 各县市区农村居民人均支出和住户情况

（2012 年）

单位:元

地　　区	农村居民人均总支出	#家庭经营费用支出	#购置生产性固定资产 支 出	#生活消费支出	#财产性支　出	#转移性支　出	人均居住面　积（平方米）
全　　市	**13935**	**2383**	**272**	**10148**	**5**	**1118**	**55.3**
市　　区	15835	2459	357	11555	4	1451	52.2
椒江区	16225	1300	260	12750	5	1905	48.9
黄岩区	12201	767	479	9627	5	1302	55.6
路桥区	18796	5188	341	12132	1	1132	52.1
玉 环 县	18573	2853	801	14205	1	712	66.2
三 门 县	10676	1242	16	8502	14	886	57.9
天 台 县	15023	5680	20	7985	9	1290	52.0
仙 居 县	8245	710	206	6115	6	1209	60.1
温 岭 市	14037	1650	352	11149	1	878	50.9
临 海 市	12297	2347	67	8976	2	903	56.6

17－154　各县市区农村居民人均生活消费支出情况

（2012 年）

单位：元

地　区	农村居民人均生活消费支出	食品消费支出	衣着消费支出	居住消费支出	家庭设备及用品消费支出	交通通讯消费支出	文化教育及娱乐消费支出	医疗消费支出	其他商品和服务消费支出
全　市	**10148**	**4021**	**777**	**1549**	**519**	**1387**	**778**	**802**	**315**
市　区	11555	4612	990	1423	542	1851	944	850	342
椒江区	12750	5157	1177	1498	618	1997	1108	920	276
黄岩区	9627	3889	751	1216	459	1556	608	885	263
路桥区	12132	4731	1024	1537	544	1977	1092	746	482
玉环县	14205	5677	937	2271	838	1434	1143	1098	806
三门县	8502	3298	649	1575	463	1167	720	489	140
天台县	7985	2993	531	1273	437	1025	512	1098	115
仙居县	6115	2091	395	1404	349	822	424	572	58
温岭市	11149	4798	899	1523	499	1393	846	839	352
临海市	8976	3470	626	1644	493	1168	592	250	336

17－155　各县市区城市和县城建设基本情况

（2012 年）

年　份	全年供水总量（万吨）	排水管道长度（公里）	铺设道路面积（万平方米）	绿化覆盖面积（公顷）	园林绿地面积（公顷）	公园绿地面积（公顷）	人均公园绿地面积（平方米）
全　市	**25520**	**3626**	**4895**	**10702**	**9604**	**2374**	**11.08**
市　区	13425	1844	2599	5301	4954	1165	11.51
椒江区	6220	656	1284	2199	2093	506	11.50
黄岩区	3902	792	859	1470	1476	370	11.50
路桥区	3303	396	455	1632	1385	289	11.52
玉环县	1541	391	209	816	761	183	9.60
三门县	1133	223	393	337	296	108	10.80
天台县	1810	146	244	382	359	113	8.56
仙居县	1451	164	219	423	383	124	10.06
温岭市	2920	334	632	1781	1228	307	11.04
临海市	3239	524	599	1662	1623	374	12.20

17－156 各县市区中等职业学校基本情况

（2012年）

单位：人

地　区	学校数（所）	招生数	在校学生数	毕业生数	教职工数	#专任教师
全　市	**46**	**24719**	**73408**	**21424**	**3690**	**3271**
市　区	14	6930	19722	5754	961	878
椒江区	4	2612	7598	1925	431	382
黄岩区	8	2518	7149	2189	333	310
路桥区	2	1800	4975	1640	197	186
玉环县	6	1547	4545	1313	272	255
三门县	1	1349	4187	1515	288	265
天台县	5	3433	9753	3130	454	414
仙居县	3	2155	6058	1450	280	227
温岭市	7	4125	12186	2973	643	578
临海市	10	5180	16957	5289	792	654

注：中等职业学校包括普通中专、成人中专、职业高中。

17－157 各县市区普通中学基本情况

（2012年）

单位：人

地　区	学校数（所）	招生数	在校学生数	毕业生数	教职工数	#专任教师
全　市	**274**	**94847**	**281149**	**91534**	**24156**	**20436**
市　区	87	27360	81077	26180	6963	5761
椒江区	20	8185	25322	8298	2096	1723
黄岩区	31	8742	26199	9060	2026	1824
路桥区	31	8480	24647	7689	2417	1910
台州经济开发区	5	1953	4909	1133	424	304
玉环县	23	6466	18133	6377	2150	1522
三门县	17	5429	16250	5261	1429	1223
天台县	29	9836	30477	10787	2642	2390
仙居县	24	9050	25818	8229	2159	1705
温岭市	47	17863	52440	15966	4390	3964
临海市	47	18843	56954	18734	4423	3871

17－158　各县市区小学基本情况

（2012年）

单位：人

地　　区	学校数（所）	招生数	在校学生数	毕业生数	教职工数	#专任教师
全　　市	**502**	**85023**	**473217**	**68184**	**21135**	**21132**
市　　区	101	24028	136787	19738	6389	6364
椒江区	18	6191	37331	5824	2158	2055
黄岩区	37	7530	43389	6583	2085	2052
路桥区	43	8500	47831	6388	1797	1984
台州经济开发区	3	1807	8236	943	349	273
玉 环 县	48	8821	47449	5783	1648	1732
三 门 县	43	4756	27639	3947	1528	1424
天 台 县	52	6451	36643	5876	1842	1840
仙 居 县	45	7924	40030	6189	1592	1783
温 岭 市	98	17826	98721	13234	4150	3952
临 海 市	115	15217	85948	13417	3986	4037

17－159　各县市区幼儿教育基本情况

（2012年）

单位：人

地　　区	幼儿园数（所）	班数（个）	在园幼儿数	教职工数	#专任教师
全　　市	**1434**	**8687**	**251947**	**20971**	**12089**
市　　区	357	2726	77243	7140	3992
椒江区	54	829	24136	1939	1341
黄岩区	102	719	21111	1939	1198
路桥区	170	971	26206	2637	1453
台州经济开发区	31	207	5790	625	354
玉 环 县	195	1163	33110	3124	1689
三 门 县	96	437	14269	1232	661
天 台 县	85	529	16213	1109	642
仙 居 县	128	753	17048	1567	919
温 岭 市	202	1477	47812	3820	2130
临 海 市	371	1592	46252	2979	1702

17－160 各县市区基础教育情况

（2012 年）

单位:%

地区	小学			初中				
	入学率	巩固率	升学率	入学率	#女生入学率	巩固率	#女生巩固率	初中毕业升高中段比例
全市	**100.00**	**100.00**	**100.00**	**100.00**	**100.00**	**100.00**	**100.00**	**98.38**
椒江区	100.00	100.00	100.00	100.00	100.00	100.00	100.00	98.73
黄岩区	100.00	100.00	100.00	100.00	100.00	100.00	100.00	97.74
路桥区	100.00	100.00	100.00	100.00	100.00	100.00	100.00	98.52
台州经济开发区	100.00	100.00	100.00	100.00	98.51	100.00	100.00	100.00
玉环县	100.00	100.00	100.00	100.00	100.00	100.00	100.00	94.98
三门县	100.00	100.00	100.00	100.00	100.00	100.00	100.00	99.80
天台县	100.00	100.00	100.00	100.00	100.00	100.00	100.00	99.96
仙居县	100.00	100.00	100.00	100.00	100.00	100.00	100.00	97.76
温岭市	100.00	100.00	100.00	100.00	100.00	100.00	100.00	99.53
临海市	100.00	100.00	100.00	100.00	100.00	100.00	100.00	97.53

17－161 各县市区县级及以上政府部门属研究与开发机构分布情况

（2012 年）

单位:万元

地区	机构数（个）	职工人数（人）	#科学家工程师	经费收入总额	#政府拨款	经费支出总额	#人员费用
全市	**7**	**207**	**114**	**6437**	**2952**	**5711**	**3605**
市区	3	136	74	4203	1563	3490	2012
椒江区	2	55	40	2111	32	1403	756
黄岩区	1	81	34	2092	1531	2087	1256
路桥区							
玉环县							
三门县							
天台县							
仙居县	1	8	1	63	52	63	49
温岭市							
临海市	3	63	39	2171	1337	2158	1544

17－162　各县市区科技成果和专利批准情况

（2012 年）

单位：项

地　区	科技进步奖励	#省进步奖	#市进步奖	合同数	成交额（万元）	#技术交易额	专利申请受理量	专利批准量合计	发明	实用新型	外观设计
全　市	**79**	**23**	**56**	**118**	**27672**	**27192**	**14111**	**12182**	**793**	**5987**	**5402**
市　区	47	9	38	111	2872	2392	5987	5040	286	2366	2388
椒江区	13	1	12	1	5	5	1779	1516	112	865	539
黄岩区	13	4	9				2370	2103	107	740	1256
路桥区	1		1	4	625	625	1838	1421	67	761	593
市本级	20	4	16	106	2242	1762					
玉 环 县	1		1				1870	1737	158	616	963
三 门 县	5		5				450	276	35	122	119
天 台 县	1		1	1	2478	2478	748	617	28	200	389
仙 居 县	7	4	3				374	307	22	109	176
温 岭 市	6	3	3				2897	1989	98	1092	799
临 海 市	12	7	5	6	22322	22322	1785	2216	166	1482	568

17－163　各县市区全部科技活动单位基本情况

（2012 年）

地　区	科技活动单位数（个）	科技活动人员数（人）	全部科技项目数（项）	专利申请数（件）	企业办科技开发机构数（个）
全　市	**1310**	**42058**	**5979**	**5350**	**755**
市　区	341	12448	1926	1119	235
椒江区	103	5292	915	372	80
黄岩区	130	3347	609	345	84
路桥区	108	3809	402	402	71
玉 环 县	303	8153	1020	571	158
三 门 县	41	1196	210	119	26
天 台 县	42	1961	239	309	29
仙 居 县	33	1425	195	94	29
温 岭 市	421	9704	1681	670	189
临 海 市	129	7171	708	2468	89

17－164 各县市区全部研究与试验发展（R&D）活动基本情况

（2012 年）

地区	有R&D活动单位数（个）	R&D项目数（项）	R&D人员合计（人）	R&D人员折合当时全量（人年）	R&D经费内部支出合计（万元）	R&D经费外部支出合计（万元）	专利申请数（件）
全　市	**923**	**4266**	**29465**	**23339**	**420426**	**45043**	**5327**
市　区	258	1589	9627	7732	147322	19600	1101
椒江区	84	792	4163	3469	64146	11962	359
黄岩区	86	481	2719	2108	39483	1759	340
路桥区	88	316	2745	2156	43693	5879	402
玉环县	227	755	6094	4726	63652	2578	571
三门县	30	159	811	646	11627	844	119
天台县	30	144	1043	768	14021	1404	309
仙居县	25	104	748	638	12797	1541	94
温岭市	266	1053	6105	4647	82630	4431	665
临海市	87	462	5037	4182	88377	14647	2468

17－165 各县市区卫生事业基本情况

（2012 年）

地区	卫生机构数（个）	#医院、卫生院	卫生机构床位数（张）	#医院、卫生院	卫生机构技术人员数（人）	#医生	#护士	医院、卫生院诊疗人次数（万人次）
全　市	**3101**	**192**	**18729**	**17809**	**31643**	**12944**	**10873**	**2753.64**
市　区	918	52	6040	5984	10584	4158	3768	874.12
椒江区	382	21	2485	2485	4742	1760	1785	384.46
黄岩区	293	17	1930	1874	3083	1313	1045	252.01
路桥区	243	14	1625	1625	2759	1085	938	237.65
玉环县	272	12	1350	1102	2590	899	1010	246.49
三门县	163	14	771	769	1579	726	485	160.62
天台县	218	17	1428	1338	2358	1082	704	234.36
仙居县	190	20	1175	1032	1893	896	584	189.61
温岭市	785	50	4350	4135	7009	2783	2415	577.40
临海市	555	27	3615	3449	5630	2400	1907	471.04

17－166 各县市区计划生育情况

（2011－2012年）

单位：%

地区	计划生育率		综合节育率	
	2011年	2012年	2011年	2012年
全　市	**92.33**	**89.54**	**87.71**	**87.01**
市　区	93.52	92.85	90.39	90.35
椒江区	93.70	96.62	90.53	90.68
黄岩区	94.48	94.72	91.15	91.19
路桥区	92.05	93.08	89.23	88.87
玉环县	91.02	89.07	82.94	81.97
三门县	92.22	90.23	89.46	88.90
天台县	88.19	83.86	82.62	81.65
仙居县	90.32	85.09	88.99	88.13
温岭市	95.08	92.05	86.51	84.81
临海市	91.56	87.31	88.35	88.00

17－167 各县市区广播基本情况

（2012年）

地区	公共广播节目套数（个）	广播人口覆盖率（%）	全年播音时间（小时）	自制节目制作情况（小时）
全　市	**10**	**99.76**	**72138**	**37624**
市　区	4		32545	21813
椒江区		100.00		
黄岩区	1	98.61	6265	4843
路桥区		100.00		
市本级	3		26280	16970
玉环县	1	100.00	6578	2711
三门县	1	100.00	5358	1705
天台县	1	99.03	6022	1916
仙居县	1	100.00	6670	2916
温岭市	1	100.00	8760	4929
临海市	1	100.00	6205	1634

17－168　各县市区电视基本情况

（2012 年）

地　区	无线电视节目套数（套）	有线广播电视网络干线总长（公里）	电视人口覆盖率（%）	全　年播出时间（小时）	全年制作节目时间（小时）
全　市	**10**	**21771**	**99.56**	**61059**	**7974**
市　区	4	5869		29005	3432
椒江区			100.00		
黄岩区	1	1830	98.61	6205	282
路桥区			100.00		
市本级	3	4039	100.00	22800	3150
玉 环 县	1	975	100.00	6847	429
三 门 县	1	2617	100.00	4063	319
天 台 县	1	1662	97.00	4004	477
仙 居 县	1	740	100.00	5762	1220
温 岭 市	1	2978	100.00	6570	1065
临 海 市	1	6930	100.00	4808	1032

17－169　各县市区民政事业基本情况

（2012 年）

单位：人

年　份	定期社会救济对象总人数	# 城镇最低生活保障人数	# 农村最低生活保障人数	最低生活保障资金（万元）	社会福利院床位数（张）	收养类单位床位数（张）	结婚对数（对）
全　市	**65159**	**4005**	**57607**	**19035**	**1871**	**32939**	**47721**
市　区	14811	1086	12778	4356	670	9581	12750
椒江区	3737	501	3118	1417	500	2982	4257
黄岩区	6696	260	5960	1491	100	4003	4696
路桥区	4378	325	3700	1441	70	2596	3699
市本级				7			98
玉 环 县	4720	857	3731	1595	450	2291	3607
三 门 县	4580	183	4180	1395	138	2168	3597
天 台 县	7125	377	6433	1683	60	2520	5228
仙 居 县	5968	216	5463	1713	360	2616	4018
温 岭 市	12007	387	10516	4206	92	7250	9982
临 海 市	15948	899	14506	4089	101	6513	8539

18 各乡镇社会经济情况

Social Economics by Village and Town

18－1 乡镇社会经济情况(一)

(2012年)

地　区	乡镇政府到上级政府距离(公里)	村委会数(个)	#通宽带村数	#通自来水村数	#通电视村数	#垃圾集中处理村数	乡镇常住户数(户)	乡镇常住总人口数(人)
椒江区								
海门街道	1	16	16	16	16	16	33625	94621
白云街道	2	14	14	14	14	14	33308	95303
葭沚街道	5	42	42	42	42	42	31747	82657
洪家街道	10	37	37	37	37	37	20931	57468
三甲街道	15	43	43	43	43	43	25657	62122
下陈街道	13	41	41	41	41	41	20276	59144
前所街道	16	34	34	34	34	34	13524	46745
章安街道	8	40	40	40	40	40	21493	76631
大陈镇	54	6	6	6	6	6	1238	2731
黄岩区								
东城街道	1	10	10	10	10	10	25482	69933
南城街道	4	17	17	17	17	17	8450	26479
西城街道	2	22	22	22	22	22	25390	71760
北城街道	3	26	26	26	26	26	11833	38201
新前街道	5	27	27	27	27	27	14688	43952
澄江街道	5	25	25	25	25	25	12597	36131
江口街道	6	31	31	31	31	31	10694	34671
高桥街道	20	26	26	26	26	26	6966	22654
宁溪镇	48	43	43	41	43	41	10123	32026
北洋镇	17	33	33	33	33	33	10684	32657
头陀镇	10	37	37	30	37	37	12265	35946
院桥镇	12	72	72	68	72	72	24996	83441
沙埠镇	9	33	25	26	33	33	7078	23754
屿头乡	31	28	28	15	28	10	3827	12013
富山乡	57	19	19	19	19	8	2351	7929
上郑乡	50	24	24	24	24	24	4047	12418
茅畲乡	21	14	14	14	14	11	4481	13772
上洋乡	45	28	28	28	20	28	5949	16211
平田乡	32	18	18	16	18	18	2680	7769

18－1 续表 1

地　区	乡镇政府到上级政府距离（公里）	村委会数（个）	#通宽带村数	#通自来水村数	#通电视村数	#垃圾集中处理村数	乡镇常住户数（户）	乡镇常住总人口数（人）
路桥区								
路南街道	4	25	25	25	25	25	12267	42096
路桥街道	2	14	14	14	14	9	23751	63732
路北街道	1	21	21	21	21	21	10427	34514
桐屿街道	2	27	27	27	27	27	10406	37547
螺洋街道	5	21	21	21	21	21	7714	27604
峰江街道	6	30	30	30	30	30	15305	55050
新桥镇	12	17	17	17	17	17	7225	27737
横街镇	13	20	20	20	20	20	9128	31521
金清镇	25	65	65	60	60	60	35135	132500
蓬街镇	20	47	47	47	47	47	18709	69821
玉环县								
玉城街道	1	61	61	61	61	61	44477	177842
坎门街道	8	6	6	6	6	6	33403	105451
大麦屿街道	11	48	48	48	48	48	27017	95563
清港镇	16	40	38	38	38	38	31527	81449
楚门镇	16	28	28	28	28	28	37762	107015
干江镇	21	19	19	19	19	19	9367	25390
沙门镇	23	23	23	23	23	23	8883	34430
芦浦镇	10	16	16	16	16	16	13834	34301
龙溪乡	15	20	20	20	20	20	7671	24873
鸡山乡	39	6	4	6	6	6	1145	3328
海山乡	30	9	9	9	9	9	2287	7424
三门县								
海游镇	5	63	63	63	63	63	31009	95984
沙柳镇	5	34	34	29	33	28	4162	13760
珠岙镇	9	38	38	35	36	38	6050	20163
亭旁镇	11	106	103	105	105	106	14320	45746

18－1 续表2

地　区	乡镇政府到上级政府距离（公里）	村委会数（个）	#通宽带村数	#通自来水村数	#通电视村数	#垃圾集中处理村数	乡镇常住户数（户）	乡镇常住总人口数（人）
六敖镇	23	41	40	40	40	40	9506	31832
健跳镇	30	33	33	33	33	33	9272	30228
横渡镇	42	22	17	22	22	21	3790	12430
漓浦镇	45	29	29	29	29	29	8166	28474
花桥镇	48	34	34	34	34	34	7153	23174
小雄镇	67	29	29	29	29	29	8837	29685
高枧乡	16	41	41	34	41	41	5436	18662
沿赤乡	53	16	16	16	16	16	4851	15381
泗淋乡	75	19	19	19	19	19	6133	21014
蛇蟠乡	28	6	6	6	6	6	950	3061
天 台 县								
赤城街道	1	31	31	31	30	8	32171	93505
始丰街道	1	51	51	46	51	22	12453	39043
福溪街道	2	40	40	37	40	40	13529	40822
白鹤镇	11	83	83	79	82	83	21673	63198
石梁镇	15	31	18	31	17	31	5136	15091
洪畴镇	25	21	21	21	21	21	5920	18930
街头镇	25	45	45	45	45	45	12427	37461
平桥镇	12	116	116	108	115	116	33256	106075
坦头镇	15	61	61	61	61	61	14318	43831
三合镇	20	31	31	27	31	31	11756	37535
三州乡	27	17	8	17	17	17	3207	9336
龙溪乡	40	12	11	12	12	12	1870	6506
雷峰乡	20	17	16	17	17	17	4320	14651
南屏乡	23	19	19	18	19	19	3506	9042
泳溪乡	28	22	22	22	22	22	4090	12685
仙 居 县								
安洲街道	2	22	22	15	22	18	9531	36619

18－1续表3

地　区	乡镇政府到上级政府距离（公里）	村委会数（个）	#通宽带村数	#通自来水村数	#通电视村数	#垃圾集中处理村数	乡镇常住户数（户）	乡镇常住总人口数（人）
南峰街道	1	23	23	23	23	23	10515	41676
福应街道	2	48	47	46	43	47	15621	56119
横溪镇	32	80	79	78	75	78	12888	48713
埠头镇	27	39	39	39	39	39	4643	17350
白塔镇	20	66	65	57	66	66	11759	40982
田市镇	16	55	54	53	52	55	8169	27086
官路镇	8	29	29	29	29	29	6796	23117
下各镇	13	55	54	51	54	55	15454	52126
朱溪镇	33	53	52	47	49	45	7894	25041
安岭乡	80	23	23	23	17	15	2567	9734
溪港乡	60	17	16	17	13	17	1946	6533
湫山乡	45	38	37	38	30	37	5072	17183
淡竹乡	33	27	26	27	23	25	3854	13093
皤滩乡	27	19	18	18	19	18	4623	15722
上张乡	23	32	30	32	29	32	3568	11409
步路乡	7	24	24	24	13	12	4155	14226
广度乡	24	24	23	24	23	24	2429	9279
大战乡	13	30	28	30	24	30	4695	15446
双庙乡	23	19	17	18	15	19	3181	10746
温 岭 市								
太平街道	2	19	19	19	19	19	60532	150829
城东街道	4	44	44	44	44	44	24809	70571
城西街道	4	21	21	21	21	21	11090	35658
城北街道	9	16	16	16	16	16	7639	21206
横峰街道	10	27	27	27	27	27	10595	31193
泽国镇	18	74	74	74	74	74	81924	260827
大溪镇	20	99	99	99	99	99	46224	133993
松门镇	26	61	61	60	61	61	33315	103116

18－1续表4

地　　区	乡镇政府到上级政府距离（公里）	村委会数（个）	#通宽带村数	#通自来水村数	#通电视村数	#垃圾集中处理村数	乡镇常住户数（户）	乡镇常住总人口数（人）
箬横镇	17	99	99	99	99	99	49562	137394
新河镇	15	86	86	86	86	86	42263	118764
石塘镇	32	58	57	57	58	58	23651	71091
滨海镇	23	60	60	59	59	59	24671	68439
温峤镇	10	45	45	45	45	45	23524	67613
城南镇	8	76	76	70	76	76	23433	69485
石桥头镇	8	27	27	26	27	27	9186	26238
坞根镇	16	18	18	18	18	18	8305	24852
临 海 市								
古城街道	1	21	21	21	21	21	55213	155260
大洋街道	2	25	25	25	25	25	25980	78662
江南街道	4	37	37	37	37	37	9619	29208
大田街道	8	38	37	38	37	38	14775	47187
邵家渡街道	9	44	42	42	42	44	13024	39828
汛桥镇	7	31	31	31	31	31	5799	18152
东塍镇	17	63	48	56	63	63	19558	62424
汇溪镇	16	34	21	34	20	34	4529	12355
小芝镇	50	30	30	27	30	30	11272	34939
河头镇	23	54	53	49	54	54	11968	32806
白水洋镇	29	122	108	97	106	120	23050	72410
括苍镇	30	47	40	41	47	47	13985	40771
永丰镇	8	78	78	75	73	78	17359	51870
尤溪镇	16	39	23	35	31	29	6911	20509
涌泉镇	26	39	39	36	39	39	14987	48785
沿江镇	22	46	46	46	46	46	14711	49384
杜桥镇	53	123	123	123	123	123	58744	258187
上盘镇	50	42	39	38	39	39	15384	55204
桃渚镇	60	80	80	59	80	80	30246	92363

18-2 乡镇社会经济情况(二)

(2012年)

地区	本乡镇公路里程(公里)	乡镇从业人员数(人)	第一产业	第二产业	第三产业	企业个数(个)	企业从业人员(人)	乡镇用电量(万千瓦时)
椒江区								
海门街道	31	69111	1927	20943	46241	1645	33649	52914
白云街道	69	54419	484	16183	37752	3386	48193	11013
葭沚街道	95	44385	3533	26869	13983	2008	33840	50842
洪家街道	52	39319	4326	25559	9434	2196	19667	42181
三甲街道	95	40894	10008	21136	9750	1405	26295	11101
下陈街道	58	29798	4630	17250	7918	1402	26315	13304
前所街道	51	28298	4597	13499	10202	556	16551	7800
章安街道	130	49564	15493	21705	12366	1217	11250	4401
大陈镇	56	2101	1239	165	697	12	118	317
黄岩区								
东城街道	14	48248	1856	31750	14642	705	14250	23677
南城街道	14	17687	2024	11797	3866	987	11985	5988
西城街道	22	45330	2160	21420	21750	594	11263	2150
北城街道	32	23701	3866	12449	7386	1049	38455	3650
新前街道	27	25612	3884	18122	3606	1242	17799	5404
澄江街道	25	23509	4069	13908	5532	262	5978	2063
江口街道	16	21606	3986	10358	7262	195	17826	38095
高桥街道	13	14951	3985	9218	1748	418	4450	6261
宁溪镇	64	19808	5565	8548	5695	232	3096	3766
北洋镇	54	16001	6773	4451	4777	96	2102	1975
头陀镇	50	25547	8302	10549	6696	191	2285	3482
院桥镇	148	49801	12202	20134	17465	1530	10550	16817
沙埠镇	58	16058	4422	8715	2921	420	3965	2208
屿头乡	67	8211	2475	3398	2338	18	137	861
富山乡	42	5621	2025	2506	1090	7	85	149
上郑乡	29	8268	2116	922	5230	20	365	268
茅畲乡	30	7000	3196	1613	2191	30	462	512
上洋乡	49	10235	4637	4351	1247	26	195	180
平田乡	49	6159	3248	732	2179	2	7	82

18－2续表1

地　　区	本乡镇公路里程（公里）	乡镇从业人员数（人）	第一产业	第二产业	第三产业	企业个数（个）	企业从业人员（人）	乡镇用电量（万千瓦时）
路桥区								
路南街道	27	27563	2707	15016	9840	1233	24119	12927
路桥街道	52	39588	157	17615	21816	1239	11535	27752
路北街道	32	22114	853	13724	7537	755	10386	12329
桐屿街道	31	20187	2100	10814	7273	425	10518	14699
螺洋街道	24	18142	3176	10477	4489	740	8772	11262
峰江街道	58	37243	3078	20417	13748	3215	16417	13165
新桥镇	30	16926	1803	10815	4308	2067	10656	10523
横街镇	34	20984	982	10715	9287	2040	21242	12007
金清镇	68	76942	19950	38371	18621	3498	36441	36542
蓬街镇	62	41861	5679	30572	5610	2391	14447	29257
玉环县								
玉城街道	66	131442	8843	70014	52585	11620	96748	69677
坎门街道	11	69958	6191	46798	16969	2472	44187	40987
大麦屿街道	73	54218	4389	40564	9265	1251	37105	44105
清港镇	97	58059	5184	44057	8818	1600	27167	31286
楚门镇	58	63268	4428	39535	19305	6150	39535	44241
干江镇	49	16074	3121	9733	3220	319	7902	3314
沙门镇	88	25794	3735	18837	3222	272	15641	3340
芦浦镇	24	27528	2766	20150	4612	526	10096	2796
龙溪乡	80	18473	1148	12895	4430	998	13898	3805
鸡山乡	3	4208	1409	1044	1755	5	65	237
海山乡	11	2888	1801	340	747	18	185	870
三门县								
海游镇	114	62096	5160	22609	34327	518	28284	5100
沙柳镇	46	9242	2742	4252	2248	72	1735	769
珠岙镇	42	13143	1909	6172	5062	187	5120	2380
亭旁镇	140	30880	7242	11210	12428	241	3636	2861

18－2 续表 2

地　区	本乡镇公路里程（公里）	乡镇从业人员数（人）	第一产业	第二产业	第三产业	企业个数（个）	企业从业人员（人）	乡镇用电量（万千瓦时）
六敖镇	72	21327	7303	4488	9536	90	3600	2630
健跳镇	85	19945	4804	6440	8701	128	2754	2770
横渡镇	43	8328	2324	1779	4225	23	360	321
漓浦镇	38	18900	7927	6504	4469	41	767	1000
花桥镇	94	15546	5357	4140	6049	29	1229	1533
小雄镇	70	17920	7160	4858	5902	49	816	1235
高枧乡	49	12461	1705	7495	3261	170	6210	2478
沿赤乡	56	10405	4797	3687	1921	87	6960	5524
泗淋乡	50	13490	5012	5387	3091	85	2419	3586
蛇蟠乡	16	2013	1358	227	428	4	95	29
天台县								
赤城街道	37	55864	6000	5448	44416	6020	30681	1166
始丰街道	62	26205	5155	10601	10449	1254	6418	2203
福溪街道	60	22671	4905	6872	10894	1292	8448	3378
白鹤镇	85	36786	14871	7278	14637	1157	5278	2593
石梁镇	68	10198	3174	4101	2923	29	345	390
洪畴镇	26	10268	1771	3469	5028	254	3938	4492
街头镇	68	24532	7955	2222	14355	54	934	1840
平桥镇	231	74472	18733	25862	29877	2211	18553	12416
坦头镇	235	26148	6327	11966	7855	1528	11500	4500
三合镇	61	21081	5400	9030	6651	1041	5750	4801
三州乡	34	5780	2996	1477	1307			120
龙溪乡	26	4548	1431	701	2416	20	55	225
雷峰乡	25	9405	3026	935	5444	3	17	278
南屏乡	28	5844	1850	743	3251	1	62	115
泳溪乡	42	8610	3150	2930	2530	10	97	300
仙居县								
安洲街道	40	23456	3620	7990	11846	186	15150	5100

18－2 续表3

地　区	本乡镇公路里程（公里）	乡镇从业人员数（人）	第一产业	第二产业	第三产业	企业个数（个）	企业从业人员（人）	乡镇用电量（万千瓦时）
南峰街道	30	28000	3924	11400	12676	311	15758	7080
福应街道	41	34967	5653	16389	12925	277	22192	3640
横溪镇	120	31988	7645	5977	18366	107	5121	3747
埠头镇	40	11460	2140	1951	7369	69	2230	943
白塔镇	67	25016	6128	3716	15172	138	3167	6492
田市镇	52	16311	3800	2091	10420	46	1349	751
官路镇	80	14985	4364	4284	6337	298	5326	1322
下各镇	55	31082	7630	7684	15768	171	9675	1695
朱溪镇	90	16300	4056	3215	9029	45	1040	300
安岭乡	58	6430	2572	750	3108	2	100	120
溪港乡	31	4085	1424	128	2533	11	265	101
湫山乡	133	10348	2850	1745	5753	63	939	274
淡竹乡	87	8060	2303	117	5640	4	80	424
皤滩乡	19	9639	3051	1940	4648	28	281	357
上张乡	50	7306	2047	1277	3982	17	480	128
步路乡	25	9107	2409	1636	5062	22	557	274
广度乡	88	5467	2109	523	2835	1	4	63
大战乡	48	9501	2595	2503	4403	16	1073	1760
双庙乡	25	6664	2294	582	3788	19	350	254
温岭市								
太平街道	57	70156	361	19105	50690	2130	35280	19351
城东街道	62	51819	3857	21160	26802	1080	26000	16691
城西街道	45	25965	1802	15926	8237	548	19528	14389
城北街道	24	12854	785	7973	4096	1530	24928	16494
横峰街道	29	28345	1308	21951	5086	3786	24000	17688
泽国镇	90	193074	7527	104619	80928	6085	109576	39719
大溪镇	185	92820	6158	55580	31082	7085	79200	34746
松门镇	75	58813	19920	16773	22120	1190	16211	40401

18－2 续表4

地　　区	本乡镇公路里程（公里）	乡镇从业人员数（人）	第一产业	第二产业	第三产业	企业个数（个）	企业从业人员（人）	乡镇用电量（万千瓦时）
箬横镇	113	83916	27325	30187	26404	2040	30256	29095
新河镇	133	72965	17507	31456	24002	2314	23145	25542
石塘镇	78	52088	18526	8040	25522	415	6735	21218
滨海镇	89	45039	16521	16549	11969	1020	18650	17864
温峤镇	71	46325	9752	23666	12907	1354	23511	15059
城南镇	106	44242	13355	18739	12148	385	19820	13062
石桥头镇	44	18738	6376	6059	6303	169	6029	10069
坞根镇	39	16109	6066	6896	3147	144	2160	10527
古城街道	150	91560	3444	27159	60957	1328	12380	30077
临海市								
大洋街道	95	35880	2796	18148	14936	758	25688	40352
江南街道	72	19861	3784	7964	8113	280	12000	12586
大田街道	64	31595	7105	15665	8825	458	13157	9825
邵家渡街道	99	23675	6344	10990	6341	100	6129	7858
汛桥镇	35	13127	4327	3421	5379	77	5900	6793
东塍镇	141	35649	11488	20144	4017	377	16790	14076
汇溪镇	60	8053	2058	2798	3197	33	483	645
小芝镇	82	21368	5845	8394	7129	281	5379	1938
河头镇	85	20387	8520	7298	4569	183	2126	2462
白水洋镇	175	47334	17033	19836	10465	370	8100	6046
括苍镇	94	25714	7171	7200	11343	197	4495	4038
永丰镇	118	31555	9854	9950	11751	226	3394	4427
尤溪镇	80	15264	4053	6191	5020	163	7636	2666
涌泉镇	63	36137	9746	15387	11004	495	8329	12538
沿江镇	50	32327	7026	12501	12800	400	6395	11096
杜桥镇	152	147646	26153	48423	73070	3085	43926	105319
上盘镇	43	35455	11819	7332	16304	221	6587	8623
桃渚镇	126	59953	19798	20922	19233	543	6798	7280

18－3 乡镇社会经济情况(三)

(2012年)

地区	农业机械总动力(千瓦)	常用耕地面积(亩)	农作物总播种面积(亩)	#粮食播种面积	粮食总产量(吨)	肉类总产量(吨)	农村经济总收入(万元)
椒江区							
海门街道	12728	2594	7010	2500	1030	213	504567
白云街道	7211	785	2147	1000	420	46	122677
葭沚街道	42648	13705	14679	9500	3903	1375	853880
洪家街道	9264	16362	24410	14000	5912	826	1605051
三甲街道	35877	24464	35090	21000	9000	3477	865245
下陈街道	6800	13126	22683	11500	5000	1639	761587
前所街道	46172	13325	29750	18500	5662	1666	337296
章安街道	23117	22769	33174	22000	9606	1430	309299
大陈镇	23482					31	23117
黄岩区							
东城街道	4036	1336	3896	643	211	326	687428
南城街道	7973	4702	8418	3160	1530	372	678660
西城街道	6690	5380	8448	2428	1200	441	526233
北城街道	4493	3829	3069	1218	532	162	762043
新前街道	4029	13246	17059	2825	1101	393	700819
澄江街道	5719	6241	13401	3355	1334	286	187655
江口街道	7112	6604	8169	4034	1687	1233	678357
高桥街道	10693	10236	14509	4826	2091	272	111294
宁溪镇	13000	12706	26023	14609	5365	329	159880
北洋镇	6816	12558	24296	9501	3975	245	85233
头陀镇	20694	18781	38560	8683	3614	404	52415
院桥镇	42151	31425	43118	19792	9191	1605	551350
沙埠镇	6170	10260	18719	10396	4042	244	75053
屿头乡	2275	7314	10702	7002	2605	242	26114
富山乡	2640	5913	9911	5876	2316	273	4585
上郑乡	2586	7062	10744	7825	2618	244	29175
茅畲乡	5931	6309	6861	4100	1446	107	11536
上洋乡	13977	8715	18139	7710	2709	269	15546
平田乡	6915	4900	8631	5102	1703	176	4432

18－3 续表1

地　　区	农业机械总动力（千瓦）	常用耕地面积（亩）	农作物总播种面积（亩）	#粮食播种面积	粮食总产量（吨）	肉类总产量（吨）	农村经济总收入（万元）
路桥区							
路南街道	4632	10088	14222	6002	2477	553	385400
路桥街道	1218	250	770	240	51	31	497838
路北街道	3823	2908	6630	2114	655	278	430786
桐屿街道	10978	15164	14158	8855	4184	1198	492323
螺洋街道	4404	7845	10951	7085	3588	465	567283
峰江街道	15674	16882	7258	1427	648	398	2050071
新桥镇	6697	11195	15804	6711	3034	669	828181
横街镇	9326	10100	19004	7534	3137	529	1109066
金清镇	54201	52017	97485	38107	16931	797	1578780
蓬街镇	22976	38493	57591	28491	12749	1079	695519
玉环县							
玉城街道	32428	16450	24701	3635	1398	2581	1477003
坎门街道	16189	821	3093	1086	385	728	101411
大麦屿街道	31723	18275	36641	13017	5232	873	523219
清港镇	23632	18182	20109	11525	4485	910	786571
楚门镇	33801	9651	11760	4091	1547	1299	1751717
干江镇	29843	8787	15561	4101	1375	729	169244
沙门镇	32411	8621	12120	7891	3118	1199	43011
芦浦镇	11546	6159	6725	3629	1499	445	485331
龙溪乡	11580	6582	6825	3922	1674	987	616590
鸡山乡	22307					21	25626
海山乡	5931	2876	5189	3165	1344	74	53294
三门县							
海游镇	32652	9574	22582	15496	5771	1028	965373
沙柳镇	12617	5498	11521	6936	2584	712	84906
珠岙镇	12438	4810	11842	8522	2992	214	271090
亭旁镇	15282	19776	56268	34715	13052	1500	120545

18－3续表2

地　区	农业机械总动力（千瓦）	常用耕地面积（亩）	农作物总播种面积（亩）	#粮食播种面积	粮食总产量（吨）	肉类总产量（吨）	农村经济总收入（万元）
六敖镇	59002	24500	38749	24969	10519	1641	140334
健跳镇	33009	17661	33906	22887	9202	529	358902
横渡镇	11539	11503	22402	15099	4843	309	14558
漓浦镇	24846	22962	40710	28435	10500	325	90049
花桥镇	12179	16639	24042	18219	6800	280	31483
小雄镇	15896	16840	24225	16088	6008	1049	42893
高枧乡	11913	4310	8554	7304	2301	154	211046
沿赤乡	15385	14188	46595	21895	6920	578	59388
泗淋乡	12219	17343	30142	12580	3793	368	89287
蛇蟠乡	15983	3708	8067	2755	565	10	18167
天台县							
赤城街道	12964	11907	39816	14023	4724	535	361324
始丰街道	14040	12075	31308	20403	6700	930	107713
福溪街道	15477	8647	24291	16000	5407	460	180834
白鹤镇	21610	28334	68654	59001	21591	13054	297866
石梁镇	5226	10788	32826	13186	4674	239	17675
洪畴镇	3357	5786	14767	12053	4078	119	173438
街头镇	18170	17657	49047	31797	10321	816	67033
平桥镇	35410	54765	112373	78003	27198	2182	424307
坦头镇	7870	19742	46732	37020	11582	677	276825
三合镇	8636	16815	37108	28260	8925	283	133478
三州乡	8184	3954	11659	4055	1439	198	8764
龙溪乡	2001	3217	11372	7507	2078	145	7880
雷峰乡	2533	7208	15584	10733	3419	229	13775
南屏乡	4322	4786	18675	11231	3756	122	8359
泳溪乡	3271	8600	14935	10685	4486	205	6019
仙居县							
安洲街道	6393	5046	11576	5050	1991	493	151089

18－3 续表3

地　　区	农业机械总动力（千瓦）	常用耕地面积（亩）	农作物总播种面积（亩）	#粮食播种面积	粮食总产量（吨）	肉类总产量（吨）	农村经济总收入（万元）
南峰街道	11889	4264	8574	3862	1404	444	127031
福应街道	19298	14535	27023	16732	6229	732	303676
横溪镇	18284	23097	49712	28130	10913	1296	158436
埠头镇	11426	9562	25178	12847	4982	737	27656
白塔镇	18142	21215	43367	25515	9677	857	147731
田市镇	11862	12769	33843	19041	7353	1076	39450
官路镇	21227	9173	23150	12000	4618	831	77580
下各镇	29628	31235	54165	39838	15277	1388	183097
朱溪镇	9045	14600	33530	18745	6308	795	41399
安岭乡	1972	4580	14920	6400	2084	328	6277
溪港乡	1310	2989	9881	5045	1702	348	3580
湫山乡	3725	9855	25515	11085	3918	1089	13133
淡竹乡	5096	6068	13563	7580	2802	488	6642
皤滩乡	3854	8245	21246	11004	4250	336	24795
上张乡	2941	6888	18588	7600	2899	359	13844
步路乡	3318	6104	19385	9538	3893	460	13950
广度乡	1998	7132	22113	8000	2510	505	10472
大战乡	12811	10315	22240	12516	4617	609	58899
双庙乡	6448	7539	18549	11561	4202	334	18372
温 岭 市							
太平街道	10021	1249	2383	250	128		330231
城东街道	8688	9556	12676	4991	1769	564	382191
城西街道	13373	4991	7344	2562	1059	482	440288
城北街道	8898	6233	8769	3630	1506	461	637041
横峰街道	10021	10911	8245	5657	3800	141	1099879
泽国镇	47791	45156	80863	30716	16094	1727	4226633
大溪镇	53064	46288	105207	45214	19120	2682	3285114
松门镇	201371	49815	72806	35065	14266	2192	1313857

18－3 续表4

地　　区	农业机械总动力（千瓦）	常用耕地面积（亩）	农作物总播种面积（亩）	#粮食播种面积	粮食总产量（吨）	肉类总产量（吨）	农村经济总收入（万元）
箬横镇	104943	93675	154190	73619	30005	3441	1290655
新河镇	49114	61081	78377	44659	19321	1358	1794866
石塘镇	463737	3186	5884	4586	1004	23	604529
滨海镇	66803	54646	65253	30645	11849	1869	294308
温峤镇	22487	27119	47172	30342	10995	4024	579998
城南镇	50410	32658	57713	31332	11094	3580	411770
石桥头镇	11656	14650	35982	21364	6563	2494	153454
坞根镇	21164	16177	31528	17522	6319	14457	165177
临海市							
古城街道	7521	5808	15488	6002	2583	989	159983
大洋街道	13473	6730	11300	7045	2895	2070	1330907
江南街道	40150	13282	24765	17505	6587	608	608317
大田街道	14964	14641	18246	11918	5128	1123	375721
邵家渡街道	33735	23345	31184	15300	6901	2432	250375
汛桥镇	10783	11338	8471	7108	3687	113	395817
东塍镇	26564	32267	48907	37026	16505	2093	674407
汇溪镇	8187	11125	14289	8704	3578	448	30853
小芝镇	19812	30621	33370	18014	6603	813	111292
河头镇	16356	24287	32019	24506	8616	1622	83062
白水洋镇	23050	39802	76915	58528	20943	2435	287835
括苍镇	11150	17163	28499	22046	9022	1277	105113
永丰镇	21250	30417	43310	28857	12699	1666	112650
尤溪镇	8167	12666	16630	13554	5104	1481	135549
涌泉镇	23665	15131	5664	4609	1606	224	424860
沿江镇	18812	18558	23362	19001	7551	297	358599
杜桥镇	175937	70728	154465	82559	31019	947	2374000
上盘镇	128978	27585	50287	7001	2801	292	162969
桃渚镇	82605	48121	71583	31154	13361	956	148222

主 要 统 计 指 标 解 释

通自来水村数 包括取水、净水、输配水三部分组成的自来水供给的，或由取水和输配水两部分组成的符合卫生标准的简易自来水年末实际受益村委会个数。

通公路村数 指有乡级及乡以上公路通过，并通达客运和货运的村委会个数。

通电话村数 指已架设通讯线路并装有电话，能与外界进行正常通讯联系的村委会个数。移动电话信号虽已覆盖，但没有有线通讯到达的，仍应作未通电话统计。

乡镇常住总户数 常住户指长期（一年以上）居住在本乡镇的住户。包括乡村户数和城镇户数，包括农业户和非农业户，也包括乡村地区内的国有经济的机关、团体、学校、事业单位的集体户。

乡镇常住人口数 指乡镇范围内的乡村常住人口和城镇常住人口之和。常住人口指家庭户和集体户中在本乡镇居住6个月以上的人口。外来人口只要在本乡镇居住6个月以上的，均包括在常住人口内。

企业个数 指经工商部门登记注册，年末在本乡镇地域内的所有企业个数。不包括税金直接上交上一级财政的企业，如国有大中企业等。

企业从业人员 指在本乡镇地域内的所有企业中从业并取得劳动报酬或收入的年末实有人员数。

乡镇从业人员数 指乡镇常住总人口中16岁以上实际参加生产经营活动并取得实物或货币收入的人员，既包括劳动年龄内经常参加劳动的人员，也包括超过劳动年龄但经常参加劳动的人员，还包括户籍在外地的乡镇工作人员和乡镇企业外来打工人员。包括从事农业与非农业生产、管理及其他辅助劳动的人员。

乡镇用电量 指本年度内乡镇生产和生活的累计用电量，既包括国家电网供电，也包括农村自办电站供电量。但不包括在本乡镇区域范围内国有经济工业交通、建筑等单位的用电量。

本乡镇公路里程 指在乡镇所辖行政区域内达到《公路工程技术标准 JTJ01－88》规定的等级公路，并经公路主管部门正式验收交付使用的公路里程数。包括乡镇街道的里数和公路桥梁长度、隧道长度、渡口的宽度以及分期修建并已交付使用的公路里程。不包括国、省干线断头路里程，农业生产用道路以及新建公路尚未进行验收交付使用的路段里程。两条或两条以上公路共同经由同一路段的只计算一次。

常用耕地面积 指耕地总资源中专门种植农作物并经常进行耕种、能够正常收获的土地。包括当年实际耕种的熟地；弃耕、休闲不满三年，随时可以复耕的地；开荒利用三年以上的地；小于1米宽的沟、渠、路、田埂。不包括临时种植农作物的坡度在25度以上的陡坡地；在河套、湖畔、库区临时开发的成片或零星土地；也不包括已列为国家和省（区、市）退耕计划但仍临时耕种的土地。常用耕地分为基本农田和零星可用耕地。

农作物播种面积 是指实际种植有农作物的面积，不论种植在耕地上还是非耕地上的，也不论面积大小，均应包括在内。

农作物产量 指本年度全社会范围内生产的农产品产量，不论计划内外、数量多少和是否种植在耕地上，都应统计在内。各种农作物产量按国家的统一规定计算。

19

各市国民经济主要指标

Main Indicators of National Economy by City

19－1　各市国民经济主要指标(一)

(2012 年)

地　区	土地面积(平方公里)	市区建成区面积(平方公里)	年末总户数(万户)	年末总人口(万人)	年出生人口(万人)	年死亡人口(万人)
杭州市	16571	453	218.95	700.52	7.73	4.98
宁波市	9816	290	223.46	577.71	5.00	3.79
温州市	11786	204	228.28	800.21	12.70	8.76
嘉兴市	3915	90	103.91	344.52	2.99	2.51
湖州市	5820	88	85.54	261.38	2.41	2.45
绍兴市	8256	115	162.00	440.83	3.52	3.18
金华市	10942	74	182.33	470.63	4.99	4.23
衢州市	8845	64	87.47	252.83	2.93	2.65
舟山市	1455	56	35.72	97.18	0.76	0.78
台州市	9411	116	191.70	590.95	7.53	3.62
丽水市	17324	33	95.89	262.59	3.24	2.14

19－2　各市国民经济主要指标(二)

(2012 年)

地　区	生产总值(当年价,亿元)	第一产业	第二产业	#工业	第三产业	人均生产总值(元)
杭州市	7802.01	255.11	3572.63	3168.75	3974.27	111758
宁波市	6582.21	268.52	3516.84	3170.07	2796.85	114065
温州市	3669.18	114.22	1852.99	1625.00	1701.98	45906
嘉兴市	2890.57	151.39	1603.08	1443.02	1136.10	84080
湖州市	1664.30	122.65	886.42	796.75	655.24	63714
绍兴市	3654.03	184.80	1962.41	1751.79	1506.82	82966
金华市	2710.77	134.46	1344.69	1164.53	1231.62	57694
衢州市	972.25	79.75	516.34	442.16	376.16	38476
舟山市	853.18	83.06	382.94	295.81	387.18	87883
台州市	2911.26	200.91	1419.47	1273.64	1290.87	49438
丽水市	894.10	79.37	449.50	384.90	365.23	34132

注:本表人均生产总值均按户籍人口计算。

19－3 各市国民经济主要指标(三)

(2012 年)

地 区	在岗职工平均工资(元)	城镇居民人均可支配收入(元)	城镇居民人均消费性支出(元)	城镇居民人均住房建筑面积(平方米)	农村居民人均纯收入(元)	农村居民人均消费性支出(元)
杭州市	56417	35704	22518	34.32	17017	13612
宁波市	56250	38043	22887	34.97	18475	12699
温州市	48212	34820	23975	41.25	14719	10820
嘉兴市	48305	35696	21720	35.55	18636	12326
湖州市	46287	32987	19898	36.53	17188	11077
绍兴市	45614	36911	22204	35.16	17706	11107
金华市	47196	33164	21974	49.32	13286	9272
衢州市	54690	26232	16284	39.00	10714	6857
舟山市	57294	34224	20958	32.39	18601	13589
台州市	47009	33979	20643	44.17	14567	10148
丽水市	56594	26309	17878	39.82	8855	6685

注：在岗职工平均工资统计范围为城镇集体及以上单位。

19－4 各市国民经济主要指标(四)

(2012 年)

地 区	农作物播种总面积(千公顷)	#粮食播种面积	粮食总产量(万吨)	水果产量(万吨)	肉类总产量(万吨)	禽蛋产量(万吨)	水产品总产量(万吨)
杭州市	370.12	165.44	96.88	81.87	33.49	15.54	21.05
宁波市	309.45	148.53	86.57	126.24	21.24	8.66	99.15
温州市	247.08	156.60	138.43	59.28	39.27	8.41	18.76
嘉兴市	340.45	207.89	89.94	25.93	18.96	5.77	28.35
湖州市	224.25	136.14	120.06	61.93	18.25	5.20	9.66
绍兴市	331.13	187.75	5.22	8.40	2.15	0.61	148.30
金华市	274.82	154.84	92.71	40.63	13.15	4.95	57.69
衢州市	230.22	134.00	89.78	57.40	25.60	5.61	7.39
舟山市	23.32	10.61	79.69	80.96	32.01	2.31	5.41
台州市	251.37	137.44	79.19	121.58	13.91	4.88	141.79
丽水市	170.71	97.33	52.37	39.62	9.79	1.04	1.82

19－5　各市国民经济主要指标(五)

(2012年)

地　　区	工业企业单位数(个)	工业总产值(当年价,亿元)	工业企业主营业务收入(亿元)	主营业务税金及附加(亿元)	工业企业本年应交增值税(亿元)
杭州市	5927	12962.28	12528.86	206.87	361.02
宁波市	6804	12155.08	11795.98	258.87	300.78
温州市	4290	4248.62	4010.58	21.29	125.68
嘉兴市	4324	6039.93	5907.52	19.89	191.00
湖州市	2428	3333.83	3365.13	16.99	85.70
绍兴市	3682	8551.25	8333.61	34.85	187.53
金华市	3248	3791.97	3594.80	17.79	102.59
衢州市	940	1331.00	1368.40	6.30	41.85
舟山市	383	1199.83	1020.98	5.55	15.64
台州市	3378	3530.81	3334.40	16.47	102.96
丽水市	1100	1562.99	1523.19	5.98	38.82

注：本表统计范围为年主营业务收入2000万元及以上独立核算工业。

19－6　各市国民经济主要指标(六)

(2012年)

地　　区	工业企业利润总额(亿元)	工业企业从业人员年平均人数(万人)	固定资产投资(亿元)	#工业性投资	#房地产开发投资额
杭州市	771.58	122.58	3722.75	851.87	1597.36
宁波市	553.21	147.06	2901.43	817.24	884.35
温州市	209.82	84.10	2110.34	469.26	687.50
嘉兴市	279.94	82.09	1642.31	782.96	415.88
湖州市	168.41	34.12	970.73	527.84	211.17
绍兴市	454.67	80.13	1722.56	881.40	467.71
金华市	232.33	60.30	1126.80	563.25	285.19
衢州市	97.98	15.51	566.13	304.09	75.79
舟山市	10.00	8.75	570.60	188.09	158.94
台州市	180.77	65.53	1242.56	498.47	357.38
丽水市	129.18	17.71	471.98	156.87	84.99

注：本表工业统计范围为年主营业务收入2000万元及以上独立核算工业。

19－7 各市国民经济主要指标(七)

(2012年)

地　区	境内等级公路里程（公里）	民用汽车拥有量（万辆）	公路客运量（万人）	公路货运量（万吨）	水运客运量（万人）	水运货运量（万吨）
杭州市	14939	176.10	31126	23243	592	6503
宁波市	10661	123.25	27110	16570	123	14113
温州市	7916	109.64	33549	8022	50	3244
嘉兴市	7863	57.43	11469	8432	52	8415
湖州市	8111	33.89	9431	7081	45	12386
绍兴市	9587	62.74	17414	8204	98	1223
金华市	11862	84.95	29931	12691	29	74
衢州市	7823	17.73	11485	8364	7	4
舟山市	1802	8.55	13884	4697	2225	15288
台州市	11453	79.33	30210	11744	217	9493
丽水市	14285	19.58	5732	4496	46	65

19－8 各市国民经济主要指标(八)

(2012年)

地　区	全社会用电量（亿千瓦时）	#工业用电	邮电业务收入（亿元）	固定电话用户数（万户）	移动电话用户数（万户）	宽带用户数（万户）
杭州市	591.72	396.19	171.34	346.22	1438.67	275.91
宁波市	514.09	384.59	124.65	308.00	1088.00	231.18
温州市	326.95	210.51	126.37	254.47	1110.40	201.65
嘉兴市	351.42	289.23	82.55	155.89	544.82	112.37
湖州市	165.84	126.50	33.76	101.70	324.26	60.06
绍兴市	337.71	276.83	58.10	195.06	663.83	125.75
金华市	273.98	202.91	78.36	167.15	950.31	131.92
衢州市	116.08	94.96	15.80	52.09	208.20	35.81
舟山市	41.77	22.29	16.41	53.43	154.29	30.53
台州市	227.33	156.67	76.33	165.07	782.99	126.54
丽水市	70.90	49.29	19.68	49.07	280.57	37.74

19－9 各市国民经济主要指标(九)

(2012 年)

地　　区	社会消费品零售总额(亿元)	进出口总额(亿美元)	#出口总额	国内旅游者人数(万人次)	国内旅游收入(亿元)	入境旅游人数(万人次)	国际旅游收入(万美元)
杭州市	2944.63	528.82	347.98	8236.88	1253.17	331.12	220165
宁波市	2329.26	965.73	614.45	5748.32	816.40	116.21	73428
温州市	1929.29	204.38	176.96	4886.63	464.24	57.54	31887
嘉兴市	1083.74	287.44	196.03	4101.00	401.59	78.19	27658
湖州市	703.87	87.37	73.96	4190.80	312.88	47.30	17323
绍兴市	1158.66	320.98	255.57	4865.92	491.11	68.68	24128
金华市	1260.41	227.39	213.13	4105.14	372.77	77.70	42451
衢州市	396.36	30.18	18.59	2516.73	145.48	13.57	6659
舟山市	290.54	153.56	92.24	2739.97	256.74	31.05	15865
台州市	1304.30	206.22	172.39	4468.92	406.67	24.00	8726
丽水市	371.09	22.29	19.76	3561.38	176.22	20.59	46884

注：杭州市自营进出口总额不包括省级公司。

19－10 各市国民经济主要指标(十)

(2012 年)

地　　区	医院、卫生院单位数(个)	医院、卫生院床位数(张)	执业医生数(人)	注册护士(人)	保费收入(亿元)	赔款、给付(亿元)
杭州市	298	44778	27369	28382	247.92	85.41
宁波市	204	26311	19055	18280	164.71	64.27
温州市	368	25457	19537	16197	118.47	36.96
嘉兴市	127	16967	8458	10010	74.71	18.31
湖州市	112	10982	6262	6148	47.55	14.59
绍兴市	147	18501	10638	9504	75.22	24.65
金华市	233	19174	10166	10123	106.52	32.95
衢州市	136	8011	6386	4741	26.13	8.11
舟山市	70	4562	2703	2450	21.33	7.29
台州市	192	17809	12944	10873	84.40	29.17
丽水市	231	8636	5490	4974	26.22	7.19

19－11　各市国民经济主要指标(十一)

(2012年)

地　区	学校数(个)			专任教师数(人)			在校学生数(万人)		
	普通高校	普通中学	小　学	普通高校	普通中学	小　学	普通高校	普通中学	小　学
杭州市	38	314	415	26689	27061	27777	45.92	33.14	47.26
宁波市	14	299	476	7374	23021	23139	14.54	29.52	47.88
温州市	7	477	615	4847	31712	32687	7.65	37.92	60.25
嘉兴市	6	156	192	3210	14126	11129	6.08	18.34	23.10
湖州市	3	125	136	1912	10945	8533	2.62	13.14	15.69
绍兴市	7	186	405	2874	18476	15278	5.98	25.83	30.24
金华市	7	236	445	3941	18570	17406	7.88	24.42	39.64
衢州市	2	94	210	517	8380	8116	1.17	11.57	14.56
舟山市	3	50	61	1001	3723	3248	2.30	3.54	4.66
台州市	4	274	502	1616	21452	20116	3.11	28.11	47.32
丽水市	3	95	241	1152	8272	9779	3.81	11.37	16.12

19－12　各市国民经济主要指标(十二)

(2012年)

地　区	财政总收入(亿元)	地方财政预算内收入(亿元)	地方财政预算内支出(亿元)	年末金融机构本外币存款余额(亿元)	#年末城乡居民储蓄余额(亿元)	年末金融机构本外币贷款余额(亿元)
杭州市	1627.89	859.99	786.28	20148.77	6089.98	18090.80
宁波市	1536.51	725.50	828.44	11980.50	4208.81	11961.02
温州市	517.89	289.64	387.79	7744.94	3843.30	7013.00
嘉兴市	471.92	257.73	260.70	4597.34	2155.49	3670.52
湖州市	246.88	138.55	167.51	2285.66	1082.79	1912.40
绍兴市	469.31	265.76	278.71	5923.60	2503.32	5129.15
金华市	376.47	214.89	271.95	5324.39	2684.35	4346.85
衢州市	106.39	63.42	138.89	1299.52	608.73	1078.53
舟山市	133.45	85.56	155.22	1389.97	508.59	1295.83
台州市	408.95	220.42	287.93	4509.17	2385.14	3893.16
丽水市	112.66	64.61	167.94	1475.23	832.46	1117.86

20

长江三角洲各城市国民经济主要指标

Main Indicators of National Economy by YANGTZE DELTA'S City

20－1　长江三角洲各城市国民经济主要指标(一)

(2012 年)

单位:亿元

地　区	生产总值(当年价)	第一产业	第二产业	#工业	第三产业	人均生产总值(元)	规模以上工业总产值(当年价)
上海市	20101.33	127.80	7912.77	7159.36	12060.76	85373	31548.41
南京市	7201.57	184.64	3170.78	2748.45	3846.15	88525	11405.12
无锡市	7568.15	137.22	4012.03	3717.88	3418.90	117357	14499.66
常州市	3969.75	126.30	2100.76	1900.55	1742.69	85036	9031.34
苏州市	12011.65	195.08	6502.25	6055.10	5314.32	114029	28783.65
南通市	4558.67	319.09	2414.11	1992.11	1825.47	62506	10101.19
扬州市	2933.20	203.86	1555.78	1345.98	1173.56	65692	7342.38
镇江市	2630.05	116.72	1419.54	1309.54	1093.79	83636	6157.77
泰州市	2701.67	191.75	1434.53	1237.05	1075.39	58378	7107.39
杭州市	7802.01	255.11	3572.63	3168.75	3974.27	111758	12962.28
宁波市	6582.21	268.52	3516.84	3170.07	2796.85	114065	12155.08
嘉兴市	2890.57	151.39	1603.08	1443.02	1136.10	84080	6039.93
湖州市	1664.30	122.65	886.42	796.75	655.24	63714	3333.83
绍兴市	3654.03	184.80	1962.41	1751.79	1506.82	82966	8551.25
舟山市	853.18	83.06	382.94	295.81	387.18	87883	1199.83
台州市	2911.26	200.91	1419.47	1273.64	1290.87	49438	3530.81

注:上海市和江苏省各市的生产总值均为初步统计数,人均生产总值均按常住人口计算。

20－2 长江三角洲各城市国民经济主要指标(二)

(2012年)

地 区	规模以上工业产品产销率(%)	工业用电量(亿千瓦时)	固定资产投资(亿元)	#房地产开发投资额	自营进出口总额(亿美元)	#自营出口总额
上海市	99.3	786.25	5254.38	2381.36	4367.58	2068.07
南京市	98.3	265.64	4558.49	1015.76	552.35	319.01
无锡市	97.6	464.51	3618.07	974.37	707.75	413.14
常州市	97.9	277.88	2621.56	597.01	290.28	199.60
苏州市	98.6	982.66	5142.51	1263.36	3056.92	1746.89
南通市	98.6	222.96	2886.47	481.74	263.25	187.94
扬州市	97.9	123.20	1783.65	235.84	102.02	81.72
镇江市	98.1	151.62	1500.67	205.48	114.13	77.37
泰州市	98.1	164.81	1454.59	234.48	103.70	69.47
杭州市	98.6	396.19	3722.75	1597.36	616.83	412.62
宁波市	97.0	384.59	2901.43	884.35	965.73	614.45
嘉兴市	97.8	289.23	1642.31	415.88	287.44	196.03
湖州市	97.4	126.50	970.73	211.17	87.37	73.96
绍兴市	97.6	276.83	1722.56	467.71	320.98	255.57
舟山市	96.7	22.29	570.60	158.94	153.56	92.24
台州市	95.3	156.67	1242.56	357.38	206.22	172.39

20－3 长江三角洲各城市国民经济主要指标(三)

(2012年)

地 区	实际利用外资(亿美元)	社会消费品零售总额(亿元)	城镇居民人均可支配收入(元)	城镇居民人均消费性支出(元)	市区居民消费价格指数(%)
上海市	151.85	7387.32	40188	26253	102.8
南京市	41.30	3080.58	36322	23493	102.7
无锡市	40.10	2427.94	35663	23000	102.5
常州市	33.61	1404.53	33587	20519	102.5
苏州市	91.65	3240.97	37531	23092	102.7
南通市	22.05	1708.65	28292	17858	102.5
扬州市	21.38	967.87	28001	17750	102.6
镇江市	22.14	761.70	30045	17897	102.4
泰州市	14.50	737.60	26574	16499	101.7
杭州市	49.61	2944.63	35704	22518	102.5
宁波市	28.53	2329.26	38043	22887	101.7
嘉兴市	17.82	1083.74	35696	21720	102.2
湖州市	10.26	703.87	32987	19898	102.0
绍兴市	9.54	1158.66	36911	22204	102.0
舟山市	1.83	290.54	34224	20958	101.7
台州市	4.75	1304.30	33979	20643	102.0

20-4 长江三角洲各城市国民经济主要指标(四)

(2012年)

单位:亿元

地区	财政总收入	地方财政预算内收入	地方财政预算内支出	年末金融机构本外币存款余额	#年末城乡居民储蓄余额	年末金融机构本外币贷款余额
上海市		3743.71	4184.02	63555.25	20247.24	40982.48
南京市	1427.25	733.02	769.81	16540.43	4532.02	13079.32
无锡市	1446.51	658.03	648.61	10740.38	3763.82	8024.00
常州市	1117.03	378.99	384.12	5789.88	2489.97	4018.21
苏州市		1204.33	1113.47	18796.06	5845.91	14877.84
南通市	1055.90	419.72	512.99	6477.84	3605.65	4006.48
扬州市	554.51	225.00	268.48	3365.22	1705.76	2042.98
镇江市	530.86	215.48	235.24	2903.48	1308.93	2128.23
泰州市	627.95	233.25	294.79	3076.17	1550.76	2080.66
杭州市	1627.89	859.99	786.28	20148.77	6089.98	18090.80
宁波市	1536.51	725.50	828.44	11980.50	4208.81	11961.02
嘉兴市	471.92	257.73	260.70	4597.34	2155.49	3670.52
湖州市	246.88	138.55	167.51	2285.66	1082.79	1912.40
绍兴市	469.31	265.76	278.71	5923.60	2503.32	5129.15
舟山市	133.45	85.56	155.22	1389.97	508.59	1295.83
台州市	408.95	220.42	287.93	4509.17	2385.14	3893.16

21

统计公报

Statistical Communique

台州市2012年国民经济和社会发展统计公报

台州市统计局局　　国家统计局台州调查队

（2013年2月22日）

2012年，面对复杂严峻的国内外环境，全市人民在市委、市政府的正确领导下，以科学发展观为指导，大力实施"沿海开发、自主创新、城市群构建、民生优先" 四大战略，努力促转型、稳增长、提质量、惠民生，全市经济回升向好，转型升级继续加快，各项社会事业取得新发展。

一、综　合

经济运行回升向好。据初步核算，全市实现生产总值2911.26亿元，按可比价格计算，比上年增长7.1%，增幅比上半年回升0.6个百分点。其中，第一产业增加值200.91亿元，增长2.5%；第二产业增加值1419.47亿元，增长5.9%；第三产业增加值1290.87亿元，增长9.1%；三次产业结构为6.9：48.8：44.3。全市人均生产总值为49438元，比上年增长6.4%，按年平均汇率折算达7832美元。

市区实现生产总值1049.39亿元，按可比价格计算，比上年增长7.6%。市区人均生产总值达到67108元，比上年增长6.9%，按年平均汇率折算达10631美元。

二、农　业

农业生产稳定增长。全市实现农林牧渔业总产值349.15亿元，按可比价格计算，比上年增长2.7%。其中，农业产值126.41亿元，增长2.7%；林业产值5.99亿元，下降0.4%；牧业产值35.65亿元，增长5.9%；渔业产值177.93亿元，增长2.1%；农林牧渔服务业产值3.17亿元，增长2.6%。

全年农作物总播种面积251.37千公顷，比上年下降1.3%。全市粮食作物播种面积137.44千公顷，比上年下降2.6%；全年粮食总产量79.19万吨，比上年增长0.3%，每公顷单产为5762公斤，比上年上升3.0%。全市非粮作物播种面积113.93千公顷，比上年增长0.4%。粮食作物与非粮食作物播种面积的比例为54.7：45.3。全年蔬菜产量187.20万吨，比上年增长2.4%；油菜籽产量1.70万吨，增长11.9%；水果产量121.58万吨，下降5.6%。

绿化造林工作继续推进。全市完成造林更新面积5419公顷，其中人工造林面积4162公顷。年末实有封山育林面积18.23千公顷。全市有林地面积623.03千公顷，森林覆盖率为60.3%。全市有自然保护区（含小区）35个，面积12.14千公顷。

全年肉类总产量13.91万吨，比上年增长12.1%，其中猪肉产量9.37万吨，增长2.4%。禽蛋产量4.88万吨，增长0.6%。

渔业产量基本稳定。全年水产品产量141.79万吨,比上年增长0.3%。其中海洋捕捞产量100.12万吨,比上年下降0.1%;海水养殖产量36.17万吨,比上年增长0.7%。

全市注册登记的农民专业合作社7888家,其中省级示范性专业合作社143家。全市共认证有机食品45个,绿色食品180个,国家无公害农产品170个,浙江省无公害农产品产(基)地208个。

农业生产条件进一步改善。全市完成河道疏浚清淤462公里,其中市区231公里,治理水土流失面积68.6平方公里,新增防渗渠道791公里,新增节水灌溉面积5983公顷。年末全市拥有农业机械总动力358.62万千瓦,全年农村用电量95.77亿千瓦时。

三、工业和建筑业

工业生产保持平稳增长。全市实现工业增加值1273.64亿元,按可比价格计算,比上年增长5.8%。全市年主营业务收入2000万元及以上工业企业(以下简称规模以上工业企业)家数为3377家,实现工业增加值710.11亿元。

全市规模以上轻工业实现工业增加值268.30亿元,占规模以上工业增加值的37.8%;重工业实现工业增加值441.81亿元,所占比重为62.2%。

全市规模以上工业中,总量排在前五位的通用设备制造业、电力热力生产供应业、橡胶和塑料制品业、医药制造业、汽车制造业分别完成工业增加值82.84亿元、72.71亿元、67.23亿元、65.88亿元和61.16亿元。

全市规模以上工业企业实现利税总额299.83亿元,其中利润总额180.51亿元。

全市规模以上工业企业产品产销率为95.32%,新产品产值869.67亿元,比上年增长3.7%,新产品产值率为24.2%,比上年下降0.5个百分点。

建筑业增长平稳。全市实现建筑业增加值145.83亿元,按可比价格计算,比上年增长7.7%。资质以上建筑企业完成房屋建筑施工面积14619.41万平方米,比上年增长14.3%;房屋竣工面积5191.93万平方米,增长16.9%。

四、固定资产投资和房地产业

固定资产投资快速增长。全市固定资产投资施工项目4522个,其中新开工项目2114个。全年固定资产投资总额1242.56亿元,比上年增长23.3%。其中第一产业完成投资10.16亿元,比上年下降20.9%;第二产业完成投资503.46亿元,增长17.6%;第三产业完成投资728.93亿元,增长28.6%。固定资产投资中,基础设施完成投资294.66亿元,比上年增长20.3%;民间投资864.96亿元,增长25.8%。

重点工程建设进展良好。全年省、市218个重点项目完成投资311.40亿元,完成年度计划的111.2%。三门核电一期1号机组、椒江十一塘、玉环漩门三期、临海南洋涂等工程基本建成,81省道松门过境段、83

省道临海城关至杜桥段、62省道天台段建成通车，仙居抽水蓄能电站、椒江二桥、台州恩泽医疗中心、台州市教师公寓等工程进展顺利，台州植物（雕塑）园、台州经济开发区文华小学、市区内环路等工程开工建设。

房地产投资增速回落。全年房地产开发完成投资357.38亿元，比上年增长12.0%，比上年回落52.1个百分点。房屋施工面积2438.97万平方米，比上年增长5.0%，房屋竣工面积209.60万平方米，比上年下降30.5%。商品房销售面积319.72万平方米，下降2.2%。

全年保障性住房完成投资16.97亿元，施工面积222.91万平方米，竣工面积81.28万平方米，竣工套数8241套。

五、交通和邮电业

全年完成货物周转量1325.21亿吨公里，比上年增长7.0%；旅客周转量为106.24亿人公里，比上年增长2.3%。全年完成港口货物吞吐量5358.22万吨，比上年增长5.1%。其中外贸吞吐量939.32万吨，下降4.4%；完成集装箱吞吐量15.09万标箱，增长11.9%。民航完成旅客吞吐量40.4万人次，货邮吞吐量4385吨。全年铁路发送旅客426万人次，比上年增长21.7%。

年末全市公路总里程（含村道）11688公里，其中等级公路11453公里，占公路总里程的98.0%，高速公路298公里。年末全市汽车保有量达79.33万辆，比上年增加11.43万辆，其中私人汽车69.14万辆，比上年增加10.64万辆。

全市邮电业务收入76.33亿元，比上年增长10.4%。年末国际互联网用户为142.12万户，其中宽带用户126.54万户。年末移动电话用户达782.99万户，其中3G用户156.37万户，城乡固定电话用户为165.07万户。

六、国内贸易和旅游业

消费品市场运行良好。全市实现社会消费品零售总额1304.30亿元，比上年增长15.2%，扣除价格因素，实际增长12.5%。其中批发业实现零售额86.79亿元，比上年增长21.2%，零售业实现零售额1071.88亿元，比上年增长14.5%，住宿业实现零售额13.91亿元，增长4.2%，餐饮业实现零售额131.72亿元，增长18.4%。限额以上批发零售企业中，汽车类和石油及制品类商品零售额分别比上年增长6.9%和31.2%。全年销售家电下乡产品68.17万台（件），发放补贴2.04亿元。

年末全市拥有各类商品交易市场509家，成交额1295.21亿元，年成交额超亿元的市场有96家。全市已建成村级连锁店（便利店）4749个。

市场物价上涨势头得到遏制。2012年我市居民消费价格总水平比上年上升2.3%，比上年回落4个百分点。其中消费品价格上升3.0%，服务项目价格上升0.5%（见表一）。工业生产者出厂价格比上年下降2.4%，工业生产者购进价格比上年下降2.5%。

表一： 2012年居民消费价格比上年涨跌幅度

指　　标	全　市	#市　区
居民消费价格指数	2.3	2.0
一、食品	5.7	5.6
其中:粮食	3.1	2.4
鲜菜	17.4	19.9
肉禽及制品	-0.9	-0.2
水产品	11.2	8.9
二、烟酒及用品	2.0	1.8
三、衣着类	4.0	4.4
四、家庭设备及维修服务费	2.4	1.5
五、医疗保健和个人用品	1.7	0.9
六、交通和通讯	-1.7	-2.6
七、娱乐教育文化用品及服务	-0.8	-1.0
八、居住	1.0	1.1

旅游业健康快速发展。全年共接待旅游总人数4492.92万人次，比上年增长13.0%，其中接待海外旅游人数24.0万人次，增长23.2%。实现旅游总收入412.18亿元，比上年增长25.2%，其中海外旅游收入8725.73万美元，增长25.7%。全市共有4A级旅游区7个，3A级旅游区10个，2A级旅游区9个。共有星级饭店54家，客房11549间，床位19221张。旅行社140家。

七、对外经济

对外贸易微幅增长。全年外贸进出口总额206.22亿美元，比上年增长0.6%。其中出口总额172.39亿美元，增长1.2%，进口总额33.83亿美元，下降2.5%。全年外贸企业出口24.92亿美元，下降4.2%；三资企业出口25.33亿美元，下降6.4%；生产企业出口122.14亿美元，增长4.2%。在出口总额中，一般贸易出口156.78亿美元，增长1.9%；加工贸易出口15.49亿美元，下降6.0%。全年家用电器、汽摩及部件、医化产品出口分别增长10.7%、4.8%和16.3%。2012年我市有进出口实绩企业4409家，比上年增加273家，其中进出口超1000万美元企业有440家，比上年增加11家。出口国家和地区已达211个。

全年新批外商投资企业25家，合同利用外资7.85亿美元，实际利用外资4.75亿美元，比上年增长2.3倍。

全年新批境外投资项目38个，中方投资额8216万美元，比上年增长28.9%。全市累计境外投资项目446个，中方累计投资额5.14亿美元。

服务外包发展良好。新注册服务外包企业13家，全市累计已注册服务外包企业50家。服务外包离岸合同额3073万美元，比上年增长38.6%；离岸合同执行额2857万美元，增长19.6%。

八、金融和保险业

金融机构存贷款规模继续扩大。2012年末，全市金融机构本外币存款余额4509.17亿元，比上年末增长 12.8%,当年新增存款 510.28 亿元。年末本外币个人存款余额 2405.68 亿元,比上年末增长 14.0%,当年新增 295.30 亿元。年末金融机构本外币贷款余额 3893.16 亿元,比上年末增长 12.2%,当年新增贷款 422.40 亿元。年末金融机构本外币存贷比为 86.3%,不良贷款率为 1.14%。

企业上市工作有序推进。我市共有 3 家企业挂牌上市,募集资金 15.16 亿元;2 家上市公司实现股票再融资,募集资金 10 亿元;2 家上市公司完成公司债募集 9.3 亿元。年末我市累计已有上市公司 28 家,累计融资总额达到 249.80 亿元(其中公司债 17.3 亿元)。年末有小额贷款公司 29 家,合计注册资金 45.4 亿元,全年累计发放贷款 113.24 亿元。

保险市场发展平稳。全年保费总收入 84.40 亿元,比上年增长 11.2%。其中财产险保费收入 39.14 亿元,人寿险保费收入 45.26 亿元,分别比上年增长 14.4% 和 8.6%。全年各类赔款、给付支出 29.17 亿元,比上年增长 27.8%。

九、科学技术和教育

科技事业再上新台阶。全市实现规模以上高新技术产业增加值 185.73 亿元,比上年增长 12.9%。全市共有 93 个项目被列为国家级科技项目,其中国家创新基金项目 28 项,国家火炬计划项目 50 项。全年新增国家重点扶持的高新技术企业 35 家,省级企业研究院 6 家,省级高新技术研发中心 31 家。全年申请专利 14111 件,比上年增长 13.2%;专利授权 12182 件,比上年增长 26.2%,其中发明 793 件,增长 52.8%。全年共签订各类技术合同 118 项,技术交易额 2.77 亿元。

质量强市和名牌战略深入推进。全年新增 11 件驰名商标,全市被国家工商总局认定的驰名商标达到 40 件。全市有中国名牌产品 19 个;浙江名牌产品 241 个。全市有 506 家食品企业取得 QS 证书。年末全市有各类检验机构 99 家,其中国家检测中心 1 家,省级质检中心 9 家。

教育事业全面发展。义务教育"阳光招生"政策全面实施。全市有幼儿园 1434 所,在园幼儿 25.19 万人;普通小学 502 所,在校生 47.32 万人;初中 208 所,在校生 18.79 万人;高中 66 所,中等职业学校 46 所,高中段在校生 16.67 万人,初升高比例 98.38%。全市特殊教育学校招生 158 人,在校生 1126 人。全市全日制普通高校招生 9602 人,在校生 31132 人,成人高校在校学生 33509 人。高等教育毛入学率达到 49.3%,比上年提高 2.5 个百分点。

十、文化、卫生和体育

文化事业实现新发展。公共文化基础设施日趋完善,市青少年活动中心正式启用,市博物馆、市科技馆主体建成。至 2012 年末,全市有文化馆 10 个,公共图书馆 10 个,自办广播节目 10 套,自办电视节目 10 套。年末全市有线电视用户 141.43 万户,其中数字电视用户 131.93 万户。全年广播节目播出时间 72138 小时,电视节目播出时间 61059 小时。广播人口综合覆盖率和电视人口综合覆盖率分别为 99.76% 和 99.56%。至 2012 年末全市拥有国家级非物质文化遗产项目 13 项,省级 95 项,市级 229 项。全年共完成 1858 场文艺演出、3.88 万场数字电影和 14.28 万册图书的下乡任务。

城乡公共卫生服务体系进一步健全。全面启动基本药物零差率制度,推广医疗服务阳光用药工程。年末全市有各类医疗卫生机构3101家，其中社区卫生服务机构515家，村卫生室1686家。医疗卫生机构床位18729张，各类卫生技术人员31643人，其中执业医生和执业助理医生12944人，注册护士10875人。年末每千人拥有卫生技术人员5.35人，其中医生2.19人。全市甲乙类传染病发病率为191.6/10万。全市五岁以下儿童死亡率5.64‰，其中婴儿死亡率3.85‰。全年有6.79万人参加无偿献血。农村自来水普及率91.01%，卫生户厕普及率91.98%。

体育事业取得新成绩。成功举办市首届体育大会。全市运动员参加国际国内各项赛事取得了较好成绩，共夺得国际比赛金牌9枚，银牌8枚、铜牌15枚，全国比赛金牌46枚、银牌53枚、铜牌64枚，省级比赛金牌96.5枚、银牌84枚、铜牌104枚。全市共有体育社团185个。

十一、能耗、环境保护和安全生产

节能降耗和环境保护工作进一步加强。2012年，全市万元生产总值综合能耗比上年下降6.14%。主要污染物化学需氧量、氨氮、二氧化硫、氮氧化物排放量分别比上年下降4.17%、2.81%、9.59%和9.48%以上。全市地表水满足水域功能达标率为63.6%，城市空气综合污染指数1.39。城镇生活污水集中处理率为84.47%，城镇生活垃圾无害化处理率为98.64%。市区环境空气质量达到二级标准以上的天数有356天，占全年总天数的97.5%。

全市共发生各类事故3966起，死亡589人，受伤3483人，直接经济损失4232万元，分别比上年下降3.1%、6.7%、4.0%和8.5%。

十二、人口、就业、社会保障和人民生活

人口平稳增长。2012年末，全市户籍总人口590.95万人，其中男性人口303.26万人，女性人口287.69万人，男女性别比为105.4:100。全年共出生7.53万人，死亡3.62万人，人口出生率为12.79‰，死亡率为6.15‰。户籍总人口中市区人口156.90万人。据2012年人口变动抽样调查，年末全市常住人口600.5万人，常住人口自然增长率为5.99‰。

就业形势基本稳定。全市城镇新增就业人数6.73万人，全年帮助2.44万名城镇失业人员实现再就业。年末全市拥有职业介绍机构181个，全年介绍就业成功人数6.52万人。全年创业培训3291人。年末城镇登记失业率为3.44%。

覆盖城乡的社会保障体系不断完善。年末全市城镇职工基本养老保险、基本医疗保险、工伤保险、生育保险和失业保险参保人数分别达到148.69万人、107.09万人、208.59万人、66.70万人和82.27万人，分别比上年末增加14.59万人、14.49万人、11.38万人、9.24万人和7.39万人。"五大保险"全年收缴各类基金81.36亿元，支出53.91亿元。年末全市有212.41万人参加城乡居民社会养老保险，比上年增加34.93万人。有30.5万被征地农民参加农村养老保险，比上年增加2.9万人。农村新型合作医疗参保人数442.83万人，参合率99.0%，人均筹资水平403元。

社会救助和社会福利体系建设继续加强。全市城乡居民最低生活保障人数为61612人，全年共投入低保资金19035万元。提高低保对象补助标准，城镇和农村低保对象月人均补助分别为305元和191元。全市农

村五保对象集中供养率达到99.04%,城镇"三无"人员供养率达到100%。老年福利事业得到重视和加强,全面建立养老服务补贴制度。全市共有各类养老机构340个,床位32909张,年末在院老人17656人。

城乡居民生活进一步改善。全年城镇居民人均可支配收入33979元,比上年增长11.4%,扣除价格因素实际增长8.9%。全年农村居民人均纯收入14567元,比上年增长11.1%,扣除价格因素实际增长8.6%。城乡居民收入差距倍数为2.33。城镇居民恩格尔系数为34.8%,农村居民恩格尔系数为39.6%。年末城镇居民人均住房建筑面积为44.2平方米,农村居民人均居住住房面积为55.3平方米。城乡居民每百户家庭家用汽车、空调、家用电脑等高档耐用消费品拥有量继续增加(见表二)。

表二: 2012年城乡居民每百户主要耐用消费品拥有量

指 标	单位	城镇居民	比上年增长(%)	农村居民	比上年增长(%)
洗衣机	台	102	2.0	78	6.8
电冰箱	台	108	1.9	97	2.1
空调器	台	204	8.5	90	9.8
摩托车	辆	28	-9.7	25	持平
家用汽车	辆	41	10.8	18	20.0
彩色电视机	台	207	1.5	171	1.8
固定电话	部	79	-4.8	70	1.4
移动电话	部	240	6.7	225	3.7
家用电脑	台	116	7.4	57	11.8

注:1、公报中生产总值、各产业增加值绝对数按现价计算,增长速度按可比价格计算;人均生产总值按户籍人口计算。

2、部分数据因四舍五入的原因,存在着与分项合计不等的情况。

浙江省2012年国民经济和社会发展统计公报

浙江省统计局　　国家统计局浙江调查总队

(2013年2月08日)

2012年,浙江深入贯彻落实科学发展观,深入实施"八八战略"和"两创"总战略,面对严峻复杂的外部环境和困难挑战,坚持"稳中求进、转中求好"的工作基调,着力促发展,抓转型,惠民生,全省经济在加快转型升级中实现平稳增长,基本完成年初确定的预期目标,为建设"两富"现代化浙江奠定了坚实的基础。

一、综　合

初步核算,全年生产总值34606亿元,比上年增长8.0%(见图1)。其中,第一产业增加值1670亿元,第二产业增加值17312亿元,第三产业增加值15624亿元,分别增长2.0%、7.3%和9.3%。人均GDP为63266元(按年平均汇率折算为10022美元),增长7.7%。三次产业增加值结构由上年的4.9: 51.2: 43.9调整为4.8: 50.0: 45.2。

(图1　2007－2012年全省生产总值及其增长速度,略)

(图2　2012年全省生产总值及第三产业增加值构成,略)

全年居民消费价格比上年上涨2.2 %,其中食品类价格上涨5.3%(见图3、表1);商品零售价格上涨1.9%;农业生产资料价格上涨4.2%;工业生产者出厂价格下降2.7%,工业生产者购进价格下降3.3%;固定资产投资价格下降0.8%。

(图3　2007－2012年居民消费价格涨跌幅度,略)

表1:　2012年居民消费价格变动情况(上年=100)

指　　标	全　省	城　市	农　村
居民消费价格总指数	**102.2**	**102.2**	**102.3**
食　品	105.3	105.4	105.1
其中:粮　食	103.7	103.7	103.6
烟酒及用品	101.5	101.7	101.1
衣　着	101.3	101.4	101.3
家庭设备用品及服务	102.5	102.4	102.8
医疗保健及个人用品	101.3	101.3	101.1
交通和通信	99.7	99.7	99.8
娱乐教育文化用品及服务	99.4	99.0	100.8
居　住	101.6	101.8	101.2

全年财政总收入6408亿元,比上年增长8.2%,增速比上年回落12.8个百分点;地方公共财政预算收入3441亿元,增长9.2%,增速比上年回落11.6个百分点。

全年新增城镇就业人数98.7万人,其中42.2万名城镇失业人员实现再就业。年末城镇登记失业率为3.01%,比上年末下降0.11个百分点。

二、农业和农村建设

全年粮食播种面积1251.6千公顷，比上年下降0.2%；粮食总产量783.5万吨，增长0.2%（见表2）。油料播种面积189.4千公顷，比上年减少3.4%，其中，油菜籽165.6千公顷，减少3.5%；蔬菜623.3千公顷，减少0.2%；棉花20.9千公顷，减少3.8%；花卉苗木126.3千公顷，增长5.9%；药材31.2千公顷，减少1.2%；甘蔗11.0千公顷，减少2.9%；果用瓜101.4千公顷，减少4.3%。

生猪年末存栏1338.3万头，年内出栏1934.4万头，分别比上年增长4.4%和0.2%。肉类总产量180.8万吨，比上年增长2.8%。水产品总产量541.9万吨，比上年增长5.1%，其中，海水产品产量433.5万吨，淡水产品产量108.4万吨，分别增长5.5%和3.4%。

表2：　2012年主要农产品产量

产品名称	绝对数(万吨)	比上年增长(%)
粮　　食	783.48	0.2
春　粮	62.50	-3.6
早　稻	66.82	-2.2
秋　粮	654.16	0.9
油　　料	38.30	-3.9
花　生	5.34	-0.4
油菜籽	32.09	-4.5
棉　　花	2.99	-7.6
糖　　料	70.14	-1.4
茶　　叶	17.48	3.0
水　　果	703.50	-1.2
蔬　　菜	1819.81	0.2

全年新增粮食生产功能区1330个，面积111万亩；新建成11个省级现代农业综合区，41个省级主导产业示范区，122个省级特色农业精品园。新增育秧中心、烘干中心、维修中心等农机化服务中心311个；新增插秧机1319台，推广水稻机插面积241.9万亩；新增油菜收获机械297台，油菜机收24.9万亩；新增粮食烘干机械1049台(套)，新增粮食烘干能力50余万吨；全年农业机械总动力2587.9万千瓦，比上年增长1.8%。

全年完成环境整治村3600个，启动培育建设中心村377个，受益农户120万户。全省93%行政村实现生活垃圾集中收集处理，78%以上农户家庭实现卫生改厕，60%以上村庄开展了生活污水治理，89%的村庄环境得到较好的整治。

三、工业和建筑业

全年规模以上工业增加值10875亿元，比上年增长7.1%，轻、重工业增加值分别为4705和6170亿元，分别增长8.0%和6.6%（见表3）。其中，国有及国有控股工业企业增加值1854亿元，增长2.6%。规模以上工业销售产值56903亿元，增长5.9%。规模以上工业企业完成出口交货值11064亿元，增长1.3%；出口交货值占销售产值的比重为19.4%，比上年下降0.9个百分点。

表3： 2012年规模以上工业增加值

指　标　名　称	绝对数(亿元)	比上年增长(%)
工业增加值总计	10875	7.1
在总计中:轻工业	4705	8.0
重工业	6170	6.6
在总计中:国有企业	889	3.2
有限责任公司	1776	8.7
股份有限公司	963	6.8
私营企业	4311	8.2
港澳台商投资企业	1362	5.9
外商投资企业	1505	6.0
在总计中:国有及国有控股企业	1854	2.6

规模以上工业新产品产值13460亿元,比上年增长13.1%,高于工业总产值增幅6.5个百分点;新产品产值率23.0%,比上年提高1.3个百分点。制造业中,高新技术产业增加值2626亿元,增长9.9%,占规模以上工业的比重为24.1%,比上年提高0.3个百分点。汽车产量为33.0万辆,增长7.7%,其中轿车产量为26.5万辆,下降2.3%(见表4)。

表4： 2012年主要工业产品产量

产品名称	单　位	绝对数	比上年增长(%)
纱	万吨	231.2	8.3
布	亿米	143.2	4.9
化　纤	万吨	1677.3	11.8
卷　烟	亿支	901.1	1.8
房间空调器	万台	509.5	0.3
发 电 量	亿千瓦小时	2717.3	-0.1
钢　材	万吨	3361.3	5.8
水　泥	万吨	11539.6	-4.3
化　肥(折100%)	万吨	27.8	5.1
汽　车	万辆	33.0	7.7
其中:轿　车	万辆	26.5	-2.3
集成电路	亿块	44.4	9.1
电子元件	亿只	846.4	0.5
微型电子计算机	万台	161.8	3.9

全年规模以上工业企业实现利润2900亿元,比上年下降6.1%。其中,国有及国有控股企业453亿元,下降2.9%;股份制企业313亿元,下降17.7%;外商及港澳台投资企业834亿元,下降12.4%;私营企业1060亿元,下降1.8%。工业企业产品销售率97.4%,比上年下降0.6个百分点。

全年建筑业增加值1976亿元,比上年增长5.5%。资质以上建筑企业利润总额481亿元,增长16.9%;税金总额531亿元,增长22.6%。

四、固定资产投资和房地产业

全年固定资产投资17096亿元,比上年增长21.4%(见图4)。非国有投资11755亿元,增长22.0%,

占固定资产投资的68.8%，其中民间投资10579亿元，增长22.5%，占固定资产投资的61.9%。

（图4　2007－2012年固定资产投资及其增长速度，略）

在固定资产投资中，第一产业投资142.3亿元，比上年增长47.1%；第二产业投资6088亿元，增长16.6%，其中工业投资6058亿元，增长16.9%；第三产业投资10866亿元，增长24.1%。全年投资项目39154个，比上年增长17.9%，其中新开工项目22976个，增长29.1%。

全年房地产开发投资5226亿元，比上年增长16.8%。商品房销售面积4005万平方米，增长13.4%；商品房销售额4263亿元，增长22.7%。

五、国内贸易

全年社会消费品零售总额13546亿元，比上年增长13.5%，扣除价格因素，实际增长11.4%（见图5）。其中，城镇消费品零售额11409亿元，增长13.8%；乡村消费品零售额2137亿元，增长12.2%。分行业看，批发零售贸易业零售额12101亿元，增长13.3%；住宿餐饮业零售额1445亿元，增长15.6%。

（图5　2007－2012年社会消费品零售总额及其增长速度，略）

在限额以上批发零售贸易业销售额中，汽车类零售额比上年增长7.3%，石油及制品类增长17.6%，食品饮料烟酒类增长16.4%，服装、鞋帽、针纺织品类增长20.9%，中西药品类增长20.9%，日用品类增长10.4%，金银珠宝类增长24.8%，通讯器材类增长29.6%，家具类增长77.0%。

年末全省有商品交易市场4297家，全年有形市场成交额1.58万亿元，比上年增长9%。年成交额超亿元的市场745个，其中，年交易额十至百亿元市场199家，超百亿元的市场31个。

六、对外经济

全年进出口总额3122.4亿美元，比上年增长0.9%。其中，进口876.7亿美元，下降5.8%；出口2245.7亿美元，增长3.8%（见表5）。月均出口187.1亿美元，其中9月份出口211.5亿美元，创历史新高。民营企业出口1403.2亿美元，比上年增长8.5%，高于全省出口平均增速4.7个百分点，占全省出口总值的62.5%，比上年提高2.7个百分点；对全省出口增长的贡献率为133.3%。

表5：　2012年进出口主要分类情况

指　　标	绝对数（亿美元）	比上年增长（%）
进出口总额	3122.4	0.9
出口额	2245.7	3.8
其中：一般贸易	1797.2	1.8
加工贸易	347.0	-3.7
其中：机电产品	959.1	3.8
其中：高新技术产品	148.0	-3.5
进口额	876.7	-5.8
其中：一般贸易	624.4	-4.4
加工贸易	152.7	-11.2
其中：机电产品	159.2	-11.7

对欧洲市场出口增速持续下滑，对北美市场出口保持稳定增长，对新兴市场出口快速增长（见表6）。

表6： 2012年对主要市场进出口情况

国家或地区	出口额（亿美元）	比上年增长（%）	进口额（亿美元）	比上年增长（%）
欧　盟	505.8	-9.3	103.1	-7.8
东　盟	169.7	15.1	113.4	6.5
美　国	381.8	9.3	72.1	-7.3
日　本	134.5	0.8	112.7	-4.9
俄罗斯	79.8	13.9	14.7	-19.8
韩　国	55.7	2.1	84.0	-3.7
中国香港	66.3	11.6	2.9	-12.9
中国台湾	23.3	-1.6	108.8	-3.1

新批外商直接投资项目1597个，比上年减少94个；合同外资210.7亿美元，实际到位外资130.7亿美元，分别比上年增长2.4%和12.0%。第三产业利用外资继续保持良好势头，合同外资107.1亿美元，实际利用外资64.6亿美元，分别比上年增长13.6%和19.7%，分别占外资总额的50.8%和49.5%，比上年分别提高5和3.2个百分点。

对外承包工程完成营业额37.1亿美元，比上年增长27.5%；新签合同额35.2亿美元，增长22.1%。经审批和核准的境外投资企业和机构共计634家，比上年增加66家；投资总额47.5亿美元，增长27.2%，其中中方投资38.9亿美元，增长13.0%。全年实际对外直接投资24亿美元，比上年增长13.8%。

七、交通、邮电和旅游业

全年交通运输、仓储和邮政业增加值为1277亿元，比上年增长6.7%。

全年铁路、公路和水运完成货物周转量9183亿吨公里，比上年增长6.4%；旅客周转量1318亿人公里，增长1.6%。港口完成货物吞吐量13.2亿吨，增长7.8%，其中，沿海港口完成9.3亿吨，内河港口完成3.9亿吨，分别增长7.0%和9.8%（见表7）。

表7： 2012年铁、公、水路运输方式完成运输量

指　　标	单　位	绝对数	比上年增长（%）
货物周转量	亿吨公里	9183	6.4
铁　路	亿吨公里	291	-6.7
公　路	亿吨公里	1526	6.3
水　运	亿吨公里	7366	7.0
旅客周转量	亿人公里	1318	1.6
铁　路	亿人公里	390	2.2
公　路	亿人公里	921	1.4
水　运	亿人公里	6	-4.3
沿海港口货物吞吐量	亿吨	9.3	7.0

全年邮电业务总量1024亿元，比上年增长14.0%。其中，邮政业务总量215.2亿元，电信业务总量808.8亿元。

年末本地电话交换机容量2791万门，比上年减少195万门；移动电话交换机容量9685万户，比上年增加

80 万户。本地电话用户 1882 万户，比上年减少 66 万户，普及率 34.2 线/百人；移动电话用户 6443 万户，比上年增加 687 万户，普及率 117.2 部/百人。年末全省互联网用户数 5887 万户，其中(固定)互联网宽带接入用户 1153 万户。

全年实现旅游总收入 4801.2 亿元，比上年增长 17.7%。其中，接待国内旅游者 3.91 亿人次，增长 14.1%，实现国内旅游收入 4475.8 亿元，增长 18.2%；接待入境旅游者 866 万人次，增长 11.9%，实现旅游外汇收入 51.5 亿美元，增长 13.4%(见表 8)。

表 8:2007－2012 年全省接待旅游人数

年　　份	入境旅游人数(万人次)	国内旅游人数(亿人次)
2007	511	1.91
2008	540	2.09
2009	571	2.44
2010	685	2.95
2011	774	3.43
2012	866	3.91

八、金融、证券和保险

年末全部金融机构本外币各项存款余额 66679 亿元，比上年末增长 9.5%，其中人民币存款余额增长 8.6%。全部金融机构本外币各项贷款余额 59509 亿元，比上年末增长 11.8%，其中人民币贷款余额增长 11.1%。年末个人本外币储蓄存款余额 26902 亿元，比上年末增长 12.4%(见表 9)。

表 9：2012 年全部金融机构本外币存贷款情况

指　　标	年末数(亿元)	比上年增长(%)
各项存款余额	66679	9.5
其中:单位存款	35955	7.2
个人储蓄存款	26902	12.4
各项贷款余额	59509	11.8
其中：短期贷款	36796	14.0
中长期贷款	20766	5.1

全年新增境内上市公司 20 家，年末共有境内上市公司 246 家，累计融资 2786 亿元；其中，中小板上市公司 119 家，占全国中小板上市公司总数的 17%；创业板上市公司 36 家，占全国创业板上市公司总数的 10.1%。

全年保险业实现保费收入 984.6 亿元，比上年增长 12.0%。其中，财产险保费收入 444.5 亿元，增长 14.7%；人身险保费收入 540.1 亿元，增长 9.9%。支付各类赔款及给付 342.6 亿元，比上年增长 33.7%。其中，财产险赔付支出 250.9 亿元，人身险赔付支出 91.7 亿元。

九、教育和科学技术

全省共有 3698 所小学，招生 60.7 万人；在校生 346.7 万人，比上年增加 2.7 万人，增长 0.8%，小学学龄儿童入学率为99.99%。共有1735所初中，招生51.1万人，比上年增加1.1万人，增长2.2%；在校生149.3万人，初中入学率为99.98%。小学生均校舍建筑面积7平方米；生均图书24.7册；每百名学生拥有计算机14台；小学体育运动场（馆）面积达标的学校比例为87.4%，比上年提高5.1个百分点；建立校园网校数比例为95.1%，提高11.8个百分点。初中生均校舍建筑面积15.6平方米；生均图书38.7册；每百名学生拥有计算机22.7台；初中体育运动场（馆）面积达标的学校比例为92.8%，提高3.7个百分点；建立校园网校数比例为95.7%，提高3.8个百分点。

义务教育中小学进城务工人员随迁子女在校生130.8万人，比上年增长8.2%，其中在公办学校就读人数为98.9万人，占75.6%。其中，在小学就读的进城务工人员随迁子女106.2万人，比上年增加7.3万人，增长7.4%；在初中就读的进城务工人员随迁子女24.6万人，比上年增加2.6万人，增长11.7%。

全省共有普通高校105所（含独立学院及筹建院校）。研究生、本科、专科招生比例为1:8.2:6.8；普通高考录取率为85.4%，与上年基本持平；高等教育毛入学率为49.5%，比上年提高2.5个百分点。全年研究生招生18748人，其中，博士生2262人，硕士生16486人，招生总数比上年增加1183人，增长6.7%；在学研究生54369人，其中，博士、硕士在校生分别为9485人、44884人，在学研究生总数比上年增加2523人，增长4.9%。普通本专科招生28.1万人，比上年增长3.5%，招生比为54.6:45.4；在校生93.2万人，增长2.7%，毕业生24.75万人，增长3.8%。

各类中等职业教育（含技工学校）招生23.8万人，在校生96.7万人；普通高中招生27.8万人，在校生87.6万人，毕业生29.7万人。

年末有幼儿园专任教师10.7万人，比上年增加0.7万人；幼儿教师学历合格率为99%，比上年提高0.4个百分点。义务教育中小学专任教师29.8万人，比上年增长1.6%。中等职业教育（含技工学校）专任教师3.8万人，生师比25.4:1；专任教师学历合格率为94%，比上年提高0.8个百分点。双师型教师占专任教师和专业课教师的比例分别为34.8%和68.8%，比上年分别提高2.8和3.6个百分点。普通高等学校专任教师中副高职称以上教师所占比例为43.6%，比上年提高0.7个百分点；具有硕士以上学位教师比例为71.7%，比上年提高3.2个百分点。

全年全社会科技活动经费支出1200亿元，比上年增长19.6%；相当于地区生产总值的3.47%。研究和发展（R&D）经费支出相当于地区生产总值的比例为2.04%，比上年提高0.14个百分点。财政科技拨款166亿元，比上年增长15.3%；财政科技拨款占财政支出的比重为3.99%。

全省有国家认定的企业技术中心60家。新认定高新技术企业540家，累计4500家。新培育省级创新型试点企业54家，示范企业45家，累计分别为363家和194家。全年专利申请量、授权量分别为24.9万件和18.8万件，分别比上年增长40.7%和44.4%。

十、文化、卫生和体育

年末共有艺术表演团体64个，群艺（文化）馆102个，公共图书馆97个，博物馆128个。省市级广播电台、电视台各12座，县级广播电视台66家。有线电视用户1384.6万户，比上年增长4.7%；广播、电视综合覆盖率分别为99.5%和99.6%。全年共审查电影40部，制作电视剧75部2803集。共有36部浙产电视剧在央视及全国各卫视播出。制作动画片46部2968集超过35000分钟，《锋速战警》等11部动画片列入国家广电总局今年推荐优秀动画片。全年广播影视经营收入220亿元，比上年增长10.0%，其中电影票房收入13.7亿元，增长40.5%。全年观影3440.6万人次，共完成30.5万场农村电影放映任务。

全省14家图书出版社，共出版图书10966种，总印数3.4亿册，比上年增长4.6%；公开发行报纸71种，年出版量34.8亿份，平均每千人每天拥有174份报纸；出版期刊222种，比上年增加2种，年出版量0.79亿册，增长0.6%。全省共有综合档案馆98个，已开放各类档案12311个全宗，共计255.5万卷，37.5万件。

年末共有卫生机构30522个（包括村卫生室）。各类医院床位数17.6万张，比上年增长7.9%；卫生技术人员30.6万人，增长1.9%，其中，执业(助理)医师11.9万人，注册护士11.4万人，分别增长0.4%和4.6%。医院年诊疗20394万人次，比上年增长12.3%。年末全省统一的预约诊疗网络平台有80家医院、38家社区卫生服务中心(站)接入，注册用户达100万以上，日均成功预约量6000多人次。

全年甲、乙类传染病发病率为219.32/10万，比上年下降16.2%。孕产妇和5岁以下儿童死亡率分别为4.01/10万和6.52‰，比上年下降2.34/10万和0.85个千分点。"五苗"接种率保持在95%以上。

大力推进体育强省和"健康浙江"建设。2012年伦敦奥运会上，我省取得4金2银2铜和3个第五名、1个第六名、1个第八名，并破2项世界纪录和2项3次奥运会纪录的成绩。在衢州举办了全省首届女子体育节，开创了全国女子运动会的先河，成为"浙江体育最美的赛事"。举办了第五届职工运动会、第七届农民运动会、第六届老年人运动会和2012年全省幼儿体育大会。共创建省级青少年体育俱乐部35个，青少年户外体育活动营地9个。年末全省共有省级青少年体育俱乐部336所，国家级青少年体育俱乐部126所；省级青少年户外活动营地35个，国家级营地3所。全年共销售体育彩票73.3亿元，比上年增加12.7亿元，增长20.9%。

十一、人口、人民生活和社会保障

据2012年人口变动抽样调查，年末常住人口5477万人，比上年增长0.26%。其中，男性人口2818万人，女性人口2659万人，分别占总人口的51.5%和48.5%。全年出生人口55.4万人，出生率为10.12‰；死亡人口30.2万人，死亡率为5.52‰；全年自然增长人口25.2万人，自然增长率为4.60‰。

据对城乡住户抽样调查，全省城镇居民人均可支配收入34550元，农村居民人均纯收入14552元，扣除价格因素，分别比上年实际增长9.2%和8.8%(见图6、7)。城镇居民人均消费支出21545元，比上年实际增长3.1%；农村居民人均生活消费支出10208元，实际增长3.5%。城镇居民家庭恩格尔系数为35.1%，比上年上升0.5个百分点；农村居民家庭恩格尔系数为37.7%，比上年上升0.1个百分点。

全年城镇居民人均可支配收入中位数为30613元，比上年增加3330元，增长12.2%；农村居民人均纯收入中位数为12787元，比上年增加1234元，增长10.7%。

(图6　2007－2012年城镇居民人均可支配收入及其实际增长速度，略)

(图7　2007－2012年农村居民人均纯收入及其实际增长速度，略)

城镇居民人均住房建筑面积37.1平方米，农村居民人均居住面积61.5平方米。城乡居民家庭主要耐用消费品拥有量继续增加(见表10)。

表10：2012年城乡居民每百户主要耐用消费品拥有量

指　标	单位	城镇居民	比上年增长(%)	农村居民	比上年增长(%)
洗衣机	台	95.5	0.6	72.5	5.6
电冰箱	台	100.9	0.7	95.3	2.5
空调器	台	203.8	1.4	99.9	5.9
摩托车	台	21.9	-0.5	40.2	-2.7
家用汽车	辆	36.5	8.2	15.2	13.2
彩色电视机	台	186.6	1.0	171.7	1.9
固定电话	部	79.9	-0.6	76.3	-1.9
移动电话	部	210.1	1.1	211.5	3.4
家用电脑	台	106.4	2.7	47.8	10.4

全年参加企业基本养老保险人数2083.3万人，参加城镇职工基本医疗保险人数1671万人，参加失业保险人数1065.4万人，参加工伤保险人数1731.7万人，参加生育保险人数1084.8万人，分别比上年增加261.5万人、156.6万人、84.8万人、120.9万人和105万人。企业退休人员基本养老金月人均水平超过2000元，居全国省区前列。城乡居保基础养老金最低标准提高到80元，失业保险金平均水平为941元，因工死亡职工供养亲属抚恤金月人均提高105元。

年末新型农村合作医疗参合人数2872.9万人，参合率为97.7%；人均筹资标准为482.5元，比上年增加97.9元，其中，财政补助342.2元，比上年增加69.2元；所有统筹地区最高支付限额全部达到当地农村居民人均纯收入6倍以上。新农合统筹地区政策内住院报销比例为72.1%，比上年提高8.7个百分点；统筹区域内新农合定点医疗机构即时结报率达到100%。

年末在册低保对象67.5万人，其中，城镇7.8万人，农村59.7万人；低保资金支出17.6亿元，比上年增长13.8%；城乡低保平均标准分别为每人每月476.78元和350.03元，分别增长8%和14%；获得生活补助的城乡低收入家庭持证重度残疾人7.7万名，发放补助金额2.3亿元，分别增长12.4%和36.5%。

全年共支出医疗救助资金7.5亿元，比上年增加1亿元。投入资金19.7亿元，新增各类养老机构床位数3.2万张，建设社区居家养老服务照料中心1298个。

年内共发行各类福利彩票102.4亿元，比上年增加9.7亿元，共筹集公益金29.5亿元。

十二、资源、环境保护和社会安全

全省平均降水量为2060.5毫米(折合降水总量2134.7亿立方米)，总水资源量1454.8亿立方米，人均水资源量2656.2立方米。总用水量223.2亿立方米，比上年增长1.4%。

全年共完成造林面积39695公顷，其中，重点防护林工程造林面积12561公顷，更新造林16587公顷，低产低效林改造16878公顷；建设绿色通道4960公里，清水河道岸绿工程7500公里；完成针叶林阔叶化改造16.2万亩，建成生物防火林带1098公里。2012年全省森林资源监测结果，森林覆盖率为60.97%(含灌木林)。

全省有气象雷达观测站点9个，卫星云图接收站点25个，区域自动气象观测站1615个。各设区市及国家环保模范城市开展PM2.5监测和数据实时发布，新增烟尘控制区300多平方公里，高污染燃料禁燃区30个。221个省控断面地表水Ⅰ~Ⅲ类水质比例达到64.3%，比上年提高1.4个百分点。地表水环境功能区水质达标率为68.3%，比上年提高2.7个百分点。221个省控断面高锰酸盐指数平均浓度为3.48毫克/升，比上年下降7.4%。跨行政区域河流交接断面满足功能要求比例为61.7%，与上年持平。全年新增水土流失治理面积720平方公里；近岸海域共发生赤潮17次，累计面积约1502平方公里，其中，有毒赤潮1次，面积约80平方公里，有害赤潮10次，面积约452平方公里。与上年相比，赤潮发生次数下降3次，累计面积保持稳定，但赤潮生物种类有所增加，有害赤潮发生次数和面积大幅上升。

全年城市污水排放量23.2亿立方米，比上年增长8.1%；城市污水处理量20.4亿立方米，增长11.7%，城市污水处理率87.9%，比上年提高2.8个百分点；城市用水普及率99.5%；生活垃圾无害化处理率97.4%，提高0.95个百分点。城市燃气普及率98.9%；人均公园绿地面积12.4平方米，比上年增长5.5%。农村沼气产气量1.9亿立方米，比上年增长7.1%；太阳能利用累计面积550万平方米，增长8.5%。

全年规模以上工业企业能源消费比上年下降1.0%，单位工业增加值能耗下降7.6%。其中，千吨以上和重点监测用能企业能源消费比上年分别下降2.5%和2.7%，单位工业增加值能耗分别下降8.8%和9.0%。

(图8　2007-2012年规模以上工业单位增加值能耗下降幅度，略)

全年累计建成国家级生态县6个、国家环境保护模范城市7个、国家级生态示范区45个、全国环境优美乡镇374个，省级生态县49个、省级环保模范城市7个、省级生态乡镇979个。累计建成国家级绿色学校49

所、国家级绿色社区27个，以及一批省级绿色学校、绿色家庭、绿色饭店、绿色医院、绿色企业等。

全年共发生各类安全事故23366起，死亡5710人，受伤19845人，直接经济损失37785万元，分别比上年下降4.3%、5.3%、7.3%和6.8%。其中，较大事故36起，死亡128人，分别减少29起、143人；重大事故1起，死亡13人，分别减少1起、9人。道路交通共发生事故19270起，死亡4962人，受伤19728人，直接经济损失8054万元，分别比上年下降4.5%、5.2%、7.3%和5.3%；火灾事故共发生3437起，死亡69人，受伤48人，直接经济损失6604万元，分别下降2.4%、持平、下降11.1%和16.6%。

注：(1)本公报所列各项数据为年度初步统计数据。

(2) 全省生产总值和各产业增加值绝对数按现行价格计算，增长速度按可比价格计算。

(3) 第三产业增加值构成中，其他服务业包括信息传输和计算机服务，租赁和商务服务业，科学研究、技术服务和地质勘查业，水利、环境和公共设施管理业，居民服务和其他服务业，教育、卫生、社会保障和社会福利业，文化、体育和娱乐业，公共管理和社会组织等行业。

(4) 居民家庭恩格尔系数：指居民家庭食品消费支出占生活消费总支出的比重。

(5) 人均收入中位数：指将所有调查户按人均收入水平从低到高顺序排列，处于最中间位置的调查户的人均收入。

(6) 国家环境保护模范城市分别为杭州市、宁波市、绍兴市、湖州市、义乌市、富阳市、临安市。

中华人民共和国2012年国民经济和社会发展统计公报(1)

中华人民共和国国家统计局

（2013年2月22日）

2012年，面对复杂严峻的国际经济形势和艰巨繁重的国内改革发展稳定任务，全国各族人民在党中央、国务院的正确领导下，坚持以科学发展为主题，以加快转变经济发展方式为主线，按照稳中求进的工作总基调，认真贯彻落实加强和改善宏观调控的各项政策措施，国民经济运行总体平稳，各项社会事业取得新的进步，为全面建成小康社会奠定了良好基础。

一、综　合

初步核算，全年国内生产总值(2)519322亿元，比上年增长7.8%。其中，第一产业增加值52377亿元，增长4.5%；第二产业增加值235319亿元，增长8.1%；第三产业增加值231626亿元，增长8.1%。第一产业增加值占国内生产总值的比重为10.1%，第二产业增加值比重为45.3%，第三产业增加值比重为44.6%。

（图1　2008－2012年国内生产总值及其增长速度，略）

全年居民消费价格比上年上涨2.6%，其中食品价格上涨4.8%。固定资产投资价格上涨1.1%。工业生产者出厂价格下降1.7%。工业生产者购进价格下降1.8%。农产品生产者价格(3)上涨2.7%。

（图2　2012年居民消费价格月度涨跌幅度，略）

表1：　2012年居民消费价格比上年涨跌幅度

单位:%

指　　标	全　国	城　市	农　村
居民消费价格	**2.6**	**2.7**	**2.5**
食　品	4.8	5.1	4.0
烟酒及用品	2.9	2.9	2.7
衣着	3.1	2.9	3.8
家庭设备用品及服务	1.9	2.1	1.5
医疗保健及个人用品	2.0	2.0	2.1
交通和通信	-0.1	-0.3	0.6
娱乐教育文化用品及服务	0.5	0.4	1.0
居　住	2.1	2.2	1.9

70个大中城市新建商品住宅销售价格月环比上涨的城市个数年末为54个。

（图3　2012年新建商品住宅月环比价格下降、持平、上涨城市个数变化情况，略）

年末全国就业人员76704万人，其中城镇就业人员37102万人。全年城镇新增就业1266万人。年末城镇登记失业率为4.1%，与上年末持平。全国农民工(4)总量为26261万人，比上年增长3.9%。其中，外出农民工16336万人，增长3.0%；本地农民工9925万人，增长5.4%。

（图4　2008－2012年城镇新增就业人数，略）

年末国家外汇储备33116亿美元，比上年末增加1304亿美元。年末人民币汇率为1美元兑6.2855元人民币，比上年末升值0.25%。

（图5　2008－2012年年末国家外汇储备及其增长速度，略）

全年公共财政收入(5)117210亿元，比上年增加13335亿元，增长12.8%；其中税收收入100601亿元，增加10862亿元，增长12.1%。

（图6　2008－2012年公共财政收入(6)及其增长速度，略）

二、农　业

全年粮食种植面积11127万公顷，比上年增加69万公顷；棉花种植面积470万公顷，减少34万公顷；油料种植面积1398万公顷，增加12万公顷；糖料种植面积203万公顷，增加9万公顷。

全年粮食产量58957万吨，比上年增加1836万吨，增产3.2%。其中，夏粮产量12995万吨，增产2.8%；早稻产量3329万吨，增产1.6%；秋粮产量42633万吨，增产3.5%。其中，主要粮食品种中，稻谷产量20429万吨，增产1.6%；小麦产量12058万吨，增产2.7%；玉米产量20812万吨，增产8.0%。

（图7　2008－2012年粮食产量及其增长速度，略）

全年棉花产量684万吨，比上年增产3.8%。油料产量3476万吨，增产5.1%。糖料产量13493万吨，增产7.8%。烤烟产量320万吨，增产11.5%。茶叶产量180万吨，增产11.2%。

全年肉类总产量8384万吨，比上年增长5.4%。其中，猪肉产量5335万吨，增长5.6%；牛肉产量662万吨，增长2.3%；羊肉产量401万吨，增长2.0%；禽肉产量1823万吨，增长6.7%。年末生猪存栏47492万头，增长1.6%；生猪出栏69628万头，增长5.2%。禽蛋产量2861万吨，增长1.8%。牛奶产量3744万吨，增长2.3%。

全年水产品产量5906万吨，比上年增长5.4%。其中，养殖水产品产量4305万吨，增长7.0%；捕捞水产品产量1601万吨，增长1.3%。

全年木材产量8088万立方米，比上年下降0.7%。

全年新增有效灌溉面积172万公顷，新增节水灌溉面积235万公顷。

三、工业和建筑业

全年全部工业增加值199860亿元，比上年增长7.9%。规模以上工业增加值增长10.0%。在规模以上工业中，国有及国有控股企业增长6.4%；集体企业增长7.1%，股份制企业增长11.8%，外商及港澳台商投资企业增长6.3%；私营企业增长14.6%。轻工业增长10.1%，重工业增长9.9%。

（图8　2008－2012年全部工业增加值及其增长速度，略）

全年规模以上工业(7)中，农副食品加工业增加值比上年增长13.6%，纺织业增长12.2%，通用设备制造业增长8.4%，专用设备制造业增长8.9%，汽车制造业增长8.4%，计算机、通信和其他电子设备制造业增长12.1%，电气机械和器材制造业增长9.7%。六大高耗能行业(8)增加值比上年增长9.5%，其中，非金属矿物制品业增长11.2%，化学原料和化学制品制造业增长11.7%，有色金属冶炼和压延加工业增长13.2%，黑色金属冶炼和压延加工业增长9.5%，电力、热力生产和供应业增长5.0%，石油加工、炼焦和核燃料加工业增长6.3%。高技术制造业增加值比上年增长12.2%。

表2： 2012年主要工业产品产量及其增长速度

产品名称	单　位	产　量	比上年增长(%)
纱	万吨	2984.0	9.8
布	亿米	840.8	3.3
化学纤维	万吨	3800.0	12.1
成品糖	万吨	1406.8	18.5
卷　烟	亿支	25160.9	2.8
彩色电视机	万台	12823.3	4.8
其中：液晶电视机	万台	11418.3	10.9
家用电冰箱	万台	8427.0	-3.1
房间空气调节器	万台	13281.1	-4.5
一次能源生产总量	亿吨标准煤	33.3	4.8
原　煤	亿吨	36.5	3.8
原　油	亿吨	2.07	2.3
天然气	亿立方米	1072.2	4.4
发电量	亿千瓦小时	49377.7	4.8
其中：火电	亿千瓦小时	38554.5	0.6
水电	亿千瓦小时	8608.5	23.2
核电	亿千瓦小时	973.9	12.8
粗　钢	万吨	71716.0	4.7
钢　材(9)	万吨	95317.6	7.6
十种有色金属	万吨	3672.2	6.9
其中：精练铜(电解铜)	万吨	574.0	9.5
原铝(电解铝)	万吨	1985.8	12.3
氧化铝	万吨	3769.6	10.3
水　泥	亿吨	22.1	5.3
硫　酸	万吨	7686.3	2.7
纯　碱	万吨	2408.8	5.0
烧　碱	万吨	2696.1	9.0
乙　烯	万吨	1486.8	-2.7
化　肥(折100%)	万吨	7296.0	10.1
发电机组(发电设备)	万千瓦	13005.6	-9.7
汽　车	万辆	1927.7	4.7
其中：基本型乘用车(轿车)	万辆	1077.1	6.4
大中型拖拉机	万台	46.3	15.3
集成电路	亿块	823.1	14.4
程控交换机	万线	2826.3	-6.8
移动通信手持机	万台	118154.3	4.3
微型计算机设备	万台	35411.0	10.5

全年规模以上工业企业实现利润55578亿元，比上年增长5.3%，其中国有及国有控股企业14163亿元，下降5.1%；集体企业819亿元，增长7.5%，股份制企业32867亿元，增长7.2%，外商及港澳台商投资企业

12688 亿元，下降 4.1%；私营企业 18172 亿元，增长 20.0%。

全年全社会建筑业增加值 35459 亿元，比上年增长 9.3%。全国具有资质等级的总承包和专业承包建筑业企业实现利润 4818 亿元，增长 15.6%，其中国有及国有控股企业 1236 亿元，增长 21.9%。

（图 9　2008－2012 年建筑业增加值及其增长速度，略）

四、固定资产投资

全年全社会固定资产投资 374676 亿元，比上年增长 20.3%，扣除价格因素，实际增长 19.0%。其中，固定资产投资（不含农户）364835 亿元，增长 20.6%；农户投资 9841 亿元，增长 8.3%。东部地区投资(10) 151742 亿元，比上年增长 16.5%；中部地区投资 87909 亿元，增长 24.1%；西部地区投资 88749 亿元，增长 23.1%；东北地区投资 41243 亿元，增长 26.3%。

（图 10　2008－2012 年全社会固定资产投资及其增长速度，略）

表 3：　2012 年分行业固定资产投资（不含农户）及其增长速度

单位：亿元

行　　业	投资额	比上年增长（%）
总　　计	364835	20.6
农、林、牧、渔业	9004	32.2
采矿业	13129	11.8
制造业	124971	22.0
电力、热力、燃气及水的生产和供应业	16536	12.8
建筑业	4036	24.6
批发和零售业	9816	33.0
交通运输、仓储和邮政业	30296	9.1
住宿和餐饮业	5102	30.2
信息传输、软件和信息技术服务业	2834	30.6
金融业	932	46.2
房地产业(11)	92357	22.1
租赁和商务服务业	4645	37.4
科学研究和技术服务业	2176	27.8
水利、环境和公共设施管理业	29296	19.5
居民服务、修理和其他服务业	1718	26.0
教　　育	4679	20.3
卫生和社会工作	2645	23.0
文化、体育和娱乐业	4299	36.2
公共管理、社会保障和社会组织	6363	9.2

在固定资产投资（不含农户）中，第一产业投资 9004 亿元，比上年增长 32.2%；第二产业投资 158672 亿元，增长 20.2%；第三产业投资 197159 亿元，增长 20.6%。

表4：　2012年固定资产投资新增主要生产能力

指　　标	单　位	绝对数
新增发电机组容量	万千瓦	8020
新增220千伏及以上变电设备	万千伏安	18208
新建铁路投产里程	公里	5382
其中：高速铁路(11)	公里	2723
增建铁路复线投产里程	公里	4763
电气化铁路投产里程	公里	6054
新建公路	公里	58672
其中：高速公路	公里	9910
港口万吨级码头泊位新增吞吐能力	万吨	49522
新增光缆线路长度	万公里	267

全年房地产开发投资71804亿元，比上年增长16.2%。其中，住宅投资49374亿元，增长11.4%；办公楼投资3367亿元，增长31.6%；商业营业用房投资9312亿元，增长25.4%。

全年新开工建设城镇保障性安居工程住房781万套(户)，基本建成城镇保障性安居工程住房601万套。

表5：　2012年房地产开发和销售主要指标完成情况

指　　标	单　位	绝对数	比上年增长(%)
投资额	亿元	71804	16.2
其中：住宅	亿元	49374	11.4
其中：90平方米及以下	亿元	16789	21.9
房屋施工面积	万平方米	573418	13.2
其中：住宅	万平方米	428964	10.6
房屋新开工面积	万平方米	177334	-7.3
其中：住宅	万平方米	130695	-11.2
房屋竣工面积	万平方米	99425	7.3
其中：住宅	万平方米	79043	6.4
商品房销售面积	万平方米	111304	1.8
其中：住宅	万平方米	98468	2.0
本年资金来源	亿元	96538	12.7
其中：国内贷款	亿元	14778	13.2
其中：个人按揭贷款	亿元	10524	21.3
本年购置土地面积	万平方米	35667	-19.5
本年土地成交价款(13)	亿元	7410	-16.7

五、国内贸易

全年社会消费品零售总额210307亿元，比上年增长14.3%，扣除价格因素，实际增长12.1%。按经营地统计，城镇消费品零售额182414亿元，增长14.3%；乡村消费品零售额27893亿元，增长14.5%。按消费形态统计，商品零售额186859亿元，增长14.4%；餐饮收入额23448亿元，增长13.6%。

（图11　2008－2012年社会消费品零售总额及其增长速度，略）

在限额以上企业商品零售额中，汽车类零售额比上年增长7.3%，粮油类增长19.9%，肉禽蛋类增长18.0%，服装类增长17.7%，日用品类增长17.5%，文化办公用品类增长17.7%，通讯器材类增长28.9%，化妆品类增长17.0%，金银珠宝类增长16.0%，中西药品类增长23.0%，家用电器和音像器材类增长7.2%，家具类增长27.0%，建筑及装潢材料类增长24.6%。

六、对外经济

全年货物进出口总额38668亿美元，比上年增长6.2%。其中，出口20489亿美元，增长7.9%；进口18178亿美元，增长4.3%。进出口差额（出口减进口）2311亿美元，比上年增加762亿美元。

表6：　2012年货物进出口总额及其增长速度

单位：亿美元

指　　标	绝对数	比上年增长（%）
货物进出口总额	38668	6.2
货物出口额	20489	7.9
其中：一般贸易	9880	7.7
加工贸易	8628	3.3
其中：机电产品	11794	8.7
高新技术产品	6012	9.6
其中：国有企业	2563	-4.1
外商投资企业	10227	2.8
其他企业	7699	21.1
货物进口额	18178	4.3
其中：一般贸易	10218	1.4
加工贸易	4812	2.4
其中：机电产品	7824	3.8
高新技术产品	5068	9.5
其中：国有企业	4954	0.3
外商投资企业	8712	0.8
其他企业	4512	17.2
进出口差额（出口减进口）	2311	-

表7： 2012 年主要商品出口数量、金额及其增长速度

商品名称	单位	数　量	比上年增长(%)	金　额(亿美元)	比上年增长(%)
煤(包括褐煤)	万吨	926	-36.8	16	-41.6
钢材	万吨	5573	14.0	515	0.5
纺织纱线、织物及制品	-	-	-	958	1.2
服装及衣着附件	-	-	-	1591	3.9
鞋类	-	-	-	468	12.2
家具及其零件	-	-	-	488	28.7
自动数据处理设备及其部件	万台	183275	-0.1	1853	5.1
手持或车载无线电话	万台	101447	15.9	810	29.1
集装箱	万个	248	-23.5	84	-26.1
液晶显示板	万个	316650	29.7	363	22.9
汽车(包括整套散件)	万辆	99	20.1	127	27.5

表8： 2012 年主要商品进口数量、金额及其增长速度

商品名称	数　量(万吨)	比上年增长(%)	金　额(亿美元)	比上年增长(%)
谷物及谷物粉	1398	156.7	48	134.2
大　豆	5838	11.2	350	17.6
食用植物油	845	28.7	97	25.6
铁矿砂及其精矿	74355	8.4	956	-15.0
氧化铝	502	165.1	18	133.3
煤(包括褐煤)	28851	29.8	287	20.2
原　油	27102	6.8	2207	12.1
成品油	3982	-1.9	330	0.6
初级形状的塑料	2370	2.9	462	-2.2
纸　浆	1646	14.0	110	-7.5
钢　材	1366	-12.3	178	-17.5
未锻造的铜及铜材	465	14.1	386	4.9

表9： 2012 年对主要国家和地区货物进出口额及其增长速度

单位:亿美元

国家和地区	货物出口额	比上年增长(%)	货物进口额	比上年增长(%)
美　国	3518	8.4	1329	8.8
欧　盟	3340	-6.2	2121	0.4
中国香港	3235	20.7	180	15.9
东　盟	2043	20.1	1958	1.5
日　本	1516	2.3	1778	-8.6
韩　国	877	5.7	1686	3.7
印　度	477	-5.7	188	-19.6
俄罗斯	441	13.2	441	9.2
中国台湾	368	4.8	1322	5.8

（图 12　2008－2012 年货物进出口总额,略）

全年非金融领域新批外商直接投资企业 24925 家,比上年下降 10.1%。实际使用外商直接投资金额 1117 亿美元,下降 3.7%。

表 10：　2012 年非金融领域外商直接投资及其增长速度

单位:亿美元

行业名称	企业家（家）	比上年增长（%）	实际使用金额	比上年增长（%）
总　　计	**24925**	**-10.1**	**1117.2**	**-3.7**
其中：农、林、牧、渔业	882	2.0	20.6	2.7
制造业	8970	-19.3	488.7	-6.2
电力、燃气及水的生产和供应业	187	-12.6	16.4	-22.6
交通运输、仓储和邮政业	397	-3.9	34.7	8.9
信息传输、计算机服务和软件业	926	-6.8	33.6	24.4
批发和零售业	7029	-3.2	94.6	12.3
房地产业	472	1.3	241.2	-10.3
租赁和商务服务业	3229	-8.2	82.1	-2.0
居民服务和其他服务业	192	-9.4	11.6	-38.2

全年非金融类对外直接投资额 772 亿美元,比上年增长 28.6%。

全年对外承包工程业务完成营业额 1166 亿美元,比上年增长 12.7%；对外劳务合作派出各类劳务人员 51.2 万人,增长 13.3%。

七、交通、邮电和旅游

全年货物运输总量 412 亿吨,比上年增长 11.5%。货物运输周转量 173145 亿吨公里,增长 8.7%。全年规模以上港口完成货物吞吐量 97.4 亿吨,比上年增长 6.8%,其中外贸货物吞吐量 30.1 亿吨,增长 8.8%。规模以上港口集装箱吞吐量 17651 万标准箱,增长 8.1%。

表 11：　2012 年各种运输方式完成货物运输量及其增长速度

指　　标	单　位	绝对数	比上年增长%
货物运输总量	亿吨	412.1	11.5
铁　路	亿吨	39.0	-0.7
公　路	亿吨	322.1	14.2
水　运	亿吨	45.6	7.0
民　航	万吨	541.6	-2.0
管　道	亿吨	5.3	-7.8
货物运输周转量	亿吨公里	173145.1	8.7
铁　路	亿吨公里	29187.1	-0.9
公　路	亿吨公里	59992.0	16.8
水　运	亿吨公里	80654.5	6.9
民　航	亿吨公里	162.2	-6.8
管　道	亿吨公里	3149.3	9.1

全年旅客运输总量 379 亿人次,比上年增长 7.6%。旅客运输周转量 33369 亿人公里,增长 7.7%。

表12： 2012年各种运输方式完成旅客运输量及其增长速度

指　　标	单　位	绝对数	比上年增长%
旅客运输总量	亿人	379.0	7.6
铁　路	亿人	18.9	4.8
公　路	亿人	354.3	7.8
水　运	亿人	2.6	4.3
民　航	亿人	3.2	9.2
旅客运输周转量	亿人公里	33368.8	7.7
铁　路	亿人公里	9812.3	2.1
公　路	亿人公里	18468.4	10.2
水　运	亿人公里	77.4	3.9
民　航	亿人公里	5010.7	10.4

年末全国民用汽车保有量达到12089万辆(包括三轮汽车和低速货车1145万辆)，比上年末增长14.3%，其中私人汽车保有量9309万辆，增长18.3%。民用轿车保有量5989万辆，增长20.7%，其中私人轿车5308万辆，增长22.8%。

全年完成邮电业务总量(14) 15022亿元，比上年增长13.0%。其中，邮政业务总量2037亿元，增长26.7%；电信业务总量12985亿元，增长11.1%。邮政业全年完成邮政函件业务70.74亿件，包裹业务0.69亿件，快递业务量56.85亿件。电信业全年局用交换机容量新增478万门，总容量43906万门；新增移动电话交换机容量(15)11234万户，达到182870万户。年末固定电话用户27815万户，其中，城市电话用户18893万户，农村电话用户8922万户。新增移动电话用户12590万户，年末达到111216万户，其中3G移动电话用户(16)23280万户。年末全国固定及移动电话用户总数达到139031万户，比上年末增加11896万户。电话普及率达到103.2部/百人。互联网上网人数5.64亿人，其中宽带上网人数5.30亿人。互联网普及率达到42.1%。

(图13　2008－2012年年末电话用户数，略)

全年国内出游人数29.6亿人次，比上年增长12.1%；国内旅游收入22706亿元，增长17.6%。入境旅游人数13241万人次，下降2.2%。其中，外国人2719万人次，增长0.3%；香港、澳门和台湾同胞10521万人次，下降2.9%。在入境旅游者中，过夜旅游者5772万人次，增长0.3%。国际旅游外汇收入500亿美元，增长3.1%。国内居民出境人数8318万人次，增长18.4%。其中因私出境7706万人次，增长20.2%，占出境人数的92.6%。

八、金融

年末广义货币供应量(M2)余额为97.4万亿元，比上年末增长13.8%；狭义货币供应量(M1)余额为30.9万亿元，增长6.5%；流通中现金(M0)余额为5.5万亿元，增长7.7%。

年末全部金融机构本外币各项存款余额94.3万亿元，比年初增加11.6万亿元，其中人民币各项存款余额91.8万亿元，增加10.8万亿元。全部金融机构本外币各项贷款余额67.3万亿元，增加9.1万亿元，其中人民币各项贷款余额63.0万亿元，增加8.2万亿元。全年社会融资规模(17)为15.8万亿元，按可比口径计算，比上年多2.9万亿元。

表13： 2012年年末全部金融机构本外币存贷款余额及其增长速度

单位：亿元

指 标	年末数	比上年末增长(%)
各项存款余额	943102	14.1
其中：住户存款	410201	16.6
其中：人民币	406192	16.7
非金融企业存款	345124	9.9
各项贷款余额	672875	15.6
其中：境内短期贷款	268152	23.3
境内中长期贷款	363894	9.0

年末主要农村金融机构（农村信用社、农村合作银行、农村商业银行）人民币贷款余额78320亿元，比年初增加11544亿元。全部金融机构人民币消费贷款余额104357亿元，增加15656亿元。其中，个人短期消费贷款余额19367亿元，增加5826亿元；个人中长期消费贷款余额84990亿元，增加9830亿元。

全年上市公司通过境内市场累计筹资5841亿元，比上年减少939亿元。其中，首次公开发行A股154只，筹资1034亿元，减少1791亿元；A股再筹资（包括配股、公开增发、非公开增发(18)、认股权证）2093亿元，减少155亿元；上市公司通过发行可转债、可分离债、公司债筹资2713亿元，增加1006亿元。全年公开发行创业板股票74只，筹资351亿元。

全年发行公司信用类债券(19)3.7万亿元，比上年增加1.4万亿元。

全年保险公司原保险保费收入(20)15488亿元，比上年增长8.0%，其中寿险业务原保险保费收入8908亿元；健康险和意外伤害险业务原保险保费收入1249亿元；财产险业务原保险保费收入5331亿元。支付各类赔款及给付4716亿元，其中寿险业务给付1505亿元；健康险和意外伤害险赔款及给付395亿元；财产险业务赔款2816亿元。

九、教育和科学技术

全年研究生教育招生59.0万人，在学研究生172.0万人，毕业生48.6万人。普通高等教育本专科招生688.8万人，在校生2391.3万人，毕业生624.7万人。各类中等职业教育招生761.0万人，在校生2120.3万人，毕业生673.6万人。全国普通高中招生844.6万人，在校生2467.2万人，毕业生791.5万人。全国初中招生1570.8万人，在校生4763.1万人，毕业生1660.8万人。普通小学招生1714.7万人，在校生9695.9万人，毕业生1641.6万人。特殊教育招生6.6万人，在校生37.9万人，毕业生4.9万人。幼儿园在园幼儿3685.8万人。

（图14　2008－2012年普通高等教育、中等职业教育普通高中招生人数，略）

全年研究与试验发展（R&D）经费支出10240亿元，比上年增长17.9%，占国内生产总值的1.97%，其中基础研究经费498亿元。全年国家安排了1701项科技支撑计划课题，1165项"863"计划课题。累计建设国家工程研究中心130个，国家工程实验室128个。累计建设国家地方联合工程研究中心149个，国家地方联合工程实验室180个。国家认定企业技术中心达到887家。省级企业技术中心达到8137家。实施新兴产业创投计划[21]，累计支持设立102家创业投资企业，资金总规模近290亿元，投资了创业企业238家。全年受理境内外专利申请205.1万件，其中境内申请188.6万件，占91.9%。受理境内外发明专利申请65.3万件，其中境内申请52.3万件，占80.1%。全年授予专利权125.5万件，其中境内授权114.4万件，占91.1%。授予发明专利权21.7万件，其中境内授权13.7万件，占63.2%。截至年底，有效专利350.9万件，其中境内有效专利289.9万件，占82.6%；有效发明专利87.5万件，其中境内有效发明专利43.5万件，占49.7%。全年共签订技术合同28.2万项，技术合同成交金额6437.1亿元，比上年增长35.1%。全年成功发射卫星19次。神舟九号载人飞船与天宫一号目标飞行器顺利实现首次空间交会对接，北斗二号卫星导航系统完成区域组网并正式提供运行服务，"蛟龙"号载人深潜器海试成功突破7000米。

（图15　2008－2012年研究与实验发展（R&D）经费支出，略）

年末全国共有产品检测实验室28128个，其中国家检测中心509个。全国现有产品质量、体系认证机构173个，已累计完成对105224个企业的产品认证。全国共有法定计量技术机构3496个，全年强制检定计量器具6267万台（件）。全年制定、修订国家标准1986项，其中新制定1375项。全年中央气象台和省级气象台共发布气象预警信号5123次，警报4049次。全国共有地震台站1687个，区域地震台网32个。全国共有海洋观测站79个。测绘地理信息部门公开出版地图1662种。

年末全国文化系统共有艺术表演团体2089个，博物馆2838个，全国共有公共图书馆2975个，文化馆3286个。各类广播电视播出机构共有2579座。有线电视用户2.14亿户，有线数字电视用户1.43亿户。年末广播节目综合人口覆盖率为97.5%；电视节目综合人口覆盖率为98.2%。全年生产电视剧506部17703集，电视动画片222838分钟。全年生产故事影片745部，科教、纪录、动画和特种影片[22]148部。出版各类报纸476亿份，各类期刊34亿册，图书81亿册（张）。年末全国共有档案馆4107个，已开放各类档案11662万卷（件）。

全年我国运动员在24个运动大项中获得107个世界冠军，共创14项世界纪录。在伦敦奥运会上，我国运动员共获得38枚金牌，奖牌总数88枚，位列奥运会金牌榜和奖牌榜第二位。在伦敦残奥会上，我国运动员共获得95枚金牌，蝉联金牌榜和奖牌榜第一位。

十、卫生和社会服务

年末全国共有医疗卫生机构961830个，其中医院23005个，乡镇卫生院37128个，社区卫生服务中心（站）33646个，诊所（卫生所、医务室）179644个，村卫生室663355个，疾病预防控制中心3506个，卫生监督所（中心）3037个。卫生技术人员650万人，其中执业医师和执业助理医师252万人，注册护士242万人。医疗卫生机构床位557万张，其中医院403万张，乡镇卫生院106万张。全年甲、乙类法定报告传染病发病人数321.7万例，报告死亡16721人；报告传染病发病率238.76/10万，死亡率1.24/10万。

（图16　2008－2012年卫生技术人员人数，略）

年末全国共有各类提供住宿的社会服务机构[23]4.7万个，床位429.8万张，收养救助各类人员296.7万人。其中，养老服务机构4.2万个，床位381.0万张，收养各类人员262.0万人。年末共有社区服务中心1.6万个，社区服务站7.2万个。年末全国共有2142.5万人纳入城市居民最低生活保障，5340.9万人纳入农村居民最低生活保障,545.9万人纳入农村五保供养(24)。全年救助城市医疗困难群众666.4万人次,救助农村医疗困难群众1908.4万人次;资助1158.9万城镇困难群众参加城镇医疗保险,资助3915.1万农村困难群众参加新型农村合作医疗。

十一、人口、人民生活和社会保障

年末全国大陆总人口为135404万人,比上年末增加669万人,其中城镇人口为71182万人,占总人口比重为52.6%,比上年末提高1.3个百分点。全年出生人口1635万人,出生率为12.10‰;死亡人口966万人,死亡率为7.15‰;自然增长率为4.95‰。出生人口性别比为117.70。0-14岁(含不满15周岁)人口22287万人,占总人口的16.5%,比上年末提高0.01个百分点;15-59岁(含不满60周岁)劳动年龄人口93727万人,比上年末减少345万人,占总人口的69.2%,比上年末下降0.60个百分点;60周岁及以上人口19390万人,占总人口的14.3%,比上年末提高0.59个百分点。全国人户分离的人口(25)为2.79亿人,其中流动人口(26)为2.36亿人。

表14: 2012年年末人口数及其构成

单位:万人

指　　标	年末数	比重(%)
全国总人口	135404	100.0
其中:城镇	71182	52.6
乡村	64222	47.4
其中:男性	69395	51.3
女性	66009	48.7
其中:0-14岁(含不满15周岁)	22287	16.5
15-59岁(含不满60周岁)	93727	69.2
60周岁及以上	19390	14.3
其中:65周岁及以上	12714	9.4

全年农村居民人均纯收入7917元,比上年增长13.5%,扣除价格因素,实际增长10.7%;农村居民人均纯收入中位数(27)为7019元,增长13.3%。城镇居民人均可支配收入24565元,比上年增长12.6%,扣除价格因素,实际增长9.6%;城镇居民人均可支配收入中位数为21986元,增长15.0%。农村居民食品消费支出占消费总支出的比重为39.3%,城镇为36.2%。

(图17　2008-2012年农村居民人均纯收入及其实际增长速度,略)

(图18　2008-2012年城镇居民人均可支配收入及其实际增长速度,略)

年末全国参加城镇职工基本养老保险人数30379万人,比上年末增加1988万人。其中,参保职工22978万人,参保离退休人员7401万人。全国参加城乡居民社会养老保险人数48370万人,增加15187万人。其中享受待遇人数13075万人。参加城镇基本医疗保险的人数53589万人,增加6246万人。其中,参加城镇职工基本医疗保险(28)人数26467万人,参加城镇居民基本医疗保险人数27122万人。参加城镇基本医疗保险的农民工4996万人,增加355万人。参加失业保险的人数15225万人,增加908万人。年末全国领取失业保险金人数204万人。参加工伤保险的人数18993万人,增加1297万人,其中参加工伤保险的农民工7173万人,增加 345 万人。参加生育保险的人数 15445 万人，增加 1553 万人。年末，2566 个县（市、区）开展了新型农村合作医疗工作，新型农村合作医疗参合率 98.1%；1－9 月新型农村合作医疗基金支出总额(29)为 1717 亿元，受益 11.5 亿人次。2012 年，按照农村扶贫标准年人均纯收入 2300 元（2010 年不变价），年末农村贫困人口为 9899 万人，比上年末减少 2339 万人。

十二、资源、环境和安全生产

全年全国国有建设用地供应总量(30)69.0 万公顷，比上年增长 17.5%。其中，工矿仓储用地 20.3 万公顷，增长 5.6%；房地产用地(31)16.0 万公顷，下降 4.2%；基础设施等其他用地 32.7 万公顷，增长 43.4%。

全年水资源总量 28410 亿立方米。全年平均降水量 676 毫米。年末全国 422 座大型水库蓄水总量 2120 亿立方米，比上年末多蓄水 164 亿立方米。全年总用水量 6110 亿立方米，与上年基本持平。其中，生活用水增长 3.2%，工业用水下降 0.8%，农业用水下降 0.5%，生态补水增长 7.2%。万元国内生产总值用水量(32)129 立方米，比上年下降 7.2%。万元工业增加值用水量 76 立方米，下降 8.0%。人均用水量 452 立方米，下降 0.4%。

全年完成造林面积 601 万公顷，其中人工造林 410 万公顷。林业重点工程完成造林面积 274 万公顷，占全部造林面积的 45.6%。截至年底，自然保护区达到 2640 个，其中国家级自然保护区 363 个。新增水土流失治理面积 4.2 万平方公里，新增实施水土流失地区封育保护面积 2.6 万平方公里。截至年底，已确权集体林地面积为 18000 万公顷，其中发放林权证的面积为 17187 万公顷。

全年平均气温为 9.4℃，共有 7 个台风登陆。

初步核算，全年能源消费总量 36.2 亿吨标准煤，比上年增长 3.9%。煤炭消费量增长 2.5%；原油消费量增长 6.0%；天然气消费量增长 10.2%；电力消费量增长 5.5%。全国万元国内生产总值能耗下降 3.6%。

七大水系的 571 个水质监测断面中，Ⅰ～Ⅲ类水质断面比例占 63.9%，劣Ⅴ类水质断面比例占 12.4%。七大水系水质总体为轻度污染，水质保持基本稳定。

近岸海域 301 个海水水质监测点中，达到国家一、二类海水水质标准的监测点占 69.4%，三类海水占 6.6%，四类、劣四类海水占 23.9%。

在监测的 316 个城市中，城市区域声环境质量好的城市占 3.5%，较好的占 75.9%，轻度污染的占 20.3%，中度污染的占 0.3%。

年末城市污水处理厂日处理能力达 11858 万立方米，比上年末增长 4.9%；城市污水处理率达到 84.9%，提高 1.3 个百分点。城市集中供热面积 49.2 亿平方米，增长 3.8%。建成区绿地率达到 35.5%，提高 0.2 个百分点。

全年农作物受灾面积 2496 万公顷，下降 23.1%，其中绝收 183 万公顷，下降 36.9%。全年因洪涝地质灾害造成直接经济损失 1661 亿元，上升 31.8%。全年因旱灾造成直接经济损失 244 亿元，下降 73.7%。全年因低温冷冻和雪灾造成直接经济损失 61 亿元，下降 79.0%。全年因海洋灾害造成直接经济损失 155 亿元，上升 150%。全年大陆地区共发生 5 级以上地震 16 次，成灾 11 次，造成直接经济损失 83 亿元。全年共发生森林火灾 3966 起，下降 28.5%。

全年各类生产安全事故共死亡71983人，比上年下降4.7%。亿元国内生产总值生产安全事故死亡人数为0.142人，下降17.9%；工矿商贸企业就业人员10万人生产安全事故死亡人数为1.64人，下降12.8%；道路交通万车死亡人数为2.5人，下降10.7%；煤矿百万吨死亡人数为0.374人，下降33.7%。

注：(1)本公报中数据均为初步统计数。各项统计数据均未包括香港特别行政区、澳门特别行政区和台湾省。部分数据因四舍五入的原因，存在着与分项合计不等的情况。

(2) 国内生产总值、各产业增加值绝对数按现价计算，增长速度按不变价格计算。

(3) 农产品生产者价格是指农产品生产者直接出售其产品时的价格。

(4) 年度农民工数量包括年内在本乡镇以外从业6个月以上的外出农民工和在本乡镇内从事非农产业6个月以上的本地农民工两部分。

(5) 公共财政收入是指政府凭借国家政治权力，以社会管理者身份筹集以税收为主体的财政收入。

(6) 图中2008年至2011年数据为公共财政收入决算数，2012年为执行数。

(7) 2012年起，国家统计局执行新的国民经济行业分类标准，工业行业大类由原来的39个调整为41个，固定资产投资(不含农户)行业分类也按新的标准进行了调整。

(8) 六大高耗能行业分别为：化学原料和化学制品制造业、非金属矿物制品业、黑色金属冶炼和压延加工业、有色金属冶炼和压延加工业、石油加工炼焦和核燃料加工业、电力热力生产和供应业。

(9) 钢材产量数据中含部分使用钢材加工成其他钢材的重复计算因素。

(10) 固定资产投资按东部、中部、西部和东北地区计算的合计数据小于全国数据，是因为有部分跨地区的投资未计算在地区数据中。其中，东部地区是指北京、天津、河北、上海、江苏、浙江、福建、山东、广东和海南10省(市)；中部地区是指山西、安徽、江西、河南、湖北和湖南6省；西部地区是指内蒙古、广西、重庆、四川、贵州、云南、西藏、陕西、甘肃、青海、宁夏和新疆12省(区、市)；东北地区是指辽宁、吉林和黑龙江3省。

(11) 房地产业投资除房地产开发投资外，还包括建设单位自建房屋以及物业管理、中介服务和其他房地产投资。

(12) 高速铁路是指最高营运速度达到200公里/小时及以上的铁路。

(13) 本年土地成交价款是指房地产开发企业进行土地使用权交易活动的最终金额，与土地购置费不同。

(14) 邮电业务总量按2010年不变价格计算。

(15) 移动电话交换机容量是指移动电话交换机根据一定话务模型和交换机处理能力计算出来的最大同时服务用户的数量。

(16) 3G是指第三代蜂窝移动通信系统(3rd-generation，简称3G)，3G移动电话用户是指报告期末在计费系统拥有使用信息、占用3G网络资源的在网用户。

(17) 社会融资规模是指一定时期内实体经济从金融体系获得的资金总额，是增量概念。

(18) 非公开增发又叫定向增发，不含资产认购部分。

(19) 公司信用类债券包括非金融企业债务融资工具、企业债券以及公司债、可转债等。

(20) 原保险保费收入是指保险企业确认的原保险合同保费收入。

(21) 新兴产业创投计划是指中央财政专项资金通过与地方政府资金、社会资本共同发起设立创业投资企业，或以股权投资模式直接投资创业企业等方式，培育和促进新兴产业发展的活动。

(22) 特种影片是指那些采用与常规影院放映在技术、设备、节目方面不同的电影展示方式，如巨幕电影、立体电影、立体特效(4D)电影、动感电影、球幕电影等。

(23) 提供住宿的社会服务机构除收养性机构外，还包括救助类机构、社区类机构以及军休所、军供站等机构。

(24) 农村五保供养是指老年、残疾和未满16周岁的村民，无劳动能力、无生活来源又无法定赡养、抚养、扶养义务人，或者其法定赡养、抚养、扶养义务人无赡养、抚养、扶养能力的村民，在吃、穿、住、医、葬方面得到的生活照顾和物质帮助。

(25) 人户分离的人口是指居住地与户口登记地所在的乡镇街道不一致且离开户口登记地半年以上的人口。

(26) 流动人口是指人户分离人口中不包括市辖区内人户分离的人口。市辖区内人户分离的人口是指一个直辖市或地级市所辖区内和区与区之间，居住地和户口登记地不在同一乡镇街道的人口。

(27) 人均收入中位数是指将所有调查户按人均收入水平从低到高顺序排列，处于最中间位置的调查户的人均收入。

(28) 城镇职工基本医疗保险人数包括参保职工和参保退休人员。城镇居民基本医疗保险的参保对象是不属于城镇职工基本医疗保险覆盖范围的城镇非从业人员。

(29) 按卫生部统计制度规定，新型农村合作医疗基金支出总额和受益人次目前仅统计到1－9月份。

(30) 国有建设用地供应总量是指报告期市、县人民政府根据年度土地供应计划依法以出让、划拨、租赁等方式将国有建设用地使用权提供给单位或个人使用的国有建设用地总量。

(31) 房地产用地是指商服用地和住宅用地的总和。

(32) 万元国内生产总值用水量、万元工业增加值用水量和万元国内生产总值能耗按2010年不变价格计算。

资料来源：本公报中城镇新增就业、登记失业率、社会保障数据来自人力资源社会保障部；外汇储备和汇率数据来自外汇局；财政数据来自财政部；水产品产量数据来自农业部；木材产量、林业、森林火灾数据来自林业局；灌溉面积、水资源数据来自水利部；新增发电机组容量、新增220千伏及以上变电设备数据来自中电联；新建铁路投产里程、增建铁路复线投产里程、电气化铁路投产里程、铁路运输数据来自铁道部；新建公路、港口万吨级码头泊位新增吞吐能力、公路运输、水运、港口货物吞吐量数据来自交通运输部；新增光缆线路长度、新增移动电话交换机容量、电话用户、上网人数等通信数据来自工业和信息化部；保障性住房、城市污水处理、城市集中供热面积、建成区绿地率数据来自住房城乡建设部；货物进出口数据来自海关总署；外商直接投资、对外直接投资、对外承包工程、对外劳务合作等数据来自商务部；民航数据来自民航局；管道数据来自中石油、中石化；民用汽车、交通事故数据来自公安部；邮政业务数据来自邮政局；旅游数据来自旅游局、公安部；货币金融、公司信用类债券数据来自人民银行；上市公司数据来自证监会；保险业数据来自保监会；教育数据来自教育部；安排科技计划课题、技术合同等数据来自科技部；国家工程研究中心、企业技术中心、新兴产业创投等数据来自发展改革委；专利数据来自知识产权局；发射卫星数据来自国防科工局；质量检验、国家标准制定修订数据来自质检总局；气象预警、平均气温、登陆台风数据来自气象局；地震数据来自地震局；测绘数据来自测绘局；海洋观测站、海洋灾害造成直接经济损失数据来自海洋局；艺术表演团体、博物馆、公共图书馆、文化馆数据来自文化部；广播电视、电影数据来自广电总局；报纸、期刊、图书数据来自新闻出版总署；档案数据来自档案局；体育数据来自体育总局；残奥会数据来自中国残联；卫生、新农合数据来自卫生部；社会服务、低保和五保供养数据、农作物受灾面积、洪涝地质灾害造成直接经济损失、旱灾造成直接经济损失、低温冷冻和雪灾造成直接经济损失来自民政部；国有建设用地供应数据来自国土资源部；自然保护区、环境监测数据来自环境保护部；安全生产数据来自安全监管总局；其他数据均来自国家统计局。

22

附录

Appendix

附录一

台州市获中国名牌产品名单

产品名称	企业名称
“星星”牌电冰柜(2002 年获得、2007 年复评)	星星集团有限公司
“飞跃 FEIYUE”牌工业缝纫机(2003 年获得、2006 年复评)	飞跃集团有限公司
“中捷 ZOJE”牌工业缝纫机(2003 年获得、2006 年复评)	中捷缝纫机股份有限公司
“宝石 GEMSY”牌工业缝纫机(2003 年获得、2006 年复评)	宝石缝纫机实业公司
“苏泊尔 Supor”牌压力锅炊具(2004 年获得、2007 年复评)	浙江苏泊尔炊具股份有限公司
“苏泊尔 Supor”牌不粘锅炊具(2004 年获得、2007 年复评)	浙江苏泊尔炊具股份有限公司
“爱仕达 ASD”牌不粘锅炊具(2004 年获得、2007 年复评)	浙江台州爱仕达电器有限公司
“钱江 QJIANG”牌摩托车(2004 年获得、2007 年复评)	钱江集团有限公司
“染八”牌活性染料(活性艳兰)(2006 年获得)	东港工贸集团有限公司
“桔花”牌水果罐头(2006 年获得)	浙江黄岩罐头食品厂
“双鸽”牌一次性使用无菌输注医疗器械(2006 年获得)	双鸽集团有限公司
“公元”牌 PVC－U 塑料管材管件(2006 年获得)	公元塑业集团有限公司
“锦龙”牌中小型电机(2006 年获得)	浙江金龙电机股份有限公司
“伟星”牌塑料管材管件(2006 年获得)	伟星集团有限公司
“公元”牌塑料管材管件(2006 年获得)	浙江永高塑业发展有限公司
“德仁”牌胶合板(2007 年获得)	德仁集团有限公司
“金纱”牌蚕丝被(2007 年获得)	浙江金纱服饰有限公司
“银轮”牌汽车散热总成(2007 年获得)	浙江银轮机械股份有限公司
“爱仕达”牌压力锅(2007 年获得)	台州爱仕达电器有限公司

附录二

台州市获驰名商标名单

使用商标或服务名称	企业名称
“飞跃”牌缝纫机(1999 年行政认定)	飞跃集团有限公司
“星星”牌冷柜(1999 年行政认定)	星星集团有限公司
“钱江”牌摩托车(2002 年行政认定)	钱江集团有限公司
“苏泊尔”牌压力锅(2002 年行政认定)	苏泊尔集团有限公司
“爱仕达 ASD”牌非重金属厨房用具(2004 年行政认定)	浙江台州爱仕达电器有限公司
“GEMSY”牌缝纫机(2005 年行政认定)	宝石控股(集团)有限公司
“GEELY 及图”牌汽车(2006 年行政认定)	吉利集团有限公司
“伟星”牌非金属管件(2007 年行政认定)	伟星集团有限公司
“宝利特”牌鞋(2008 年行政认定)	台州宝利特鞋业有限公司
“中捷 ZOJE 及图”牌工业缝纫机(2009 年行政认定)	中捷缝纫机股份有限公司
“临海蜜桔”牌柑桔(2009 年行政认定)	临海市特产技术推广总站
“楚门文旦及图”牌文旦(柚)(2009 年行政认定)	玉环县文旦研究所
“海正 HISUN 及图形”牌医用药物等(2009 年行政认定)	浙江海正药业股份有限公司
“三门 SANMEN 及图”牌变压器(2009 年行政认定)	三变科技股份有限公司
“杰克 JACK”牌工业缝纫机(2010 年行政认定)	浙江新杰克缝纫机股份有限公司
“ERA 公元”牌塑料管、管子接头(2010 年行政认定)	公元塑业集团有限公司
“黠石及图”牌合成树脂(半成品)(2010 年行政认定)	浙江天和树脂有限公司
“银轮牌及图”牌机油冷却器(2010 年行政认定)	浙江银轮机械股份有限公司
“新农 XINNONG”牌杀害虫剂等(2010 年行政认定)	浙江新农化工股份有限公司
“SAB”牌拉链、纽扣(2011 年行政认定)	浙江伟星实业发展有限公司
“忘不了”牌柑橘(2011 年行政认定)	浙江忘不了柑桔专业合作社
“新界牌”牌水泵(2011 年行政认定)	浙江新界泵业股份有限公司
“王野”牌摩托车(2011 年行政认定)	台州市王野动力有限公司
“永德信”牌金属阀门、金属水管阀(2011 年行政认定)	浙江永德信铜业有限公司
“DONGHAIXANG”牌聚丙烯编织布、平针织物(纤维)、纺织品制家具罩(2011 年行政认定)	东海翔集团有限公司

附录二续

使用商标或服务名称	企业名称
“远洲”牌住所(旅馆、供膳寄宿处)、饭店(2011 年行政认定)	远洲集团股份有限公司
“图形”牌非医用饲料添加剂(2011 年行政认定)	浙江天新药业有限公司
“味老大”牌家具、竹木工艺品、泥塑工艺品(2011 年行政认定)	浙江味老大工贸有限公司
“仙居杨梅”牌杨梅(2011 年行政认定)	仙居县果品产销协会
“CNC”牌海上运输、铁路运输(2012 年行政认定)	新世纪控股集团有限公司
“欧路莎”牌沐浴用设备、浴室装置(2012 年行政认定)	欧路莎股份有限公司
“南亚”牌翡翠;宝石(珠宝)(2012 年行政认定)	浙江南亚珠宝首饰有限公司
“图形”牌人用药、片剂、原料药(2012 年行政认定)	浙江华海药业股份有限公司
“飞洲”牌电源材料(电线、电缆)(2012 年行政认定)	集团有限公司、燎原电缆集团有限公司
“方远”牌建筑、道路铺设(2012 年行政认定)	方远建设集团股份有限公司
“邦强”牌装卸设备、平行胶带、绞盘(2012 年行政认定)	浙江双友物流器械股份有限公司
“羊岩山”牌茶叶、红茶、绿茶(2012 年行政认定)	临海市羊岩茶厂
“大元”牌水泵、电机(2012 年行政认定)	浙江大元泵业有限公司
“LEO”牌泵(机器)(2012 年行政认定)	浙江利欧股份有限公司
“高龙”牌帽(编织帽)(2012 年行政认定)	浙江舜浦工艺美术品有限公司

附录三　　台州市获浙江名牌产品称号名单

产品名称	企业名称
2010 年	
“天雁”牌给排水用硬聚氯乙烯(PVC-U)管材管件	浙江黄岩天雁塑胶有限公司
“公元”牌塑料型材	永高股份有限公司
“丰立”牌 FR 系列小模数弧齿准双曲面齿轮	浙江丰立机电有限公司
“荣鹏”牌气动工具类产品	浙江荣鹏气动工具有限公司
“汉通”电线电缆	浙江汉通电缆有限公司
“IATGNOY”牌 2、4、5-三氟苯乙酸	浙江永太科技股份有限公司
“志强”牌建筑装修胶粘剂	浙江志强涂料有限公司
“WSFR”牌阻燃剂系列	浙江万盛化工有限公司
“超灵”牌陶瓷阀芯	浙江超灵陶瓷阀有限公司
“独家龙”牌童鞋	台州飞鹰鞋业有限公司
“西菱”牌钻床	浙江西菱台钻制造有限公司
“XINLEI”牌空气压缩机	鑫磊压缩机有限公司
“SHINY”牌汽车减震器	浙江申林汽车部件有限公司
“隆达”牌交流电动机	浙江爱尔达电机制造有限公司
“皇冠”牌阀门	浙江皇冠实业有限公司
“YHSD”牌阀门	申达控股集团股份有限公司
“图形”牌汽车齿轮	浙江双环传动机械股份有限公司
“图形”牌电动式动力转向柱总成	浙江双辉剑机械有限公司
“天鸿”牌橡胶脚垫	浙江天鸿汽车用品有限公司
“图形”牌铁道混凝土枕轨下用橡胶垫板	浙江省天台祥和实业有限公司
“图形”牌汽车装饰垫	海啊进出口集团有限公司
“新农”牌毒死蜱、三唑磷	浙江新农化工股份有限公司
“星星”牌冷柜	星星集团有限公司
“绿凤”牌绿壳鸡蛋	台州市椒江凤仔养鸡专业合作社
“台渔”冷冻水产品	台州兴旺水产有限公司
“九岗山”牌东魁杨梅	台州市黄岩院桥东魁杨梅专业合作社
“浙藤”牌葡萄	台州市路桥超藤葡萄专业合作社
“南岙”牌柑桔	临海市桃渚柑桔专业合作社
“马里岙”牌柑桔	临海市前方马里岙水果特产场
“温联”牌果蔗	温岭市联树果蔗专业合作社

附录三续1

产品名称	企业名称
“玉琴海”牌鲜活鲈鱼	玉环县大海水产食品有限公司
“网高”牌计算机信息服务	浙江网高科技有限公司
“Bank”牌小企业融资服务	浙江泰隆商业银行
“心台农”科技推广服务	浙江省台州市农资有限公司
“黄岩蜜桔”牌黄岩蜜桔（区域产品）	台州市黄岩区果品产销协会
“路桥电机”牌路桥电机（区域产品）	台州市路桥区电机行业协会
“新千年”牌温岭水泵（区域产品）	温岭市泵业协会
“海正”牌盐酸阿霉素（复评）	浙江海正药业股份有限公司
“星星”牌冰箱（复评）	星星集团有限公司
“白鸽”牌果肉型水果饮料（复评）	浙江白鸽实业有限公司
“金纱”牌床上用品（复评）	浙江金纱纺织品有限公司
“图形”牌塑料管材、管件（复评）	浙江光华塑业有限公司
“Trust”牌日用塑料制品（复评）	浙江特耐适日用品有限公司
“CHIMIN”牌葡萄糖、氯化钠注射液（复评）	浙江济民制药有限公司
“东方”牌凹版复合塑料油墨（复评）	浙江新东方油墨集团有限公司
“精细”牌硫酸亚锡（复评）	精细化学品集团有限公司
“市下”牌喷雾器（复评）	市下控股有限公司
“DEYANG”牌电动车用电机及控制器（复评）	新大洋机电集团有限公司
“图形”牌干式电力变压器（复评）	浙江广天变压器有限公司
“竞宏”牌电脑绣花线（复评）	浙江竞宏纺织股份有限公司
“神功”牌502瞬间强力胶（复评）	浙江金鹏化工股份有限公司
“恒跋”牌内燃机滤清器（复评）	浙江恒勃滤清器有限公司
“绿霸”牌三缸高压柱塞泵（复评）	浙江绿田机电制造有限公司
“YiLida”牌空调风机（复评）	浙江亿利达风机有限公司
“FEIYA”牌电脑刺绣机（复评）	飞亚集团有限公司
“肯得”牌电焊机（复评）	浙江肯得机电股份有限公司
“开开”牌35KV及以下电力电缆（复评）	开开电缆科技有限公司
“东亚”牌浸塑手套（复评）	浙江东亚手套有限公司
“椒光”牌节日灯（复评）	椒光集团有限公司
“图形”牌休闲产业用布（复评）	东海翔集团有限公司
“SAB”牌钮扣（复评）	浙江伟星实业发展股份有限公司

附录三续2

产品名称	企业名称
“图形”牌电脑刺绣机(复评)	浙江珠光集团临海电脑刺绣设备有限公司
“灵洋”牌一次性使用输液器、注射器(复评)	浙江灵洋医疗器械有限公司
“图形”牌太阳伞、篷、家具(复评)	台州永强工艺品有限公司
“王派”牌电动自行车(复评)	台州市王派车业有限公司
“双华”牌卡托普利、赖诺普利(复评)	浙江华海药业股份有限公司
“正特”牌户外休闲遮阳伞、篷(复评)	浙江正特集团有限公司
“黠石”牌不饱和树脂(复评)	浙江天和树脂有限公司
“大福”牌水泵(复评)	浙江大福泵业有限公司
“大元”牌水泵(复评)	浙江大元泵业有限公司
“新界”牌水泵(复评)	浙江新界泵业股份有限公司
“利欧”牌水泵(复评)	浙江利欧股份有限公司
“兴益”牌风机(复评)	浙江兴益风机电器有限公司
“DAJ”牌气动钉枪(复评)	台州市大江实业有限公司
“五福”牌电动喷枪(复评)	浙江瑞丰五福气动工具有限公司
“洛克赛”牌电动喷枪(复评)	台州市洛克赛工具有限公司
“跃岭”牌铝合金轮毂(复评)	浙江跃岭轮毂制造有限公司
“国森”牌家具系列(复评)	玉环国森家具有限公司
“图形”牌古典欧式家具(复评)	浙江飞龙家具有限公司
“金壳”牌壳聚糖系列产品(复评)	浙江金壳生物化学有限公司
“SHANHO”牌微型水泵(复评)	台州中山泵业有限公司
“图形”牌铜球阀(复评)	浙江博民机电股份有限公司
“图形”牌水暖用内螺纹连接阀门(复评)	浙江环宇阀门有限公司
“图形”牌阀门(复评)	浙江盛世博扬卫浴有限公司
“桑耐丽”牌陶瓷片密封水嘴(复评)	中捷控股集团有限公司
“利众”牌汽车用等速万向节及其总成(复评)	浙江利中实业有限公司
“振鑫”牌汽车筒式减振器系列(复评)	浙江中兴减震器制造有限公司
“凯凌”牌摩托车液压盘式制动器(复评)	玉环凯凌集团有限公司
“图形”牌过滤装置—新型滤头、滤板(复评)	净化控股集团有限公司
“图形”牌维生素 B6(复评)	浙江天新药业有公司
“银象”牌乳酸链球菌素(乳链菌肽)(复评)	浙江银象生物工程有限公司
“沪天”牌普通 V 带(复评)	浙江沪天胶带有限公司

附录三续3

产品名称	企业名称
“YONGGUI”牌电连接器(复评)	浙江永贵电器有限公司
“天成”牌车辆座椅(复评)	浙江天成座椅有限公司
“得克”牌LED环保节能灯饰(复评)	浙江天宇灯饰有限公司
“奋飞”牌胶带(复评)	浙江奋飞橡塑制品有限公司
“YADA”牌系列旅游遮阳用品(复评)	亚达科技集团有限公司
“浦电”牌纸包铜扁线(复评)	浙江省三门浦东电工电器有限公司
“仙乐”牌含珠停(米非司酮片)、仙沭(注射用维库溴铵)(复评)	浙江仙琚制药股份有限公司
“味老大”牌竹制厨房用品(复评)	浙江省仙居县华立工艺厂
“九峰”牌东魁杨梅(复评)	浙江黄岩特产开发公司
“海之梦”牌冷冻水产品(复评)	浙江黄岩海龙水产有限公司
“岩鱼头”牌柑桔(复评)	浙江省临海市涌泉岩鱼头桔场
“正凤”牌脐橙(复评)	临海市永丰鲜果专业合作社
“忘不了”牌临海蜜桔(复评)	浙江忘不了柑桔专业合作社
“羊岩山”牌茶叶(复评)	临海市羊岩茶厂
“玉麟”牌西瓜(复评)	温岭市箬横西瓜专业合作社
“绿牧”牌温岭草鸡(复评)	温岭市绿牧畜禽有限公司
“经纬”牌鱼糜制品(复评)	浙江多乐佳实业有限公司
“一家人”牌水产食品(复评)	浙江海之味水产有限公司
“高龙”牌工艺帽(复评)	温岭舜浦帽业有限公司
“图形”牌玉环柚(复评)	玉环县名特优果品服务中心
“亚达”牌鲜活泥蚶(复评)	玉环县尚富水产养殖研究所
“旗海”牌三门青蟹(复评)	浙江旗海海产品专业合作社
“仙黄”牌仙居三黄鸡(复评)	浙江省仙居种鸡场
“天顶”牌茶叶(复评)	仙居县天顶林业有限公司
“仙青”牌茶叶(复评)	仙居县茶叶实业有限公司
“仙绿”牌杨梅(复评)	仙居县林业特产开发服务中心
“绿意”牌日用塑料制品	台州市中天塑业有限公司
“豊田”牌喷雾机	台州市丰田喷洗机有限公司
“SINOPM”牌塑料模具	台州市黄岩西诺模具有限公司
“强江”牌链轮	浙江长江机械有限公司
“绿驹”牌助力车	浙江绿驹车业有限公司

附录三续 4

产品名称	企业名称
2011 年	
“FULING”牌一次性塑料餐饮具	台州富岭塑胶有限公司
“JD”牌水泵	台州佳迪泵业有限公司
“BSGS”牌汽车转向拉杆总成	浙江华邦机械有限公司
“邦强”牌捆绑器	浙江双友物流器械股份有限公司
“诺贝”牌家具	浙江诺贝家具有限公司
“爱力浦”牌计量泵	浙江爱力浦泵业有限公司
“三维”牌输送带	浙江三维橡胶制品股份有限公司
“夜视丽”牌反光膜及其制品	浙江方远夜视丽反光材料有限公司
“永策”牌电线电缆	永策电缆有限公司
“永元”牌蜜桔(橘)	台州市黄岩永宁果业专业合作社
“枝昌”牌杨梅	临海枝昌农副产品保鲜技术有限公司
“君波”牌紫菜	浙江长江水产开发公司
“清港”牌鲜葡萄	玉环县清港葡萄园区开发公司
“仙居杨梅”牌仙居杨梅	仙居县果品产销协会
“方远”牌房产开发	方远建设集团房地产开发有限公司
“山鹰物流”牌现代物流	浙江山鹰物流有限公司
“图案”牌小企业融资服务	台州银行股份有限公司
“图案”牌水族馆管理服务	台州中泰海洋广场有限公司
“染八”牌活性染料(复评)	东港工贸集团有限公司
“JACK 杰克”牌工业缝纫机(复评)	新杰克缝纫机股份有限公司
“飞跃”牌工业缝纫机(复评)	飞跃集团有限公司
“台绣”牌丝绸服装(复评)	台州市银河制衣有限公司
“天翀”牌汽车车灯(复评)	浙江天翀车灯集团有限公司
“星威”牌铝合金豪华椅系列(复评)	浙江星威办公家具制造有限公司
“精诚”牌挤出平模头(复评)	浙江精诚模具机械有限公司
“桔花”牌果蔬罐头	浙江黄罐食品股份有限公司
“ERA 公元”牌塑料管材管件(复评)	永高股份有限公司
“SAB”牌拉链(复评)	浙江伟星实业发展股份有限公司
“YONGTAI”牌 3,4,5 - 三氟苯酚(复评)	浙江永太科技股份有限公司
“巾山”牌无卤低烟阻燃系列电缆料(复评)	临海市亚东特种电缆料厂

附录三续5

产品名称	企业名称
“临宏”牌工程机械液压阀(复评)	浙江海宏液压科技股份有限公司
“志强”牌建筑涂料(复评)	浙江志强涂料有限公司
“ZOMAX”牌汽车变速器(复评)	中马集团有限公司
“鱼童”牌船舶漆系列(复评)	浙江鱼童新材料股份有限公司
“美机(MAQI)”牌工业缝纫机(复评)	浙江美机缝纫机有限公司
“喜得宝”牌童鞋(复评)	浙江台州喜得宝鞋业有限公司
“宝利特”牌皮鞋(复评)	台州宝利特鞋业有限公司
“童天”牌童鞋(复评)	浙江宝路鞋业有限公司
“永德信”牌阀门(复评)	浙江永德信铜业有限公司
“骆氏 LUOSHI”牌汽车用液压悬置(复评)	浙江骆氏实业发展有限公司
“普天”牌单向器(复评)	玉环普天单向器有限公司
“格艺”牌欧式套房家具(复评)	台州港源家具有限公司
“三木”牌碎纸机(复评)	三木控股集团有限公司
“ZOJE”牌工业缝纫机(复评)	中捷缝纫机股份有限公司
“立钻”牌铁皮枫斗颗粒、胶囊(复评)	浙江天皇药业有限公司
“ZHUMEI 竺梅”牌汽车装饰件(复评)	浙江竺梅进出口集团有限公司
“GEMSY 宝石”牌工业缝纫机(复评)	宝石新集团股份有限公司
“经中”牌超薄型系列电子薄膜(复评)	浙江南洋科技股份有限公司
“巨科 JUKE”牌铝合金板材(复评)	浙江巨科铝业有限公司
“FST”牌喷雾器(复评)	富士特有限公司
“吉奥”牌汽油发动机(复评)	浙江吉奥汽车有限公司
“JinBo”牌天线(复评)	浙江金波电子有限公司
“三门湾”牌锯缘青蟹(复评)	三门县水产技术推广站
“九峰”牌黄岩蜜桔(复评)	浙江黄岩特产开发公司
“晨阳”牌番茄(复评)	台州市黄岩院桥番茄专业合作社
“上游”牌杨梅(复评)	临海市上游杨梅专业合作社
“黄土山岭”牌竹笋(复评)	临海市水洋农贸公司
“翼龙”牌西兰花(复评)	台州翼龙绿色农产品有限公司
“园梦”牌柑桔(复评)	浙江省临海柑桔技术开发公司
“花坞”牌温岭草鸡(复评)	温岭市花坞农业开发有限公司
“滨珠”牌大棚葡萄(复评)	温岭市滨海葡萄专业合作社

附录三续 6

产品名称	企业名称
“喜梢”牌早熟梨(复评)	温岭市滨海早熟梨专业合作社
“乌根”牌白毛乌骨鸡(复评)	浙江合兴禽业发展有限公司
2012 年	
“Lutian”牌发电机	绿田机械股份有限公司
“鼎环”牌漆包线	浙江金环铜业有限公司
“盈昌”牌太阳镜	浙江盈昌眼镜实业有限公司
“利化”牌氟类制品	临海市利民化工有限公司
“格凌”牌旋涡式气泵	浙江格凌实业有限公司
“联星”牌曲轴总成	温岭市联星机械有限公司
“菲时特”牌金属软管	菲时特集团股份有限公司
“沪微”牌智能调速永磁直流电动机	浙江沪龙电机有限公司
“GNS”牌汽车发动机冷却水泵	台州易宏实业有限公司
“琦星”牌工业缝纫机用交流永磁伺服电机及控制系统	浙江琦星电子有限公司
“万胜”牌电能表	浙江万胜电力仪表有限公司
“图形”牌减振垫	浙江天铁实业股份有限公司
“明豐”牌汽车罩	浙江明丰汽车用品有限公司
“SAN GANG”牌主令控制器	浙江三港起重电器有限公司
“清峰”牌杨梅	临海市清峰水果专业合作社
“宏野”牌南美白对虾	浙江宏野海产品有限公司
“图形”牌渔家乐	三门县三特渔村农家乐园
“丽廷凤凰山”牌酒店服务	台州丽廷凤凰山庄有限公司
“方一仁”牌药品批发零售	浙江省临海医药有限公司
“图形”牌黄岩模具	黄岩模具行业协会
“汽摩配”牌玉环汽摩配	玉环县汽摩配行业协会
"信质"牌卷绕式汽车发电机定子铁芯(复评)	信质电机股份有限公司
"星星"牌电冰箱(复评)	浙江星星家电股份有限公司
"赛豪"牌汽车塑料注射模具(复评)	浙江赛豪实业有限公司
"ERA 公元"牌太阳能电池组件系列(复评)	公元太阳能科技有限公司
"ANLU"牌高压清洗机(复评)	浙江安露清洗机有限公司
"图形"牌去水器(复评)	埃飞灵卫浴科技有限公司
"SAN OU"牌钻夹头(复评)	浙江三鸥机械股份有限公司

附录三续 7

产品名称	企业名称
"飞洲"牌电线电缆(复评)	飞洲集团有限公司
"际喜"牌环丙胺(复评)	浙江沙星医药化工有限公司
"钱江摩托"牌两轮摩托车(复评)	浙江钱江摩托股份有限公司
"爱仕达"牌不粘锅(复评)	浙江台州爱仕达电器有限公司
"爱仕达"牌压力锅(复评)	浙江台州爱仕达电器有限公司
"泰福"牌水泵(复评)	台州谊聚机电有限公司
"环力"牌电子压力控制器系列(复评)	浙江环力电器有限公司
"DONGYIN"牌泵、空气压缩器(复评)	浙江东音泵业有限公司
"温尔思"牌床上用品(复评)	浙江温尔思家纺有限公司
"unicorn"牌汽车减震器(复评)	浙江正裕工业股份有限公司
"和日"牌气门摇臂总成(复评)	浙江和日摇臂有限公司
"苏强格"牌钢丝增强液压橡胶软管和软管组合件(复评)	浙江苏强格液压股份有限公司
"苏泊尔"牌不粘锅、压力锅炊具(复评)	浙江苏泊尔股份有限公司
"马家军"牌 D-生物素(维生素 H)(复评)	浙江圣达药业有限公司
"银轮"牌汽车散热总成(复评)	浙江银轮机械股份有限公司
"三门 SANMEN 及图"牌变压器(复评)	三变科技股份有限公司
"三维"牌橡胶 V 带(复评)	浙江三维橡胶制品股份有限公司
"鉴洋湖"牌果蔗(复评)	台州市黄岩甜乐甘蔗专业合作社
"三条岭"牌柑桔(复评)	临海市涌泉三条岭柑桔场
"乌根"牌白毛乌骨鸡蛋(复评)	浙江合兴禽业发展有限公司
"蓬蜜"牌香瓜(复评)	台州市路桥灵生现代农场有限公司
"天品"牌果品物流(复评)	浙江省黄岩果品有限公司
"图形"牌公路旅客运输(复评)	浙江台运集团有限公司
"中捷环洲"牌金属材料物流(复评)	浙江中捷环洲供应链集团股份有限公司

附录四　　台州市获浙江著名商标名单

使用商标或服务名称	企业名称
2010 年	
“图形”牌氧、氮、氩	浙江海天气体有限公司
“昌辉”牌粉末涂料	浙江昌明化学制品有限公司
“蓝梦宝洁”牌化妆品、洗发液、香水	新亚控股集团有限公司
“WEPON”牌中成药、西药	浙江万邦药业有限公司
“图形”牌金属阀门、金属水管	浙江瑞格铜业有限公司
“图形”牌金属阀门、金属水管	玉环县华龙阀门有限公司
“龙圣华”牌橡胶输送带、平行胶带、三角胶带	浙江龙圣华橡胶有限公司
“SHANHO”牌泵	浙江山河实业有限公司
“洛克赛”牌喷漆枪、风动手工具、非手工操作的持手工具	台州市洛克赛工具有限公司
“光陆”牌混凝土振动器、电动机、泵	浙江光陆振动器有限公司
“JD”牌泵(机器)、离心泵、泵(机器、发动机或马达部件)	台州佳迪泵业有限公司
“Lutian”牌喷雾器、发电机、汽油机	浙江绿田机电制造有限公司
“三维”牌三角胶带、传动带、输送带	浙江三维橡胶制品有限公司
“万胜”牌电度表	浙江万胜电力仪表有限公司
“图形”牌节日灯	珠光集团有限公司
“王派”牌机动自行车	台州市王派车业有限公司
“跃岭”牌车轮毂、车轮圈、轮毂架	浙江跃岭轮毂制造有限公司
“乙本”牌摩托车	台州市凯通摩托车制造有限公司
“王野”牌摩托车、发动机	浙江台州市王野动力有限公司
“煜华”牌车辆座套、车辆内装饰品	浙江煜华车饰有限公司
“尤特里欧”牌藤编制品、金属家具、家具	浙江永强集团股份有限公司
“绿意”牌家具、水箱或塑料箱、非金属大桶	台州市中天塑业有限公司
“严牌”过滤布、帘子布	天台县西南滤布厂
“奇勋”牌鞋	温岭市成奇鞋业有限公司
“CNC”牌鱼制食品、虾(非活)、肉	新世纪控股集团有限公司
“云鹏”牌鱼制食品、鱼(非活的)、虾(非活的)	云鹏控股集团有限公司
“清峰”牌新鲜杨梅、鲜水果、柑橘	临海市清峰水果专业合作社
“八星”牌加奶咖啡饮料、茶、粥	浙江八星保健食品有限公司
“喜梢”牌鲜水果、梨、鲜葡萄	温岭市滨海早熟梨专业合作社
“田创”牌鲜水果、新鲜蔬菜	仙居县田园杨梅专业合作社

附录四续1

产品名称	企业名称
“方一仁”牌推销(替他人)	浙江省临海医药有限公司
“方远”牌建筑设备安装、建筑、道路铺设	方远建设集团股份有限公司
“国强”牌建筑设备出租、道路铺设、建筑	国强建设集团有限公司
2011年	
“CNC”牌海上运输、铁路运输	新世纪控股集团有限公司
“图形”牌变压器(电)、电动调节设备、变压器、电开关	浙江广天变压器有限公司
“西菱”牌攻丝机、铣床、切割机、机床	浙江西菱台钻制造有限公司
“图形”牌汽车齿轮、摩托车齿轮	浙江双环传动机械股份有限公司
“WSFR”牌防火制剂、灭火合成物、聚氨脂	浙江万盛股份有限公司
“图形”牌铁路轨道绝缘物	浙江省天台祥和实业有限公司
“信质”牌陆地车辆电力发动机	信质电机股份有限公司
“图形”牌齿轮(机器零件)	温岭市明华齿轮有限公司
“浪潮”牌橡胶履带、橡胶履带板	浙江元创橡胶履带有限公司
“永策”牌电线、电缆、电源材料(电线\电缆)	永策电缆有限公司
“富地”牌农用增氧机\浮水泵	浙江富地机械有限公司
“DONGYIN”牌泵、空气压缩器	浙江东音泵业有限公司
“台乌”牌非医用营养粉	浙江天台山乌药生物工程有限公司
“海之梦”牌水产罐头;水果罐头	浙江黄岩海龙水产有限公司
“环方”牌电磁开关	浙江环方汽车电器有限公司
“TZDL”牌节日灯	台州真达灯饰有限公司
“兴益”牌排气风扇	浙江兴益电器风机有限公司
“希迪”牌印刷、图样印刷、胶印	浙江希迪印刷有限公司
“爱力浦”牌泵、计量泵、液压泵	浙江爱力浦泵业有限公司
“图形”牌涂料、颜料	临海市龙岭化工厂
“独家龙”牌鞋	台州飞鹰鞋业有限公司
“KENDE”牌电焊机、切割机、气动焊接设备	浙江肯得机电股份有限公司
“图形”牌塑料管、管子接头	浙江伟星新型建材股份有限公司
“司太立制药”牌盐酸左氧氟沙星、碘海醇、碘克沙醇	浙江司太立制药股份有限公司
“涌泉”牌桔	临海市涌泉农贸公司
“保尔力”牌平行胶带、三角带、风扇胶带	浙江保尔力胶带有限公司
“沪微”牌马达、引擎启动器	浙江沪龙电机有限公司

附录四续 2

产品名称	企业名称
“CAONAI”牌水龙头、浴室管子装置、水冲洗设备	台州高海洁具有限公司
“黄土山岭”牌竹笋(新鲜)	临海市黄土山竹笋专业合作社
“天雁”牌建筑用塑料管、板、杆、条;非金属排水管;非金属水管	浙江黄岩天雁塑胶有限公司
“鑫亚”牌浴室装置、抽水马桶、淋浴用设备	浙江恒源洁具有限公司
“永新”牌家具、摇椅、办公室用家具	临海市永新休闲用品有限公司
“台渔”牌鱼(非活的)、甲壳动物(非活)、虾(非活)	台州兴旺水产有限公司
“紫光”牌电机发电机、非陆地车辆变速箱	台州清华机电制造有限公司
2012 年	
“宇杰”牌	宇杰集团股份有限公司
“KINGWRSH”牌洗设备、蒸汽清洁机械、电动清洗机械设备	浙江清化机电有限公司
“家利乐”牌电机、马达和引擎起动器	浙江家利乐机电有限公司
“DLZ”牌汽车转向球头、汽车底盘	浙江德利众机械制造有限公司
“利化”牌硫酰氟、二氟一氯甲烷	临海市利民化工有限公司
“九穗儿”牌新鲜葡萄、新鲜水果	天台县九穗儿生态种植园
“BENYUE”牌龙头、地漏、浴室装置	浙江九环洁具有限公司
“绿驹”牌电动车辆	浙江绿驹车业有限公司
“图形”牌船、船体、挖泥船	浙江方圆造船有限公司
“BSGS”牌汽车底盘	浙江华邦机械有限公司
“TTPC”牌原料药、医药制剂	浙江天台药业有限公司
“图形”牌汽车减震器、摩托车制动盘	西格玛集团有限公司
“鼎环”牌漆包线	浙江金环铜业有限公司
“帕莎”牌眼镜、眼镜(光学)、太阳镜	浙江盈昌眼镜实业有限公司
“君波”牌紫菜、海菜	浙江长江水产开发有限公司
“CNSY”牌摩托车车架、摩托车大灯、摩托车外观件	三阳机车工业有限公司
“志强”牌聚醋酸乙烯乳液、工业用粘合剂、墙纸用粘合剂	浙江志强涂料有限公司
“定海针”牌冻虾仁	浙江定海针水产食品有限公司
“绿岛”牌空气清新剂、杀虫剂、防蛀剂	浙江绿岛科技有限公司
“沃尔达”牌暖气、水暖装置	浙江沃尔达暖通科技有限公司
“精诚”牌加工塑料用模具、挤出机械	浙江精诚模具机械有限公司
“博文”牌笔记本	浙江博文文具有限公司

附录四续3

产品名称	企业名称
“李林”牌牛皮、鞣制过的皮	台州李林皮革有限公司
“山路湾”牌柑橘	临海市涌泉外岙山路湾柑桔特产场
“丝丝美”牌席、垫席、地毯	台州市丝丝美席业有限公司
“GNS”牌汽车油泵、汽车水泵、化油器	台州易宏实业有限公司
“图形”牌知识产权咨询、法律服务	台州市南方商标专利事务所
“XIANTONG”牌汽车密封物	浙江仙通橡塑股份有限公司
“HAPPY”牌泵(机器、发动机或马达部件)	台州豪贝泵业有限公司
“绿地”牌遮阳网、合纤筛网	台州市遮阳网厂
“台绣”牌服装、针织品、鞋	浙江台绣服饰有限公司
“格凌”牌空气压缩器、泵(机器)、空气压缩泵	浙江格凌实业有限公司
“鸿星”牌滤布	浙江三星纺织滤料有限公司
“马里岙”牌柑橘	临海市前方马里岙水果特产场
“圆溜溜”牌肉、咸蛋、蛋	浙江合兴禽业发展有限公司

附录五

台州市名牌产品名单

产品名称	企业名称
2010年	
“诚信”牌化工、制药设备	浙江诚信医化设备有限公司
“绿意”牌塑料托盘、塑料家具、塑料垃圾桶	台州市中天塑业有限公司
“ZOUTS”牌汽车、摩托车配件	浙江卓驰机械有限公司
“大洋”牌自动磨刀裁剪机	浙江大洋衣车有限公司
“花蝶”牌分散染料	浙江花蝶染料化工有限公司
“豊田”牌喷雾机	台州市丰田喷洗机有限公司
“泰田”牌冲击式气扳机	浙江泰田机械有限公司
“海之门”牌浸胶涤纶软线绳	浙江海之门橡塑有限公司
“金山陵”牌糟烧	浙江台州金山陵酒业有限公司
“黄特”牌阀门	浙江黄特阀门有限公司
“KAIHUA”牌注塑模具	浙江凯华模具有限公司
“豪龙”牌塑料电表箱	浙江豪龙模业有限公司
“春蕾”牌劳保手套	台州市黄岩春蕾劳保用品厂
“精诚”牌挤出平模头	浙江精诚模具机械有限公司
“全滋味”牌水果罐头	浙江黄岩第一罐头食品厂
“图形”牌塑料注射模具	陶氏模具集团有限公司
“图形”牌染发剂	浙江章华保健美发实业有限公司
“丰立”牌 FD 系列气动工具	浙江丰立机电有限公司
“贴宝”牌即时贴	国鑫宏达控股有限公司
“YiERLi”牌记事本	台州市易得利工贸有限公司
“日光”牌电线电缆	浙江日光电缆有限公司
“港龙”牌电动机	浙江巨龙电机有限公司
“FADA”牌水嘴	台州八达阀门有限公司
“LIULIN”牌联合收割机	浙江柳林机械有限公司
“贝力得”牌钻夹头	浙江贝力得夹头工业有限公司
“FST”牌喷雾器(机)	富士特有限公司
“日际”牌电线电缆	联峰电缆有限公司
“CHCH”牌工业缝纫机	浙江求精缝制机械有限公司
“开开”牌电线电缆	开开电缆科技有限公司
“RK”牌橡胶密封产品	浙江荣康密封件有限公司

附录五续 1

产品名称	企业名称
“飞洲”牌电缆	飞洲集团有限公司
“士”牌电线电缆	燎原电缆集团有限公司
“汉通”牌电线电缆	浙江汉通电缆有限公司
“新天力”牌纸杯	浙江新天力包装制品有限公司
“ZJWT”牌船舶甲板机械	浙江万通重工有限公司
“YEGUANGMING”牌交通安全防护制品	台州市万创夜光明工贸有限公司
“WSFR”牌磷酸酯阻燃剂系列	浙江万盛化工有限公司
“志强”牌建筑装饰装修胶粘剂	浙江志强涂料有限公司
“图形”牌皮带轮	浙江东星汽车部件有限公司
“艾格莱”全喂入联合收割机	浙江艾格莱机械有限公司
“图形”牌液氮	浙江海天气体有限公司
“世坚”牌水泥	台州世建水泥有限公司
“耀明”牌高低压成套开关设备	临海市耀明电力设备有限公司
“灵江山”牌黄酒	浙江省台州酒厂(有限公司)
“紫光”牌减速机	台州清华机电制造有限公司
“海豚”牌水泵压力控制器	台州神能电器有限公司
“FULING”牌一次性塑料餐饮具	台州富岭塑胶有限公司
“友力”牌水泵	浙江友力电机泵业有限公司
“RINSR”牌水暖阀门	浙江万盛机械有限公司
“格凌”牌漩涡式气泵	浙江格凌实业有限公司
“TONTOP”牌内燃机共轴泵	浙江同泰泵业有限公司
“吉助”牌童鞋	温岭市豪特佳鞋业有限公司
“东塑”牌鞋底	温岭市东亚塑胶有限公司
“富欣”牌运动鞋	浙江富明星体育用品有限公司
“图形”牌运动鞋	浙江惠泰体育用品有限公司
“强江”牌割草机	浙江长江机械有限公司
“联星”牌曲轴总成	温岭市联星机械有限公司
“超灵”牌陶瓷阀芯	浙江超灵陶瓷阀有限公司
“申元”牌交流弧焊机	浙江申元机电有限公司
“Diero 迪尔荣”牌汽车真空助力器	浙江迪尔制动器有限公司
“富欣”牌汽车调整臂	浙江天元机电有限公司

附录五续 2

产品名称	企业名称
“fengrun”牌氨基葡萄糖硫酸钾盐	台州市丰润生物化学有限公司
“GELEIWEI”牌家具	玉环格雷威家具有限公司
“ARCO”牌阀门	玉环加达阀门有限公司
“gengyu”牌角阀	台州腾宇铜业有限公司
“三禾”牌家具	台州三和家具有限公司
“鑫帆”牌阀门	浙江鑫帆铜业有限公司
“华辰”牌封闭式压缩机电机引出线组件	浙江华辰电器股份有限公司
“DLZ”牌汽车转向球头	浙江德利众机械制造有限公司
“图形”牌阀门	台州双林阀门制造有限公司
“艺家百年”牌家具	浙江艺家百年家具有限公司
“凯升”牌欧式古典套房家具	浙江澳利达家具有限公司
“WDK”牌铜阀门	浙江万得凯铜业有限公司
“童天”牌童鞋	浙江宝路鞋业有限公司
“ReeL”牌汽车转向球接头总成	玉环县锐利机械有限公司
“金煌”牌曲轴连杆总成	浙江金辉机械有限公司
“普天”牌单向器	玉环普天单向器有限公司
“苏强格”牌钢丝增强液压橡胶软管和软管组合件	浙江苏强格液压有限公司
“源升”牌欧式套房家具	浙江天源家具有限公司
“图形”牌阀门	浙江瑞格铜业有限公司
“KAIJI”牌数控机床	玉环县坎门机床厂
“BSGS”牌汽车转向拉杆总成	浙江华邦机械有限公司
“煜华 YUHUA”牌汽车内装饰系列用品	仙居煜华工艺有限公司
“新农”牌毒死蜱	浙江新农化工股份有限公司
“广高”牌 PVC 型材	浙江广安企业有限公司
“图形”牌 P4V 系列高压低噪声叶片泵	仙居永灵液压机械有限公司
“yongsheng”牌工艺蜡烛、蜡烛台系列	浙江隆胜特艺有限公司
“LIFENG”牌方向盘套	浙江利丰汽车用品有限公司
“图形”牌汽车方向盘套	浙江蓝威汽车附件有限公司
“TTPC”牌盐酸克林霉素	浙江天台药业有限公司
“严牌”过滤布	天台县西南滤布厂
“百花”牌普通 V 带	台州市百花胶带有限公司

附录五续3

产品名称	企业名称
“皇族”牌细木工板	浙江红杉木业有限公司
“绿岛”牌空气清新剂	台州绿岛化妆品有限公司
“BENYUE”牌水龙头	浙江九环洁具有限公司
“SEASKY”牌橡胶V带	浙江海中天橡塑有限公司
“爱力浦”牌计量泵	浙江爱力浦泵业有限公司
“善好”牌善好酒(黄酒)	善好酒业集团有限公司
“收获”牌橡胶输送带	台州收获橡塑有限公司
“Southeast”牌普通V带(三角带)	浙江东南橡胶机带有限公司
“台渔”牌冷冻水产品	台州兴旺水产有限公司
“屿头”牌高山蔬菜(香瓜、紫莳药、四季豆)	台州市黄岩西乡果蔬科技专业合作社
“红耘”牌西瓜	台州市黄岩区瓜农协会
“海之梦”牌冷冻水产品	浙江黄岩海龙水产有限公司
“九岗山”牌东魁杨梅	台州市黄岩院桥东魁杨梅专业合作社
“鉴洋湖”牌果蔗	台州市黄岩甜乐甘蔗专业合作社
“晨阳”牌番茄	台州市黄岩院桥番茄专业合作社
“西点石”牌红薯粉丝	临海市福禄豆面专业合作社
“丰甜”牌柑桔	临海市丰甜水果专业合作社
“强力”牌中华鳖	温岭市繁融特种生态水产养殖场
“枫树湾”牌玉环柚	玉环县半边天文旦专业合作社
“兆丰”牌青蛤	玉环县万丰水产养殖有限公司
“仙绿”牌仙居杨梅	仙居县林业特产开发服务中心
“浦坝港”牌三门青蟹	三门县金屿水产养殖专业合作社
“丰来”牌哈密瓜	浙江丰乐瓜果专业合作社
“海八鲜”牌缢蛏	浙江三特生态渔业发展有限公司
“云岚”牌大麦茶	浙江省三门县云岚茶业有限公司
“方远”牌房产开发服务	方远建设集团房地产开发有限公司
“天天锦江”牌商业零售服务	台州锦江商业发展有限公司
“山鹰物流”牌道路运输服务	浙江山鹰物流有限公司
“天品”牌果品物流服务	浙江省黄岩果品有限公司
“绿意”牌家政服务	台州市绿意物业管理服务有限公司
“心台农”牌科技推广服务	浙江省台州市农资有限公司

附录五续4

产品名称	企业名称
“方一仁”牌西药批发服务	浙江省临海医药有限公司
“黄岩蜜桔”牌黄岩蜜桔(区域产品)	台州市黄岩区果品产销协会
2011 年	
“三德”牌羊毛针织面料	浙江三德纺织服饰有限公司
“赛豪”牌塑料注射模具	浙江赛豪实业有限公司
“多妮思”牌沙发系列	浙江星威办公家具制造有限公司
“信佳”牌日用塑料制品	浙江汇丰塑业用品有限公司
“双艺”牌布艺家居用品	浙江双艺家居有限公司
“RISINGSUN”牌家居工艺饰品	浙江旭日工贸有限公司
“金纱”牌高收缩可分段织物制品	浙江金纱纺织品有限公司
“华河”牌电线电缆	上海浦东华河电线电缆厂台州分厂
“DANAU”牌高压清洗机	浙江大农实业有限公司
“欧耀”牌动力喷雾机	浙江欧耀机械有限公司
“富地”牌增氧机	浙江富地机械有限公司
“LONTO”牌水嘴	台州乐透洁具有限公司
“博文”牌笔记本	浙江博文文具有限公司
“万光”牌电缆	万光电缆有限公司
“百朗士”牌橡胶密封圈	台州百朗士橡塑制品有限公司
“图形”牌塑料管材管件	浙江国荣管业有限公司
“VALUE”牌真空泵	浙江飞越机电有限公司
“Smarter tools”牌电焊机	温岭万顺机电制造有限公司
“华贸”牌宠物玩具	台州华茂工艺品有限公司
“环洋”牌水泵	台州环洋机电有限公司
“奥利达”牌喷漆枪	浙江奥利达气动工具股份有限公司
“劲霸”牌电吹风	台州劲霸健康科技有限公司
“松乐”牌麻将机	浙江松乐机电有限公司
“叶氏牌”牌齿轮滚刀	浙江上优刀具有限公司
“YANG CHUN”牌水泵	台州阳春机电有限公司
“舜浦”牌木纤维凉席	温岭舜浦帽业有限公司
“iDC”牌铜制阀门	浙江艾迪西流体控制股份有限公司
“震机”牌简易数控机床	台州震环数控机床有限公司

附录五续5

产品名称	企业名称
“世进”牌 PE－X 管用新型管件	浙江世进水控股份有限公司
“琦星”牌缝纫机用伺服电机及控制系统	浙江琦星电子有限公司
“ 桑耐丽”牌陶瓷片密封水嘴	中捷厨卫股份有限公司
“宏倍斯”牌家居卫浴散热器	浙江宏倍斯实业有限公司
“YORHE”牌阀门	浙江永和洁具有限公司
“Maider”牌无菌医疗器械自动化生产设备	台州迈得科技制造有限公司
“信得利”牌陶瓷片密封水嘴	玉环信得利阀业有限公司
“图形”牌水龙头	浙江百思达水暖有限公司
“图形”牌简式数控卧式机床	浙江宝宇数控机床有限公司
“ROUNDSUN”牌水暖洁具	浙江环日洁具有限公司
“环天”牌往复活塞压缩机气阀	台州环天机械有限公司
“福寿宝”牌新素材天然竹炭中药保健枕	浙江竺梅进出口集团有限公司
“XIANDING”牌高压叶片泵	浙江台州先顶液压有限公司
“德斯泰”牌 PVB 中间膜	浙江德斯泰塑胶有限公司
“金字”牌轨道列车管路连接件	浙江金字机械电器有限公司
“隋塔”牌过滤布	浙江隋塔滤料科技有限公司
“万家友”牌 PVC－U 管材	浙江神舟管业有限公司
“天梯”牌涂塑软管	浙江天梯橡塑有限公司
“越固”牌输送带	浙江越固胶带有限公司
“LAILA”牌汽车装饰垫	浙江三门维艾尔工业有限公司
“大象”牌橡胶输送带	浙江大象胶带股份有限公司
“DASU”牌三相异步电动机(1.1kw 以上)	大速电机有限公司
“海芝旺”牌冷冻水产品(带鱼、鲳鱼、马鲛鱼)	台州市椒江博得农副产品配送有限公司
“Shuangji”牌茭白	台州市黄岩双季茭白专业合作社
“括苍蓝玫”牌蓝莓	台州市君临蓝莓有限公司
“宏野”牌南美白对虾	浙江宏野海产品有限公司
“香雾”牌水蜜桃	临海市香雾水果专业合作社
“山黄鱼”牌竹笋	临海市黄泥山脚竹笋专业合作社
“正凤”牌柑桔	临海市永丰鲜果专业合作社
“乐满缘”牌有机蓝莓	仙居县维尔康蓝莓有限公司
“龙蟠岛”牌锯缘青蟹	台州三农生态农业有限公司

附录五续6

产品名称	企业名称
“海八鲜”牌冷冻水产品(带鱼、鲳鱼、墨鱼)	浙江三特生态渔业发展有限公司
“三港”牌泥蚶	台州三港海水养殖专业合作社
“丽廷凤凰山庄”牌住宿和餐饮服务	台州丽廷凤凰山庄有限公司
“绿泉”牌气体充装服务	浙江台州绿源气体有限公司
“瑞人堂”牌药品零售服务	浙江瑞人堂医药连锁有限公司
“温西工具”牌工具量具市场管理服务	温岭市浙江工量刃具交易中心有限公司
“图形”牌金属材料及金属制品等流通服务	浙江陆通物流有限公司
“图形”牌黄岩模具	黄岩模具行业协会
“LZBQX”牌路桥喷雾器	台州市路桥区植保与清洗机械协会
“石粘鞋业”牌石粘鞋业	温岭市人民政府城北街道办事处
“ZQCOT”牌光学低通滤波器(复评)	浙江水晶光电科技股份有限公司
“ZQCOT”牌红外截止滤光片(复评)	浙江水晶光电科技股份有限公司
“绿情”牌胖大海凉茶(复评)	浙江八星保健食品有限公司
“砼丰”牌商品混凝土(复评)	台州四强新型建材有限公司
“信质”牌卷绕式汽车发电机定子铁芯(复评)	信质电机股份有限公司
“台变”牌电力变压器(复评)	银河电气科技有限公司
“金纱”牌数码科技膨化纺织品(复评)	浙江金纱纺织品有限公司
“拱东”牌一次性医用塑料制品(复评)	浙江拱东医疗科技有限公司
“CSD”牌 CSD 塑料注射成型机(复评)	昌盛达机械(浙江)有限公司
“TYING”牌摩托车发动机(复评)	台州市新霸动力制造有限公司
“义鹰”牌摩托车(复评)	本州车业集团有限公司
“天狮”牌汽车车灯(复评)	浙江天狮车灯集团有限公司
“如益”牌木制玩具(复评)	浙江如意实业有限公司
“市下”牌喷雾器(复评)	市下控股有限公司
“天雁”牌给排水用硬聚氯乙烯(PVC-U)管材管件(复评)	浙江黄岩天雁塑胶有限公司
“王野”牌摩托车系列产品(复评)	浙江台州市王野动力有限公司
“舒意”牌劳保手套(复评)	浙江黄岩金泰劳保制品厂
“林立”牌聚酯漆包圆铜线(复评)	浙江林龙电磁线有限公司
“Trust”牌日用塑料制品(复评)	浙江特耐适日用品有限公司
“图形”牌汽车注塑模具(复评)	黄岩星泰塑料模具有限公司
“图形”牌塑料管材、管件(复评)	浙江光华塑业有限公司

附录五续7

产品名称	企业名称
“嘉爵”牌摩托车(复评)	浙江嘉爵摩托车制造有限公司
“绿佳”牌电动自行车(复评)	浙江绿佳车业有限公司
“绿地”牌遮阳网(复评)	台州市遮阳网厂
“ANLU”牌高压清洗机(复评)	浙江安露清洗机有限公司
“方力”牌三相异步电动机(复评)	浙江方力电机有限公司
“JIN LANG”牌摩托车发动机(复评)	浙江金浪动力有限公司
“荣鹏”牌气动喷枪(复评)	浙江荣鹏气动工具有限公司
“飞鸿”牌日用塑料制品(复评)	浙江飞鸿塑业有限公司
“曼克斯 MAX”牌缝制机械(复评)	浙江曼克斯机械有限公司
“恒跋”牌内燃机滤清器(复评)	浙江恒勃滤清器有限公司
“JINBO”牌天线(复评)	浙江金波电子有限公司
“CNSY”牌摩托车配件(复评)	三阳机车工业有限公司
“台宝”牌漆包圆绕组线(复评)	台州市富华机电有限公司
“泰发”牌摩托车车灯(复评)	浙江泰发机电实业有限公司
“YONGTAI”牌"3,4,5－三氟苯酚(复评)	浙江永太科技股份有限公司
“利化”牌氟类制品(复评)	临海市利民化工有限公司
“DONGHAXANG”牌特斯林网布(复评)	东海翔集团有限公司
“永新”牌户外家具(复评)	临海市永新休闲用品有限公司
“四通”牌汽车软管(复评)	临海市四通制管有限公司
“ZOMAX”牌齿轮(复评)	中马集团有限公司
“强江”牌链轮(复评)	浙江长江机械有限公司
“豪贝”牌水泵(复评)	台州豪贝泵业有限公司
“图形”牌变速箱齿轮(复评)	台州明华工贸有限公司
“月桂”牌黄酒(复评)	浙江万昌酱园酒业有限公司
“图形”牌运动鞋(复评)	台州市博洋鞋业有限公司
“甬岭水表”牌水表(复评)	浙江甬岭供水设备有限公司
“图形”牌齿轮(复评)	浙江大发齿轮有限公司
“BULE”牌旅行箱包(复评)	浙江步步乐箱包有限公司
“博星”牌乳胶漆(复评)	浙江博星化工涂料有限公司
“长宏”牌通用汽油机曲轴(复评)	浙江长宏机电有限公司
“FANSKI”牌金属软管(复评)	菲时特集团股份有限公司

附录五续 8

产品名称	企业名称
“奥缔”牌汽车制动间隙自动调整臂(复评)	浙江奥缔机械制造有限公司
“里航”牌汽车用万向节(复评)	台州宏利汽车零部件有限公司
“隆中”牌汽车制动间隙自动调整臂(复评)	隆中控股集团有限公司
“YDC”牌阀门(复评)	浙江永德信铜业有限公司
“澳兴”牌 D－氨基葡萄糖盐酸盐(复评)	浙江澳兴生物科技有限公司
“金壳”牌 D－氨基葡萄糖盐酸盐(复评)	浙江金壳生物化学有限公司
“图形”牌汽车转向器总成(复评)	台州意豪转向机有限公司
“GNS”牌汽车发动机冷却水泵(复评)	台州易宏实业有限公司
“沪微”牌微型电机(复评)	浙江沪龙电机有限公司
“ZOJE”牌陶瓷片密封水嘴(复评)	中捷控股集团有限公司
“海德曼”牌数控机床(复评)	浙江海德曼机床制造有限公司
“图形”牌黄铜阀门(复评)	玉环县华龙阀门有限公司
“图形”牌家具(复评)	浙江圣杰罗家具有限公司
“大帆”牌套房家具系列(复评)	玉环大帆家具有限公司
“RMD”牌阀门(复评)	浙江莱曼迪卫浴设备有限公司
“诺贝”牌家具系列(复评)	浙江诺贝家具有限公司
“LZF”牌阀门(复评)	浙江环宇阀门有限公司
“图形”牌水暖洁具(复评)	浙江新颖铜业股份有限公司
“国森”牌家具系列(复评)	玉环国森家具有限公司
“图形”牌汽车方向盘(复评)	台州方科汽车部件有限公司
“健龙”牌淋浴花洒(复评)	台州健龙塑艺有限公司
“玉升”牌一次性使用输液器、注射器系列产品(复评)	浙江玉升医疗器械股份有限公司
2012 年	
“沃尔达”牌阀门(复评)	浙江沃尔达暖通科技有限公司
“一远”牌无铅焊料(复评)	浙江一远电子科技有限公司
“明豐”牌汽车罩(复评)	浙江明丰汽车用品有限公司
“绿野”牌橡塑高压力编织喷雾软管(复评)	天台县富华塑胶有限公司
“环台”牌 T 型螺栓、螺母(复评)	浙江环台紧固件有限公司
“三人”牌普通用途织物芯输送带(复评)	浙江宏达橡胶有限公司
“新族”牌按摩座垫(复评)	浙江新族汽车用品有限公司
“凯欧”牌汽车用、工业用传动带(复评)	浙江凯欧传动带有限公司

附录五续 9

产品名称	企业名称
“尔格”牌变压器油泵(复评)	浙江尔格科技有限公司
“图形”牌精车机(复评)	浙江巨力电机成套设备有限公司
“图形”牌焊接机(复评)	浙江巨力电机成套设备有限公司
“图形”牌刻槽机(复评)	浙江巨力电机成套设备有限公司
“图形”牌主令控制器(复评)	浙江扬戈电器有限公司
“绿凤”牌鸡蛋(复评)	台州市椒江凤仔养鸡专业合作社
“永元”牌蜜桔(橘)(复评)	台州市黄岩永宁果业专业合作社
“浙藤”牌葡萄(复评)	台州市路桥超藤葡萄专业合作社
“蓬潮”牌锯缘青蟹(复评)	台州市启国水产养殖开发有限公司
“蓬蜜”牌香瓜(复评)	台州市路桥灵生现代农场有限公司
“清峰”牌杨梅(复评)	临海市清峰水果专业合作社
“南岙”牌柑桔(复评)	临海市桃渚柑桔专业合作社
“翼龙”牌西兰花(复评)	台州翼龙绿色农产品有限公司
“盛广”牌獭兔(复评)	温岭市盛广獭兔专业合作社
“金少爷”牌梨(复评)	温岭市天盛生态农业有限公司
“清港”牌葡萄(复评)	玉环县清港葡萄园区开发公司
“聚仙庄”牌杨梅饮品系列(复评)	浙江聚仙庄饮品有限公司
“得乐康”牌米糠油(复评)	浙江银河药业有限公司
“图形”牌柑桔(复评)	三门县富明柑桔专业合作社
“沈园”牌西瓜(复评)	三门县沈园西瓜专业合作社
“碧野”牌辣椒(复评)	三门县滨海辣椒专业合作社
“湫水山”牌杨梅(复评)	三门县湫水花果专业合作社
“杜马”牌工业缝纫机	浙江杜马缝纫机股份有限公司
“方建科”牌预拌砂浆	浙江方远建材科技有限公司
“俱进”牌汽车座椅(复评)	浙江俱进汽摩配件有限公司
“BIB”牌智能座便器(复评)	浙江星星便洁宝有限公司
“洗尔美”牌可调式高压清洗机(复评)	浙江春雷机械有限公司
“科技”牌水果罐头	浙江黄岩科技罐头厂
“荣新”牌塑料托盘	浙江荣新工贸有限公司
“馮泰”牌日用塑胶制品	浙江胜利塑胶有限公司
“图形”牌注塑模具	浙江黄岩纪元模具有限公司

附录五续10

产品名称	企业名称
“星威”牌铝合金豪华椅(复评)	浙江星威办公家具制造有限公司
“飞达三和”牌日用塑料制品(复评)	台州市黄岩飞达三和塑胶制品有限公司
“图形”牌干式变压器(复评)	浙江广天变压器有限公司
“公元”牌太阳能电池组件系列(复评)	公元太阳能股份有限公司
“峻霸”牌塑料进气岐管(复评)	黄岩院桥新兴机械配件厂
“亿力”牌吸尘器(复评)	台州市亿力电器有限公司
“sinopm”牌塑料模具(复评)	台州市黄岩西诺模具有限公司
“丰立”牌FR系列小模数弧齿准双曲面齿轮(复评)	浙江丰立机电有限公司
“公元”牌塑料异型材(复评)	永高股份有限公司
“HOWFUN”牌日用塑料制品(复评)	浙江豪丰塑业有限公司
“精进”牌硫酸亚锡(复评)	精细化学品集团有限公司
“WANGYETIGHT”牌发电机系列产品(复评)	浙江台州市王野动力有限公司
“王野”牌发动机系列产品(复评)	浙江台州市王野动力有限公司
“索电”牌晶体硅太阳能电池片及其组件	索日新能源股份有限公司
“仙雨”牌输水用涂塑软管	台州市路桥佳庆塑胶有限公司
“丝丝美”牌席、垫席	台州市丝美席业有限公司
“Lutian”牌高压清洗机	绿田机械股份有限公司
“东部”牌PVC胶布	浙江东部塑胶有限公司
“迅大”牌摩托车塑料覆盖件及灯具(复评)	浙江迅大塑模有限公司
“立马”牌电动自行车(复评)	台州立马车业有限公司
“TZDL”牌圣诞灯(复评)	台州真达灯饰有限公司
“图形”牌喷雾机(器)(复评)	浙江大农实业有限公司
“图形”牌焊接钢管(复评)	台州市鑫宇钢管有限公司
“神功”牌502瞬间强力胶(复评)	浙江金鹏化工股份有限公司
“迪克”牌摩托车配件(复评)	台州迪克机车工业有限公司
“八环”牌摩托车轴承(复评)	浙江八环轴承有限公司
“嘉吉”牌两轮摩托车(复评)	浙江凌宇车业有限公司
“鼎环”牌漆包线(复评)	浙江金环铜业有限公司
“KLT”牌压铸铝合金锭(复评)	开来丰泽实业(浙江)有限公司
“CKO”牌铝合金板材(复评)	浙江巨科铝业有限公司
“华和”牌发电机(复评)	浙江新华和通用机械有限公司

附录五续 11

产品名称	企业名称
“图形”牌电脑绣花线(复评)	浙江竞宏纺织股份有限公司
“光大”牌聚氯乙烯电缆料(复评)	浙江京峰塑业有限公司
“恒速”牌三相异步电动机	浙江恒速电机有限公司
“DOSO”牌高速工业缝纫机	浙江大森缝纫机有限公司
“永策”牌电线电缆(复评)	永策电缆有限公司
“飞洲”牌电线(复评)	飞洲集团有限公司
“东亚”牌 PVC 浸塑手套(复评)	浙江东亚手套有限公司
“永盛”牌旅行箱包(复评)	浙江东盛箱包有限公司
“HongDing”牌铝镁合金带材(复评)	浙江宏鼎实业有限公司
“夜视丽”牌反光膜(复评)	浙江方远夜视丽反光材料有限公司
“FLOSSY”牌家居服(复评)	浙江弗劳思服饰有限公司
“运隆塑业”牌日用塑料制品	浙江运隆塑业有限公司
“图形”牌 MG 系列全自动吹瓶机	台州迈格机械模具有限公司
“图形”牌节日灯	浙江天天电子有限公司
“葆隆”牌水果罐头	台州市葆隆食品有限公司
“振东”牌休闲椅	浙江振东旅游用品有限公司
“图形”牌挖泥(吸砂)船	浙江方圆造船有限公司
“百基”牌不锈钢管	浙江百基特材科技有限公司
“伟洲”牌联合收割机变速箱(复评)	浙江云洲科技有限公司
“图形”牌膜式燃气表(复评)	浙江荣鑫燃气表有限公司
“东海龙威”牌节日灯(复评)	浙江龙威灯饰有限公司
“图形”牌仿古环保藤条(复评)	东海翔集团有限公司
“图形”牌家居塑料用品(复评)	浙江龙士达塑业有限公司
“鑫亚”牌马桶盖(复评)	浙江恒源洁具有限公司
“鹿减”牌摩托车减震器(复评)	临海市鹿城机车部件有限公司
“图形”牌变频器	台州富凌电气有限公司
“图形”牌 IGBT 逆变直流弧焊机	浙江巨霸焊接设备制造有限公司
“图形”牌聚氨酯鞋底原液	浙江恒泰源聚氨酯有限公司
“增金”牌小型潜水电泵	浙江丰源泵业有限公司
“LSZ”牌减速电机	浙江康明斯机械有限公司
“TOOKO”牌数控车床	温岭市大众精密机械有限公司

附录五续 12

产品名称	企业名称
“Maxtop”牌五金工具	浙江迈特工具制造有限公司
“大明”牌水泵	浙江大明机电有限公司
“大力金刚”牌童鞋	浙江必克体育用品有限公司
“SANMU”牌三相异步电动机	温岭市三木机电有限公司
“图形”牌水泵	台州凌霄泵业有限公司
“图形”牌单相两极(带接地)不可拆线插头	温岭市安通电器有限公司
“李林”牌皮革系列(复评)	台州李林皮革有限公司
“宏鑫”牌橡胶密封件(复评)	浙江宏鑫密封件有限公司
“洲王”牌皮鞋(复评)	台州五洲鞋业有限公司
“图形”牌珍珠饰品(复评)	台州市华宝珍珠首饰有限公司
“松川”牌燃气表(复评)	浙江松川仪表科技股份有限公司
“LONKEY”牌水泵(复评)	浙江浪奇泵业有限公司
“RETE”牌运动鞋(复评)	浙江青苹果体育用品有限公司
“杰豹”牌空气压缩机(复评)	浙江杰豹机械有限公司
“联盛”牌农业用聚乙烯吹塑棚膜(复评)	台州联盛塑膜有限公司
“耐士伦”牌汽车电磁风扇离合器总成	浙江耐士伦机械有限公司
“苏明”牌阀门	浙江苏明阀门有限公司
“环方”牌汽车用电磁开关	浙江环方汽车电器有限公司
“雄鹏”牌液压管接头及软管总成	浙江雄鹏机械有限公司
“ASSP”牌汽车转向球接头总成	台州奥星纳机械有限公司
“DDR”牌发动机气缸盖	台州永裕工业有限公司
“图形”牌汽车转向拉杆及悬挂球接头	玉环津力汽车配件有限公司
“YKE”牌汽车用等速万向节及其总成	台州英克尔传动轴有限公司
“图形”牌螺栓	玉环精工机械制造有限公司
“图形”牌阀门	玉环县昌飞阀门有限公司
“喜福”牌家具	玉环县喜福家具有限公司
“ZHONGXING”牌数控机床(复评)	玉环仪表机床制造厂
“图形”牌阀门(复评)	玉环恒顺水暖制造有限公司
“典派”牌家具(复评)	台州学友家具有限公司
“路杰”牌汽车制动间隙调整臂(复评)	浙江路杰机械有限公司
“图形”牌汽车用等速万向节(复评)	台州佳先工业有限公司

附录五续 13

产品名称	企业名称
“环通”牌绝缘件(复评)	浙江雷博司电器有限公司
“宇太”牌汽车防抱排气制动系统(复评)	浙江宇太汽车零部件制造有限公司
“图形”牌汽车制动系统阀(复评)	浙江福尔加机械有限公司
“图形”牌电动助力转向装置总成(复评)	浙江双辉剑机械有限公司
“图形”牌汽车、摩托车齿轮(复评)	浙江双环传动机械股份有限公司
“佳诺”牌普通硅酸盐水泥(复评)	浙江佳诺水泥有限公司
“和日”牌气门摇臂总成(复评)	浙江和日摇臂有限公司
“利众”牌汽车用等速万向节及其总成(复评)	浙江利中实业有限公司
“PENG”牌阀门(复评)	浙江鹏飞阀门有限公司
“图形”牌阀门(复评)	浙江盛世博扬卫浴有限公司
“图形”牌古典欧式家具(复评)	浙江飞龙家具有限公司
“欧宜风”牌木制家具(复评)	浙江欧宜风家具有限公司
“千代”牌欧美式套房家具(复评)	台州金得利家具有限公司
“定海针”牌冻虾仁(复评)	浙江定海针水产食品有限公司
“YHSD”牌阀门(复评)	申达控股集团股份有限公司
“皇冠”牌阀门(复评)	浙江皇冠实业有限公司
“玉旋”牌汽车用冷却水泵(复评)	浙江玉旋泵业有限公司
“格艺”牌家具(复评)	台州港源家具有限公司
“宏鑫”牌轻便摩托车发动机曲轴(复评)	台州宏鑫曲轴有限公司
“诚雅”牌家具(复评)	台州市富豪家具有限公司
“味老大”牌竹制家庭用品系列	浙江味老大工贸有限公司
“新农”牌三唑磷(复评)	浙江新农化工股份有限公司
“竺梅”牌汽车内装饰件(复评)	浙江竺梅进出口集团有限公司
“兴科”牌汽车密封条(复评)	浙江兴宇汽车零部件有限公司
“保尔力”牌一般传动用普通 V 带	浙江保尔力胶带有限公司
“图形”牌汽车太阳挡	浙江远程车饰有限公司
“济公缘”牌铁皮枫斗晶	浙江济公缘药业有限公司
“四海”牌一般传动用普通 V 带	浙江四海橡胶有限公司
“超前”牌光缆接头盒	浙江超前通信设备有限公司
“广角”牌工业帆布	浙江国力纺织有限公司
“图形”牌嵌丝橡胶道口板(复评)	浙江天铁实业股份有限公司

附录五续14

产品名称	企业名称
“双健橡胶”牌橡胶输送带(复评)	浙江双健布业胶带有限公司
“龙圣华”牌输送带(复评)	浙江龙圣华橡胶有限公司
“沪佳”牌输送带(复评)	浙江三佳胶带有限公司
“天际”牌输送带(复评)	浙江天际橡胶有限公司
“图形”牌汽车减震器	西格玛集团有限公司
“CNG”牌水龙头	浙江新耀洁具有限公司
“浪潮”牌橡胶履带(复评)	浙江元创橡胶履带有限公司
“SAN GANG”牌主令控制器(复评)	浙江三港起重电器有限公司
“图形”牌彩涂铝板(复评)	海啊进出口集团有限公司
“紫金港汽车V带、摩托车V带(复评)	浙江紫金港胶带有限公司
“新佳”牌柑桔	浙江新佳果柑桔专业合作社
“可望”牌杨梅	台州市椒江仙山杨梅专业合作社
“鹰泉”牌杨梅(复评)	台州市椒江鹰泉杨梅专业合作社
“大陈洋”牌大黄鱼(复评)	台州华龙工贸有限公司
“富景”牌百合花(鲜花)	台州市黄岩富景鲜花专业合作社
“下陈岙”牌洛阳青枇杷(复评)	台州市黄岩宁溪枇杷专业合作社
“蓬发”牌南美白对虾(复评)	台州市路桥蓬街鱼种场
“黄蜜”牌西瓜(复评)	台州市农垦场
“梅尖山”牌柑桔	临海市涌泉梅尖山柑桔专业合作社
“鱼山洋”牌缢蛏	临海市鱼山洋水产专业合作社
“正凤”牌杨梅(复评)	临海市永丰鲜果专业合作社
“迈高”牌冷冻水产品(复评)	浙江迈高食品有限公司
“甸山”牌干江盘菜(复评)	玉环干江利众蔬菜专业合作社
“玉琴海”牌鲜活鲈鱼(复评)	玉环县大海水产食品有限公司
“仙青”牌茶叶(复评)	仙居县茶叶实业有限公司
“扬百利”牌杨梅汁(复评)	浙江扬百利生物科技有限公司
“天顶”牌茶叶(复评)	仙居县天顶林业有限公司
“九穗儿”牌葡萄	天台县九穗儿生态种植园
“丹澄”牌杨梅	三门县龙潭岙水果专业合作社
“横渡”牌芋艿	三门县湫水绿芋艿专业合作社
“晨钟”牌山鸡(雉鸡)	三门县海城禽业养殖专业合作社

附录五续 15

产品名称	企业名称
“三港”牌缢蛏(复评)	台州三港海水养殖专业合作社
“金域红”牌柑桔(复评)	三门县全盛柑桔合作社
“金潮”牌锯缘青蟹(复评)	台州市金潮渔业发展有限公司
“金潮”牌南美白对虾(复评)	台州市金潮渔业发展有限公司
“图形”牌旅游服务	浙江华夏国际旅行社有限公司
“图形”牌物流服务(复评)	浙江五星物流有限公司
“天天物流”牌仓储服务(复评)	天天物流有限公司
“网高”牌计算机信息服务(复评)	浙江网高科技有限公司
“图形”牌会展服务(复评)	浙江路桥中国日用品商城股份有限公司
“浙国商”牌批发零售服务	浙江国商实业股份有限公司
“瑞铃企业”牌企业经营管理咨询服务	台州瑞铃企业管理顾问有限公司
“图形”牌组织网球比赛、集训及场馆服务	台州市体育中心有限公司
“图形”牌海洋生物展览服务(复评)	台州中泰海洋广场有限公司
“智晟科技”牌智能化科技服务	浙江智晟科技有限公司
“长屿硐天”牌长屿硐天旅游服务(复评)	温岭市长屿硐天旅游实业有限公司
“图形”牌超级市场零售服务(复评)	台州市三和连锁超市有限公司
“洪福堂”牌药品销售服务	浙江洪福堂医药连锁有限公司
“goldcollection”牌钢材等金属材料流通服务(复评)	浙江金汇钢业股份有限公司
“中捷环洲”牌钢材等金属材料流通服务(复评)	浙江中捷环洲供应链集团股份有限公司
“泽国鞋业”牌泽国鞋业(区域产品)	温岭市泽国镇人民政府
“浙阀”牌玉环水暖阀门(区域产品)	玉环县阀门行业协会
“SANMENJIA”牌三门胶带（区域产品）	三门县橡胶行业协会

附录六

台州市著名商标名单

使用商标或服务名称	企业名称
2010年	
“丰田”牌喷雾器(机器)、非手工操作农业器具、泵(机器)	台州市丰田喷洗机有限公司
“一江山岛”牌鱼(非活的)、鱼制食品、腌制品	台州市大陈岛养殖有限公司
“联民”牌鲜水果、活家禽、贝壳类动物(活的)	台州市联民农产品物流配送有限公司
“鼎峰”牌鲜水果	台州市椒江西山水果专业合作社
“CHIMIN”牌人用药	浙江济民制药股份有限公司
“天峰”牌染发剂、香水	浙江章华保健美发实业有限公司
“YAXING”牌木、塑料工艺品	浙江亚星工贸集团有限公司
“家超”牌盆、日用搪瓷塑料器皿、食物保温器	浙江家超生活用品有限公司
“图形”牌陆地车辆发动机	台州市新霸动力制造有限公司
“希乐”牌非金属茶具、保温杯、非贵重金属有柄大杯	浙江希乐工贸有限公司
“鼎环”牌漆包线	浙江金环铜业有限公司
“TZDL”牌节日灯	台州真达灯饰有限公司
“日际”牌电线、电缆	联峰电缆有限公司
“永源”牌摩托车	永源集团有限公司
“博文”牌笔记本、分类帐本、目录册	浙江博文文具有限公司
“贴宝”牌 PVC 自粘膜、自粘商标纸、即时贴	国鑫宏达控股有限公司
“FUKOKU”牌挡风玻璃刮水器	台州市图腾汽车用品制造有限公司
“乾仁堂”牌人参、中药材、中药成药	浙江春天医药有限公司
“友力”牌泵(机器)、水泵	浙江友力电机泵业有限公司
“LONKEY”牌电机、鼓风机、水泵	浙江浪奇泵业有限公司
“阳春”牌水泵、鼓风机	台州阳春机电有限公司
“Maxtop”牌手工操作的手工具、扳手	浙江迈特工具制造有限公司
“联星”牌陆地车辆传动轴	温岭市联星机械有限公司
“绿驹”牌机动自行车、电动轻骑车	浙江绿驹车业有限公司
“图形”牌鞋	浙江惠泰体育用品有限公司
“君波”牌紫菜、海菜	浙江长江水产开发有限公司
“园溜溜”牌蛋	浙江合兴禽业发展有限公司
“图形”牌金属阀门	台州恒捷铜业有限公司

附录六续 1

使用商标或服务名称	企业名称
“CREDIT”牌水龙头、淋浴用设备、水暖装置用管子零件	浙江永德信铜业有限公司
“兰花”牌水龙头、水暖管件	浙江兰花实业有限公司
“ROUNDSUN”牌水龙头、卫浴	浙江环日洁具有限公司
“DLZ”牌汽车转向球头	浙江德利众机电制造有限公司
“双环”牌汽车齿轮、摩托车齿轮	浙江双环传动机械股份有限公司
“振鑫”牌汽车减震器	浙江中兴减震器制造有限公司
“清港”牌鲜葡萄、柑橘、南瓜	玉环县清港葡萄园区开发有限公司
“WSFR”牌防火制剂、灭火合成物、聚氨酯	浙江万盛化工有限公司
“利化”牌二氟一氯甲烷、硫酰氟	临海市利民化工有限公司
“图形”牌塑料管、管子接头	浙江伟星新型建材股份有限公司
“红耀”牌电灯泡、照明用发光管、节能灯	浙江红耀照明电器有限公司
“志强”牌聚醋酸乙烯乳液、氯丁胶、工业用粘合剂	浙江志强涂料有限公司
“童燎”牌杨梅、枇杷、桔	临海市童燎农林特产有限公司
“冬吉花”牌西兰花、南瓜	临海市兴农果蔬专业合作社
“梅尖山”牌柑橘、杨梅、鲜水果	临海市涌泉梅尖山柑桔专业合作社
“双健橡胶”牌运输机传送带、传送带、平行胶带	浙江双健布业胶带有限公司
“图形”牌铁路轨道绝缘物	浙江省天台祥和实业有限公司
“鸿星”牌滤布	浙江三星纺织滤料有限公司
“台乌”牌非医用营养粉	浙江天台山乌药生物工程有限公司
“得乐康”牌食用米糠油	浙江银河药业有限公司
“仙绿”牌土鸡蛋	仙居县仙绿土鸡蛋专业合作社
“宇杰”牌建筑	宇杰集团股份有限公司
“世泰”牌车辆减震器、机动车减震器、车辆拉力杆	浙江省三门县世泰实业有限公司
“BENYUE”牌龙头、暖气片、地漏	浙江九环洁具有限公司
“湫水山”牌杨梅、鲜水果、新鲜蔬菜	三门县湫水花果专业合作社
“三港”牌贝壳类动物(活缢蛏)、活鱼、虾(活的)	台州三港海水养殖专业合作社
“琴海湾”牌贝壳动物(活青蟹)、甲壳动物、牡蛎	三门县绿洋特种水产养殖专业合作社
“TWLZ”牌船锚、船舶操舵装置	浙江万通重工有限公司
“力新邦德”牌拍卖	浙江力新邦德拍卖有限公司
“HONGDING”牌塑料帘	浙江宏鼎实业有限公司

附录六续2

使用商标或服务名称	企业名称
2011年	
“同康”牌黄酒、白酒	台州市同康酒业有限公司
“杜马”牌缝纫机	浙江杜马缝纫机股份有限公司
“新佳”牌柑橘	浙江新佳果柑桔专业合作社
“CNC”牌海上运输、铁路运输	新世纪控股集团有限公司
“精进”牌硫酸镍、硫酸亚锡、着色剂	精细化学品集团有限公司
“永元”牌桔	台州市黄岩永宁果业专业合作社
“图形”牌非金属排水管，建筑用塑料管、板	浙江六通塑胶有限公司
“KEJIA”牌模压加工机器、注塑机、加工塑料用模具	台州市科佳模架制造有限公司
“一抹”牌焗油、染发剂、化妆品	浙江章华保健美发实业有限公司
“KINGMRSN”牌清洗机、高压清洗机	浙江清化机电有限公司
“恩达”牌自行车、自行车车架	浙江恩泽车业有限公司
“俏宇”牌摩托车后视镜、汽车后视镜	浙江俏宇机车部件有限公司
“远方”牌波形瓦	浙江恒丰塑胶有限公司
“金威龙”牌扫帚、拖把、日用搪瓷塑料器皿	浙江金威龙清洁用品有限公司
“丝丝美”牌席、垫席、地毯	台州市丝丝美席业有限公司
“家春秋”牌席、枕席、垫席	台州市润得竹业机电有限公司
“图形”牌水产品	浙江金嘉益水产有限公司
“格凌”牌空气压缩泵、泵(机器)	浙江格凌实业有限公司
“VALUE”牌离心机、泵(机器)、真空泵	浙江飞越机电有限公司
“FULING”牌餐具(刀、叉和匙)、刀叉餐具	台州富岭塑胶有限公司
“图形”牌变频调速器	台州富凌电气有限公司
“SHINY”牌陆地车辆传动轴、车辆减震器、陆地车辆变速箱	浙江申林汽车部件有限公司
“李林”牌牛皮、仿皮革、鞣制过的皮	台州李林皮革有限公司
“东塑”牌鞋底	温岭市东亚塑胶有限公司
“棱花”牌皮蛋(松花蛋)、咸蛋	温岭市食品总公司
“TONTOP”牌离心泵	浙江同泰泵业有限公司
“H·O”牌金属阀门、管道接头	玉环县海鸥阀门有限公司
“鑫帆”牌金属阀门	浙江鑫帆铜业有限公司
“琦星”牌缝纫机用伺服电机及其控制系统	浙江琦星电子有限公司

附录六续3

使用商标或服务名称	企业名称
“PWP”牌汽车水泵、机油泵	浙江玉旋泵业有限公司
“沃尔达”牌暖气装置、水暖装置	浙江沃尔达暖通科技有限公司
“耐士伦”牌汽车零部件	浙江耐士伦机械有限公司
“BSGS”牌汽车底盘	浙江华邦机械有限公司
“凯升”牌家具	浙江澳利达家具有限公司
“苏明”牌金属阀门	浙江苏明阀门有限公司
“同丰”牌工业化学品、笨衍生物、灭火合成物	浙江同丰医药化工有限公司
“BONDLYE”牌发动机用进排气管、冷凝装置	浙江邦得利汽车环保技术有限公司
“泰发利”牌太阳镜、光学矫正透镜片(光)、眼镜	台州市正大光学有限公司
“帕莎”牌太阳镜、眼镜、眼镜(光学)	浙江盈昌眼镜实业有限公司
“图形”牌船、船体、挖泥船	浙江方圆造船有限公司
“庆福”牌汽车零部件	台州市福鑫汽车零部件有限公司
“东海翔”牌非纺织用塑料纤维(特斯林网布)、塑料条(仿古环保藤条)	东海翔集团有限公司
“五景晓峰”牌葡萄	临海五景葡萄专业合作社
“涌甜”牌柑橘、杨梅	临海市涌东水果专业合作社
“马里岙”牌柑橘	临海市前方马里岙水果特产场
“德斯泰”牌合成树脂、半加工塑料物质、非包装用塑料膜	浙江德斯泰塑胶有限公司
“天台山”牌食用油	天台山康能保健食品有限公司
“济公缘”牌非医用营养粉	浙江济公缘药业有限公司
“越固”牌运输机传送带、传送带、平行胶带	浙江越固胶带有限公司
“九穗儿”牌鲜葡萄	天台县九穗儿生态种植园
“TTPC”牌原料药、医药制剂	浙江天台药业有限公司
“司太立制药”牌原料药	浙江司太立制药股份有限公司
“XIANTONG”牌密封物	浙江仙通橡塑股份有限公司
“丰安”牌脾氨肽口服冻干粉	浙江丰安生物制药有限公司
“博达”牌密封物	浙江省仙居县博达异型橡塑有限公司
“仙”牌杨梅	浙江省仙居县仙梅实业有限公司
“图形”牌汽车减震器、摩托车制动盘、陆地车辆刹车片	西格玛集团有限公司
“绿岛”牌空气清新剂、净化剂、消毒剂	台州绿岛化妆品有限公司
“大象”牌输送带、橡胶制品、平行胶带	浙江大象胶带股份有限公司

使用商标或服务名称	企业名称
“丰来”牌西瓜、甜瓜	浙江丰乐瓜果专业合作社
“龙蟠岛”牌青蟹、缢蛏	台州三农生态农业有限公司
“新天力”牌纸或塑料杯、吸管	浙江新天力包装制品有限公司
“特斯林”牌网织物、网、塑料打包带	浙江特斯林工贸有限公司
“JIN QUAN”牌管道龙头、水管龙头	台州市中意卫生洁具制造有限公司
“益楠”牌电动机	浙江西玛电机有限公司
2012 年	
“伟杰”牌电熨斗	浙江伟杰服装设备有限公司
“斯大威”牌电吹风	浙江斯大威电器有限公司
“海之门”牌聚酯浸胶软线绳、聚酯浸胶硬线绳、高模低缩	浙江海之门橡塑有限公司
“ZTPC”牌垃圾箱、垃圾筒、清洁器具(手工操作)	台州市中天塑业有限公司
“HANSER”牌撑衣架、衣夹、刷子	浙江恒信日用品有限公司
“泰克斯林”牌网织物、网、纺织品遮篷	浙江泰克斯林网业有限公司
“三德”牌布、织物、纺织品壁挂	浙江三德纺织服饰有限公司
“图形”牌观光旅游、旅游安排、旅行预订	台州华夏国际旅行社有限公司
“山鹰物流”牌货运、货物贮存、停车场	浙江山鹰物流有限公司
“SINOELE”牌电池充电器、蓄电池、导航仪器	西诺控股集团有限公司
“日康”牌婴儿奶瓶、吸奶器、奶瓶嘴	浙江日康婴儿用品有限公司
“KMEI”牌龙头、水暖装置、浴室装置	台州市科科水暖器材有限公司
“奥虎”牌车轮毂、汽车车轮、摩托车车轮	浙江飞虎铝轮有限公司
“TZCIC”牌摩托车外壳、车辆座位、汽车保险杠	黄岩誉隆工贸有限公司
“汉唐”牌非贵重金属茶具、非贵重金属茶壶饮水器皿	浙江汉唐茶文化有限公司
“南峰”牌家用非贵重金属器皿、盥洗室器具、清洁器具	浙江南峰生活用品有限公司
“银马”牌设计、制作国内户外广告、印刷品广告、代理自制广告的发布业务	浙江银马广告有限公司
“图形”牌喷雾器、喷雾机、柱塞泵	富士特有限公司
“ZUSUN”牌工业缝纫机	浙江中森缝纫机有限公司
“华和”牌发电机	浙江新华和通用机械有限公司
“耐特”牌安全帽、轻便工作帽、面部防护罩	浙江耐特科技有限公司
“图形”牌阀芯	台州市中豪机械有限公司
“fada”牌水龙头、地漏、管件	台州八达阀门有限公司

附录六续5

使用商标或服务名称	企业名称
“立马”牌电动摩托车、电动自行车	立马车业集团有限公司
“精宏”牌摩托车后尾灯罩、摩托车前大灯罩、摩托车后货箱	台州市精宏模具有限公司
“顺博”牌铝塑复合管	台州奥博管业有限公司
“图形”牌国内、国外旅游服务	台州商务国际旅行社有限公司
“时间”牌玻璃胶、工业用胶	浙江省时间装饰材料有限公司
“图形”牌熨衣机、裁布机、蒸汽机锅炉	临海盛田洗涤机械有限公司
“TONR”牌盥洗盆、浴室装置	临海市朵纳卫浴有限公司
“天和树脂”牌合成树脂(半成品)	浙江天和树脂有限公司
“晴天”牌伞	浙江正特集团有限公司
“TIANJI”牌家具、折叠式躺椅、藤编制品	浙江天吉旅游用品有限公司
“图形”牌盆(碗)、勺子、塑料杯	台州市双马塑业有限公司
“临海西兰花”牌西兰花	临海市农产品营销行业协会
“常林果业”牌柑橘、杨梅	临海市上林水果专业合作社
“大石葡萄”牌鲜葡萄	临海市河头镇农产品产销协会
“骏岭”牌柑橘	临海市涌泉兴合水果专业合作社
“宏野”牌虾(活的)、甲壳动物、活动物	浙江宏野海产品有限公司
“枝昌”牌杨梅	临海枝昌农副产品保鲜技术有限公司
“岩林”牌柑橘	临海市涌泉岩林水果专业合作社
“铜镂”牌推销(替他人)、替他人作中介(替其他企业购买商品或服务)	临海市铜镂时代贸易广场
“LSZ”牌传动装置(机器)、马达和引擎调速器、机器转动装置	浙江康明斯机械有限公司
“环洋”牌电机、泵、混凝土振动器	台州环洋机电有限公司
“叶氏”牌螺纹加工刀具、齿轮加工刀具、铣刀	浙江上优刀具有限公司
“图形”牌电开关、真空电子管	浙江紫光电器有限公司
“万星电工”牌电线、电缆、发动机起动缆	浙江万星电工器材有限公司
“福德隆”牌鞋	温岭市福德隆鞋业有限公司
“大力金刚”牌鞋、运动鞋	浙江必克体育用品有限公司
“松乐”牌全自动麻将桌(机)	浙江松乐机电有限公司
“大陈岛”牌鱼(非活的)、虾(非活)、鱼制食品	浙江佳腾水产有限公司
“江林”牌商业管理咨询、替他人推销、商业信息	台州市江林医药连锁有限公司
“ID”牌螺丝、螺母、螺栓	台州华达机械有限公司

附录六续6

使用商标或服务名称	企业名称
“图形”牌阀门、金属水管阀	台州双林阀门制造有限公司
“JOOLOONG”牌高强度螺母、金属螺栓	浙江九隆机械有限公司
“海德曼”牌机床	浙江海德曼机床制造有限公司
“震机”牌机床、铣床、磨床	浙江震环数控机床有限公司
“雄鹏”牌液压元件	浙江雄鹏机械有限公司
“FANSKI”牌软管、水龙头、地漏	菲时特集团股份有限公司
“宏倍斯”牌暖气装置、浴用加热器、浴室装置	浙江宏倍斯实业有限公司
“YKE”牌汽车用等速万向节及其总成	台州英克尔传动轴有限公司
“漩港”牌新鲜蔬菜、新鲜水果	玉环县漩门湾果蔬专业合作社
“四海”牌三角胶带	浙江四海橡胶有限公司
“P • J”牌合成树脂、半加工塑料物质、非包装用塑料膜	浙江普利金塑胶有限公司
“万家友”牌塑料管、非金属套管、纺织材料制软管	浙江神舟管业有限公司
“鸿盛原”牌汽车毡毯、汽车用垫毯、地垫	浙江鸿盛原汽车用品有限公司
“马家军”牌饲料	浙江圣达药业有限公司
“天台云雾”牌茶叶	天台县特产技术推广站
“百纳”牌硫代器、切胶机、炼胶机	浙江百纳橡塑设备有限公司
“浙丰”牌大米	台州市稻香村农业科技发展有限公司
“和长”牌柑桔	仙居县和长柑桔专业合作社
“XIANDING”牌液压泵、工程阀	浙江台州先顶液压有限公司
“仙乡”牌腌肉、腌腊肉	仙居县百姓宏达农副产品专业合作社
“三友”牌永久阴极剥片机组、不锈钢阴极板、两极四触点	三门三友冶化技术开发有限公司
“宏元”牌浸胶帆布、树脂布、纺织织物	台州宏元工艺有限公司
“沈园”牌西瓜、橘子、草莓	三门县沈园西瓜专业合作社
“炫丰”牌大米(糙米)	三门县丰安粮油专业合作社
“金奥达”牌家具用金属附件	浙江金奥达工贸有限公司
“绿意”牌搬迁	台州市绿意物业管理服务有限公司
“图形”牌工程项目管理	浙江天正工程监理有限公司
“律博士”牌法律服务	浙江新台州律师事务所